Ehe und Familie in anthropologischer Sichtweise

Eine interdisziplinäre Textsammlung für Hochschulen und Erwachsenenbildung

auf der Basis des Modellprojektes:

Wertebewußtsein in Ehe und Familie als Gegenstand verbandlicher Bildungsarbeit

Herausgegeben von:

Rolf H. Stein
Josef A. Stüttler

Köln 1991

CIP-Kurztitelaufnahme der Deutschen Bibliothek

Stein, R.H.; Stüttler, J.A. (Hrsg.):

Ehe und Familie in anthropologischer Sicht. Eine interdisziplinäre Textsammlung für Hochschulen und Erwachsenenbildung

KOLPING-VERLAG GMBH, Köln 1991
ISBN 3-921425-47-6

Umschlag: Rolf Stein
Druck und Verarbeitung:
Hundt Druck GmbH, Köln
ISBN 3-921425-47-6

Inhaltsverzeichnis

0. Einleitung

Der vorliegende Reader enthält eine umfangreiche Textsammlung, die den Stellenwert von Ehe und Familie aus den verschiedenen anthropologischen Wissenschaften ins Visier nehmen. Ausgangspunkt für die Textsammlung ist ein Modellprojekt mit dem Thema: Wertebewußtsein in Ehe und Familie als Gegenstand verbandlicher Familienbildungsarbeit, das zwischen 1985 und 1990 im Auftrage des Bundesministerium für Jugend, Familie, Frauen und Gesundheit (BMJFFG) im Kolpingwerk Deutscher Zentralverband, einem der großen katholischen Sozialverbände durchgeführt wurde. Ziel des Modellprojektes war es, in zahlreichen Seminaren einmal der Frage nachzugehen, inwieweit Stellenwert und Bedeutung von Ehe und Familie, die zunächst auf der Ebene subjektiver Wertindikatoren ermittelbar sind, mit Hilfe wissenschaftlich gesicherter Erkenntnisse eine zusätzlich Begründung auf objektiver Basis erfahren können. Eine empirische Auswertung im Anschluß an die jeweiligen Bildungsveranstaltungen mit einem Datenmaterial von mehr als 1.000 Befragungen sollte diese Frage klären helfen. Das Bundesministerium für Jugend, Familie, Frauen und Gesundheit wollte in diesem Zusammenhang auch ermitteln, inwieweit die Wertpositionen des Grundgesetzes, speziell des Artikel 6 "Ehe und Familie" auf breiten Konsens innerhalb der Bevölkerung stoßen. Neben den zentralen Fragen in Sachen Ehe und Familie sollte darüber hinaus ein Hauptaugenmerk auf den Fakten zum ungeborenen menschlichen Lebens und dessen Schutz liegen.

Zwar wurde das Modellprojekt mit Mitgliedern des Kolpingwerk Deutscher Zentralverband durchgeführt, die als Mitglieder eines katholischen Sozialverbandes von vornherein durchweg eine besonders hohe Wertschätzung von Ehe und Familie und dem Schutz des ungeborenen Menschen haben, dies wurde jedoch als Pilotmaßnahme so beabsichtigt und erwies sich mit Hilfe von multipler Faktoren- und Regressionsanalysen keineswegs als Einschränkung (vgl. Abschußbericht des Modellprojektes). Es ist sicher unbestritten, daß eine solch hohe Wertschätzung und weltanschauliche Vorentschiedenheit für Ehe und Familie nicht repräsentativ für die Bevölkerung ist, es ist aber genauso unbestritten, daß es im Übergang zur nachindustriellen Gesellschaft eine neue Prioritätensetzung insbesondere bei jüngeren Leuten für immaterielle Werte gibt, die auch für Ehe und Familie und das ungeborene Leben gilt. Namhafte Wissenschaftler wie Ronald Inglehart, Daniel Bell, Karl Otto Hondrich, Helmut Klages sowie Untersuchungen des Institut für Demoskopie Allensbach belegen dies zweifelsfrei. Überhaupt können im Bereich der Wissenschaften in viel stärkerem Maße als noch vor zehn Jahren Trends zugunsten der Familie festgestellt werden. Ideologisch geprägte, und von daher zwangsläufig nicht immer richtige Aussagen zu Ehe, Familie und dem ungeborenen Menschen, gehören wissenschaftlich der Vergangenheit an, wenn sie sich auch noch als Relikte in aktuellen Programmen politischer Parteien nachweisen lassen.

Die Untersuchung aus dem Bereich des Kolpingwerkes legten eine Übertragbarkeit der Inhalte und Erkenntnisse nicht nur nahe, sie ließen sie auch erforderlich erscheinen. Besondere Aktualität gewinnt die Zielsetzung des Modellprojektes freilich aufgrund der Tatsache, daß durch den Beitritt der ehemaligen DDR zum Bundesgebiet Menschen unserer Gesellschaft angehören, die im früheren sozialistischen System unter familienfeindlicher Politik und Lebensbedingungen lebten, und die die Entfaltung der Familie und deren Wertschätzung erheblich erschwerten.

Mit Hilfe des vorliegenden Readers sollen dem interessierten Leser Materialien und Hilfen zur Hand gegeben werden, die es ihm ermöglichen, aus den verschiedenen Wissenschaften, die sich mit Ehe, Familie und dem ungeborenen Leben befassen, Kenntnisse zu gewinnen und diese kritisch zu reflektieren. Von daher ist das Buch auf einen interdisziplinären Dialog ausgerichtet. Dies erscheint uns als notwendig, weil man mit Aussagen lediglich aus einer Fachrichtung dem Leben und der Familie wohl kaum gerecht wird. Das Buch richtet sich an alle, die sich persönlich, beruflich und ehrenamtlich, aber auch im Studium sowie in Jugend- und Erwachsenenbildung mit der Thematik beschäftigen. Das Buch versteht sich somit als eine spezielle Ergänzung zur fachwissenschaftlichen Literatur, da es mit Hilfe von kurzen Aufsätzen, Zitaten und Dokumenten dem Interessierten einen weitergehenden Überblick verschafft bzw. eine Hilfe sein kann, die über den Bereich einer Wissenschaft hinausgehende Fragen knapp beantwortet zu bekommen. Außerdem sollen mit Hilfe der Texte ideologisch geprägte Fehlaussagen erkannt und widerlegt werden können.

Insgesamt enthält der Reader sieben Kapitel mit folgender wissenschaftlicher Rubrizierung: Naturwissenschaften, Sozialwissenschaften, Psychologie, Ethik und Philosophie, Theologie, Staats- und Rechtswissenschaften sowie Pädagogik.

Jedes Kapitel enthält fünf Unterkapitel mit Aussagen der jeweiligen Fachdisziplin zu Mensch, Ehe, Familie, Gesellschaft und Staat. Somit liegen 35 verschiedene Explikationen vor. Bei den Texten wurde Wert darauf gelegt, daß sie eine möglichst breite Übersicht bieten, die mehrere Sichtweisen, also auch kontroverse, enthält, damit sich der Leser nicht nur in unterschiedliche Standpunkte hineinversetzen kann, sondern auch zu kritischer Reflexion angeregt wird. Natürlich ist auch diese umfangreiche Sammlung nur ein begrenzter Ausschnitt, und gewiß wird mancher Texte vermissen.

Um eine einheitliche Gliederung zu ermöglichen, wurden die Überschriften einzelner Aufsätze oder Artikel verändert oder neuformuliert. Auch wurde auf die Nennung von Fußnoten oder Literaturangaben in den Originaltexten ganz verzichtet. Außerdem wären sie irreführend, wenn sie dann nicht explizit genannt wären. Das aber hätte den Rahmen des Readers zu sehr ausgeweitet. Da im Literatur- und Quellenverzeichnis jedoch alle Texte angeführt sind, möchten wir die Leser, die sich vertiefend mit der Thematik beschäftigen wollen, auf diese Urtexte verweisen. Leider konnten die Landesverfassungen der fünf neuen Bundesländer nicht mehr eingearbeitet werden, da sie während der Drucklegung noch nicht verabschiedet waren.

Zur Handhabung des Readers wurden vor jedem Kapitel "Einführende und didaktische Hinweise" gegeben, die sich als Hilfe für den Umgang mit den Texten verstehen. Dadurch hoffen wir, daß das Buch für viele auch ein Arbeitsbuch wird. Einmal für den einzelnen, der zu bestimmten Reflexionen über die Texte angeregt wird, zum anderen für Studenten, die neben der interdisziplinären Textsammlung auch eine Möglichkeit erhalten, sich auf Prüfungen oder Kolloquien vorzubereiten. Darüber hinaus dürfte das Buch für haupt- und ehrenamtliche Mitarbeiter in der Jugend- und Erwachsenenbildung interessant sein, weil es konkrete Vorschläge zur inhaltlichen Auseinandersetzung für Arbeitsgruppen oder Seminare bietet, die auch praktizierbar sind. Dies wurde im Modellprojekt "Wertebewußtsein von Ehe und Familie als Gegenstand verbandlicher Familienbildungsarbeit" erprobt.

Wenn nach der Lektüre des Readers, oder aber auch einzelner Texte dem einen oder anderen Leser neue Erkenntnisse oder Zusammenhänge eröffnet werden, die den Stellenwert von Ehe und Familie besser begründen helfen sowie zum Schutz des ungeborenen Menschen beitragen oder aber zu fruchtbaren Diskussionen in Studium, außerschulischer Bildung oder Privatbereich anregen, dann hat sich unsere Arbeit mehr als gelohnt. Denn die Zukunft der Menschen und der Gesellschaft hängt zwingend von Ehe und Familie sowie von der Bereitschaft ab, Ehe und Familie zu gründen und sie als das wichtigste und erstrebenswerteste Lebensziel zu schätzen und sich dafür einzusetzen.

An dieser Stelle möchten wir dem Bundeministerium für Familie und Senioren (BMFuS) für die wohlwollende finanzielle Förderung danken, durch die die Veröffentlichung des Readers ermöglicht wurde.

Köln, im Dezember 1991

Rolf H. Stein
Josef A. Stüttler

1. Naturwissenschaften

1.1 Zum Beitrag der Naturwissenschaften, insbesondere der Biologie für ein modernes Menschenverständnis

1.1.1 Einleitende und didaktische Hinweise

Der Humanbiologie und Humanmedizin nebst ihren Spezialdisziplinen verdanken wir nicht nur die Erkenntnis und die Erklärung darüber, daß sich der Mensch biologisch grundsätzlich von allen anderen Lebewesen unterscheidet, sondern auch die Erkenntnis, wann das menschliche Leben beginnt. Hierüber wurden bis noch vor nicht allzu langer Zeit Spekulationen und Mutmaßungen angestellt, die durch die neuen wissenschaftlichen Forschungsergebnisse ad absurdum geführt wurden. Allerdings glauben auch heute noch viele Menschen, daß die alten biologischen Annahmen, wie beispielsweise das biogenetische Grundgesetz von Ernst Haeckel aus dem vergangenen Jahrhundert noch gültig ist. Wissenschaftlich ist das biogenetische Grundgesetz längst widerlegt. Dennoch wird es nicht selten für ideologische Zwecke verwandt, insbesondere bei Fragen zum Schwangerschaftsabbruch. Denn, wenn das Leben erst nach einer gewissen Zeit im Mutterleib menschliches Leben wird, dann wäre Schwangerschaftsabbruch bis zu diesem Zeitpunkt freilich auch nicht Tötung menschlichen Lebens. Daß dies jedoch unmittelbar nach der Befruchtung der Fall ist, wird von wissenschaftlich gesicherten Erkenntnissen bestätigt.

In den drei Textstellen, aus denen das biologische Menschenverständnis abgeleitet werden kann, kommen drei renommierte und international anerkannte Wissenschaftler zu Wort. Der erste Text des Humanembryologen *Erich Blechschmidt* weist den Entstehungszeitpunkt des menschlichen lebens nach und diskutiert zugleich kritisch das biogenetische Grundgesetz von Haeckel; der zweite Text des Fundamentalgenetikers *Jérôme Lejeune* vermittelt einen Einblick in die genetischen Besonderheiten des Menschen. Der dritte Text des Schweizer Biologen *Adolf Portmann* bezieht sich auf die biologischen Besonderheiten des Menschen als "physiologische Frühgeburt" und die sich daraus ergebenden Konsequenzen für seine Sozialität und Erziehung.

Ansätze zur inhaltlichen Auseinandersetzung

- Welche Erkenntnisse sind für das biologische Menschenverständnis relevant?
- Was ist das Besondere und Einzigartige am menschlichen Leben?
- Diskutieren Sie auf Basis biologischer Erkenntnisse einmal den im Alltag oft verwendeten Satz: "Jeder Mensch ist ersetzbar!"
- Welche Konsequenzen sollten diese Erkenntnisse für den Schutz des ungeborenen Lebens haben?
- Worin unterscheiden sich zum einen die Ansätze von Blechschmidt und Lejeune und zum anderen der Ansatz von Portmann?
- Gibt es dabei widersprüchliche Erkenntnisse oder sind diese Erkenntnisse als gegenseitige Ergänzung zu betrachten?
- Diskutieren Sie einmal die These: Das menschliche Leben ist ein Wunder und ein Schöpfungsprozeß!
- Vergleichen Sie das biologische Menschenverständnis mit dem Menschenverständnis der anderen anthropologischen Wissenschaften. Welchen Stellenwert kann man dem biologischen Menschenverständnis beimessen?

1.1.2 Zum Menschenverständnis der Biologie an ausgewählten Beispielen

1.1.2.1 Zu Daten der menschlichen Frühentwicklung

1.1.2.1.1 Zur Befruchtung als Beginn des menschlichen Lebens

Wenn heute das Leben des ungeborenen Menschen von vielen Seiten als frei verfügbar angesehen wird, dann liegt dies - vom weltanschaulichen Standpunkt abgesehen - auch an mangelnder Kenntnis biologischer Fakten. Viele wissen nicht oder machen sich nicht klar, daß mit dem *Augenblick der Befruchtung* ein *neues menschliches Leben* entsteht. Sie meinen vielmehr, der Mensch beginne seine Entwicklung als ungeordneter Zellhaufen, durchlaufe Stadien, die wesentliche Merkmale von Tieren zeigten, und differenziere sich erst allmählich - vielleicht über einen allgemeinen Säugertypus - zum "eigentlichen" Menschen.
Dieser Vorstellung liegt das sogenannte Biogenetische Grundgesetz von Ernst Haeckel zugrunde. Es wurde von ihm 1866 aufgestellt und besagt, daß in der Individualentwicklung des Menschen, d.h. während seiner Ontogenese, in kurzgedrängter Form die Stammesgeschichte (Phylogenese) wiederholt werde. Mit anderen Worten: Anhand zoologischer Beobachtungen sollte sich die menschliche Entwicklung sozusagen als Grenzfall tierischer Frühstadien beschreiben lassen. Wollte man das Biogenetische Grundgesetz ganz eindeutig interpretieren - und es ist wichtig, hier konkret zu denken -, wäre zu fragen: Welche Tierarten wiederholen sich in der menschlichen Frühentwicklung und welche Stadien dieser Tierarten - bei jungen Embryonen vielleicht frühe, bei älteren spätere? Schon hier erkennt man leicht den hypothetischen Charakter des Biogenetischen Grundgesetzes.
Zu Haeckels Zeiten war die menschliche Frühentwicklung noch unbekannt. Dazu muß man folgendes wissen: Junge menschliche Keime sind so klein und wasserklar durchsichtig, daß sie nur ausnahmsweise beobachtet werden, meist nur bei Eileiterschwangerschaften. Bei der aus klinischen Gründen operierten Tubargravidität (Zerreißen des Eileiters mit lebensbedrohender Blutung) wären die äußerst empfindlichen Keime schon bald nach dem Absterben wegen schnell einsetzender Autolyse (Gewebszerfall) nicht mehr deutlich in ihrer Form zu erkennen und für exakte Untersuchungen unbrauchbar, würden sie nicht künstlich "gefestigt" (fixiert). Zu Haeckels Zeiten gab es noch keine geeigneten Untersuchungsmethoden. Schlecht fixierte Präparate - und damit eine unnatürliche "Ähnlichkeit" zwischen tierischen und menschlichen Keimen - waren ein Grund dafür, daß das Biogenetische Grundgesetz Glauben finden konnte.

1.1.2.1.2 Zum Verlauf der menschlichen Frühentwicklung

Der Rückschluß aus tierischen Frühstadien auf die menschliche Entwicklung muß jedoch immer unbefriedigend sein, weil die Frage offenbleibt, wie die menschliche Frühentwicklung tatsächlich abläuft. Um sie zu untersuchen, bestand zunächst die Notwendigkeit, die jungen Keime sichtbar zu machen, und zwar im Hinblick auf ihre äußere Form ebenso wie hinsichtlich der Struktur in ihrem Inneren. Nur ausreichend große "Modelle" konnten gewährleisten, daß auch kleine Organanlagen darstellbar waren. Die Göttinger "Humanembryologische Dokumentationssammlung" (Blechschmidt) - die einzige ihrer Art und international anerkannt - erfüllte zum erstenmal diese Aufgabe. Mit dieser Dokumentationssammlung ließ sich zeigen, daß das bis dahin angenommene sogenannte Biogenetische Grundgesetz Haeckels nicht gilt. Die Vorstellung, daß die Individualentwicklung die Stammesgeschichte rekapituliere, konnte nicht bestätigt werden.

Wenn heute noch vielfach die Meinung vertreten wird, ein menschlicher Keim sei zu Beginn seiner Entwicklung aus dem Ei zunächst ein ungeordneter Zellhaufen und menschliche junge Embryonen hätten vorübergehend Kiemen, Flossen, einen Schwanz oder andere sogenannte "rudimentäre" Organe, dann ist das ein fundamentaler Irrtum und Zeichen einer Unkenntnis der heute nachgewiesenen menschlichen Embryonalentwicklung.

Die Phylogenese als Ursache der Ontogenese anzunehmen, ist ein historischer Deutungsversuch, der gar nichts über formale oder kausale Faktoren der Entwicklung aussagen kann. Die Einsicht, daß das sogenannte Biogenetische Grundgesetz falsch ist und den Tatsachen widerspricht, ist nicht etwa eine Frage der Interpretation des Dargestellten, sondern von Sachkenntnis. Die in den letzten Jahren gewonnenen Forschungsergebnisse müssen heute als verpflichtend zur Kenntnis genommen werden.

Mancher wird fragen: Warum - wenn das Biogenetische Grundgesetz als Irrtum nachgewiesen ist - wird immer noch in vielen Büchern an ihm festgehalten? Vor allem wohl, weil es die erhoffte einfache Erklärung für die menschliche Entwicklung zu geben scheint. Es erscheint als eine bequeme Deutung sonst schwer zugänglicher Fakten, besonders für denjenigen, der sich nicht die Mühe machen will oder kann, sich über das heute gesicherte Befundmaterial junger menschlicher Embryonen genau zu informieren.

Mit Hilfe der genannten Rekonstruktionssammlung konnte die Frühentwicklung des Menschen als ein geschlossener Gestaltungsvorgang demonstriert werden. Dabei wurden Regeln und Prinzipien deutlich, welche die menschliche vorgeburtliche Entwicklung als einen folgerichtigen Ablauf von Wachstumsprozessen genauer verständlich machen.

Erich Blechschmidt: Daten der menschlichen Frühentwicklung. Menschliches Leben beginnt im Augenblick der Befruchtung; in: Hoffacker/Steinschulte/Fietz (Hrsg.) Auf Leben und Tod. Abtreibung in der Diskussion. Bergisch-Gladbach 1985, S. 31 - 34

1.1.2.2 Zum Anfang und den Besonderheiten menschlichen Lebens

Wann beginnt menschliches Leben? Ich will versuchen, diese Frage nach dem heutigen Stand der Wissenschaft so präzise wie möglich zu beantworten. Die moderne Biologie lehrt uns, daß die Vorfahren mit ihren Nachkommen durch ein fortlaufendes materielles Bindeglied verbunden sind, da ein neues Menschenleben aus der Befruchtung der weiblichen Zelle (des Ovums) durch die männliche

Zelle (das Spermium) entsteht. Das Leben hat eine sehr lange Geschichte, doch hat jedes Individuum einen genau zu definierenden Anfang, nämlich den Augenblick der Empfängnis.

Das materielle Bindeglied ist der molekulare Faden der Desoxyribonuclein-Säure (DNS). In jeder Fortpflanzungszelle ist der etwa ein Meter lange Faden in Stücke geteilt (beim Menschen sind es 23 Stücke). Jedes Segment wird sorgfältig aufgerollt und verpackt (wie ein Magnettonband in einer Minikassette), so daß es unter dem Mikroskop aussieht wie ein Stäbchen, ein Chromosom.

Sobald sich die 23 väterlichen Chromosomen durch die Befruchtung mit den 23 mütterlichen Chromosomen vereinigt haben, ist alle genetische Information gesammelt, die erforderlich und ausreichend ist, alle dem neuen Lebewesen angeborenen Eigenschaften zum Ausdruck zu bringen.

Die Natur- und die Rechtswissenschaft sprechen dieselbe Sprache. Erfreut sich jemand einer robusten Gesundheit, so sagt der Biologe, daß er in guter Verfassung ist; von einer Gesellschaft, die sich in Harmonie und zum Nutzen all ihrer Mitglieder entwickelt, würde der Gesetzgeber sagen, daß sie eine gerechte Verfassung hat.

Der Gesetzgeber kann ein bestimmtes Gesetz nicht voll und ganz erfassen, solange seine Bestimmungen nicht klar und deutlich ausgedrückt worden sind. Liegen diese vollständigen Informationen jedoch vor und wurde über das Gesetz abgestimmt, so kann dieses Gesetz helfen, die Bestimmungen der Verfassung zu definieren.

Die Natur arbeitet in derselben Weise. Die Chromosomen sind die Tabellen für das Gesetz des Lebens, und wenn sie in dem neuen Lebewesen zusammengestellt worden sind (wobei die Befruchtung das Wahlverfahren darstellt), drücken sie dessen persönliche Verfassung vollständig aus.

Was daran erstaunt, ist die Winzigkeit der Inschrift. Es ist kaum zu glauben - obwohl kein Zweifel mehr bestehen kann -, daß die gesamten genetischen Informationen, die erforderlich und ausreichend sind zur Entwicklung unseres Körpers und selbst unseres Gehirns - dieser mächtigsten Vorrichtung zur Lösung von Problemen, die sogar die Gesetze des Universums zu analysieren vermag - hinsichtlich ihres materiellen Substrats auf die Spitze einer Nadel passen.

Die Komplexität des Gehirns selbst eines schlichten Menschen erhebt diesen bei weitem über die außerordentlichste Maschine, die man je erfunden hat. Unser Gehirn enthält etwa 13 Milliarden Nervenzellen (Neuronen), die ganz großen Computer aber nur einige Millionen.

Aber das ist ein ungerechter Vergleich, denn in Wirklichkeit ist jede Nervenzelle imstande, Kontakte mit einer wechselnden Anzahl von anderen Zellen - minimal 100 und maximal 10000 - auszutauschen. Anders ausgedrückt: Jede Nervenzelle ist für sich selbst, in sich selbst eine kleine, schon viel mächtigere Rechenmaschine als die, die wir im Handel kaufen, was zu einer astronomischen Ziffer wie etwa 10 14 führt. Das ist eine Zahl, die sich in keiner Sprache ausdrücken läßt.

Was die Kabelverbindungen und die Fäden und das Netz betrifft, die die verschiedenen 13 Milliarden von Neuronen unter sich verbinden, so sind sie von einer äußerst beeindruckenden Länge: Wenn man die Kabelverbindung aus einem menschlichen Gehirn herauslöste und die Fäden aneinanderreihte, wäre die Länge ungefähr von uns bis zum Mond und zurück!

Und das Außerordentlichste ist dies: Alle Spezifizierungen dieser außergewöhnlichen Maschine sind in einer winzigen Zelle enthalten, in einem befruchteten Ei - und zwar nicht nur ihre Konstruktionspläne, sondern auch die Pläne, die die Konstruktionspläne erst konstruieren werden! Die ganze Information, die notwendig und ausreichend ist, um den Menschen zu "fabrizieren" - nicht nur mit seinen Armen, Beinen und mit seinem Kopf, sondern auch mit dieser "Maschine", die selber das Universum analysieren wird - all dieses hat sehr bequem auf der Spitze einer Nadel Platz. Es genügt, wenn die "Maschine" von der Befruchtung an festsitzt und man ihr die Mittel zum Überleben gibt, damit sie ihr Ziel erreicht.

Noch beeindruckender ist, daß diese genetische Information während des Heranreifens der Fortpflanzungszellen so vielfältig umgruppiert wird, daß jedes empfangene Lebewesen über eine nur einmal existierende Kombination verfügt - eine Kombination, die es niemals zuvor gegeben hat und die es nie wiedergeben wird. Jedes neue Lebewesen ist einzigartig und somit unersetzlich. Eineiige Zwillinge und echte Hermaphroditen (Zwitter) bilden die Ausnahme der Regel; die lautet: *ein Mensch, eine genetische Zusammensetzung;* aber interessanterweise müssen sich diese Ausnahmen zum Zeitpunkt der Empfängnis vollziehen. Spätere Ereignisse können nicht zu einer harmonischen Entwicklung führen.

Ich habe es schon gesagt: In der ersten Zelle, die nach dem Eindringen der Samenzelle in die Eizelle entsteht, also aus dem Verschmelzen der von der Mutter stammenden Hälfte der Erbmasse mit der anderen Hälfte, die vom Vater stammt, sind alle Instruktionen, die einen Menschen ausmachen, vorhanden. Und dies nicht, damit ganz allgemein ein Mensch entsteht, sondern damit *dieser* Mensch entsteht, der, den wir später Peter, Paul oder Magdalena nennen - genau dieser und kein anderer. Das ist möglich, weil die Transmission des Lebens die genaueste "Sprache" verwendet, die es gibt. Alle Charakteristika, die gänzlich alle und jede Eigenschaft einer Person definieren werden, sind einem sehr langen Molekül der DNS eingeprägt, das, auch wenn die Proportionen hier unendlich klein sind, dem Magnetband eines Magnetophons gleicht. Und ebenso wie das Tonband ihnen die ganze Symphonie wiedergegeben wird, die unter Code-Form durch winzige Veränderung der örtlichen Magnetisierung auf dem Band eingeschrieben ist, ebenso wird die Zelle, die diese zahlreichen magnetischen Bänder enthält, die Symphonie des Lebens wiedergeben.

Aber dieses ist eine besondere Symphonie, die von unserem Vater und unserer Mutter je nur die Hälfte der elterlichen Erbmasse enthält, und zwar auf eine äußerst komplizierte Weise. Es handelt sich nämlich nicht um eine Spule, sondern wir haben 46 Spulen, und jeder Elternteil gibt uns die eine oder die andere seiner 46 Spulen, was bereits eine Anzahl von astronomischen Kombinationen ausmacht. Wie es möglich ist, daß diese Spulen zerschnitten sind - so wie man eine Filmmontage macht - und man einen Teil von der einen und einen Teil von der anderen erhält, so übertrifft die Zahl der dadurch möglichen Kombinationen bei weitem die unaussprechliche Zahl der Menschen, die je auf diesem Planeten gelebt haben. Man ist also ganz sicher, daß jeder von ihnen eine einzigartige und absolut unersetzliche Formel besitzt. Sie hat keine Aussicht, in einer Zeit, die in astronomischen Dimensionen vorausgesehen werden kann, sich zu wiederholen.

Allerdings ist es notwendig, daß wir auch unsere Zeitgenossen überzeugen. Und wie können wir das? Was können wir tun, damit sie glauben, daß dieses winzige

Wesen, das im Augenblick der Befruchtung kaum einen Millimeter mißt, tatsächlich seine eigene Botschaft empfängt, wirklich ein menschliches, vollkommen einzigartiges Wesen ist - nur mit dem Unterschied, daß es wunderbar jung ist? Viele behaupten, die Meinung, ein menschliches Wesen existiere in einer derart verkleinerten Form - "auf seinen einfachsten Ausdruck reduziert" -, sei ein philosophischer Gedanke. Man hat zum Beispiel gesagt, die Abtreibung sei (höchstens) nur ein "metaphysisches" (und kein physisches) Verbrechen.
Es handelt sich jedoch nicht um ein philosophisches Konzept - es ist im Experiment aufgezeigt. Und wir haben sogar einen Beweis dafür, den jedermann verstehen kann, ohne Bezugnahme auf die codierten Moleküle und auf die ganze genetische Maschinerie:
Einem englischen Genetiker namens Edwards ist vor nicht langer Zeit eine Befruchtung im Glas gelungen. Er hat einer Frau eine Eizelle entnommen, hat sie in ein etwas kompliziertes, aber im biologischen Sinne ganz einfaches Milieu gesetzt, hat dazu vom Sperma des Gatten gemischt, und einer Samenzelle ist es gelungen, das Ei zu befruchten. Dieses hat begonnen, sich aktiv in einer winzigen kleinen Flasche zu teilen und wurde dann wieder in den Uterus seiner Mutter gepflanzt. Die Journalisten haben das ausgeschlachtet, haben erklärt, das sei ein "Retortenbaby", was gar nichts besagt. Das Wichtige, was den Massenmedien entgangen zu sein scheint, liegt nämlich hierin: Man hatte endlich und beim Menschen erstmals den formalen und *unbestreitbaren Beweis erbracht, daß das Leben eines menschlichen Wesens schon bei der Befruchtung beginnt!* Denn wenn dieses winzige Ding, dieser kleine Embryo, der sich in Zellen geteilt hat, nicht schon ein menschliches Wesen gewesen wäre, wie hätte dann seine Einpflanzung in den Uterus eine Schwangerschaft und die Geburt eines glücklichen kleinen Mädchens zur Folge haben können?
Dies war das erste Mal, daß wir in unserer Spezies nicht durch philosophisches Denken, sondern nur durch experimentelle Beobachtung demonstrieren konnten: Das menschliche Wesen beginnt - wie alles - mit seinem Anfang.

Jérôme Lejeune: Die Spitze der Nadel - über den Anfang menschlichen Lebens; in: Hoffacker/Steinschulte/Fietz (Hrsg.): Auf Leben und Tod. Abtreibung in der Diskussion. Bergisch-Gladbach 1985, S. 21 - 26.

1.1.2.3 Zu den biologischen Beiträgen zum Menschenverständnis

Dem Biologen erscheint auch das Leben der Menschen vor allem wieder als ein System; alle beobachtbaren Eigenheiten treten stets auf als Glieder dieses Systems, das ich zunächst zu umgrenzen versuche. Es umfaßt selbstverständlich die einzelne Keimzelle vom Moment ihrer Aussonderung im Ovarium der Mutter, wo schon so vieles festgelegt ist, über die viel spätere Befruchtung und die mit ihr verbundene engere Determination hinweg zur Geburt und durch das ganze spätere Schicksal bis zum Tode dieses Einzelwesens. Die Bedeutung gerade der verborgensten frühen Phasen wollen wir nicht etwa zu gering einschätzen, bloß weil die Mittel der Forschung hier erst spärliche Auskunft verschaffen.
Dieses Einzelwesen ist aber eingefügt - also planmäßig zugeordnet - einer Sozialstruktur, in der es mindestens bis zum vierzehnten bis sechzehnten Jahr bei allen

Menschenrassen in behüteter Kindheit und Jugend zum Geschlechtswesen heranwächst. Wir können diese lange Periode unschwer erfassen als eine jener bewahrten Zeiten - hier besonders lang ausgedehnt -, in der im Schutze elterlicher Pflege auch bei höheren Tieren die Anzeichen von Freiheit auftreten können. In dieser Zeit erfolgt die Übermittlung der gesamten Sozialstrukturen - ein langsames wachsendes Hineinlernen und ein lernendes Hineinwachsen in die bereits bestehende Sozialwelt. Diese gehört von vornherein zum Einzelwesen dazu; es ist undenkbar ohne sie.

Das menschliche Leben ist primär, in seiner ganzen Struktur bereits sozial. Dieses primäre Sozialgefüge läßt sich in der frühen nachgeburtlichen Zeit ganz besonders drastisch nachweisen. Es gelingt (auch wenn er hier nicht in Einzelheiten geführt werden kann) der Nachweis, daß unser Menschenleben von dem hoher Säugetiere dadurch abweicht, daß die Dauer der Entwicklung im Mutterleib nicht entsprechend dem Komplexitätsgrad unseres Rangs verlängert ist. Sie ist um rund ein Jahr zu kurz, wenn wir mit Säugernormen messen wollen. Die für das lernende Hineinwachsen in die obligatorische Sozialwelt eingesetzte Zeit ist also nicht nur durch Hinausschieben der sexuellen Reifung und durch späten Abschluß des Wachstums verlängert, sie wird vielmehr in besonders gewichtiger Weise erweitert, nach rückwärts gleichsam, durch die frühe Geburt.

Wieso in besonders gewichtiger Weise? Weil damit das für höhere Säuger normale spätere Ausreifen aller Strukturen im gleichmäßigen, reizarmen, mütterlichen Medium in eine an Reizen reiche, wechselvolle Sozialwelt verlegt wird. Gerade in diesem der Uteruszeit abgewonnenen Jahr wird die aufrechte Haltung, das Sprechen, das Denken ausgebildet - und zwar auf Wegen, die sich als einzigartig human nachweisen lassen: durch eine Kombination von Reifungsvorgängen und sozial bedingten Lernprozessen, die eine obligatorische, primäre Planmäßigkeit ist, in der kein Glied geändert werden kann ohne völlige Entartung des folgenden Entwicklungsganges.

Der Besonderheit unserer Daseinsform, der Eigenart ihres durch Tradition geordneten Soziallebens entspricht der Werdegang des Individuums: Daseinsform und Entwicklungsweise sind einander vollständig zugeordnet, sie bilden das Gesamtsystem, das der biologischen Untersuchung gegeben ist. Die Methode, mit der diese Zuordnung nachgewiesen wird, hat ihre Probe bereits bei der Durcharbeitung der verschiedenen Typen von Ontogenesen höherer Wirbeltiere bestanden, deren System-Einheit von Lebensform und Gestaltbildung deutlich nachgewiesen werden konnte.

Warum betonen wir so sehr diese relative Geschlossenheit des Systems, dieses Gefüges von Ontogenese und Sozialleben? Weil weit verbreitet noch immer eine früh zum Dogma erstarrte Meinung der Entwicklungstheorien herrscht: die Auffassung, die Stadien unserer Entwicklung wiederholten Etappen der Stammesgeschichte. Nach dieser Überzeugung wäre unser Entwicklungsgang in seinen frühen Phasen einfache Rekapitulation - und diese Überzeugung ist so gefestigt, daß man die erste Zeit nach der Geburt bis in die zweite Hälfte des ersten Jahres zuweilen als Schimpansenalter bezeichnet hat. Diesem noch immer geglaubten Dogma steht schroff und abweisend die Tatsache entgegen, daß die Ontogenese aller höheren Organismen in ihrem ganzen Verlauf der Eigenart der Lebensform zugeordnet ist, daß sie auf allen Stadien die unverwechselbare Zugehörigkeit zu dieser besonderen Lebensart zeigt.

Die Entwicklung des Menschen dürfte erst im letzten Stadium menschlich werden, wenn die eben genannte, weitverbreitete Meinung zu Recht bestünde. Statt dessen läßt sich leicht zeigen, daß unser uterinäres Wachstum früh schon gesteigert ist, weit über gewöhnliche Primatenverhältnisse hinaus, und daß diese Wachstumssteigerung die frühe Entsprechung der viel später erst verwirklichten Größe des Zentralnervensystems ist. Es läßt sich zeigen, daß die Proportion unserer Gliedmaßen zum Rumpf früh schon im Mutterleib von der bei Menschenaffen gefundenen abweicht und daß diese frühe Sonderheit wieder mit der Eigenart des viel späteren Erwerbs der aufrechten Haltung zusammenhängt. Erwähnen wir noch, daß die für uns typische Lendenknickung der Wirbelsäule am Ende des zweiten fötalen Monats schon vorhanden ist - erste Sonderform der späteren Wirbelsäule eines Menschen, die ihre charakteristische Gestalt erst nach einigen Jahren erlangt. Solcher Zeichen früher ontogenetischer Eigenart sind viele. Die Eizelle, an der wir mit optischen Mitteln zur Zeit nichts Besonders erkennen können, was sie von anderen Säuger-Eizellen unterschiede, sie ist eben trotzdem der Keim eines Menschen, weitgehend determiniert bis in Einzelheiten des späteren Verhaltens und der Gestaltung hinein. Von dieser Determination bietet uns das Studium der eineiigen Zwillinge ja ein erschütterndes Zeugnis.
Was hat das mit der Frage nach dem Geist zu tun? Sehr viel, wie mir scheint. Wir bezeichnen die menschliche Seinsweise als geistig und benennen damit ein Besonderes in ihr, das man in früher geschichtlicher Zeit bereits als "Geist" abzugrenzen versucht hat. Unserer besonderen biologischen Absicht folgend, stellen wir dieses reiche Feld der historischen Entwicklung nur fest, ohne es zu betreten. Wir müssen mit Nachdruck vom Standort des Biologen aus betonen, daß unser ganzes System die Eigenart des Menschlichen zeigt, daß es weder im Ablauf der Entwicklung noch in der Sozialwelt der Reifegestalt eine Etappe oder ein Teilstück gibt, das diese unsere Sonderart nicht klar erkennen ließe. Wenn ich nun nicht sage, unser gesamter Entwicklungsgang sei geistig, so begründet sich die Zurückhaltung damit, daß der Biologe ja nach dem Geiste forscht, ihn also nicht bereits in solchen Bezeichnungen verwenden darf. Noch weniger würde ich die poetische Form hier dulden, die den ganzen Entwicklungsgang als "vergeistigt" bezeichnet. Die Gefahr einer dualen Deutung, also der stillen Voraussetzung eines auf Tierheit einwirkenden Prinzips, wäre doch zu groß. Wir müssen solche Worte anderen Bereichen der Aussage überlassen. Noch einmal sei daran gemahnt, daß der eigene Systemcharakter des Lebewesens "Mensch" in allen Stadien seiner Entwicklung ganz am Werke ist und daß im Werdegang des einzelnen nicht irgendwo spät erst der Geist erblüht - wenn auch noch so spät erst im individuellen Leben die Fähigkeit aufgeht, zu sagen und zu gestalten, was so früh schon in diesem Wesen Besonderes wirkt (...)

Wir können unsere humane Sonderart nicht als Mittellosigkeit bewerten, nicht als einen Abstieg, als bezahlt durch allerhand Einbuße, wie das ab und zu geschehen ist. Unmöglich kann der Biologe etwa auch die Annahme Schelers billigen, jene Annahme vom machtlosen Geist, der sich aus unserer Tierheit als eine Machtmittel holt. Es liegt mir ferne, den Gedanken Schelers etwa vergröbern zu wollen - aber er enthält doch eine so klare Abschnürung des dem Menschen Eigentümlichen, eben eines "Geistes", daß man die Tatsachen der Lebensforschung unmöglich mit dieser Annahme vereinbaren kann. Schelers Auffassung der biologisch erfaßbaren Aspekte des Menschen war trotz seiner Kampfposition eben doch bestimmt durch die in seiner Zeit gangbarsten wissenschaftlichen Meinungen und durch eine metaphysische Voreinstellung zum Geist. Seither ist manches geschehen, was eine Wendung im biologischen Schaffen selber bedeutet. Gegensätze und Disharmonien, die Scheler sieht, sehen wir auch, doch wir sind nicht so rasch wie er bereit, sie in besondere Wesenheiten einzuquartieren und dramatisch gegeneinander agieren zu lassen. Der Beobachtung des Biologen erscheint die menschliche Sonderart nicht mittellos, sondern unmittelbar produktiv, eigenmächtig auf Grund besonderer, nur diesem Lebenssystem zukommender Eigenschaften, die Glieder dieses relativ geschlossenen Systems sind (...)

Es dominierte bei Biologen bis in unsere Tage die Ansicht, die menschliche Entwicklung sei Verlangsamung eines tierischen Ausformungsprozesses. Und in vielen Darstellungen dringt die Vorstellung durch, diese Verlangsamung sei eine Art krankhafter Entartung, eine Idee, die sich leicht mit der bereitliegenden vom Einbruch des Geistes, von einer Erkrankung am Geist zu pessimistischen Stimmungsbildern gestalten ließ. Daß die Arglist unserer Zeit zu solchen Bildern den rechten düsteren Hintergrund lieferte, brauche ich nicht zu schildern.
Wer aber die Geschehnisse unserer Wachstumszeit als Glieder des ganzen humanen Systems zu erfassen sucht, der erfährt bald eine andere Art der Interpretation. Er weiß um den unabsehbaren Bestand des durch Tradition zu übernehmenden Kulturgutes. Er weiß aber auch, daß die Übernahme dieser Traditionsgüter einen für uns natürlichen Prozeß darstellt. Wir sehen in der Übernahme einer Sprache den primärhumanen Akt der Bildung unseres eigentlichen Kommunikationsmittels, der Form des beherrschten Ausdrucks - einen Akt, von dessen Kompliziertheit wir nicht gering denken dürfen. Bildung der ganzen Daseinssphäre des objektiven Verhaltens im Sozialraum ist die Leistung der langen Zeit, die der Pubertät vorausgeht und die im Schutze der Sozietät möglich ist und die einer solchen langen Zeit auch voll bedarf.
In diesem primär humanen System-Geschehen ist Langsamkeit der nachgeburtlichen Entwicklung ein wichtiger Faktor. Sie ist denn auch nur für diese nachgeburtliche Entwicklung bezeichnend. Gerade die Beobachtung der Zeit vor der Geburt zeigt den Irrtum jener Lehre von der allgemeinen Verlangsamung besonders deutlich. Denn diese Periode unseres Werdens ist im Wachstum gesteigert gegenüber allen verwandten Tierformen. Wir haben dieses frühe Wachstum bereits im Zusammenhang mit der Förderung des Gehirnaufbaus gefunden und finden in einer entsprechenden Zuordnung auch die Langsamkeit der späten Entwicklung vor. Die oft negativ bewertete Verzögerung der Abläufe steht in einer klaren positiven Beziehung zum Werden der Sozialwelt und ist wieder ein Glied jenes Systems, in dem wir die als geistig bezeichneten Merkmale vorfinden.
Überall in unserer Entwicklung zeigt sich anfänglich bereits unsere Sonderart, die mit der gesamten humanen Eigenart der Reifeform in festem Zusammenhang steht (...)

Mit der Verwirklichung der menschlichen Daseinsweise ist nicht einfach eine komplizierte Säugerart mehr entstanden, sondern eine gänzlich neue Lebensform, eine neue Stufe des Seienden, höher als die tierische im Rang ihrer Innerlichkeit, also ihres Weiterlebens und ihrer Wirkungsmacht. Diese höhere Lebensform hat alles zu ihrer Verfügung, was auch die höchsten tierischen Lebensstufen kennzeichnet; aber ihre Struktur ist derart, daß sie mit diesem bereits sehr komplizierten organischen Gefüge wesentlich anders umgeht. Ich habe das bereits berührt, als wir von der Rolle der Hormone im Wachstum sprachen. So ermöglicht ihr die Freiheit der Entscheidung immer - um nur an das Einfachste zu erinnern -, bereits etwa im Ortswechsel, oder auch in der Wahl der Geschlechtspartner, jene relative Ungebundenheit, die eine ganz neue Gestaltungsweise heraufruft: die Rekombination verschiedener Erbgüter und damit Veränderung im Erscheinungsbilde, im Denken wie auch in der Weise der Tradition! Die beherrschten Ausdrucksmittel schaffen durch Tradition die ganz unerhörte Möglichkeit der rapiden Veränderung des Lebensraumes und damit die besondere Art der Entwicklung, die nicht einfache Fortsetzung der organischen Evolution, sondern eine ganz neue Bewältigungsform der Lebensaufgabe ist und die wir als Sphäre der Geschichte kennen. Es entsteht dadurch eine von uns geschaffene zweite Natur, die nicht etwa an sich gegen die Natur gerichtet und darum widernatürlich ist, sondern etwas Neues, ein Werk, für das wir allerdings in ganz anderer Art verantwortlich sind als die Termiten für noch so auffällige Bauten, die Webervögel für noch so große Gemeinschaftsnester an Tropenbäumen.

Die Verantwortung für diese zweite, neue Natur mahnt uns noch einmal daran, daß im Humanen eingeschlossen ist die gewaltige Möglichkeit des Gelingens und des Versagens und daß wir damit an das schwere Faktum rühren, daß dieses Humane mit umfaßt das Wissen um Wert, das Trachten nach Vollendung, das Suchen nach dem wahren Glücke des Daseins (...)

Die Offenheit unserer Anlagen der Zuwendung stellt jeden Einzelnen, jede Generation wieder neu vor die Aufgabe, die Lösung für die sozialen Beziehungen zu finden, die Synthese von relativ konstanten Naturgegebenheiten und der jeweils einmaligen historischen Situation zu suchen. Auch wo diese Form durch wirksame Traditionen sehr gefestigt erscheint und der Einzelne in eine klar geordnete Sozialwelt hineingeboren wird - auch da wirkt sich die einzigartige Tatsache des Ausnahmemenschen, der besonderen Fähigkeit bedeutender Individuen so aus, daß die Sozialwelt dauernd der Möglichkeit der Änderung ausgesetzt ist und daß auch das in der Tradition Bewährte sich in jeder Generation neu zu behaupten hat.

Das Finden wie das Bewahren sozialer Gestalten ist beim Menschen eine stete geistige Aufgabe. Das Studium des tierischen Lebens bezeugt uns tausendfach den arterhaltenden Wert der Regelung sozialer Beziehungen durch Rituale, deren Gestalt bei höheren Tieren meist ererbt, im Fall des Menschen aber immer wieder neu zu erfinden, zu bewahren und zu festigen ist.

Die gründende Anthropologie wird sich darum nie anmaßen, im einzelnen eine Form unseres Zusammenlebens als die "richtige", etwa als die biologisch fundierte, herauszuheben. Sie wird gerade dadurch ihren gründenden Charakter bekunden und bewahren, daß sie die Bedeutung des Offenbleibens unserer Beziehungsanlagen hervorhebt und daß sie damit bezeugt, wie sehr die Findung der Sozialform wie der Individualsphäre stete humane Aufgabe ist. Scheitern doch viele anthropologische Bestrebungen daran, daß sie zeitbedingte Formen als die zu bewahrenden erklären und damit ein wesentliches Moment des Humanen mißachten: die dauernde Erfassung unseres ganzen Daseins als stete Aufgabe. Eine fundierende Lehre vom Menschen wird erst dann im höchsten Grade wirksam werden, wenn sie nicht eine erwählte Form als starren Zwang verkündet, sondern durch den Hinweis auf die Notwendigkeit der Formfindung ein wirksames Gefühl für eine dauernde Verpflichtung wachhält. Mit einer solchen Grundlage wäre uns mehr gedient als mit dem Predigen der trügerischen Erwartung, es werde sich ein naturgemäßer Endzustand zwangsläufig entwickeln, wenn man nur die einer vorgefaßten Idee widerstrebenden Menschen unerbittlich radikal und während genügend langer Zeiten ausmerze (...)

Eine gründende Lehre vom Menschen muß ihren basalen Charakter auch in der Beziehung zur allgemeinsten Frage, nach dem Sinn des Lebens, bekunden. Wird sie doch anerkennen, daß auch die letzte Sinngebung für den einzelnen wie für die Gruppe stets den Charakter einer Aufgabe hat und daher nicht von allem Anfang an als fertige Lösung vorliegt. Anderseits zeigt uns eine Fülle von Erfahrungen aus verschiedensten Feldern der menschlichen Lebensführung, daß die Findung eines Lebenssinnes eine Forderung ist, die erfüllt sein muß, wenn ein menschliches Dasein gelingen soll (...)

Es erscheint mir eine der folgenschwersten Illusionen, anzunehmen, wir gingen zwangsläufig einer Einheit der Weltauffassung entgegen. Die Intensivierung der Beziehungen zwischen den Gruppen und die Ausbreitung der okzidentalen Technik schafft wohl einen Ausgleich vieler praktischer Lebensformen, doch hebt er die geschichtlich gewordenen Gruppenunterschiede nicht auf. Statt von einem Zeitalter des Ausgleichs zu träumen, erscheint es mir fruchtbarer, die Vielgestalt des Humanen als einen Reichtum zu sehen, als eine Vielfalt, die in der Gewißheit einer wesentlichen inneren Einheit des Menschlichen verschiedene Möglichkeiten dieser verborgenen Einheit zur Erscheinung bringt - eine Vielfalt, die auch in den Spannungen der Auseinandersetzung an der umfassenden Darstellung des Humanen mitgestaltet (...)

Jede unserer sozialen Lösungen ist historisch und zeitbedingt, daher grundsätzlich als überwindbar und fraglich zu bezeichnen - fragwürdig im ernstesten Sinne dieses großen zwiespältigen Ausdruckes! Jeder unserer Versuche ist prinzipiell der künftigen Findung einer besonderen Lösung oder der Einsicht in die Richtigkeit einer früheren Ansicht ausgesetzt. Aus diesem Grunde wird der Kampf um das Menschenbild stets im Zeichen der Freiheit geführt werden müssen; er kann nur in diesem Zeichen sinnvoll geführt werden. Wir werden jede Fixierung ablehnen müssen, wenn sie den absoluten Anspruch auf Richtigkeit erhebt und zum Dogma erstarrt. Diese Ablehnung gilt mit derselben Schärfe der dogmatischen Erstarrung, die von religiösen Glaubensformen gewissen sozialen Strukturen auferlegt wird - wie den ebenso dogmatischen Versuchen der Fixierung, die von politischen Glaubensformen heute erstrebt und verwirklicht werden (...)

Unsere Verantwortung ist groß. Wenn die Lebensforschung es ablehnt, die Argumente zur Begründung irgendeiner humanen Sozialgestaltung aus den natürlichen Anlagen tierhafter Art zu holen - so betont die gleiche Biologie um so mehr, daß wir den Mut aufbringen müssen, unsere Regeln der sozialen Ordnung auf dem Wege der Einsicht zu gewinnen und dann zu diesen Regeln zu stehen, solange wir sie als recht befinden.

Die Lebensforschung arbeitet heute die beiden Seiten des Menschenbildes schärfer heraus: sie vertieft die Lichter und Schatten auf der Seite des Naturgegebenen, des schlechthin Vitalen, und sie zeichnet zugleich den Ernst und die Tiefe des Geschichtlichen mächtiger, als dieses bisher geschaut worden ist. Die biologische Arbeit mahnt damit an die besondere Verantwortung, die jeder von uns für die Formung, für das Gestaltwerden, für die Humanität unserer Natur trägt. So sucht das biologische Schaffen mit seinen Mitteln, auf seinen Wegen die Aufgabe zu erfüllen, die dem Menschen gestellt ist - wieder geleitet von dem alten, zuweilen vergessenen Gedanken, daß, wer den Menschen zu deuten versucht, groß von ihm denken muß.

Adolf Portmann: Biologische Beiträge zur Lehre vom Menschen und seiner Erziehung in: Anthropologie und Pädagogik: Hrsg. von Hans Herbert Becker, Bad Heilbrunn/Obb. 1977, S. 48 - 54

1.2 Zur Zweigeschlechtlichkeit des Menschen - ein Beweis für die Ehe?

1.2.1 Einleitende und didaktische Hinweise

Die Zweigeschlechtlichkeit des Menschen ist eine Tatsache, die sicher bereits den Menschen der Anfangszeit als solche bewußt war, wenn auch die Erkenntnisse über die Zusammenhänge zwischen Geschlechtsverkehr, Zeugung und Fortpflanzung kaum bekannt waren. Allerdings gilt das Faktum der Zweigeschlechtlichkeit keinesfalls für alle Lebewesen. Einige Pflanzen- und Tierarten sind Zwitter. Die Natur zeigt jedoch, daß die jeweilige geschlechtliche Ausprägung durchaus einen Sinn hat. Die Fortpflanzung zweigeschlechtlicher Lebewesen bewirkt eine enorme genetische Kombinationsvielfallt und beim Menschen die Individualität. Die Zweigeschlechtlichkeit hat also einen biologischen Sinn. Sie beschränkt sich aber nicht nur darauf. Durch die Tatsache, daß der Mensch geschlechtlich von Angesicht zu Angesicht verkehren kann, wird biologisch bereits eine soziale Komponente einbezogen. Wenn es auch im Tierreich zwar bei zweigeschlechtlichen Wesen die Kopulation als solche gibt, so wird der Akt jedoch bei keiner Art von Angesicht zu Angesicht vollzogen. Nun sind solche Fakten gewiß kein Beweis für die Ehe, und die Ehe als spezifisch menschliche Institution biologisch zu beweisen ist sicher auch schwierig, da sie eine kulturelle Errungenschaft ist. Aber dennoch könnten auch biologisch einige Hinweise für die menschliche Ehe relevant sein.

Im vorliegenden Kapitel soll dies anhand von zwei Texten verdeutlicht werden. Der erste Text des Schweizer Biologen *Adolf Portmann* (vgl. Kap. 1.1.2.3) zeigt, daß der Mensch eine "physiologische Frühgeburt" ist. Er kommt eigentlich ein Jahr zu früh auf die Welt. Zum anderen aber ist er auch ein Nesthocker und sekundärer Nestflüchter. Dadurch wird das Ausreifen des völlig hilflosen Kleinstkindes in eine reizreiche soziale und physische Welt verlegt. Hierbei stellt sich die Frage, ob für eine optimale Entwicklung des Kindes nicht die Ehe als solche die beste Grundlage ist, ein Faktum, das sich psychologisch und soziologisch einwandfrei belegen läßt.

Der zweite Text von *Frhr. von Gebsattel* bezieht sich auf den biologisch-medizinischen Unterschied der Geschlechter und dessen Sinn.

Fragen zur inhaltlichen Auseinandersetzung

- Vergleichen Sie die beiden Textstellen miteinander! Welche unterschiedlichen, aber auch gemeinsamen Akzente werden darin ausgedrückt?
- Welchen Zweck könnte es für die Entwicklung des Menschen und der Familie haben, daß der Mensch eigentlich zu früh auf die Welt kommt. Welche Anforderungen werden damit an Mutter und Vater und deren Beziehung untereinander gestellt?
- Diskutieren Sie in Zusammenhang mit den biologischen Erkenntnissen "physiologische Frühgeburt", "Nesthocker" und "sekundärer Nestflüchter" die Bedeutung von Gemeinschaft, Erziehung und Verantwortung. Könnte in der biologischen Hilflosigkeit eine Notwendigkeit bestehen, daß die Eltern des Kindes eine dauerhafte Beziehung haben?
- Sind die manchmal als modern bezeichneten Entscheidungen, sich bewußt für das Alleinerziehen zu entscheiden, auch biologisch als modern bzw. richtig zu bewerten?
- Welcher biologische Sinn liegt in der Zweigeschlechtlichkeit des Menschen? Läßt sich von daher Ehe begründen?
- Funktional hat Sexualität in erster Linie den Sinn der Fortpflanzung. Ist dieser aber auch in erster Linie gültig beim Kulturwesen Mensch, oder hat Sexualität noch andere Funktionen?

1.2.2 Zum Menschen als "physiologische Frühgeburt"

(...) aber da die frühen Embryonalstadien untereinander viel ähnlicher sind als die Reifeformen, so muß der große, man darf wohl sagen überraschende Unterschied, der den Menschen in dieser Reihe so klar auszeichnet, in erster Linie auf die späten, nach der Geburt einsetzenden Veränderungen zurückgeführt werden. Die Zahlen von *Schultz* geben bereits einen drastischen Hinweis auf die Sonderentwicklung des Menschen nach der Geburt: Die Affen erreichen im Embryonalleben rascher die Proportionen des Erwachsenen und entsprechen damit dem höheren Säugertypus einer Nestflüchterentwicklung, bei dem der Geburtszustand ein verkleinertes Abbild der Reifeform darstellt. Den Menschen dagegen halten erbliche Faktoren - die uns im einzelnen vorerst noch unbekannt sind - von solch frühem Erreichen der artgemäßen Körperproportionen zurück; er erlangt, nach eigenartigen Zwischenphasen, in einer von allen Affenverhältnissen abweichenden Wachstumsart spät erst nach der Geburt die Körperproportionen der Reifegestalt. (...)

Ein hilfloser Nestflüchter - so erscheint der neugeborene Mensch dem Zoologen. Ist es uns bewußt, daß diese Tatsache die Regel der Säugetiere durchbricht? Suchen wir einmal in Gedanken den Geburtszustand zu erfinden, wie er sein müßte, wäre der Mensch wirklich völlig dem Bildungsgesetze seiner Gestaltverwandten unterworfen. Ein solcher Versuch ist nicht nur eine müßige Konstruktion; er dient der Feststellung einer Möglichkeit, an der erst das Seltsame unserer wirklichen Entwicklung gemessen werden kann. Unsere Überlegung sucht nur nach einer Vergleichsbasis, sie erarbeitet ein Modell; sie will nicht etwa den Entwicklungszustand irgendeiner Ahnenform darstellen.

Das Neugeborene aller hoch organisierten Säugergruppen ist ein Nestflüchter mit weit ausgebildeten, leistungsfähigen Sinnesorganen. Seine Gestalt ist, von geringen Proportionsverschiebungen, besonders der Kopfgröße, abgesehen, ein verkleinertes Abbild der Reifeform, und sein Verhalten wie seine Bewegungsweise entsprechen weitgehend dem Gebaren der Eltern. Auch verfügt es über die Elemente der für die Art kennzeichnenden sozialen Kommunikationsmittel. So ist der Geburtszustand bei den Huftieren, den Robben und Walen, ebenso bei den Affen. Wie wir sahen, gilt diese Aussage im Blick auf die gestaltliche Ausformung auch für die Menschenaffen, von denen noch besonders zu berichten sein wird. Auch manche spezialisierten Nager mit reduzierter Jungenzahl und langer Tragzeit (im Verwandtenkreis der Stachelschweine), sowie die extrem spezialisierten Ameisenbären und Faultiere Südamerikas, die nur ein Junges werfen, folgen demselben Gesetz.

Für ein echtes Säugetier von Menschentypus müssen wir im Sinne dieser Definition ein Neugeborenes fordern, das in den Proportionen seines Körpers dem Erwachsenen ähnlich ist das die artgemäße aufrechte Körperhaltung einnehmen kann und das wenigsten über die ersten Elemente unseres Beziehungsmittels, der Wortsprache (und Gebärdensprache), verfügt. Es gibt dieses theoretisch geforderte Stadium in der Tat in unserer Entwicklung: etwa ein Jahr nach der Geburt wird diese Stufe erreicht. Nach einem Jahr erlangt der Mensch den Ausbildungsgrad, den ein seiner Art entsprechendes echtes Säugetier zur Zeit der Geburt verwirklichen müßte. Würde also dieser Zustand beim Menschen auf echte Säugerweise gebildet, so müßte unsere Schwangerschaft etwa um dieses eine Jahr länger sein, als sie tatsächlich ist; sie müßte etwa 21 Monate betragen. Dieser Zahl von 21 Monaten darf natürlich nicht ein allzu absoluter Wert zugesprochen werden. Es kommt doch sehr darauf an, welchen Grad der Annäherung an die Reifeform man in unserer Konstruktion fordert: je nachdem wird man ein paar Monate mehr oder weniger "verlangen" müssen. Entscheidend für unsere weitere Untersuchung ist die Notwendigkeit der Forderung einer um ungefähr ein Jahr verlängerten Tragzeit für ein menschenähnliches Säugetier, für einen echten Tiermenschen oder ein Menschentier! (...)

Wie wird nun diese verlängerte Periode der Unfähigkeit zu selbständigem Leben bei den höher organisierten Säugetieren bewältigt? Denkbar wäre eine weitere Intensivierung der Brutpflege, also Verlängerung und Steigerung des Nesthockerzustandes. Aber dem Denkbaren widerspricht die Wirklichkeit des Lebens. Die Lösung für ranghohe Säuger ist ganz anders: eine beträchtlich verlängerte Embryonalzeit im Mutterkörper, die so weit gesteigert wird, daß der Geburtszustand bei solchen Säugetiergruppen, wie wir schon sahen, eine neue Art des Nestflüchters darstellt, der nur noch durch die Notwendigkeit der Milchnahrung an die Eltern gebunden erscheint - ein "abhängiger Nestflüchter", im Gegensatz zu dem sonst in manchem so ähnlichen Zustand bei Reptilien. (...)

Beim Menschen ist die durch gesteigerte Gehirnentwicklung bedingte Verlängerung der abhängigen Entwicklungsperiode auf eine Art gelöst, wie wir sie ähnlich auf viel einfacheren Stufen der Organisation auch finden: Einer Verlängerung der Tragzeit wird der Weg der ranghohen Vögel vorgezogen, und es wird eine Periode intensiver Pflege und Wartung durch die Eltern eingefügt. Der neugeborene Mensch, seinem Grundplane nach ein Nestflüchter, gerät in eine besondere Art von Abhängigkeit, weshalb wir ihn als einen "sekundären Nesthocker" bezeichnet haben (Portmann 1942). In dieser besonderen Abhängigkeit steht der Mensch in der Gruppe der Säuger allein. Man darf sich durch die Anthropoiden in Gebärde und Haltung so eindrückliche Beziehung von Mutter und Kind nicht täuschen lassen: Im neugeborenen und so wohlbehüteten Menschenaffen entstehen keine wesentlich neuen Möglichkeiten der Haltung und der Bewegung oder der Kommunikationsmittel mehr, während bei uns wesentliche Entwicklungsetappen in diese besondere extrauterinäre Zeit (und zwar an deren Ende!) fallen. Beim Anthropoiden reifen in rascher Folge die bereits in voller Ausbildung befindlichen endgültigen Zustände - beim Menschen aber entstehen erst jetzt überhaupt artgemäße Haltung, Bewegung und Sprache. Mit dieser Feststellung wird die Bedeutung der behüteten Kindheit höherer Tiere, insbesondere der Affen und Menschenaffen keineswegs verkleinert; diese Jugendleben schließt Tradition mit ein, führt aber nicht zur geschichtlichen Lebensform. Wir werden auf Parallelen und Kontraste im Bereich der höchsten Primaten noch zurückkommen müssen. (...)

Adolf Portmann: Biologische Fragmente zu einer Lehre vom Menschen Basel/Stuttgart 3. Aufl. 1969

1.2.3 Zum Unterschied der Geschlechter und dessen Sinn

Die Aufspaltung des Menschengeschlechtes in Mann und Weib, scheinbar das Grundproblem einer Anthropologie des Geschlechtslebens, ist in Wahrheit ihr noli me tangere. An fein- und tiefsinnigen Bemerkungen, welche die Polarität von Mann und Weib zum Anlaß nehmen, fehlt es nicht, gerade nicht im Schrifttum der Neuzeit. Erinnert sei an die schöne Studie von W. v. *Humboldt*; ferner an die unerschöpfliche Quelle der Romanliteratur aller Völker, an die verstreuten Aphorismen der "Moralisten", inklusive *Flaubert* und *Nietzsche,* schließlich an die verdienstvolle, typologische Studie von Ph. *Lersch.* Nie wird das menschliche Sinnen aufhören, um das Geheimnis dieses uranfänglichen Gegensatzes zu kreisen; nie allerdings werden sich die Wurzeln der Schöpfung selber bloßlegen lassen. Näher als alle physiognomischen und typologischen Formulierungen hält sich an diese Wurzeln die alte chinesische Schau; obschon die Aufspaltung der vorkosmischen Urpotenzen in Yang und Ying eigentlich nichts Bestimmtes aussagt, so als hätten die Weisen der Vorzeit gewußt, daß es sich hier um Gegebenheiten, nein, um Wirksamkeiten handelt von solcher Mächtigkeit, daß alle definitorischen Annäherungsversuche nur dies erweisen, daß sie nicht anlagen.

So wahrt das Geheimnis sich selber, denn es will nicht erkannt, es will gelebt werden. Spielregel für den Wandel der untermenschlichen Welt, legt es den Grund auch für die numinosen Fundamente der menschlichen Natur. Solche Spielregeln wehren den voreiligen Frager ab, auch dann, wenn er sich als Anthropologe ausweist, nein, dann erst recht. Es sind nicht die Gottlosesten, welche des Glaubens sind, die adäquateste Form ihrer Gottverehrung bestünde darin, Ihm den Rücken kehrend, von der Blickfesselung durch Ihn sich frei zu machen, um in der Willensrichtung Seines Auftrages gleichsam von Ihm weg - in Wahrheit auf ihn zu - sich zu bewegen. So sind es vielleicht gerade die Liebenden, welchen keine Zeit bleibt, über die kosmischen Wurzeln des liebenden Daseins nachzudenken, weil der im Vollzug noch unvollziehbarem, der unendlich sich erneuernde Ausgleich zwischen den Polen der geschlechtlichen Aufspaltung ihr Leben ausmacht, aber auch ihre Besinnung aufbraucht. Die Liebenden sind aber die Lehrmeister des Anthropologen; er dränge sich denkend nicht vor, wo sie liebend ein Geheimnis verehren. Eine drastische Erfahrung aus dem Sprechzimmer veranschaulicht indirekt die Unzulänglichkeit von Mitteilungen, welche die Kommunikation mit dem Geheimnis unterbrechen. Es handelt sich um den Sohn eines Psychoanalytikers alter Schule, der mit 13 Jahren seinen Vater, wie dieser ihn mißverstand, um "Aufklärung" anging. Der Vater, seiner ungeheueren, durch die Traumalehre hochgepeitschten Verantwortung voll bewußt, ging erst ins Nebenzimmer, um sich zu besinnen, und kehrte schließlich zurück mit einem anatomischen Atlas und erklärte dem Sohn an Hand der Tafeln den Unterschied der Geschlechter und gewisse physiologische Konsequenzen. Es ist nicht zu schildern, mit welchem Ausmaß von Verzweiflung diese an sich durchaus sinnvolle Aufklärung beantwortet wurde. Was der Vater unternommen hatte, ein "Trauma" zu verhindern, war selbst zum Trauma geworden. Der Sohn, anlagemäßig von metaphysischen Bedürfnissen bewegt, suchte nach einem zufälligen Gespräch auf einer Gesellschaft mich auf. Er hatte noch nicht vermocht, nach drei Jahren sich von dem Stachel der väterlichen Aufklärung zu befreien. Seine Enttäuschung hatte sich gesammelt in der Frage: " Soll das alles sein?" Von "Liebe" war zwar auch die Rede gewesen, aber wohl so matt, daß die Vorstellung, es sei der Unterschied der Geschlechter "nichts anderes als" die anatomische Differenz offenbar den "Raum um sein Gefühl" (Rilke) und das Auslangen seiner Einbildungskraft aufs peinlichste beschränkte. Die anatomischen Vorstellungen nannte er "Käfigwände, an denen sein Gefühl (sein Herz?) sich wund stieß".

Dieses Vorkommnis wird berichtet wegen seines methodischen Gehaltes. Jeder Versuch, die Aufspaltung des menschlichen Geschlechtes, gleich Mann und Weib, zu überführen in handliche Bestimmungen, und seien diese sogar mythologischen oder physiognomischen Intuitionen entlehnt, gerät leicht in die Linie des väterlichen Unternehmens, der die metaphysische Beunruhigung seines Sohnes mittels anatomischer Atlanten rationalisieren und so beschwichtigen zu können glaubte.
Damit ist gewiß nichts gesagt gegen Versuche, nie zu durchschauenden Letztgegebenheiten Wißbarkeiten abzuringen, soweit sie Wissen zulassen. Allein zu den Aufgaben der Anthropologie des Geschlechtslebens gehört das nicht. Und zwar aus Gründen, die wesentlich mit dem besonderen Aufgabenbereich der anthropologischen Forschung zusammenhängen. Die Spielregeln des menschlichen Daseins sind auch die Spielregeln des anthropologischen Denkens. Ohne also nach dem Wesen der Aufspaltung in Geschlechter zu fragen, deren Vorhandensein ja das Dasein des Menschen in wesentlichen Hinsichten überhaupt erst ermöglicht, bemächtigt sich die Anthropologie des Geschlechtslebens ihres eigentlichen Themas erst dann, wenn sie *die existentiellen Konsequenzen dieser Aufspaltung für den Menschen* ins Auge faßt und somit die Frage stellt, wie diese *sinngemäß* gelebt wird. (...)

Die eigentlich humane Konsequenz der Geschlechtertrennung ist die Geschlechtsliebe. - Mit dieser einfachen (wie oft durch die Empirie widerlegten!) Feststellung entfernt sich die Anthropologie des Geschlechtslebens bereits um Siriusweite vom Standpunkt der Sexologie. Die Anthropologie fragt nach dem, was die Sexualforschung der Gegenwart grundsätzlich zu fragen unterläßt, weil eben das reduktive Verfahren der Wissenschaft gewisse Fragestellungen grundsätzlich ausschaltet.
Schon die Sonderstellung des Geschlechtswesens Mensch im Reich des Lebendigen zu behaupten, bedeutet einen Angriff auf das wissenschaftliche Ideal einer allgemeinen, biologischen Theorie der Sexualität. Diese müßte so gestaltet werden, daß sie unterschiedslos für Mensch und Tier, ja für alle "Cytarier" gilt (vgl. Otto *Storch*. Daß eine solche Theorie gerade von der Sonderstellung des Menschen im Reich des Lebendigen abstrahiert, veranschaulichen die berühmten drei Gesetze *Hartmanns:* 1. das Gesetz der allgemeinen bipolaren Zweigeschlechtlichkeit der Organismen, 2. das Gesetz der allgemeinen bisexuellen Potenz jeder Zelle, 3. das Gesetz der relativen Stärke der weiblichen und der männlichen Determinierung, was relativen Stärke der weiblichen und der männlichen Determinierung, was besagt, daß die Realisierung der jeweiligen Geschlechtsbestimmtheit erfolgt durch die relative Stärke äußerer modifikatorischer oder erblich genetischer Faktoren.

Betrachtungen mit einem solchen Ansatz, so wichtig sie sind, ergeben indessen, wie sich von selbst versteht, nichts für eine Anthropologie des Geschlechtslebens. (...)

Die allgemeine Anthropologie des Geschlechtslebens ist aber dadurch "Anthropologie", daß sie die Sinnwirklichkeit des Geschlechtslebens zu ihrem Hauptthema macht. Dieser Orientierung getreu hat sie zu fragen nach der Einordnung des Geschlechtslebens ins Sinnganze des menschlichen Dasein. Wo Ordnung erst zu leisten ist, droht aber auch Unordnung; die Abweichungen von der als "Norm" begriffenen Sinnwirklichkeit des Geschlechtslebens bilden des weiteren das Thema der medizinischen Anthropologie in unserem Sektor der Betrachtung.

Schließlich gipfelt das menschliche Geschlechtsleben in der Möglichkeit, *Handlung und Werk* zu werden. Soll diese der Liebesgestalt des Geschlechtlebens immanente Richtung aber aufgewiesen werden, so ist Voraussetzung solchen Verstehens die Auslegung von Wesen und Sinn der menschlichen Geschlechtsgemeinschaft. Keine noch so sorgfältige Analyse der menschlichen Triebnatur erreicht diese Ebene der Betrachtung. Weder ist die Biologie noch die Soziologie des "Geschlechtstriebes" in der Lage, die Gesichtspunkte an ihrem "Objekt" aufzuzeigen, welche das *Sinngefüge* der menschlichen Geschlechtshandlung - den Liebesbund der ehelichen Gemeinschaft - erhellen.

Daß diese Handlung bipersonaler Natur ist, ergibt sich aus der Zusammenfügung von Geschlechtspartnern, die einander polar zugeordnet sind. Fügt sie der Geschlechtstrieb zusammen oder die Geschlechtsliebe? Wenn aber nicht der Geschlechtstrieb, was geschieht aus diesem Radikal der Sexologie im menschlichen Bereich? Denn grundsätzlich transzendiert und überschwingt ja das Geschlechtsleben des einzelnen den Binnenraum seines Für-sich-Seins, in dem der Geschlechtstrieb lokalisiert ist. In der Liebe durchwohnten Ich-Du-Begegnung erlischt, wenn wir genau sind, die autonome Triebgestalt des schweifenden und amorphen Geschlechtsverlangens. Die Transzendenzbestimmung der menschlichen Geschlechtsnatur läßt sich nicht in der Dialektik des sogenannten Geschlechtstriebes ausdrücken. Statt etwas zu erklären, muß dieser "Trieb" selbst erklärt werden. Wir wissen, daß seine Nachweisbarkeit und damit seine Wirksamkeit schwankt in Abhängigkeit von den höheren Staffeln des Geschlechtslebens und vor allem von den Modalitäten der wirhaften Verbundenheit von Personen. Das Miteinander-Dasein von Liebenden, die als Liebende zur Schöpfung einer einzigartigen, die Zeit übergreifenden, ja ihr jenseitigen Wirgestalt des Daseins berufen sind, nimmt wohl das geschlechtliche Verlangen (den Sexus) in seinen Dienst; der ursprünglich herrenlose und in seiner Herren- und Heimatlosigkeit amorphe, ziellose Trieb aber verwandelt sich zunehmend in namentliche "Sehnsucht"; diese Sehnsucht aber wird zum Sinn sogar des nun eindeutig gerichteten Geschlechtsverlangens.

Diese *"Sehnsucht"* die im Wesen von *Novalis* (vgl. Hymne) niemals endet und altert, diese nennt die gängige Sprache das "Walten des Eros". Im Einverständnis mit *L. Binswanger* also: "Sehnsucht". In seinem schönen Kapitel über die

"Räumlichkeit des liebenden Miteinanderseins" vermerkt er, es sei das Wort "Sehnsucht" das eigentlich deutsche Wort für den griechischen Eros und seine im Symposion und Phädros entwickelte Dialektik.

Ein Mißverständnis dieser Sehnsucht allerdings wäre es, wollte man behaupten, daß sie, weil eingebettet in die erfüllte Wirklichkeit einer beschlossenen Geschlechtsgemeinschaft, nun zum Erlöschen käme. Das gilt wohl vom geschlechtlichen Verlangen, das mit seiner Befriedigung erlischt, aber von der Sehnsucht überlebt wird. Schwankungen ausgesetzt, weil die unendliche Möglichkeit des wechselseitigen Sich-Durchdringens und Begegnens manchmal aussieht wie eine Unerreichbarkeit und Unzulänglichkeit des Partners, erhält sie sich in einem Liebesbund doch oft bis ins höchste Alter des Paares, indem die Frau nie von ihrer bräutlichen Erwartung, der Mann nie von seiner ritterlichen Werbung sich lossagt (vgl. *Gertrud v. Le Fort:* " Die ewige Frau"). Allerdings gilt vom Leben des Eros auch, was *Goethe* im Hinblick auf Ottilie (in den "Wahlverwandtschaften") vom Märtyrertum sagt, daß sogar zu ihm Genie gehöre.

Doch wäre es traurig, wenn die Partnerschaft geschlechtlich getrennter Personen angewiesen wäre auf die Genialität ihrer Sehnsucht. Eros ist die Schönheit der Liebe, aber nicht der Sinngrund der Geschlechtsgemeinschaft von Personen. Wenn *M. Buber* verspürt, daß im ehelichen Bund "der äonische Charakter des menschlichen Daseins" sich öffnet (vgl. das Leitwort zu *Ernst Michels* Ehebuch), so erhält dieser Ausspruch den Hinweis auf die Wirklichkeit einer die Sehnsuchtsgestalt des Geschlechtslebens übersteigenden und sie regierenden personalen Liebe von Ich und Du. In dieser gipfelt der vielgliedrige Akt der Geschlechtsliebe, oder vielmehr: Sexus und Eros sind von der personalen Liebe, sie durchdringend und von ihr durchdrungen, so umfaßt, daß antwortendes Ich und anrufendes Du in der Wirgestalt dieser ihrer Rollengleichheit liebend die Geschlechtsgemeinschaft halten und doch zugleich sie im Sinn einer gemeinsam erwirkten Menschwerdung übersteigen, wobei das zweieinige Ganze, auf das hin eben die Geschlechtsliebe angelegt ist, sich gestaltet und wird.

Aus dem Gesagten folgt, daß die anthropologische Fragestellung vor der psychologischen, der biologischen oder soziologischen einen Vorrang besitzt. Sie stößt vor in die metabiologische und metapsychologische Dimension jener Seinsmöglichkeiten, welche aus dem existentiellen Sinn der geschlechtlichen Aufspaltung des Personenreiches abzulesen sind. Nie reichen statistische, biologische, psychologische, behaviouristische Befunde und deren Auswertung an die eigentlich humane Wirklichkeit des Geschlechtlichen heran. Diese erschließt sich erst dem, der die Sinnfrage stellt. Sogar die Sehnsuchtsgestalt der Geschlechtsliebe versagt sich der vergegenständlichenden Tendenz naturwissenschaftlicher Methoden. Das "Totalverständnis", dieses Anliegen der Anthropologie auch im Gebiet des Geschlechtslebens, kann nicht aus der Beobachtungsfülle häufiger Befunde gewonnen werden, sondern es ist zu entwickeln auf der Grundlage einer Phänomenologie und der Analytik dessen, was *Binswanger* in seinem tiefgründigen Werk die "Liebesstruktur des Dasein" genannt hat.
Von den vielen Themen der Anthropologie des Geschlechtslebens sei - pars pro toto - das *Verhältnis erwogen von Geschlechtstrieb und Geschlechtsleib.* Was

immer im einzelnen für Vorstellungen entwickelt werden mögen über die Natur des "Geschlechtstriebes", daß ein solcher anzusetzen sei als Subkonstruktion gleichsam des geschlechtlichen Verhaltens gilt als selbstverständlich. Das Geschlechtsleben, begriffen als eine Weise des Verhaltens gilt als selbstverständlich. Das Geschlechtsleben, begriffen als eine Weise des Verhaltens, erscheint wie das Individuum selbst determiniert durch den Motor des so oder so zu analysierenden Geschlechtstriebes. Wie sich der Mensch im Blickpunkt solcher Trieblehren überhaupt als ein Gefüge von Antrieben darstellt, so soll er auch als Geschlechtswesen begriffen werden: der Wirkmacht nämlich eines "Geschlechtstriebes unterstellt, wobei zugegeben wird, daß dieser im System der Antriebe auch seine Widersacher habe. Indem Biologie und Psychologie das Geschlechtsleben auf Triebe ("Partialtriebe"), auf deren Hemmung und Enthemmung "zurückführen", als auf das eigentlich Wirksame und Selbstverständliche, sind sie darin gleichen Geistes wie die Physik, wenn sie die Zurückführung der Qualitäten auf quantitative Verhältnisse als auf die wahre Wirklichkeit postuliert.

Dieses Einleuchtende und Selbstverständliche wird erst auf der Stufe des anthropologischen Denkens zum Fragwürdigen schlechthin. Weil Physiologie, Biologie und Psychologie, indem sie von Geschlechtsorganen und ihrer Funktion, von Geschlechtstrieben, psychosexuellen Vitalgefühlen und Affekten handeln, oder von der Libido und ihrer Dynamik, den Menschen im Vollzug seines Geschlechtslebens, sogar noch inmitten des Geschlechtsaktes selbst, eingekerkert festhalten im Binnenraum seines Einzeldaseins und Für-sich-Seins, darum gelten dem Anthropologen (eben wegen jenes häretischen Menschenbildes, mit dem die Herausarbeitung so richtiger und wichtiger Befunde bezahlt wird) die Aussagen über die Geschlechtsnatur des Menschen als Ausdruck einer zerstückelnden, dismembrierenden Entwirklichung der lebendigen Wirklichkeit. Denn für ihn ist das Erstgegebene nicht das Organ, nicht der Trieb, die Libido und alles andere, sondern der *Geschlechtsleib*. Dieser aber ist eine duale Wirklichkeit.

Diesen Begriff kennt die Wissenschaft nicht, so wenig wie das Phänomen, dem er entspricht. Um die Eigenart des Geschlechtsleibes in den Griff zu bekommen, ist die scientifische Abstraktion rückgängig zu machen, die vom Wesentlichen der Urbegegnung zweier Liebenden absieht. Denn hier erst, wo Ich und Du in der zeitenthobenen Unmittelbarkeit der schöpferischen Liebesbegegnung sich als wesenhaft einer zum anderen gehörend erfahren, und vor allem ausdrücklichen Entschluß füreinander im einigen Herzraum der beiden schon die Entscheidung gefallen ist, das Ja zum fortwirkenden Ineinander von Anruf und Antwort der Liebe - hier erst ist der Grund gelegt für jene tragende Geschlechtsgemeinschaft, welche die Liebe benötigt, um Leib werden zu können. Leibwerdung aber ist nichts anderes, als die Inkarnation der personalen Wesensliebe, durch welche diese in die leibliche Wirgestalt geschlechtsgetrennter Partner sich einsenkt und so die Möglichkeit gewinnt, in der Zeit sich zu entfalten. Diese leibliche Wirgestalt der Liebe aber ist der "Geschlechtsleib". (...)

Eine "idiopathische Einung" nennt *Klages* einmal den gleichen Tatbestand, den *Novalis* im Auge hat. Über die "idiopathische" Einung hinaus, so wurde bereits deutlich, ereignet sich aber, wo Eros waltet, zugleich die "sympathetische" Einung geschlechtlich differenzierter Eigenwesen. Ja diese, die polare Aufspaltung der Menschenwelt in Mann und Weib wenigstens instanten aufhebende Einigung, bereitet erst die mit dem Begriff des "Geschlechtsleibes" erahnte Wirklichkeit vor. Allein, auch die sogeschilderte Möglichkeit ist noch nicht die Vollwirklichkeit des "Geschlechtsleibes". Wie nämlich könnte der Einzelne, wenn er wieder auftaucht aus der vorübergehenden Aufhebung seines Für-sich-Seins und der sinnlos gewordenen Rückkehr in das Leid der puren Individuation? Es kann nicht bezweifelt werden, daß in dem Einungserlebnis, das Eros und Sexus verwalten, keimartig ein Tieferes enthalten ist: der Ansatz zur Bildung des "Geschlechtsleibes" in einem höheren Sinn des Wortes, jener Vollwirklichkeit nämlich, der die Schrift Rechnung trägt, wenn sie davon spricht, daß Mann und Weib berufen sind, "ein Fleisch" zu werden. (...)

Der Einzelne, sie er Mann, sei er Frau, wird dem Fragmentarischen und Torsohaften seines Nur-Mann- oder Nur-Weib-Seins durch die Geschlechtsliebe enthoben. Zusammengeschlossen zu einem hohen Ganzen, umgebildet zur übergeschlechtlichen Androgyne, ohne darum aufzuhören, Mann oder Weib zu sein, wird der Keim entwickelt zum eigentlichen, zum urbildlichen Menschentum. Dieses aber hat seine Wurzeln in der dualen Wirklichkeit des Geschlechtsleibes. (...)

Folgendes versteht sich in anthropologischer Hinsicht von selbst: Wie das Erdreich einer in den menschlichen Wohnraum verpflanzten Blüte ein es zusammenhaltendes Tongebilde, den Blumentopf, benötigt, so benötigt die leibliche Geschlechtsgemeinschaft, um in ihrem Sinn - unangefochten durch räumliche Trennung, zeitlichen Verfall, auflösende Umstände - fortbestehen zu können, die eheliche Lebensform. Deren Analyse erfordert in solchem Zusammenhang ein eigenes Kapitel. Hier indessen soll nur an die Weisheit der Sprache, wie sie *Jakob Grimm* sich auftat, erinnert werden (zitiert nach *Martin Buber a.a.O.)*: "Im gotischen Wort "aiva", aus dem das deutsche Wort "Ehe" kommt, wohnten Ewigkeit und Gesetz dicht beieinander, ehe sie in êwe, aevum, aeternitas und ê, lex, testamentum, matrimonium auseinandertraten".

V.-E. Frhr. v. Gebsattel: Allgemeine und medizinische Anthropologie des Geschlechtslebens, in: Die Sexualität des Menschen. Handbuch der medizinischen Sexualforschung. Herausgegeben von Hans Giese. 2. neubearb. und erweiterte Auflage Stuttgart 1968. S. 1 - 10

1.3 Zur extrakorporalen Befruchtung - Folgen für das Familienverständnis

1.3.1 Einleitende und didaktische Hinweise

Die extrakorporale Befruchtung stellt insbesondere für kinderlose Paaren eine Chance dar, sich doch noch den ersehnten Kinderwunsch zu erfüllen. Die Vorstellung, daß alles Leben ein Werden ist, muß durch diese Möglichkeiten dahingehend erweitert werden, daß das Leben mittlerweile auch machbar ist. Neben diesen hoffnungsvollen Aspekten der extrakorporalen Befruchtung sind jedoch auch bestimmte Begleiterscheinungen in Betracht zu ziehen. Auch muß eine Faszination hinsichtlich der neuen Möglichkeiten immer einer ethischen und moralischen Prüfung unterzogen werden. So segensreich die künstliche Befruchtung auch von vielen empfunden wird, sie birgt in sich allerdings auch die Gefahr einer Veränderung der Familie und der familialen Rollen und damit eine Bewußtseinsänderung der Menschen in der Gesellschaft schlechthin. Leibliche Vater- und Mutterschaft in Zeiten heterologer und postmortaler Insemination oder Leihmutterschaft bewirken in der Tat eine radikale Veränderung von Herkunfts- und Abstammungsfamilie. Die Fragen klarer Identität von Kindern in Bezug auf ihre Eltern und auch Fragen zu Treue in Ehe und Familie bis hin zu der Frage, ob der Mann überhaupt noch notwendig ist werden darüberhinaus zu einer veränderten Bewußtseinslage und zu einer neuen Wertorientierung führen, deren Konsequenzen für Menschen, Ehe, Familie, Gesellschaft, Kirche und Staat gewiß eher negativ sein werden.
In der vorliegenden Textauswahl wird dies mit vier Texten dokumentiert. Der erste Text zeigt Probleme auf, die sich mit neuen Entwicklungen ergeben können. Der Autor, *Amitai Etzioni*, verdeutlicht dies am Beispiel von Geschlechtswahl und Züchtungen und deren Wirkungen auf Familie. Im zweiten Text zeigt *Manfred Stauber* am Beispiel der verschiedenen Techniken der künstlichen Befruchtung deren Konsequenzen auf Ehe und Familie. Der dritte Text von *Eva Britting* stellt die möglichen Auswirkungen der postmortalen Insemination dar. Der vierte Text von *Cora Stephan* vermittelt einen Überblick über den Zusammenhang zwischen den Techniken, dem Familienverständnis und kulturellen Wertorientierungen.

Ansätze zur inhaltlichen Auseinandersetzung

- Welche positiven und negativen Konsequenzen hat die künstliche Befruchtung für den Menschen, für Ehe und Familie und für Staat und Gesellschaft?
- Gibt es dazu unterschiedliche Bewertungen der einzelnen Methoden?
- Welche Gefahren bestehen bei künstlicher Befruchtung (z.B. medizinisch, psychologisch, soziologisch, pädagogisch, theologisch, ethisch und rechtlich?
- Bestehen Gefahren für das Zugehörigkeitsgefühl zur Familie bzw. für das Familienverständnis selbst?
- Können die Techniken künstlicher Befruchtung zum Werteverfall bzw. zu einer Werterosion in Ehe, Familie und Gesellschaft beitragen. Diskutieren Sie dabei insbesondere die Frage der Vater- und Mutterschaft, des Kind-Seins, Treue, Verantwortung und Solidarität in der Familie.
- Sollten die Fortpflanzungstechniken überhaupt angewandt werden, wenn nein. warum nicht, wenn ja, unter welchen Bedingungen?

1.3.2 Zu extrakorporaler Befruchtung und Geschlechtswahl

Die Probleme, die die neuen Entwicklungen in der Biologie (...) aufwarfen, hatten mich bereits auf eine sehr persönliche Weise tangiert. Seit 1967 war ich Vater von drei netten Jungen, und meine Frau und ich überlegten, ob wir noch ein Kind haben wollten. Was konnten wir tun, damit es ein Mädchen würde? Irgendwo hatte ich gelesen, das Geschlecht des Embryos bestimme sich danach, in welchem Stadium des Menstruationszyklus die Befruchtung stattfindet. Nach einem Gespräch mit einem Arzt und einem Tagesausflug in die medizinische Bibliothek wußte ich mehr über die Frage der Geschlechtswahl, als ich jemals hatte wissen wollen. Ich erkannte zwar, daß uns derzeit eine Wahl nicht offenstand (bald danach bekamen wir unseren vierten Jungen), stellte jedoch fest, daß Wissenschaftler dabei waren, verschiedene Verfahren zu entwickeln, die eine Wahl des Geschlechts ermöglichen würden. Weiter stieß ich auf erstaunlich solide Angaben darüber, was geschähe, wenn jedermann die Freiheit der Wahl hätte, nach der ich begehrte: das größere Glück auf Seiten derer, die wählen konnten, würde eine recht schwerwiegende Störung und Erschütterung der Allgemeinheit nach sich ziehen. Untersuchungen ergaben, daß ein beträchtlicher "männlicher Überschuß" entstehen würde, wenn jedes Elternpaar bekam, was es sich wünschte. Die sozialen Folgen eines solchen Überschusses, so meine Schlußfolgerung, reichten von ungünstig bis untragbar. Ein wachsender Teil der Bevölkerung würde keinen Ehepartner finden; Homosexualität und Prostitution würden aller Wahrscheinlichkeit nach zunehmen. Und - da es weniger Frauen gäbe, würde es weniger Menschen geben, die sich für Kultur (Bücher, Theater, Kunst) interessierten oder sich mit der moralischen Erziehung der Kinder befaßten (nach wie vor Spezialaufgabe der Frauen); andererseits würde es mehr Menschen geben, die konkurrierenden, materialistischen Betätigungen nachgingen (also noch mehr männliche Welt). Aus dem gleichen Grunde würden die Gewaltverbrechen zunehmen (90,4 % aller Gewaltverbrechen und 81,3 % aller Eigentumsdelikte in den Vereinigten Staaten im Jahr 1970 wurden von Männern begangen).
Auch an der Entwicklung einer künstlichen Gebärmutter wird gearbeitet, um solche Babys "von der Zeugung bis zur Geburt" im Labor großziehen zu können. Frauen, die Mutter werden wollen, könnten dann einfach ihr Ei abliefern und die Schwangerschaft mit ihren Mühen umgehen. Der nächste Schritt - wenn auch in ferner Zukunft - wäre die Herstellung identischer Kopien von Menschen, wissenschaftlich Klonen genannt; er impliziert ungeschlechtliche Fortpflanzung und kommt durch Stimulation einer bestimmten Körperzelle zustande - mit Karotten und Fröschen sind entsprechende Versuche bereits im Gange.

1.3.2.1 Zum Embryonenhandel

Dr. E.S.W. Hafez, ein international angesehener amerikanischer Biologe, soll aufgrund seiner eigenen Forschung über Fortpflanzung gesagt haben: "Es wird keine zehn bis fünfzehn Jahre mehr dauern, bis eine Frau sich einen winzigen tiefgefrorenen Embryo kaufen, ihn zum Arzt bringen und in ihre Gebärmutter einpflanzen lassen, ihn neun Monate tragen und dann zur Welt bringen kann, als hätte sie ihn in ihrem eigenen Körper empfangen. Der Embryo würde natürlich

mit einer Garantie verkauft, die genetische Mängel beim daraus entstehenden Baby ausschlösse. Außerdem erführe der Käufer die Augen- und Haarfarbe des Kindes, sein Geschlecht, seine vermutliche Größe zum Zeitpunkt der Reife und seinen wahrscheinlichen IQ im voraus."
Was das Klonen anlangt, "so ist es bei Amphibien bereits praktiziert worden", sagt Lederberg, " und es kann durchaus sein, daß just in diesem Moment jemand dabei ist, es mit Säugetieren zu probieren. Es würde mich keineswegs überraschen, wenn man dieser Tage davon hörte. Wann allerdings jemand den Mut haben wird, es bei einem Menschen zu versuchen, kann ich nicht sagen. Ich schätze jedoch, der Zeitpunkt wird von heute an gemessen, irgendwo zwischen null und fünfzehn Jahren liegen. Länger als fünfzehn Jahre wird es nicht dauern."

1.3.2.2 Zur künstlichen Befruchtung und Experimenten

Solche Experimente, so der Einwand, zerstörten die Ehrfurcht vor dem Leben. Unsere Zivilisation setze voraus und verlange, daß der Mensch als Ziel und nicht als Mittel oder Objekt angesehen, daß ihm ein besonderer moralischer Status zugestanden und er nicht als etwas betrachtet werde, das man nach Belieben zersägen oder sezieren könne. Würden solche Experimente unsere Auffassung von der Unverletzlichkeit des Menschen verändern, könne der gesamte Putz unserer Zivilisation abzubröckeln beginnen. Krieg, Gewalt und Zerstörung der zivilen Ordnung würden die unwürdigen Nutznießer sein.
Ein zweiter und naheliegender Einwand lautete, diese Experimente schadeten der Familie. Die Familie, so wurde gesagt, sei die wichtigste Institution, das Herzstück aller Gesellschaften; ohne Familie könnten die Gesellschaften nicht überleben. Besonders in unserer Zeit sei sie als letzter Hort persönlicher Wärme absolut lebenswichtig. Dazu Kass:
"Einige wichtige Tugenden der Familie werden heute allzuoft übersehen. Die Familie wird immer mehr zur einzigen Institution in einer zunehmend unpersönlichen Welt, in der der einzelne nicht geliebt wird, weil er dies oder jenes tut oder macht, sondern einfach, weil er da ist. Die Familie ist auch die Institution, die den meisten von uns, Kindern wie Eltern, ein Gefühl der Kontinuität, der Bindung an die Vergangenheit und der Verpflichtung der Zukunft gegenüber vermittelt. Ohne die Familie wären die meisten von uns wenig motiviert, sich für das zu interessieren, was nach dem eigenen Tod kommt. Es wäre eine bittere Ironie des Schicksals, wenn Klonprogramme oder die im Labor zwecks Verbesserung der genetischen Ausstattung zukünftiger Generationen gesteuerte Fortpflanzung ausgerechnet die Institution aushöhlen würden, die uns lehrt, überhaupt an die Zukunft zu denken. Ich fürchte, daß die Auslöschung der Familie zugleich unsere Bindung an Vergangenheit und Gegenwart schwächen und uns noch mehr der Gnade einer unpersönlichen, einsamen Gegenwart ausliefern würde. Die Beweislast sollte jenen zufallen, die glauben, unsere Menschlichkeit könne überleben, auch wenn es die biologische Familie nicht mehr gibt."
Was die Familie betraf, so war sie sicherlich im Umbruch, doch zählten zu den Ursachen ihrer Auflösung ökonomische Veränderungen (mehr berufstätige Frauen), demographische Veränderungen (weniger Kinder pro Familie in den

Vereinigten Staaten) und eine allgemeine Lockerung von Tabus sowie eine ganze Menge weiterer Faktoren. Selbst bei Kass kann man lesen:
"Zur Gemeinde der absichtlichen Familiensaboteure gehören solche, denen es darum zu tun ist, die menschliche Sexualität von allen Zwängen zu befreien oder die biologischen Unterschiede zwischen den Geschlechtern aufzuheben, und es gehören die dazu, die den Untergang der Ehe als einen notwendigen Schritt zur Begrenzung des Bevölkerungswachstums betrachten, wie schließlich auch all jene, die in der modernen Kleinfamilie eine der Erziehung und Aufzucht von Kindern hinderliche und gefährliche Institution erblicken.
Ich will nicht bestreiten, daß die moderne Kleinfamilie Anzeichen eines durch vielerlei Pressionen verursachten Zusammenbruchs aufweist. Sie mag innere Grenzen haben, die sie für die moderne technologische Gesellschaft auch im besten Falle als ungeeignet erscheinen lassen; als ein Problem der modernen technologischen Gesellschaft und nicht der Familie begriffen werden. Wir sollten bei der Erörterung solcher Fragen tatsächlich weniger frivol und journalistisch verfahren und vor allem die wesentliche Frage nicht aus den Augen verlieren: Sollen wir wirklich jene entscheidende und endgültige Lösung gutheißen, die die biologische Verwandtschaft aus dem Fundament gesellschaftlicher Organisation verbannt? Sicher, Alternativen zur konventionellen Zeugung und Aufzucht von Kindern könnten in den Laboratorien und in irgendwelchen staatlichen Ämtern schon entwickelt werden. Aber mit welchen Kosten?"
Ich sah einfach nicht, wie das Familiensystem weiter ausgehöhlt wurde, selbst wenn Austin und seine Kollegen allen unfruchtbaren Frauen halfen. Im Gegenteil, die Spannungen, die Kinderlosigkeit in einer Familie verursachen kann, dürften mindestens ebenso groß sein wie die durch Austins Arbeit hervorgerufenen. Außerdem scheinen die meisten Menschen der Vorstellung, Söhne und Töchter durch künstliche Befruchtung zu bekommen, recht aufgeschlossen gegenüberzustehen, auch wenn sich für den unfruchtbaren Mann gelegentlich ein psychisches Problem ergibt, weil das Kind nicht sein "eigen Fleisch und Blut" ist - eine unedle Sentimentalität, der wir nicht nachzugeben brauchen.

Amitai Etzioni: Die zweite Erschaffung des Menschen. Manipulation der Erbtechnologie. Opladen 1977. S. 17f, 72f, 95, 97

1.3.3 Zu verschiedenen Formen der In-Vitro-Fertilisation und deren Wirkungen auf eine Familie und Familienverständnis

Durch die außerkörperliche Befruchtung ist eine neue Dimension in die Medizin gekommen. Erstmals ist es möglich, die unmittelbare Entstehung des Menschen im Labor zu beobachten oder sogar an ihr zu manipulieren. Dabei eröffnen sich Perspektiven, die großes Unbehagen auslösen müssen. In unserer Arbeitsgruppe, die sich mit dem Problem des nichterfüllten Kinderwunsches befaßt, geht es seit Einführung der außerkörperlichen Befruchtung immer wieder um die Fragen:
- Wo sind die Grenzen des technisch Machbaren?
- Ist ein Mißbrauch nicht schon vorprogrammiert?
- Laufen wir nicht Gefahr, daß die technische Entwicklung unserer geistigen Entwicklung davonläuft?

- Ist es nicht auch eine ärztliche Pflicht, tiefenpsychologische Überlegungen bei überwertigem Kinderwunsch vermehrt in die Behandlung einzubeziehen?
- Ist es nicht sinnvoll, die Wünsche der Paare nach einer grenzenlosen Reproduktionsmedizin - ein Kind um jeden Preis - mit dem Vorschlag nach einem Verzicht zu beantworten?

1.3.3.1 Zur homologen Insemination

Bei der homologen Insemination erfolgt die Samenübertragung innerhalb der Partnerschaft. (...)
Da die homologe Insemination vorwiegend in einer Transportverbesserung des Partnersamens besteht, ohne die Familienstruktur zu beeinträchtigen, gibt es für die meisten Paare nur wenig Vorbehalte. (...)
Insgesamt gibt es bei der homologen Insemination wenig psychosomatische Probleme. Vereinzelt ist jedoch zu beobachten, daß die Sexualität an Spontanität verliert. Das Paar muß sich schließlich auf den Eisprungstermin konzentrieren und der Mann seinen Samen durch Masturbation auf Anweisung des Arztes gewinnen. Auch die Kränkung durch die eingeschränkte Befruchtungsfähigkeit, die die homologe Insemination veranlaßt, wird gelegentlich auf dieses medizinische Verfahren projiziert. Eine interessante Beobachtung besteht auch darin, daß die Gefühlsreaktionen gegenüber dem inseminierenden Arzt meist verstärkt sind. Der Arzt greift hier ja direkt in das Befruchtungsgeschehen, somit in den intimsten Bereich einer Partnerbeziehung ein. Eine sachliche, aber durchaus einfühlsame Anwendung der homologen Insemination verhindert negative psychische Begleitreaktionen.

1.3.3.2 Zur heterologen Insemination

Der Grund für die Durchführung einer heterologen Insemination ist meistens die Konstellation: Fertile Frau - infertiler Mann. Durch die Verwendung von fremdem Samen wird ein Schritt aus der Familie getan, zumindest was die genetische Vaterschaft betrifft. Beim genetischen Vater handelt es sich hierbei um einen "Leihvater".
Das Heraustreten aus der Familienstruktur dürfte auch der Grund dafür sein, daß es bei diesem Verfahren zahlreiche psychische Belastungsfaktoren gibt. Auch aus der Rechtsunsicherheit erwachsen eine Reihe von psychischen Problemen, die sowohl den Arzt als auch das inseminierte Paar betreffen. Im deutschen und angloamerikanischen Schrifttum findet man eine Reihe von Arbeiten, die auf negative psychische Folgen nach heterologer Insemination hinweisen. Exemplarisch soll hierzu die psychoanalytische Studie von Gerda Gerstel (1963) in New York angeführt sein. Sie beschreibt sehr fundiert an mehreren Fallstudien die psychischen Auswirkungen der heterologen Insemination auf den Ehemann, die inseminierte Frau und das Kind. Bei solchen Kindern beobachtet sie psychopathologische Charakterzüge in Form von Identitätsstörungen und ödipalen Problemen. Die Eltern wurden ihrer Rolle einer Reifung durch die kindlichen Konflikte - wie

es normalerweise der Fall ist - nicht gerecht und zeigten schwere Regressionen und neurotische Manifestationen. Schlußfolgernd meint sie sogar, daß der Wunsch von Paaren nach einer heterologen Insemination bereits auf eine neurotische Störung bei den Partnern hinweist.
Eine Reihe weiterer Untersucher haben sich ähnlich kritisch über die Verarbeitung der heterologen Insemination bzw. über negative Auswirkungen auf Partnerschaft, Sexualität und auf das Kind geäußert (Berger, 1980 u. 1982; Hoffmann, 1974; Mester, 1983; Pasini, 1974; Petersen, 1984; Stauber, 1979, 1980 u. 1984). (...)
Aufgrund unserer Erfahrung mit der heterologen Insemination läßt sich folgende Feststellung machen: Die heterologe Insemination stellt für beide Partner einen emotional belastenden Eingriff dar. (...)
Verschweigen möchte ich auch nicht die Probleme in der allgemeinen Praxis der heterologen Insemination. Da gibt es durchaus Ärzte, die Samencocktails ansetzen und z. B. auch Argumente für den Einsatz von sogenannten "Nobelsamen" (Samen im Hinblick auf die Erbsubstanz, wie z. B. von Nobelpreisträgern) anführen.

1.3.3.3 Zur außerkörperlichen Befruchtung

Neben dem psychosomatischen Aspekt sind vor allem juristische und ethische Grenzziehungen in der neuen Reproduktionsmedizin wichtig. Für die praktische Anwendung der In-Vitro-Fertilisation heißt dies, daß kein Weg an Rahmenbedingungen vorbeiführt. Zwei Punkte unseres eingangs erwähnten Berliner Modells stehen z. Zt. im Kreuzverhör der öffentlichen Meinung:

1. Die Angst vor Experimenten mit menschlichen Embryonen.
2. Die Angst vor unüberschaubaren Eingriffen in die Familienstruktur, z. B. durch Leihmutterschaft, Leihvaterschaft, Embryobanken, Surrogatmutterschaft im Tierreich.
   Die Tatsache, daß mehr als 2 Millionen Engländer in einer Unterschriftenaktion eine Bittschrift an die Ärzte richteten, nicht mit menschlichen Embryonen zu experimentieren, gibt zu denken. Einige befürchtete Manipulationsmöglichkeiten sind z. B.: - die Embryo-Teilung (1. Produktion identischer Mehrlinge, 2. genetischer Diagnostik);

- die Embryo-Verschmelzung (Herstellung von Fusions-Chimären);
- die Kerntransplantation (Herstellung von Injektions-Chimären).

Ein besonders neuralgischer Punkt in der Suche nach der richtigen Anwendung der außerkörperlichen Befruchtung ist das mögliche völlige Aufbrechen der Familienstruktur. Aufgrund psychosomatischer und juristischer Überlegungen, die sowohl die Eltern als auch das Kind betreffen, sehen wir zum gegenwärtigen Zeitpunkt die außerkörperliche Befruchtung nur sinnvoll angewendet, wenn sie innerhalb der Partnerschaft zum Zuge kommt. Wir legen dabei psychosomatische Erfahrungen zugrunde, die vor allem auch das Kind betreffen. Obwohl diese Überlegungen angreifbar sind, so gibt es doch kaum einen Zweifel daran, daß es wichtig ist, neurosenrelevante Bedingungen für das geplante Kind von ärztlicher Seite zu vermeiden. Wenn wir die Austauschbarkeit von Eimutter, Tragemutter und Ziehmutter einerseits und die Veränderbarkeit von Samenvater und Ziehvater andererseits bedenken, so sind eine Reihe von Variationen möglich. Verschiedene Modelle, z. B. das Modell Eispende, das Modell Samenspende, das Modell Leihmutter I, II, III, das Modell Embryoadoption und das Modell Surrogatmutter im Tierreich könnten zur Anwendung kommen. Besonders wichtig erscheint es uns, daß gegenüber dem Kinderwunschpaar auch die Bereitschaft zum Verzicht angesprochen wird.

Manfred Stauber: Psychosomatische Probleme beider künstlichen Befruchtung, insbesondere der In-Vitro-Fertilisation, in: Moraltheologisches Jahrbuch 1: Bioethische Probleme, hrsg. im Auftrag der Arbeitsgemeinschaft der Deutschen Moraltheologen. Mainz 1989.

1.3.4 Zur postmortalen Insemination

Ein französisches Gerichtsurteil ist verantwortlich für eine Diskussion, die sich in letzter Zeit um einen Teilbereich der künstlichen Befruchtung entfacht hat und zeigt sehr anschaulich, daß die modernen Möglichkeiten von Medizin und Biotechnologie zu immer anderen Varianten der Fertilisationstechnik führen, die die Juristen vor ständig neu auftauchende Probleme stellen.

Die Rede ist von der postmortalen Insemination (inseminatio post mortem) Dem Urteil lag folgender Sachverhalt zugrunde: Bei einem noch relativ jungen Mann wird Hodenkrebs diagnostiziert, zu dessen Behandlung Chemotherapie und Bestrahlung notwendig werden. Der Patient befürchtet durch den Einsatz der krebsbekämpfenden Mittel die Gefahr einer Keimschädigung. Deswegen und zur Erhaltung seiner Fruchtbarkeit läßt er vor der Therapie noch gesundes Sperma entnehmen, übergibt es einer Samenbank - in Frankreich existiert ein "Zentrum zur Untersuchung und Konservierung von Sperma" -, die es konserviert, d. h. einfriert. Nach dem Tode des Mannes hatte die Klage der Witwe auf Herausgabe der eingefrorenen Keimzellen Erfolg. Als Rechtsgrund zur Herausgabe sah das französische Gericht den zugrundeliegenden Vertrag an, der eine Rückgabeverpflichtung an den Spender beinhaltet oder an die Person, für die das Sperma bestimmt war.

Allgemein gibt es verschiedene Krebsarten, die heute gute Heilungschancen haben. Dazu gehört der eben erwähnte Hodenkrebs ebenso wie die Lymphogranulomatose, die Hodgkinsche Krankheit, eine Art Blutkrebs. Allerdings führen die Behandlungsmethoden entweder zum völligen Verlust der Fertilität, auch durch operative Eingriffe wie bei der Beseitigung von Hodentumoren, oder bergen zumindest die Möglichkeit einer Schädigung des Erbguts. Um sich nach seiner Genesung noch einen Kinderwunsch erfüllen zu können, kann der Patient den Weg der Kryokonservierung seines Spermas beschreiten. Erfolgversprechend erscheint das Verfahren darüber hinaus bei minderer Samenqualität durch Oligozoospermie, da sich durch mehrfache Samengewinnung und Samenanreicherung die Zeugungschancen erhöhen.

Auch außerhalb medizinisch-therapeutischer Indikationen werden Samenbanken in Anspruch genommen. Bereits Anfang der sechziger Jahre nutzten Astronauten diese Möglichkeit, um ihr Erbgut gegen eventuelle Mutationen zu schützen, die durch Weltraumstrahlung ausgelöst werden könnten. Angesichts des Reaktorunglücks in Tschernobyl wäre dies auch eine denkbare Lösung für die Menschen,

die in unmittelbarer Nähe von Kernkraftwerken leben oder die darin arbeiten. Im Fall eines Atomunglücks mit daraus resultierender Keimschädigung könnten diese strahlenexponierten Personen auf ihr gesundes Erbmaterial, gelagert in einer Samenbank, zurückgreifen. Die Kryokonservierung kann allgemein bei Berufen mit erhöhtem Unfallrisiko als indiziert gelten.
Darüber hinaus kommt die Spermakonservierung auch für Männer in Betracht, die eine Sterilisation durchführen lassen wollen. Einen später doch noch auftretenden Kinderwunsch können sie sich dann immer noch erfüllen. Bereits während des Zweiten Weltkrieges gab es eine Aktion, die diesen Beispielen sehr ähnlich war. Es wurde Sperma von 10 000 - 20 000 US-Soldaten von der Pazifikfront in die USA zum Zweck homologer Insemination versandt. Ähnliches soll sich während des Korea-Krieges abgespielt haben. Gerade zu Kriegszeiten ist es nicht unwahrscheinlich, daß der Samenspender noch vor der Befruchtung verstirbt. Jedoch sind - soweit ersichtlich - die damit im Zusammenhang stehenden juristischen Probleme nicht diskutiert worden.
All diese Fälle, bei denen die Konservierung zunächst mit der Intention vorgenommen wurde, sich die Zeugungsfähigkeit für spätere Zeiten zu erhalten, können zur inseminatio post mortem führen. Dann nämlich, wenn der Mann vor der Befruchtung verstirbt.
Das Tiefgefrieren der Gameten kann mit zweifacher Absicht geschehen. Einmal, um nach der eigenen Genesung trotz defekten Erbmaterials gesunden Kindern das Leben zu schenken, auch wenn das auf natürliche Weise nicht mehr möglich ist. Dies stellt die rechtlich unproblematischere Möglichkeit dar, es handelt sich lediglich um eine homologe Insemination, die, vorausgesetzt die Einwilligung der "Eltern" liegt vor, allgemein zu Recht als zulässig erachtet wird. Dieser Fall ist nicht unter dem Stichwort "postmortale Insemination" einzuordnen und wird bei den Überlegungen daher außer Betracht gelassen.
Die Spermahinterlegung kann aber auch deswegen durchgeführt werden, um im Fall des Todes die eigene Art zu erhalten. Dann kann sich die Witwe oder, wenn der Mann unverheiratet war, eventuell seine Freundin den konservierten Samen aushändigen und sich inseminieren lassen oder auch eine In-vitro-Befruchtung durchführen lassen.
Das diese Methode nicht zwangsläufig zu einem Resultat, d. h. zur Geburt eines Kindes, führen muß, beweist der französische Fall. Zwar hatte die Klage der Ehefrau auf Herausgabe des Spermas nach dem Tod ihres Mannes Erfolg, jedoch blieb die Inseminierung der Witwe ohne Folgen.
Dagegen berichtet *Sappideen* aus Australien von Fällen erfolgreicher postmortaler Inseminationen bereits in den siebziger Jahren.
Dies bringt eine Reihe schwerwiegender Probleme rechtlicher Art mit sich, die das Tribunal de Grande Instance de Creteil zwar angesprochen hat, ohne aber selbst Lösungen anzubieten.
Die Kernfragen sind die Ehelichkeit eines solchen Kindes und das Erbrecht nach seinem verstorbenen Vater, aber auch die Rechtsnatur der Keimzellen selbst. Die Verwendung von Sperma eines verstorbenen Mannes ist nur eine Möglichkeit, aus dem natürlichen Prozeß von Leben, Zeugung von Nachkommen und Tod auszubrechen. In dieser Hinsicht ist eine Parallele zu ziehen zur Kryokonservierung von anläßlich extrakorporaler Befruchtungen entstanden, überzähligen

Embryonen: Die Eltern könnten während der Tiefkühlzeit versterben, und es blieben "verwaiste" befruchtete Keimzellen übrig.
Hier ist ein Stillstand in der Entwicklung nach der Zeugung zu verzeichnen, dort wird ein Lebensbaustein verwendet, der aus einer anderen Zeit stammt.
"Schwund der Gleichzeitigkeit", "Generationensprung bzw. Generationenschranke", "Generationsverschiebung", "Gefährdung der Geschichtlichkeit der Menschheit", so wird das charakterisiert, mit dem ein Kind konfrontiert wird, das bei Anwendung dieser Methoden entstanden ist. Eine Situation, die diesem Anlaß zu Spekulationen sowohl über seine Herkunft als auch über seine Entwicklung gibt und die es seelisch zu verkraften hat. Nicht zuletzt sind Schwierigkeiten bei der Einbindung in das familiäre und verwandtschaftliche Umfeld zu beachten. Das Gefüge der Familie wird durch den biotechnischen Fortschritt in Frage gestellt.

Eva Britting: Die postmortale Insemination als Problem des Zivilrechts. Frankfurt/Main; New York 1989, S. 11 - 15

1.3.5 Zum Zusammenhang zwischen Reproduktionstechniken, kulturellen Wertorientierungen und Familienverständnis

Die Ausgangsfrage lautete, wie gesagt, nicht, was die neuen Reproduktionstechniken verändern, sondern in welcher Beziehung sie zu den vorhandenen kulturellen Werten und Vorstellungen stehen. Die Ausflüge in die Geschichte sollten belegen, daß wir über Natur und Instinkt in dieser Frage wenig wissen, und sie sollten zugleich deutlich machen, wo wir heute stehen. Eine Problematisierung des "Kinderwunsches" heißt nun nicht, daß alles leichter und einfacher ginge, würden Kinder heute nebenbei, selbstverständlich und im Überfluß geboren werden. Daß zumindest der Anspruch auf menschenwürdiges Leben heute allgemein anerkannt ist - wenn auch die Wirklichkeit anders aussieht -, scheint angesichts der Lässigkeit unserer Vorfahren ein deutlicher Fortschritt zum Besseren zu sein. "Neue Mütterlichkeit" und "Kinderwunsch" in Verbindung mit zunehmender "Verknappung" (Ariès) in sich: auf Kosten der Frauen wie auf Kosten der Kinder.
Wo bleiben dabei die Männer? Von ihnen ist, aus gutem Grund, bislang wenig die Rede gewesen. Einen Kinderwunsch im neuen, umfassenden Sinn äußern offenbar überwiegend die Frauen - sie sind es, die sich auf den schwierigeren Part der Fruchtbarkeitstherapien einzulassen haben. Sie sind es ja auch, die hierzulande nahezu ausschließlich im umfassenden physisch-psychischen Sinn die soziale Elternrolle übernehmen. Das archaische Moment der Fruchtbarkeit als Überfülle spielt heutzutage offenbar eine geringere Rolle - entsprechend geringer mag auch die individuelle Kränkung sein, die Männer durch Unfruchtbarkeit erfahren. Zu einem Wunsch nach sozialen Beziehungen zu Kindern mögen sie mehr und mehr in der Lage sein. Es lassen sich jedoch kaum Belege dafür finden, daß Männer einen Kinderwunsch sui generis entfalten: den Wunsch nach einem Kind, egal, ob die biologische und soziale Mutter dafür existiert. Zu diesem Kinderwunsch sui generis - ohne den Wunsch nach Mann oder Ehe - sind Frauen hingegen sehr wohl in der Lage, egal, welche sozialen, ökonomischen, phy-

sischen oder psychischen Risiken und Opfer ihnen dieser Wunsch abverlangen könnte.
Die Mächtigkeit dieses Wunsches, so steht zu vermuten, hat kulturelle wie soziale Gründe. So wenig angesehen Mutterschaft hierzulande - trotz goldener Politikerworte - auch ist; angesichts der insgesamt wenig machtvollen öffentlichen Rolle von Frauen bedeutet die Mutterrolle noch immer ein gewisses Prestige, eine Aufgabe (mehr denn je) und eine eigenständige Machtposition. Die emotionale Beschränktheit eines um Erwerbsarbeit zentrierten Lebensstils kommt hinzu: Die liebevolle Beziehung zu Kindern wird zur umso wichtigeren Qualität, je dünner alle anderen emotionalen Begegnungen gesät sind. Man kann heute nicht mehr sagen, daß Frauen nur durch Mutterschaft ein ausgefülltes Leben haben können. Die sozialen Kontakte am Arbeitsplatz und die Leere des Appartements im anonymen Wohnblock befriedigen aber offenkundig nicht alle emotionalen Bedürfnisse, die Menschen haben. Auf dauerhaft verläßliche Emotionen in Ehe und Familie ist weniger denn je zu rechnen. Eine solche emotionale Stabilität scheint die Beziehung zum "eigenen" Kind indes zu garantieren.
Solange Frauen über keine anderen gesellschaftlich wichtigen und emotional befriedigenden Positionen verfügen, fürchten sie offenbar, mit der Gebärfähigkeit ihre Existenzberechtigung abzugeben. Feministische Befürworterinnen wie Gegnerinnen der neuen Reproduktionstechniken argumentieren denn auch in einem Punkt ähnlich: Die einen fordern eine Verstärkung der weiblichen Position durch "Fortpflanzungsautonomie" - Frauen sollen auch in ihrem Kinderwunsch vom Manne nicht mehr abhängig sein (nur von den Medizinern)-, die anderen sehen in der (männlichen) Reproduktionstechnologie eine Enteignung der Frauen von ihren Körperteilen und Körperfunktionen, also auch von ihrem Privileg, über den Reproduktionsvorgang verfügen zu können. Nur einige wenige Streiterinnen möchten den Reproduktionsvorgang selbst abgeben - an Maschinen, an die Retorte delegieren.
Die Frage lautet, in welche Gemeinschaften Kinder künftig hineingeboren werden sollen. Das staatliche Kinderlager will offenbar niemand, die Wohngemeinschaft mehrerer Generationen ist noch kein ausgewiesenes Lebensmodell, die moderne Klein- bzw. "Kern"familie ist, so erschüttert sie sich gibt, offenbar die einzige noch vorhandene Gemeinschaft. Deren Zukunft ist allerdings ungewiß.
Ich persönlich glaube nicht, daß es für soziale Vaterschaft eine echte biologische Schranke gibt. Unser Lebenszuschnitt, der um außerhäusliche Erwerbsarbeit kreist, der Verlust von Lebensgemeinschaften (Nachbarschaf-ten, weitläufige Verwandtschaft) durch die im 19. Jahrhundert zementierte Trennung zwischen Wohnung und Arbeitsplatz und schließlich die gewachsenen Ansprüche an emotionale Bindung zwischen Männern und Frauen, Eltern und Kindern lassen bislang nur die soziale Mutterschaft zu. Sollte die Ehe als dauerhafte Lebensform weiter an Bedeutung verlieren, ist durchaus denkbar, daß sich die Gesellschaft noch mehr als heute schon in ledige Singles beiderlei Geschlechts und alleinerziehende Mütter aufteilt - egal, ob unsere Gesellschaft den Anspruch eines Kindes auf einen Vater (nicht zuletzt auch im ökonomischen Sinn: als Erbe) für gegeben hält. Diesen Trend könnten reproduktionstechnische Eingriffe verstärken und verschärfen. Die Abkehr von der Arbeitsgesellschaft und der durch sie verfestigten Arbeitsteilung zwischen Mann und Frau wäre eine, wenn auch nicht hinreichende Bedingung für die Entstehung einer sozialen Vaterschaft. Eine weitere

Bedingung wäre die Entwicklung neuer Gemeinschaften, also Lebensformen, die sich zum Nutzen aller und mit einer gewissen Dauerhaftigkeit um neue Sinnbezüge gruppieren könnten. Dies wären schon mehrere revolutionäre Prozesse auf einmal, Prozesse, die die Gesellschaft so umwälzen würden wie die Entdeckung von Kindheit und Mutterliebe Ende des 18. Jahrhunderts oder die Trennung von Wohn- und Arbeitsstätten im 19. Jahrhundert. Aber warum eigentlich nicht? (...)
Wie soll es weitergehen? Wenn man sich auf so wenig verlassen kann, kommt es erst recht darauf an, sich darüber zu verständigen, wie man leben (und lieben) will. Vielleicht sind die Dissidenten der Zukunft jene, die mit dem Schlachtruf " Wir machen unsere Kinder selber" fluchtartig das ärztliche Wartezimmer verlassen und sich zum Lustlager begeben. Vielleicht mag bei diesen romantischen Seelen der fromme Wunsch in Erfüllung gehen: Kinder möchten das geradezu beiläufige Ergebnis unverhüteter sexueller Leidenschaft sein, liebender Hingabe, großer Passion; sie möchten gezeugt und empfangen, aber nicht geplant und gemacht werden.
Diese Vision verdient festgehalten zu werden, so unrealistisch sie in diesem Leben auch sein mag. Denn sie spricht deutlich aus, daß es ihr nicht um ein Produkt geht, das Kind, sondern um die Beziehung zwischen einem Mann und einer Frau - um eine Geschichte also. Diese orgiastische Dimension von Sexualität und Zeugung bzw. Empfängnis, der man sich überläßt, statt daß man etwas "macht", ist in den letzten zwanzig Jahren seit Beginn der sogenannten sexuellen Revolution so gründlich entlarvt worden, daß die Worte für eine solche, sagen wir mal: leidenschaftliche Hingabe schon nicht mehr zur Verfügung stehen. Die Entdramatisierung der Sexualität, ursprünglich als ihre Befreiung gedacht, hat sie entzaubert und scheinbar unendlich verfügbar gemacht. Orgasmen werden nicht erlebt, sondern geduldig erzeugt; auf befriedigende Sexualität gibt es einen Anspruch, und während man in einer äußeren Welt voller Gefahren lebt, soll es ausgerechnet in der körperlichen Begegnung zweier Menschen risikolos zugehen.
Sprache ist verräterisch - das gilt für die alttestamentarische Sprache der Liebe ebenso wie für das unkomplizierte Neudeutsch der Sexualität. Wo die erstere verheiligt und überhöht, entzaubert und verkleinert die andere: Sie beschreibt Ansprüche, Rechte und Machbarkeit. Dem Anspruch auf befriedigende Sexualität korrespondiert das Recht auf das eigene Kind, dessen Herstellung sich "probieren" nennt und dessen Empfängnis "klappen" heißt. Zum Einsatz kommen die beiderseitigen Reproduktionsorgane und der männliche Geliebte wird mit sprachlicher Konsequenz nach erfolgreichem Vollzug zum "Samenspender" und später noch zum "Kindsvater", während die Frau, als Gefäß des Fötus, Alice Miller liest, gute Gedanken hat und alles richtig machen will. Die Sprache der Machbarkeit, deren sich auch die Reproduktionsmedizin bedient, spricht weder von Lust noch von Verlust: Wo alles machbar ist, ist auch alles zu haben. Und es ist nur noch aussprechbar, was technisch rational ist. Zurück bleibt eine seltsam leere Autonomie. Der Mensch sei selbstbestimmt, schon recht, aber wozu?
Nun gut. Die Sprache der Machbarkeit hat längst ihre Kritik erfahren, wird kompensiert durch die komplementäre Bemühung des Irrationalen, der Mystifizierung. Dennoch hat sich der Anspruch erhalten, der ihr zugrunde liegt: Es möge in einer Welt voller Risiken und ins Unermeßliche wachsender Gefahren wenigstens im Privatbereich die Garantie auf Unversehrtheit liegen. In einer Welt gefährlicher Objekte wächst gleichwohl der Wunsch auf individuelle Gesundheit,

auf Sicherheit, Risikolosigkeit, auf das eigene Heil. Die Sprache der Machbarkeit verrät den Glauben, es sei alles zu haben und zu machen, was wütende Enttäuschung - oder eine Diskreditierung der Wünsche.

Die Therapiegesellschaft der siebziger Jahre versprach, Gesundheit und Normalität herzustellen, und entwarf damit auch ein Bild davon, was als gesund und normal zu gelten habe. Sie honorierte nicht die Lösungsformen und die Umgangsweisen, die Menschen für ihre Konflikte und Verkrüppelungen (er-)fanden, sondern versicherte, einen balancierten Urzustand herstellen zu können, in dem Personen frei und heil wären. Die unmenschliche Kehrseite dieses Versprechens findet ihre Entsprechung in den Möglichkeiten der Reproduktionsmedizin: Mit ihrer Hilfe wäre dieser imaginierte Urzustand tatsächlich technisch herstellbar. Was immer dem allgemeinen Empfinden gemäß als nicht gesund gilt, kann nun im Keim verhindert werden. Die beängstigende Botschaft lautet dann: Entscheidend für den Menschen sind seine Gene, nicht aber seine individuelle Geschichte, die womöglich die Geschichte seines Umgangs mit der Tatsache ist, daß er nicht "heil", nicht gesund, nicht normal ist.

Dies soll keine Philippika gegen den Wunsch nach individueller Unversehrtheit sein, beileibe nicht. Für diesen Wunsch gilt, was für alle Wünsche gilt - auch für den "Kinderwunsch": Es liegt in seinem Wesen, daß er unerfüllt bleiben kann. Trauer wäre die angemessene Reaktion. Denn nur, wo Trauer möglich ist, können die Wünsche fortbestehen. In einer Welt der Machbarkeit bleibt nichts mehr zu wünschen übrig.

Cora Stephan: Kiwu oder Das Drama des perfekten Kindes; in: Traute M. Schroeder-Kurth; Stephan Wehowsky (Hrsg.) Das manipulierte Schicksal. Künstliche Befruchtung, Embryotransfer und Pränatale Diagnostik. Frankfurt /M., München 1988, S. 138 - 142

1.4 Zum Stellenwert von Naturwissenschaften in Gesellschaft. Folgen für das Wertebewußtsein der Gesellschaft?

1.4.1 Einleitende und didaktische Hinweise

Die Freiheit der Wissenschaft als verbrieftes Grundrecht in Artikel 5 des Grundgesetzes der Bundesrepublik Deutschland wurde in nicht wenigen Fällen dahingehend fehlinterpretiert, daß sie mit der Freizügigkeit und dem Laboregoismus des Forschers verwechselt wurde. Freiheit der Wissenschaft hat genau dort ihre Grenze, wo die Würde des Menschen wissenschaftlichen Zwecken untergeordnet bzw. gar geopfert wird. Dies wird nirgends deutlicher als am Beispiel der modernen Naturwissenschaften, insbesondere an Gentechnik und Humanembryologie. Sicher, die Gentechnik kann eine große Chance zur Bekämpfung von Krankheiten und Seuchen sein, sie kann mitunter existentielle Probleme der Menschheit wie Hungersnot lösen helfen. Genauso sicher ist aber auch, daß die Gentechnik noch nicht in der Lage ist, die mit ihr verbundenen Konsequenzen zu beherrschen, da man nicht weiß, an welcher Stelle des Gencodes sich neue Kombinationen ergeben, deren Wirkung nicht bekannt, abschätzbar und gar fatal sein kann. Das Beispiel friedlicher und kriegerischer Nutzung von Kernenergie mag durchaus als Parallele angeführt werden. Darüberhinaus müssen auch die modernen Naturwissenschaften von einer grundliegenden Werteordnung auf der Basis der Menschenwürde und der Unverletzlichkeit basaler Menschenrechte getragen sein. Dies gilt besonders für das Leben des Menschen. Leben ist in der gesamten Evolution immer ein Werden gewesen. In diesem Werden eröffnet sich wahrscheinlich ein Zugang zum Sinn des Lebens schlechthin. Durch Gentechnik und Fortpflanzungstechnologien wird dieser Prozeß des Lebens zu einem Prozeß des Machens umfunktioniert. Dies kann nicht ohne Wirkung auf die grundsätzliche Werthaltung zum Leben allgemein und zur Wertorientierung der Menschen in der Gesellschaft bleiben.
Die im vorliegenden Kapitel exemplarisch aufgeführten Texte beschäftigen sich mit den Fragen, wie sich zum einen die Gentechnik auf die Gesellschaft auswirken kann *(Amitai Etzioni)* und zum anderen, welche Folgen die Fortpflanzungstechnik auf die Wertorientierungen haben könnte *(Stephan Wehowski)*

Ansätze zur inhaltlichen Auseinandersetzung

- Welche Gefahren bestehen bei der Gentechnologie in Bezug auf Gesellschaft, Politik und das soziale Verhalten der Menschen?
- Wie weit dürfen Forschungen gehen, deren Konsequenzen vom Menschen nicht vorhersehbar und beherrschbar sind?
- Hat der Mensch das Recht, Menschen zu "machen"?
- Welche Gefahren bestehen bei der Fortpflanzungsmedizin (Befruchtung im Reagenzglas, homologe, heterologe und postmortale Insemination)?
- In welchen Bereichen könnten Gentechnologie und Fortpflanzungsmedizin besonders mißbraucht werden, wo eröffnen sie aber auch Chancen?
- Wie könnte einem Mißbrauch von vornherein entgegen zu wirken?
- Inwiefern ist dabei ein interdisziplinärer Dialog zwischen Wissenschaftlern verschiedener Wissenschaften sinnvoll, hilfreich oder gar notwendig?
- Welche Aufgaben könnten dabei politische und soziale Einrichtungen und Verbände einnehmen?
- Diskutieren Sie einmal die Begriffe Freiheit und Verantwortung der Wissenschaft!

1.4.2 Zu den Auswirkungen von naturwissenschaftlichen Möglichkeiten auf die Gesellschaft. Gefahr von Werteverfall?

Wenn Sie sich von der einen oder anderen der folgenden Fragen betroffen fühlen, sollten Sie sich unbedingt Klarheit über den neuesten Stand der Genetik verschaffen, sowie über die Aussichten, Rechte und Möglichkeiten, die Sie auf diesem Gebiet haben.

- Können, dürfen und sollen Sie daraufhin untersucht werden, ob Sie, ohne es zu wissen, in Ihren Genen eine Krankheit mit sich herumtragen, die Sie in späteren Jahren an den Rollstuhl fesselt? (Wissenschaftler haben über 1500 Krankheiten identifiziert, die teilweise oder ausschließlich genetisch bedingt sind).
- Falls Sie an ein weiteres Kind denken: Kennen Sie die Schritte, die Sie bereits jetzt unternehmen können, damit es ein normales Kind wird, Schritte, die verhindern, daß Sie ein durch Phenylketonurie (PKU, Brenztraubensäure-Schwachsinn) zurückgebliebenes oder ein mongoloides Kind bekommen (eine Tragödie, die in Amerika unter 600 Geburten einmal eintritt) oder ein Kind, das das Opfer eines anderen verheerenden Leidens ist?
- Wenn Sie wollen, daß Ihr nächstes Kind mit Sicherheit ein Junge bzw. ein Mädchen wird: Wissen Sie, was Sie tun müssen, um das gewünschte Resultat zu erreichen? Und welche Vorkehrungen können Sie treffen, um verschiedene andere biologische Merkmale wie Größe, Aussehen und möglicherweise den Intelligenzquotienten zu beeinflussen?
- Wenn Ihre Nieren oder andere lebenswichtige Organe versagen: Wissen Sie, wovon es abhängt, ob Ersatz gefunden werden kann oder nicht? Ob das erforderliche Geld da ist? Ob Ärzte, Schwestern und technisches Personal entsprechend ausgebildet sind?
- Sollen Sie als Bürger Experimente billigen, mißbilligen oder zu verhindern suchen, in denen versucht wird, Babys mittels künstlicher Befruchtung in der Retorte zu züchten und von Menschen Xerox-Kopien anzufertigen? (Die Experimente auf diesem Gebiet nehmen von Tag zu Tag zu.)
- Sollte unser Staat anordnen, daß jedermann seine Gene überprüfen läßt, ehe er heiratet? Sollen Menschen mit "kriminellen" Chromosomen (XYY) keine Kinder haben dürfen?
- Soll die neue Genetik dazu verwandt werden, eine gesündere und höhere Rasse heranzuzüchten?
- Und wer soll all diese Entscheidungen treffen? Sie? Ihr Arzt? Die Regierung? Ein Rat der Weisen?

Diese und ähnliche Fragen müssen in naher Zukunft angepackt werden, weil uns bereits eine weitere technologische Revolution ins Haus steht. Im Augenblick erleben wir mit, wie eine Epoche zu Ende geht, eine Epoche, die von der Industriellen Revolution geprägt ist, von wirtschaftlichen und technokratischen Interessen beherrscht und von einer gigantischen Produktionsmaschinerie angetrieben wird. Zugleich ist diese Epoche ein Zeitalter, in dem unsere Fähigkeit zu denken, zu analysieren und - das vor allem - unsere Kräfte human und verantwortungsbewußt zu lenken mit dem Wachstum unserer physisch-technischen Potenz nicht Schritt gehalten hat. Wir sind eine Art Frankenstein geworden, bisweilen ziemlich rücksichtslos und grausam.

Die neue Revolution, die auf Entwicklungen in Biologie und Physiologie basiert, wird sich auf die chemische Zusammensetzung unserer Gene und unseres Gehirns in ähnlicher Weise auswirken, wie die Industrielle Revolution sich auf unsere Muskelkraft ausgewirkt hat. Natürliche Prozesse werden in noch größerem Umfang der menschlichen Steuerung unterliegen. In diesem neuen Zeitalter werden "Gegebenheiten" zu Fragen und Problemen, über die wir diskutieren, streiten und in denen wir Entscheidungen treffen können und müssen. Die neue Revolution wird unsere Fähigkeit, sowohl Schlimmes wie Gutes zu tun, gewaltig steigern, sie wird uns kolossale neue Kräfte und Verantwortlichkeiten aufbürden, angefangen bei der Möglichkeit der Massenproduktion identischer Säuglinge bis hin zur Fähigkeit, Erbkrankheiten auszulöschen.

Sicher, im Augenblick stehen wir noch ganz am Anfang. Noch können wir keine Babys im Labor nach den Anweisungen eines Konstrukteurs züchten. Von dem Tag, an dem wir identische Kopien unserer selbst zu hinterlassen vermögen, dürften uns noch Jahrzehnte trennen, und die Möglichkeit, ein fehlerhaftes Gen zu korrigieren oder gar ein neues zu komponieren, dürfte einer eher noch ferneren Zukunft angehören. Dennoch, es gibt eine Vielzahl von Dingen, die wir heute schon, noch in diesem Jahr oder zumindest in allernächster Zukunft tun können. Wenn ich mich auf diese aktuellen Entwicklungen konzentriere, so einmal, weil ich damit ein höheres Maß an Realität in die Diskussion zu bringen hoffe, als dies mit Spekulationen über eine ferne Zukunft möglich ist, und zum anderen, weil die persönlichen, gesellschaftlichen und moralischen Fragen und Probleme, die heute durch bestimmte Schritte aufgeworfen werden, prinzipiell die gleichen sind, wie auch zukünftige Entwicklungen sie mit sich bringen werden. Um deutlich zu machen, daß wir uns in der Anfangsphase des Zeitalters der genetischen *Steuerung* befinden, spreche ich von genetischer "Planung". Wir sind heute bereits in der Lage, an unserem biologischen Erbe herumzubasteln, wir können bestimmen, wo etwas falsch läuft, und können Verbesserungen vornehmen. Mehr noch, während wir eine Zeitlang jeden aktiven Eingriff auf diesem Gebiet vermieden - erinnerte er uns doch allzusehr an die eugenischen Versuche der Nazis - gibt es nun eine immer vornehmlichere Forderung nach einem genetischen Elixier, nach genetischer Planung.

Würde ich nicht befürchten, damit Zweifel an der Ernsthaftigkeit des Buches zu erwecken, so könnte sein Titel auch lauten: *Was Ihnen Ihr Arzt nicht sagt, und was Ihr Abgeordneter nicht weiß - über die neue Genetik.* Dieses Buch ist nämlich nicht in erster Linie eine Chronik der jüngsten wissenschaftlichen Entwicklungen; es konzentriert sich vielmehr auf Ihr Recht, von vorhandenen Möglichkeiten und deren Folgen zu erfahren, auf Ihr Recht, bezüglich der Entscheidungen, die uns heute aufgebürdet sind, auf dem Laufenden gehalten zu werden, auf Ihr Recht, selbst darüber zu entscheiden, ob Sie die genetische Planung auf sich selbst, auf Ihr nächstes Kind und - gemeinsam mit Ihren Mitbürgern - auf das biologische Erbe und die Zukunft der Nation angewendet wissen wollen.

Dieses Buch ist Teil meiner Bemühungen, die Aufmerksamkeit auf die schwerwiegenden Implikationen der genetischen Steuerung zu lenken - Implikationen für Sie, für mich, für unsere Gesellschaft und für die Zukunft der menschlichen

Gattung insgesamt. Was wird demnächst im Namen von Wissenschaft und Fortschritt mit uns passieren? Wie können wir die neue Kraft so kanalisieren und lenken, daß die Qualität unseres Lebens gesteigert wird?

Zwei Maßnahmen sind in meinen Augen dringend erforderlich: zum einen Stimulierung und Aktivierung jener passiven Mitglieder der Gemeinschaft, die es der Wissenschaft ermöglichen, die Gesellschaft egal welchen Laborerrungenschaften anzupassen, zum anderen sanfte Beruhigung jener, die jeden technologischen Fortschritt hysterisch ablehnen. Was wir am nötigsten brauchen, ist eine gesteigerte Fähigkeit, zu unterscheiden, zu urteilen und zu prüfen - kurz eine größere Reife. Wir brauchen diese Fähigkeiten, um von den neuen und höchst revolutionären wissenschaftlichen Errungenschaften profitieren zu können, ohne von ihnen erdrückt zu werden. Wir müssen lernen, die neuen Mittel und Instrumente zu unserem Wohle zu gebrauchen, statt unsererseits der Ausbeutung durch sie anheimzufallen. Die Grundfrage lautet: *Werden wir diese dramatischen Neuerungen einsetzen, um die Priorität unserer Werte wiederherzustellen, oder werden wir es zulassen, daß sie sich einfach jenen anderen instrumentellen Kräften hinzu addieren, die uns blind ihren eigenen Zielen unterordnen oder von tyrannischen Herrschern mißbraucht werden?*

Viele sahen in der biologischen Steuerung das, was sie auch in anderen wissenschaftlichen Errungenschaften sahen - einen weiteren riesigen Schritt in der Entwicklung der Moderne zu immer größeren Möglichkeiten und immer mehr Entscheidungsfreiheit in einer immer moderneren Welt. Indem sie jedoch den Menschen zu einer bewußten Wahl dort zwang, wo bisher die Natur waltete - soll Ihr nächstes Kind blond und blauäugig oder lieber dunkel sein, besonders lebhaft oder eher ruhig, groß oder klein, usw.-, schien mir diese Entwicklung die so und so bereits schwer strapazierte Fähigkeit des Menschen zu vernünftigen Entscheidungen nahezu mit Sicherheit zu überfordern. Moralische Desorientierung und adhoc Normen ersetzen ja heute schon weitgehend die Tabus und Traditionen früherer Generationen. Vergängliche soziale Beziehungen (z. B. Zusammenleben auf Zeit) und hohe Scheidungsziffern untergraben die Stabilität der Familie. Soziale und geographische Mobilität schwächen die Bande der Gemeinde. Es läuft auf das hinaus, was Warren G. Bennis und Philipp E. Slater "die temporäre Gesellschaft" genannt haben, in der nichts mehr selbstverständlich, sondern alles im Fluß ist. Das Resultat ist eben nicht nur die Erweiterung unserer Wahlmöglichkeiten und Freiheiten, sondern auch vermehrte Angst und Frustration. Noch ehe wir gelernt haben, mit der endlosen Dynamik unserer Gesellschaft und Kultur umzugehen, sehen wir uns Versuchen gegenüber, unseren Körper zu "manipulieren". Demnächst werden biologische Konstitution und Eigenschaften unserer Nachkommen nicht mehr von der Natur "mitgegeben", sie werden unseren Entscheidungen, Vorlieben, Schwächen und Ängsten unterliegen.

Amitai Etzioni: Die zweite Erschaffung des Menschen. Manipulationen der Erbtechnologie, Opladen 1977, S. 11 - 14, 26, 30f.

1.4.3 Zu Organverpflanzungen und deren Auswirkungen auf das Wertebewußtsein

Vor allem, (...) werde auch weiterhin ein großer Mangel an Spendern und Organen herrschen. Wer aber solle in einer solchen Situation die spärlichen Ersatzorgane erhalten? Und wer solle nach welchen Kriterien das Urteil über Leben und Tod fällen?
Diese Fragen werfen meiner Meinung nach viel größere Probleme auf als die Entscheidung, eine lebenserhaltende Maschine abzuschalten, die das Leben eines todkranken, im Koma befindlichen Körpers künstlich verlängert, obwohl auch sie vielen Ärzten schwer zu schaffen macht. Entscheidungen darüber, wer ein Organ und damit eine gute Chance erhalten soll, ein normales Leben zu führen, und wem es verweigert wird - was einem Todesurteil gleichkommt -, sind ebenso quälend wie die, die auf einem sinkenden Schiff getroffen werden müssen, wenn die Rettungsboote nicht ausreichen, um alle Überlebenden aufzunehmen. Dennoch, die medizinischen Entscheidungen sind tragischer, weil die Mortalitätsrate sich ziemlich genau voraussagen läßt und weil, stünden mehr Mittel zur Verfügung, ausreichende Vorkehrungen zur Erhaltung von Leben getroffen werden könnten. Welch absurde Situation! Als Verpflanzungen generell eine Seltenheit waren, war das Problem der Organvergabe lösbar; die meisten Patienten erwarteten nichts und erhielten nichts. Heute, da Transplantationen, insbesondere solche von Nieren, für Tausende von Menschen möglich geworden sind, werden eben diese Transplantationen Tausenden von anderen verweigert, und das Dilemma nimmt entsetzliche Dimensionen an. Nach welchen Kriterien sollen wir verfahren? Erst Frauen und Kinder? Werden die Reichen und Mächtigen wiederum den Löwenanteil einheimsen? Wem sollen wir die Macht Gottes anvertrauen?

Amitai Etzioni: Die zweite Erschaffung des Menschen. Manipulationen der Erbtechnologie Opladen 1977, S. 11 - 14, 26, 30f.

1.4.4 Zur In-Vitro-Fertilisation, Qualitätskontrollen und Genexperimenten

Alles Neue führt stets etwas Unheimliches mit sich, weil es in seinen Folgen zunächst nicht abschätzbar ist. Das gilt um so mehr, wenn eine neue wissenschaftliche oder technische Entwicklung die Macht des Menschen über sich selbst unabsehbar erweitert. Denn die Erfahrung lehrt, daß Gebrauch und Mißbrauch von Macht dicht beieinander liegen. "Der Mensch ist des Menschen "Wolf", sagten schon die alten Römer, obwohl mit den damals vergleichsweise beschränkten technischen Möglichkeiten längst nicht so viel Schaden angerichtet werden konnte wie heute. Unheimlich an der IVF ist aber nicht nur, daß sie dies in einem Bereich tut, der von alters her mit Tabus umgeben ist: Sexualität und Fortpflanzung. Gerade dieser Bereich ist im Laufe der Menschheitsgeschichte mit einer Vielzahl von moralischen Ver- und Geboten belegt worden, und noch heute gilt, daß Verletzungen von Tabus auf diesem Gebiet von vielen Menschen als Vorboten kommenden Unheils gewertet werden: Gott wird dem zuchtlosen Treiben ein Ende bereiten!

Hinter der Vielzahl an Tabus, die die Fortpflanzung betreffen, steht eines, das unmittelbar auf den Menschen bezogen ist: die Unantastbarkeit der Menschenwürde. Wird sie nicht verletzt, wenn nicht nur das Dunkel um die Entstehung des Menschen aufgehellt, sondern sogar in diese selbst eingegriffen wird?

Für denjenigen, der nicht als Wissenschaftler oder Arzt aktiv an der Anwendung oder Entwicklung der IVF beteiligt ist, mögen die damit verbundenen Probleme auf den ersten Blick irrelevant sein. Ein Ehepaar, das sich mittels dieser Methoden zu einem Kind verhelfen läßt, kann schließlich nicht für einen eventuellen Mißbrauch dieser Methode verantwortlich gemacht werden. Wenn es zum Beispiel Ärzte geben sollte, die mit Embryonen experimentieren, dann, so scheint es, kann das nicht einer Patientin angelastet werden. Eine wissenschaftliche Methode, so wird gern argumentiert, ist "an sich" weder gut noch schlecht, es kommt lediglich darauf an, was damit gemacht wird. Doch gilt dies auch für eine Methode, die, gleichgültig, ob sie nur ge- oder sogar mißbraucht wird, das menschliche Zusammenleben grundsätzlich verändert? Je nachdem, wie diese Frage beantwortet wird, hat sie auch Auswirkungen auf individuelle Entscheidungen.

Bei der ethischen Bewertung der IVF wird es im folgenden um die drei genannten Fragenkreise gehen: Verletzen die Möglichkeiten der IVF in unzulässiger Weise Tabus der Sexualität und Fortpflanzung? Gerät die Menschenwürde in Gefahr? Läßt sich zwischen einer guten und einer schlechten IVF unterscheiden beziehungsweise kann es dem einzelnen, der sich ihrer bedient, gleichgültig sein, welche negativen Auswirkungen sie im ganzen haben kann?

Doch wodurch werden die Maßstäbe des Menschlichen gefährdet beziehungsweise verändert? Als erstes beunruhigt, daß die Fortpflanzung nicht mehr im Intimbereich des jeweiligen Paares bleibt und eine mögliche Unfruchtbarkeit als Schicksal angenommen wird. Dazu kommt als zweites, daß aufgrund der technisierten Erzeugung von Nachkommen Qualitätskontrollen durchgeführt werden, die das Bild des Menschen als unvollkommenes und leidendens Wesen korrigieren. Als drittes besteht die Gefahr, daß über kurz oder lang doch ins menschliche Erbgut eingegriffen wird, auch wenn dies derzeit nicht vorgesehen ist.

a) Eingriff in die Fortpflanzung

Kulturgeschichtlich kann die In-Vitro-Fertilisation als ein weiterer Schritt auf dem Weg menschlicher Eingriffe in die Natur betrachtet werden. Und so sehen die Befürworter keinen Grund zur Aufregung, zumal da für sie der Mensch gerade dadurch definiert ist, daß er gestaltend in Natur und Umwelt eingreift und sich dadurch selbst als kulturelles Wesen hervorbringt. Gegen dieses Argument ist schwer anzukommen, denn es ist unbestreitbar richtig, und jede Grenzziehung für Eingriffe in natürliche Zusammenhänge gerät daher leicht in den Geruch der Willkür. Das macht auch das Dilemma der Kirchen aus, denn sie erkennen einerseits unter Aufgabe herkömmlicher dogmatischer Positionen die Berechtigung moderner Wissenschaft an, andererseits fühlen sie sich veranlaßt, Grenzen zu ziehen, ohne dafür aber in ausreichendem Maße argumentativ gerüstet zu sein. In den Diskussionen taucht häufig eine Formulierung auf, die deswegen so beliebt ist, weil sie gewissermaßen nachchristlich eine Mahnung ausspricht: "Darf der Mensch alles, was er kann?" "Natürlich nicht", wird jeder sagen, und so ist auf diese Weise wenigstens ein Anfang für eine Auseinandersetzung über Sinn und Grenzen der Selbstmanipulation des Menschen gemacht. Doch handelt es sich um nicht mehr als um einen Gesprächsanfang, denn es fehlen die Kriterien, nach denen die Festlegungen erfolgen könnten. Diese Kriterien wiederum können nicht aus dem christlichen Glauben oder anderen Weltanschauungen kommen, denn in unserer pluralistischen Gesellschaft wären die daraus abgeleiteten Argumente und Schlußfolgerungen immer nur für diejenigen Gruppen gültig, die die jeweiligen Voraussetzungen teilen. Dieses Problem verschärft sich noch, wenn man an die Notwendigkeiten internationaler Verständigung denkt. Nun liefert aber gerade das Argument, daß die In-Vitro-Fertilisation ein Schritt auf dem kontinuierlichen Weg des Menschen zu immer mehr Selbstbestimmung durch Verfügung über die natürlichen Lebensgrundlagen sei, ein gutes Kriterium für Sinn und Grenzen dieser neuen Technik. Dieses Argument beruht nämlich auf der Beobachtung der Kulturgeschichte des Menschen, und daraus kann man immerhin etwas lernen und gewisse Schlußfolgerungen ziehen. Das zeigt sich dann sehr schnell, daß die Angst, die viele Menschen vor der In-Vitro-Fertilisation haben, wohlbegründet ist (...)

Gegenüber diesen Bedenken werden viele Ärzte einwenden, daß sie jeweils nur ganz konkrete Heilungsabsichten hätten und daher die vorgetragenen Befürchtungen allzu weitreichend seien. Es gehe ihnen gar nicht um einen Eingriff in die "Natur des Menschen", sondern sie wollten lediglich konkretes Leiden an Infertilität lindern. Und es könne doch wohl niemand etwas dagegen haben, wenn Krankheiten möglichst schon im Vorfeld erkannt und bekämpft würden. Schließlich dürfe man das Unglück derjenigen nicht gering achten, denen die Natur verweigert, was sie anderen so freigebig schenkt.

Dieses Argument enthält sehr viel Richtiges, und es wäre kurzschlüssig, ärztliches Handeln pauschal dem Verdacht auszusetzen, es würde mehr Schaden als Nutzen stiften. Doch wenn ganz allgemein nach der Bedeutung der Medizin für den Menschen gefragt wird, dann läßt sich sehr schnell erkennen, daß wir es hier mit einem zweischneidigen Schwert zu tun haben. Das zeigt ganz deutlich folgende Überlegung:

Der Auftrag, Krankheiten zu heilen beziehungsweise zu bekämpfen, ist erst dann vollständig erfüllt, wenn es keine Krankheit mehr gibt. Das ist natürlich eine Utopie, doch ist man dieser mit Hilfe der pränatalen Diagnostik einen Schritt nähergekommen. Es ließe sich also prinzipiell vorstellen, daß Krankheiten eines Tages weitgehend verhindert werden können, wobei dann allerdings nicht ganz klar wäre, woran Menschen schließlich sterben es sei denn, man klammert Altersschwäche als untherapierbar aus. Eine Gesellschaft ohne Kranke aber würde sich von allen bisher bekannten Gesellschaften dadurch unterscheiden, daß Krankheit zum einen fast schon etwas Verbotenes wäre, also gar nicht mehr wesensmäßig zum Menschen gehörte, und zum anderen ein umfassendes System der Vorsorge und Lebensplanung errichtet werden würde - der einzelne also vollständig unter der Kontrolle von Ärzten leben müßte. Dieses System wäre sicherlich sehr rational, denn das Unberechenbare der Störungen menschlichen Lebens durch Unglücksfälle der Natur wäre abgeschafft. Der Preis dafür wäre allerdings hoch. Denn es drängt sich die Frage auf, was an einem solchen Leben noch menschlich genannt werden könnte. Irgend etwas sträubt sich dagegen die Vorstellung, das Leben ganz dem planenden Handeln von Ärzten auszusetzen: Irgendwie ist der Mensch nämlich mehr als seine Gesundheit, und sein Wesen löst sich geradezu auf, wenn sein gesamtes Verhalten unter dem Gesichtspunkt optimaler Vernünftigkeit stehen soll. Wozu lebt man denn eigentlich noch? Der Versuch, das Leben rational zu planen und ein möglichst hohes Maß an Selbstbestimmung zu erreichen, schlägt an dem Punkt fehl, wo der Zusammenhang mit der Natur dadurch verlorengeht, daß auch diese ganz dem planenden Zugriff unterworfen wird. Plötzlich ist die Autonomie des Menschen inhaltsleer.

b) *Qualitätskontrollen*

Gegen die Vision einer totalen Gesundheitskontrolle ließe sich einwenden, daß es sich um eine Horrorvorstellung handelt, an deren Realisierung keiner ernsthaft denkt. Das mag schon so sein, doch markiert diese Befürchtung einen Trend in der möglichen Diagnostik am Embryo sowie in der Präventivmedizin, die auf gentechnischen Methoden beruht. Bei schweren Defekten werden Embryos in aller Regel abgetrieben, und es ist ja schon deutlich geworden, daß Behinderungen, weil vermeidbar, in Zukunft immer weniger akzeptiert werden. Der Anspruch an die Gesundheit wird wachsen, und die Fähigkeit zum Umgang mit Krankheit wird immer weiter schwinden.

Wem auch diese Behauptung noch zu spekulativ ist, der schaue sich in Kliniken um und spreche mit Patienten und Pflegepersonal. Da zeigt sich nämlich die Diskrepanz, daß mit einer immer besseren medizinischen Versorgung immer mehr Kälte einhergeht. Offenbar hat man es gelernt, besser mit körperlichen Defekten umzugehen, aber der Patient als Person kommt immer weniger vor. Irgendwie ist das auch verständlich, denn der Arzt muß es als persönliche Niederlage empfinden, wenn er mit seiner Kunst am Ende ist. Das dann vielleicht seine menschlichen Qualitäten gefragt sind, mag für ihn eine bloße Zumutung sein. Kein Wunder, daß viele Patienten lieber zu solchen Heilern gehen, die vielleicht weniger können und wissen, dafür aber ein höheres Maß an Zuwendung aufbringen. Es wäre falsch, diese Beobachtungen im Sinne einer Schuldzuweisung zu deuten. Vielmehr geht es um das tieferliegende Problem, in welcher Weise eine Kultur mit Leiden umgeht: Ob sie es lediglich als Größe betrachtet, die mit allen Mitteln bekämpft werden muß, oder ob sie dem Leiden selbst einen Sinn abgewinnen kann. Das Christentum, aber auch andere große Religionen haben immer auf letztem bestanden. Erst in der Aufklärung ist die Ausmerzung des Leidens durch menschliche Anstrengung zum Thema geworden. Dies ist ein Trend in unserer Kultur, dem wir vielerlei Annehmlichkeiten verdanken. Doch gibt es auch Schattenseiten, die bedacht werden wollen: Nicht jeder medizinische Erfolg ist an sich ein Fortschritt, und es stellt sich die ernste Frage, ob die Medizin über eine

Anthropologie verfügt, die tief genug fundiert ist, um Forschung und Therapie in humane Bahnen zu lenken. Bei allen Erfolgen muß dies bezweifelt werden.
Die In-Vitro-Fertilisation zwingt dazu, die Frage nach dem Sinn von Krankheit und den Grenzen der Therapie neu zu stellen. Denn sonst geschieht es, daß der perfekte junge Mensch zum Leitbild wird, vor dem der kranke alte Mensch um so elender aussieht. Welche Folgen wird das für diejenigen haben, die heute an der Erzeugung dieser makellosen Nachkommen beteiligt sind?
Daß die medizinische Anthropologie nicht tief genug fundiert ist, zeigt sich auch an dem Phänomen, daß der technische Umgang mit Krankheit zu einer Abnahme von Zuwendung, Solidarität und Mitleid geführt hat. Machbarkeit und die Annahme von Unabwendbarem bilden die beiden Pole, zwischen denen das Leben stattfindet. Beide Pole verhalten sich komplementär zueinander. Der Verlust des einen ist stets auch ein Verlust des Menschlichen.

c) Der Eingriff in das Erbgut

Ein Eingriff in das menschliche Erbgut würde in unserer Kultur, zumal wenn es sich um beliebige Manipulationen handelte, als Frevel angesehen. Insofern haben diejenigen recht, die versichern, daß Derartiges in absehbarer Zeit nicht geschehen wird. Doch ist die Angst davor trotzdem berechtigt, denn es gibt bereits Berichte über derartige Experimente in anderen Erdteilen, und das kann Europa nicht unberührt lassen. Derartige Manipulationen würden letzten Endes auf eine Selbstabschaffung der Menschheit hinauslaufen, denn eine Veränderung der Erbsubstanz würde gleichzeitig alle Werte berühren. Wenn Wesen mit völlig anderen Eigenschaften gezüchtet würden, ließe sich nur noch sehr schwer von Menschenwürde reden, und es wäre überhaupt nicht mehr abschätzbar, in welcher Weise sich die Gesellschaft entwickeln könnte. Es gäbe keine Kontinuität der Kultur mehr, weil sich das beurteilende Subjekt - der Mensch - selbst abgeschafft hätte.
Wie gesagt, dies ist eine bloße Horrorvision, an deren Verwirklichung zur Zeit niemand ernsthaft denkt. Doch stellt es schon ein Problem dar, daß sie immerhin denkbar ist. Das deutet auf eine tiefe Entfremdung zwischen dem wissenschaftlich-technisch Machbaren und den Wünschen der Menschen hin. Dies sollte als Alarmsignal gewertet werden. Die Frage muß gestellt werden, ob eine Wissenschaft noch rational genannt werden kann, die derartige Befürchtungen auslöst.

Stephan Wehowsky: Grenzüberschreitungen. Zur Zukunft einer Gesellschaft aus dem Labor; in: Traute M. Schroeder-Kurth; Stephan Wehowsky (Hrsg.): Das manipulierte Schicksal. Künstliche Befruchtung, Embryotransfer und Pränatale Diagnostik. Frankfurt/M, München, S. 47f., S. 110f., S. 113 - 116

1.5 Zum notwendigen Schutz menschlichen Lebens durch die politische Gewalt

1.5.1 Einleitende und didaktische Hinweise

Die Naturwissenschaften im Allgemeinen, die Humanbiologie und Medizin im Besonderen haben durch ihre Erkenntnisse und Praktiken Möglichkeiten eröffnet, die sich auf das Leben des Menschen, und zwar auf sein Dasein, seine Existenz nicht nur auswirken, sondern diese radikal verändern können. Die ethische und moralische Verpflichtung, daß man nicht alles, was man erkannt hat auch anwenden soll und darf sollte für die Wissenschaftler in den genannten Naturwissenschaften ganz besonders gelten. Neben dem Recht sind sie auch gegenüber dem Gesetz verpflichtet.
Die folgenden Gesetzestexte geben auf der Basis des *Grundgesetzes*, einschlägiger Paragraphen des *Bundesverfassungsgerichtsgesetzes* sowie des *Strafgesetzbuches* der Bundesrepublik Deutschland eine kurze Übersicht über den Schutz des menschlichen Lebens. Darüberhinaus sind noch zwei Gesetzestexte teilweise angeführt: *Das Gesetz zur Regelung der Gentechnik (GenTG) und der Entwurf eines Gesetzes zum Schutze von Embryonen (EschG)*

Fragen zur inhaltlichen Auseinandersetzung

- Welche grundsätzliche Einstellung zum Leben des Menschen ist in den einzelnen Gesetzen erkennbar?
- Machen die Gesetze einen Unterschied in Bezug auf die Wertigkeit des menschlichen Lebens?
- Welche Konsequenzen haben diese Gesetze für die naturwissenschaftliche Forschung mit menschlichem Leben?
- Ist das menschliche Leben durch diese Gesetze ausreichend geschützt oder gibt es erkennbare Defizite bzw. Freiräume?
- Ist der § 218 StGB mit den Grundgesetzartikeln 1 und 2 vereinbar?
- Können aufgrund der Gesetze überhaupt genmanipulatorische Eingriffe vorgenommen werden?
- Welche Konsequenz ergibt sich für die Gesetzgebung aufgrund der naturwissenschaftlichen Erkenntnis, daß das menschliche Leben vom Augenblick der Befruchtung bereits menschliches Leben ist bzw. welche Konsequenzen sollten sich daraus ergeben?
- Schwangerschaftsabbruch ist nachweisbar Tötung menschlichen Lebens. Diskutieren Sie in diesem Zusammenhang die Vorstellungen politischer Gruppierungen und Parteien. Sind diese auch mit dem Grundgesetz vereinbar?
- Ist das menschliche Leben vor der Geburt ausreichend geschützt, wenn man das Selbstbestimmungsrecht der Frau höher als das Selbstbestimmungsrecht des ungeborenen Menschen bewertet? Ist dies gesetzlich überhaupt möglich?
- Inwiefern ist bei den neueren Gesetzen bzw. Gesetzesentwürfen der Stellenwert von Ehe und Familie und des menschlichen Lebens im Allgemeinen hinreichend berücksichtigt?

1.5.2 Zu einzelnen Gesetzestexten

1.5.2.1 Zu den relevanten Artikeln des Grundgesetzes

Art. 1 (Schutz der Menschenwürde)

(1) Die Würde des Menschen ist unantastbar. Sie zu achten und zu schützen ist Verpflichtung aller staatlichen Gewalt.

(2) Das Deutsche Volk bekennt sich darum zu unverletzlichen und unveräußerlichen Menschenrechten als Grundlage jeder menschlichen Gemeinschaft, des Friedens und der Gerechtigkeit in der Welt.

(3) Die nachfolgenden Grundrechte binden Gesetzgebung, vollziehende Gewalt und Rechtsprechung als unmittelbar geltendes Recht.

Art. 2 (Freiheitsrechte)

(1) Jeder hat das Recht auf die freie Entfaltung seiner Persönlichkeit, soweit er nicht die Rechte anderer verletzt und nicht gegen die verfassungsmäßige Ordnung oder das Sittengesetz verstößt.

(2) Jeder hat das recht auf Leben und körperliche Unversehrtheit. Die Freiheit der Person ist unverletzlich. In diese Rechte darf nur auf Grund eines Gesetzes eingegriffen werden.

Art. 19 (Einschränkung von Grundrechten)

(1) Soweit nach diesem Grundgesetz ein Grundrecht durch Gesetz oder auf Grund eines Gesetzes eingeschränkt werden kann, muß das Gesetz allgemein und nicht nur für den Einzelfall gelten. Außerdem muß das Gesetz das Grundrecht unter Angabe des Artikels nennen.

(2) In keinem Falle darf ein Grundrecht in seinem Wesensgehalt angetastet werden.

(3) Die Grundrechte gelten auch für inländische juristische Personen, soweit sie ihrem Wesen nach auf diese anwendbar sind.

(4) Wird jemand durch die öffentliche Gewalt in seinen Rechten verletzt, so steht ihm der Rechtsweg offen. Soweit eine andere Zuständigkeit nicht begründet ist, ist der ordentliche Rechtsweg gegeben. Artikel 10 Abs. 2 bleibt unberührt.

Art. 79 (Änderung des Grundgesetzes)

(1) Das Grundgesetz kann nur durch ein Gesetz geändert werden, das den Wortlaut des Grundgesetzes ausdrücklich ändert oder ergänzt. Bei völkerrechtlichen Verträgen, die eine Friedensregelung, die Vorbereitung einer Friedensregelung oder den Abbau einer besatzungsrechtlichen Ordnung zum Gegenstand haben oder der Verteidigung der Bundesrepublik zu dienen bestimmt sind, genügt zur Klarstellung, daß die Bestimmungen des Grundgesetzes dem Abschluß und dem Inkraftsetzen der Verträge nicht entgegenstehen, eine Ergänzung des Wortlautes des Grundgesetzes, die sich auf diese Klarstellung beschränkt.

(2) Ein solches Gesetz bedarf der Zustimmung von zwei Dritteln der Mitglieder des Bundestages und zwei Dritteln der Stimmen des Bundesrates.

(3) Eine Änderung dieses Grundgesetzes, durch welche die Gliederung des Bundes in Länder, die grundsätzliche Mitwirkung der Länder bei der Gesetzgebung oder die in den Artikeln 1 und 20 niedergelegten Grundsätze berührt werden, ist unzulässig.

1.5.2.2 Zum § 31 des Bundesverfassungsgerichtsgesetzes (BVerfGerG) (Verbindlichkeit der Entscheidungen)

(1) Die Entscheidungen des Bundesverfassungsgerichts binden die Verfassungsorgane des Bundes und der Länder sowie alle Gerichte und Behörden.
(2) In den Fällen des § 13 Nr. 6, 11, 12 und 14 hat die Entscheidung des Bundesverfassungsgerichts Gesetzeskraft. Das gilt auch in den Fällen des § 13 Nr. 8a, wenn das Bundesverfassungsgericht ein Gesetz als mit dem Grundgesetz vereinbar oder unvereinbar oder für nichtig erklärt. Soweit ein Gesetz als mit dem Grundgesetz oder sonstigem Bundesrecht vereinbar oder unvereinbar oder für nichtig erklärt wird, ist die Entscheidungsformel durch den Bundesminister der Justiz im Bundesgesetzblatt zu veröffentlichen. Entsprechendes gilt für die Entscheidungsformel in den Fällen des § 13 Nr. 12 und 14.

1.5.2.3 Zum § 218 des Strafgesetzbuches StGB (Abbruch der Schwangerschaft)

§ 218 Abbruch der Schwangerschaft

(1) Wer eine Schwangerschaft abbricht, wird mit Freiheitsstrafe bis zu drei Jahren oder mit Geldstrafe bestraft.
(2) In besonders schweren Fällen ist die Strafe Freiheitsstrafe von sechs Monaten bis zu fünf Jahren. Ein besonders schwerer Fall liegt in der Regel vor, wenn der Täter
   1. gegen den Willen der Schwangeren handelt oder
   2. leichtfertig die Gefahr des Todes oder einer schweren Gesundheitsschädigung der Schwangeren verursacht.

   Das Gericht kann Führungsaufsicht anordnen (§ 68 Abs. 1 Nr. 2).
(3) Begeht die Schwangere die Tat, so ist die Strafe Freiheitsstrafe bis zu einem Jahr oder Geldstrafe. Die Schwangere ist nicht nach Satz 1 strafbar, wenn der Schwangerschaftsabbruch nach Beratung (§ 218b Abs. 1 Nr. 1,2) von einem Arzt vorgenommen worden ist und seit der Empfängnis nicht mehr als zweiundzwanzig Wochen verstrichen sind. Das Gericht kann von einer Bestrafung der Schwangeren nach Satz 1 absehen, wenn sie sich zur Zeit des Eingriffs in besonderer Bedrängnis befunden hat.
(4) Der Versuch ist strafbar. Die Frau wird nicht wegen Versuchs bestraft.

§ 218 a Indikation zum Schwangerschaftsabbruch

(1) Der Abbruch der Schwangerschaft durch einen Arzt ist nicht nach § 218 strafbar, wenn
   1. die Schwangere einwilligt und

2. der Abbruch der Schwangerschaft unter Berücksichtigung der gegenwärtigen und zukünftigen Lebensverhältnisse der Schwangeren nach ärztlicher Erkenntnis angezeigt ist, um eine Gefahr für das Leben oder die Gefahr einer schwerwiegenden Beeinträchtigung des körperlichen oder seelischen Gesundheitszustandes der Schwangeren abzuwenden, und die Gefahr nicht auf eine andere für sie zumutbare Weise abgewendet werden kann.

(2) Die Voraussetzungen des Absatzes 1 Nr. 2 gelten auch als erfüllt, wenn nach ärztlicher Erkenntnis
1. dringende Gründe für die Annahme sprechen, daß das Kind infolge einer Erbanlage oder schädlicher Einflüsse vor der Geburt an einer nicht behebbaren Schädigung seines Gesundheitszustandes leiden würde, die so schwer wiegt, daß von der Schwangeren die Fortsetzung der Schwangerschaft nicht verlangt werden kann,
2. an der Schwangeren eine rechtswidrige Tat nach den § 176 bis 179 begangen worden ist und dringende Gründe für die Annahme sprechen, daß die Schwangerschaft auf der Tat beruht, oder
3. der Abbruch der Schwangerschaft sonst angezeigt ist, um von der schwangeren die Gefahr einer Notlage abzuwenden, die
   a) so schwer wiegt, daß von der Schwangeren die Fortsetzung der Schwangerschaft nicht verlangt werden kann, und
   b) nicht auf eine andere für die Schwangere zumutbare Weise abgewendet werden kann.

(3) In den Fällen des Absatzes 2 Nr. 1 dürfen seit der Empfängnis nicht mehr als zweiundzwanzig Wochen, in den Fällen des Absatzes 2 Nr. 2 und 3 nicht mehr als zwölf Wochen verstrichen sein.

§ 218 b Abbruch der Schwangerschaft ohne Beratung der Schwangeren

(1) Wer eine Schwangerschaft abbricht, ohne daß die Schwangere
1. sich mindestens drei Tage vor dem Eingriff wegen der Frage des Abbruchs ihrer Schwangerschaft an einen Berater (Absatz 2) gewandt hat und dort über die zur Verfügung stehenden öffentlichen und privaten Hilfen für Schwangere, Mütter und Kinder beraten worden ist, insbesondere über solche Hilfen, die die Fortsetzung der Schwangerschaft und die Lage von Mutter und Kind erleichtern, und
2. von einem Arzt über die ärztlich bedeutsamen Gesichtspunkte beraten worden ist, wird mit Freiheitsstrafe bis zu einem Jahr oder mit Geldstrafe bestraft, wenn die Tat nicht in § 218 mit Strafe bedroht ist. Die Schwangere ist nicht nach Satz 1 strafbar.

(2) Berater im Sinne des Absatzes 1 Nr. 1 ist
1. eine von einer Behörde oder Körperschaft, Anstalt oder Stiftung des öffentlichen Rechts anerkannte Beratungsstelle oder
2. ein Arzt, der nicht selbst den Schwangerschaftsabbruch vornimmt und
   a) als Mitglied einer anerkannten Beratungsstelle (Nummer 1) mit der Beratung im Sinne des Absatzes 1 Nr. 1 betraut ist,
   b) von einer Behörde oder Körperschaft, Anstalt oder Stiftung des öffentlichen Rechts als Berater anerkannt ist oder

c) sich durch Beratung mit einem Mitglied einer anerkannten Beratungsstelle (Nummer 1), das mit der Beratung im Sinne des Absatzes 1 Nr. 1 betraut ist, oder mit einer Sozialbehörde oder auf andere geeignete Weise über die im Einzelfall zur Verfügung stehenden Hilfen unterrichtet hat.

(3) Absatz 1 Nr. 1 ist nicht anzuwenden, wenn der Schwangerschaftsabbruch angezeigt ist, um von der schwangeren eine durch körperliche Krankheit oder Körperschaden begründete Gefahr für ihr Leben oder ihre Gesundheit abzuwenden.

1.5.2.4 Zum Paragraphen 219 des Strafgesetzbuches (Schwangerschaftsabbruch ohne ärztliche Feststellung)

§ 219 Abbruch der Schwangerschaft ohne ärztliche Feststellung

(1) Wer eine Schwangerschaft abbricht, ohne daß ihm die schriftliche Feststellung eines Arztes, der nicht selbst den Schwangerschaftsabbruch vornimmt, darüber vorgelegen hat, ob die Voraussetzungen des § 218 a Abs. 1 Nr. 2, Abs. 2, 3 gegeben sind, wird mit Freiheitsstrafe bis zu einem Jahr oder mit Geldstrafe bestraft, wenn die Tat nicht in § 218 mit Strafe bedroht ist. Die Schwangere ist nicht nach Satz 1 strafbar.

(2) Ein Arzt darf Feststellungen nach Absatz 1 nicht treffen, wenn ihm die zuständige Stelle dies untersagt hat, weil er wegen einer rechtswidrigen Tat nach Absatz 1 oder den § 218, 218b, 219a, 219b oder 219c oder wegen einer anderen rechtswidrigen Tat, die er im Zusammenhang mit einem Schwangerschaftsabbruch begangen hat, rechtskräftig verurteilt worden ist. Die zuständige Stelle kann einem Arzt vorläufig untersagen, Feststellungen nach Absatz 1 zu treffen, wenn gegen ihn wegen des Verdachts einer der in Satz 1 bezeichneten rechtswidrigen Taten das Hauptverfahren eröffnet worden ist.

§ 219a Unrichtige ärztliche Feststellung

(1) Wer als Arzt wider besseres Wissen eine unrichtige Feststellung über die Voraussetzungen des § 218a Abs. 1 Nr. 2, Abs. 2, 3 zur Vorlage nach § 219 Abs. 1 trifft, wird mit Freiheitsstrafe bis zu zwei Jahren oder mit Geldstrafe bestraft, wenn die Tat nicht in § 218 mit Strafe bedroht ist.

(2) Die Schwangere ist nicht nach Absatz 1 strafbar.

§ 219b Werbung für den Abbruch der Schwangerschaft

(1) Wer öffentlich, in einer Versammlung oder durch Verbreiten von Schriften (§ 11 Abs. 3 - darunter fallen auch Ton- und Bildträger, Abbildungen und andere Darstellungen, Anm. d. Hrsg.) seines Vermögensvorteils wegen oder in grob anstößiger Weise

1. eigene oder fremde Dienste zur Vornahme oder Förderung eines Schwangerschaftsabbruchs oder
2. Mittel, Gegenstände oder Verfahren, die zum Abbruch der Schwangerschaft geeignet sind, unter Hinweis auf diese Eignung anbietet, an-

kündigt, anpreist oder Erklärungen solchen Inhalts bekanntgibt, wird mit Freiheitsstrafe bis zu zwei Jahren oder mit Geldstrafe bestraft.

(2) Absatz 1 Nr. 1 gilt nicht, wenn Ärzte oder anerkannte Beratungsstellen (§ 218b Abs. 2 Nr. 1) darüber unterrichtet werden, welche Ärzte, Krankenhäuser oder Einrichtungen bereit sind, einen Schwangerschaftsabbruch unter den Voraussetzungen des § 218a vorzunehmen.

(3) Absatz 1 Nr. 2 gilt nicht, wenn die Tat gegenüber Ärzten oder Personen, die zum Handel mit den in Absatz 1 Nr. 2 erwähnten Mitteln oder Gegenständen befugt sind, oder durch eine Veröffentlichung in ärztlichen oder pharmazeutischen Fachblättern begangen wird.

§ 219c Inverkehrbringen von Mitteln zum Abbruch der Schwangerschaft

(1) Wer in der Absicht, rechtswidrige Taten nach § 218 zu fördern, Mittel oder Gegenstände, die zum Schwangerschaftsabbruch geeignet sind, in den Verkehr bringt, wird mit Freiheitsstrafe bis zu zwei Jahren oder mit Geldstrafe bestraft.

(2) Die Teilnahme der Frau, die den Abbruch ihrer Schwangerschaft vorbereitet, ist nicht nach Absatz 1 strafbar.

(3) Mittel oder Gegenstände, auf die sich die Tat bezieht, können eingezogen werden.

§ 219d Begriffsbestimmung

Handlungen, deren Wirkung vor Abschluß der Einnistung des befruchteten Eies in der Gebärmutter eintritt, gelten nicht als Schwangerschaftsabbruch im Sinne dieses Gesetzes.

1.5.2.5 Zum Gesetz zur Regelung der Gentechnik (GenTG)

§ 1 Zweck des Gesetzes

Zweck dieses Gesetzes ist,

1. Leben und Gesundheit von Menschen, Tiere, Pflanzen sowie die sonstige Umwelt in ihrem Wirkungsgefüge und Sachgüter vor möglichen Gefahren gentechnischer Verfahren und Produkte zu schützen und dem Entstehen solcher Gefahren vorzubeugen und
2. den rechtlichen Rahmen für die Erforschung, Entwicklung, Nutzung und Förderung der wissenschaftlichen und technischen Möglichkeiten der Gentechnik zu schaffen.

§ 2 Anwendungsbereich

Dieses Gesetz gilt für

1. gentechnische Anlagen,
2. gentechnische Arbeiten,
3. Freisetzungen von gentechnisch veränderten Organismen und
4. das Inverkehrbringen von Produkten, die gentechnisch veränderte Organismen enthalten oder aus solchen bestehen; soweit das Inverkehrbringen durch andere den Vorschriften dieses Gesetzes entsprechende Rechtsvorschriften geregelt ist, die die Zulässigkeit des Inverkehrbringens von einer

entsprechenden Risikoabschätzung abhängig machen, gelten nur die §§ 32 bis 37 dieses Gesetzes.

§ 3 Begriffsbestimmungen

Im Sinne dieses Gesetzes sind

1. Organismus
   jede biologische Einheit, die fähig ist, sich zu vermehren oder genetisches Material zu übertragen,
2. gentechnische Arbeiten
   a) die Erzeugung gentechnisch veränderter Organismen,
   b) die Verwendung, Vermehrung, Lagerung, Zerstörung oder Entsorgung sowie der innerbetriebliche Transport gentechnisch veränderter Organismen, soweit noch keine Genehmigung für die Freisetzung oder das Inverkehrbringen zum Zweck des späteren Ausbringens in die Umwelt erteilt wurde,
3. gentechnisch veränderter Organismus
   ein Organismus, dessen genetisches Material in einer Weise verändert worden ist, wie sie unter natürlichen Bedingungen durch Kreuzen oder natürliche Rekombination nicht vorkommt. Verfahren der Veränderung genetischen Materials in diesem Sinne sind insbesondere

- DNS-Rekombinationstechniken, bei denen Vektorsysteme eingesetzt werden,
- Verfahren, bei denen in einen Organismus direkt Erbgut eingeführt wird, welches außerhalb des Organismus zubereitet wurde, einschließlich Mikroinjektion, Makroinjektion und Mikroverkapselung,
- Zellfusionen oder Hybridisierungsverfahren, bei denen lebende Zellen mit einer neuen Kombination von genetischem Material anhand von Methoden gebildet werden, die unter natürlichen Bedingungen nicht auftreten.

Nicht als Verfahren der Veränderung genetischen Materials gelten

- In-Vitro-Befruchtung,
- Konjugation, Transduktion, Transformation oder jeder andere natürliche Prozeß,
- Polyploidie-Induktion,
- Mutagenese,
- Zell- und Protoplastenfusion von pflanzlichen Zellen, die zu solchen Pflanzen regeneriert werden können, die auch mit herkömmlichen Züchtungstechniken erzeugbar sind, es sei denn, es werden gentechnisch veränderte Organismen als Spender oder Empfänger verwendet.

Bei der Verwendung in gentechnischen Anlagen gelten darüber hinaus nicht als Verfahren der Veränderung genetischen Materials

- Erzeugung somatischer tierischer Hybridoma-Zellen,
- Selbstklonierung nichtpathogener, natürlich vorkommender Organismen, wenn sie keine Adventiv-Agenzien enthalten und entweder nachgewiesenerweise lange und sicher in gentechnischen Anlagen verwendet wurden oder eingebaute biologische Schranken enthalten, die die Lebens- und Replikationsfähigkeit ohne nachteilige Folgen in der Umwelt begrenzen, es sei

denn, es werden gentechnisch veränderte Organismen als Spender oder Empfänger verwendet (...)

Gentechnische Arbeiten in gentechnischen Anlagen

§ 7 Sicherheitsstufen, Sicherheitsmaßnahmen

(1) Gentechnische Arbeiten werden in vier Sicherheitsstufen eingeteilt:

1. Der Sicherheitsstufe 1 sind gentechnische Arbeiten zuzuordnen, bei denen nach dem Stand der Wissenschaft nicht von einem Risiko für die menschliche Gesundheit und die Umwelt auszugehen ist.
2. Der Sicherheitsstufe 2 sind gentechnische Arbeiten zuzuordnen, bei denen nach dem Stand der Wissenschaft von einem geringen Risiko für die menschliche Gesundheit oder die Umwelt auszugehen ist.
3. Der Sicherheitsstufe 3 sind gentechnische Arbeiten zuzuordnen, bei denen nach dem Stand der Wissenschaft von einem mäßigen Risiko für die menschliche Gesundheit oder die Umwelt auszugehen ist.
4. Der Sicherheitsstufe 4 sind gentechnische Arbeiten zuzuordnen, bei denen nach dem Stand der Wissenschaft von einem hohen Risiko oder dem begründeten Verdacht eines solchen Risikos für die menschliche Gesundheit oder die Umwelt auszugehen ist.

Die Bundesregierung wird ermächtigt, nach Anhörung der Kommission durch Rechtsverordnung mit Zustimmung des Bundesrates zur Erreichung der in § 1 Nr. 1 genannten Zwecke die Zuordnung bestimmter Arten gentechnischer Arbeiten zu den Sicherheitsstufen zu regeln. Die Zuordnung erfolgt anhand des Risikopotentials der gentechnischen Arbeit, welches bestimmt wird durch die Eigenschaften der Empfänger- und Spenderorganismen, der Vektoren sowie des gentechnisch veränderten Organismus. Dabei sind mögliche Auswirkungen auf die Beschäftigten, die Bevölkerung, Nutztiere, Kulturpflanzen und die sonstige Umwelt einschließlich der Verfügbarkeit geeigneter Gegenmaßnahmen zu berücksichtigen.

(2) Bei der Durchführung gentechnischer Arbeiten sind bestimmte Labor- und Produktionssicherheitsmaßnahmen zu beachten. Die Bundesregierung regelt nach Anhörung der Kommission durch Rechtsverordnung mit Zustimmung des Bundesrates die für die unterschiedlichen Sicherheitsstufen nach dem Stand der Wissenschaft und Technik erforderlichen Labor- und Produktionssicherheitsmaßnahmen sowie die Anforderungen an die Auswahl und die Sicherheitsbewertung der bei gentechnischen Arbeiten verwendeten Empfängerorganismen und Vektoren. (...)

(5) Im Falle der Verletzung des Körpers oder der Gesundheit ist Ersatz der Kosten der Heilung sowie des Vermögensnachteils zu leisten, den der Verletzte dadurch erleidet, daß infolge der Verletzung seiner Erwerbsfähigkeit zeitweise oder dauernd aufgehoben oder gemindert oder eine Vermehrung seiner Bedürfnisse eingetreten ist.

(6) Der Schadensersatz wegen Aufhebung oder Minderung der Erwerbsfähigkeit und wegen vermehrter Bedürfnisse des Verletzten sowie der nach Absatz 4 Sätze 3 und 4 einem Dritten zu gewährende Schadensersatz ist für die Zukunft durch eine Geldrente zu leisten. § 843

Abs. 2 bis 4 des Bürgerlichen Gesetzbuchs ist entsprechend anzuwenden.

(7) Stellt die Beschädigung einer Sache auch eine Beeinträchtigung der Natur oder der Landschaft dar, so ist, soweit der Geschädigte den Zustand herstellt, der bestehend würde, wenn die Beeinträchtigung nicht eingetreten wäre, § 251 Abs. 2 des Bürgerlichen Gesetzbuchs mit der Maßgabe anzuwenden, daß Aufwendungen für die Wiederherstellung des vorherigen Zustandes nicht allein deshalb unverhältnismäßig sind, weil sie den Wert der Sache erheblich übersteigen. Für die erforderlichen Aufwendungen hat der Schädiger auf Verlangen des Ersatzberechtigten Vorschuß zu leisten.

§ 29 Auswertung von sicherheitsrelevanten Erkenntnissen

(1) Das Bundesgesundheitsamt hat Daten gemäß § 28, die im Zusammenhang mit der Errichtung auf dem Betrieb gentechnische Anlagen, der Durchführung gentechnischer Arbeiten, mit Freisetzungen oder mit einem Inverkehrbringen von ihm erhoben oder ihm übermittelt worden sind, zum Zweck der Beobachtung, Sammlung und Auswertung sicherheitsrelevanter Sachverhalte zu verarbeiten und zu nutzen.

(2) Die Rechtsvorschriften über die Geheimhaltung bleiben unberührt. Die Übermittlung von sachbezogenen Erkenntnissen im Sinne des § 11 Abs. 3 an Dienststellen der Europäischen Gemeinschaften und Behörden anderer Staaten darf nur erfolgen, wenn die anfordernde Stelle darlegt, daß sie Vorkehrungen zum Schutz von Geschäfts- und Betriebsgeheimnissen getroffen hat, die den entsprechenden Vorschriften im Geltungsbereich dieses Gesetzes gleichwertig sind.

(3) Personenbezogene Daten dürfen beim Bundesgesundheitsamt nur verarbeitet und genutzt werden, soweit dies für die Beurteilung der Zuverlässigkeit des Betreibers, des Projektleiters sowie des Beauftragten für die Biologische Sicherheit erforderlich ist.

(4) Art und Umfang der Daten regelt der Bundesminister für Jugend, Familie, Frauen und Gesundheit im Einvernehmen mit dem Bundesminister für Wirtschaft durch Rechtsverordnung mit Zustimmung des Bundesrates. (...)

§ 32 Haftung

(1) Wird infolge von Eigenschaften eines Organismus, die auf gentechnischen Arbeiten beruhen, jemand getötet, sein Körper oder seine Gesundheit verletzt oder eine Sache beschädigt, so ist der Betreiber verpflichtet, den daraus entstehenden Schaden zu ersetzen. (...)

(4) Im Falle der Tötung ist Ersatz der Kosten der versuchten Heilung sowie des Vermögensnachteils zu leisten, den der Getötete dadurch erlitten hat, daß während der Krankheit seine Erwerbsfähigkeit aufgehoben oder gemindert war oder seine Bedürfnisse vermehrt waren. Der Ersatzpflichtige hat außerdem die Kosten der Beerdigung demjenigen zu ersetzen, der diese Kosten zu tragen hat. Stand der Getötete zur Zeit der Verletzung zu einem Dritten in einem Verhältnis, aus dem er diesem gegenüber kraft Gesetzes unterhaltspflichtig war oder unterhaltspflichtig werden konnte und ist dem Dritten infolge der Tötung das Recht auf Unterhalt entzogen, so hat der

Ersatzpflichtige dem Dritten insoweit Schadensersatz zu leisten, als der Getötete während der mutmaßlichen Dauer seines Lebens zur Gewährung des Unterhalts verpflichtet gewesen wäre. Die Ersatzpflicht tritt auch ein, wenn der Dritte zur Zeit der Verletzung gezeugt, aber noch nicht geboren war.

1.5.2.6 Zum Gesetz zum Schutz von Embryonen (ESchG)

§ 1 Mißbräuchliche Anwendung von Fortpflanzungstechniken

(1) Mit Freiheitsstrafe bis zu drei Jahren oder mit Geldstrafe wird bestraft, wer
1. auf eine Frau eine unbefruchtete Eizelle, die von einer anderen Frau stammt, überträgt, es sei denn, daß eine Befruchtung der übertragenen Eizelle ausgeschlossen ist,
2. es unternimmt, eine Eizelle zu einem anderen Zweck künstlich zu befruchten, als eine Schwangerschaft der Frau herbeizuführen, von der die Eizelle stammt,
3. es unternimmt, mehr Eizellen einer Frau zu befruchten, als ihr innerhalb eines Zyklus übertragen werden sollen,
4. einer Frau einen Embryo vor Abschluß seiner Einnistung in der Gebärmutter entnimmt, um diesen auf eine andere Frau zu übertragen oder ihn für einen nicht seiner Einhaltung dienenden Zweck zu verwenden, oder
5. es unternimmt, bei einer Frau, welche bereit ist, ihr Kind nach der Geburt Dritten auf Dauer zu überlassen (Ersatzmutter), eine künstliche Befruchtung durchzuführen oder auf sie einen menschlichen Embryo zu übertragen.

(2) Ebenso wird bestraft, wer
1. künstlich bewirkt, daß eine menschliche Samenzelle in eine menschliche Eizelle eindringt, oder
2. eine menschliche Samenzelle in eine menschliche Eizelle künstlich verbringt, ohne eine Schwangerschaft der Frau herbeiführen zu wollen, von der die Eizelle stammt.

(3) Nicht bestraft werden
1. in den Fällen des Absatzes 1 Nr. 1,2 und 4 die Frau, von der die Eizelle oder der Embryo stammt, sowie die Frau, auf die die Eizelle übertragen wird oder der Embryo übertragen werden soll, und
2. in den Fällen des Absatzes 1 Nr. 5 die Ersatzmutter sowie die Personen, die das Kind auf Dauer bei sich aufnehmen will.

(4) In den Fällen des Absatzes 1 Nr. 4 und des Absatzes 2 ist der Versuch strafbar.

§ 2 Mißbräuchliche Verwendung menschlicher Embryonen

(1) Wer einen extrakorporal erzeugten oder einer Frau vor Abschluß seiner Einnistung in der Gebärmutter entnommenen menschlichen Embryo veräußert oder zu einem nicht seiner Erhaltung dienenden Zweck abgibt, erwirbt oder verwendet, wird mit Freiheitsstrafe bis zu drei Jahren oder mit Geldstrafe bestraft.

(2) Ebenso wird bestraft, wer zu einem anderen Zweck als der Herbeiführung einer Schwangerschaft bewirkt, daß sich ein menschlicher Embryo extrakorporal weiterentwickelt.
(3) Der Versuch ist strafbar.

§ 3 Mißbräuchliche Geschlechtswahl
Wer es unternimmt, eine menschliche Eizelle mit einer Samenzelle künstlich zu befruchten, die nach dem in ihr enthaltenen Geschlechtschromosom ausgewählt worden ist, wird mit Freiheitsstrafe bis zu einem Jahr oder mit Geldstrafe bestraft. Dies gilt nicht, wenn die Auswahl der Samenzelle durch einen Arzt dazu dient, eine geschlechtsgebundene erbliche Erkrankung des zu erzeugenden Kindes zu vermeiden, und die dem Kind drohende Erkrankung von der nach Landesrecht zuständigen Stelle als schwerwiegend anerkannt worden ist.

§ 4 Eigenmächtige Befruchtung und eigenmächtige Embryoübertragung
(1) Wer es unternimmt, eine Eizelle künstlich zu befruchten, ohne daß die Frau, deren Eizelle befruchtet wird, und der Mann, dessen Samenzelle für die Befruchtung verwendet wird, eingewilligt haben, wird mit Freiheitsstrafe bis zu drei Jahren oder mit Geldstrafe bestraft.
(2) Ebenso wird bestraft, wer es unternimmt, auf eine Frau ohne deren Einwilligung einen Embryo zu übertragen.

§ 5 Künstliche Veränderung menschlicher Keimbahnzellen
(1) Wer die Erbinformation einer menschlichen Keimbahnzelle künstlich verändert, wird mit Freiheitsstrafe bis zu fünf Jahren oder mit Geldstrafe bestraft.
(2) Ebenso wird bestraft, wer eine menschliche Keimzelle mit künstlich veränderter Erbinformation zur Befruchtung verwendet.
(3) Der Versuch ist strafbar.
(4) Absatz 1 findet keine Anwendung auf
   1. eine künstliche Veränderung der Erbinformation einer außerhalb des Körpers befindlichen Keimzelle, wenn ausgeschlossen ist, daß diese zur Befruchtung verwendet wird.
   2. eine künstliche Veränderung der Erbinformation einer sonstigen körpereigenen Keimbahnzelle, die einer toten Leibesfrucht, einem Menschen oder einem Verstorbenen entnommen worden ist, wenn ausgeschlossen ist, daß
      a) diese auf einen Embryo, Fötus oder Menschen übertragen wird oder
      b) aus ihr eine Keimzelle entsteht, sowie
   3. Impfungen, strahlen-, chemotherapeutische oder andere Behandlungen, mit denen eine Veränderung der Erbinformation von Keimbahnzellen nicht beabsichtigt ist.

§ 6 Klonen
(1) Wer künstlich bewirkt, daß ein menschlicher Embryo mit der gleichen Erbinformation wie ein anderer Embryo, ein Fötus, ein Mensch oder ein Verstorbener entsteht, wird mit Freiheitstrafe bis zu fünf Jahren oder mit Geldstrafe bestraft.

(2) Ebenso wird bestraft, wer einen in Absatz 1 bezeichneten Embryo auf eine Frau überträgt.
(3) Der Versuch ist strafbar.

§ 7 Schimären- und Hybridbildung
(1) Wer es unternimmt,
1. Embryonen mit unterschiedlichen Erbinformationen unter Verwendung mindestens eines menschlichen Embryos zu einem Zellverband zu vereinigen,
2. mit einem menschlichen Embryo eine Zelle zu verbinden, die eine andere Erbinformation als die Zellen des Embryos enthält und sich mit diesem weiter zu differenzieren vermag, oder
3. durch Befruchtung einer menschlichen Eizelle mit dem Samen eines Tieres oder durch Befruchtung einer tierischen Eizelle mit dem Samen eines Menschen einen differenzierungsfähigen Embryo zu erzeugen,

wird mit Freiheitsstrafe bis zu fünf Jahren oder mit Geldstrafe bestraft.
(2) Ebenso wird bestraft, wer es unternimmt,
1. einen durch eine Handlung nach Absatz 1 entstandenen Embryo auf a) eine Frau oder b) ein Tier zu übertragen oder
2. einen menschlichen Embryo auf ein Tier zu übertragen.

§ 8 Begriffsbestimmung
(1) Als Embryo im Sinne dieses Gesetzes gilt bereits die befruchtete, entwicklungsfähige menschliche Eizelle vom Zeitpunkt der Kernverschmelzung an, ferner jede einem Embryo entnommene totipotente Zelle, die sich bei Vorliegen der dafür erforderlichen weiteren Voraussetzungen zu teilen und zu einem Individuum zu entwickeln vermag.
(2) In den ersten vierundzwanzig Stunden nach der Kernverschmelzung gilt die befruchtete menschliche Eizelle als entwicklungsfähig, es sei denn, daß schon vor Ablauf dieses Zeitraums festgestellt wird, daß sich diese nicht über das Einzelstadium hinaus zu entwickeln vermag.
(3) Keimbahnzellen im Sinne dieses Gesetzes sind alle Zellen, die in einer Zell-Linie von der befruchteten Eizelle bis zu den Ei- und Samenzellen des aus ihr hervorgegangenen Menschen führen, ferner die Eizelle vom Einbringen oder Eindringen der Samenzelle an bis zu der mit der Kernverschmelzung abgeschlossenen Befruchtung. (...)

2. Gesellschaftswissenschaften

2.1 Zum Beitrag der Gesellschaftswissenschaften für ein modernes Menschenverständnis

2.1.1 Einleitende und didaktische Hinweise

Wenn man in einem Satz das Menschenverständnis der Soziologie zusammenfassen will, so ist man schnell geneigt, den Menschen als soziales Wesen zu verstehen, der im wesentlichen von der Gesellschaft geprägt und bestimmt wird. Es ist sicher unbestritten, daß die zahlreichen Nachweise über die Bedeutung der gesellschaftlichen Einflüsse und hier insbesondere der Familie auf den Menschen einen wichtigen Beitrag der Soziologie zu einem umfassenden Menschenverständnis darstellen. Jedoch ist es auch falsch, der Soziologie zu unterstellen, sie würde eben nur diese gesellschaftlichen Einflüsse herausstellen und alle anderen, insbesondere die individuellen Einflüsse vernachlässigen. Wäre der Mensch tatsächlich nur gesellschaftlich bestimmt, dann ist er für seine Taten kaum verantwortlich.

Die einzelnen Zitate und Passagen zum Beitrag der Gesellschaftswissenschaften für ein modernes Menschenverständnis stellen eine Auswahl und Übersicht einzelner theoretischer Annahmen und verschiedener Autoren dar, die gewiß noch beliebig ergänzt werden könnten und müßten. Dennoch spiegelt die Auswahl eine Übersicht und unterschiedliche Auffassungen über den Menschen an sich wider. Die Zahlen und Anmerkungen in den jeweiligen Texten sind in den Originalquellen nachzulesen. Auf detailliertere Fußnoten wurde hier verzichtet.

Ansätze zur inhaltlichen Auseinandersetzung

Die Texte können neben dem persönlichen Studium, für die Analyse in Gruppen und Seminaren sowie in Arbeitsgruppen bei Bildungsveranstaltungen in der außerschulischen und universitären Bildungsarbeit eingesetzt werden. Dabei sollten möglichst folgende Fragen erörtert werden:

- Mit welchen Begriffen umschreibt die Soziologie den Menschen?
- Welche Gemeinsamkeiten zeigen sich in den unterschiedlichen Ansätzen zum soziologischen Menschenverständnis?
- Kommen in den Begriffen unterschiedliche Auffassungen über den Menschen zum Ausdruck?
- Wo bestehen wesentliche Unterschiede in den einzelnen theoretischen Ansätzen?
- Welchen Beitrag leisten die soziologischen Ansätze für ein allgemeines Menschenverständnis?
- Welche wesentlichen Seinsbereiche oder Existenzfragen fehlen beim soziologischen Menschenverständnis?
- Können trotz unterschiedlicher und mitunter widersprüchlicher Ansätze und Sichtweisen des Menschen im Lichte der Soziologie brauchbare Elemente herausgefiltert werden? Wenn ja, welche können dabei benannt werden?

2.1.2 Zum Menschenverständnis in ausgewählten soziologischen Theorien

2.1.2.1 Zum Menschenverständnis in der Theorie des sozialen Handelns

Da die Persönlichkeit die gelernte Organisation des sich verhaltenden Individuums ist, ist der Sozialisationsprozeß immer entscheidend für Persönlichkeitsbildung und deren Tätigkeit. Eine erfolgreiche Sozialisation verlangt, daß soziales und kulturelles Lernen durch starke Einbeziehung des Lustmechanismus des Organismus motiviert wird. Daher hängt sie von relativ stabilen intimen Beziehungen zwischen kleinen Kindern und Erwachsenen ab, deren eigene erotische Motive und Beziehungen in diesem Prozeß ebenfalls sehr engagiert erscheinen.
Parsons, T.; Bales, R.F: Family, Socialization, and Interaction Process. Glencoe, Ill., 1955

Das Persönlichkeitssystem ist die Haupttriebkraft von Handlungsprozessen und somit auch der Erfüllung kultureller Prinzipien und Anforderungen. Auf der Ebene der Belohnung als Motivationsfaktor ist die Optimierung von Gratifikation und Befriedigung der Persönlichkeit das Ziel aller Handlungen.
Parsons, T.: Das System moderner Gesellschaften. München 1972, S. 13

Der Begriff der Rolle verknüpft das Untersystem des Handelnden, als einer "psychologischen", sich in bestimmter Weise verhaltenden Gesamtheit mit der eigentlichen sozialen Struktur.
Parsons, T.: Beiträge zur soziologischen Theorie. Herausgegeben und eingeleitet von Dietrich Rüschemeyer. S. 55 Neuwied/Rhein 1968

Vom Standpunkt des Handelnden her gesehen definiert sich seine Rolle durch die normativen Erwartungen der Gruppenmitglieder, die in den sozialen Traditionen zum Ausdruck kommen. Diese Erwartungen von Seiten der Mitmenschen bilden ein wesentliches Merkmal der Situation, in die sich jeder Handelnde gestellt sieht. Es bringt Folgen für ihn mit sich, ob er diesen Erwartungen entspricht oder nicht: im einen Fall Anerkennung und Belohnung, im anderen Ablehnung und Bestrafung. Und was noch mehr ist: sie bilden einen Teil seiner eigenen Persönlichkeit. Im Verlauf des Sozialisierungsprozesses nimmt er - in mehr oder weniger starkem Maße - die Verhaltensmaßstäbe und Ideale der Gruppe in sich auf. Auf diese Weise werden sie, unabhängig von äußeren Sanktionen, zu wirksamen Motivierungskräften für sein eigenes Verhalten.
Parsons, T.: Beiträge zur soziologischen Theorie. Herausgegeben und eingeleitet von Dietrich Rüschemeyer. S. 55 Neuwied/Rhein 1968

Vom Standpunkt der Theorie des Handelns her betrachtet ist die handelnde Person eine zum Teil "zielgerichtete" Einheit. Einen wichtigen Aspekt dieser Orientierung bilden die Gefühle des Handelnden darüber, ob diese Ziele moralisch wünschenswert sind, wenn ihnen daneben auch natürlich noch andere Bedeutungen zukommen. Gegenstand des moralischen Empfindens sind aber nicht nur Ziele als solche; die gleiche Stelle können auch Personen und deren Einstellungen zu der handelnden Person, Dinge und deren Beziehungen zu der

handelnden Person, sowie soziale Beziehungen einnehmen. Viele der wichtigsten Ziele hängen eng mit diesen Dingen zusammen.
Sie alle können jedoch zweitens für die handelnde Person noch in anderer als moralischer Hinsicht von Bedeutung sein. Sie können beispielsweise Quellen der Lustbefriedigung oder Gegenstand von Zuneigungen sein. Der Handelnde ist normalerweise eine weitgehend "integrierte" Persönlichkeit, und im allgemeinen sind die Dinge, die er moralisch schätzt, gleichzeitig auch jene, die er "begehrt" - sei es als Quelle der Lustbefriedigung oder als Gegenstand seiner Zuneigung. Natürlich findet man im konkreten Fall in dieser Hinsicht häufig ernste Konflikte, doch sind diese in erster Linie als "Abweichungen" von dem integrierten Typ zu betrachten.
Die Bedeutung des moralischen Empfindens für das Handeln, zusammen mit der Zielgerichtetheit des Handelns, impliziert schließlich im allgemeinen, daß der Handelnde normalerweise sich selbst und seinen Handlungen gegenüber ein moralisches Empfinden besitzt. Entweder wird er ein recht hohes Maß an "Selbstachtung", oder aber irgendwelche "Schuld-" und "Schamgefühle" haben.
Die handelnde Person steht jedoch nicht allein. Sie ist in größerem oder geringerem Maße mit anderen Handelnden Personen in einem sozialen System integriert. Dies bedeutet einerseits, daß die verschiedenen Handelnden der Tendenz nach in ihrem grundsätzlichen moralischen Empfinden übereinstimmen, d.h. daß sie die gleichen normativen Verhaltensmuster anerkennen. Andererseits werden dagegen für jeden einzelnen die anderen Individuen wichtig: es kann ihm nicht gleichgültig sein, was sie tun, sagen oder auch nur subjektiv denken und empfinden.
Parsons, T.: Beiträge zur soziologischen Theorie. Herausgegeben und eingeleitet von Dietrich Rüschemeyer. S. 183/184. Neuwied/Rhein 1968

Die Theorie des sozialen Handelns besteht aus einer Anzahl von Annahmen..., die einen Modus der Analyse zur Erklärung des Handelns oder Verhaltens typischer Individuen in typischen Situationen vorschreiben. Diese typischen Individuen werden Handelnde oder sozial Handelnde genannt.

1. Der Handelnde hat Ziele (oder Absichten, oder er verfolgt Zwecke); er führt Handlungen aus, um die Ziele zu erreichen.
2. Handeln bedeutet oft die Wahl von Mitteln für die Erreichung eines Zieles; aber auch wenn es nicht so zu sein scheint, kann ein Beobachter doch analytisch zwischen Zielen und Mitteln unterscheiden.
3. Ein Handelnder hat immer viele Ziele; seine Handlungen zur Erreichung eines dieser Ziele beeinflussen seine Handlungen zur Erreichung anderer Ziele und werden wiederum von diesen beeinflußt.
4. Das Verfolgen von Zielen und die Auswahl von Mitteln erfolgen immer in Situationen, die den Handlungsablauf beeinflussen.
5. Der Handelnde trifft immer einige Annahmen, die sich auf seine Ziele und Möglichkeiten ihrer Erreichung beziehen.
6. Das Handeln wird nicht nur durch die Situation, sondern auch durch die Kenntnisse des Handelnden über die Situation beeinflußt.
7. Der Handelnde verfügt über bestimmte Vorstellungen oder Erkenntnismodi, die die selektive Wahrnehmung der Situation beeinflussen.

8. Der Handelnde hat bestimmte Einstellungen oder affektive Dispositionen, die sowohl die Wahrnehmung der Situation als auch die Wahl von Zielen beeinflussen.
9. Der Handelnde akzeptiert bestimmte Normen und Werte, die die Wahl von Zielen und deren Einordnung in ein Prioritätenschema regeln.

Cohen, P.S.: Moderne soziologische Theorie. Erklärungsmodelle zwischenmenschlichen Verhaltens. Wien-Köln-Graz 1972, S. 71/72

Der Mensch ist zunächst Organismus und als solcher schon immer Teil der natürlichen Welt. Als Organismus verhält er sich nach seiner biologischen "Fundierung" (Claessens, 1967, S. 70). Er reagiert in organisch festgelegter Weise auf physische Zeichen: Trifft ein Lichtstrahl sein Auge, so verengt sich die Pupille.
Darüberhinaus ist der Mensch ein mit Bewußtsein begabtes Wesen, das an der sozialen Welt teilhat, jener Welt, die der Mensch im Bereich des von seiner biologischen Verfaßtheit Erlaubten zusammen mit anderen Menschen konstituiert und in der er intentional handelt.. Das heißt jedoch nicht, daß der Mensch seine Teilnahme an sozialer Welt schon immer vollzöge, Bewußtsein schon immer hätte. Der Säugling hat z.B. bei seiner Geburt kein Bewußtsein und keine Teilnahme an der sozialen Welt. Beides entwickelt sich in einem langen und oft mühseligen Prozeß von Interaktion zuerst zwischen Mutter und Kind, dann zunehmend zwischen dem heranwachsenden Menschen und anderen Menschen. So entsteht das Bewußtsein durch Teilnahme des Menschen an der sozialen Welt, aus seinem Handeln mit anderen, aus der Gesellschaft - nicht umgekehrt. Es spiegelt die Handlungen wider, ist an die Handlungen seines Trägers gebunden.
Das bedeutet aber nicht, daß das Bewußtsein bloßes Epiphänomen der Handlungen des Akteurs ist. Vielmehr kommt ihm stets auch lenkende Funktion zu. Einmal entwickelt, wirkt es auf seine Basis zurück, d.h., es steuert die Handlungen des Menschen und kann mit den noch ungezügelten Impulsen des Organismus in Konflikt geraten. Zu begreifen ist es also nur in einem dialektischen Prozeß, der die Voraussetzung macht: Der Mensch kann produzieren. Das ist die Folge seiner Spontaneität, die "...in ihrer höchsten Form zu Bewegungen führt, die in die äußere Welt gelangen und dies modifizieren" (Schütz, 1967, S. 213). So ist die Geste eines Menschen der Beginn einer Handlung.

Haferkamp, H.: Soziologie als Handlungstheorie. 3. Auflage, Opladen 1976, S. 23/24

Die Herausbildung des Bewußtseins bedeutet nicht nur, daß der Handelnde die systematisierten Definitionen die er kennenlernt, verinnerlicht, d.h. implizite Definitionen entwickelt hat; Definitionen von Produktionen, d.h. Aufforderungen, bestimmte Abstraktionsleistungen zu erbringen, wirken auf den Menschen zurück. Sie bauen ein persönliches Bewußtsein auf. Der Mensch beginnt sich zunehmend als denjenigen zu begreifen, der bestimmte Definitionen erfährt, dazu gehört auch die Definition seiner selbst als Definierer. Er wird sich seiner selbst bewußt, und zwar in zweifacher Hinsicht: Er erfährt sich selbst einerseits als ein Definierer und andererseits als ein Definierter (...) Person ist also nie nur die individuelle Existenz des Akteurs, auch nicht als Definition der anderen, sondern ein mehr oder weniger komplexes System.

Haferkamp, H.: Soziologie als Handlungstheorie. 3. Auflage, Opladen 1976, S. 30/31

2.1.2.2 Zum Menschenverständnis in der soziologischen Bedürfnistheorie

Wie wird das Grundproblem des Überlebens vom biologisch-personalen System auf früher gesellschaftlicher Entwicklungsstufe gelöst? Durch Austausch oder Transaktionen von Mitteln der Bedürfnisbefriedigung mit anderen Biopersonensystemen und der Natur (...)
Indem der Mensch versucht, sich die Natur zu unterwerfen, muß er sein eigenes biopersonales System einem früher nicht gekannten Reglement unterwerfen. Er arbeitet, das heißt, er organisiert sein Verhalten jetzt so, daß zumindest zwei Verhaltenssysteme entstehen: Arbeit und Muße. Während er arbeitet, kann er nicht Konsumbedürfnisse befriedigen (...)
Dieser ganze Prozeß bedeutet aber, daß der Mensch nicht mehr in den Tag hineinleben kann, sondern sich selbst (oder anderen) verschiedene Zwänge auferlegen muß: den Zwang, vorauszuplanen. Sein bio-personales System unterliegt einer Veränderung, genauer: es kommt zur Ausbildung eines personalen Systems mit Bedürfnisbefriedigungs-Aufschub, "Triebverzicht" und der Ausformung von moralischen Normen, die diesen Triebverzicht fordern und begründen und von den Personen als "Gewissen" empfunden werden. Das Gewissen arbeitet als Kontrollinstanz im Inneren der Person und ersetzt den äußeren Zwang (...)
Beide Lösungen des Grundproblems "Überleben", nämlich Arbeit und Fortpflanzung, sind nicht denkbar ohne die Konstitution eines sozialen Systems, das heißt: sowohl Arbeiten als auch Sichfortpflanzen setzt voraus, daß es Beziehungen zwischen biopersonalen Systemen gibt, die in einer bestimmten Weise geregelt bzw. normativ verfestigt, also relativ dauerhaft sind.
Hondrich, K.O.: Menschliche Bedürfnisse und soziale Steuerung. Eine Einführung in die Sozialwissenschaft. Mit einem Textanhang. Reinbek 1975, S. 40/41

Man kann schließlich für das Entstehen sozialer Bedürfnisse (also solcher Bedürfnisse, die die Interessen von anderen bzw. des Kollektivs mit einschließen) neben genetischen und phylogenetischen auch ontogenetische Beobachtungen anführen: Kinder vieler Tierarten und auch der Menschenart sind nicht überlebensfähig, wenn ihnen nicht in ihrer ersten Lebenszeit von Müttern (und Vätern) geholfen wird. Selbst wenn man annimmt, daß die Mütter dabei eigennützig im Hinblick auf spätere "Rückzahlungen" kalkulieren, müssen sie doch die Bedürfnisse der Kinder erkennen und sich zu eigen machen, um sie befriedigen zu können. Die Aufzucht eines Kindes setzt ein hohes Maß von Identifikationen der Mutter (oder des Vaters) mit dem Kind und damit Bedürfnis-Identität voraus. Daß die Bedürfnisse von Mutter und Kind zunächst eins sind und sich erst im Laufe der Zeit nach und nach trennen, wird durch den Einschnitt der Geburt, der ja bereits ein vorgeburtliches Leben vorausgeht, augenfällig.
Vom Kind her gesehen gibt es von Anfang an keine Bedürfnisäußerung, die nicht von anderen interpretiert und verstanden werden müßte, bevor sie zu einer Befriedigung führen kann - und auch die Befriedigung der kindlichen Bedürfnisse ist nicht anders denkbar als durch das Handeln von Erwachsenen, in das deren Bedürfnisse mit eingehen. Eine vollständige Abweisung der Bedürfnisse einer Seite würde zum Tod führen - es ist also ein Ausgleich, ein Bedürfnis-

Kompromiß notwendig, ein kollektives Bedürfnis eben, das nicht identisch ist mit den je individuellen Bedürfnissen und doch Bestandteil der Gesamtbedürfnislage des Einzelnen werden muß. Diese Gesamtbedürfnislage eines jeden Individuums setzt sich zusammen aus seinen selbstbezogenen, den individuellen oder individualorientierten Bedürfnissen im engeren Sinn einerseits, und den auf andere bezogenen, kollektivorientierten Bedürfnisse andererseits (...)
Bedürfnisse differenzieren sich aus Trieben in dem evolutionären Augenblick heraus, wo eine Spezies bewußtseinsfähig wird. Sie sind, so gesehen, ein Fortschritt, den die menschliche Art gegenüber anderen Arten gemacht hat (...)
Hondrich, K.O.: Bedürfnisse, Ansprüche und Werte, in: Hondrich, K.O.; Vollmer, R. (Hrsg.): Bedürfnisse Stabilität und Wandel. Opladen 1983 S. 25 und 28

Menschen haben stets mehr "lebensnotwendige" Bedürfnisse, als sie aktuell befriedigen können. Das scheinbare Paradox dieser Behauptung findet seine Lösung darin, daß es zum menschlichen Leben gehört, wie es sich in der ontogenetischen Entwicklung eines jeden Individuums immer aufs neue konstituiert, notwendigerweise mehr Bedürfnisse zu haben, als in einem zeitlich und örtlich begrenzten, relativ kurzen und endlichen Leben tatsächlich befriedigt werden können. Wohlgemerkt ist dies eine Notwendigkeit *menschlichen* Lebens; bei Tieren besteht sie anscheinend nicht, und ein Mensch, der - durch schwere physische oder psychische Krankheit oder durch welchen äußeren Druck auch immer - dieser Diskrepanz der Bedürfnisse und ihrer möglichen Befriedigung ledig wäre, befände sich unter der oben erwähnten Grenze "menschlichen " Lebens.
Daraus folgt, daß selbst der reichste und glücklichste aller Menschen gewisse un- oder unterbefriedigte Bedürfnisse haben müßte. Befände sich ein Mensch in einer - nur im Gedankenexperiment möglichen - Situation einer ständigen und vollen Bedürfnisbefriedigung, wäre er (im obigen Sinne) lebensunfähig. Obgleich er im biologischen Sinne am Leben bleiben könnte, würde er wahrscheinlich in ewigem Schlaf dahinvegetieren, ohne imstande zu sein, ein normal-menschliches Leben zu führen.
Gasiet, S.: Menschliche Bedürfnisse. Eine theoretische Synthese. Mit einem Vorwort von Karl Otto Hondrich. Frankfurt/Main, New York 1981, S. 240

Der Mensch ist auch auf Gemeinschaft angelegt und angewiesen, so daß er bei jeder Bedürfnisbefriedigung perspektivisch das soziale, ökologische und zeitliche Umfeld berücksichtigen sollte. Jede Bedürfnisbefriedigung, auch wenn dies natürlich nicht immer bewußt wird, sollte auf einer ethischen und moralischen Wertbasis stehen. Eine Bedürfnisbefriedigung, die die ethischen und moralischen Werte vernachlässigt, dient kaum dem Wohl der Gemeinschaft und dem, was man als sinnvolles und glückliches Lebens bezeichnen kann. Ohne Wertbasis entspricht die Bedürfnisbefriedigung nicht dem Wesen und der Würde der menschlichen Existenz.
Stein, R.: Familiale Bedürfnisorientierungen in sozialökologischen Kontexten. Köln 1988, S. 55

2.1.2.3 Zum Menschenverständnis in der Rollentheorie

Was indes der Biologe auch über uns selbst enthüllen mag - er läßt uns immerhin den halben Trost, daß der Körper ja nicht das "Eigentliche" an uns ist, daß biologische Begriffe und Theorien die Integrität unserer Individualität nicht anzutasten vermögen. Wir müssen den biologischen Menschen bis zu einem gewissen Grade assimilieren, aber es kostet uns relativ wenig, uns mit ihm zu identifizieren. Mir ist nicht bekannt, daß der Biologie jemals vorgeworfen worden wäre, mit ihren Kategorien die physische Einzigartigkeit jedes Menschen zum Verschwinden zu bringen. Niemand scheint zu empfinden, daß er seinen Schnurrbart, die Schwingungen seiner Nase oder die Länge seiner Arme gegen das wissenschaftliche Reden von "dem Haarwuchs", "dem Nasenbein" oder "dem Arm" verteidigen müsse, um nicht seiner Individualität beraubt und zur bloßen Illustration allgemeiner Kategorien oder Prinzipien erniedrigt zu werden. Ein Vorwurf dieser Art wird erst laut, wenn die Wissenschaft die Grenzen ihrer konstruierten Welt um den Menschen als handelndes, denkendes, fühlendes Wesen erweitert, wenn sie zur Sozialwissenschaft wird. (...)
Selbst der uneingeschränkte Optimist wird sich nicht anheischig machen, mit Hilfe der Soziologie das Rätsel des Menschen endgültig lösen zu können. Die Soziologie ist gewiß eine Wissenschaft vom Menschen, aber sie ist weder die einzige solche Wissenschaft noch kann es ihre Absicht sein, das Problem des Menschen in aller Tiefe und Breite anzupacken. Der einzelne Menschen entzieht sich nicht nur dem Zugriff einer einzelnen Disziplin, sondern muß vielleicht überhaupt eine schemenhafte Gestalt im Hintergrund wissenschaftlichen Bemühens bleiben. Um der Präzision und Prüfbarkeit ihrer Aussagen willen ist jede Disziplin gezwungen, ihren weiten Gegenstand auf gewisse Elemente zurückzuführen, aus denen er sich systematisch konstruieren läßt - wenn nicht als Portrait der naiven Erfahrungswirklichkeit, dann doch als Struktur, in deren Gewebe ein Ausschnitt der Wirklichkeit sich fangen läßt.
Die Probleme der Soziologie führen auf eine Tatsache zurück, die unserer naiven Erfahrung ebenso zugänglich ist wie die Naturtatsachen unserer Umwelt. Das ist die Tatsache der Gesellschaft, an die wir so oft und so intensiv gemahnt werden, daß sie sich mit gutem Grund auch als die ärgerliche Tatsache der Gesellschaft beschreiben läßt. Bloße Zufallswahrscheinlichkeit vermag unser Verhalten zu anderen und zu uns selbst schwerlich zu erklären. Wir gehorchen Gesetzen, gehen zur Wahl, heiraten, besuchen Schulen und Universitäten, haben einen Beruf und sind Mitglied einer Kirche; wir sorgen für unsere Kinder, ziehen den Hut vor unseren Vorgesetzten, geben Älteren den Vortritt, sprechen mit verschiedenen Menschen in verschiedenen Zungen, fühlen uns hier zugehörig und dort fremd. Keinen Schritt können wir gehen, keinen Satz sprechen, ohne daß zwischen uns und die Welt ein Drittes tritt, das uns an die Welt bindet und diese beiden so konkreten Abstraktionen vermittelt: die Gesellschaft. Wenn es eine Erklärung für die späte Geburt einer Wissenschaft von der Gesellschaft gibt, so liegt es nahe, diese in der Allgegenwart ihres Gegenstandes zu suchen, der selbst eine Beschreibung und Analyse noch in sich einbezieht. Die Soziologie hat es mit dem Menschen im Angesicht der ärgerlichen Tatsache Gesellschaft zu tun. Der Mensch, jeder Mensch begegnet dieser Tatsache, ja *ist* diese Tatsache, die, obschon sie sich unabhängig von bestimmten einzelnen denken läßt, ohne bestimmte einzelne doch

eine bedeutungslose Fiktion wäre. In dem Bereich, in dem der Mensch und die Tatsache der Gesellschaft einander überschneiden, haben wir daher nach den Elementen einer Wissenschaft zu suchen, die den Menschen in Gesellschaft zum Gegenstand hat. (...)

Am Schnittpunkt des einzelnen und der Gesellschaft steht *homo sociologicus*, der Mensch als Träger sozial vorgeformter Rollen. Der einzelne *ist* seine sozialen Rollen, aber diese Rollen *sind* ihrerseits die ärgerliche Tatsache der Gesellschaft. Die Soziologie bedarf bei der Lösung ihrer Probleme stets des Bezuges auf soziale Rollen als Elemente der Analyse; ihr Gegenstand liegt in der Entdeckung der Strukturen sozialer Rollen. Indem soziologische Analyse so den Menschen als *homo sociologicus* rekonstruiert, schafft sie aber für sich aufs neue das moralische und philosophische Problem, wie denn der künstliche Mensch der Soziologie sich zu dem wirklichen Menschen unserer Alltagserfahrung verhält. *(...)*

Es läßt sich zeigen, daß eine erhebliche Anzahl von Autoren - Dichter, Wissenschaftler, Philosophen - bei dem Versuch, den Schnittpunkt von Einzelnem und Gesellschaft zu bestimmen, identische oder doch sinnverwandte Begriffe eingeführt haben: Die Wörter, denen wir in diesem Zusammenhang immer wieder begegnen, sind *Maske, Person, Charakter* und *Rolle.* (...)

"Die Welt" ist eine Bühne, auf die der Einzelne auftritt und von der er wieder abtritt. Aber er hat nicht nur einen einzigen Auftritt, er erscheint mehrfach und in immer verschiedenen Masken. Derselbe Einzelne kommt als Kind auf die Bühne und verläßt sie, um als Jüngling, erwachsener Mann oder Greis wiederzukehren. Erst wenn er stirbt, tritt er zum letzten Male ab; doch neue, andere Menschen bevölkern dann die Bühne und spielen "seine" Rollen. Shakespeares Metapher ist heute zum konstruktiven Grundprinzip der Wissenschaft von der Gesellschaft geworden. (...)

Für jede Position, die ein Mensch haben kann, sei sie eine Geschlechts- oder Alters-, Familien- oder Berufs-, National- oder Klassenposition oder von noch anderer Art, kennt "die Gesellschaft" Attribute und Verhaltensweisen, denen der Träger solcher Positionen sich gegenübersieht und zu denen er sich stellen muß. Übernimmt und bejaht er die an ihn gestellten Forderungen, dann gibt der Einzelne seine unberührte Identität zwar auf, gewinnt aber das Wohlwollen der Gesellschaft, in der er lebt; sträubt der Einzelne sich gegen die Forderungen der Gesellschaft, dann mag er sich eine abstrakte und hilflose Unabhängigkeit bewahren, doch verfällt er dem Zorn und den schmerzhaften Sanktionen der Gesellschaft. Der Punkt, an dem solche Vermittlung von Einzelnen und Gesellschaft sich vollzieht und mit dem Menschen als gesellschaftlichem Wesen auch *homo sociologicus* geboren wird, ist jener "Auftritt als..." auf der Bühne des Lebens, den Cicero in dem Begriff der "Person", Marx in dem der "Charaktermaske" und Shakespeare - und mit ihm die meisten neuren Soziologen - in dem der "Rolle" zu fassen sucht. (...)

Zu jeder Stellung, die ein Mensch einnimmt, gehören gewisse Verhaltensweisen, die man von dem Träger dieser Position erwartet; zu allem, was er ist, gehören Dinge, die er tut und hat; zu jeder sozialen Position gehört eine *soziale Rolle*.

Indem der einzelne soziale Positionen einnimmt, wird er zur Person des Dramas, das die Gesellschaft, in der er lebt, geschrieben hat. Mit jeder Position gibt die Gesellschaft ihm eine Rolle in die Hand, die er zu spielen hat. Durch Positionen

und Rollen werden die beiden Tatsachen des Einzelnen und der Gesellschaft vermittelt; dieses Begriffspaar bezeichnet *homo sociologicus*, den Menschen der Soziologie, und es bildet daher das Element soziologischer Analyse. (...)
Während Positionen nur Orte in Bezugsfeldern bezeichnen, gibt die Rolle uns die Art der Beziehungen zwischen Trägern von Positionen und denen anderer Positionen desselben Feldes an. Soziale Rollen bezeichnen Ansprüche der Gesellschaft an die Träger von Positionen, die von zweierlei Art sein können: einmal Ansprüche an das Verhalten der Träger von Positionen *(Rollenverhalten)*, zum anderen Ansprüche an sein Aussehen und seinen "Charakter" *(Rollenattribute)* (...)
Soziale Rollen sind Bündel von Erwartungen, die sich in einer gegebenen Gesellschaft an das Verhalten der Träger von Positionen knüpfen (...)
Insofern ist jede einzelne Rolle ein Komplex oder eine Gruppe von Verhaltenserwartungen (...)
Dahrendorf, R.: Homo Sociologicus. Ein Versuch zur Geschichte, Bedeutung und Kritik der Kategorie der sozialen Rolle. 15. Auflage. Opladen 1977), S. 15, 17f., 20, 21f., 26, 27, 32, 33

2.1.2.4 Zum Menschenverständnis in der Theorie der symbolischen Interaktion

Welche Gruppen von Impulsen gibt es nun, die dieses biologische Individuum ausmachen? Für die Zwecke unserer Diskussion braucht die Antwort nur umrissen zu werden. Zuerst einmal: jene Anpassungen, durch die der einzelne seine Position und sein Gleichgewicht in Bewegung und in Ruhestellung aufrechterhält; 2. die Organisation von Reaktionen auf entfernte Objekte, die dazu führt, daß man sich auf sie hinbewegt oder sich von ihnen entfernt; 3. die Anpassung der Körperoberfläche an Kontakte mit Objekten, die wir durch unsere Bewegungen erreicht haben, insbesondere die Manipulation dieser Objekte durch die Hand; 4. Angriff auf und Verteidigung gegen feindliche Geschöpfe, was eine spezialisierte Organisation der eben erwähnten allgemeinen Impulse voraussetzt; 5. Flucht vor gefährlichen Objekten; 6. Bewegung in Richtung auf Individuen des anderen Geschlechts oder von diesen fort und der Sexualprozeß; 7. Sicherstellung und Aufnahme von Nahrung; 8. Ernährung und Sorge für den Nachwuchs, Säugen und Anpassung des kindlichen Körpers an die elterliche Vorsorge; 9. Vermeidung von Hitze, Kälte und Entspannung durch Rast und Schlaf; und schließlich 10. Errichtung verschiedener Wohnstätten, die den Funktionen des Schutzes und der elterlichen Vorsorge dienen. (...)
Ein Mensch hat eine Persönlichkeit, weil er einer Gemeinschaft angehört, weil er die Institutionen dieser Gemeinschaft in sein eigenes Verhalten hereinnimmt. Er nimmt ihre Sprache als Medium, mit dessen Hilfe er seine Persönlichkeit entwickelt und kommt dann dadurch, daß er die verschiedenen Rollen der anderen Mitglieder einnimmt, zur Haltung der Mitglieder dieser Gemeinschaft. Das macht in gewissem Sinn die Struktur der menschlichen Persönlichkeit aus. (...)
In unserer Darstellung der Entwicklung der Intelligenz verwiesen wir darauf, daß der Sprachprozeß für die Entwicklung der Identität maßgebend ist. Identität ist vom eigentlichen physiologischen Organismus verschieden. Identität entwickelt sich; sie ist bei der Geburt anfänglich nicht vorhanden. entsteht aber innerhalb

des gesellschaftlichen Erfahrungs- und Tätigkeitsprozesses, das heißt im jeweiligen Individuum als Ergebnis seiner Beziehungen zu diesem Prozeß als Ganzem und zu anderen Individuen innerhalb dieses Prozesses. (...)
Der Einzelne erfährt sich - nicht direkt, sondern nur indirekt - aus der besonderen Sicht anderer Mitglieder der gleichen gesellschaftlichen Gruppe oder aus der verallgemeinerten Sicht der gesellschaftlichen Gruppe als Ganzer, zu der er gehört. Denn er bringt die eigene Erfahrung als einer Identität oder Persönlichkeit nicht mittelbar oder unmittelbar ins Spiel, nicht indem er für sich selbst zum Subjekt wird, sondern nur insoweit, als er zuerst zu einem Objekt für sich selbst wird, genauso wie andere Individuen für ihn oder in seiner Erfahrung Objekte sind; er wird für sich selbst nur zum Objekt, indem er die Haltungen anderer Individuen gegenüber sich selbst innerhalb einer gesellschaftlichen Umwelt oder eines Erfahrungs- und Verhaltenskontextes einnimmt, in den er ebenso wie die anderen eingeschaltet ist.
Die Bedeutung der "Kommunikation" liegt in der Tatsache, daß sie eine Verhaltensweise erzeugt, in der der Organismus oder das Individuum für sich selbst ein Objekt werden kann (...)
Wo man aber auf das reagiert, was man an einen anderen adressiert, und wo diese Reaktion Teil des eigenen Verhaltens wird, wo man nicht nur sich selbst hört, sondern sich selbst antwortet, zu sich selbst genauso wie zu einer anderen Person spricht, haben wir ein Verhalten, in dem der einzelne sich selbst zum Objekt wird.
Diese Identität ist meiner Ansicht nach nicht primär der physiologische Organismus (...) Diese Identität, die für sich selbst Objekt werden kann, ist im Grunde eine gesellschaftliche Struktur und erwächst aus der gesellschaftlichen Erfahrung. Wenn sich eine Identität erst einmal entwickelt hat, schafft sie sich gewissermaßen selbst ihre gesellschaftlichen Erfahrungen. Somit können wir uns eine absolut solitäre Identität vorstellen, nicht aber eine Identität, die außerhalb der gesellschaftlichen Entwicklung erwächst. (...)
Mir scheint das Grundprinzip der gesellschaftlichen Organisation des Menschen die Kommunikation zu sein, die Anteilnahme an den anderen voraussetzt. (...)
Mead, G.H.: Geist, Identität und Gesellschaft. (aus der Sicht des Sozialbehaviorismus) 4. Auflage. Frankfurt/Main 1980, S. 398f., 204f., 177, 180ff.,299

Cooley *(ein Hauptvertreter der Theorie der symbolischen Interaktion; Anm. des Verf.)* hat diesen Gedanken am Modell des Spiegelselbst entwickelt. Soziale Beziehungen werden in vielen Fällen von der Einstellung geprägt, die der einzelne seinem Selbst gegenüber deshalb hat, weil er sie einem anderen Bewußtsein zuschreibt. Darum schauen wir in den Spiegel, weil wir uns dann am ehesten vorstellen können, mit welchen Augen uns die anderen sehen (...) Der einzelne macht sich demnach eine Vorstellung von sich aus der Perspektive anderer, er entwickelt so das, was Cooley "self-idea" nennt. (...)

Thomas *(ein Hauptvertreter der Theorie der symbolischen Interaktion; Anm. des Verf.)* entwickelt das Konzept der 'Definition der Situation' aus dem Gedanken der 'Selbstbestimmung im Handeln'. Jedem selbstbestimmten Handeln geht ein

Stadium der Prüfung und Überlegung voraus, in dessen Verlauf die Situation, in der gehandelt werden soll, definiert wird (...)
Dieses Konzept will Thomas nicht nur auf einzelne Handlungen sondern auf den ganzen Lebensentwurf und die Persönlichkeit des Individuums beziehen, die sich aus einer Serie solcher Definition ergeben. (...)

Wenn eine Person die Handlungen einer anderen beurteilt, so tut sie das als 'Subjekt'. Wenn die beurteilte Handlung oder Person beurteilt wird, so ist sie insoweit ein 'Objekt' der Beurteilung. Das Bedeutsame am Menschen ist nun, daß er in der Lage ist, beides gleichzeitig zu sein; sobald er gehandelt hat, kann er seine eigene Handlung zum Objekt seines eigenen Urteils machen, das er als Subjekt fällt. Doch damit nicht genug. Er kann seinem eigenen Handeln gegenüber aus so vielen verschiedenen Perspektiven urteilen, wie ihm das aufgrund der ihm zur Verfügung stehenden Sprache möglich ist, und die verschiedenen Terminologien und Sprechweisen erwirbt der einzelne als Ergebnis seiner jeweiligen Mitgliedschaft in verschiedenen sozialen Gruppen (...)
Das kann soweit gehen, daß sogar das zentrale Selbst, also die urteilende Instanz in unserer Person in Frage gestellt wird. Die Revisionsmöglichkeit von Urteilen über unsere Handlungen der Gegenwart führen dazu, daß die Zukunft des Menschen offen ist. Der Mensch ist insoweit frei, dem Unerwarteten einen Sinn zuzuschreiben, neue Bewertungen zu finden und die Situation definitorisch zu bestimmen. (...)
Helle, H.J.: Verstehende Soziologie und Theorie der symbolischen Interaktion. Stuttgart 1977, S. 55, 60, 134f.

2.1.2.5 Zum Menschenverständnis in der Kulturanthropologie

Morphologisch ist der Mensch im Gegensatz zu allen höheren Säugern hauptsächlich durch Mängel bestimmt, die jeweils im exakt biologischen Sinne als Unangepaßtheiten, Unspezialisiertheiten, als Primitivismen, d.h. als Unentwickeltes zu bezeichnen sind: also wesentlich negativ. Es fehlt das Haarkleid und damit der natürliche Witterungsschutz; es fehlen natürliche Angriffsorgane, aber auch eine zur Flucht geeignete Körperbildung; der Mensch wird von den meisten Tieren an Schärfe der Sinne übertroffen, er hat einen geradezu lebensgefährlichen Mangel an echten Instinkten und unterliegt während der ganzen Säuglings- und Kinderzeit einer ganz unvergleichlich langfristigen Schutzbedürftigkeit. Mit anderen Worten: innerhalb natürlicher, urwüchsiger Bedingungen würde er als bodenlebend inmitten der gewandtesten Fluchttiere und der gefährlichsten Raubtiere schon längst ausgerottet sein. (...)

Infolge seiner organischen Primitivität und Mittellosigkeit ist der Mensch in jeder wirklich natürlichen und urwüchsigen Natursphäre lebensunfähig. Er hat also den Ausfall der ihm organisch versagten Mittel selbst einzuholen, und dies geschieht, indem er die Welt tätig ins Lebensdienliche umarbeitet. Er muß die ihm versagten Schutz- und Angriffswaffen ebenso wie seine in keiner Weise natürlich zu Gebote stehende Nahrung sich selbst "präparieren", muß zu diesem Zweck Sacherfahrungen machen und Techniken der objektiven, sachentsprechenden Behandlung entwickeln. Er muß für Witterungsschutz sorgen, seine abnorm lange unentwickelten Kinder ernähren und großziehen und bedarf schon aus dieser elementaren Nötigung heraus der Zusammenarbeit, also der Verständigung. Der Mensch ist, zum existenzfähig zu sein, auf Umschaffung und Bewältigung der Natur hin gebaut, und deswegen auch auf die Möglichkeit der *Erfahrung* der Welt hin: er ist handelndes Wesen, weil er unspezialisiert ist, und also der natürlich angepaßten Umwelt entbehrt. Der Inbegriff der von ihm ins Lebensdienliche umgearbeiteten Natur heißt *Kultur*, und die Kulturwelt ist die menschliche Welt. Es gibt für ihn keine Existenzmöglichkeit in der unveränderten, in der nicht "entgifteten" Natur, uns es gibt keinen "Naturmenschen" im strengen Sinne: d.h. keine menschliche Gesellschaft ohne Waffen, ohne Feuer, ohne präparierte und künstliche Nahrung, ohne Obdach und ohne Formen der hergestellten Kooperation. Die Kultur ist also die "zweite Natur" - will sagen: die menschliche, die selbsttätig bearbeitete, innerhalb deren er allein leben kann - und die "unnatürliche" Kultur ist die *Auswirkung* eines einmaligen, selbst, "unnatürlichen", d.h. im Gegensatz zum Tier konstruierten Wesens in der Welt. *An genau der Stelle,* wo beim Tier die "Umwelt" steht, steht daher beim Menschen die *Kulturwelt*, d.h. der Ausschnitt der von ihm bewältigten und zu Lebenshilfen umgeschaffenen Natur. Schon deshalb ist es grundfalsch, von einer Umwelt des Menschen - im biologisch definierten Sinne - zu reden. Beim Menschen entspricht der Unspezialisiertheit seines Baues die Weltoffenheit, und der Mittellosigkeit seiner Physis die von ihm selbst geschaffene "zweite Natur". Hierin liegt übrigens der Grund, warum der Mensch im Gegensatz zu fast allen Tierarten nicht geographisch natürliche und unüberschreitbare Daseinsbereiche hat. Fast jede Tierart ist eingepaßt in ihr klimatisch, ökologisch usw. konstantes "Milieu", der Mensch allein überall auf der Erde lebensfähig, unter dem Pol und dem Äquator, auf dem Wasser und dem Lande, in Wald, Sumpf, Gebirge und Steppe. Er ist dann lebensfähig, wenn er dort Möglichkeiten erzeugen kann, sich eine zweite Natur zurecht zu machen, in der er dann statt in der "Natur" existiert. Der Kulturbereich des Menschen, d.h. jeder besonderen Gruppe oder Gemeinschaft, enthält also die Bedingungen ihrer physischen Existenz, angefangen von den Waffen und Ackergeräten irgendwelcher Eingeborener. Dagegen sind eben diese Bedingungen bei Tieren in der jeweiligen Umwelt enthalten, in die sie eingepaßt sind. Der Unterschied von Kultur- und Naturmenschen ist mißverständlich. Keine menschliche Bevölkerung lebt in der Wildnis von der Wildnis, jede hat Jagdtechniken, Waffen, Feuer, Geräte. Ebenso treten wir der bekannten Unterscheidung von Kultur und Zivilisation nicht bei, die außerdem in den wenigsten Kultursprachen formulierbar wäre. Kultur soll uns sein: der Inbegriff der vom Menschen tätig, arbeitend bewältigten, veränderten und verwerteten Naturbedingungen, einschließlich der bedingteren, *entlasteten* Fertigkeiten und Künste, die auf jener Basis erst möglich werden.

Steht dies fest, so sehen wir hier eine der wichtigsten Seiten des erwähnten Prinzips: die "Weltoffenheit", die untierische Ausgesetztheit gegenüber einer organisch gar nicht angepaßten Überflutung mit Wahrnehmungseindrücken, welche zuerst eine Belastung ist, stellt auch die Bedingung dafür dar, menschlich leben zu können - vorausgesetzt, wohlgemerkt, daß eine eigenständige Bewältigung dieser Weltoffenheit gelingt. Die Fülle und Mannigfaltigkeit der dem Menschen zugänglichen, auf ihn einströmenden Welt birgt auch hier und da die Chance von unerwarteten und gar nicht vorherzusehenden Erfahrungen, aus denen man eine Hilfe im Lebenskampf, einen nächsten Schritt der Lebensfristung machen kann. Oder anders ausgedrückt: die Weltoffenheit des Menschen ist eben deswegen eine so grenzenlose und in ihrer Mannigfaltigkeit unausgelesene, weil der Mensch in dem Chaos der Umstände *unter allen Bedingungen* auch solche finden muß, aus denen er sich eine Hilfe machen kann, ein Werkzeug, eine Erfahrung, die ausnutzbar ist, soll er überhaupt existieren können. Diese unmittelbare Belastung wird also produktiv zur Existenzchance gemacht werden müssen. Wir werden genau und bis ins einzelne verfolgen, wie die Bewältigung der Eindrucksfülle immer zugleich eine selbsttätig vollzogene *Entlastung* ist, sozusagen eine Herabsetzung des unmittelbaren Kontaktes mit der Welt, wie aber gerade damit der Mensch sich orientiert, die Eindrücke ordnet, sich faßlich macht und sie vor allem *in die Hand bekommt.*

Gehlen, A.: Der Mensch, seine Natur und seine Stellung in der Welt. 12. Aufl. Wiesbaden 1986, S. 33; S. 37ff.

2.1.3 Zu einzelnen Zitate des soziologischen Menschenverständnisses

(...) einerseits *ist* der Mensch Organismus so wie jedes Tier, andererseits *hat* der Mensch einen Organismus, d.h., der Mensch erlebt sich selbst als eine Einheit, die mit seinem Organismus nicht identisch ist, über diesen im Gegenteil vielmehr verfügt. In anderen Worten: Die Erfahrungen des Menschen gegenüber sich selbst pendeln zwischen Organismussein und Organismushaben - ein Ausgleich, der stetes neu erreicht werden muß.

Berger, P.L.; Luckmann, Th: The Social Construction of Reality. A Treatise in the Sociology of Knowledge. Garden City. New York 1967 (pb-Ausgabe) S. 50

Ein Begriff des Menschen, der ihn einfach als einen Organismus sieht, und gleichermaßen alle Versuche, das menschliche Verhalten aus einer rein individualistischen Perspektive zu interpretieren, wären genauso unangemessen wie die ausschließliche Konzentration auf die kulturelle Komponente seiner Natur. Keine dieser beiden Perspektiven wäre adäquat, wenn sie unter Ausschluß der anderen verwendet würde.

Kapp, K.W.: Erneuerung der Sozialwissenschaften. Ein Versuch zur Integration und Humanisierung. Frankfurt/Main 1983, S. 140

Individualität ist Entwicklung. In jedem Zeitalter wird der einzelne auf andere Art und Weise zum Individuum ... es ist niemals vollendet, sondern stets im Werden begriffen. Dieses Werden ist der Prozeß der Erhebung über die Partikularität, der Synthetisierungsprozeß, durch den das Individuum erst zustande kommt. (...)
Als Individuum bezeichnen wir denjenigen Einzelnen, für den das eigene Leben bewußt Objekt ist, weil er ein bewußt gattungsmäßiges Wesen ist.

Heller, A.: Das Alltagsleben. Versuch einer Erklärung der individuellen Reproduktion (hrsg. von Hans Joas). Frankfurt/Main 1975, S. 51, 54

Die Charakterstruktur, obwohl Produkt der frühen Lebensbedingungen, ist, nachdem sie sich einmal entfaltet hat, dennoch kein bloßes Objekt der gegenwärtigen. Was sich entfaltet hat, ist eine *Struktur* im Individuum, etwas, das selbst zum Handeln gegenüber der sozialen Umwelt und zur Auswahl unter den mannigfaltigen von ihr ausgehenden Stimuli fähig ist; das, wenn es auch modifizierbar bleibt, gegen tiefgreifende Veränderungen häufig sehr resistent ist.
Adorno, Th. W.: Studien zum autoritären Charakter. Frankfurt/Main 1973, S. 8

Der Mensch wird nicht als Mensch geboren; er wird einzig menschlich durch die Sozialisation in einer Kultur, indem er dabei die Fähigkeit zu ich- und du-bezogenem Handeln erwirbt.
Becker, H.: Science, Culture and Society, in: Philosophy of Science. Oktober 1952, S. 283

Als erste Komponente der gesunden Persönlichkeit nenne ich das Gefühl eines *Ur-Vertrauens*, worunter ich eine auf die Erfahrungen des ersten Lebensjahres zurückgehende Einstellung zu sich selbst und zur Welt verstehen möchte. Mit "Vertrauen" meine ich das, was man im allgemeinen als ein Gefühl des Sich-Verlassen-Dürfens kennt. und zwar in Bezug auf die Glaubwürdigkeit anderer wie die Zuverlässigkeit seiner selbst. (...)
Die Familie, die Nachbarschaft, die Schule bieten Kontakte und experimentelle Identifikationen mit jüngeren und älteren Kindern, jüngeren und älteren Erwachsenen an. So beginnt das Kind, durch vielfache, einander ablösende Probeidentifikationen sich früh eine Erwartungsvorstellung davon zu bilden, wie es ist, wenn man älter ist, und wie es einem vorkommen wird, daß man einmal jünger gewesen ist - Erwartungshaltungen, die zu Teilen der Identität werden, indem sie Schritt für Schritt in entscheidenden Erfahrungen auf ihre psychosoziale "Eignung" hin geprüft werden.
Erikson, Identität und Lebenszyklus. Drei Aufsätze übersetzt von Käte Hügel. Frankfurt/Main 1973, S. 62; 142

2.2 Zur Ehe aus soziologischer Sicht. Meinungen, Hintergründe, Folgen

2.2.1 Einleitende und didaktische Hinweise

In der Soziologie spielt die Betrachtung der Ehe meist nur im Rahmen der Familiensoziologie eine Rolle. Eine eigenständige Betrachtung der Ehe findet man nur selten.

Die nachstehenden Texte und Zitate vermitteln einen Überblick über soziologische Erkenntnisse zur Ehe.
Zunächst beschäftigen sich zwei ältere Textpassagen mit der Frage, ob die Einehe ursprünglich war *(H. Günther)* und inwieweit sie zum Fortschritt der gesellschaftlichen und kulturellen Entwicklung beigetragen haben *(F. Engels)*.
Ein dritter Text zeigt Hinweise der historischen Soziologie der Ehe. Dabei sind demographische Daten, die Homogamieregel, Inszestverbot, Heiratsstrategien und die bürgerliche Ehe von besonderer Bedeutung *(M. Segalen)*.
Ein vierter Text beschäftigt sich mit der Definition und Legitimität von Ehe als Lebensgemeinschaft bzw. als Institution *(R. Nave-Herz)*.
Der fünfte Text geht der Frage nach, inwiefern Liebe, Sexualität und Autorität eine Rolle in der Ehebeziehung spielen (M. Mitterauer). In einer sechsten Textpassage werden empirische Untersuchungen zur Bedeutung und Zufriedenheit mit Ehe und Familie diskutiert *(R. Nave-Herz)*.
Zum Schluß sind noch einzelne Zitate aus unterschiedlichen Perspektiven zur Ehe angeführt.

Ansätze zur inhaltlichen Auseinandersetzung

- Können aus den Texten unterschiedliche Vorstellungen über die Ehe als solche und deren Sinn und Bedeutung entnommen werden?
- Ist die Ehe eine notwendige menschliche und gesellschaftliche Einrichtung?
- Welchen Stellenwert hat die Monogamie in der Ehe?
- Welche Argumente sprechen auch in Zukunft für die Ehe? Welche Argumente könnte man Ideologien entgegensetzen, die die Abschaffung von Ehe als überflüssige Institution fordern?
- Worin liegen Chancen, aber auch Risiken der hohen Bedeutung von Ehe?

2.2.2 Zur Ursprünglichkeit der Einehe

(...) Die Einehe erschien Starcke, Tylor, Westermarck und anderen *(Ethnologen und Soziologen. Berühmt der Finne Westermarck (1862 bis 1939, Anm. der Hrsg.)* als die ursprüngliche Eheform der Gattung Mensch. Westermarck wies besonders auch auf das Vorkommen der Einehe bei den Menschenaffen hin. es scheint auch, daß eine Familiengruppe aus Vater, Mutter und Kindern sowohl bei einigen Tierarten wie beim Urmenschen die zweckmäßigste Familienform gewesen sei, diejenige, die ein Fortkommen unter den schwierigen Umweltverhältnissen am ehesten verbürgt hätte. Grosse *(Ethnologe, 1862-1927, Anm. der Hrsg.)* hat angenommen, daß sich unter urtümlichen Wirtschaftsformen bei der schwierigen Bewältigung der Umwelt Einehe als Urform habe ergeben müssen. Größere Gruppen wären schwieriger zu erhalten gewesen. In der Vater-Mutter-Kinder-Familie ist auch wahrscheinlich der Schutz der schwangeren und stillenden Frau und die Aufzucht und Ernährung der Kinder besser gesichert als in größeren Familiengruppen, innerhalb deren Frauen und Kinder nicht mit so viel unmittelbarem Anteil des Mannes oder der Männer an ihrem Geschick rechnen könnten. Ein Mann wird mit einer Frau und den ihm von dieser Frau geborenen Kindern enger verbunden sein als mit mehreren Frauen und gar mit den vielen Kindern dieser Frauen, und die Mann-Frau-Kinder-Familie wird in sich viel enger verbunden sein als ein Menschenrudel in regelloser geschlechtlicher Vermischung oder eine Anzahl von Männern und Frauen in Gruppenehe oder auch als eine Familiengruppe mutterrechtlicher Ordnung, die allein auf Mutterschaft beruht, bei der aber den Männern eine Vaterschaft nicht gesichert werden kann. Bei Unsicherheit der Vaterschaft würde diejenige Verbundenheit der Männer mit den Kindern fehlen, die doch als eine Vorbedingung zur Erhaltung einer Familie in urtümlichen Verhältnissen erscheint. (...)
Die weite Verbreitung der Einehe bei Stämmen niedriger Gesittung hatte Wilhelm Wundt schon bestimmt, in der Einehe die Urform der menschlichen Ehe zu sehen. Auch Lowie sprach aus, daß wahrscheinlich die Einehe die Urform der menschlichen Ehe gewesen sei, und man wird zugeben müssen, daß die Familie aus einem Vater, einer Mutter und deren Kindern gleichsam die sich am natürlichsten ergebende Familie ist, wenigstens diejenige Form, die sich unter urtümlichen Verhältnissen am ehesten ergeben wird. (...)

Günther, H.F.K: Formen und Urgeschichte der Ehe. Göttingen 1951. S. 275, 278

2.2.3 Zum Fortschritt von Ehe und Familie

(...) Bachofen hat (...) recht, wenn er (...) behauptet, der Übergang von dem was er "Hetärismus" oder "Sumpfzeugung" nennt, zur Einzelehe sei zustande gekommen wesentlich durch die Frauen. Je mehr mit der Entwicklung der ökonomischen Lebensbedingungen, also mit der Untergrabung des alten Kommunismus und mit der wachsenden Dichtigkeit der Bevölkerung, die altherkömmlichen Geschlechtsverhältnisse ihren wildursprünglich-naiven Charakter einbüßten, um so mehr mußten sie den Frauen erniedrigend und drückend erscheinen; um so dringender mußten sie das Recht auf Keuschheit, auf zeitweilige oder

dauernde Ehe mit nur einem Mann, als eine Erlösung herbeiwünschen. Von den Männern konnte dieser Fortschritt ohnehin schon deshalb nicht ausgehen, weil es ihnen überhaupt nie, auch bis heute nicht, eingefallen ist, auf die Annehmlichkeiten der tatsächlichen Gruppenehe zu verzichten. Erst nachdem durch die Frauen der Übergang zur Paarungsehe gemacht, konnten die Männer die strikte Monogamie einführen - freilich nur für die Frauen. (...)
Die *monogame Familie.* Sie entsteht aus der Paarungsfamilie (...) im Grenzzeitalter zwischen der mittleren und oberen Stufe der Barbarei; ihr endgültiger Sieg ist eins der Kennzeichen der beginnenden Zivilisation. Sie ist gegründet auf die Herrschaft des Mannes, mit dem ausdrücklichen Zweck der Erzeugung von Kindern mit unbestrittener Vaterschaft, und diese Vaterschaft wird erfordert, weil diese Kinder dereinst als Leibeserben in das väterliche Vermögen eintreten sollen. Sie unterscheidet sich von der Paarungsehe durch weit größere Festigkeit des Ehebandes, das nun nicht mehr nach beiderseitigem Gefallen lösbar ist. Es ist jetzt in der Regel nur noch der Mann, der es lösen und seine Frau verstoßen kann. (...)

Engels, F.: Der Ursprung der Familie, des Privateigentums und des Staates. Berlin (Ost) 1970, S. 62f, 85 f.

2.2.4 Zur historischen Soziologie der Ehe

Dank zahlreicher historischer, demographischer und ethnologischer Forschungsarbeiten, die sich in ihren Methoden und Problemstellungen einander genähert haben und so neue Daten über die Ehe geliefert haben, wissen wir inzwischen sehr viel mehr über diese Institution, auf der die Familie basiert. Für die Zeit vom 16. Jahrhundert bis heute sind wir - bezogen auf das westliche Europa in der Lage, auf eine Anzahl von Fragen zu antworten, die Aufschluß über die Bedeutung der Institution Familie geben: Wer heiratet wen, in welchem Alter, und welche Funktionen erfüllt die Ehe?
Durch die Untersuchung der Zusammensetzung des Ehepaares lassen sich auch Veränderungen innerhalb der Familie, in Verbindung mit den durch die Industrialisierung und Urbanisierung hervorgerufenen Umschichtungen, erfassen, doch sind diese Beziehungen - wie auch die der Verwandtschaft - weder einfach, noch linear. Man muß die jeweilige Epoche, den Lebensraum und das soziale Milieu im Detail behandeln, um gewisse Mechanismen des Wandels erkennen zu können.
Gleich zu Beginn können wir festhalten, daß die herkömmlich Vorstellung falsch ist, man heirate heute aus Liebe, während man früher eine gute Partie suchte, und man wähle sich heutzutage seinen Partner selbst, während früher die Eltern entschieden. Diese stereotypen Vorstellungen sind verknüpft mit denen über die mutmaßliche Entwicklung der häuslichen Gemeinschaft. Wenn die Eltern es waren, die die Ehe arrangierten, konnte man gut in einer mehrere Mitglieder umfassenden häuslichen Gemeinschaft leben, da dann keine Gefühle mit im Spiel waren. Heute konzentriere sich unser Leben umso mehr auf das Paar, als dieses nur auf der Liebe gründen könne, und folglich habe die Ehe kein anderes Ziel mehr,

als die emotionale und sexuelle Befriedigung des Paares. Diese Tautologie scheint völlig unbegründet.
Das sind zwei völlig verschiedene Dinge: Mit dem einen sind Rechtsfolgen verbunden, mit dem anderen der Segen der Kirche. (Armengaud, 1975:24). Diese beiden Aspekte wurden mit der Revolution völlig getrennt, denn diese setzte beiden Tendenzen ein Ende, indem sie eine bürgerliche Zeremonie verlangte, durch die die religiöse Zeremonie erst rechtsgültig wurde.
Innerhalb dieser kirchlichen und weltlichen Rahmenbedingungen, die hier in sehr verkürzter Form dargestellt wurden, setzte sich zwischen dem 17. und dem 19. Jahrhundert eine durch mehrere Aspekte gekennzeichnete Praxis durch. Das Heiratsalter, die Bedingungen der Gattenwahl, der Inhalt selbst der Institution unterscheiden sich von einer sozialen Schicht zur anderen so sehr, daß man durch die verschiedenen Formen hindurch unterschiedliche Modelle mit unterschiedlicher Zukunft erkennen kann.

Zur Demographie der Ehe

Heiratshäufigkeit. Heiratete man früher häufiger als heute? Zu welchen Jahreszeiten heiratete man? Dies sind Fragen, die sich die Demographen stellen, wenn sie die Rate der Eheschließungen errechnen, d. h. das Verhältnis von Anzahl der Ehen und Bevölkerung. Diese Berechnung ist offensichtlich schwer aufzustellen für Epochen, in denen die Bevölkerung nicht mit einem so ausgebauten statistischen Apparat erfaßt wurde, wie wir ihn heute zur Verfügung haben (...)
Trotz dieser Einschränkungen lassen sich aber dennoch Entwicklungen erkennen. Zunächst einmal reagiert die Heiratshäufigkeit auf die demographischen Faktoren. Es ist belegt, daß unter dem Ancien Regime, zu Zeiten, in denen die Sterblichkeitsrate aufgrund von Epidemien sehr hoch war, die Kurve der Eheschließungen gegen Null geht. Desgleichen ist die Heiratshäufigkeit abhängig von der wirtschaftlichen Krisen, die einen weiteren Hemmschuh darstellen; man konnte einen Zusammenhang zwischen den Heiratskurven und den Kurven für den Getreidepreis nachweisen. So beschreibt Pierre Goubert für die Region Beauvaisis:
(...) einen Rückgang der Eheschließungen in Krisenzeiten; die Heiratskurve erreicht ihr Minimum dann, wenn die Kurve der Todesfälle ihr Maximum erreicht hat oder kurz ehe sie es erreichen wird (...). Man stürzt sich in die Ehe, sobald die Bestattungen seltener werden, die Epidemie zurückweicht, der Getreidepreis zu sinken beginnt. (Goubert, 1960:47f).
Einige politische Ereignisse, wie etwa Kriege oder Revolutionen, wirken sich ebenfalls negativ auf die Heiratshäufigkeit aus, wie wir in unserem Jahrhundert, als Männer in großen Scharen in den Krieg zogen, beobachten konnten. Einige legislative Maßnahmen haben dagegen zum Anstieg der Heiratshäufigkeit beigetragen, so vor allem die Herabsetzung der Ehemündigkeit.

Die Homogamieregel

Damals wie heute ist man geneigt, seinesgleichen zu heiraten, sowohl auf sozialer als auch auf beruflicher Ebene. Man muß eine passende Verbindung eingehen, die Verhältnisse aufeinander abstimmen. Eine Funktion der Eheschließung -

die unter dem Gesichtspunkt der Verbindung zweier Familien betrachtet wird - ist die Übertragung der Erbgüter. Das beste Mittel, diese zu schützen ist, sich zu versichern, daß der gewählte Partner auf der gleichen sozialen Stufe steht. Alle historischen, demographischen und ethnologischen Untersuchungen bestätigen dieses Phänomen, ob man sich nun auf schriftliche Quellen wie Akten oder Eheverträge beruft oder auf davon Folkloristen gesammelte Dokument, wie Sprichwörter, oder auch auf direkte Umfragen, vor Ort.

Zum Inzest

Unter Anwendung des Inzestverbots untersagt die Kirche Eheschließungen zwischen zu nahen Verwandten. Ohne die Regelung seit dem Mittelalter im Detail beschreiben zu wollen, ist es doch wichtig zu wissen, daß es verboten war, Blutsverwandte bis zum vierten Grad, d. h. bis einschließlich der Cousins und Cousinen zweiten Grades, zu ehelichen. Die Doktrin der Hinderungsgründe steht in Zusammenhang mit der katholischen Auffassung von der Ehe: Wenn die Kirche Inzest verbot, "so tat sie dies zur Verstärkung ihres Zusammenhalts durch die Vermehrung der verwandtschaftlichen Bande zwischen Christen", schreibt Jean-Louis Flandrin in *Les Amours paysannes*. (1975: 28). Das gleiche gilt für Wiederverheiratungen, die im Prinzip nicht mit Verwandten zweiten Grades des verstorbenen Ehepartners eingegangen werden durften.
Eine strikte Anwendung dieser Regelungen und die Verhinderung solcher Ehen hätten sich aber andererseits sehr negativ auf die Heiratshäufigkeit in ländlichen Gemeinden ausgewirkt, in denen die Überlappung von sozialen und familialen Netzwerken die Bedingungen für Ehen zwischen Verwandten schuf. Die Kirche sah sich daher gezwungen, Dispens für solche Ehen zu gewähren,. In jedem Fall spielt die Blutsverwandtschaft kaum eine Rolle im genetischen Erbgut der Bevölkerung. Sehr bald schon verlieren sich die Ehen zwischen Blutsverwandten in kaum eine Rolle im genetischen Erbgut der Bevölkerung. Sehr bald schon verlieren sich die Ehen zwischen Blutsverwandten in den komplexen Verwandtschaftsnetzwerken, die im Laufe der Generationen entstehen. Selbst in Gemeinschaften, die sich einer kulturellen Originalität bewußt sind und diese durch Verbindungen zwischen Blutsverwandten aufrecht erhalten wollen, reicht die Genzufuhr einiger weniger von außen kommender Ehepartner zur Erneuerung des gesamten genetischen Erbguts der Gruppe aus. Gemeinsam mit Albert Jacquard untersuchten wir eine stark endogame protestantische Gemeinde im normannischen Bocage. Von den 154 protestantischen Ehen, die zwischen 1960 und 1968 geschlossen wurden, sind 7,1 % Ehen zwischen Blutsverwandten. Durch die Analyse der Familiengenealogien ließ sich für jedes in einer gegebenen Epoche lebende Individuum der Anteil seines genetischen Erbguts bestimmen, der von einem jeden der "Begründer" stammt, wobei ein "Begründer" definiert ist als ein Ahne, dessen Vorfahrenschaft unbekannt ist; die Gesamtheit der "Begründer" bildet die multiple Quelle der Gene, die sich die Mitglieder der Gemeinde teilen. Die zwei wichtigsten Begründer, deren Nachkommenschaft die Hälfte der derzeitigen Bevölkerung ausmacht, haben jeder nur 4,1 % der gesamten Gene beigesteuert. Die Zahl der von außerhalb kommenden Ehepartner in jeder Generation reicht aus, eine große genetische Vielfalt zu erhalten. Ungeachtet des klaren Bewußtseins ihrer kulturellen Identität, zu der auch die enge Beziehung zu den

Vorfahren gehört, und trotz ihrer Größe, weist die protestantische Gruppe keinerlei genetische Eigenart auf. (Jacquard u. Segalen, 1973: 566)

Zu Heiratsstrategien

Wenn Ehen zwischen Blutsverwandten auch keine Auswirkungen auf der genetischen Ebene haben, so verdeutlichen sie doch die Rolle der Verwandtschaft bei der Eheschließung. Es ist verboten, nahe Verwandte zu heiraten, doch darüberhinaus ist die Wahl theoretisch völlig frei. Dennoch setzen Verwandtenehen, homogame Ehen und endogame Ehen unausgesprochene Regeln voraus und sind Ausdruck familialer Heiratspolitik.

Dies bringt uns zurück zu den ethnologischen Theorien der Verwandtschaft und der Ehe: Zwischen unseren Systemen und denen der exotischen Gesellschaften besteht ein gradueller, aber kein Wesensunterschied. In der früheren Gesellschaft, sei sie nun bäuerlicher, aristokratischer oder bürgerlicher Natur, waren die Gatten auf das Erbe ihrer Eltern angewiesen, um sich abhängig im aktiven Leben einrichten zu können: Die patrimonale Strategie bestimmt die Eheschließungen.

Zur bürgerlichen Ehe

Die bürgerliche und kleinbürgerliche Eheschließung ist im 19. und zu Beginn des 20. Jahrhunderts noch das Objekt klassischer Strategien. Dies Phänomen erklärt das offensichtliche Paradox eines bürgerlichen Konkubinats, das verbreiteter war, als man denkt. So schreibt Michel Frey:

Wenn die Heiratshäufigkeit in den mittleren Schichten geringer war als bei den Arbeitern, so lag dies daran, daß für erstere das Ziel der Eheschließung die Aneignung, der Erhalt und die Übertragung von Erbgütern war. Diese Funktion bestimmte die Heiratsstrategien der Besitzenden, Strategien, die die Heiratschancen verringerten. Die wirtschaftlich unabhängigen Lohnempfänger dagegen sind in ihren Heiratsstrategien durch nichts belastet und heiraten daher leichter. (Frey, 1978:812)

Das bürgerliche Ehemodell bleibt im wahrsten Sinne des Wortes eine Verbindung zweier Familiengruppen. Anders als in ländlichen Regionen, wo die zukünftigen Ehepartner sich entweder direkt oder durch das Zusammenspiel von Verwandtschaftsgruppen kannten, hatten die jungen Leute bei den bürgerlichen Eheschließungen in den Städten die größten Chancen, sich nie vorher begegnet zu sein; in solchen Ehen taten finanzielle Abmachungen ganz offen in den Vordergrund, unabhängig von jeglicher persönlicher Rücksicht. Im 19. Jahrhundert, in einer Gesellschaft, die sich durch soziale Mobilität auszeichnet, nimmt die Heirat eine strategischen Platz in der Karriere ein, und eine Mesalliance war mehr als je zuvor gefürchtet. Die Kleinbürger machten die Ehe am häufigsten zu einem Unternehmen, denn bei ihnen handelte es sich um die schwächste soziale Schicht und um die am meisten darauf bedachte, eine prekäre soziale Lage zu stabilisieren.

Segalen, M.: Die Familie. Geschichte. Soziologie Anthropologie, Frankfurt/M.; New York 1990, S. 141 ff; 15 L; 155f; 192 f.

2.2.5 Zur Definition und Legitimität von Ehe

Mit Ehe bezeichnet man eine durch Sitte oder Gesetz anerkannte, auf Dauer angelegte Form gegengeschlechtlicher sexueller Partnerschaft. Weiterhin ist ein wesentliches Strukturmoment aller Ehen, auch der modernen, daß sie über das bloße personale Paarverhältnis auf Gruppenbildung - auf Familie - hinausweist *(König, 1976; Tyrell, 1985; Nave-Herz, 1988, 65 ff.).*
Die Neugründung einer Ehe wird ferner überall mit bestimmten Riten und Kulthandlungen vollzogen, mit denen zumeist auch - in unterschiedlichem Umfang - die Verteilung von neuen gesellschaftlichen Rechten und Pflichten verbunden ist. Die Hochzeit als *rite de passage* ist gleichzeitig ein institutionelles Mittel zur Neu-Definition und Neu-Regelung der Beziehungen zwischen den beiden Herkunftsfamilien.
Symbolisch werden durch die öffentliche Zeremonie außerdem der Wechsel in der Mitgliedschaft und die damit verbundenen Veränderungen in den Solidaritätsbeziehungen aufgezeigt und gefestigt. Auch im heutigen europäischen Kulturbereich bedeutet die Eheschließung ebenso, daß bei Heirat der Kinder, ihre Loyalität - zumindest auf normativer Ebene - in der Rangfolge von Eltern auf den Ehepartner übergeht *(Harris, 1973).*
Die Formen der Eheschließung unterliegen historischen und kulturellen Veränderungen (vgl. die vielfältigen Eheschließungszeremonien in *Völger* und *Welck*, 1985); ihre soziale Tendenz ist aber überall - wie beschrieben - dieselbe, gleichgültig, in welcher Verantwortung die Legalisierung der Eheschließung lag oder z. T. liegt, und wer sie vollzieht - ob der Sippenälteste, das Familienoberhaupt, der Pfarrer, der Standesbeamte oder andere Personen *(vgl. Weber-Kellermann, 1974; Schröter, 1985).*
Immer wieder hat es im Laufe der Geschichte Konflikte darüber gegeben, wer legitimiert sei, den Eheschließungsakt zu vollziehen; und die verschiedensten gesellschaftlichen Gruppen haben versucht, dieses Recht anderen abzusprechen, zu bestreiten und für sich allein zu beanspruchen sowie eine allgemeine Nichtanerkennung aller der Ehen durchzusetzen, versuchten zumindest die "wilden" Ehen in ihrem Ansehen herabzudrücken und ihnen schwächeren Rechtsschutz zu gewähren *(vgl. hierzu Wingen, 1984, 14).* Das gilt sowohl für die Kirche, den Staat, als auch für bestimmte politische Bewegungen.
Dennoch treffen für jene Ehen, die nicht von den zu ihrer Zeit vorgeschriebenen Personen oder in festgelegter Form vollzogen wurden, die o. g. Kriterien zu: So z. B. für die im 13. und 14. Jahrhundert gegebenen und von der Kirche als "heimliche" Ehen bezeichneten, die zwar in Anwesenheit vor Zeugen geschlossen, aber nicht zuvor vom Pfarrer in der Gemeinde verkündet worden waren und deshalb mit Strafe bedroht wurden *(Schöter, 1985, 1985, 363),* als auch für jene sog. "freien Ehen" am Anfang des 20. Jahrhunderts, die zeremoniell geschlossen und durch Zeitungsanzeige öffentlich bekannt gegeben wurden *(vgl. Lengsfeld und Schwägler, 1987, 2ff.).*
Umstritten ist die Gleichsetzung der heutigen nicht-formalen Lebensgemeinschaften mit der Ehe. Es sei deshalb nochmals betont, daß unter historischen und soziologischen (nicht juristischen) Gesichtspunkten für die inhaltliche Bestimmung von Ehe und Familie nicht der Tatbestand relevant ist, ob ein Standesbeamter die Eheschließungszeremonie vollzieht, sondern ob sie mit der

Absicht der Dauer, durch eine öffentliche Bekundung vor Zeugen und mit dem Verweisungszusammenhang auf Familie hin gegründet wird.

Nave-Herz, R.: Gegenstandsbereich und historische Entwicklung der Familienforschung, in: Nave-Herz, R; Markefka, M.: Handbuch der Familien- und Jugendforschung, Band 1: Familienforschung. Neuwied u. Frankfurt 1989 S. 6f.

2.2.6 Zu Ehebeziehungen, Liebe, Sexualität und Autorität

Die "Liebesheirat" als Forderung des sich gegenüber dem Adel emanzipierenden Bürgertums war ein Ideal, das von jener Gruppe, die sie stellte, weitgehend selbst nicht realisiert wurde. Auch mit der Verbreitung der bürgerlichen Familienideale in der modernen Gesellschaft war keineswegs zugleich die Verwirklichung des Postulats verbunden. Als allgemeine Tendenz läßt sich aber wohl doch festhalten, daß sich die gesellschaftlichen Rahmenbedingungen von Heirat in einer Weise verändert haben, die die Realisierung der Forderung zunehmend möglich machte. Emotionale Entsprechung als ausschließliche oder doch zumindest als primäre Voraussetzung der Ehe bedeutet mehr Freiheit in der Umsetzung persönlicher Wunschvorstellungen. Es bedeutet aber zugleich auch mehr Anfälligkeit der Ehe. Durch die Betonung des Gefühlsmoments ist die Ehebeziehung fragiler geworden.

In Ehebeziehungen der Gegenwart kommt der emotionalen Entsprechung der Partner im sexuellen Bereich zentraler Stellenwert zu. Für historische Zeiten lassen sich zu diesem Thema schwer generalisierbare Aussagen machen. Allgemein kann aber über die Entwicklung der ehelichen Sexualität gesagt werden, daß die Bedeutung der Fortpflanzungssexualität zurückgegangen ist. Sieht man die Situation der alteuropäischen Gesellschaft diesbezüglich im interkulturellen Vergleich, so zeigt sich die Bedeutung von Fruchtbarkeit nie als besonders hoch. So gab es etwa in keiner der christlichen Konfessionen die Möglichkeit der Eheauflösung wegen mangelndem Nachwuchs, wie sie außerhalb Europas häufig begegnet. Trotzdem stand auch im traditionalen Europa die Aufgabe der "procreatio prolum" für die eheliche Sexualität im Mittelpunkt. Gegenüber dieser jahrhundertealten Tradition einer an Zeugung von Nachwuchs orientierten Sexualität bedeutet die Verlagerung des Schwergewichts auf die emotionale Erfüllung der Partnerbeziehung einen radikalen Wandel.

Eine solche Bedeutungsverlagerung setzt voraus, daß Fortpflanzungssexualität und "soziale Sexualität" grundsätzlich trennbar geworden sind. Im wesentlichen ist dies erst durch die Entwicklung und Verbreitung von Kontrazeptiva in den letzten Jahrzehnten erfolgt. Die revolutionäre Brisanz dieser relativ jungen historischen Entwicklung ist noch kaum abzuschätzen. Stärker noch als die eheliche Beziehung selbst hat sich die ihr vorausgehende Phase dadurch verändert. Die Zahl der Jugendlichen, die - ohne verheiratet zu sein - mit einem Partner zusammenleben, ist im Anstieg begriffen. Immer stärker finden solche Lebensformen gesellschaftliche Akzeptanz. Voreheliche Sexualbeziehungen beginnen bei vielen Jugendlichen bereits sehr früh, oft schon kurz nach der Geschlechtsreife. Solche Veränderungen des Sexuallebens vor der Ehe wirken auf die Gestaltung der Ehephase selbst zurück. Sie tragen dazu bei, den Ausschließlichkeitscharakter der Zweierbeziehung in Frage zu stellen. Eheleben ist durch diese Entwicklungen der letzten Jahrzehnte sicher schwieriger geworden. Die Institution Ehe hat das in historischen Zeiten unbestrittene Monopol auf legitime Sexualität verloren. Eine Restitution dieses Monopols ist schwer vorstellbar.

Historische Formen der Ehebeziehungen waren generell durch ein mehr oder minder starkes Machtgefälle zwischen Mann und Frau charakterisiert. Dieser Patriarchalismus hat sowohl gesellschaftliche wie familiäre Wurzeln. Je stärker die lokale oder überregionale Öffentlichkeit männerrechtlich geordnet ist, desto stärker ist auch die Vorrangstellung des Mannes in der Familie. Stark männerrechtlich strukturierte Gesellschaftssysteme finden sich in der europäischen Geschichte auf der Basis bestimmter Wirtschaftssysteme, etwa der transhumanten Weidewirtschaft in verschiedenen Zonen des Mittelmeerraums. Die männerrechtliche Ordnung kann aber auch kulturell bedingt sein, wie etwa im Judentum, das der Frau nur begrenzte Kultfähigkeit zugesteht. Auf der Ebene des Familiensystems ist sicher die Familienwirtschaft eine wichtige Voraussetzung patriarchalischer Verhältnisse. Der Hausvater als Leiter der familialen Arbeitsorganisataion übt funktionale Autorität aus. Im Vergleich dazu ist in Familien von Lohnempfängern die Autorität des Ehemanns nicht aus notwendigen Bedingungen der Arbeitsorganisation abgeleitet. Der Bedeutungsverlust familienwirtschaftlicher Formen ist sicher eine Entwicklungstendenz, die zum Abbau patriarchalischer Beziehungen zwischen den Ehepartnern beigetragen hat. Die normative Vorstellung, daß eheliche Beziehungen partnerschaftlich gestaltet sein sollen, hat sich parallel zur allgemeinen Vorstellung der Gleichberechtigung von Frau und Mann entwickelt. Älteren Epochen der europäischen Geschichte war diese Normvorstellung fremd. Die Ideen über die richtige Gestaltung der ehelichen Machtverhältnisse sind für den Historiker leichter zu fassen als die soziale Realität. Eine Trendaussage, daß die Entwicklung vom Patriarchat zur Partnerschaft führt, wird zwischen diesen beiden Ebenen zu unterscheiden haben.

Mitterauer, M.: Entwicklungstrends der Familie in der europäischen Neuzeit in: HB der Familienforschung S. 188/189

2.2.7 Zur Zufriedenheit mit Ehe und Familie - Untersuchungsergebnisse

Trotz unterschiedlicher Erhebungsinstrumente, Befragtengruppen usw. sind aus den verschiedensten Untersuchungen übereinstimmende Angaben in Bezug auf die subjektive Bedeutung von Ehe und Familie zu entnehmen. Sie widerlegen alle die These von einem Bedeutungsverlust von Ehe und Familie:
So weisen viele empirische Erhebungen den hohen Spitzenplatz in der Rangliste nach, den die Familie im Vergleich zu anderen Lebensbereichen (Beruf, Kirche, Freunde usw.) bei allen Bevölkerungsgruppen einnimmt, gleichgültig wie hoch das Berufs- und Bildungsniveau der Befragten ist. Allein in Bezug auf das Alter sind etwas niedrigere Werte bei den unter 30jährigen gegeben *(vgl. hierzu*

Bargel, 1979; Wahl et al., 1980, 34ff.; Schumacher/Vollmer, 1982, 306ff.; Glatzer/Herget, 1984, 130).
Repräsentative Umfragen zeigen weiterhin, daß die Wertpräferenz von Ehe und Familie sogar in den letzten 20 bis 30 Jahren noch gestiegen ist *(vgl. Habermehl/Schulz 1982).*
Ferner ist ein hoher Zufriedenheitsgrad mit der Ehe und dem Familienleben noch aus vielen empirischen Untersuchungen zu entnehmen. Männer bewerten ihre Ehe noch positiver als die Frauen oder m.a.W.: viele Untersuchungen zeigen, daß unter den verheirateten Frauen - trotz insgesamt hoher Zufriedenheit mit der Ehe - der Anteil der Unzufriedenen höher ist als unter den Männern *(Pross, 1979, 90; Institut für Demoskopie 1981, 1982; vgl. Klages, 1984, 3; Glatzer/Herget, 1984,130).* Dieser geschlechtsspezifische Unterschied in der Zufriedenheitsbewertung mit der eigenen Ehe ist sogar international verbreitet. *Lupri* schreibt: "Considerable crossnational evidence shows that: more wives than husbands report marital frustration an dissatisfaction; more wives than husbands report marital problems; more wives than husbands consider their marriages unhappy; more wives than husbands report negative feelings, have considered divorce or separation, have regretted their marriages; and fewer report positive companionsship" (1983, 23). Trotz dieser geschlechtsspezifischen Unterschiede - das sei nochmals ausdrücklich betont - ist aber auch bei den Frauen insgesamt eine hohe Zufriedenheit mit ihrer Ehe und Familie gegeben.
Auch als "Sinn ihres Lebens" nennen sowohl in Umfragen als auch in qualitativen Erhebungen die Interviewten an erster Stelle ihre Ehe und Familie. Insbesondere werden ihre positiven emotionalen Aspekte heute am stärksten betont; materielle und berufliche Zielsetzungen sowie die kontinuierliche sexuelle Beziehung - wie noch vor 20 Jahren - werden kaum noch erwähnt *(Schulz et al., 1980, Köcher, 1985, 12ff: Nave-Herz, 1984; Schumacher, 1988, 206).* Die spezialisierte Leistung der Ehe und Familie auf emotionale Bedürfnislagen hin *(Luhmann)* wird also von ihren "Mitgliedern" nicht nur weiterhin erwartet, sondern die Forderungen nach dieser immateriellen Leistungserfüllung hat im Zeitablauf noch zugenommen, obwohl - zeitlich parallel hierzu - sie ihren Monopolanspruch auf eben diese spezialisierte Leistung durch die Entstehung des neuen Systemtyps "nichteheliche Lebensgemeinschaft" verloren hat.
Die heute mögliche Wahl zwischen diesen beiden Lebensformen hat also nicht die Ehe und Familie obsolet werden lassen, wie häufig vermutet wird, sondern sie hat bewirkt, daß sich der Phasenablauf bis zur Ehegründung *(vgl. ausführlicher Nave-Herz, 1988, 65ff.; ebenso Trost in diesem Band)* und die Sinnzuschreibung der Ehe verändert haben. In der Bundesrepublik wird heutzutage - wie mehrere empirische Untersuchungen belegen *(Schulz* et al., 1980, 12; *Nave-Herz,* 1984; *Pohl*, 1985; Bundesministerium für Jugend, Familie, Frauen und Gesundheit, 1985; *Kaufmann / Strohmeier*, 1985, 25; *Spiegel*, 1986, 126; *Meyer*, 1987, 26) - die Eheschließung überwiegend aus drei Gründen vollzogen oder geplant: wegen einer Schwangerschaft, eines Kinderwunsches oder wegen des Vorhandenseins von Kindern (u. U. aus früheren Partnerschaften). Auch aus englischen und nordamerikanischen Untersuchungen geht hervor, daß der Ehe-Entscheidungsgrund heutzutage in hohem Maße mit dem Kinderwunsch verknüpft ist (vgl. *Dyer/Berlins*, 1982; *Pietropnito/Semmenauer*, 1979). Wir

sprachen deshalb aufgrund unserer Daten von einer "kindorientierten Ehegründung" heute (*Nave-Herz*, 1984, 1988).
Beide - die Ehe und die nichteheliche Lebensgemeinschaft - unterscheiden sich also in der Bundesrepublik überwiegend durch den Gründungsanlaß: eine partnerbezogene Emotionalität führt immer stärker zum Anlaß der Gründung einer nichtehelichen Lebensgemeinschaft, die emotionale kindorientierte Partnerbeziehung zur Eheschließung.
Damit scheint der Prozeß - der Trend - der funktionalen Spezialisierung von Ehe und Familie und der strukturelle Differenzierungsprozeß infolge institutioneller Verselbständigung von zwei qualitativ unterschiedlichen Systemen weiter fortgeschritten zu sein. Ehe und Familie wurden in der Bundesrepublik immer stärker zur bewußten und erklärten Sozialisationsinstanz für Kinder bei gleichzeitiger Zunahme des immateriellen Leistungsanspruchs an sie.
Die kindorientierte Ehegründung führte ferner zu einer kindorientierten Einstellung der jungen Eltern, die bereits vor der Geburt ihres Kindes verhaltensbestimmend wirkt. So ist Schwangerschaft und Geburt für beide Partner zu einer bewußten, gemeinsam gewollt-erlebten Erfahrung geworden. Viele "werdende Väter begleiten heute ihre Frau bereits während der Schwangerschaft zu den Vorsorgeuntersuchungen, nehmen an geburtsvorbereitenden Kursen teil. Ferner erleben viele Väter heutzutage die Geburt ihrer Kinder mit. Vor noch nicht einmal 15 Jahren wäre ihre Anwesenheit im Kreißsaal sowohl mit normativen als auch mit praktischen Argumenten von Ärzten und dem Pflegepersonal abgelehnt worden (*Nave-Herz*, 1984, 57; *Gloger-Tippelt*, 1988, 40). Die heutige Präsenz vieler Väter beim Ereignis der Geburt hat aber auch zur Folge, daß die ehelichen Partnerbeziehungen damit eine weitere Aufwertung in Bezug auf die gegenseitige psychische Unterstützungsleistung erfuhren.
Ferner weisen viele - methodisch sehr unterschiedliche - Untersuchungen die Partizipation an den Sozialisationsaufgaben der heutigen jungen Väter nach (*Findl* et al., 1985, 145; *Metz-Göckel*, 1988) und zeigen, daß das väterliche Verhalten - vor allem ihren Säuglingen und Kleinkindern gegenüber - mit Attributen, wie Zärtlichkeit usw., zu beschreiben ist. Mit der Mutterrolle ist heutzutage also nicht mehr das Monopol auf expressives Verhalten in Pflege- und Betreuungssituationen verknüpft. Dennoch kann hieraus nicht etwa auf eine Entdifferenzierung der familialen Rollen geschlossen werden. Faktisch besteht weiterhin eine innerfamiliale Arbeitsteilung, wenn sie auch an normativer Kraft verloren hat (vgl. hierzu *Ryffel-Gericke*, 1983; *Krüger*, 1984; *Krüsselberg* et al., 1986; *Metz-Göckel/Müller*, 1986; *Nauck*, 1987), weiterhin steht noch immer die Verpflichtung des Vaters, für die materielle Sicherheit der Familie zu sorgen, an erster Stelle usw. (vgl. *Nave-Herz*, 1988c).
Wenn mit den zitierten Erhebungen auch nicht explizit die subjektive Bedeutung, die Eltern ihren Kindern beimessen, untersucht wurde, so ist aber indirekt aus den beschriebenen Untersuchungsbefunden, ja bereits aus dem Zeitaufwand, den Väter und Mütter heutzutage gemeinsam für ihre Kinder - auch schon vor ihrer Geburt - erbringen, auf eine gestiegene Präferenzstellung der Kinder im Familienleben zu schließen. Aus der empirischen Untersuchung von *Lüscher* und *Stein* geht zudem hervor, wie "der Umgang mit den Kindern gleichermaßen von selbst zu einem wichtigen und oftmals zum wichtigsten Bezugspunkt der Orientierungen der Mütter und Väter (wird), so sehr, daß das Kind gewissermaßen zu einem

selbständigen Träger für die Sinngebung der Erfahrungen der Eltern wird" und "der Umgang mit dem Kind an sich eine Art "Wert" darstellt (1985, 65f.).
Auch unter den Jugendlichen hat die Familiengründungsbereitschaft und der Kinderwunsch auf der subjektiven Ebene der Lebensplanung seinen Stellenwert im Zeitvergleich kaum eingebüßt. Zwar belegen jugendsoziologische Erhebungen, daß eine gewisse Skepsis der Ehe gegenüber zugenommen hat, der Wunsch nach späteren Kindern wird aber weiterhin bejaht *(Shell-Studie, 1982; Brigitte-Studie, 1982; Schumacher/Vollmer*, 1982).
Zusammenfassend bleibt also festzuhalten: beider weit überwiegenden Mehrheit der bundesrepublikanischen Bevölkerung - und im Zeitvergleich sogar z. T. noch ansteigend - werden die Ehe und Familie als die zentralen Werte ihrer Lebensplanung und als Sinngebung der Lebensführung beurteilt.
Die Diskrepanz zwischen den statistischen Zahlenreihen und den Ergebnissen dieser empirischen Untersuchungen, in denen subjektive Indikatoren zur Messung familialer Veränderungsprozesse gewählt wurden, sind offenkundig: den Statistiken über die Abnahme der Eheschließungs- und Geburtenquoten und über den Anstieg der Scheidungszahlen stehen die Aussagen über den gestiegenen Spitzenwert in der Rangliste, den Ehe und Familie im Vergleich zu anderen Lebensbereichen einnimmt, gegenüber, ferner die hohen Zufriedenheitsgrade mit der eigenen Ehe und Familie, ihre Zuschreibung "Sinn des Lebens" und die kind- und familienzentrierte Orientierung und Verhaltensweise junger Eltern, die ebenfalls im Zeitablauf noch gestiegen ist.

Weiterhin bedeutet die starke Zufriedenheit mit der Ehe und Familie und die - skizzierte - gestiegene persönliche Wichtigkeit der Familie gegenüber anderen Lebensbereichen nicht, daß deshalb der Familienbereich mit einem "konfliktfreien Schonraum" gleichzusetzen wäre. Ganz im Gegenteil: Mit der Zunahme des Anteils der Zufriedenen mit ihrer Ehe und Familie stieg auch der Anteil derjenigen, die angaben, daß es Krisen in ihrer Ehe gegeben hätte: 1963 = 52 % der befragten Frauen in einer Repräsentativerhebung und 38 % der verheirateten Männer; 1976 stieg der Anteil auf 58 % bei den Frauen und auf 53 % bei den Männern (*Schumacher/Vollmer*, 1982, 306 ff.).
Die zunächst widersprüchlich erscheinenden Datenlage, nämlich die gestiegenen Scheidungsquoten, der hohe und noch gestiegene Spitzenplatz, den der Lebensbereich "Familie" in der Wertpräferenz bei Frauen und Männern innehat und die erhöhte eheliche Konfliktwahrnehmung der Ehepartner, sind letztlich verständlich und stützen die These, daß die Instabilität der Ehe gerade wegen ihre hohen subjektiven Bedeutung für den Einzelnen zugenommen und dadurch die Belastbarkeit für unharmonische Partnerbeziehungen abgenommen hätte. Der statistische Anstieg von Ehescheidungen könnte somit als ein Indikator dafür gelten, daß heute unharmonische Beziehungen und zerrüttete Ehen eher als in früheren Jahren aufgelöst werden (vgl. hierzu auch *Schumacher/Vollmer*, 1982, 309; *Glatzer/Herget*, 1984, 131). Die hohen Scheidungsraten können also auch als Folge einer Erhöhung der Leistungsanforderungen - zuweilen sogar zu einer überhöhten - und zwar im Hinblick auf die "psychischen Nutzenerwartungen" an die Ehe gewertet werden.
Die Zunahme der Ehescheidung hat ferner zu einer Pluralität von Familienformen geführt. So gab es zwar neben den Eltern-Familien schon immer Mutter-

Familien (...); die Vater-Familien dagegen sind eine neuzeitliche Familienform. Dennoch gilt, daß sowohl auf statistischer als auch auf normativer Ebene die Eltern-Familie der dominante Familientyp in der Bundesrepublik geblieben ist (...). Im übrigen wird in der aktuellen Diskussion über die Frage einer zugenommenen Pluralität von Lebensstilen und von Lebensformen.

Zusammenfassend bleibt also thesenförmig festzuhalten: Die Akzeptanz von Ehe und Familie ist in der Bundesrepublik weiterhin hoch. Die psychische Bedeutung von Ehe und Familie ist sogar zeitgeschichtlich gestiegen, und die Kind- und Familienzentrierung hat zugenommen. Damit ist auch die Chance gestiegen, daß die nunmehr erhöhten Leistungsanforderungen an die Ehe und Familie zu Leistungsüberforderungen werden. Neben anderen Faktoren könnten diese mitverursachend für die gesunkene Attraktivität von weiteren Kindern und für die gestiegene Instabilität der Ehe sein.

Nave-Herz, R.: Zeitgeschichtlicher Bedeutungswandel von Ehe und Familie in der Bundesrepublik Deutschland. in: Handbuch der Jugend- und Familienforschung. Band 1: Familienforschung Hrsg. von R. Nave-Herz u. M. Markefka. Neuwied/Rhein u. Frankfurt 1989 S. 213 - 216, 219

2.2.8 Zur Ehe aus soziologischer Sicht - einige Einzelzitate

Familie und Monogamie

Eine Untersuchung von Ford und Beach bei 85 menschlichen Primitivgesellschaften zeigt, daß das monogame Paar zu 97 bis 98 % vorherrscht. Sie sei die Voraussetzung für die Weitergabe des kulturellen Gedächtnisses.
Pierre Chaunu: Die verhütete Zukunft. Stuttgart 1981, S. 31

Erklärungen des Fortbestandes der Ehe

Eine der einfachsten Erklärungen für den Fortbestand der Ehe - trotz der weitverbreiteten Ernüchterung, mit der sie heute betrachtet wird - ist das angeborene Bedürfnis des Menschen nach einem festen sozialen Gefüge. Struktur und Form sind die Grundbedingungen der Existenz und die Voraussetzung für die schöpferische Kraft des Menschen; nur sie ermöglicht ein annehmbares Dasein und die sinnvolle Auswertung und Einordnung von Erfahrungen und Erkenntnissen."
Nena O'Neill u. George O'Neill: Offene Ehe. Konzept für einen neuen Typus der Monogamie, Reinbek 1975, S. 12f.

Vorteile der Ehe

Die Verbindung von zwei Einzelpartnern braucht weder von Dauer noch ausschließlich zu sein, noch braucht sie eine gegenseitige Abhängigkeit zu bedeuten, aber sie bietet eine Gemeinschaft und sichere Vertrautheit, wie man es in keiner anderen Form des Zusammenlebens finden kann."
Nena O'Neill u. George O'Neill: Offene Ehe. Konzept für einen neuen Typus der Monogamie, Reinbek 1975, S. 14

Eheformen

a) gemäßigte Polygamie: der Mann kann mehr als eine Ehefrau zu gleicher Zeit haben, die Frauen können ihren Ehegatten gemäß den in Sitte oder Gesetz festgelegten Regeln verlassen, weder Mann noch Frau sind geschlechtlich während ihres ganzen Lebens aufeinander angewiesen;

b) absolute Polygamie: die Frau ist gezwungen, ihre geschlechtlichen Beziehungen während ihres ganzen Lebens ausschließlich ihrem Ehemann zuzuwenden, während er noch andere eheliche Geschlechtspartner haben kann;

c) gemäßigte Monogamie: es ist nur ein Geschlechtspartner erlaubt, von denen aber jeder die Verbindung nach den geltenden Sitten und Gesetzen lösen kann, besonders wenn es sich um einen dauerhaften Wechsel des Partners handelt (Scheidung);

d) absolute Monogamie: Einehe, bei der die Frau unter strenger Strafe oder bei sonstigen Sanktionen ihr Leben lang geschlechtlich an ihren Ehepartner gebunden ist und das gleiche von ihm in dem Maße erwartet wird, wie seine Gattin diesen sozialen Erwartungen entspricht *(nach Unwin, 38, p.242f).*
Fast alle Eheformen geben also dem Manne eine höhere sexuelle Freiheit und Chance in der Ehe als der Frau; der Grund dafür ist wohl vor allem darin zu suchen, daß die nebenehelichen sexuellen Beziehungen des Mannes für den Bestand der Ehe und Familie und damit auch für die Grundordnungen des gesamtgesellschaftlichen Gefüges folgenloser sind als die der Frau, eine Tatsache, die erst durch die modernsten Entwicklungen einer verbreiteten Empfängnisverhütung und der weitgehenden Privatisierung der Familie, die in der bürokratisierten Gesellschaft nicht mehr "Grundlage des Staates" ist, an sozialem Gewicht und daher an Überzeugungskraft eingebüßt hat. Schließlich soll nicht verkannt sein, daß auch die herrschaftspolitische Struktur oder sonstige Funktionsteilungen zwischen den Geschlechtern für die größere sexuelle Freiheit des Mannes eine Rolle spielen.
Helmut Schelsky: Soziologie der Sexualität. Reinbek 1975, S. 31

Eheformen (Monogamie)

Unabhängig von der Berechtigung der Behauptung, daß die Monogamie die Urform der Ehe überhaupt sei, kann man wohl sagen, daß sie die gebräuchlichste, sozial stabilste und an Entwicklungsmöglichkeiten reichste Form der Ehe darstellt. Sie führt zur klarsten Struktur und Konzentration der Autorität innerhalb der Familie, vor allem aber ist sie wie keine andere Eheform erfüllbar mit Gefühlen und Affekten, mit sittlichen und kulturellen Ansprüchen der Partner gegeneinander. So ist insbesondere die Vereinigung der christlichen Erlösungsreligion mit den Prinzipien der strengen Einehe zum Geburtsschoß unserer abendländischen Kultur und ihrer geistig-seelischen Haltungen geworden; die Regelung der ehelichen Geschlechtsbeziehungen im Sinne des religiösen Heils steht

daher weltgeschichtlich berechtigt mit im Mittelpunkt der frühchristlichen Kirchenlehre.
Helmut Schelsky: Soziologie der Sexualität. Reinbek 1975, S. 34

Ehe (Funktion der Ehe früher)

Wichtig waren die gesellschaftlichen Normen, die das Handeln bestimmten: Getreide zu mahlen, den Besitz auf ordnungsgemäße Weise von Generation zu Generation weiterzuvererben, die Familienmitglieder ausreichend zu ernähren und zu bekleiden, damit sie nicht der übrigen Gemeinschaft zur Last fielen. *Das* war es, was Heirat für die Leute von Zolling bedeutete; sie war nicht dazu da, das persönliche Glück zu bringen.
Edward Shorter: Die Geburt der modernen Familie, Reinbek 1983, S. 82

2.3 Zur Familie aus soziologischer Sicht. Familie gestern und heute.

2.3.1 Einleitende und didaktische Hinweise

Ohne Familie ist die gesellschaftliche und kulturelle Entwicklung nicht denkbar. Dies wird von allen kultursoziologischen und anthropologischen Forschungen bestätigt. Allerdings hat sich die Erscheinungsform der Familie sowie deren inneres Beziehungs- und Verwandtschaftssystem im Laufe der Geschichte stark gewandelt. Dieser Wandlungsprozeß dauert heute noch an. Ein kultursoziologischer Vergleich vermittelt auch einen Überblick über die unterschiedlichen Familienformen. Familie ist somit weder eine statische und unwandelbare Gruppe, noch eine Gruppe, die die gleiche äußere Erscheinung unabhängig von verschiedenen Kulturen besitzt. Dementsprechend zahlreich ist auch die familiensoziologische Literatur über die Geschichte der Familie, so daß sich gerade bei diesem Thema eine repräsentative Zusammenstellung von Textpassagen als besonders schwierig und verkürzt darstellt.

Zur Verdeutlichung des Themas vier Textpassagen ausgewählt. Die erste Textstelle von *Leclercq und David* vermittelt in knapper Form einen Überblick über die Geschichte der Familie und deren äußere Formen in Abhängigkeit von bestimmten Faktoren. Die zweite Textpassage von *Mitterauer* stellt unter besonderer Berücksichtigung der Veränderung der Rollenstruktur in der Familie einige Trends zur Familienentwicklung im neuzeitlichen Europa dar. Im dritten Text von *Yvonne Schütz* wird besonders die Situation des Kindes in der neuzeitlichen und kindzentrierten Familie sowie die Rollen von Mutter und Vater beleuchtet. Abschließend sind im vierten Text zwei grundsätzliche Aussagen zur Familie angeführt, die einem familiensoziologischen Standardwerk von *René König* entnommen sind.

Ansätze zur inhaltlichen Auseinandersetzung

- Welche verschiedenen Arten von Familie können nachgewiesen werden?
- Von welchen Faktoren ist die Form der Familie abhängig bzw. welche gesellschaftlichen Faktoren wirken in bestimmter Weise auf Familie ein?
- Wodurch haben sich die familialen Rollen in der Familie entwickelt und wodurch haben sie sich gewandelt?
- Welche positiven und negativen Argumente können für die Verkleinerung der Familie in Richtung Kernfamilie angeführt werden?
- Inwiefern verändert sich die familiale Kommunikation durch das Vorhandensein von Kindern?
- Wann ist eine Gesellschaft kinderfeindlich und wo ist sie kinderfreundlich?
- Welche Argumente sprechen für den Fortbestand der Familie bzw. mit welchen Argumenten kann man die Forderung nach Abschaffung der Familie widerlegen?
- Welche gesellschaftlichen Rahmenbedingungen erschweren heute das Leben in der Familie?
- Was müßte seitens der gesellschaftlichen Institutionen (Politik, Wirtschaft, Kirche usw.) zur Verbesserung der Situation von Familie getan werden?

2.3.2 Zur Geschichte der Familie

Die Geschichte der *Familie,* ihrer äußeren Gestalt und inneren Struktur hängt aufs engste mit jener der Ehe zusammen, hat aber einige Besonderheiten aufzuweisen. Die Gestalt der Familie ist besonders stark von der allgemeinen gesellschaftlichen Entwicklung abhängig. Erschienen die einzelnen Familien bei ursprünglichen Zuständen verhältnismäßig klar gegeneinander abgegrenzt, so verschwimmen sie in ihren Funktionen auf den weiteren Stufen vielfach mit allgemeinen gesellschaftlichen Einrichtungen (Clan, Verwandtschaft, Wirtschaftsgruppe, Siedlungseinheit, politische Ordnung usw.). Je nach der vorliegenden Technik, Wirtschaftsweise und Wirtschaftsform sind die zusammenlebenden Gruppen größer oder kleiner; so leben bei Jägern und Fischern oft nur einzelne Familien beisammen, die einige nähere oder fernere Verwandte aufnehmen. Bei Hirten und Feldbauern dagegen bilden sich von Anfang an meist größere Gemeinwesen, die Sippen und Sippenverbände. Mit der Erweiterung des wirtschaftlichen Reichtums lösen sich wiederum einzelne Familien mit stark autoritärem Aufbau aus den Sippenverbänden heraus. Außer dem engeren Familienkern umfassen sie Sklaven, Knechte, Mägde, Hörige, bewegliches und unbewegliches Eigentum und bilden einen kleinen Herrschaftsverband für sich, der einer starken väterlichen Gewalt unterworfen ist (Abraham und die übrigen Patriarchen; die römische Familie: die "familia" umfaßt den Kreis der Familienmitglieder, einschließlich Gesinde - die famuli - und die Familienhabe). Dieser Typ der patriarchalischen Familie, der weit verbreitet ist, hat für die Familie, aber auch für die gesamte Kultur größte Bedeutung gehabt und ist in gewissen seiner Grundzüge bis heute lebendig geblieben.

Einen besonderen Typus bildet die *Großfamilie,* meist patriarchalisch organisiert, bei der die Söhne des Familienvorstandes auch nach seinem Ableben auf dem gleichen Boden oder im gleichen Hausverband (Hauskommunion) zusammenbleiben. Eine Großfamilie umfaßt oft mehrere Generationen samt ihren Familien. Sie ist besonders häufig in China, findet sich aber fast bei allen frühgeschichtlichen Völkern Europas und hat sich auf dem Balkan bis in unsere Tage erhalten. Manche Reste davon finden sich auch in Frankreich und in der Schweiz (Gemeinderschaft). Die patriarchalische Großfamilie findet sich oft am Beginn der Hochkulturen. Diese Familientypen verbinden sich auch mit Ahnenkult und dem Brauch des heiligen Herdfeuers, in dem sich das Fortleben der Geschlechter symbolisiert.

Die Entwicklung der Familie von der Antike bis zur Gegenwart ist gekennzeichnet durch die *Kontraktionstendenz,* indem sich der Familienkreis auf immer weniger Personen einengt, bis schließlich die Voraussetzungen für die *Gattenfamilie* gegeben sind, die nur noch aus dem Gattenpaar und dessen unmündigen Kindern besteht. Parallel zu dieser Kontraktion, teils als Ursache und teils als Wirkung, geht eine zunehmende *Desintegration* der Familie, die zugleich dem allgemeinen Individualisierungsprozeß in der modernen gesellschaftlichen Entwicklung entspricht. Die Familie verliert eine ganze Reihe von Funktionen, die nun von anderen Ordnungen und Einrichtungen der Gesellschaft übernommen werden (industrielle Wirtschaft, Staat, Kirche, Schule, Sozialversicherung, Vereine usw.). Dieser Verlust an lebenswichtigen Funktionen schwächt zunächst den Zusammenhalt und die soziale Bedeutsamkeit der Familie, sowohl für den

Einzelnen wie für die Gesamtheit. Dem Verlust an materiellen Funktionen steht aber vielfach als Gewinn die Ausbildung einer stärkeren *Intimität* in der modernen Familie gegenüber, die zwar zunächst die Gefahr einer individualistisch-überempfindsamen Abkapselung in sich birgt, anderseits aber bei richtiger Pflege inneren Werte vermag dann ein gewisses Gegengewicht zu bilden gegen die Schwächung des äußeren Zusammenhaltes, die vielfach im Gefolge des Zusammenschrumpfens an zahlenmäßigem Umfang und materiellen Funktionen eingetreten ist.

Die *Desorganisation,* die vielfach in die moderne Familie eingedrungen ist, hat zunächst das äußere gemeinschaftliche Zusammenleben, dann aber auch den inneren Bestand der Familie derart bedroht, daß man schon von ihrem Untergang sprechen zu dürfen glaubte. Das Anwachsen der Ehescheidungen, deren grundsätzliche Verteidigung in Literatur, Psychologie, Soziologie, Rechtswissenschaft und Ethik schienen diese Prognosen zu bestätigen. Doch hat die Familie gerade in den gewaltigen Zerreißproben der Kriegs- und Nachkriegszeit eine überwältigende Kraft und Festigkeit bewiesen, wie z. B. die bekannten Bücher von Schelsky und Wurzbacher und eine große Zahl von Berichten aus aller Welt dartun.

Der Ertrag der bisherigen familiengeschichtlichen und völkerkundlichen Forschungen kann etwa wie folgt zusammengefaßt werden:

1. Es gibt eine große Zahl verschiedener Formen von Ehe und Familie, die man früher kaum vermutet hatte und die nicht einfach als Primitivität und Verderbnis, als Verfallsformen oder als "Heidentum" abgetan werden können. Durch die Entdeckung dieser Formen ist ein tieferes und differenzierteres Verständnis der Familie angebahnt worden. Man hat auch klarer sehen gelernt, daß unsere traditionelle Ehe nicht eine reine Selbstverständlichkeit ist.
2. Auch vom naturrechtlichen Standpunkt aus ist eine Entwicklung möglich, die nicht einfach Abweichung von der Norm darstellt. Nicht alle Formen des Zusammenschlusses, der inneren Struktur, der Ordnung, der Autorität sind starr und ewig.
3. Die Abhängigkeit der Ehe und der Familie von Wirtschafts- und Sozialgefüge, Kulturstand, Religion tritt klar hervor. Die Kenntnis des gesellschaftlichen Gesamtsystems ist für die Bewertung und richtige Einordnung der Einzelform von großer Bedeutung. Umgekehrt muß auch die heutige Familie organisch in das Gesamtsystem unserer Kultur, soweit es gesund ist, eingegliedert und darf nicht starr und isoliert betrachtet werden. Das ist für eine richtige Familienpolitik und Familienkultur, für eine überzeugende Erneuerung des Familiengedankens und des Familienlebens von großer Wichtigkeit.
4. Es gibt aber bei aller Verschiedenheit nach Rasse, Kulturstand und Entwicklungsstufe gewisse unveränderliche Grundelemente und Grundnormen des Familienlebens, zu denen dieses auch immer wieder zurückfinden muß, wenn nicht es selbst und überdies das gesamte Volksleben ernsten Schaden leiden soll. Gerade die exakte und reife völkerkundliche Forschung erbringt einen überwältigenden Beweis für die Einheit des menschlichen Fühlens und der soziologischen und ethischen Formen in den wesentlichen Fragen des Ehe- und Familienlebens.

5. Es geht bei allen einigermaßen erforschten Völkern in diesen Fragen niemals bloß um "Sexualleben" und dessen Hygiene, auch nicht bloß um Mann und Frau, sondern um viel umfassendere Zusammenhänge: um seelisch ebenso wie biologisch-sexuelle Werte, um den Zusammenhang der Generationen und Völker, um überindividuelle Interessen, Ordnungen und Normen, um die Eingliederung des Sexualgeschehens in die gesamtmenschlichen, überpersönlichen, ethischen und religiösen Zusammenhänge. - Wir dürfen es als ein Glück betrachten, daß die Tatbestände bei den Natur- und Primitivvölkern noch wissenschaftlich festgestellt werden konnten, bevor diese Völker in den Strudel der europäisch-industriellen Wirtschaft hineingezogen wurden.
6. Der psychologische Ertrag für die Vertiefung der Wesenserkenntnis der Ehe ist dagegen bis heute eher als dürftig zu bezeichnen.

Leclercq, J. David, J.: Die Familie. Ein Handbuch. 2. erweiterte Auflage 1958, S. 6 - 8

2.3.3 Zu einigen Trends der Familienentwicklung im neuzeitlichen Europa

Beginnt man einen Überblick über einige Trends der Familienentwicklung im neuzeitlichen Europa mit dem äußerlichen Erscheinungsbild der personalen Zusammensetzung, so läßt sich eine generelle Tendenz zu einer Reduktion familialer Rollen feststellen. In modernen Familienhaushalten leben Mütter, Väter und deren meist leibliche Kinder zusammen. Blickt man in die alteuropäische Gesellschaft zurück, so ist die Rollenvielfalt größer. Es gibt auch eine große Zahl von Haushalten mit Eltern oder verwitweten Elternteilen, mit Geschwistern, mit sonstigen Verwandten, mit Ziehkindern, vor allem aber mit Gesinde, das in der Mehrzahl nicht verwandt ist, sowie mit anderen nichtverwandten Mitbewohnern, die jedoch der Familie bzw. der Hausgemeinschaft zuzurechnen sind. Diese Tendenz von komplizierten Rollenkonstellation zu einfacheren wird mit der Klischeevorstellung einer Entwicklung von der "Großfamilie" zur "Kleinfamilie" unrichtig erfaßt, weil dieser Vorstellung unausgesprochen die irrige Meinung zugrundeliegt, alteuropäische Familienverhältnisse wären durch das Zusammenleben von Angehörigen zumindest dreier Generationen bestimmt gewesen - eine Annahme, die von der historischen Familienforschung eindeutig falsifiziert wurde. Wenn historische Familienhaushalte im Durchschnitt mehr Personen umfaßten als heute, so war das nicht primär durch die Generationentiefe bedingt. Sicher sind die durchschnittlichen Haushaltsgrößen zurückgegangen, vor allem im Verlauf des 20. Jahrhunderts, das eine enorme Zunahme der Zwei- und Einpersonenhaushalte gebracht hat. Mit einer rein quantifizierenden Zugangsweise, die den Wandel der Haushaltsgrößen mißt, ist das hier angesprochene Phänomen nicht zu erfassen. Es geht nicht um eine Reduktion der Gruppengröße an sich, sondern um eine Reduktion der Rollenvielfalt ihrer Zusammensetzung. Um diese Tendenz zu erfassen, ist es notwendig, auf abgekommene oder in ihrer Bedeutung zurückgetretene historische Familienrollen im einzelnen einzugehen.
Für die Familienformen in Europa scheint es schon seit dem Mittelalter charakteristisch gewesen zu sein, daß die Mehrzahl der jungen Paare sich neolokal

ansiedelte. Das gilt jedenfalls für die Städte, offenbar aber auch für einen Großteil der Landbevölkerung. Patrilokale Ansiedlungsformen, die auf kürzere oder längere Zeit zu einem Zusammenleben mit Eltern und Verwandten führten, waren durchaus in einigen ländlichen Regionen dominant, insgesamt gesehen jedoch in der Minderheit. Zwei Grundtypen sind dabei zu unterscheiden. Der eine Typus ist dadurch charakterisiert, daß einer oder mehrere Söhne früh heirateten und mit ihrer Gattin im elterlichen Haushalt verbleiben, ohne daß der Vater die Autoritätsposition übergab. Dieses Heiratsmuster führte zu komplexen Familienstrukturen um mehrere verheiratete Paare. Es findet sich eher in europäischen Randzonen, besonders stark im Osten und Südosten, aber auch im Alpenraum, in Südfrankreich und in einigen Regionen Italiens. Der zweite Typus ist für die bäuerliche Bevölkerung in Mittel-, Nord- und Westeuropa typisch. Nur ein im Haus bleibender Sohn (ausnahmsweise eine erbende Tochter) darf heiraten. Die Heirat erfolgt relativ spät und steht in unmittelbarer Verbindung mit der Übergabe der Hausherrenposition. Der Altbauer zieht sich mit seiner Frau ins Ausgedinge zurück. Sofern noch Geschwister im Haus sind, dienen sie als Mägde und Knechte, dürfen aber nicht heiraten. Beide Formen komplexer Familienstrukturen sind im Kontext naturalwirtschaftlich dominierter Ökonomien zu sehen. Die multifokalen Familien europäischer Rand- und Rückzugsgebiete basieren auf ungeteilten Erbengemeinschaften bei Wirtschaftsformen, die eine große Zahl erwachsener Arbeitskräfte im Haus notwendig machen. Mit Vordringen von Lohnarbeit und Geldwirtschaft haben sich in solchen Familien stets Auflösungstendenzen bemerkbar gemacht, weil individuelle Löhne zur Ausbildung von Sondervermögen der einzelnen Paare geführt hat. Die für die europäischen Kernräume typische Institution des bäuerlichen Ausgedinges hängt mit der notwendig naturalwirtschaftlichen Versorgung der Altbauern zusammen, die ein Zusammenleben auf geringe Distanz sinnvoll erscheinen ließ. Die Intensivierung der Geldwirtschaft hat nicht überall zu einem Bedeutungsverlust des Ausgedinges geführt, es hat aber dieser Einrichtung ihren zwingenden Charakter genommen. Darin liegt die Linearität der Trendentwicklung, die wohl eindeutig als irreversibel bezeichnet werden kann. In der rein quantitativen Entwicklung ist die Linearität keineswegs so eindeutig. So hat etwa im Zuge der Agrarrevolution des 19. Jahrhunderts in manchen ländlichen Regionen das Ausgedinge im Verhältnis zu früheren Zeiten stark zugenommen, weil man es sich nun eher leisten konnte, den Hof früher zu übergeben. Jenes falsche Klischee des glücklichen Zusammenlebens der Generationen unter einem Dach, wie es konservative Sozialpolitiker und Sozialwissenschaftler des 19. Jahrhunderts als Leitbild für die von ihnen kritisierte Industriegesellschaft entwarfen hatte seine reale Grundlage also in der damals relativ jungen Erscheinung einer stärkeren Verbreitung der Ausgedingefamilie.

Zu Formen des Zusammenlebens mit alten Eltern ist es in Gesellschaften der europäischen Geschichte sicher auch unter anderen Umständen gekommen als den hier skizzierten agrarischen Rahmenbedingungen naturalwirtschaftlich fundierter Familienbetriebe. Zu nennen sind diesbezüglich zwei Ansätze: Städtische Hausbesitzer konnten es sich leisten, heiratende Kinder im eigenen Haus unterzubringen. Man wohnte dann zwar in getrennten Haushalten, aber in räumlicher Nähe. In Städten kam es auch vor, daß verheiratete Kinder, die die Eltern verlassen hatten, im Fall der Verwitwung den allein zurückbleibenden Elternteil zu sich

nahmen. Allzu häufig scheint dieser Fall jedoch nicht gewesen zu sein. In Hinblick auf die niedrigere Lebenserwartung, das hohe Heiratsalter und die langen Geburtenfolgen lebten ja Eltern meist bis zu ihrem Lebensende mit ledigen oder noch minderjährigen Kindern zusammen. Ein sekundäres Zusammenziehen mit bereits abgeschichteten Kindern ist ein Phänomen, das erst in der jüngsten Zeit stärkere Verbreitung gefunden hat. Steigende Lebenserwartung, zunehmende Isolation, längere Phasen der Kränklichkeit und Unterstützungsbedürftigkeit sind die Voraussetzungen dafür. In welchem Maß solche Haushaltsformen in Relation zu Einzelhaushalten und Anstaltshaushalten für alte Menschen an Bedeutung gewinnen werden, läßt sich aus der Perspektive des Historikers nicht sagen. Die im Vergleich zu Verhältnissen der Vergangenheit absicherbaren Trendfeststellungen beschränken sich auf zwei Aussagen: Die ökonomischen Bedingungen der Vorsorge für den Lebensabend machen es zunehmend möglich, im Alter allein zu leben, und: Die allgemeine Tendenz zur Individualisierung läßt es als wahrscheinlich erscheinen, daß eigenständige Wohnformen der Generationen soweit als möglich gewahrt werden.
Will man den Kontrast alteuropäischer Familienverhältnisse gegenüber heutigen von der Zusammensetzung her durch einen besonders markanten Unterschied erfassen, so kommt dem Zusammenleben mit Gesinde weit größere Bedeutung zu als der Generationentiefe. Unter Gesinde sind in die Haus- bzw. Haushaltsgemeinschaft aufgenommene Personen zu verstehen, die in der Regel nicht verwandt sind und die zu Mitarbeit in dienender Position herangezogen werden. Zwei Haupttypen lassen sich dabei unterscheiden, nämlich das Produktionsgesinde wie Mägde und Knechte auf dem Bauernhof, Gesellen und Lehrlinge im Handwerk, Handelsgehilfen im Kaufhaus etc. und das Haushaltsgesinde wie Stubenmädchen, Köchinnen, Kindermädchen und anderes primär zur Unterstützung der Hausfrau angestelltes Personal. In kleineren Haushalten begegnet bloß weibliches Haushaltsgesinde, in Herrschaftshaushalten kommt männliches Dienstpersonal wie Kutscher, Kammerdiener etc. hinzu. Das Gesinde ist in der alteuropäischen Gesellschaft eine Altersklasse, nicht eine soziale Klasse. Magd, Knecht, Dienstmädchen oder Page blieb man in der Regel nicht lebenslänglich. Der Gesindestatus ist eine Durchgangsphase, die früher oder später durch die Heirat abgeschlossen wird. In Dienstposition zu heiraten, kam - von herrschaftlichen Großhaushalten abgesehen - nicht in Frage. Für die Zeit des Dienstes war man in die Familie des Dienstgebers integriert, aß mit ihm am selben Tisch, hatte eine kindesgleiche oder -ähnliche Position. Die Lockerung bzw. Auflösung dieser Familienintegration wie schließlich überhaupt das Abkommen des Gesindedienstes ist ein sehr essentieller Veränderungsprozeß der europäischen Familienstruktur - ein Prozeß, der - von vernachlässigbaren Ausnahmen abgesehen - als abgeschlossen anzusehen ist und den man wohl zurecht als irreversibel betrachten darf. Soweit es sich um Produktionsgesinde handelte, hat die Auflösung der traditionalen Familienwirtschaft den Schlußstrich unter die Entwicklung gesetzt - zunächst im tertiären und sekundären Erwerbssektor, schließlich auch in der Landwirtschaft. Auch das Haushaltsgesinde löste sich mit dem Übergang zur Lohnarbeit immer mehr auf. Sosehr Haushaltshilfe mit zunehmender weiblicher Erwerbsarbeit erforderlich wird - es ist unwahrscheinlich, daß es dabei wiederum zu Formen einer so weitgehenden persönlichen Abhängigkeit kommt, wie sie bei den Dienstboten historischer Zeiten gegeben war.

Das Gesinde war nicht die einzige Gruppe von nichtverwandten Personen, die in Familien der alteuropäischen Gesellschaft mitlebten. Nach Regionen, nach Stadt und Land, nach sozialen Schichten hatten solche nichtverwandten Mitbewohner sehr unterschiedliche Bezeichnungen. Unterschiede bestanden auch hinsichtlich des Grads ihrer Integration. Ländliche Inwohner etwa waren vor allem durch Arbeitsverpflichtungen an die bäuerliche Hausgemeinschaft gebunden. Städtische Kost- oder Bettgeher konnten an den Familienmahlzeiten teilnehmen oder auch nur auf Zeit den gleichen Wohn- und Schlafraum benützen. Die Zahlen solcher nichtverwandter Mitbewohner waren phasenweise sehr schwankend. Krisensituationen konnten zu einer plötzlichen Zunahme führen, so etwa Zeiten der Massenflucht oder der Wohnungszerstörung. Ein linearer Trend der Abnahme nichtverwandter Mitbewohner läßt sich in der europäischen Neuzeit nicht feststellen. Eine gewisse Linearität zeigt sich bloß im Anspruch auf familiale Intimität, die das Zusammenleben mit nichtverwandten Personen zunehmend ablehnt. Diese Tendenz geht von der bürgerlichen Familie aus und erfaßt im 19. und 20. Jahrhundert immer breitere Bevölkerungsgruppen. Das Leitbild ist die auf Eltern und Kinder beschränkte Lebensform.

Die Eltern-Kind-Gruppe scheint bei einer Gegenüberstellung alteuropäischer und moderner Familienformen auf den ersten Blick eine statische Konstellation zu sein. Familienhistoriker, die schematisch mit dem soziologischen Begriffsinventar von "Kernfamilie" und erweiterter Familie" arbeiten, können in diesem Bereich hinsichtlich der Rollenkonstellation zu keinem Ergebnis eines tiefgreifenden strukturellen Wandels kommen. Eine stärker differenzierende Betrachtungsweise läßt jedoch in diesen scheinbar statischen Eltern-Kind-Gruppen eine Vielfalt von Varianten und Tendenzen der Veränderung erkennen. Solche Varianten ergeben sich in Hinblick auf die Zahl geborener Kinder, die Zahl überlebender Kinder, die Verweildauer von Kindern im Elternhaus, die Ehedauer und die Lebenserwartung, um nur einige der wichtigsten Momente zu nennen, hinsichtlich derer wesentliche Unterschiede zwischen alteuropäischen und modernen Eltern-Kind-Gruppen zu beobachten sind, so daß von Trendentwicklungen gesprochen werden kann. In ihrem generativen Verhalten zeigen die verschiedenen regionalen Populationen und innerhalb derselben die einzelnen sozialen Schichten in der europäischen Geschichte sehr unterschiedliche Muster. Es gibt extreme Beispiele der Geburtenbeschränkung - etwa bei Bauern in einigen ungarischen Komitaten, die aus Gründen der Erbschaftspolitik das Ein-Kind-System praktizierten. Solchen Beispielen steht auf der anderen Seite ein Verhalten völlig uneingeschränkter Fertilität gegenüber - etwa aus religiösen Gründen bei den Hutterern, aus dynastischen in Fürstenhäusern. Die Anfänge systematisch betriebener Geburtenkontrolle, die kontinuierlich zu modernen Formen des generativen Verhaltens führt, dürfte im Bildungsbürgertum zu suchen sein. Als Motiv sind die hohen Ausbildungskosten zu vermuten, die erforderlich waren, um den sozialen Status zu halten. Hier beginnt jedenfalls jenes Muster von wenigen, zu Beginn der Ehe gezeugten Kindern. Demgegenüber war es in den meisten Agrargesellschaften Alteuropas üblich, daß die Periode zwischen Heirat und Menopause voll zur Fortpflanzung ausgenutzt wurde. Viele Kinder hatten so Mütter und Väter, die vierzig bis fünfzig Jahre älter waren als sie. In Hinblick auf die Kinderzahl pro Familie ist dabei freilich zu bedenken, daß das durchschnittliche Heiratsalter hoch lag - das sogenannte "European Marriage Pattern" ist vor allem durch ein hohes Heiratsalter der Frauen charakterisiert - und daß - durch das Kinderstillen bedingt - oft größere Geburtenabstände zustandekamen. Von acht bis zehn geborenen Kindern blieben vielleicht fünf, sechs oder sieben am Leben. Der Rückgang der Kindersterblichkeit im 19. und frühen 20. Jahrhundert führte dann auch in ländlichen Gebieten dazu, daß verstärkt innereheliche Geburtenkontrolle betrieben wurde. Die Geburtenplanung als intentional gesteuertes System des generativen Verhaltens setzt sich im Laufe des 20. Jahrhunderts in allen gesellschaftlichen Schichten durch. Die Erfindung der Pille schafft dann die Voraussetzungen dafür, diese intentional gesteuerte Fortpflanzung voll zu realisieren. Es ist sehr unwahrscheinlich, daß der erreichte Stand der Familienplanung wieder aufgegeben werden wird. Insofern handelt es sich auch hier wohl um einen irreversiblen Trend. Offen bleibt allerdings, ob die heute dominanten Zielvorstellungen der Planung - etwa ein oder zwei Kinder in den ersten Ehejahren - ihre Geltung behalten werden.

Sehr unterschiedlich war in historischen Zeiten die jeweilige Verweildauer von Kindern im Elternhaus. Für die Zahl der mit ihren Eltern zusammenlebenden Kinder sowie für die Altersstruktur der Eltern-Kind-Gruppe hatte dieser Faktor entscheidende Bedeutung. In ländlichen Kleinhäusern etwa war die "soziale" Kinderzahl stets viel geringer als die "genealogische". Die ältesten Kinder hatten schon längst das Elternhaus verlassen, wenn die jüngsten zur Welt kamen. In Hinblick auf die beschränkten Subsistenzmittel trachtete man, möglichst bald Kindern "von der Kost" zu bekommen. Mit elf oder zwölf Jahren gingen viele Häuslerkinder schon als Mägde und Knechte in Dienst. Auf großen Bauernhöfen hingegen, wo man zahlreiche Arbeitskräfte brauchte, hielt man möglichst viele Kinder möglichst lange im Haus, weil man ihnen zum Unterschied vom Gesinde keinen Lohn zahlen mußte. Hier konnte es zu einem langfristigen Zusammenleben von Eltern und Kindern kommen. Vom Konstellationstypus her handelt es sich in beiden Fällen um "Kernfamilien". Für das Familienleben bedeutete es aber wohl einen Unterschied, ob das älteste "Kind" zwölf oder vierzig Jahre alt ist.

Bei aller Unterschiedlichkeit der Verweildauer heranwachsender Kinder im Elternhaus war es doch der Regelfall, daß Eltern stets mit Kindern oder einem ihrer Kinder zusammenlebten. Auf dem Bauernhof blieb zumindest der Erbe bis zur Übergabe im Haus. Das galt ebenso für alle anderen Formen erblicher Familienbetriebe. Aber auch in Familien, die nicht diesem Typus zuzuordnen sind, waren zumeist Kinder zugegen. Die jüngsten Kinder kamen spät, die Lebenserwartung lag niedrig. So war die Phase des Zusammenlebens nach dem Ausscheiden des letzten Kindes - wenn sie überhaupt eintrat - nur kurz. Diesen Verhältnissen gegenüber hat sich in neuerer Zeit viel geändert. Mit dem Übergang zu einer individuellen Lohnempfängergesellschaft, in der kein Erbe im elterlichen Haushalt verbleiben muß, mit der Konzentration der Geburten auf die erste Ehephase und mit dem Anstieg der Lebenserwartung wird die sogenannte "nachelterliche Gefährtenschaft" zu einem Massenphänomen, das im Familienzyklus eine immer längere Spanne einnimmt. Die Zahl von Haushalten alter Ehegatten ohne Kinder wird immer häufiger. Diese "Restfamilien" stellen ein historisch relativ junges Phänomen dar, ebenso die als "Familienrest" bezeichneten Einzelhaushalte des überlebenden Partners, meist der Witwe.

Einzelhaushalte entstehen im Ablauf des modernen Familienzyklus nicht nur an dessen Ende durch das Zurückbleiben eines verwitweten alten Menschen, sie bilden sich auch überall dort, wo aus dem Elternhaus ausscheidende Kinder nicht gleich heiraten. Dies ist ebenso ein historisch sehr junges Phänomen, das aber aller Wahrscheinlichkeit nach nicht bloß eine ephemere Übergangserscheinung darstellt. In der alteuropäischen Gesellschaft hatten aus dem Elternhaus ausscheidende Kinder in ihrer Jugendphase häufig Dienst in fremdem Haus gemacht. Daß ein unverheirateter Jugendlicher selbständig einen Haushalt führt, wäre völlig undenkbar gewesen, insbesondere für Mädchen. Die Voraussetzungen der neuen Situation sind im ökonomischer Hinsicht in der Höhe der Entlohnung von Jugendlichen sowie im verbesserten Wohnungsangebot zu sehen. Die ideellen Voraussetzungen liegen wohl in einer allgemeinen Tendenz der Individualisierung. Als räumlichen Ausdruck dieser Individualisierungstendenz von heranwachsenden Jugendlichen ist auch das selbstgestaltete Zimmer im elterlichen Haushalt zu sehen, das der eigenen Wohnung im Regelfall vorausgeht.

Mitterauer, M.: Entwicklungstrends der Familie in der europäischen Neuzeit. in: Nave-Herz, R.; Markefka, M.: Handbuch der Familien- und Jugendforschung. Band I: Familienforschung. Neuwied und Frankfurt 1989

2.3.4 Zur Situation des Kindes in der kindzentrierten Familie

Wie aus verschiedenen Untersuchungen hervorgeht, sind schon die Vorbereitungen auf das Kind während der Schwangerschaft und der Geburtsvorgang selbst auf der Ebene des Gefühlslebens nicht mehr wie früher primär Sache der Frau, sondern werden zu einem gemeinsamen intensiven Erlebnis der Ehegatten (vgl. *Nave-Herz* in diesem Band; *K. Grossmann, K.E. Grossmann* 1980; *Fthenakis 1985*).

Nave-Herz folgert aus ihren Ergebnissen, daß heute "während des Übergangs von einer Paarbeziehung zur Gruppenbildung durch das gemeinsame Erlebnis von Schwangerschaft und Geburt eine Systemdifferenzierung vermieden wird" (*Nave-Herz* 1984, 132f)

Die "tradtitionelle" Differenzierung in ein Ehesubsystem und ein Mutter-Kind-Subsystem enthielt insofern ein Konfliktpotential, als der Vater aus der Mutter-Kind-Dyade ausgeschlossen war und seine Funktion primär in der Rolle des Ernährers und Beschützers von Mutter und Kind bestand. Beispielhaft hierfür *Bowlby:*

"Sie (die Väter, Y.S.) sorgen nicht nur für ihre Frauen, damit diese sich unbegrenzt um den Säugling oder das Kleinkind kümmern können; sondern indem sie ihnen Liebe und Zuwendung geben, stärken sie die Mütter gefühlsmäßig und helfen ihnen, jene harmonische und innerlich zufriedene Stimmung zu bewahren, die für das Gedeihen des Kindes lebensnotwendig ist. Während im folgenden ständig auf die Mutter-Kind-Beziehung verwiesen wird, haben wir über die Vater-Kind-Beziehung nur wenig zu sagen" (*Bowlby* 1972, 13).

Um diese Randständigkeit des Vaters nicht auf Dauer zu stellen und damit die Ehebeziehung zu gefährden, war es ein funktionales Erfordernis, daß die Mutter das Kind aus der Symbiose entließ und es zur Selbständigkeit erzog. Findet aber die Systemdifferenzierung nicht statt und bildet sich stattdessen schon während

der Schwangerschaft eine Eltern-Kind-Symbiose, entfällt der Grund, diese Symbiose aufzulösen. Mit anderen Worten: An die Stelle der klassischen ödipalen Situation - der Vater als Konkurrent um die Gunst der Mutter - könnte theoretisch ein Konkurrenzverhältnis der Eltern um die Gunst des Kindes treten.
Vergleichen wir diese Konstellation noch einmal mit dem Strukturtypus "Eigenständigkeit des Kindes" aus der *Wurzbacher*-Untersuchung. *Wurzbacher* hatte als "wichtigste Bedingung für das eigenständige Aufwachsen des Kindes in der Familie die Betonung der Eigenständigkeit der Gattenbeziehungen gegenüber der Beziehung der Eltern zu dem Kind" erkannt. Dies stellte sich in Familien dieses Typs folgendermaßen dar: "Einer einmal eintretenden Trennung vom Kind sieht man mit Ruhe entgegen. Man wird sich auch ohne das Kind immer Neues zu sagen, Gemeinsames zu erleben haben. Das Kind wird bewußt zur Selbständigkeit geführt" (*Wurzbacher* 1958[3], 199). In der kindzentrierten Familie dagegen, in der tendenziell wenig Spielraum für die "Eigenständigkeit der Gattenbeziehung" bleibt, stellt sich ein strukturelles Problem: Einerseits besteht der Sinn des Lebens und der Ehebeziehung in der starken emotionalen Bindung an das Kind. Und der mit jeder Entwicklungsphase des Kindes zwangsweise einsetzenden Lockerung dieser Bindung wird man kaum "mit Ruhe" entgegensehen. Andererseits aber sind die Eltern gerade, um der individuellen Entfaltung des Kindes, um seiner Zukunft im allgemeinen Wettbewerb willen, darum bemüht, seine Selbständigkeit und seinen freien Willen zu fördern. Und gerade die weit verbreitete Einstellung, daß das Kind zu fördern sei, ebenso in seiner Selbständigkeit wie in seiner kognitiven und sozio-emotionalen Entwicklung, bewirkt tendenziell das Gegenteil: Kinder können sich kaum noch allein beschäftigen, da sie seit ihrer Säuglingszeit daran gewöhnt sind, daß ständig jemand zur Verfügung steht, der sich ihnen widmet. Die einander entgegengesetzten Tendenzen - enge Bindung einerseits, Selbständigkeit andererseits - werfen für das Kind während seiner frühen Jahre noch kein gravierendes Problem auf: Und dies einmal, weil das kleine Kind noch in einem natürlichen Abhängigkeitsverhältnis zu den Eltern steht und seine Selbständigkeit noch auf einen eng begrenzten, von den Eltern definierten Handlungsbereich eingeschränkt ist. Zum anderen treten aber auch die Ansprüche außerfamilialer Instanzen an das Kind noch nicht so deutlich hervor.
Der Schuleintritt wird zum Problem: Eltern sind heute in kaum zu überbietender Weise um "kindgerechtes" und "kindzentriertes" Verhalten bemüht. Gleichzeitig drängen sie aber auch aus Sorge um die Zukunft des Kindes auf gute schulische Leistungen. Dies erfordert vielfach Handlungsmuster, die mit ständiger Zuwendung und kindgerechtem Verhalten nicht vereinbar sind. Die Dauerklage über den "Schulstreß" sagt vielleicht mehr über das Eltern-Kind-Verhältnis als über die Schule. Im Gegensatz zu den Eltern der Nachkriegszeit, die zwar auch gute Leistungen forderten, die Kinder mit ihren Schulnöten aber weitgehend sich selbst überließen, fühlen sich die heutigen Eltern dazu verpflichtet, sich aktiv bei der Bewältigung des Lernstoffes zu beteiligen. Und aus dieser Beteiligung, die sich z.B. in der Hilfe bei Hausaufgaben äußert, erwächst im Normalfall weder für die Eltern noch für die Kinder emotionale Befriedigung. Wie schwer Eltern sich durch die - auch von der Schule geforderte - Hilfe bei den Hausaufgaben belastet fühlen, demonstriert folgendes Beispiel: Eine Lehrerin schlug auf einem Elternabend als disziplinarische Maßnahme Strafarbeiten vor. Die Eltern lehnten dies einmütig mit der Begründung ab, daß dies ja eine Strafe für sie, die Eltern sei.

Während der Adoleszenzphase wiederholt sich das Problem - enge Bindung/Selbständigkeit - in noch verschärfter Form, wenn nämlich nicht nur Selbständigkeit im Handlungsbereich, sondern ebenso die emotionale Ablösung von den Eltern auf dem Programm stehen. Wie die bereits erwähnten Ergebnisse der Shell-Studie ja zeigten, wird der Selbständigkeit des Kindes ein hoher Wert zugemessen. Gleichzeitig aber kommen die Autoren zu folgendem Schluß: "Zunehmend treten nämlich die Beziehungsprobleme der Eltern mit den Kindern in den Vordergrund. Sie sind es, die um die Liebe der Kinder kämpfen (müssen); sie benötigen Jugendliche als Ersatzpartner; sie können sich von den älter werdenden Kindern nicht lösen" (Jugendwerk der Deutschen Shell 1985, 252, Bd. III). Hieran läßt sich eine noch offene Frage anschließen: Könnte diese Unfähigkeit der Eltern, sich von den Kindern zu lösen, nicht auch dadurch bedingt sein, daß sich die Ehebeziehung in der Elternrolle gleichsam aufgelöst hat und man sich als Ehepaar nicht mehr viel zu sagen hat? Und umgekehrt ließe sich fragen, könnte es aber nicht auch sein, daß, wenn die Kinder das Elternhaus erst verlassen haben, die Ehe eine neue Beziehungsqualität erlangt (bzw. erlagen könnte)? (...)

Kehren wir noch einmal zur Ausgangsfrage nach den Veränderungen der Eltern-Kind-Beziehung seit der Nachkriegszeit zurück. Auf der Ebene von Erziehungseinstellungen und -praktiken haben sich liberalisierte Umgangsmuster kontinuierlich weiterentwickelt. Dies fängt an bei der Reinlichkeitserziehung, setzt sich fort bei der Ablehnung der Prügelstrafe als Erziehungsmittel und endet bei einer toleranten Haltung gegenüber Verhaltensweisen, die während der 50er Jahre Konfliktpunkte zwischen Eltern und Kindern bildeten. (*Becker-Schmidt, Axeli-Knapp* 1985; Jugendwerk der Deutschen Shell 1985; *Allerbeck, Hoag* 1985; *Dietrich* 1985).
Diese liberalisierten Erziehungsmuster besagen aber relativ wenig über die Bedeutung des Kindes in der Familie, und diese ist es, die sich m.E. seit den 50er Jahren entscheidend verändert hat. In der Nachkriegszeit sind es im wesentlichen zwei Leitbilder, die die Stellung des Kindes in der Familie bestimmen.

1. Das Kind hat die Funktion, die Aufstiegsaspirationen der Eltern zu verwirklichen und nimmt von daher die zentrale Stellung in der Familie ein.
2. Betonung der Eigenständigkeit des Kindes bei gleichzeitiger Betonung des Eigenwertes der Paarbeziehung. Das Kind nimmt nicht die zentrale Stellung in der Familie ein.

Seit den frühen 70er Jahren zeichnet sich dagegen folgendes Leitbild ab: Das Kind nimmt auf Grund seiner Funktion, emotionale Bedürfnisbefriedigung zu gewähren, Freude zu machen, Lebenssinn zu stiften, die zentrale Stellung in der Familie ein, und die Ehebeziehung scheint gegenüber der Eltern-Kind-Beziehung an Eigenwert zu verlieren. Diese Konstellation könnte aber strukturell dem gleichzeitig herrschenden Leitbild, die Eigenständigkeit des Kindes zu fördern, entgegenwirken.

Yvonne Schütze: Zur Veränderung im Eltern-Kind-Verhältnis seit der Nachkriegszeit. in: Nave-Herz, R. (Hrsg.): Wandel und Kontinuität der Familie in der Bundesrepublik Deutschland, Stuttgart 1988, S. 109 - 112

2.3.5 Zwei grundsätzliche Aussagen zur Familie

§ 11. *Widerstandsfähigkeit der Familie.* Wenn die Familie ein Urgut der gesellschaftlichen Menschheit ist, das dieser unter Umständen sogar als Erbe aus dem höheren Tierreich zukommt, so folgt daraus ferner eine außerordentliche *Widerstandsfähigkeit* der Familie in den Wirren der Geschichte. Diese allgemeine Einsicht genügt, um bereits hier ein begründetes Mißtrauen aussprechen zu können gegen alle jene Lehren, die von Zeit zu Zeit einen baldigen Untergang von Ehe und Familie voraussagen oder diese Epoche der Auflösung bereits in unserer Zeit ansetzen zu können glauben. Gewiß sind die Erschütterungen, die Ehe und Familie mit der weltweiten Auswirkung der modernen Wirtschaft durchmachen müssen, ganz außerordentlich. Dennoch aber erweist die Familie diesen Erscheinungen gegenüber noch immer eine ebenso außerordentliche Widerstandsfähigkeit.

§ 18. *Gesellschaft und Familie.* Wenn auch die Familie eine universale Einrichtung ist, so muß doch gesagt werden, daß erst die besonderen Eigenarten der verschiedenen menschlichen Gesellschaften, ihre Wirtschaftssysteme und Kulturen darüber entscheiden, welche Form die Familie im einzelnen Falle annimmt. Denn einzig die allgemein anerkannten und mehr oder weniger ausdrücklich geregelten Vorstellungen der Gesellschaft über Heiratsordnungen und Eheverbote, legitime Abstammung und Unehelichkeit, Verwandtschaft, Übertragung von Namen, Eigentum, Beruf, Rang und Würden, Vormundschaft, Unterhaltspflicht, über die Verteilung der Autorität innerhalb und außerhalb der Familie, über die Verteilung der wirtschaftlichen Arbeit auf Mann und Frau, über Rechte und Pflichten der Eltern und weiterer Verwandtschaftskreise, über Rechte und Pflichten der Kinder - alle diese und noch eine Reihe anderer Vorstellungen entscheiden über die jeweilige Organisation der Familie· Und diese Vorstellungen wandeln sich mit der allgemeinen sozialen Struktur der Gesellschaft, mit ihrer wirtschaftlichen Verfassung, mit ihre Macht- und Herrschaftsordnung, mit der allgemeinen, vor allem auch religiösen Kultur, die darüber entscheidet, an welchem Ort der Gesellschaft die Familie eingeordnet wird.

König, R.: Die Familie der Gegenwart. Ein interkultureller Vergleich. München 1978. 3. Aufl. S. 22; 24.

2.4 Zu den Einflüssen von Gesellschaft auf Ehe und Familie. Bedrohung des Wertes von Ehe und Familie

2.4.1 Einleitende und didaktische Hinweise

Als eine ihrer wesentlichen Erkenntnisse bringt die Soziologie zum Ausdruck, daß sich gesellschaftlicher und familialer Wandel gegenseitig bedingen. Gewiß bedeutet Wandel oft eine notwendige Änderung, damit sich Mensch, Familie und Gesellschaft besser entfalten und entwickeln können. Wandel bedeutet aber auch, daß mitunter konstruktive Elemente auf einmal negativen Einflüssen zum Opfer fallen. Nicht wenige Menschen sehen in der zunehmenden gesellschaftlichen Pluralisierung bedrohliche Veränderungen im Wertgefüge. Genannt werden dabei häufig Zerstörung der Lebensgrundlagen, mangelnde Bereitschaft zu zwischenmenschlichen Bindungen und Verantwortung durch Egoismus und Liberalismus, geringe Achtung vor dem Leben und der Würde des Menschen und der gleichen mehr.

Von solchen Veränderungen sind Ehe und Familie offenbar besonders betroffen. Die nachfolgenden Textpassagen dokumentieren an drei Bereichen, inwiefern Ehe und Familie von gesellschaftlichen Veränderungen betroffen sind, und damit ihr Wert letztendlich infrage gestellt wird. Der erste Text zeigt eine ideologisch-sexistische Negativdarstellung von Ehe und Familie und stellt damit grundsätzlich deren Wert für den einzelnen und die Gesellschaft in Abrede; der zweite Text stellt auf der Basis empirischer Erhebungen Erkenntnisse über nichteheliche Lebensgemeinschaften dar, die von einigen Menschen als Alternative von Ehe und Familie bewertet und Ehe und Familie damit abgewertet werden; der dritte Text vermittelt einen Einblick über die Ehescheidung und deren Gründe. Aus Platzgründen mußte auf weitere Einflüsse auf die Werte von Ehe und Familie verzichtet werden. Das gilt vor allem für den Einfluß der Massenmedien.

Ansätze zur inhaltlichen Auseinandersetzung

- Wie hoch wird der Einfluß von ideologischer Feindbilddarstellung, alternativer Lebensformen und von familialer Desorganisation (Scheidung) auf den Wert von Ehe und Familie eingeordnet?
- Welche wissenschaftlichen Argumente können gegen die sexualistische Ideologie vorgebracht werden?
- Welche Formen nichtehelicher Lebensgemeinschaften können unterschieden werden? Sind alle Formen als Wertwende zu Ehe und Familie zu betrachten bzw. stellen sie den Wert von Ehe und Familie grundsätzlich in Frage?
- Welche Argumente sprechen für den Wert von Ehe und Familie?
- Welche familialen Bereiche müßten geändert werden und welche nicht, damit Ehe und Familie auch künftig gesellschaftliche Grundwerte bleiben?
- Welche Gründe sind für eine Ehescheidung maßgebend?
- Bedeutet Ehescheidung eine Ablehnung der Ehe?
- Welche Folgen hat die Ehescheidung für den einzelnen, die Familie und die Gesellschaft?
- Welche Einflüsse gesellschaftlichen Einflüsse könnten den Wert von Ehe und Familie bedrohen, die in den Dokumenten nicht aufgelistet sind?

2.4.2 Zu einigen familienfeindlichen Ideologien

Die Zwangsfamilie als Erziehungsapparat

Die wichtigste Erzeugungsstätte der ideologischen Atmosphäre des Konservatismus ist die Zwangsfamilie. Ihr Grundtypus ist das Dreieck: Vater, Mutter und Kind. Während die konservative Anschauung in der Familie die Grundlage, wie manche sagen, die "Zelle" der menschlichen Gesellschaft überhaupt sieht, erblicken wir in ihr bei Berücksichtigung ihrer Wandlungen im Laufe der historischen Entwicklung und ihrer jeweiligen gesellschaftlichen Funktion ein *Ergebnis* bestimmter ökonomischer Strukturen. Wir sehen also die Familie nicht als Baustein und Grundlage, sondern als Folge einer bestimmten ökonomischen Struktur der Gesellschaft an (matriarchalische, patriarchalische Familie, Zadruga, polygynes und monogynes Patriarchat usw.). Wenn aber die konservative Sexualforschung, die reaktionäre Sexualethik und die Rechtsordnung von der Familie immer wieder als *der* Grundlage des "Staates" und der "Gesellschaft" sprechen, so haben sie nur in dem Sinne recht, daß die Zwangsfamilie zum Bestand des autoritären Staates und der autoritären Gesellschaft unabtrennbar gehört. Ihr gesellschaftlicher Sinn erschöpft sich in drei Grundeigenschaften:

1. *Ökonomisch:* Sie war in den Anfängen des Kapitalismus der wirtschaftliche Kleinbetrieb und ist es heute noch in der Bauernschaft und im Kleingewerbe.
2. *Sozial:* Sie hat in der autoritären Gesellschaft die wichtige Funktion des Schutzes der wirtschaftlich und sexuell entrechteten Frau und der Kinder.
3. *Politisch:* Während die Familie in der vorkapitalistischen Zeit des Privateigentums und in den Anfängen des Kapitalismus eine unmittelbare ökonomische Wurzel in der familiären Kleinwirtschaft (wie heute noch in der Kleinbauernwirtschaft) hatte, vollzog sich mit der Entwicklung der Produktivkräfte und der Kollektivierung des Arbeitsprozesses ein *Funktionswechsel der Familie.* Ihre unmittelbare ökonomische Basis verlor an Bedeutung, und zwar zunehmend mit dem Grad der Einbeziehung der Frauen in den Produktionsprozeß; was an ökonomischer Basis verlorenging, wurde durch ihre *politische Funktion* ersetzt. Ihre kardinale Aufgabe, diejenige, um derentwillen sie von konservativer Wissenschaft und konservativem Recht am meisten verteidigt wird, ist ihre Eigenschaft als *Fabrik autoritärer Ideologien* und konservativer Strukturen. Sie bildet den Erziehungsapparat, durch den fast ausnahmslos jedes Mitglied der Gesellschaft vom ersten Atemzuge an hindurch muß (...)

In *sexualideologischer* Hinsicht fällt in der kleinbürgerlichen Familie die gesellschaftliche Eheideologie mit dem Kern der Familie überhaupt, der dauermonogamen Ehe, zusammen. So miserabel und trostlos, leidvoll und unerträglich die Ehesituation und Familienkonstellation ist, ideologisch muß sie nach außen sowohl wie nach innen von den Familienmitgliedern verfochten werden. Die gesellschaftliche Notwendigkeit dieses Seins zwingt zum Vertuschen der Misere und zu ideologischem Hochhalten der Familie und Ehe, erzeugt auch die weitverbreitete Familiensentimentalität und die Schlagworte vom "Familienglück",

vom "trauten Heim", vom "stillen Ruhepunkt" und vom Glück, das die Familie für die Kinder angeblich bedeutet. Aus der Tatsache, daß es in unserer Gesellschaft außerhalb der Ehe und Familie noch trostloser aussieht, weil da jeder materielle, rechtliche und ideologische Schutz des Sexuallebens fehlt, schließ man auf die Naturnotwendigkeit der Familieninstitution. Das Verschleiern vor sich selbst und die sentimentalen Schlagworte, welche wichtige Bestandteile der ideologischen Beeinflussungsatmosphäre bilden, sind seelisch notwendig, denn sie unterstützen das Durchhalten in der seelisch unökonomischen Familiensituation. So erklärt es sich, daß die Behandlung von Neurosen so leicht den Familien- und Ehezusammenhang zerstört; sie räumt nämlich mit den Illusionen auf, die Wahrheit tritt unerbittlich zutage.
Erziehung zur Ehe und zur Familie ist das Ziel der Aufzucht der Kinder von Anbeginn. Die Erziehung zum Beruf tritt ja erst viel später hinzu. Die sexualverneinende und -verleugnende Erziehung ist nicht nur von der gesellschaftlichen Atmosphäre diktiert, sondern sie wird notwendig durch die Sexualverdrängung der Erwachsenen. Ohne umfassenden Sexualverzicht ist ein Existieren in der Familienatmosphäre nicht möglich.
In der typischen kleinbürgerlichen Familie nimmt die Beeinflussung des sexuellen Triebapparates bestimmte, für sie spezifische Formen an, welche die individuelle Disposition für "Ehe- und Familiensinn" legen. Es wird nämlich die prägenitale Erotik durch Überbetonung der Eß- und Exkretionsfunktionen fixiert, während die genitale Betätigung restlos unterbunden wird (Onaniebekämpfung). Die genitale Hemmung und die prägenitale Fixierung bedingen eine Verschiebung des sexuellen Interesses ins Sadistische, und die sexuelle Wißbegierde des Kindes wird aktiv unterdrückt. Das gerät in Widerspruch mit der Wohnungslage, der allgemeinen sexuellen Ungeniertheit der Eltern und mit dem unvermeidlich sexuell betonten Milieu in der Familie. Die Kinder nehmen ja doch alle Vorgänge wahr, wenn auch verzerrt und mit falschen Auslegungen durchsetzt.
Die ideologische und erzieherische Hemmung des Sexuellen einerseits, das Mitansehen und Miterleben der intimsten Vorgänge unter den Erwachsenen andererseits setzen im Kinde bereits die Grundlage zur sexuellen Heuchelei. Das ist etwas gemildert in Industriearbeiterfamilien, wo die Betonung der Eß- und Verdauungsfunktionen weniger stark ist, die genitalen Betätigungen hingegen stärker besetzt und weniger verboten sind. Die Widersprüche sind daher geringer, die Bahn für die Genitalität ist freier. Das ist durchwegs bedingt durch die wirtschaftliche Daseinsweise der Industriearbeiterfamilie. Steigt ein Industriearbeiter wirtschaftlich auf in die Reihen der Arbeiteraristokratie, so verändert sich dementsprechend auch seine Gesinnung, seine Kinder geraten unter stärkeren Druck von Seiten der konservativen Moral.
Während in der kleinbürgerlichen Familie die Sexualunterdrückung sich mehr oder minder vollständig durchsetzt, gerät sie im Industriearbeitermilieu in Widersprüche mit der notwendigerweise geringeren Beaufsichtigung der Kinder, die sich ja meist selbst überlassen sind. Die politische Funktion der Familie ist also eine doppelte:

1. Sie reproduziert sich selbst, indem sie die Menschen sexuell verkrüppelt; indem sich die patriarchalische Familie erhält, konserviert sich auch die Sexualunterdrückung mit ihren Folgen: Sexualstörungen, Neurosen, Geisteskrankheiten, Sexualverbrechen.

2. Sie erzeugt den autoritätsfürchtigen, lebensängstlichen Untertanen und schafft derart immer neu die Möglichkeit, daß Massen durch eine Handvoll Machthaber beherrscht werden können. So gewinnt die Familie für den Konservativen ihre besondere Bedeutung als Bollwerk der von ihm bejahten Gesellschaftsordnung. Daher kommt es auch, daß sie in der konservativen Sexualwissenschaft eine der am schärfsten verteidigten Positionen ist. Denn sie ist "staats- und volkserhaltend" - im reaktionären Sinne. Die Bewertung der Familie darf uns daher als Maßstab für die Beurteilung der allgemeinen Natur gesellschaftlicher Ordnung dienen.

Reich, W.: Die sexuelle Revolution. Frankfurt a.M. 1971, S. 105-114 (Kapitel: Die Zwangsfamilie als Erziehungsapparat)

2.4.3 Zu nichtehelichen Lebensgemeinschaften

Verschiedene Bezeichnungen

Trotz der präzisen Analysen, durch die die Soziologie dieses Phänomen zu greifen versucht, entzieht es sich jeder Kategorisierung, was uns das Fehlen eines festen Begriffssystems deutlich vor Augen führt. Nach Louis Roussel unterscheidet man "die De-facto-Beziehungen oder stabilen Lebensgemeinschaften; die jugendliche Lebensgemeinschaft, in der beide Partner unverheiratet sind, der Mann im Alter von unter 35 Jahren ist und keiner die Sorge für ein Kind trägt; in den übrigen Fällen würde man eher von einer wilden Ehe sprechen"(Roussel, 1986:42).

Der Begriff der "jugendlichen Lebensgemeinschaft" hat zwei Nachteile. Zunächst führt er zu einer gewissen Verwirrung, da er im soziologisch-statistischen Vokabular früher das Phänomen des Zusammenwohnens von verwandten Familien bezeichnete. So sprach man z.B. von *décohabitation* (Auflösung der Lebensgemeinschaft) innerhalb von Bauernfamilien, um den Bau eines unabhängigen Hauses für die junge Generation zu bezeichnen. Das Adjektiv "jugendlich"", das eine Altersgruppe bezeichnet, scheint auf eine Übergangsperiode, eine Phase hinzuweisen. Die Richtigkeit dieses Terminus war gegeben, solange das Leben als Paar der Legalisierung der Bindung vorausging, doch heute verschwimmt diese Bedeutung.

In *Concubin, concubine* (1983) bemerkt Sabine Chalvon-Demersay: "Wilde Ehe" ist ein recht unzutreffender Ausdruck, da er einen ideologischen Verweis auf einen alten Rest an libertärem Anarchismus enthält, der aus der Zerstörung des ehelichen Bandes den Eckstein der Veränderung der Gesellschaft gemacht hätte. Doch die meisten der zusammenlebenden Paare berufen sich nicht auf diese Ideologie". (Chalvon-Demersay, 1983) Der Begriff des Konkubinats wurde aus dem Vokabular der Soziologen wie auch aus dem der Protagonisten gestrichen, aufgrund seiner vergleichsweise entehrenden historischen Konnotation, die mit der von der Norm abweichenden Praxis der proletarischen Arbeiter des 19. Jahrhunderts zusammenhängt. In ihrer Erhebung über die Art, wie man die Institution, die Person, mit der man zusammenlebt, und das Netz der (Nicht- oder Pseudo-) Verwandtschaft, mit der man in Beziehung steht, bezeichnet, erfaßt

Sabine Chalvon-Demersay die Vielfalt der Begriffe, denen allen ein Possessivpronomen voransteht, sowie den Gebrauch des Vornamens und die Umschreibungen zur Bezeichnung der "Mutter des Mädchens, mit dem ich gehe" oder der "Tussi, die mit dem Bruder des Typen, mit dem ich gehe, zusammenlebt". (Chalvon-Demersay, 1983, p. 12-15) Die Eltern bedienen sich ihrerseits solcher Begriffe wie "die Freundin von Jean-Luc", um jemand zu bezeichnen, der vielleicht einmal ihre Schwiegertochter sein wird.
Die ersten Anthropologen wurden dadurch auf die Vielfalt der familialen Erscheinungen aufmerksam, daß sie Begriffsysteme der Verwandtschaft entdeckten, die sich von den ihnen bekannten unterschieden, die Émile Durkheim "die Höflichkeitsregeln" nannte. Ebenso muß man die semantischen Neuschöpfungen verfolgen, die die Entstehung neuer Institutionen begleiten. Zur Zeit verweist die Unbestimmtheit einer Begrifflichkeit auf ihre Nützlichkeit in jenen Situationen, in denen die Flexibilität der sozialen Beziehungen die Regel ist. In Schweden, wo die Praxis des Konkubinats sehr viel älter und weiter entwickelt ist als in Frankreich, ist der Terminus *sambo* schließlich fester Bestandteil der Sprache geworden und in das administrative und offizielle Vokabular übergegangen, zur Bezeichnung einer Ehe, die diesen Namen nicht mehr trägt.

Segalen, M.: Die Familie. Geschichte. Soziologie. Anthropologie Frankfurt/New York 1990, S. 190 - 192

Nichteheliche Lebensgemeinschaften: Gründe und Ausblick

Wenn nichteheliche Lebensgemeinschaften selten vorkommen würden, könnte man daraus schließen, daß die Entscheidung für diese Lebensform ein Protest gegen die Ehe als eine soziale Institution ist. Das aber galt selbst für viele der ersten nichtehelichen Lebensgemeinschaften in den 60er Jahren nicht, weil manche von ihnen nur die auf der Grundlage des Christentums, also die religiös begründete Institution ablehnten. Andere dagegen vertraten die Ideologie der Privatheit; sie deklarierten das Zusammenleben von zwei Partnern als eine private Angelegenheit, weswegen der Staat in diese Beziehung nicht einzugreifen hätte. Inzwischen ist die nichteheliche Lebensgemeinschaft, jedenfalls in Dänemark und Schweden, bereits selbst zu einer sozialen Institution geworden. Das aber bedeutet: da es heutzutage selbstverständlich geworden ist, ohne Formalitäten des Heiratszeremoniells zusammenzuziehen, wenn man zusammenleben will, daß sich dieses Paar nicht nur für eine nichteheliche Beziehung, sondern gerade auch für das Zusammenleben in einer Institution entscheidet.
Die Frage ist noch unbeantwortet geblieben, warum dann viele Paare später doch noch heiraten. In der Bundesrepublik Deutschland scheint im Falle eines Kinderwunsches oder der Geburt eines Kindes der soziale Druck (internalisiert und/oder extern) zur Eheschließung zu führen (vgl. auch *Nave-Herz*). In Dänemark und Schweden dagegen gibt es diese Art des gesellschaftlichen Drucks nicht. Dennoch heiraten hier viele Paare später ebenso. Als Grund werden traditionelle Argumente genannt, z.B. die bestehende Norm: daß man - wenn man länger zusammenlebt - eben verheiratet sein sollte! Die Heirat wird also zwar

nicht als eine Notwendigkeit bewertet, aber auf längere Sicht hin dennoch bevorzugt.
In den meisten westlichen Staaten nahmen seit Mitte der 60er bzw. Mitte der 70er Jahre die Heiratsquoten ab. In Dänemark und in Schweden begann dieser Prozeß zuerst, die anderen Staaten folgten. Der Rückgang der Heiratsquote führte aber nicht zu einer Zunahme von "wirklich Alleinlebenden". Im Gegenteil: in den meisten Ländern wurde der Rückgang der Heiratsquote durch die gestiegene Zahl nichtehelicher Lebensgemeinschaften bei weitem kompensiert; denn viele Paare entschieden sich für das Zusammenleben, anstatt - wie es dem traditionellen System entsprach - für eine Phase des "Miteinandergehens" oder der Verlobung. Immer mehr Paare, die heiraten, leben zuvor in einer nichtehelichen Lebensgemeinschaft eine Zeitlang zusammen, so daß man in diesen Fällen von einer vorehelichen Lebensgemeinschaft sprechen kann. Es soll aber nochmals betont werden, daß es falsch ist, das voreheliche Zusammenleben als eine "Zeit der Probe" zu bezeichnen.
Ferner war die traditionelle Heirat bzw. der Akt der Eheschließung ein "rite de passage". Immer deutlicher zeigt sich nun, daß für diejenigen, die letztlich nach einer gewissen Zeit des vorehelichen Zusammenlebens heiraten, die Eheschließung nicht mehr ein "rite de passage", sondern ein "rite de confirmation" ist, nämlich ein Ritual zur Bestätigung der Paarbeziehung. In einigen Ländern hängt der gewählte Zeitpunkt der formalen Eheschließung von dem Kinderwunsch eines Paares oder der Schwangerschaft der Frau ab, während in anderen Staaten die Wahl des Zeitpunktes von jeglichen paarbezogenen Ereignissen oder Begebenheiten unabhängig zu sein scheint. Die nichtehelichen Lebensgemeinschaften in der westlichen Welt sind nicht mit denen früherer Zeiten und auch nicht mit den heutigen in nicht-westlichen Ländern vergleichbar, wo sie nur unter der ärmeren Bevölkerung verbreitet sind. Der gesellschaftliche Druck zwingt immer weniger die Paare, ihr Zusammenwohnen mit der Eheschließung zu verbinden. So deutet alles darauf hin, daß die nichteheliche Form des Zusammenlebens in der westlichen Welt der "normale" Weg, mit dem zwei Partner ihr Zusammenleben beginnen, werden wird oder bereits geworden ist. Anzumerken ist weiterhin, daß in immer mehr Ländern die Paare, die in einer nichtehelichen Gemeinschaft leben, nicht grundsätzlich gegen eine Heirat eingestellt sind.
In vielen Ländern gibt es zwischen ehelichem und nichtehelichem Zusammenleben keine oder nur wenige Unterschiede. Gleich sind ihre alltäglichen Verhaltensweisen und die Art ihrer Beziehung zur Umwelt, z.B. zu den Verwandten, Freunden, Nachbarn und zu anderen gesellschaftlichen Gruppen. Nur im Falle der Auflösung, der Trennung oder des Todes eines Partners gibt es juristische Unterschiede, z.B. im Hinblick auf das Sorgerecht der Kinder, die Aufteilung des Besitzes und auf das Wohn- und Erbrecht.
In einigen Ländern heiraten Paare nach einer Zeit des nichtehelichen Zusammenlebens - wie weiter oben bereits beschrieben -, sobald Kinder geboren werden, also vermutlich aus sozialem Druck, während in anderen Ländern, in denen nichteheliche Lebensgemeinschaften allgemein verbreitet sind, die Partner sich eher aus traditionellen Gründen zur Eheschließung entscheiden. Der Zeitpunkt des Hochzeitszeremoniells scheint hier vor allem von dem individuellen Gefühl, daß nunmehr die Zeit "reif" wäre, bestimmt zu werden.

Für die frühere und schnellere Verbreitung der nichtehelichen Lebensgemeinschaften in einigen Staaten gegenüber anderen können die kulturellen Unterschiede verursachend gewesen sein. Die Frage blieb aber bislang unbeantwortet, warum in allen westlichen Ländern ein quantitativer Anstieg nichtehelicher Lebensgemeinschaften gegeben ist und ihre Zahl in Zukunft noch zunehmen wird. Die einleuchtendste Erklärung ist, daß im Zuge der Modernisierung die einzelnen Staaten die postmoderne Phase zu unterschiedlichen Zeiten erreichen, daß aber überall Liberalität und/oder Anonymität und damit verbunden die sog. Säkularisierung zunimmt. Alle diese Prozesse wirken in die gleiche Richtung: zu geringerer sozialer Kontrolle und zu geringerem sozialen Druck.

Trost, J.: Nichteheliche Lebensgemeinschaften. in: Handbuch der Familienforschung und Jugendforschung; Bd. I: Familienforschung, Hrsg. v. R. Nave-Herz, M. Markefka, Neuwied und Frankfurt 1989, S. 369, 371f.

2.4.4 Zum Einfluß von Ehescheidungen auf die Bedeutung von Ehe und Familie

Bei der Diskussion einer möglichen Gefährdung von Ehe und Familie sind zwei Sichtweisen zu unterscheiden: Im Querschnitt betrachtet überwiegt die Zahl derer, die im erwachsenen Alter verheiratet sind; aus der Lebenslaufperspektive des einzelnen gesehen ist es nicht immer derselbe Ehepartner ("sukzessive Polygamie"; *Diekmann* 1987). Eine Abfolge von Eheschließung, Scheidung, Wiederheirat ist typisches Muster vieler Biographien geworden (*Heekerens* 1988). Die Konstellation, hohe Scheidungsraten auf der einen relativ hohe Heirats- und Wiederheiratsneigung auf der anderen Seite, spricht nicht für eine Gefährdung sondern für einen Wandel der Institutionen Ehe und Familie.
Ein zentraler Aspekt des Bedeutungswandels wird darin gesehen (*Cherlin* 1981; *Duss von Werdt* 1984; *Roussel* 1980a; 1980b), daß aufgrund tiefgreifender Veränderungsprozesse wie Urbanisierung, Möglichkeiten der Geburtenkontrolle, Liberalisierung des Sexualverhalten, Ausbau staatlicher Altersversorgung etc. die sozialen und ökonomischen Zwänge, eine Ehe einzugehen und aufrechtzuerhalten, in den letzten Jahrzehnten - insbesondere für die Frau - abgenommen haben. Es wird vermutet, daß die Institution der Ehe auf dem Hintergrund dieser Entwicklung einige ihrer gesellschaftlichen Funktionen verloren habe und einem Prozeß zunehmender Privatisierung und Individualisierung unterliege. Neben dem patriarchalischen Ehemodell träten alternative Eheformen auf. Was am Ende schließlich als tragender Sinngehalt der Ehe bliebe, sei die emotionale Bindung zwischen den Eheleuten. Damit verlöre aber die Institution an Stabilität, denn wenn die Liebe zum wesentlichen Gehalt der ehelichen Beziehung würde, dann gäbe es keinen Grund an einer Ehe festzuhalten, wenn die Gefühle erloschen sind. Ob ein Bedeutungswandel dieser Art tatsächlich vorliegt, und ob er die Scheidungsziffern zum Steigen gebracht hat, ist empirisch nicht belegt. Die außerordentliche Wandlungsfähigkeit, die den Institutionen Ehe und Familie prinzipiell innewohnt, belegen die Arbeiten der historischen Familienforschung (*Hubbard 1983; Mitterauer/Sieder 1982;Sieder 1987*). Betrachtet man die Scheidungsrate in den letzten 100 Jahren, so läßt sich ein erster Eindruck gewinnen,

welche Faktoren im Laufe der Geschichte die Entwicklung der Ehescheidungen mit beeinflußt haben.

Zu den Scheidungsgründen

Eine historische Betrachtung der Scheidungsentwicklung macht deutlich, wie vielschichtig die Faktoren sind, welche die Höhe und die Veränderungen der Scheidungsrate eines Landes bestimmen. Untersucht man daraufhin die neueren sozialwissenschaftlichen Arbeiten, die sich mit den Gründen von Ehescheidungen befassen, so ist festzustellen, daß hier sozialdemographische Studien überwiegen. Zumeist wird analysiert, welchen Einfluß Größen wie Heiratsalter, Ehedauer, Konfession, Wohnortgröße, Kinderzahl und soziale Schicht auf die Ehestabilität haben. Daneben finden sich einige, wenige Arbeiten, die sich mit den subjektiven Gründen auseinandersetzen, warum - aus der Sicht der Betroffenen - ihre Ehe gescheitert ist. (Einen Überblick über den US-amerikanischen Forschungsstand geben *Kitson* et al. 1985).

Sozialdemographische Faktoren

Heiratsalter: Ein eindeutiger, vielfach bestätigter Zusammenhang besteht zwischen dem Scheidungsrisiko und dem Heiratsalter. Frühehen (mind. einer der Ehepartner jünger als 20 Jahre) sind überdurchschnittlich stark gefährdet *(Glenn/Supanic 1984; Höhn* 1980; *Kellerhals et al.* 1977; *Norton/Glick* 1979; *Moore/Waite* 1981; *Smith/Meitz* 1983). Dieser Früheheneffekt bleibt auch dann bestehen, wenn andere bedeutsame Determinanten der Ehestabilität wie voreheliche Schwangerschaft, Bildungsniveau, Ehedauer oder die Zugehörigkeit zu einer bestimmten Heiratskohorte kontrolliert werden (*Bumpass/Sweet* 1972; *Diekmann* 1987; *Morgan/Rindfuss* 1985; *South/Spitze* 1986). Neben mangelnder Rollenkompetenz wird zur Erklärung des hohen Scheidungsrisikos junger Eheleute auf die besonderen Belastungen hingewiesen, die sich aus der frühen Ablösung von den Herkunftsfamilien und Veränderungen in der Ausbildung und im Berufsleben ergeben (*Bumpass/Sdweet* 1972; *Fürstenberg* 1979; *Morgan/Rindfuss* 1985). Aber nicht nur das Lebensalter zum Zeitpunkt der Heirat auch die Altersdifferenz zwischen den Eheleuten wirkt sich auf das Scheidungsrisiko aus (*Cherlin* 1977; *Heaton* et al. 1985). *Höhn* (1980) zeigt für die Bundesrepublik Deutschland, daß besonders günstige Konstellationen für die Ehestabilität vorliegen, wenn entweder die Braut 21-25 und der Bräutigam 26-30 Jahre alt sind oder aber wenn beide Partner sich bei der Eheschließung in ihren späten 20er Jahren befinden. Ehen die früher oder später geschlossen werden und/oder bei denen andere Alterskonstellationen vorliegen, tragen ein größeres Scheidungsrisiko.

Ehedauer: Die Ehestabilität ändert sich mit der Ehedauer. In den ersten Jahren nach der Heirat steigt das Scheidungsrisiko rasch an, es erreicht sein Maximum und schwächt sich dann allmählich wieder ab. Dieser umgekehrt u-förmige Verlauf der sogenannten ehedauerspezifischen Scheidungsziffer ist typisch für westliche Industrienationen, wobei der Höhepunkt der Kurve im Bereich einer 2-7jährigen Ehedauer liegt (*Carter/Glick* 1970). Seine genaue Lage und auch das allgemeine Niveau der Kurve variieren unter dem Einfluß zusätzlicher Faktoren.

Hier treten u.a. Unterschiede zwischen den Generationen auf (Kohorteneffekte). Bei den jüngeren Heiratskohorten verläuft die Kurve auf einem allgemein höheren Niveau. In der Bundesrepublik hat sich nach der Scheidungsreform von 1977 auch noch der Gipfel der Kurve verschoben. Lag das höchste Scheidungsrisiko in den Jahren vor der Gesetzesänderung bei einer 2-4jährigen Ehedauer, so wurden nach der Reform die meisten Ehen nach 5-6 Jahren geschieden (*Höhn* 1980; *Höhn/Otto* 1985). Diese Verlagerung hat jedoch keine psychischen oder sozialen Gründe, sie ist vornehmlich darauf zurückzuführen, daß sich nach dem neuen Scheidungsrecht die Prozeßdauer der Scheidungsverfahren wesentlich verlängert hat (*Braun* 1986).

Konfession: Auch die Religionszugehörigkeit beeinflußt die Scheidungswahrscheinlichkeit. Protestanten haben im allgemeinen ein größeres Scheidungsrisiko als Katholiken, konfessionelle "Mischehen" sind besonders stark gefährdet (*Bumpass/Sweet* 1972; *Diekmann* 1987; *Heaton* et al. 1985; *Künzel* 1977; *Teachman* 1982). Für die Bundesrepublik scheinen sich diese Unterschiede mit der Zeit tendenziell auszugleichen. Nach den amtlichen Ehelösungsstatistiken hatten rein katholische Ehen zwischen 1961 und 1970 den mit Abstand größten Zuwachs an Ehescheidungen zu verzeichnen (*Höhn* 1980).

Wohnortgröße: Eine weitere Determinante der Ehestabilität ist die Wohnortgröße. Hier besteht ein deutliches Stadt-Landgefälle. Städtische Regionen haben höhere Scheidungsraten als ländliche (*Cherlin* 1977; *Diekmann* 1987; *Künzel* 1977; *Mott/Moore* 1979; *Teachmann* 1982).

Kinderzahl: Zu den klassischen Determinanten der Ehestabilität gehört auch die Anzahl der Kinder. Die empirischen Befunde hierzu sind allerdings nicht eindeutig. Ein großer Teil der Studien stimmt darin überein, daß die Scheidungswahrscheinlichkeit mit zunehmender Kinderzahl sinkt (*Becker* et al. 1977; *Cherlin* 1977; *Höhn* 1980 ; *Smith/Meitz* 1983). Der Zusammenhang ist aber nicht linear. Nach *Thornton* (1977) steigt die Scheidungswahrscheinlichkeit bei Ehen mit mehr als 4 Kindern wieder an (U-förmiger Verlauf). *Becker* et al. (1977), *Cherlin* (1977), *Smith* und *Meitz* (1983) kommen zu dem Ergebnis, daß nicht die Kinderzahl als solche, sondern das *Alter der Kinder* für das Scheidungsrisiko ausschlaggebend ist. Nur bei kleinen Kindern (unter 5 Jahren) läßt sich ein ehestabilisierender Effekt nachweisen. Nach *Höhn* (1980) verliert die Kinderzahl mit zunehmender Ehedauer an Bedeutung für die Stabilität der Ehe. In der Studie von *Mott und Moore* (1979) verschwindet der Zusammenhang zwischen der Kinderzahl und dem Scheidungsrisiko gänzlich, nachdem ökonomische und sozialdemographische Einflußgrößen kontrolliert werden (s. a. *Johnson/Johnson* 1980).

Soziale Schicht: Nach der amerikanischen Scheidungsforschung besteht zwischen der Ehestabilität und der Schichtzugehörigkeit eine inverse Beziehung (*Goode* 1967). Der Zusammenhang hat sich jedoch in den letzten Jahrzehnten abgeschwächt, da die Scheidungsrate bei höherem sozio-ökonomischen Status stärker angestiegen ist als bei niederem *(Carter/Glick* 1970; *Norton/Glick* 1979). Die zahlreichen, zumeist amerikanischen Studien, in denen die klassischen Statusvariablen: Einkommen, Bildungsniveau und Berufsstatus zur Erklärung des

Scheidungsrisikos mit herangezogen werden, kommen zu keinem schlüssigen Ergebnis. Sie liefern aber eine Reihe interessanter Einzelbefunde.

Einkommen: Die Bedeutung ökonomischer Größen für die Ehestabilität wird von einigen Autoren grundsätzlich in Frage gestellt (*Breault/Kposowa* 1987; *Glenn/Supanic* 1984; *Mott/Morre* 1979). Aber nach Befunden von *Becker* et al. (1977), *Cutright* (1971) und *Levinger* (1979) beeinflussen das Einkommen des Mannes und das der Frau deutlich das Scheidungsrisiko. Von besonderem Interesse dabei ist, daß sich das Einkommen der Ehepartner jeweils unterschiedlich auf die Stabilität der Ehe auswirken kann: Das Einkommen des Mannes erhöht, das der Frau verringert tendenziell die Ehestabilität (geschlechtspezifischer Interaktionseffekt). *Ross* und *Sawhill* (1975) zeigen, daß auf der Seite des Mannes nicht die Höhe sondern die Stetigkeit des Einkommens und der Beschäftigung die Scheidungswahrscheinlichkeit vermindert. Die entgegengesetzte Wirkung des Einkommens des Mannes und der Frau versucht man, mit Hilfe austauschtheoretischer und familienökonomischer Ansätze zu erklären (...). Danach müßte beim Abwägen der materiellen und immateriellen Vor- und Nachteile dem erwerbstätigen Mann ein größerer "Nutzen" aus der Ehe erwachsen als der erwerbstätigen Frau. Hinsichtlich der Frauenerwerbstätigkeit liegen nun aber auch Ergebnisse vor, nach denen das Einkommen und die Berufstätigkeit der Ehefrau keinen oder sogar einen positiven Einfluß auf die Stabilität der Ehe haben (*Mott/Moore* 1979; *Smith/Meitz* 1983, 1985). Man unterscheidet einen "Einkommenseffekt" (ehestabilisierend) und einen "Unabhängigkeitseffekt" (ehedestabilisierend) des Frauen-Einkommens (*Ross/Sawhill* 1975; *Hannan* et al. 1977, 1978; *Cherlin* 1979). Ob und in welcher Richtung sich das Einkommen und die Erwerbstätigkeit der Ehefrau auf das Scheidungsrisiko auswirkt, scheint von einer Reihe zusätzlicher Bedingungen abzuhängen, etwa von dem Größenverhältnis zwischen ihrem Einkommen und dem des Ehemannes (*Cherlin* 1979), patriarchalischen Vorstellungen (*Booth* et al. 1984, *Houseknecht* et al. 1984), Rollenkonflikte und Statuskonkurrenz (*Beck* 1986), der Einstellung des Mannes zur Erwerbstätigkeit der Frau und der Länge der Arbeitszeit (*Spitze/South* 1985), der Anzahl der Kontakte am Arbeitsplatz (*Davis* 1984), dem Beitrag des Ehemannes zur Hausarbeit (*Huber/Spitze* 1980). Gemeinsame Ersparnisse, schwer aufteilbare Vermögenswerte, insbesondere Hausbesitz verringern das Scheidungsrisiko (*Cherlin* 1977; *Spitze/South* 1985).

Bildungsniveau: Es liegen mehrere Befunde vor, nach denen sich ein hohes Bildungsniveau tendenziell positiv auf die Stabilität der Ehe auswirkt (*Bumpass/Sweet* 1972; *Carter/Glick* 1970; *Glick* 1984; *Mott/Moore* 1979; *Smith/Meitz* 1983). Dies gilt, wenn auch mit unterschiedlichem Ausmaß für beide Eheleute - zumindest während der ersten Ehejahre. Eine Ausnahme bilden jedoch Frauen mit Hochschulabschluß. Diese Gruppe ist einem erhöhten Scheidungsrisiko ausgesetzt (*Houseknecht/Spanier* 1980). Der allgemeine tendenziell ehestabilisierende Bildungseffekt scheint mit der Ehedauer zu variieren. *South* und *Spitze* (1986) ermitteln, daß nach 11jähriger Ehedauer ein höheres Bildungsniveau auf Seiten der Frau das Scheidungsrisiko ansteigen läßt (s.a. *Diekmann* 1987). Sie erklären dieses Umschlagen des Bildungseffektes von einem stabilisierenden zu einem destabilisierenden damit, daß die mit einem höheren

Bildungsniveau verbundenen besseren Chancen auf dem Arbeitsmarkt von den Ehefrauen im allgemeinen erst nach längerer Ehedauer (nachdem die Kinder herangewachsen sind) genutzt werden. Keinen linearen sondern einen kurvilinearen Zusammenhang zwischen Bildungsniveau und Scheidungsrisiko findet *Cherlin* (1977): sowohl Personen mit höherer als auch mit geringerer Bildung haben eine größere Scheidungswahrscheinlichkeit. Nach *Becker* et al. (1977) und *Cutright (1971)* hat das Bildungsniveau keine eigenständige Wirkung auf die Ehestabilität. In ihren Studien erlischt der Bildungseffekt, wenn die Statusvariable "Einkommen" kontrolliert wird.

Berufsposition: Ob sich die Berufsposition auf die Ehestabilität auswirkt, ist fraglich. Für die Bundesrepublik Deutschland konnte *Diekmann* (1987) keinen entsprechenden Zusammenhang feststellen. Die Scheidungsrate differiert eher nach einzelnen Berufen aber nicht nach der Berufsposition (*Boigeol* et al. 1977; *Chester* 1977; *Dumon* 1977; *Haller 1977; Rosow/Rose* 1972).

Intergenerationale Transmission: Neben den sozialdemographischen Prädiktoren des Scheidungsrisikos wird in einigen Studien zusätzlich die Möglichkeit einer Tradierung der Ehestabilität zwischen den Generationen diskutiert. Das Scheidungsrisiko scheint sich leicht zu erhöhen, wenn einer der beiden Ehepartner aus einer Familie stammt, in der es zu einer Scheidung gekommen ist (*Bumpass/Sweet 1972; Mott/Moore* 1979; *Mueller/Pope* 1977; *Teachman* 1982). *Hanson* und *Tuch* (1984) finden in ihrer Untersuchung allerdings keinen Anhaltspunkt für einen derartigen Zusammenhang. Die Gründe für eine intergenerationale Weitergabe von Eheinstabilitäten sind umstritten (einen Überblick geben *Pope/Mueller* 1976; *Heekerens* 1987).

Rottleuther-Lutter, M.: Ehescheidung. in: Nave-Herz, R; Markefka, M. (Hrsg.): Handbuch der Familien- und Jugendforschung. Band I: Familienforschung Neuwied und Frankfurt/Main 1989, S. 609, 611-6

2.5 Zu den Bedürfnissen von Ehe und Familie und deren Sicherung durch die politische Gewalt

2.5.1 Einleitende und didaktische Hinweise

Mit dem Beginn der Industrialisierung und bedingt durch die Institutionalisierung der außerhäuslichen Erwerbsarbeit, wird Familienpolitik ein wichtiger Bestandteil der Politik in industriellen Gesellschaften. Vorrangiges familienpolitisches Element ist die sogenannte materielle Familienpolitik, die sich besonders auf die Sicherung der materiellen Existenzgrundlage der Familie bezieht. Das wesentlichste Kennzeichen einer solchen materiellen Familienpolitik ist der Familienlastenausgleich. Die unersetzbaren und unverzichtbaren Leistungen von Familie für den einzelnen, die Gesellschaft und den Staat sollten durch eine besondere Politik für die Familie anerkannt und gesichert sein.

Im Übergang zur nachindustriellen Gesellschaft, die durch neue Wertprioritäten und eine stärkere Orientierung an immateriellen Werten charakterisiert werden kann, wird für Familie zunehmend auch der Aspekt der immateriellen Familienpolitik wichtiger. In der politischen und öffentlichen Diskussion hört man immer wieder die Klage darüber, daß die Familie zu wenig gefördert wird, und daß Steuererhöhungen, Rüstungsausgaben und der gleichen mehr nicht selten auf dem Rücken der Familien ausgetragen werden. Fazit einer solchen Diskussion ist meist die Feststellung, daß die Bedürfnisse der Familie zu wenig berücksichtigt sind.
Die drei im vorliegenden Kapitel ausgewählten Texte beziehen sich auf grundlegende Elemente der Familienpolitik *(Max Wingen)*. Dieser Text stammt noch aus der Zeit, in der die Bundesrepublik Industriegesellschaft war. Der zweite Text stellt in Kürze unter dem Stichwort der Generationen-Solidarität Elemente der materiellen Familienpolitik am Beispiel des Familienlastenausgleichs dar *(Detlef Grieswelle)*. Der dritte, neuere Text entfaltet familiale Bedürfnisorientierungen im politischen Kontext der beginnenden nachindustriellen Gesellschaft *(Rolf Stein)*.

Ansätze zur inhaltlichen Auseinandersetzung

- Welche Ziele und Aufgaben hat Familienpolitik im besonderen und welche Prioritäten der Familienpolitik werden vom theoretischen Ansatz formuliert?
- Wie werden diese Aufgaben und Ziele in der Familienpolitk realisiert?
- Wo gibt es Gemeinsamkeiten und Unterschiede in den vorliegenden Texten?
- Wo bestehen noch unausgenutzte Chancen, aber auch Grenzen der Familienpolitik auf kommunaler, Landes- und Bundesebene?
- Welche familienpolitischen Möglichkeiten haben gesellschaftliche Einrichtungen, Kirchen, Medien, Bildungsträger und Familienverbände?
- Welche familienfreundlichen Eckwerte sollte die politische Kultur haben?
- Welchen Stellenwert müßte materielle Familienpolitik im Verhältnis zur immateriellen Familienpolitik in nachindustrieller Gesellschaft haben, damit die Bedürfnisse von Familien entsprechend der besonderen Bedeutung der Familie für die Entwicklung des einzelnen, der Gesellschaft und des Staates berücksichtigt werden?

2.5.2 Zu familienpolitische Ansätze und Bedürfnissen der Familie

2.5.2.1 Zum Endzweck und Sinnziel aller Familienpolitik

Ein allgemeiner Grundsatz, der auch für die Familienpolitik als einen speziellen Aspekt der Gesellschaftspolitik gilt, kann dahin umschrieben werden, daß die Wahrung und möglichste Entfaltung der menschlichen Person Ausgangspunkt und Ziel des Gemeinschaftslebens und damit der Ordnung des gesellschaftlichen Ganzen bilden. Für die Familienpolitik bietet sich diese Aufgabe der Wahrung der Personwürde in doppeltem Aspekt dar: einmal bezüglich der Eltern und zum anderen bezüglich des Kindes in der (vollständigen und unvollständigen) Familie.

Eine sehr wesentliche Seite der Persönlichkeitsentfaltung der Eltern liegt in der Weitergabe des Lebens. Es darf den Eltern durch die äußere Ordnung grundsätzlich nicht verwehrt sein, mehrere Kinder aufzuziehen und zu erziehen, wenn sie das wünschen und als eine Lebensaufgabe ansehen. Die Freiheit, Kinder zu haben, stellt für sie eine konkrete Ausprägung des hohen Wertes der personalen Freiheit dar. Für den gläubigen Menschen hat dabei die Weitergabe des Lebens den Charakter einer Mitwirkung mit Gott; in seiner Entscheidung zum Kind weiß er sich gebunden an den Schöpfungsauftrag Gottes. Die Sicherstellung der tatsächlichen Freiheit, Kinder zu haben, bedeutet für ihn die Möglichkeit zu einer in der bewußten Verantwortung vor Gott getroffenen Entscheidung. Daß dies andererseits keine hemmungslose Fruchtbarkeit bedeutet, ergibt sich ebenfalls aus dieser wohlverstandenen Verantwortung vor Gott.

Das ins Leben gerufene *Kind* hat seinerseits einen Anspruch auf Schutz seiner Personwürde und auf Entfaltung seiner Persönlichkeit. Weithin wird die Verwirklichung dieses Anspruchs, soweit es die äußeren Lebensumstände und -bedingungen der Familie angeht, zusammenfallen mit der Verwirklichung des Anspruchs der Eltern, in der Erfüllung einer entscheidenden Lebensaufgabe nicht ungebührlich behindert, sondern möglichst gefördert zu werden. Darüber hinaus kann dieser unmittelbare Lebensanspruch des Kindes aber auch von eigenständiger Bedeutung sein, so besonders bei den außerhalb einer familialen Ordnung stehenden Kindern.

Gerade im Hinblick auf die aus der Personwürde des Kindes sich herleitenden familienpolitischen Zielsetzungen ist von Bedeutung, daß in der Gegenwart das einzelne Kind einen stärkeren Wertakzent erhalten hat, wird doch unser Jahrhundert gelegentlich sogar als das "Jahrhundert des Kindes" bezeichnet. Man wird diese stärkere Betonung des Kindes im Zusammenhang sehen müssen mit der Veränderung der gesamten Wertstruktur, wie sie mit der Ablösung der vorindustriellen Agrargesellschaft allmählich eingetreten ist. So wird für die BRD mit Recht darauf hingewiesen, daß bei uns die Grundwerte der Freiheit wie der Gleichheit zur Sicherung möglichst vielseitiger Entfaltung der Person eine zentrale, grundrechtlich gesicherte Bedeutung erlangt haben, womit zugleich Person und Gesellschaft in stärkerem Maße in ein Verhältnis der schöpferischen Spannung getreten sind. "Wenn man diese Ordnungsvorstellung bejaht und sie verwirklichen will, so verlangt dies eine entsprechende Ordnungspolitik mit dem Ziele, Gruppen und Gesellschaft so zu strukturieren, daß Freiheit und Initiative des einzelnen gesichert sind" (Helga Schmucker u. a., S.6). Dabei kommt der

Entwicklung des Kindes eine nicht unerhebliche Bedeutung zu. Diese Wertverschiebung, gerade auch zugunsten des Kindes, kann als solche im übrigen nicht überraschen, da die Einstellung zu den einzelnen Werten, historisch gesehen, in ständiger Wandlung begriffen ist. Eine Förderung der Familie, auch und gerade mit wirtschaftlichen Mitteln, muß indessen so angelegt sein, daß sie die *Eigenverantwortung* und (relative) Eigenständigkeit der Familie nicht untergräbt, sondern eine wirkliche Bereicherung und Hilfe für sie darstellt. Die gesellschaftliche Hilfe an die Familie würde in ihr Gegenteil verkehrt, wenn die auf die Familie gerichteten Maßnahmen diese davon entbinden würden, ihre eigenen Kräfte zu regen; denn dadurch würde die Familie gerade in ihrer vollen Wesensentfaltung beeinträchtigt und eingeengt. Die Familie hat ein Recht darauf, ihre Wesensgestalt voll auszuprägen, dazu aber gehört auch das eigenverantwortliche Handeln. Dieses stellt etwa in wirtschaftlicher Hinsicht nicht nur eine familiale Eigenleistung dar, die insoweit die Hilfe außerfamilialer Gesellschaftsträger entbehrlich macht, sondern ist zugleich Ausdruck der vollen Entfaltung der Familie, deren Glieder zur personalen Verantwortung berufen sind.
Stellt man auf die familiale Lebensgemeinschaft als ganze ab, so kann die Zielsetzung einer umfassenden Familienpolitik dahin umschrieben werden: *Sinnziel ist die durch die gesellschaftlichen und wirtschaftlichen Strukturen möglichst wenig beeinträchtigte Entfaltung der eigenständigen, optimal funktionsfähigen Familie.* Es geht in dieser Sicht darum, von der äußeren Ordnung her in materieller und geistiger Hinsicht die Voraussetzungen für eine möglichst umfassende und nachhaltige Funktionsentsprechung der Familie zu schaffen. Es geht darum sicherzustellen, daß die konstitutiven Merkmale der Familie zur vollen Ausprägung gelangen können, was letztlich wiederum der personalen Entfaltung jedes einzelnen in der ihm zukommenden Eigenverantwortung dient. Die Familienpolitik ordnet sich damit unmittelbar ein in die Gemeinwohlvorstellung einer Gesellschaft. Ist das Gemeinwohl doch zu verstehen als der Inbegriff jener gesellschaftlichen Voraussetzungen, die den Menschen die volle Entfaltung ihrer Werte ermöglichen oder erleichtern.
Eine höchst bedenkliche Verengung des Blickwinkels wäre es, wollte man bei dem hier gemeinten Sinnziel in erster Linie an die *biologische* Funktion der Bestandserhaltung der Bevölkerung denken. Die Zielvorstellung der funktionstüchtigen Familie ist vielmehr entscheidend unter dem Aspekt der Weitergabe der Kultur zu sehen. Diese Seite der gesellschaftlichen Aufgabe der Familie ist zwar auch in früheren Familienauffassungen keineswegs übergangen worden; aber erst innerhalb der letzten Jahrzehnte ist die sog. "zweit, sozio-kulturelle Geburt" des Menschen immer mehr in das Zentrum der Familiensoziologie und der an sie angrenzenden Disziplinen gerückt. Neben dieser familialen Leistung für den Heranwachsenden ist in jüngster Zeit - so besonders von G. Wurzbacher - die Bedeutung der Familie auch für die Harmonisierung des erwachsenen Menschen hervorgehoben worden. Die gegenwärtige Kleinfamilie besitzt eine ausgesprochene spezielle "Schutz- und Ausgleichsfunktion", indem sie dem modernen Menschen ein "emotionales Refugium" gegenüber der Versachlichung des außerhalb der Familie wirkenden gesellschaftlichen Lebens bietet.
Vorrangig ist also der kulturelle Aspekt. Denn die biologische Erhaltung des Kleinkindes als Funktion der Kernfamilie ist kultur-anthropologisch gesehen eine *für sich allein unwirksame* Voraussetzung der Erhaltung menschlicher Kultur.

Die neuere sozialwissenschaftliche Erkenntnis spricht dafür, "daß menschliche Kultur und damit die "Menschlichkeit" überhaupt vom Prozeß der Fortpflanzung und biologischen Erhaltung isoliert nicht getragen werden, ja, daß Fortpflanzung und biologische Erhaltung für den Menschen als gesonderter Vorgang überhaupt nicht *gedacht* werden können, weil sie ihrerseits erst wieder möglich werden auf Grund bestimmter Voraussetzungen, die mit dem Begriff "Kultur" gefaßt werden." Damit wird zugleich bereits deutlich, wie sehr sich die auf Sicherung optimaler Funktionstüchtigkeit der Familie ausgerichtete Familienpolitik von einer Bevölkerungspolitik unterscheidet. Das schließt nicht aus, daß eine Reihe von noch näher zu erörternden Beziehungen besteht, die oft viel zuwenig gesehen oder auch aus unberechtigter totaler Negation jeglicher Art von Bevölkerungspolitik nicht gesehen werden wollen.

2.5.2.2 Zu den hauptsächlichen Einzelzielen

Um den Endzweck aller familienpolitischen Bemühungen zu erreichen, sind die verschiedenartigen Lebensbedürfnisse der Familie des näheren ins Auge zu fassen, um auf dem Hintergrund der tatsachenmäßigen Gegebenheiten zu den Einzelzielen und den verschiedenen Aufgaben der Familienpolitik zu gelangen. In diesen Einzelzielen wird der letzte Endzweck aller Familienpolitik konkretisiert. Ausgehend von den Grundbedürfnissen der Lebenseinheit Familie, zeichnen sich mehrere Hauptziele der Familienpolitik ab, die im folgenden näher präzisiert werden sollen.

Das verteilungspolitische Ziel: familiengemäßes Einkommen

Die Familie bedarf zur Daseinssicherung einer angemessenen wirtschaftlichen Grundlage, die ihr ein menschenwürdiges Lebensniveau gewährleistet. In unserer Wirtschaftsweise bildet das Einkommen den geldwerten Ausdruck für die dem Bezieher dieses Einkommens grundsätzlich mögliche Deckung seines Bedarfs. Das Einkommen ist geradezu zum Angelpunkt der wirtschaftlichen Existenzfähigkeit im modernen arbeitsteiligen Wirtschaftsleben geworden: Wer über Einkommen verfügt, dessen Bedarfsdeckung ist insoweit gesichert. Wer, ohne mit Einkommen ausgestattet zu sein, auf dem Markt erscheint, dessen Lebensbedarf bleibt notwendig ungedeckt.

Die Analyse der vierfachen Diskrepanz zwischen Einkommen und Bedarf der Familie hat nun jedoch gezeigt, daß die Familie in der Phase des Heranwachsens und der Ausbildung der Kinder mit steigender Kinderzahl in eine immer empfindlichere Bedrängnis gerät, wodurch sie gerade in ihrer Funktionsfähigkeit beeinträchtigt wird. Damit stellt sich für die Familienpolitik die Aufgabe, durch geeignete verteilungspolitische Maßnahmen zu vermeiden, daß nicht mehr zumutbare, weil eine volle Funktionsentsprechung und damit Wesensentfaltung der Familie entscheidend hemmende Einbußen im materiellen Lebensniveau mit steigender Kinderzahl eintreten. Positiv heißt das, durch Einwirkung auf die Strukturen der Einkommensverteilung sicherzustellen, daß das Realeinkommen der Familien - dieses und nicht das Nominaleinkommen ist letztlich für die Deckung des familialen Lebensbedarfs entscheidend - so hoch bemessen ist, daß der Lebensbedarf der Familie (einschließlich des Ausbildungsbedarfs von Kindern) angemessen, d. h. in einer der Personwürde des Menschen entsprechenden

Weise, gedeckt werden kann. Berücksichtigt man die Möglichkeit des Ausweichens der Familie auf "Selbsthilfe" durch zusätzliche Erwerbstätigkeit der Mutter, so kann das verteilungspolitische Ziel der Familienpolitik noch dahin konkretisiert werden, durch geeignete, einkommenswirksame Maßnahmen sicherzustellen, daß eine Mutter von kleinen heranwachsenden Kindern nicht aus wirtschaftlichen Gründen gezwungen ist, einer zusätzlichen außerhäuslichen Erwerbstätigkeit nachzugehen. Damit wird vom Materiellen her eine entscheidende Voraussetzung dafür geschaffen, daß die Familie sich in möglichst allseitiger Funktionserfüllung voll zu entfalten vermag. Zu diesem Bedarf der Familie gehört im übrigen auch ein gewisses Maß an Eigentum in der Hand der Familie.

Das produktionspolitische Ziel: familienbezogenes Güter- und Dienstleistungsangebot

Die Produktionsstrukturen der Wirtschaft müssen den Bedürfnissen der Familie mit Kindern angepaßt sein. Zu einem solchen auf den Lebensbedarf der Familie abgestellten Güter- und Dienstleistungsangebot gehört insbesondere ein entsprechendes Angebot familiengerechter Wohnungen, wobei von diesen auch erwartet werden muß, daß die zugehörigen Außenanlagen ausreichenden und möglichst unfallsicheren Spielraum für Kinder bieten. Im Hinblick auf die finanzielle Anspannung der Mehrkinderfamilie ist ferner an das Angebot dauerhafter, auf einen Haushalt mit Kindern abgestellter Gebrauchsgegenstände zu denken. Für kinderreiche Familien gewinnt die Frage der Entlastung der Mutter durch persönliche Hilfen im Haushalt besondere Bedeutung. Ziel einer systematischen Familienpolitik muß es in diesem Zusammenhang ferner sein, Voraussetzungen dafür zu schaffen, daß der Lebensablauf in der Familie in Zeiten des Ausfalls der Familienmutter (Krankheit, Geburt u.ä.) möglichst wenig gestört wird. (Wenngleich hier gerade auch Aufgaben für eine private Nachbarschaftshilfe oder für Selbsthilfeaktionen innerhalb der Familienorganisationen liegen, so kann doch auf einen planvollen Ausbau der Familienpflege - in ländlichen Gebieten des Dienstes der Dorfhelferinnen - nicht verzichtet werden.) Nicht zuletzt ist bei diesem Ziel eines die Familienbelange berücksichtigenden Dienstleistungsangebots die Ermöglichung von Familienferien zu nennen: Selbst eine ausreichende Einkommenslage ist dann keine Gewähr für gemeinsame Ferien der Familie außerhalb der häuslichen Wohnung, wenn die Kinder am Urlaubsort unerwünschte Gäste sind.

Das freizeitpolitische Ziel: gemeinsame freie Zeit zum familialen Zusammenleben

Die einzelnen Familienmitglieder stehen meist zugleich in anderen Arbeits- und Lebensrhythmen, die nur bedingt auf die Belange der Familie abgestimmt sind und weithin eine relative Eigengesetzlichkeit entfalten. Um so mehr ist sicherzustellen, daß der Familie andererseits ein gewisses Mindestmaß an tatsächlichem Zusammenleben zur gemeinsamen Begegnung aller Familienmitglieder erhalten bleibt. Die jeweiligen Arbeitszeitverhältnisse erweisen sich unter diesem Gesichtspunkt als sehr bedeutsam, da sie zugleich entscheidend die freie Zeit bestimmen. Daß auch diese in das Psychologisch-Menschliche hineinreichende familienpolitische Ziel seinerseits eine Reihe unterschiedlicher Teilziele umgreift, mag etwa der Hinweis auf die Situation der (im sich integrierenden Europa zahlenmäßig ansteigenden ausländischen Arbeitnehmer deutlich machen.

Das bildungspolitische Ziel: Bildung für Ehe und Familie
Zur optimalen Funktionserfüllung bedarf die Familie einer Reihe geistiger Hilfen. Entsprechend der vor allem in den familiensoziologischen Analysen aufgewiesenen großen Erziehungsunsicherheit in einer nicht unerheblichen Zahl von Familien geht es hier einmal um Hilfen zur Stärkung der Erziehungskraft der Familie. (Wenn dabei verschiedentlich von "Familienpädagogik" gesprochen wird, so erscheint das deshalb wenig zweckmäßig, weil Familienpädagogik im Grunde die Erziehung in der Familie und durch die Familie meint, wie sie neben der Schulpädagogik steht.) Diese erzieherischen Leistungen täglich neu zu erbringen, bildet selbst keine familienpolitische Aufgabe, sondern eine Aufgabe vornehmlich der Eltern als Erzieher. Diesen institutionell und auf andere geeignete Weise die Voraussetzungen dafür zu schaffen, daß sie sich mit dem nötigen erzieherischen Rüstzeug ausstatten können, ist Gegenstand des hier angesprochenen Teilziels einer Familienpolitik. Über diese erzieherischen Hilfen hinaus können die Formen des Zusammenlebens in Ehe und Familie eine Reihe weiterer persönlicher Lebenshilfen erforderlich machen, die - wie bei der Eheberatung - mehr beratender Natur sind. Bedenkt man schließlich die Bedeutung einer rechten Vorbereitung des jungen Menschen auf Familie und Ehe, nicht allein in materieller Hinsicht, sondern auch bildungsmäßig, so gewinnt man eine Vorstellung von der Breite des sich hier eröffnenden Aufgabenfeldes.

Das kulturpolitische Ziel: öffentliche Wertschätzung der Familie
Ebenso wie die materielle Lebenslage bedarf die geistige Umwelt der Familie überall dort des gestaltenden Eingriffs, wo sie der allseitigen Entfaltung der Familie nicht förderlich oder gar abträglich ist. Die Einstellung zur Familie, die in den gesellschaftlichen Einflußzentren vorherrscht, bildet einen gesellschaftlich sehr wirksamen Faktor; er prägt insoweit das Gesicht der öffentlichen Meinung mit, die als geistige Wirklichkeit gerade in den demokratischen Gesellschaftsordnungen der Gegenwart so sehr an Bedeutung gewonnen hat. Damit wird die Sicherung der "Wertschätzung der Familie in der Öffentlichkeit", und zwar der Familie als Institution, aber auch der bewußt kinderfreudigen Mehrkinderfamilie, zu einem Ziel, das in dem Gesamtkonzept einer Familienpolitik eine eigenständige Bedeutung besitzt. Dieses Ziel berührt in besonders augenfälliger Weise das Wertgefüge einer Gesellschaft und damit einen Eckpfeiler der Kulturordnung. Es ist damit in Gesellschaften, die - wie die europäischen Gesellschaften der Gegenwart - hinsichtlich ihres Wertsystems als pluralistische Gesellschaften anzusprechen sind, von vornherein in die vielschichtige Problematik einer wertpluralistischen Gesellschaft einbezogen.

Die daraus folgenden Schwierigkeiten sind zwar auch dort gegeben, wo die Verfassung eines Staates durch eine besondere Heraushebung der Familie und eine Garantie ihres Schutzes den der Familie beigemessenen Wert ausdrücklich unterstreicht. Dennoch ist ein der Familie eingeräumter Verfassungsschutzartikel, worauf in anderem Zusammenhang bereits hingewiesen wurde, besonderer Ausdruck einer verbindlichen Wertentscheidung, die dem einer Gesellschaft gemeinsamen Wertbestand zuzuordnen ist und eine letzte Grundlage für die Wertschätzung der Familie in der Öffentlichkeit abgibt. Aufgabe der Familienpolitik ist es sicherzustellen, daß auch in dieser Hinsicht die Verfassungswirklichkeit dieser Wertentscheidung entspricht. Wenn man im übrigen bedenkt, daß das Bewußtsein mangelnder Anerkennung bei den betroffenen Mehrkinderfamilien leicht in Formen der Kompensation umschlagen kann, die nicht selten ihren Ausdruck in Forderungen nach um so höheren wirtschaftlichen Familienleistungen finden, so wird eine unmittelbare gesellschaftspolitische Konfliktverschärfung als mögliche Rückwirkung sichtbar, die wiederum für die wirtschaftliche Familienpolitik von erheblicher Bedeutung ist. Es zeigt sich auch hier erneut eine enge Wechselbeziehung zwischen den wirtschaftlichen und außerwirtschaftlichen Seiten der Familienpolitik. Die Sicherung eines angemessenen materiell-wirtschaftlichen Lebensraumes vermag das angestrebte politische Endziel nur zu erreichen, wenn gleichzeitig die allgemeine Wertschätzung der Familie in der Gesellschaft gewährleistet ist.

Max Wingen: Familienpolitik. Ziele, Wege und Wirkungen. 2. Auflage. Paderborn 1965, S. 64 - 70

2.5.2.3 Zum Stichwort: Familienlastenausgleich

Der Begriff der Generationen-Solidarität hat im Rahmen der Familienpolitik noch eine andere Bedeutung gewonnen, nämlich die der gemeinsamen Verantwortung er erwachsenen mittleren Generation für Kinder und Kindererziehung. Unter dem Aspekt einer frauen- und familienorientierten Sozialpolitik fällt auf, daß die Erziehung von Kindern in unserem Rentensystem keinen angemessenen Stellenwert besitzt, obwohl das Umlageverfahren doch nur dann anwendbar ist, wenn in ausreichendem Maße Kinder heranwachsen. Das Problem, daß die Renten der Kinderlosen von den Kindern unserer Familien erarbeitet werden, stellt sich selbst bei einer befriedigenden Bevölkerungsentwicklung, verschärft sich aber, sobald die Geburtenzahlen stark zurückgehen und die Mehr-Kinder-Familie zur Minderheit wird. Aus bevölkerungspolitischen Erwägungen aber noch viel mehr aus grundsätzlichen Prinzipien sozialer Gerechtigkeit ist es auf die Dauer untragbar, daß gerade diejenigen, die mit ihrer Kindererziehung gesellschaftlich wertvolle Aufgaben übernehmen, hierfür nicht im Rentensystem entschädigt werden. Da Einzelverdienerehepaare die beitragsfreie Rentenversicherung des Ehepartners und die steuerlichen Vorteile des Ehegattensplitting genießen und die Zweiverdienerehepaare im Schnitt hohe Einkommen haben und je eigene Rentenansprüche begründen, sind diese Ehepaare gegenüber jenen mit Kindern weit im Vorteil; die Kindererziehung bedeutet einerseits hohe Aufwendungen für die Kinder selbst, Kosten, die nur zum geringen Teil von der Allgemeinheit getragen werden, zum anderen auch häufig Verluste bezüglich Einkommen und Rentenansprüchen durch fehlende oder begrenzte Berufstätigkeit der Frauen.

Ein erster Schritt zur gerechteren Verteilung der Lasten besteht darin, daß sog. Baby-Erziehungsjahre für den Haupterzieher, zumeist die Frau, als Beitragsfreie Rentenanwartschaftsjahre anerkannt werden. Bisweilen wird auch im Rahmen der frauen- und familienpolitischen Erwägungen an höhere Beiträge der verheirateten nicht erwerbstätigen Frauen gedacht, die keine Kinder haben, oder an eine Staffelung der Beiträge nach der Kinderzahl oder gar an entsprechende Rentenzu- oder -abschläge. Da die Rentenversicherung mit großen finanziellen Schwierigkeiten zu rechnen hat, wird der Staat nicht auch noch die Kosten dieser Reform übernehmen können, vielmehr müßte mit dem Prinzip der Generationen-Solidarität im Sinne einer Lastenumverteilung ernst gemacht werden.

Generationen-Solidarität bedeutet vor allem Verantwortung für Kinder und Jugendliche und deren Erziehung. Solidarität meint konsequenterweise die Verpflichtung gegenüber jenen, die die Erziehung zu tragen haben. Es bedarf deshalb eines viel stärkeren Familienlastenausgleichs als in der Vergangenheit in Form steuerlicher Erleichterungen und höherer Kindergeldbeträge. Letztere sind vor allem anzuheben für Einkommensschwache, die von Steuerentlastungen nur unzureichend profitieren. Eine Reduzierung des Ehegattensplittings für kinderlose Ehepaare ist unter Gerechtigkeitsgesichtspunkten legitim, stößt allerdings als Eingriff in Besitzstände auf starke politische Bedenken, neben mancherlei rechtlichen Einwänden. Die Anerkennung der Erziehungsarbeit nicht erwerbstätiger Mütter durch Rentenanwartschaften und Erziehungsgeld gehört ebenfalls zu den Grundsätzen christlich-sozialer Politik; erst so ist eine echte Wahlfreiheit der Frauen zwischen Beruf einerseits und Familie und Erziehungsarbeit andererseits gegeben. Die jetzige Bundesregierung hat mit ihren familienpolitischen Beschlüssen die angemessenen Konsequenzen aus der unbefriedigenden sozialen Lage unserer Familien gezogen und mit ihren Weichenstellungen eine wirkliche Wende in der Sozialpolitik herbeigeführt. Die Maßnahmen sind zu ergänzen durch eine wirksame Wohnungspolitik für Familien und eine Arbeitspolitik für mehr Beschäftigung, insbesondere für Frauen, und zur besseren Vereinbarkeit von Erwerbs- und Erziehungsarbeit.

Grieswelle, D.: Probleme heutiger Familie und Familienpolitik; in: Familie und Familienpolitik: Zur Situation in der Bundesrepublik Deutschland. (Hrsg. im Auftrag der Konrad-Adenauer-Stiftung von K. Weigelt) Melle 1985, S. 33, 34

2.5.2.4 Zu familialen Bedürfnisorientierungen im politischen Kontext

2.5.2.4.1 Zu den Grundelementen eines Gesamtkonzeptes "Familienpolitik" für die Familien

Wenn die Familie eine vorstaatliche Institution und in allen Kulturen und Gesellschaften Voraussetzung für das ist, was Glück oder Sinn des Lebens genannt wird *(Martin, R. u. N., 1981, S. 16)*, dann wird Familienpolitik als Gesellschaftspolitik aufgefaßt werden müssen. Besonderheiten und Leistungen sowie Interessen und Bedürfnisse von Familien können dabei als Wesenselemente in ein Gesamtkonzept "Familienpolitik" einfließen, das unter anderem der Stabilisierung der Gesellschaft dient. *Talcott Parsons (1952, S. 150)* sieht in der Berücksichtigung familialer Bedürfnisse eine Voraussetzung für die Stabilität eines sozialen Systems. Familienpolitik sollte daher Struktur-, Rechts-, Medien- und

Familienhaushaltspolitik sein und auf die gesamten Existenzbedingungen der Familie Einfluß nehmen. Jedoch darf dies nicht nur die materielle Grundlage der Familie betreffen. Eine so verstandene Familienpolitik birgt in sich die Gefahr, als Politik für das einzelne Familienmitglied verstanden zu werden *(Turowski, 1981, S. 187)*. Politik für die Familie muß auch eine Stärkung der Erziehungsfähigkeit der Eltern, Motivation zur Elternschaft und die Bereitschaft zur Übernahme von Erziehungsaufgaben beinhalten *(Herlth und Strohmeier in: Vaskovics, 1982, S. 327)*. Familienpolitik sollte grundsätzlich wissenschaftliche Befunde berücksichtigen und nicht einem ideologischen Pragmatismus und politischen Opportunismus unterliegen. In der Familienpolitik sollte das angewandt werden, was man erkannt hat, da sonst auch nicht mehr das erkannt werden kann, was man machen sollte *(Richter, H.E., 1979, S. 14)*.
Das bedeutet, daß in der vielgestaltigen Gesellschaft, in der der Funktionsverlust gleichzeitig zu einem Bedeutungsverlust von Familie führte, familiale Bedürfnisse als Bausteine in der Familienpolitik integriert sein sollten. Eine grundlegende Aufgabe des Staates ist dabei die Schaffung bzw. Beibehaltung einer "politischen Kultur" *(Almon und Verba, 1965, S. VIII)*, die die Familie anerkennt und schützt (...)
Der Familiensoziologe kann darauf verweisen, daß die Grundrechte der ganzen Familie (Eltern und Kindern) zustehen, deren gemeinsamer Anspruchsgegner der Staat ist, und das die Grundrechte Schutz gegenüber staatlichen Eingriffen und Bevormundungen verleihen sollen *(vgl. Ossenbühl, 1981, S. 55)*. Vom anthropologischen Standpunkt aus sind die Familienrechte als Naturrechte zu bezeichnen. Das aber ist kein neuer Standpunkt. Bereits in der Weimarer Reichsverfassung hat das Eltern- resp. Familienrecht seine Verwurzelung im Naturrecht, da es vom Staat vorgefunden wird und von diesem nur als vorgegebenes Recht anerkannt werden kann *(Landé, W., 1932, S. 723)*. Aus der Natur der Familie leiten sich deren "Naturrechte" ab, die nach *Winters (1974, S. 171)* angeborene, natürliche und unverletzliche Rechte sind, die im folgenden als familiale Bedürfnisorientierungen im Bereich des politischen Kontextes diskutiert werden sollen.

2.5.2.3.2 Zur Konkretisierung familialer Bedürfnisorientierungen im politischen Kontext

Das Bedürfnis nach Sicherung eines der Familie angemessenen Lebensunterhaltes (Existenzsicherung)

Das Bedürfnis nach Existenzsicherung kann mittels der materiellen Familienpolitik befriedigt werden, für die *Max Wingen (1966, S. 87)* folgende Rahmenbedingungen absteckt: "Die materielle Familienpolitik umfaßt bewußt sowohl die direkte Einkommenshilfe, die die durch Kinder bedingten Einkommensverwendung sowie der unmittelbaren kollektiven Bedarfsdeckung durch Sach- bzw. Dienstleistungen, auf Grund derer die Höhe der in der Familie anfallenden Aufwendungen für Kinder beeinflußt wird. Für die einkommenspolitischen Maßnahmen der Familienpolitik gilt dabei allgemein: "Soviel Freiheit der Konsumwahl wie möglich, soviel Zweckbindung zum Wohl des Kindes wie nötig" (...)
Ein Mittel zur Befriedigung des Bedürfnisses nach Existenzsicherung kann in der Zahlung eines Familienlohnes gesehen werden, der besonders dann entrichtet werden könnte, wenn in einer Familie lediglich ein Erwerbseinkommen

vorhanden ist. Die sozialpolitischen Maßnahmen können insbesondere darin bestehen, die Lebenslage zu verbessern, indem einmal die ökonomische Handlungsfähigkeit von Familien gestärkt wird, und zum anderen die soziokulturellen Aspekte der familialen Erziehungsfähigkeit durch soziale Dienste unterstützt werden *(Herlth und Strohmeier, a.a.O., S. 326)* (...)

Das Bedürfnis nach Anerkennung der familialen Freiheit und nach Schutz der eigenständigen Entfaltung

Wenn Ehe und Familie ausdrücklich vom Staat anerkannt und geschützt sind, wie das im Grundgesetz der Bundesrepublik Deutschland im Artikel 6 verankert ist, dann bedeutet dies, das Recht autonomer Entscheidung (Verantwortlichkeit und Bevollmächtigung) der Familie anzuerkennen, und auch, daß der Staat als der Anerkennende dieses Recht im gleichen Bereich nicht beansprucht *(vgl. Gasiet, 1981, S. 266)*. Das sind die Grundprinzipien der familialen Freiheit. Hierin wird das zweite grundlegende Prinzip der Familienpolitik gesehen *(Beltrao, P.C., 1957)*. Familiale Freiheit bedeutet unter Berücksichtigung des Bedürfnisses nach Existenzsicherung, daß sich die Familie nach ihrer eigenen Konzeption entfalten kann *(Wingen, 1960, S. 9)*. Das gilt auf der Basis der Artikel 1 und 2 des Grundgesetzes auch für die gesamte pränatale Phase des Menschen. Dem Staat kommt im Rahmen der Subsidiarität die Aufgabe zu, die Bedingungen zu schaffen, damit sich die Familie aus eigener Kraft entfalten kann. Es liegt innerhalb der ergänzenden Funktion des Staates, die wirtschaftliche und moralische Substanz der Familien zu stärken *(Klüber, 1954, S. 30f.)*.

Der Schutz der eigenständigen Entfaltung umfaßt auch den Bereich der Erziehung, die ein Naturrecht der Eltern ist, das "aus dem Grundtatbestand des Elternstandes" folgt. "Es ist ein vorgegebenes Seinsverhältnis, in dem die Elternverantwortung dem Elternrecht vorausgeht" *(Stein, 1958, S. 10)*. Die Freiheit der Eltern ist jedoch nur zum Nutzen und Schutz des Kindes zu verstehen. Freiheit bedeutet zunächst Freiheit mit Richtung auf und mit Wirkung gegenüber dem Staat. Nur im Rahmen der Subsidiarität kann und sollte der Staat eingreifen (z.B. bei Kindesmißhandlung, Vernachlässigung der Elternpflichten). Das, was Familie aus eigener Kraft leisten kann, sollte ihr freilich nicht entzogen und der Gesellschaft übertragen werden *(vgl. Biedenkopf, 1974, S. 11)* (...)

Das Familienrecht umfaßt also auch den Bereich der Erziehung. Die Hilfen des Staates sollen insbesondere Hilfen zur Selbsthilfe sein, die indessen dort ihre Grenzen finden, wo die immateriellen Faktoren der Kindererziehung eine Rolle spielen. Diese umfassen vor allem die Motivation einer liebevollen Erziehung der Kinder durch die Eltern *(vgl. Herlth und Strohmeier, a.a.O, S. 318)*.

Das Bedürfnis nach Anerkennung der Familie als natürliche soziale Gruppe und nach Schutz vor staatlicher Willkür

Das Bedürfnis nach Anerkennung der Familie als natürliche soziale Gruppe und nach Schutz vor staatlicher Willkür entspricht dem sozialen Tatbestand, daß die Familie eine "Ex-ante-Bedingung" für die gesellschaftliche Entwicklung ist. Ähnlich wie ein Mensch mehr ist als die Summe seiner Organe und Gliedmaßen und eine Familie mehr ist als die Summe der Familienmitglieder, sollte auch das Familienrecht mehr sein als ein Familienmitgliederrecht, bei dem die Individualrechte über denen der Gemeinschaft stehen. Diesem Tatbestand sollte auch der

Gesetzgeber genügen. Die Gesetzgebung und administrative Sorge des Staates sollte nicht primär dem Individuum, sondern der Gemeinschaft Familie gelten. Keinesfalls aber ist jede Familienangelegenheit auch eine Angelegenheit des Staates *(Häring, B., 1954, S. 125f.).*
Zwar sind die Institutionen Ehe und Familie besonders geschützt (GG, Art. 6), aber in der Gesetzgebung wird Familie nicht als "juristische Person" betrachtet, d.h. mit positiven Rechten ausgestattet (...)
Schutz vor staatlicher Willkür ist eine wesentliche familiale Bedürfnis-orientierung. *Jarsons (1968, S. 142)* bezeichnet den institutionalisierten Schutz vor unerwünschter Beeinflussung als ein Recht und eine erforderliche Angelegenheit. Ein derartiger Schutz gehört nach Parsons Ansicht zu den Grundzügen jedes integrierten sozialen Systems.

Das Bedürfnis nach Achtung und Schutz der Werte von Ehe und Familie
Formal ist das Bedürfnis nach Achtung und Schutz der Werte von Ehe und Familie im Artikel 6 des Grundgesetzes berücksichtigt. Daraus ergibt sich für den Staat die Verpflichtung, die Werte zu sichern, die der Familie Glück, Ordnung und Stabilität verleihen. Man kann davon ausgehen, daß familienfreundliche Rahmenbedingungen hinsichtlich der Werte von Ehe und Familie dazu geeignet sind, die Gesellschaft humaner zu gestalten *(vgl. Wingen, 1960, S. 9).*

Ehe und Familie als Grundwerte zu schützen, bedeutet für den Geltungsbereich des Grundgesetzes an der Einehe als gültige Eheform festzuhalten, da sie auch nach vorhandener und gesicherter wissenschaftlicher Erkenntnis die optimale Voraussetzung für die Entwicklung des Kindes ist.
Schutz der Werte bedeutet darüberhinaus, daß Personen, die in eheähnlicher Gemeinschaft leben, nicht besser gestellt sein dürfen, als Paare, die verheiratet sind *(vgl. Bundessozialhilfegesetz (BSHG), Paragraph 122, Satz 1).* Besondere Achtung und Schutz verdienen die familialen Werte wie Liebe, Vertrauen, Treue, freie Religionsausübung und Weltanschauung. Durch liberalistische Tendenzen können Ehe und Familie gefährdet werden, vor allem solche, die sich gelegentlich auch in gerichtlichen Urteilen zeigen (...)

Das Bedürfnis nach familienfreundlichen politischen Rahmenbedingungen
Zu den familienfreundlichen Rahmenbedingungen wird die flexiblere Gestaltung der Arbeitswelt als eine vordringliche politische Maßnahme herausgestellt *(vgl. Born und Vollmer 1983).* Außerdem wird die familienfreundliche Gestaltung des sozialökologischen Lebensbereiches von Wohnung und Wohngegend *(vgl. Herlyn, 1985, S. 105-116)* genannt. Das erscheint um so wichtiger, wenn beengte Lebensräume Anlaß für Konflikte bieten *(vgl. Schwander, 1957, S. 140).* Zur Befriedigung dieser familialen Bedürfnisorientierungen sollte die Familienpolitik immer die gesamte Familie im Blick haben *(vgl. Kohl, 1974, S. 10).* Dafür bietet sich eine Partizipation von Familien an den sie betreffenden politischen Entscheidungen sowohl auf den Ebenen der Kommunal-, Landes- und Bundespolitik als auch im Bereich der Arbeits- und Wirtschaftsordnung an.
Max Wingen (1966, S. 97) merkt dazu an, daß in der bestehenden Gesellschaftsordnung die Durchsetzung einer betont familienfreundlichen Ordnungsvorstellung entscheidend durch den Zusammenschluß von Familien

begünstigt wird. Wingen stellt dabei den Zusammenschluß von Familien in Familienverbänden als ausgesprochen förderlich heraus. (...)
Politisch engagierte Familien und Familienverbände können einen ganz wesentlichen Beitrag dazu leisten, daß der politische Kontext nicht ausschließlich ein sozialökologisches Exosystem bleibt, sondern auch Mesosystem wird. Das bedeutet, daß im politischen Kontext vermehrt Entscheidungen getroffen werden und Ereignisse stattfinden, an denen Familien und Familienverbände direkt beteiligt sind.

2.5.2.4.3 Zu den Basisaufgaben im Rahmen einer "Soziotherapie der Gesellschaft". Ein familienpolitischer Ausblick

Jede Gesellschaft muß eine Anzahl von Basisaufgaben erfüllen. Dazu gehören *(vgl. Lowy, 1973, S. 7ff.)*:
1. Versorgung der Bevölkerung mit materiellen Gütern wie Nahrung, Kleidung und Wohnung;
2. Verteilung von Gütern und Eigentum;
3. Aufrechterhaltung einer gerechten Ordnung und Schutz gegen Gewalt;
4. Sicherstellung von gesellschaftlicher Kontinuität und Sozialisation;
5. Soziale Integration durch Partizipation.

Wenn diese gesellschaftlichen Basisaufgaben große Defizite aufweisen, dann kann es zu großen Problemen im gesellschaftlichen und politischen System kommen. Um diese Defizite, die innerhalb einer gewissen Toleranzspanne als normal bezeichnet werden können, möglichst gering zu halten, können fünf Basisaufgaben der Familienpolitik genannt werden, die mit einer "Soziotherapie der Gesellschaft" gleichbedeutend sind *(vgl. Stein, R., unv. Manuskript 1983, S. 23)*. Diese fünf Basisaufgaben umreißen ein politisches Konzept, das gleichzeitig günstige Voraussetzungen für die Friedenspolitik, Entwicklungspolitik, Infrastrukturpolitik und Arbeitsmarktpolitik enthält:
1. Darstellung, Artikulation und Vertretung der familialen Bedürfnisse und deren Niederschlag in Politik und Gesetzgebung. Diese Aufgaben können von Soziologen und Politologen übernommen werden.
2. Ganzheitliche Gestaltung des Familienrechtes als notwendige Ergänzung des Familienmitgliederrechtes. Diese Aufgabe wäre von den Rechtswissenschaftlern zu leisten.
3. Gestaltung der Lebensräume an den Bedürfnissen der Familie. Diese Aufgabe kann von den Verantwortlichen in der Wirtschaft, Arbeitswelt und Politik geleistet werden.
4. Herstellung eines Konsenses bezüglich der Werte von Ehe und Familie auf pädagogischem Wege (z.B. in der schulischen und außerschulischen Bildung sowie mit Hilfe der Massenmedien), wobei die relevanten gesicherten anthropologischen Erkenntnisse einzubeziehen sind.
5. Familienpolitik als Bestandteil einer umfassenden Gesellschaftspolitik wobei Familienverbände stärkere Beachtung finden und Partizipationschancen haben sollten. *Herlth und Strohmeier, a.a.O., S. 317* sprechen in diesem Zusammenhang vom "Impact" der politischen Intervention, womit sie die Wirksamkeit politischer Maßnahmen meint, die die Aktivierung von Familien voraussetzt.

Im Sinne einer familienfreundlichen Gestaltung der Gesellschaft können diese fünf Basisaufgaben vorrangig von der Familienpolitik erfüllt werden.

Stein, R.: Familiale Bedürfnisorientierungen in sozialökologischen Kontexten. Köln 1988 (S. 141f., 155)

3. Psychologie

3.1 Zum Beitrag der Psychologie für ein modernes Menschenverständnis

3.1.1 Einleitende und didaktische Hinweise

Von ihrem Selbstverständnis her beschäftigt sich die Psychologie vor allem mit der psychischen Entwicklung des Menschen. Nicht der Mensch im Einfluß der Erziehung und Gesellschaft sondern der Mensch in seinem Menschsein als Individuum. Das Menschenverständnis der Psychologie erweist sich jedoch nicht als einheitlich. Neben geistesgeschichtlichen Einflüssen und psychologischen Schulen spielt freilich auch noch die persönliche Vorstellung der jeweiligen Psychologen eine wesentliche Rolle. Darüberhinaus ist von Bedeutung, daß man dem Menschen als hochkomplexes Individuum und offenes biologisches System sicher nicht gerecht werden kann, indem man lediglich einige wenige, homogene Feststellungen über das Menschsein trifft. Ob der Mensch, und das gilt sicher nicht nur für die Psychologie, überhaupt jemals in der Lage sein wird, abschließende Aussagen über den Menschen zu treffen, mag zu recht bezweifelt werden.

Die psychologischen Aussagen über den Menschen sind überaus umfangreich. Die folgenden Texte bieten demzufolge nur einen kleinen Ausschnitt. Ausgewählt für die vorliegende Textsammlung wurden sechs Texte, die von psychologischen Hauptvertretern verfasst wurden.

Der erste Text gibt einen Teil des Persönlichkeitsbegriffs nach *Sigmund Freud* wider, insbesondere die Darlegung über die libidinösen Typen.

Der zweite Text von *Carl Gustav Jung* beschäftigt sich mit wichtigen Aspekten der Persönlichkeitsentwicklung.

Als wesentlich für das Menschenverständnis erachtet im dritten Text *Viktor E. Frankl* den Willen zum Sinn.

Im vierten Text entfaltet *Charlotte Bühler* zehn Eckwerte für den Aufbau und die Entwicklung der Persönlichkeit.

Erich Fromm legt im fünften Text dar, was er unter Identität im menschlichen Sinne versteht.

Im sechsten und letzten Text kommt *Abraham A. Maslow* zu Wort. Sein Persönlichkeitsbegriff ist im wesentlichen von den Annahmen über die menschlichen Grundbedürfnisse geprägt.

Ansätze zur inhaltlichen Auseinandersetzung

- Welche Hauptaussagen können aus den einzelnen Texten zusammenfassend dargestellt werden?
- Worin unterscheiden sich die einzelnen Texte in ihrem zentralen Begriffssystem bzw. gibt es irgendwelche Gegensätze?
- Worin bestehen Gemeinsamkeiten in der Erkenntnis über den Menschen?
- Wie werden die einzelnen Begriffe bewertet? Entsprechen sie dem Menschsein bzw. treffen sie das Wesen des Menschen?
- Versuchen Sie einmal die verschiedenen Aussagen so zu ordnen, daß Sie Elemente des psychologischen Menschenverständnisses zusammenfassen darstellen können. Wie könnte das psychologische Menschenverständnis dann in einigen Sätzen formuliert werden?
- Welche Mängel weist das psychologische Menschenverständnis auf? Bitte geben Sie dafür kurze Begründungen an!
- Stellen Sie dar, welchen Beitrag das psychologische Menschenverständnis für das Gesamtverständnis des Menschen leistet?

3.1.2 Zum Persönlichkeitsbegriff nach Sigmund Freud

Über libidinöse Typen

Unsere Beobachtung zeigt uns, daß die einzelnen menschlichen Personen das allgemeine Bild des Menschen in einer kaum übersehbaren Mannigfaltigkeit verwirklichen. Wenn man dem berechtigten Bedürfnis nachgibt, in dieser Menge einzelne Typen zu unterscheiden, so wird man von vornherein die Wahl haben, nach welchen Merkmalen und von welchen Gesichtspunkten man diese Sonderung vornehmen soll. Körperliche Eigenschaften werden für diesen Zweck gewiß nicht weniger brauchbar sein als psychische; am wertvollsten werden solche Unterscheidungen sein, die ein regelmäßiges Beisammensein von körperlichen und seelischen Merkmalen versprechen.

Es ist fraglich, ob es uns bereits jetzt möglich ist, Typen von solcher Leistung herauszufinden, wie es später einmal auf einer noch unbekannten Basis gewiß gelingen wird. Beschränkt man sich auf die Bemühung, bloß psychologische Typen aufzustellen, so haben die Verhältnisse der Libido den ersten Anspruch, der Einteilung als Grundlage zu dienen. Man darf fordern, daß diese Einteilung nicht bloß aus unserem Wissen oder unseren Annahmen über die Libido abgeleitet sei, sondern daß sie sich in der Erfahrung leicht wiederfinden lasse und daß sie ihr Teil dazu beitrage, die Masse unserer Beobachtungen für unsere Auffassung zu klären.

Es ist ohne weiteres zuzugeben, daß diese libidinösen Typen auch auf psychischem Gebiet nicht die einzig möglichen zu sein brauchen, und daß man, von anderen Eigenschaften ausgehend, vielleicht eine ganze Reihe anderer psychologischer Typen aufstellen kann. Für alle solche Typen muß gelten, daß sie nicht mit Krankheitsbildern zusammenfallen dürfen. Sie sollen im Gegenteil alle die Variationen umfassen, die nach unserer praktisch gerichteten Schätzung in die Breite des Normalen fallen. Wohl aber können sie sich in ihren extremen Ausbildungen den Krankheitsbildern annähern und solcherart die vermeintliche Kluft zwischen dem Normalen und dem Pathologischen ausfüllen helfen.

Nun lassen sich je nach der vorwiegenden Unterbringung der Libido in den Provinzen des seelischen Apparats drei libidinöse Haupttypen unterscheiden. Deren Namengebung ist nicht ganz leicht; in Anlehnung an unsere Tiefenpsychologie möchte ich sie als den *erotischen,* den *narzißtischen* und den *Zwangstypus* bezeichnen. Der erotische Typus ist leicht zu charakterisieren. Die Erotiker sind Personen, deren Hauptinteresse - der relativ größte Betrag ihrer Libido - dem Liebesleben zugewendet ist. Lieben, besonders aber Geliebtwerden, ist ihnen das Wichtigste. Sie werden von der Angst vor dem Liebesverlust beherrscht und sind darum besonders abhängig von den anderen, die ihnen die Liebe versagen können. Dieser Typus ist auch in seiner reinen Form recht häufig. Variationen desselben ergeben sich je nach der Vermengung mit einem anderen Typus und dem gleichzeitigen Ausmaß von Aggression. Sozial wie kulturell vertritt dieser Typus die elementaren Triebansprüche des Es, dem die anderen psychischen Instanzen gefügig geworden sind.

Der zweite Typus, dem ich den zunächst befremdlichen Namen Zwangstypus gegeben habe, zeichnet sich durch die Vorherrschaft des Über-Ichs aus, das sich unter hoher Spannung vom Ich absondert. Er wird von der Gewissensangst be-

herrscht, an Stelle der Angst vor dem Liebesverlust, zeigt eine sozusagen innere Abhängigkeit anstatt der äußeren, entfaltet ein hohes Maß von Selbständigkeit und wird sozial zum eigentlichen, vorwiegend konservativen Träger der Kultur.
Der dritte, mit gutem Recht *narzißtisch* geheißene Typus ist wesentlich negativ charakterisiert. Keine Spannung zwischen Ich und Über-Ich, - man würde von diesem Typus her kaum zur Aufstellung eines Über-Ichs gekommen sein, - keine Übermacht der erotischen Bedürfnisse, das Hauptinteresse auf die Selbsterhaltung gerichtet, unabhängig und wenig eingeschüchtert. Dem Ich ist ein großes Maß von Aggression verfügbar, das sich auch in Bereitschaft zur Aktivität kundgibt; im Liebesleben wird das Lieben vor dem Geliebtwerden bevorzugt. Menschen dieses Typus imponieren den anderen als "Persönlichkeiten", sind besonders geeignet, anderen als Anhalt zu dienen, die Rolle von Führern zu übernehmen, der Kulturentwicklung neue Anregungen zu geben oder das Bestehende zu schädigen. Diese reinen Typen werden dem Verdacht der Ableitung aus der Theorie der Libido kaum entgehen. Man fühlt sich aber auf dem sicheren Boden der Erfahrung, wenn man sich nun den gemischten Typen zuwendet, die um so viel häufiger zur Beobachtung kommen als die reinen. Diese neuen Typen, der *erotisch-zwanghafte*, der *erotisch-narzißtische* und der *narzißtische Zwangstypus*, scheinen in der Tat eine gute Unterbringung der individuellen psychischen Strukturen, wie wir sie durch die Analyse kennengelernt haben, zu gestatten. Es sind längst vertraute Charakterbilder, auf die man bei der Verfolgung dieser Mischtypen gerät. Beim *erotischen Zwangstypus* scheint die Übermacht des Trieblebens durch den Einfluß des Über-Ichs eingeschränkt; die Abhängigkeit gleichzeitig von rezenten menschlichen Objekten und von den Relikten der Eltern, Erzieher und Vorbilder erreicht bei diesem Typus den höchsten Grad. Der *erotisch-narzißtische* ist vielleicht jener, dem man die größte Häufigkeit zusprechen muß. Er vereinigt Gegensätze, die sich in ihm gegenseitig ermäßigen können; man kann an ihm im Vergleich mit den anderen erotischen Typen lernen, daß Aggression und Aktivität mit der Vorherrschaft des Narzißmus zusammengehen. Der *narzißtische Zwangstypus* endlich ergibt die kulturell wertvollste Variation, indem er zur äußeren Unabhängigkeit und Beachtung der Gewissensforderung die Fähigkeit zur kraftvollen Betätigung hinzufügt und das Ich gegen das Über-Ich verstärkt.
Man könnte meinen, einen Scherz zu machen, wenn man die Frage aufwirft, warum ein anderer theoretisch möglicher Mischtypus hier keine Erwähnung findet, nämlich der *erotisch-zwanghaft-narzißtische*. Aber die Antwort auf diesen Scherz ist ernsthaft: weil ein solcher Typus kein Typus mehr wäre, sondern die absolute Norm, die ideale Harmonie, bedeuten würde. Man wird dabei inne, daß das Phänomen des Typus eben dadurch entsteht, daß von den drei Hauptverwendungen der Libido im seelischen Haushalt eine oder zwei auf Kosten der anderen begünstigt worden sind.
Man kann sich auch die Frage vorlegen, welches das Verhältnis dieser libidinösen Typen zur Pathologie ist, ob einige von ihnen zum Übergang in die Neurose besonders disponiert sind, und dann, welche Typen zu welchen Formen führen. Die Antwort wird lauten, daß die Aufstellung dieser libidinösen Typen kein neues Licht auf die Genese der Neurosen wirft. Nach dem Zeugnis der Erfahrung sind alle diese Typen ohne Neurose lebensfähig. Die reinen Typen mit dem unbestrittenen Übergewicht einer einzelnen seelischen Instanz scheinen die größere

Aussicht zu haben, als reine Charakterbilder aufzutreten, während man von den gemischten Typen erwarten könnte, daß sie für die Bedingungen der Neurose einen günstigeren Boden bieten. Doch meine ich, man sollte über diese Verhältnisse nicht ohne besonders gerichtete, sorgfältige Nachprüfung entscheiden. Daß die erotischen Typen im Falle der Erkrankung Hysterie ergeben, wie die Zwangstypen Zwangsneurose, scheint ja leicht zu erraten, ist aber auch an der zuletzt betonten Unsicherheit beteiligt. Die narzißtischen Typen, die bei ihrer sonstigen Unabhängigkeit der Versagung von Seiten der Außenwelt ausgesetzt sind, enthalten eine besondere Disposition zur Psychose, wie sie auch wesentliche Bedingungen des Verbrechertums beistellen.
Die ätiologischen Bedingungen der Neurose sind bekanntlich noch nicht sicher erkannt. Die Veranlassungen der Neurose sind Versagungen und innere Konflikte, Konflikte zwischen den drei großen psychischen Instanzen, Konflikte innerhalb des Libidohaushalts infolge der bisexuellen Anlage, zwischen den erotischen und aggressiven Triebkomponenten. Was diese dem normalen psychischen Ablauf zugehörigen Vorgänge pathogen macht, bemüht sich die Neurosenpsychologie zu ergründen.

Sigmund Freud: Beiträge zur Psychologie des Liebeslebens und andere Schriften. Frankfurt/Main 1982, S. 157 - 160

3.1.3 Zum Begriff der Persönlichkeit bei Carl Gustav Jung

Die Persönlichkeit entwickelt sich im Laufe des Lebens aus schwer oder gar undeutbaren Keimanlagen, und erst durch unsere Tat wird es offenbar, wer wir sind. Wir sind wie die Sonne, welche das Leben der Erde nährt und allerhand Schönes, Seltsames und Übles hervorbringt; wir sind wie die Mütter, die unbekanntes Glück und Leiden im Schoße tragen. Wir wissen zunächst nicht, welche Taten oder Untaten, welches Schicksal, welches Gute und welches Böse wir enthalten; und erst der Herbst wird zeigen, was der Frühling gezeugt hat, und erst am Abend wird deutlich sein, was der Morgen begann.
Die Persönlichkeit als eine völlige Verwirklichung der Ganzheit unseres Wesens ist ein unerreichbares Ideal. Die Unerreichbarkeit ist aber nie ein Gegengrund gegen ein Ideal, denn Ideale sind nichts als Wegweiser und niemals Ziele.
Wie das Kind sich entwickeln muß, um erzogen zu werden, so muß sich auch die Persönlichkeit zuerst entfalten, bevor sie der Erziehung unterworfen werden kann. Und hier schon beginnt die Gefahr. Wir haben es mit etwas Unabsehbarem zu tun, wir wissen nicht, wie und wohin sich die werdende Persönlichkeit entwickeln wird, und wir haben genug von Natur und Weltwirklichkeit gelernt, um mit Recht etwas mißtrauisch zu sein. Wir sind sogar von der christlichen Lehre im Glauben an das ursprünglich Böse der menschlichen Natur erzogen worden. Aber selbst solche, die sich nicht mehr an die christliche Lehre halten, sind natürlicherweise mißtrauisch und ängstlich in Bezug auf die in ihren Untergründen liegenden Möglichkeiten. Selbst aufgeklärte, materialistische Psychologen wie *Freud* geben uns eine sehr unangenehme Idee von den schlummernden seelischen Hinter- und Abgründen menschlicher Natur. Es bedeutet daher an sich schon fast ein Wagnis, für die Entfaltung der Persönlichkeit ein gutes Wort ein-

zulegen. Der menschliche Geist steckt aber voll der seltsamsten Widersprüche. Wir preisen die "heilige Mutterschaft" und denken nicht daran, sie für alle menschlichen Monstren, wie Schwerverbrecher, gefährliche Geisteskranke, Epileptiker, Idioten und Krüppel jeglicher Art, die doch auch geboren werden, verantwortlich zu machen. Wir sind aber von den schwersten Zweifeln befallen, wenn wir der menschlichen Persönlichkeit freie Entwicklung gewähren sollen. "Dann wäre ja alles möglich", heißt es. Oder man wärmt den schwachbegabten Einwurf des "Individualismus" wieder auf. Individualismus war noch nie eine natürliche Entwicklung, sondern eine unnatürliche Usurpation, eine unangepaßte, impertinente Pose, die ihre Hohlheit oft bei der geringsten Schwierigkeit schon mit einem Zusammenbruch erweist. Hier handelt es sich um anderes.
Niemand nämlich entwickelt seine Persönlichkeit, weil ihm jemand gesagt hat, es wäre nützlich oder ratsam, es zu tun. Die Natur hat sich durch wohlmeinende Ratschläge noch nie imponieren lassen. Nur kausal wirkender Zwang bewegt die Natur, auch die menschliche. Ohne Not verändert sich nichts, am wenigsten die menschliche Persönlichkeit. Sie ist ungeheuer konservativ, um nicht zu sagen inert. Nur schärfste Not vermag sie aufzujagen. So gehorcht auch die Entwicklung der Persönlichkeit keinem Wunsch, keinem Befehl und keiner Einsicht, sondern nur der Not; sie bedarf des motivierenden Zwanges innerer oder äußerer Schicksale. Jede andere Entwicklung wäre eben Individualismus. Darum bedeutet auch der Vorwurf des Individualismus eine gemeine Beschimpfung, wenn er gegenüber einer natürlichen Persönlichkeitsentwicklung erhoben wird.
Das Wort: "Viele sind berufen, und wenige sind auserwählt", gilt hier wie nirgends; denn die Entwicklung der Persönlichkeit aus ihren Keimanlagen zur völligen Bewußtheit ist ein Charisma und zugleich ein Fluch: ihre erste Folge ist die bewußte und unvermeidliche Absonderung des Einzelwesens von der Ununterschiedenheit und Unbewußtheit der Herde. Das ist Vereinsamung, und dafür gibt es kein tröstlicheres Wort. Davon befreit auch keine noch so erfolgreiche Anpassung oder noch so reibungslose Einpassung in die bestehende Umgebung, keine Familie, keine Gesellschaft und keine Position. Die Entwicklung der Persönlichkeit ist ein solches Glück, daß man es nur teuer bezahlen kann. Wer am meisten von der Entfaltung der Persönlichkeit spricht, denkt am wenigsten an die Folgen, die an sich schon schwächere Geister auf gründlichste abschrecken.
Entwicklung der Persönlichkeit aber heißt noch mehr als bloße Befürchtung abnormer Ausgeburten oder der Vereinsamung, sie heißt auch: Treue zum eigenen Gesetz. (...)
Was veranlaßt schließlich einen, den eigenen Weg zu wählen und dadurch aus der unbewußten Identität mit der Masse wie aus einer Nebelschicht emporzusteigen? Die Not kann es nicht sein, denn Not kommt an viele, und sie retten sich alle in die Konventionen. Die moralische Entscheidung kann es nicht sein, denn in der Regel entscheidet man sich für die Konventionen. Was ist es also, das unerbittlich den Ausschlag zugunsten des Ungewöhnlichen gibt?
Es ist das, was man Bestimmung nennt; ein irrationaler Faktor, der schicksalhaft zur Emanzipation von der Herde und ihren ausgetretenen Wegen drängt. Echte Persönlichkeit hat immer Bestimmung und glaubt an sie, hat pistis [Vertrauen] zu ihr, wie zu Gott, obschon es, wie der gewöhnliche Mann sagen würde, nur ein individuelles Bestimmungsgefühl ist. Diese Bestimmung wirkt aber wie ein Gesetz Gottes, von dem es kein Abweichen gibt. Die Tatsache, daß sehr viele an ihrem

eigenen Weg zugrunde gehen, bedeutet dem, der Bestimmung hat, nichts. Er muß dem eigenen Gesetz gehorchen, wie wenn es ein Dämon wäre, der ihm neue, seltsame Wege einflüstert.
Wer Bestimmung hat, hört die Stimme des Innern, er ist bestimmt. Deshalb glaubt auch die Sage, daß er einen privaten Dämon habe, der ihn berät und dessen Aufträge er auszuführen hat. Ein allbekanntes Beispiel dieser Art ist Faust, und ein historischer Fall ist das daimonion des *Sokrates*. Primitive Medizinmänner haben ihre Schlangengeister, wie auch Äskulap, der Schutzpatron der Ärzte, durch die epidaurische Schlange dargestellt war. Überdies hatte er als Privatdämon den Kabiren Telesphoros, der ihm anscheinend die Rezepte vorlas respektive eingab.
Bestimmung haben heißt im Ursinn: von einer Stimme angesprochen sein. Schönste Beispiele hierfür findet man in den Bekenntnissen der alttestamentlichen Propheten. Daß dies nicht bloß eine altertümliche façon de parler ist, beweisen die Bekenntnisse historischer Persönlichkeiten, wie *Goethe* und *Napoleon*, um zwei naheliegende Beispiele zu erwähnen, die aus ihrem Bestimmungsgefühl kein Hehl machten.
Die Bestimmung oder das Bestimmungsgefühl ist nun nicht etwa die Prärogative der großen Persönlichkeiten, sondern auch der kleinen bis hinunter zum Duodezformat; nur wird es mit abnehmender Größe schleierhafter und unbewußter. Es ist, wie wenn die Stimme des inneren Dämons ferner und ferner rückte und seltener und undeutlicher spräche. je kleiner nämlich die Persönlichkeit ist, desto unbestimmter und unbewußter wird sie, und schließlich verschwimmt sie ununterschieden mit der Sozietät, dadurch der eigenen Ganzheit sich begebend und sich dafür im Ganzen der Gruppe auflösend. An Stelle der Stimme des Inneren tritt die Stimme der sozialen Gruppe und ihrer Konventionen und an Stelle der Bestimmung die kollektiven Bedürfnisse. (...)

Grundwerk C.G. Jung. Band 9 Mensch und Kultur, Olten 3. Aufl., 1990, S. 11 - 13, 15 f

3.1.4 Zum Persönlichkeitsbegriff bei Viktor E. Frankl

Der Mensch auf der Suche nach Sinn

Der Titel umreißt mehr als ein Thema: er umfaßt eine Definition, zumindest eine Interpretation des Menschen. Eben als eines Wesens das letztlich und eigentlich auf der Suche nach Sinn ist. Der Mensch ist immer schon ausgerichtet und hingeordnet auf etwas, das nicht wieder er selbst ist, sei es eben ein Sinn, den er erfüllt, oder anderes menschliches Sein, dem er begegnet. So oder so: Menschsein weist immer schon über sich selbst hinaus, und die Transzendenz ihrer selbst ist die Essenz menschlicher Existenz.
Ist es also nicht so, daß der Mensch eigentlich und ursprünglich danach strebt, glücklich zu sein? Hat denn nicht selbst Kant zugegeben, daß diese der Fall sei, und nur hinzugesetzt, der Mensch solle auch danach streben, des Glücklichseins würdig zu sein? Ich würde sagen, was der Mensch wirklich will, ist letzten Endes nicht das Glücklichsein an sich, sondern ein Grund zum Glücklichsein. Sobald nämlich ein Grund zum Glücklichsein gegeben ist, stellt sich das Glück, stellt

sich die Lust von selber ein. So schreibt Kant in seiner "Metaphysik der Sitten" beziehungsweise deren "Zweytem Theil", den "Metaphysischen Anfangsgründen der Tugendlehre" (Königsberg, bey Friedrich Nicolovius, 1797, Seite VIII f.), "daß Glückseligkeit die Folge der Pflichtbeobachtung" sei und "das Gesetz vor der Lust hergehen muß, damit sie empfunden werde". Was aber da in Bezug auf die Pflichtbeobachtung beziehungsweise das Gesetz gesagt wird, gilt meines Erachtens viel allgemeiner und läßt sich sogar vom Bereich der Sittlichkeit auf den der Sinnlichkeit übertragen. Und davon wissen wir Neurologen ein Lied zu singen. Denn im klinischen Alltag zeigt sich immer wieder, daß es gerade die Abwendung vom "Grund zum Glücklichsein" ist, die den sexualneurotischen Menschen - den potenzgestörten Mann beziehungsweise die frigide Frau - nicht glücklich werden läßt. Wodurch aber kommt diese pathogene Abwendung vom "Grund zum Glücklichsein" zustande? Durch eine forcierte Zuwendung zum Glück selbst, zu Lust selbst. Wie recht hatte doch Kierkegaard, als er einmal meinte, die Tür zum Glück gehe nach außen auf - wer sie "einzurennen" versucht, dem verschließt sie sich nur.
Wie können wir uns das erklären? Nun, wovon der Mensch zutiefst und zuletzt durchdrungen ist, ist weder der Wille zur Macht, noch ein Wille zur Lust, sondern ein Wille zum Sinn. Und auf Grund eben dieses seines Willens zum Sinn ist der Mensch darauf aus, Sinn zu finden und zu erfüllen, aber auch anderem menschlichen Sein in Form eines Du zu begegnen, es zu lieben. Beides, Erfüllung und Begegnung, gibt dem Menschen einen Grund zum Glück und zur Lust. Beim Neurotiker aber wird dieses primäre Streben gleichsam abgebogen in ein direktes Streben nach Glück, in den Willen zur Lust. Anstatt daß die Lust das bleibt, was sie sein muß, wenn sie überhaupt zustande kommen soll, nämlich eine Wirkung (die Nebenwirkung erfüllten Seins und begegnenden Seins), wird sie nunmehr zum Ziel einer forcierten Intention, einer Hyperintention. Mit der Hyperintention einher geht aber auch eine Hyperreflexion. Die Lust wird zum alleinigen Inhalt und Gegenstand der Aufmerksamkeit. In dem Maße aber, in dem sich der neurotische Mensch um die Lust kümmert, verliert er den Grund zur Lust aus den Augen - und die Wirkung "Lust" kann nicht mehr zustande kommen. Je mehr es einem um die Lust geht, um so mehr vergeht sie einem auch schon. (...)
Während aber die Lust eine Nebenwirkung der Sinnerfüllung ist, ist die Macht insofern ein Mittel zum Zweck, als die Sinnerfüllung an gewisse gesellschaftliche und wirtschaftliche Bedingungen und Voraussetzungen gebunden ist. Wann aber ist der Mensch auf die bloße Nebenwirkung "Lust" bedacht, und wann beschränkt er sich auf das bloße Mittel zum Zweck, Macht genannt? Nun, zur Ausbildung des Willens zur Lust beziehungsweise des Willens zur Macht kommt es jeweils erst dann, wenn der Wille zum Sinn frustriert wird, mit anderen Worten, das Lustprinzip ist nicht weniger als das Geltungsstreben eine neurotische Motivation. Und so läßt es sich denn auch verstehen, daß Freud und Adler, die ihre Befunde doch an Neurotikern erhoben hatten, die primäre Sinnorientierung des Menschen verkennen mußten.

1. Es versteht sich von selbst, daß der Mensch nicht einer übergroßen Spannung ausgesetzt und ausgeliefert werden darf. Wessen er bedarf, ist vielmehr eine gewisse, eine gesunde , eine dosierte Spannung. Jedenfalls ist nicht nur eine zu große Belastung und Beanspruchung pathogen, das heißt krankheitserzeugend, sondern ebenso kann auch ein Mangel an Beanspru-

chung, kann die Entlastung pathogen werden. Werner Schulte sprach in diesem Zusammenhang einmal von der Entlastung als einem "Wetterwinkel" vegetativer Erkrankungen. Heute gibt sogar Selye, der bekanntlich den Streß-Begriff geprägt hat, zu: "Stress is the salt of life". Ich meine aber, wessen der Mensch als solcher, als Mensch, bedarf, ist eine spezifische Spannung, wie sie sich nämlich in einem polaren Spannungsfeld etabliert zwischen ihm, dem Menschen, und einem Sinn, der gleichsam darauf wartet, von ihm, und ausschließlich von ihm, erfüllt zu werden. Die Probe aufs Exempel? Erlebt sich der Mensch nicht von einer ihn persönlich ansprechenden Aufgabe her als angefordert und solcherart in adäquater Spannung gehalten, dann entwickelt sich nicht selten eine bestimmte, die sogenannte "noogene Neurose".

2. Der Mensch sucht auch Spannung, sagte ich. Im besonderen aber ist er eben auf der Suche nach sinnvollen Aufgaben, die ihn in "gesunde Spannung" zu setzen vermöchten. Mit einem Wort: es gibt so etwas wie einen "Willen zum Sinn", wie ich ihn zu nennen pflege. Dieses Konzept eines Willens zum Sinn ist längst auch schon empirisch validiert worden.
   Die neueste einschlägige Statistik ist wohl die vom American Council on Education besorgte, in deren Rahmen sich ergab, daß unter 171.509 Studenten nicht weniger als 68% als ihr Lebensziel definierten: "developing a meaningful philosophy of life", was soviel heißt wie die Überzeugung gewinnen, daß das Leben einen Sinn hat.
3. Heute aber ist es so, daß der Mensch vielfach seinem Leben eben keinen Sinn mehr abzugewinnen vermag. Er ist also nicht nur - wie zu den Zeiten von Sigmund Freud - sexuell frustriert, sondern in erster Linie existentiell frustriert. Und er leidet weniger - wie zur Zeit von Alfred Adler - an Minderwertigkeitsgefühlen, als vielmehr an einem Sinnlosigkeitsgefühl - an dem, was ich als das "existentielle Vakuum" bezeichne. Dies manifestiert sich nun hauptsächlich in Langeweile, und wenn im vorigen Jahrhundert Schopenhauer einmal gemeint hat, der Menschheit sei es anscheinend bestimmt, ewiglich zwischen den Extremen von Not und Langeweile hin und her zu pendeln, dann sind wir jetzt so weit, daß das Pendel nach dem letzteren Extrem ausschlägt: in der auffluent society haben weite Bevölkerungsschichten zwar Geldmittel, aber keinen Lebenszweck. Sie haben genug, wovon sie leben können, aber ihr Leben hat kein Wozu, eben keinen Sinn. Unsere Gesellschaft ist aber auch eine Freizeitgesellschaft, und immer weitere Kreise haben immer mehr Zeit - aber nichts, wofür sie die Zeit sinnvoll aufwenden könnten. So kommt es denn, daß dem Menschen von heute im Verhältnis zu früheren Zeiten viel Not und Spannung erspart geblieben sind - so daß er es schließlich verlernt hat, beides zu ertragen: seine Frustrationstoleranz ist herabgesetzt, er hat verlernt zu verzichten. In eben dieser Situation aber erweist sich, wie recht Hölderlin hatte, wenn er sagte: Wo die Gefahr, dort wächst auch das Rettende. In der auffluent society kommt zuwenig Spannung auf. Aber nunmehr - und damit halten wir bei meiner
4. These - geht der Mensch daran, die Spannung, die ihm diese Gesellschaft schuldig geblieben ist, künstlich zu erzeugen: er verschafft sich die Spannung, die er braucht. Und er tut es, indem er nunmehr von sich selbst etwas verlangt: er fordert sich eine Leistung ab - und zwar nicht zuletzt das Leisten von Verzicht. Und so kommt es denn, daß er inmitten des Wohlstands beginnt, sich freiwillig etwas zu versagen - künstlich und absichtlich erzeugt er Situationen des Notstands. (...)

Wir begegnen da einem Phänomen am Menschen, das ich für fundamental anthropologisch halte: die Selbst-Transzendenz menschlicher Existenz! Was ich damit umschreiben will, ist die Tatsache, daß Menschsein allemal über sich selbst hinausweist auf etwas, das nicht wieder es selbst ist - auf etwas oder auf jemanden: auf einen Sinn, den zu erfüllen es gilt, oder auf anderes menschliches Sein, dem wir da liebend begegnen. Im Dienst an einer Sache oder in der Liebe zu einer Person erfüllt der Mensch sich selbst. Je mehr er aufgeht in seiner Aufgabe, je mehr er hingegeben ist an seinen Partner, um so mehr ist er Mensch, um so mehr wird er selbst. Sich selbst verwirklichen kann er also eigentlich nur in dem Maße, in dem er sich selbst vergißt, in dem er sich selbst übersieht. Ist es nicht wie beim Auge, dessen Sehtüchtigkeit davon abhängt, daß es nicht sich selbst sieht? Wann sieht denn das Auge etwas von sich selbst doch nur, wenn es erkrankt ist: Wenn ich an einem grauen Star leide, dann sehe ich eine Wolke - und damit nehme ich meine Linsentrübung wahr. Und wenn ich an einem grünen Star leide, dann sehe ich einen Hof von Regenbogenfarben rings um die Lichtquellen - das ist mein grüner Star. Im gleichen Maße ist aber auch die Fähigkeit meines Auges, die Umwelt wahrzunehmen, geschmälert und beeinträchtigt.
Hier soll jedoch von einem der (insgesamt 90) Teilergebnisse die Rede sein, die wir der empirischen Forschung von Frau Lukas verdanken: Es zeigte sich nämlich, daß unter den Besuchern des berühmten Wiener Praters, also eines Vergnügungsparks, der objektivierte Pegel existentieller Frustration signifikant höher wäre als in der Wiener Durchschnittsbevölkerung (wo er sich in ziemlich gleicher Höhe hält im Vergleich zu den von amerikanischen und japanischen Autoren gemessen und veröffentlichten Werten). Mit anderen Worten, der Mensch, der so besonders auf Genuß und Vergnügen aus ist, erweist sich letzten Endes als einer, der hinsichtlich seines Willens zum Sinn, also - um wieder mit Maslow zu sprechen - in seinem "primären" Anliegen, frustriert geblieben war. (...)

Wert und Würde

Wert, Sachwert, hat eine Sache für mich. Würde hat jedoch eine Person, und diese Würde ist ein Wert an sich. Mit diesem Wert der Person, mit deren Würde, darf nicht verwechselt werden der Nutzwert, den die Person auch über ihre Würde hinaus haben kann. Der soziale Nutzwert eines Menschen hat nichts zu tun mit dessen personaler Würde.
Würde-blind muß jede Behandlung sein, sobald sie die Person zur Sache macht. Wo ist nun die Person versachlicht, vergegenständlicht, objektiviert worden wie nie? Im KZ. Im KZ wurden aus Menschen Objekte. Erinnern wir uns doch daran, wie dort die Menschen zu medizinisch-experimentellen Studienobjekten gemacht wurden. Nun, dieses Studium war, wenn man so sagen darf, ein Studium sine ira: von Haß konnte da keine Rede sein - und zwar aus begreiflichen Gründen: hassen kann man nur ein Subjekt, aber nicht etwas, das man zum bloßen Objekt herabgewürdigt hat. Die Menschen im KZ hat man nicht einmal gehaßt, wie man etwa Ungeziefer haßt - das man ja ebenfalls vertilgt, vergast. Nicht einmal gehaßt hat man diese Menschen, ja nicht einmal strafen hat man sie gewollt - so wie man beispielsweise Verbrecher bestrafen will. Hier wurde vielmehr der letzte Rest von Personalität ausradiert. So kam es, daß dort, wo die Würde von Personen hätte gesehen werden müssen, nur mehr der Nutzwert von Sklaven gesehen

wurde - solange diese Sklaven am Leben waren und zur Arbeit taugten: sobald sie gestorben waren, langte nämlich ihr Sachwert nur noch zur Verarbeitung zu Seife. (...)

Liebe macht sehend

Lieben heißt Du sagen können zu jemandem: lieben heißt aber nicht nur Du sagen können zu einem, sondern auch ein anderes: Ja sagen können zu ihm; also nicht nur einen Menschen in seinem Wesen erfassen, in seiner Einmaligkeit und Einzigartigkeit, wie wir es vorhin nannten, sondern auch ihn in seinem Wert bejahen. Nicht nur also einen Menschen in seinem So-und-nicht-anders-Sein sehen, sondern zugleich auch mehr als das: sein Seinkönnen - sein Seinsollen mitsehen, das heißt, sehen nicht nur, wie er wirklich ist, sondern auch was er alles werden kann bzw. was er werden soll. Mit anderen Worten, nach einem Wort Dostojewskijs: Lieben heißt den anderen Menschen so sehen, wie Gott ihn gemeint hat.
Es kann also gar nicht die Rede davon sein, daß wirkliche Liebe etwa blind macht - dies gälte höchstens von der Verliebtheit; sondern wirkliche Liebe macht den Menschen recht eigentlich erst sehend, ja nicht nur dies, sondern sie macht ihn hellsichtig, sie macht ihn geradezu seherisch; denn die Wertmöglichkeiten des geliebten Wesens sehen, heißt ja sehen, was bloße Möglichkeit ist, also noch gar keine Wirklichkeit, noch nichts Verwirklichtes, sondern noch zu Verwirklichendes (PL 86)

Was also ist der Mensch?

Wir haben ihn kennengelernt, wie vielleicht noch keine Generation vor uns; wir haben ihn kennengelernt im Lager - im Lager, wo alles Unwesentliche vom Menschen weggeschmolzen war; wo alles fortfiel, was einer besessen hatte: Geld - Macht - Ruhm - Glück - wo nur mehr das übrigblieb, was ein Mensch nicht "haben" kann, sondern was er "sein" muß: Was übrigblieb, war der Mensch selbst - verbrannt vom Scherz und durchglüht vom Leid, wurde er eingeschmolzen auf das Wesentliche in ihm, auf das Menschliche.
Was also ist der Mensch? So fragen wir nochmals. Er ist ein Wesen, das immer entscheidet, was es ist. Ein Wesen, das in sich gleichermaßen die Möglichkeit birgt, auf das Niveau eines Tieres herabzusinken oder sich zu einem heiligmäßigen Leben aufzuschwingen. Der Mensch ist jenes Wesen, das immerhin die Gaskammern erfunden hat; aber er ist zugleich auch jenes Wesen, das in eben diese Gaskammern hineingeschritten ist in aufrechter Haltung und das Vaterunser oder das jüdische Sterbegebet auf den Lippen.
Das also ist der Mensch. Und nun wissen wir auch die Antwort auf die Frage, die wir uns im Anfang gestellt: Was ist der Mensch, daß wir seiner gedenken? "Er ist ein Schilfrohr", hat Pascal gesagt, "aber ein Schilfrohr, das denkt!" Und dieses Denken, dieses Bewußtsein, dieses Verantwortlich sein-, es macht die Würde des Menschen aus, die Würde jedes einzelnen Menschen. Und es liegt ganz und gar immer nur am einzelnen Menschen, ob er sie mit Füßen tritt - oder ob er sie wahrt. So wie das eine das persönliche Verdienst eines Menschen ausmacht - so das andere seine persönliche Schuld. Und es gibt nur persönliche Schuld. Niemals aber dürfte die Rede sein von Kollektivschuld. Freilich, es gibt auch die

persönliche Schuld eines Menschen, der zwar "nichts getan" hat - aber so manches unterlassen; unterlassen aus Angst um sich selbst oder aus dem Zittern um seine Angehörigen. Wer aber einem solchen Menschen zum Vorwurf machen will, daß er ein "Feigling" war, der müßte zuvor für seine eigene Person unter Beweis gestellt haben, daß er selber in der gleichen Situation ein Held gewesen. Und so wollen wir denn nicht nur gedenken, der Toten, sondern auch verzeihen, den Lebenden. Und wenn wir sprechen: Ehre sei den Toten - so wollen wir auch hinzusetzen: - und Friede allen Lebenden, die guten Willens sind.

Viktor E. Frankl: Der Mensch vor der Frage nach dem Sinn München, 7. Auflage, 1989. S. 100 ff., S. 87 ff., S. 147., S. 241 f., S. 98 f.

3.1.5 Zum Aufbau und der Entwicklung der Persönlichkeit nach Charlotte Bühler

Die Persönlichkeit des Menschen hat einen ganz außerordentlich komplizierten Aufbau. Dem Eindruck nach erleben wir zwar manche Menschen als "einfach", andere hingegen als "kompliziert". Dies hat mit der Motivationsstruktur der jeweiligen Persönlichkeit zu tun. Doch selbst die einfachsten Menschen haben, da sie Menschen sind und dies für alle Menschen gilt, einen komplizierten Persönlichkeitsaufbau.

Da ist zunächst das umfassende Aktionssystem, aus dem die menschliche Handlung hervorgeht; in ihr wirken sich die ständig durch Lernen umgeformten Anlagen aus. Wir haben dies eingehend in früheren Kapiteln besprochen. Dem Aktionssystem liegt zugrunde das komplizierte psychosomatische Geschehen, in dem, sei es durch Wechselwirkung oder in anderer Weise, die körperlich und die seelisch bedingten Vorgänge integriert werden.

Zweitens sind die Persönlichkeitsprozesse bis zu gewissem Grade ununterbrochenem Wandel unterworfen. Dieser Wandel besteht teils in Entwicklung, teils in anderen Veränderungen, unter denen zum Beispiel Erkrankungen oder sonstige Störungen des regelmäßigen Ablaufs eine Rolle spielen. Es gibt daher in der Kontinuität des Geschehens unter gewissen Gesichtspunkten Diskontinuitäten der Prozesse.

Drittens sind die Persönlichkeitsprozesse zeitbezogen: Die Persönlichkeit ist immer durch ihre Vergangenheit sowie ihre Zukunft mitbestimmt, während sie in der Gegenwart lebt. Das heißt, daß Rückblick und Vorausblick in individuell verschiedenem Grade bei den Erlebnissen und in der Behandlung der aktuellen Lebensprobleme zur Geltung gelangen.

Damit kommen wir viertens auf den vielleicht kompliziertesten Teil der Persönlichkeit zu sprechen, nämlich das Gefüge von Motivationen und Zielsetzungen. Motivationen können, wie wir in einem früheren Kapitel sahen, sowohl unbewußt wie bewußt sein. In einer eigenartigen Mischung werden bewußte und unbewußte Motive zu Determinanten des seelischen Geschehens.

Aus den Motivationen einerseits, den gegebenen Situationen andererseits ergibt sich fünftens das ungeheuer reiche und komplizierte Gefüge der Ziele, mit denen der Mensch fast ununterbrochen beschäftigt ist. Obwohl individuelle Variationen im Hinblick auf die Beständigkeit, den Reichtum, die Kompliziertheit und den

Horizont der Zielsetzung festzustellen sind, gibt es doch kein menschliches Dasein, in dem nicht Zielgerichtetheit eine grundlegende Rolle spielt. Selbst der im Spiel oder in erholsamer Entspannung Aufgehende kann einfach nicht anders, als sich mit Zielen zu befassen, die das tägliche Leben betreffen. Er muß, wenn er vom Sonnenbad am Strande kommt, wissen, wohin er seine Schritte lenken, wann, wo und was er essen will und wie er seinen weiteren Tag zu verbringen beabsichtigt. Solange er ein Mensch ist, kommt er nicht davon weg, daß er Absichten haben muß, selbst wenn er es versuchte, ziellos dahinzuleben.
Diese Zielsetzungen finden, ebenso wie die ihnen zugrunde liegenden Motivationen, in den verschiedensten Lebensbereichen, den verschiedensten Schichten und Tiefenlagen der Persönlichkeit statt (...)
Alle diese Teilprozesse verlaufen relativ unabhängig von einander. Diese relativ unabhängige und doch innerlich zusammenhängende Funktionsweise der Teilsysteme der Persönlichkeit ist ein sechstes wichtiges Merkmal ihres Aufbaus (...)
Trotz der relativen Selbständigkeit der Teilsysteme wird aber siebentens offenbar die Persönlichkeit zu einer Ganzheit zusammengefaßt, und zwar in einer individuelle eigenständigen Weise. Diese Ganzheit der Person ist zunächst die rein äußerlich durch die körperliche Abgegrenztheit des Individuums garantierte. Im Innern mag ihr nicht immer eine volle Einheitsbildung entsprechen.
Wo sie besteht, ist die Integration zur Einheit das Ergebnis einer Leistung, die mit integrierender Aktivität schon des embryonalen Organismus beginnt. (...)
Zum Zustandekommen der inneren Einheit und Ordnung gehört noch ein weiterer achter Faktor, den wir nunmehr herausarbeiten müssen. (...)
Das Selbst, das, was letztlich die Identität eines Menschen ausmacht, was er letztlich ist und will - das ist es, was seine innere Einheit garantiert. Die Frage, ob es ein solches letztes Zentrum gibt und wie dieses funktioniert, ist vorläufig noch umstritten und wird, wie wir sehen werden, von den einzelnen Theoretikern verschieden beantwortet. Unserer Auffassung nach ist ohne eine derartige zentrale Instanz die Einheitsbildung unverständlich.
Nur, wenn wir eine Zentralisation annehmen, wird das allgemein anerkannte Faktum des hierarchischen Aufbaus der Ziele erklärbar. Über die Hierarchie der Zielbildungen wissen wir vorläufig noch wenig, außer, daß wir ihr Bestehen feststellen können. Diese Hierarchie ist normalerweise dem Wandel und der Entwicklung unterworfen. Es gibt außerdem aktuelle und darüber hinaus mehr permanente Zielaufbauten in ein- und demselben Individuum. (...)
In gesunden Menschen ist der hierarchische Zielaufbau zwar fest gefügt, aber zugleich auch flexibel. Der Gesunde kann sich - je nach Erfüllung und Enttäuschungen - umorganisieren und umstellen, ganz abgesehen davon, daß der im Laufe der Reifung gewisse Ziele aufgibt und gegen neue eintauscht.
Woher bekommt er die Prinzipien für die Ordnung, die er herstellt? Hier berühren wir einen wichtigen neunten Punkt. Offenbar ist jeder in dem, was ihm wichtig oder unwichtig erscheint, durch verschiedene Gesichtspunkte bestimmt. Im allgemeinen lernt ein Kind von seinen Eltern, was diese für wichtig und für unwichtig halten. Auch die weitere Umwelt, die Schule, die Gemeinde, die nationale und kulturelle Gemeinschaft sind mitbestimmend in dieser Richtung.
Die wichtigste Rolle aber spielen, wie im Kapitel über die Motivation beschrieben, die eigenen Grundtendenzen des Individuums. Diese Grundtendenzen, Lebenserfahrungen und dauernden Einwirkungen der Umgebung liefern dem

einzelnen die Gesichtspunkte, die er auslesend verwendet, um zu bestimmen, was für ihn wichtig und wertvoll ist. Das heißt, daß die Lebenswichtigkeit, die ein Mensch gewissen Zielerfolgen beimißt, sowie die Rangordnung der Werte, die er für sich hergestellt hat, seine innere Ordnung ihrem Inhalt nach bestimmen. Ein zehnter und letzter Faktor, die Lebensbegabung, wird später noch einzuführen sein. An konkreten Beispielen wollen wir ihn sowie die anderen besprochenen Merkmale verdeutlichen. (...)
In dem hierarchischen Aufbau dieser Persönlichkeit finden wir an der Spitze die schöpferisch-expansive Haupttendenz des gesunden Menschen, sich in Liebe, Ehe, Familiengründung und eigenem Beruf voll zu entwickeln und zu verwirklichen. (...)

Bühler, Ch.: Psychologie im Leben unserer Zeit. München/Zürich 1962, S. 217 ff.

3.1.6 Zum Persönlichkeitsbegriff bei Erich Fromm

In den letzten Jahren ist das Identitätsproblem sehr stark in den Vordergrund psychologischer Erörterungen gerückt, und zwar besonders durch die ausgezeichneten Arbeiten von Erik Erikson. Er spricht von der "Identitätskrise" und hat damit zweifellos eines der größten psychologische Probleme der Industriegesellschaft berührt. Doch ist er meines Erachtens nicht so weit vorgedrungen, wie es zu einem vollen Verständnis der Phänomene Identität und Identitätskrise notwendig wäre. Die Industriegesellschaft verwandelt die Menschen in Dinge, und Dinge haben keine Identität. oder vielleicht doch? Ist nicht jedes Ford-Auto eines bestimmten Jahrgangs und Modells identisch mit jedem anderen Ford-Auto desselben Jahrgangs und Modells? Hat nicht jede Dollarnote eine Identität? Sie ist anderen insofern gleich, als sie die gleiche grafische Gestaltung, den gleichen Geldwert und den gleichen Gebrauchswert besitzt, aber sie unterscheidet sich von anderen vielleicht durch den Grad ihrer Abnutzung. Dinge können tatsächlich gleich oder verschieden sein. Wenn wir jedoch von Identität sprechen, meinen wir eine Eigentümlichkeit, die nicht von Dingen ausgesagt werden kann, sondern nur vom Menschen.
Was ist also Identität im menschlichen Sinne? Aus den zahlreichen Versuchen, diese Frage annähernd zu beantworten, möchte ich nur eine Vorstellung herausheben: Identität ist jene Erfahrung, die einem Menschen gestattet, mit vollem Recht "ich" zu sagen; dabei wird das "ich" als ein organisierendes, aktives Zentrum der Struktur meiner gesamten tatsächlichen oder möglichen Tätigkeiten begriffen. Eine solche Ich-Erfahrung entsteht nur während einer spontanen Aktivität, nicht aber im Zustand des Passivseins oder des Halbwachens; in diesem Zustand sind die Menschen nur wach genug, um ihrer Beschäftigung nachzugehen, aber nicht wach genug, um ein "ich" als aktives Zentrum in sich zu spüren. Dieser Begriff des "ich" ist wohl zu unterscheiden vom Begriff des Ego. (Ich benutze diesen Begriff so, wie er umgangssprachlich in den Wörtern "egoistisch" oder "egozentrisch" verstanden wird.) Die Erfahrung meines Ego ist dadurch gekennzeichnet, daß ich mich selbst als Ding erfahre: als der Körper, den ich habe, als das Gedächtnis, das ich habe, oder als das Geld, das Haus, die soziale Stellung, die Macht, die Kinder, die Probleme, die ich habe. Ich betrachte mich selbst als

ein Ding und sehe auch meine soziale Rolle nur als ein weiteres Attribut meiner Dinghaftigkeit an.

Die Identität des Ego wird nur zu leicht mit der Identität des "ich" oder Selbst verwechselt, aber der Unterschied ist grundlegend und unverkennbar: Jede Erfahrung des Ego und der Ego-Identität gründet auf der Vorstellung des Habens. Ich habe mich, so wie ich alle anderen Dinge habe, die ich besitze. Die Identität des "ich" oder Selbst verweist dagegen auf die Kategorie des Seins, und nicht auf die des Habens. Ich bin "ich" nur in dem Ausmaß, wie ich lebe, mich interessiere oder in Beziehungen trete, also aktiv bin; nur in dem Maße, wie ich meine Erscheinung - anderen und mir selbst gegenüber - mit dem Kern meiner Persönlichkeit vereinbaren kann. Die Identitätskrise unserer Zeit beruht im wesentlichen auf der zunehmenden Entfremdung und Verdinglichung des Menschen, und sie kann nur dadurch überwunden werden, daß der Mensch wieder lebendig und wieder aktiv wird. Es gibt keinen psychologischen Abkürzungsweg, auf dem man die Identitätskrise überwinden könnte - das vermag nur die grundlegende Umwandlung des entfremdeten Menschen in einen lebenden Menschen. Die zunehmende Betonung des Ego im Gegensatz zum Selbst , des Habens im Gegensatz zum Sein, findet überdeutlichen Ausdruck in der Entwicklung unserer Sprache. Es ist völlig üblich geworden, "meine Schlaflosigkeit" zu sagen statt "ich kann nicht schlafen", "ich habe ein Problem" statt "ich fühle mich traurig, verwirrt" oder was es gerade sein mag; "unsere glücklich (mitunter sogar: erfolgreiche) Ehe" statt "meine Frau und ich lieben uns." Alle Kategorien des Seins werden in Kategorien des Habens verwandelt. Das statische und unbewegte Ego setzt sich zur Welt in Beziehung, indem es Objekte hat, während das Selbst sich durch den Vorgang der Teilnahme zur Welt in Beziehung setzt. Der moderne Mensch hat alles: ein Auto, ein Haus, einen Beruf, Kinder, eine Ehe, Probleme, Ärger, Befriedigungen - und wenn das alles nicht genügt, hat er einen Psychoanalytiker. Er ist nichts. Integrität ist ein Begriff, der den der Identität voraussetzt. Er kann hier kurz behandelt werden, denn Integrität bedeutet einfach, daß man auf keine der vielen möglichen Weisen die Identität zu verletzen, bereit ist. Die größte Versuchung, die eigene Identität zu verletzen, liegt heute in den Aufstiegschancen innerhalb der Industriegesellschaft. Da das Leben in der Gesellschaft den Menschen ohnehin dazu verleitet, sich selbst als Ding zu betrachten, ist schon ein Sinn für Identität eine Seltenheit. Doch das Problem wird noch viel verwickelter, weil neben der gerade beschriebenen, bewußten Identität eine Art unbewußter Identität zu beobachten ist. Das will sagen: viele Menschen haben sich vielleicht bewußt in Dinge verwandelt, aber unbewußt bewahren sie sich einen Sinn ihrer eigenen Identität, weil der Sozialisierungsprozeß sie nicht völlig in Dinge verwandeln konnte. Wenn diese Menschen der Versuchung nachgeben, ihre eigene Integrität zu verletzen, kann sich bei ihnen ein Schuldgefühl entwickeln, das zwar unbewußt bleibt, aber ein deutliches Gefühl des Unbehagens hervorruft, über dessen Grund sie sich häufig nicht im klaren sind. Die orthodoxe Psychoanalyse macht es sich zu leicht, wenn sie Schuldgefühle als Ergebnis von inzestuösen Wünschen oder "unbewußter Homosexualität" deutet. Die Wahrheit sieht anders aus: solange ein Mensch in psychologischem Sinne noch nicht völlig abgestorben ist, fühlt er sich schuldig, wenn er ohne Integrität lebt.

Unsere Betrachtung der Identität und Integrität bedarf einer Ergänzung; zumindest ganz kurz muß noch eine weitere Haltung erwähnt werden, die Monsignore

W. Fox sehr treffend als Verletzlichkeit bezeichnet hat. Der Mensch, der sich selbst als Ego erfährt und dessen Identitätssinn auf eine Ego-Identität bezogen ist, will natürlich dieses Ding beschützen - sich, seinen Körper, sein Gedächtnis, seine Erinnerungen, seinen Besitz usw., aber auch Meinungen und Gefühlsinvestitionen, die zum Bestandteil seines Ego geworden sind. Er ist dauernd in Verteidigungsbereitschaft gegen jedermann und jegliche Erfahrung, die in die Beständigkeit und Festigkeit seiner mumifizierten Existenz Unruhe bringen könnte. Im Gegensatz dazu gestattet sich ein Mensch, der sich selbst nicht als einen Habenden, sondern als Seienden erfährt, verletzlich zu sein. Ihm gehört nichts - er ist, indem er lebt. Deshalb kann er jeden Augenblick, in dem er seinen Aktivitätssinn verliert oder unkonzentriert ist, in die Gefahr kommen, weder etwas zu haben noch jemand zu sein. Und dieser Gefahr kann er nur durch ständige Aufmerksamkeit, Wachheit und Lebendigkeit entgehen; insofern ist er verletzlich, während der Ego-Mensch sicher ist, weil er hat, ohne zu sein.
Ich müßte jetzt die Hoffnung, den Glauben und die Tapferkeit als weitere "humane Erfahrungen" erörtern; aber da ich sie schon ausführlich im ersten Kapitel behandelt habe, kann ich an dieser Stelle darauf verzichten.
Die Betrachtung aller Erscheinungsformen der "humanen Erfahrungen" bliebe jedoch sehr unvollständig, wenn nicht ein Phänomen explizit gemacht wurde, das implizit in all diesen Erfahrungen liegt: die Transzendenz. Dieser Begriff wird gewöhnlich in religiösem Sinne benutzt, und er bezeichnet dann eine Überschreitung der menschlichen Dimensionen, um zur Erfahrung des Göttlichen zu gelangen. In einem theistischen Bezugs-system ist solch eine Definition auch berechtigt; von einem nicht-theistischen Standpunkt aus läßt sich dagegen die Gottesvorstellung als ein poetisches Symbol verstehen - als Symbol für den Akt des Heraustretens aus dem Gefängnis des Ego, und für die Erlangung der Freiheit, der Welt gegenüber offen zu sein und mit ihr in Beziehung zu stehen. Wenn wir also nicht im theologischen Sinne von Transzendenz sprechen, ist auch die Vorstellung eines Gottes nicht nötig. Doch die psychologische Realität bleibt die gleiche. Denn die Grundlage für Liebe, Zärtlichkeit, Mitleid, Interesse, Verantwortung und Identität ist das Sein, nicht etwa das Haben, und dies bedeutet: die Transzendierung des Ego. Es geht darum, das Ego abzuwerfen, die Gier aufzugeben, sich leer zu machen, um sich füllen zu können, sich arm zu machen, um reich zu sein.

Erich Fromm, Revolution der Hoffnung, Klett Verlag, Stuttgart 1971, S. 93 - 96

3.1.7 Zum Begriff der Persönlichkeit bei Abraham H. Maslow

Wenn die Summe dessen, was wir bereits gesagt haben, darin besteht, daß der Organismus eine vage bezeichnete, eigene, im Inneren gegebene Natur hat, ist es ziemlich klar, daß diese innere Natur ein sehr delikates und subtiles Etwas ist, und nicht stark und überwältigend wie bei den niedrigeren Tieren, die sich niemals im Zweifel darüber befinden, was sie sind, was sie wollen und was sie nicht wollen. Die menschlichen Bedürfnisse nach Liebe, oder nach Wissen oder nach Philosophie sind schwach und dünn, und nicht eindeutig und unmißverständlich; sie flüstern, sie schreien nicht. Und das Flüstern kann leicht übertönt werden.

Um zu entdecken, was ein menschliches Wesen braucht und was es ist, ist es notwendig, besondere Bedingungen herzustellen, die den Ausdruck dieser Bedürfnisse und Fähigkeiten fördern, und die sie ermuntern und ermöglichen. (...)
Vom Standpunkt der Förderung von Selbstverwirklichung oder Gesundheit aus ist eine gute Umwelt (in der Theorie) eine, die alle notwendigen Rohmaterialien anbietet und dann aus dem Weg geht und beiseite tritt, um den (durchschnittlichen) Organismus seine Wünsche äußern und seine Wahl treffen lassen (immer daran denkend, daß er häufig Verzug, Verzicht zugunsten von anderen usw. wählt, und daß andere Menschen ebenfalls Forderungen und Wünsche haben).

Persönlichkeit

Der Begriff der gut angepaßten Persönlichkeit oder der guten Anpassung stellt für die Möglichkeit des Fortschritts und Wachstums eine zu niedrige Decke dar. Die Kuh, der Sklave, der Roboter können alle gut angepaßt sein. Das Über-Ich des Kindes wird gewöhnlich als eine Introjektion von Angst, Bestrafung, Liebesverlust, Verlassenwerden und so weiter definiert. Die Untersuchungen von Kindern und Erwachsenen, die sicher, geliebt und geachtet sind, deutet die Möglichkeit eines im Innern gegebenen Gewissens an, das auf der Liebesidentifikation, dem Verlangen, anderen Freude zu bereiten, wie auch auf Wahrheit, Logik, Gerechtigkeit, Konsistenz, Recht und Pflicht beruht. Das Verhalten der gesunden Person wird weniger von Angst, Furcht, Unsicherheit, Schuld, Scham determiniert und mehr von Wahrheit, Logik, Gerechtigkeit, Realität, Fairneß, Fitneß, Schönheit, Richtigkeit usw. Wo gibt es Untersuchungen über Selbstlosigkeit? Mangel an Neid? Willenskraft? Charakterstärke? Optimismus? Freundlichkeit? Realismus? Selbsttranszendenz? Mut, Courage? Mangel an Eifersucht? Aufrichtigkeit? Geduld? Loyalität? Verläßlichkeit? Verantwortlichkeit?
Selbstverständlich ist die relevanteste und deutlichste Wahl des Gegenstandes einer positiven Psychologie das Studium der psychologischen Gesundheit (und anderer Arten der Gesundheit, ästhetischer, Wert-Gesundheit, physischer Gesundheit und ähnlich). Doch eine positive Psychologie erfordert auch mehr Untersuchung des guten Menschen, des sicheren und des zuversichtlichen, des demokratischen Charakters, des glücklichen Menschen, des heiteren, friedlichen, ruhigen, mitleidvollen, großzügigen, freundlichen, des Schöpfers, des Heiligen, des Helden, des starken Menschen, des Genies und anderer guter Spezies der Menschheit.
Was führt die sozial wünschenswerten Merkmale der Freundlichkeit, des sozialen Gewissens, der Hilfsbereitschaft, Nachbarlichkeit, Identifikation, Toleranz, Nettigkeit, des Verlangens nach Gerechtigkeit, der gerechten Empörung herbei?
Wir haben für die Psychopathologie ein sehr reiches Vokabular, doch für die Gesundheit oder Transzendenz nur ein sehr armes. Entbehrung und Frustration haben einige gute Auswirkungen. Die Untersuchung von gerechter wie von ungerechter Disziplin ist angebracht, ebenso das Studium der Selbstdisziplin, die daraus erfolgt, daß man direkt mit der Realität in Kontakt treten darf, aus ihren Belohnungen und Bestrafungen, ihrem Feedback lernt. Das Studium der Idiosynkrasie und Individualität (nicht der individuellen Unterschiede im klassischen Sinn). Wir müssen eine idiographische Wissenschaft der Persönlichkeit entwickeln. Wie

werden Menschen verschieden voneinander anstatt einander ähnlich (angepaßt, von der Kultur flachgebügelt und so weiter)? Was ist die Hingabe an eine Sache? Was führt zu der ergebenen, treuen Person, die sich selbst mit einer ich-transzendierenden Sache oder Mission identifiziert?

Die zufriedene, glückliche, ruhige, heitere, friedvolle Persönlichkeit. Der Geschmack, Werte, Haltungen und die Wahl der selbstverwirklichenden Menschen sind in einem großen Ausmaß auf wesenhafte und von der Realität bestimmte Basis gestellt, eher als auf eine relative und äußere. Es ist deshalb ein Geschmack für das richtige und nicht das Falsche, das Wahre und nicht das Verlogene, das Schöne und nicht das Häßliche. Sie leben in einem System von stabilen Werten und nicht in einer Roboterwelt ohne Werte (nur Moden, Trends, Meinungen anderer, Nachahmung, Suggestion, Prestige).

Das Frustrationsniveau und die Frustrationstoleranz können bei selbstverwirklichenden Mensch sehr wohl viel höher sein. Dies gilt auch für das Schuldniveau, für das Konfliktniveau und das Schamniveau. Die Kind-Eltern-Beziehungen sind gewöhnlich untersucht worden, als wären sie nur eine Garnitur von Problemen, nur eine Gelegenheit, Fehler zu begehen. Sie sind primär eine Freude und ein Genuß, und eine große Gelegenheit zu genießen. Dies stimmt sogar für die Pubertät, die häufig behandelt wird, als wäre sie mit der Pest verwandt.

Abraham H. Maslow: Motivation und Persönlichkeit. Olten und Freiburg. 2. erweiterte Aufl. 1978, S. 379 f, S. 398 ff.

3.2 Zur Ehe als Lernprozeß für Partnerschaft und Familie

3.2.1 Einleitende und didaktische Hinweise

In heutiger Zeit scheint die allgemeine Situation für die Ehe so schlecht zu sein wie nie. Steigende Scheidungsraten in fast allen Ländern, zunehmende Anzahl nichtehelicher Lebensgemeinschaften sowie individualistische und pluralistische Lebensstile bedrohen offenbar die Ehe als Institution. Jedoch sind diese augenscheinlichen Fakten nicht unbedingt als Kriterien zu werten, die die Institution Ehe als solche grundsätzlich infrage stellen. Sie sind freilich als Indikator dafür zu werten, daß die Ehe in heutiger Zeit schwerer und seltener denn je gelingt. Zunehmende Lebenserwartungen, Reizüberflutung und der gleichen legen den Schluß nahe, daß die Ehe eines stärkeren Lernprozesses bedarf, als man allgemein hin bereit ist zuzugeben. Für alle wichtigen Belange im Leben werden gewisse Grundkenntnisse und deren Qualifizierung verlangt - ausgenommen davon ist lediglich die Ehe. Dabei besteht ein zwingender Zusammenhang zwischen einer guten, d.h. gelingenden Ehe und der guten bzw. harmonischen Familie. Allerdings mangelt es an guten Ratschlägen seitens der Therapeuten und seitens Verwandter und Freunde nicht.

Die Textpassagen in diesem Kapitel enthalten zunächst einmal einige wichtige und konstruktive Elemente der Ehe, die sich in jahrelanger therapeutischer und psychologischer Praxis erwiesen *(Lederer und Jackson)* haben.
Eine kurze Textpassage weist einige begünstigende Elemente für die Beständigkeit der Ehe auf *(Adam Bauer)*.
Der dritte Text beleuchtet das Verhältnis von Partnerschaft, Elternschaft und den Erwartungshaltungen in der Ehe *(Nena und George O'Neill)*.
Der vierte Text schließlich geht einmal der Frage nach, inwiefern der Vorbildcharakter der Eltern relevant für die Wertvermittlung in der Erziehung ist und somit als Ausdruck gelingender Familie sein kann *(Thomas Gordon)*.

Ansätze zur inhaltlichen Auseinandersetzung

- Welche Elemente einer befriedigenden und guten Ehe werden in den einzelnen Texten diskutiert?
- Sind diese als hinreichende und notwendige Elemente zu bezeichnen? Wenn nein, an welchen Punkten bedürfen diese Elemente einer Ergänzung?
- Können "Eheeinspektionen" eine Chance für die Verbesserung der Ehe sein? Sollte ein unabhängiger Dritter (z.B. Therapeut, Freund, Verwandter) anwesend sein?
- Welche Erwartungen an die Ehe und Partnerschaft sind besonders nützlich und welche besonders hinderlich?
- Mit Hilfe welcher Thesen könnte man begründen, weshalb Ehe auch in heutiger Zeit notwendig ist?
- Mit Hilfe welcher Thesen könnte man begründen, weshalb eine gute Ehe und eine gute Familie in kausalem Zusammenhang stehen?

3.2.2 Zu einigen wichtigen und konstruktiven Elementen der Ehe

3.2.2.1 Zu den Elementen einer befriedigenden Ehe

Studien "normaler" Ehen der Mittelklasse zeigen, daß viele verschiedene Muster ehelicher Beziehungen anscheinend erfolgreich funktionieren. Es gibt für zwei Menschen nicht nur einen einzigen Weg, der zu einer befriedigenden Ehe führt, doch scheinen die im folgenden genannten Elemente den verschiedenen Möglichkeiten gemeinsam zu sein.

a) Die Gatten einer gut funktionierenden Ehe respektieren einander. Jeder findet beim anderen wichtige Qualitäten oder Fähigkeiten, die er schätzt - daß er ein guter Sohn ist, daß er eine Menge Geld verdient, usw. Je größer die Zahl der positiven Eigenschaften, desto zufriedenstellender die Ehe.

b) Die Partner üben gegenseitige Toleranz. Sie sehen einander als fehlerhafte, verletzliche menschliche Wesen und nehmen deshalb die gegenseitigen Mängel in Kauf.

c) Das Schlüsselelement für eine erfolgreiche Ehe ist das Bemühen der Partner, aus ihren Aktivposten das beste zu machen und die Passiva so gering wie möglich zu halten. Wir haben versucht zu demonstrieren, daß bei einer gewissen Gemeinsamkeit von Milieu und Erziehung (und wenn sie nicht gegeben wäre, hätten sich die Eheleute wohl nicht verheiratet) die Funktionsfähigkeit der Ehe von der Einübung der Kommunikation abhängt, von der Fähigkeit, Quid-pro-Quos auszutauschen. Damit ergibt sich die Übereinstimmung über gemeinsame Ziele und deren Umsetzung in die Tat. Außerdem hängt der Erfolg von der Erkenntnis ab, daß eine Ehe kein statisches Geschehen ist. Vielmehr findet hier ein Prozeß statt, der dauernden Veränderungen unterworfen ist, und das bedeutet Arbeit an der Beziehung bis zum Lebensende.

In unserem Land hat sich das Märchen verbreitet, die ersten Ehejahre "bügelten alle Probleme aus". Danach, so lautet der Schluß, können die Partner passiv dasitzen und sich im Ehewagen durchs Leben kutschieren lassen. Diese Konzeption ist blanker Unsinn, wie wir zu zeigen versucht haben. Die Scheidungsquoten machen deutlich, wie trügerisch dieses Märchen ist. Interviews mit Hunderten von Ehepaaren demonstrieren, daß die "Statischen", die sich der Passivität überlassen, Scheidung, Trennung und Konflikt von selbst ins Haus holen. Konfliktstoff kommt in vielen Formen, von psychosomatischen Symptomen und seelischer Krankheit bis zum bitteren Leben der schrecklichen Zwei.

Vielleicht wird durch den schnellen Wandel des zwanzigsten Jahrhunderts die traditionelle Familien- und Ehestruktur zum Anachronismus. Bis heute aber sind Einehe und Familienverband nach wie vor Ecksteine unserer Kultur, und wir glauben, sie sind eine Menge Anstrengung wert.

Die Ehe ist ein Prozeß, der sich um zwei komplexe und dauernder Veränderung zugängliche Verhaltensgefüge dreht; deshalb ist eine dauernde und allzeit perfekte Harmonie nicht möglich. Was aber möglich gemacht werden kann, ist die Herstellung einer nützlichen, lebensfähigen und funktionierende Beziehung. Die meisten Ehen sind gekennzeichnet durch Zwietracht, wer dem Trend zur Zerstörung Einhalt gebieten und Schritte zum Erlernen der Teamarbeit unternehmen will, braucht Geduld und Mut. Und, was am wichtigsten ist, er muß die Sehnsucht zur Änderung in sich spüren.

Wenn das männliche und das weibliche System einander untergraben, ist es für die Beteiligten schwierig, dazusitzen und die Dinge auf die gleiche mechanische Art zu klären, wie man eine Grippe kuriert oder einen Reifen wechselt. Es gibt da zu viele subtile Variationen. Einige gehören in den Bereich des Unterbewußten. Sogar ein trainierter und seinem Beruf hingegebener Psychiater kann beträchtliche Zeit damit verbringen, die Bedingungen zu analysieren und eine wirksame Therapie zu entwickeln, und er braucht noch viel mehr Zeit, um die Bemühungen der Beteiligten in die richtige Richtung zu lenken. Die im folgenden angegebenen Do-it-yorself-Rezepte *garantieren auf keinen Fall* eine perfekte, nicht einmal eine funktionierende Ehe. Wenn man aber die Vorschläge ernsthaft studiert und sie gewissenhaft anwendet, mögen sie ein Muster und eine Denkart entwickeln helfen, die folgendes bewirken kann:

1. die Wiederholung der eingefahrenen, zerstörerischen Muster verhindern;
2. kleine Probleme rechtzeitig beseitigen, damit keine großen daraus werden;
3. auf großangelegte Ziele der Beziehung hinweisen;
4. Ehegatten oder zukünftige Eheleute dazu zwingen, bestimmte Gebiete zu erforschen, die sie bisher vermieden haben oder die ihnen gesellschaftliche Sitte bisher als unzugänglich hingestellt hat;
5. Paaren bei der Erkenntnis helfen, daß eine große Zahl sogenannter Experten Tests machen und Ratschläge erteilen (und sich dafür gut bezahlen lassen), die überhaupt nichts taugen; und daß die Natur vieler dieser Ratschläge die Leute zu schnellen - aber falschen - Schlüssen verführt, die oft zerstörerisch sind. Es kann durchaus sein, daß Ihre Ehe viel besser ist, als Sie annehmen!

3.2.2.2 Zur Notwendigkeit von Ehe-Inspektionen

Gewöhnlich unterzieht man seine Ehe nicht einer Untersuchung, ehe nicht großes Unbehagen und die Gefahr des Scheiterns im Raum steht. Wenn das Verhalten der Gatten ganz offensichtlich destruktiv wird und die Beteiligten zutiefst unglücklich sind, dann erst empfinden sie die Notwendigkeit, etwas zu tun. Zwar bringen sie ein defektes Auto in die Garage zur Inspektion, oder sie heben selbst die Kühlerhaube hoch und schauen nach, was der Grund sein könnte, aber für die Ehe unternehmen sie nichts. Und wenn sie eine Ehe führen, die auf stille Art und Weise zum immer Negativeren hin tendiert, übersehen sie die Umstände und verleugnen sie vor sich selbst.

Dieses Kapitel bringt Methoden, die für die Untersuchung der eigenen Ehe nützlich sind, keine Mittel, um die Ehe zu verbessern. Wir wollen hier entdecken, wie gut die Ehemaschinerie funktioniert. Wenn die Partner entscheiden, daß die Ehe fortgeführt und verbessert werden soll, wird der nächste Schritt sein, ihre Minuspunkte zu diskutieren. Dann kommt der dritte Schritt: Möglichkeiten zur Reduzierung oder Beseitigung zu finden. (...)

Hier die drei empfohlenen Methoden für die Bewertung der Ehe:

Methode A. Die Gatten ziehen sich zurück; jeder versucht, die Beurteilung allein vorzunehmen. Diese Methode ist die am wenigsten effektive, aber unter bestimmten Bedingungen die einzig mögliche. Später werden wir beschreiben, wie sie am besten durchgeführt wird.

Methode B. Die zwei Partner setzen sich unter später beschriebenen Umständen zusammen und unternehmen eine gemeinsame Bewertung der Ehe.

Methode C. Die beiden treffen sich in Gegenwart eines dritten, eines Laien. Die Funktion dieses Mittelsmannes ist es, zuzuhören und wiederzugeben, was er "hört". Oft ist die abgesandte Botschaft nicht die, die "gehört" wurde; der Dritte kann dann häufig klären, was gemeint war. Vielfach werden die Botschaften zumindest teilweise durch wortloses Verhalten vermittelt, was der Sender nicht weiß. Der Dritte kann den Partnern beschreiben, was sie dabei tun und wie sie sich verhalten. Der Laie sollte nicht verwandt mit einem der Partner sein - es muß eine Person sein, die zuverlässig nicht Partei ergreift und schweigen kann über das, was sie hört. Auch sollte es sich um jemanden handeln, der keine Bitterkeit fühlt hinsichtlich der Ehe, selbst wenn er geschieden ist.

William J. Lederer; Don D. Jackson: Ehe als Lernprozeß. Wie Partnerschaft gelingt. 4. Auflage, München 1980, S. 144f; S. 195f; S. 277, 281f.

3.2.3 Zur Beständigkeit der Ehe

Viele Stationen im Lebens- und Familienzyklus eines Menschen sind gesellschaftlich vorbestimmt und geprägt. Das läßt sich an den gesetzlich vorgeschriebenen Schulzeiten, den Regelungen im Arbeitsleben, der Mündigkeitsregelung, dem Militärdienst u. a. einsichtig machen. Dabei sind sowohl Schichten - als auch geschlechtsspezifische Unterschiede zu beobachten. Die unterschiedliche Gliederung des Lebenslaufes schließt auch unterschiedliche Chancen in der Lebensqualität ein. Zu überlegen wäre deshalb, wodurch der Bestand einer Ehe begünstigt wird und durch welche Einflüsse er bedroht werden kann.
Günstig für die Ehebeziehungen und für den Bestand der Ehe dürfte sich etwa auswirken, wenn die derart vorbestimmten Rollen und Funktionen der Partner einander entsprechen, ergänzen, wenn also komplementäre Rollen eingenommen werden können. Was Interessen und Temperamente, aber auch Fähigkeiten und Fertigkeiten anlangt, dürfte allgemein gelten, daß sowohl Gleich und Gleich einander anziehen können als auch daß sich Gegensätze ausgleichen können. Wichtig ist, daß die Partner davon profitieren. Dies kann sich dann auch günstig auf das Familiensystem und darüber hinaus auf die Außenbeziehungen auswirken.
Umgekehrt wirken gemeinsame Interessen und Aktivitäten im Sinne gemeinsam erinnerter Erfahrungen günstig auf die Partnerbindungen zurück. Problematisch wird es, wenn einer von beiden oder gar beide nichts mehr zu geben vermögen oder dazu nicht mehr die Bereitschaft haben. Das Bewußtwerden etwa der Ungleichverteilung der Lasten, wie es heutzutage vielfach von Frauen empfunden wird, kann Krisen entstehen lassen. Das erfordert flexibles Verhalten auf beiden Seiten. Konzessionsbereitschaft, Toleranz, Liebesbeteuerungen reichen da oft nicht mehr aus. Mitunter sind die Ehepartner dazu gezwungen, altes, lange eingeübtes Verhalten zu überprüfen bzw. abzulegen und neues zu erwerben, das heißt neu zu lernen. Dazu kann Ehe- und Familienberatung Hilfen anbieten. Die Probleme jedoch müssen zwischen den Partnern gelöst werden.

Adam Bauer: Gemeinsam alt geworden. Die altersbeständige Beziehung. in: Schmitt, W.R. (Hrsg.): Soweit die Liebe Trägt. Partnerschaft heute. Gütersloh 1984, s. 69f.

3.2.4 Zum Verhältnis von Partnerschaft, Elternschaft, realisieren und unrealistischen Erwartungen an die Ehe

"Bis daß der Tod uns scheidet", geloben wir bei der Hochzeit. Aber wir wissen sehr genau - oder zumindest sollten wir es wissen -, daß es andere Gründe gibt, die uns schon lange vorher trennen können. Scheidungen sind heute so gang und gäbe, daß die Ehe zu einer Drehtür geworden ist, durch die man auf dem Weg zum nächsten Versprechen der ewigen Treue hindurchwirbelt - der Partnertausch hat eine Form angenommen, die unserer kulturell verwurzelten Ablehnung der Polygamie hohnspricht. So traurig es auch klingt - der Mann, den Sie heute heiraten, ist vielleicht nicht der Vater des Kindes, das Sie später einmal bekommen werden.

Noch muß Ihre Frau unbedingt die Mutter Ihrer Kinder sein. Vielleicht ist sie es, aber fest darauf rechnen kann man nicht. Das mag eine harte und unerfreuliche Betrachtungsweise sein. Aber wir wollen damit ja nicht sagen, daß Sie von vornherein annehmen werden, Ihr Ehepartner werde nicht Mutter oder Vater Ihres Kindes sein; wir möchten nur, daß Sie es nicht als selbstverständlich voraussetzen und daß Sie sich der Möglichkeit bewußt sind, es könnte auch anders kommen. Das ist nur realistisch gedacht.

Die Ablehnung dieses Gedankens ist Selbsttäuschung und kann den Aufbau der Beziehung zwischen den Partnern stören. Heutzutage kann man sowieso wählen, ob man Kinder haben will oder nicht, und deshalb sollte man den Partner als den Menschen lieben, der er ist, und nicht als möglichen Elternteil. Ehepartner, die zuerst an die Beziehung zueinander denken und dann an eine Zukunft mit Kindern, haben auf die Dauer gesehen mehr Chancen für ein späteres glückliches Familienleben.

Auch wenn man Kinder hat und es einem gelingt, bis ans Lebensende - also ca. fünfzig Jahre - mit dem gleichen Partner verheiratet zu sein, sollte man stets daran denken, daß die Erziehung der Kinder nur ungefähr ein Drittel der Gesamtdauer der Ehe in Anspruch nimmt - die weitaus größere Zeitspanne verbringt man als Ehepaar und nicht als Eltern. Daher sollte die Beziehung zum Partner immer das wichtigste sein, ob man nun gemeinsame Kinder hat oder nicht. Je besser diese Beziehung ist, desto positiver wirkt sie sich auf die Erfüllung der elterlichen Pflichten aus. Es ist daher von größter Bedeutung, sich gegenseitig als selbständige Einzelpersonen und nicht als zukünftige Eltern zu sehen, die Gemeinschaft im Jetzt zu genießen, statt in der Zukunft zu leben - denn die Zukunft wird auch ohne unser Zutun nur allzuschnell Gegenwart.

Eine verfrühte Einstellung auf die Elternschaft und falsche Hoffnungen auf Sicherheit sind nur zwei aus der Vielzahl unrealistischer Erwartungen, die uns daran hindern, im Jetzt zu leben und bewußt nach Freiheit, persönlicher Entwicklung und Liebe in der Partnerschaft zu suchen. Gemäß ihrer Struktur schaltet die traditionelle Ehe selbständiges Denken und Nachdenken aus. Man bekommt sie sozusagen als fertig gepacktes Paket vorgesetzt, das nicht nur eine komplette Garnitur von Erwartungen enthält, sondern sogar strenge Vorschriften dafür, wie sie zu erfüllen sind. Da diese Erwartungen in sich selbst unrealistisch sind und es nur einen gutgeheißenen Weg zu ihrer Erfüllung gibt, ist unvermeidbar das Muster für zukünftige Enttäuschungen vorgezeichnet. Die Erwartungen führen zu Forderungen, die Forderungen zu Manipulationen, die Manipulationen zur Frustration und die Frustration zur bitteren Enttäuschung. Zu dieser Kettenreaktion darf man es gar nicht erst kommen lassen. Das aber gelingt nur, wenn man die unrealistischen Erwartungen, die Wurzel des Übels, ausmerzt.

In unserer Gesellschaft ist alles nur auf Sofortgebrauch und Perfektion eingestellt. Man kauft irgendein Produkt, und wenn es nicht fehlerfrei ist, gibt man es sofort zurück. Oft entspricht aber das Gekaufte nicht den Erwartungen, weil man sich von der Verpackung hat täuschen lassen. Auch die traditionelle Ehe ist in eine irreführende Verpackung eingehüllt - nämlich in die leuchtenden Farben der Idealisierung. Diese Verpackung macht uns glauben, daß sie nicht nur all unsere Träume erfüllen wird, sondern daß sie auch der einzige Weg zu dieser Erfüllung ist. Wenn sich dann herausstellt, daß wir auf die irreführende Reklame reingefallen sind, fühlen wir uns betrogen. Und dann wählen wir eine der folgenden drei Möglichkeiten: Wir finden uns resigniert und enttäuscht mit dem ab, was wir erworben haben; oder wir werfen es weg und kaufen etwas anderes, von dem wir hoffen, daß es eine Verbesserung darstellt (was es vielleicht aus dem einfachen Grund auch tut, weil wir inzwischen gelernt haben, nicht zuviel zu erwarten); oder wir schwören, nie wieder etwas auf lange Sicht zu kaufen, sondern lieber einen kurzfristigen kündbaren Mietkauf zu tätigen.

Wir haben eine Liste der unrealistischen Erwartungen von der Ehe zusammengestellt. Daran anschließend finden Sie eine Aufstellung dessen, was man unserer Meinung nach mit einiger Berechtigung von einer offenen Partnerschaft erwarten darf. Vielleicht wird Ihnen die eine oder andere der in der ersten Liste aufgeführten Erwartungen gar nicht so unrealistisch erscheinen, aber wir hoffen, in den folgenden Kapiteln deutlich zu machen, weshalb wir sie in die Aufzählung einbezogen haben. Wir gehen sogar so weit, zu behaupten, daß bei vielen von Ihnen gerade die Erwartungen, die auf den ersten Blick nicht unrealistisch erscheinen, die eigentliche Ursache Ihrer Eheprobleme sind.

Unrealistische Erwartungen, unvernünftige Ideale und überlieferte Ansichten der traditionellen Ehe:

- daß sie auf ewig Bestand hat
- daß sie eine totale Verpflichtung bedeutet
- daß sie Glück, Behaglichkeit und Sicherheit bietet
- daß Ihr Partner Ihnen *gehört*
- daß Ihr Partner Ihnen ständig Aufmerksamkeit, Interesse, Bewunderung und Rücksichtnahme entgegenbringt
- daß Sie nie wieder einsam sein werden
- daß Ihr Partner zu jeder Zeit lieber mit Ihnen als mit irgend jemand anders zusammen ist
- daß Ihr Partner sich nie von einem anderen Menschen angezogen fühlen und Ihnen immer "treu" sein wird
- daß Eifersucht gleichzeitig Liebe bedeutet
- daß die Treue ein gültiger Maßstab für die Liebe ist, die man füreinander empfindet
- daß der sexuelle Genuß sich mit der Zeit steigern wird, falls er nicht schon das welterschütternde Ereignis ist, das er angeblich sein soll
- daß man durch guten Sex (wozu man nur die Positionen und die richtige Technik zu lernen braucht) alle Eheprobleme lösen kann
- daß sich alle Eheprobleme um Sex und Liebe drehen
- daß es Sinn und Ziel der Ehe ist, ein Kind zu haben
- daß ein Kind der überzeugendste Ausdruck der Liebe ist, die sie füreinander empfinden

- daß ein Kind eine schal gewordene Ehe neu belebt und eine gefährdete Ehe rettet
- daß Sie sich allmählich und ohne Streit, Meinungsverschiedenheiten oder Mißverständnisse aneinander anpassen werden
- daß Sie einander nicht lieben, wenn Sie sich streiten
- daß jede Art von Veränderung eine Kluft und somit eine Minderung der Liebe bedeutet
- daß jeder Partner in der Ehe nur die Rolle spielt, für die er biologisch vorgesehen ist
- daß Sie daher das Recht haben, von einem Mann etwas anderes zu erwarten als von einer Frau
- daß Opferbereitschaft ein Maßstab für die Liebe ist
- und zum Schluß das Wichtigste: daß der Mensch, den Sie heiraten, all Ihre Bedürfnisse in wirtschaftlicher, physischer, sexueller, intellektueller und emotionaler Hinsicht erfüllen kann.

Jede einzelne dieser Ansichten, Erwartungen und Ideale ist auf die eine oder andere Art falsch, praktisch unmöglich zu erfüllen, geschweige denn zu einem Dauerzustand zu erheben. Trotzdem sind die Klauseln des traditionellen Vertrages so abgefaßt, daß genau diese Erwartungen Wirklichkeit werden *müssen*. Jede von ihnen, die Sie tatsächlich erfüllen können, geht beinahe sicher auf Kosten der persönlichen Freiheit und Entwicklung und bringt negative Konsequenzen für die Kinder und letztlich für die Ehe selbst.

Der Kern des Problems liegt darin, daß die traditionelle Ehe ihrer Struktur nach ein statischer Zustand ist, ein Schema, das, einmal etabliert, Erfüllung aller Erwartungen bedeutet. Sind diese Erwartungen aber fest vorgeschrieben und lassen die Mittel und Wege zu ihrer Erfüllung keinerlei Bewegungsfreiheit mehr zu, dann geht jede Spontaneität verloren, und die schöpferische Kraft wird erstickt. Die Partnerschaftsehe dagegen ist ein *Prozeß* dynamischer Wechselbeziehungen zwischen Mann und Frau, der Realität und Erwartung in Bewegung hält. Wir glauben, daß die einzigen realistischen Erwartungen, die man von der Ehe haben kann, aus den Begriffen *Veränderung* und *Wachstum* resultieren.

Realistische Erwartungen der offenen Ehe

- daß man das meiste, aber nicht alles miteinander teilt
- daß jeder Partner sich ändern wird und daß Veränderungen sowohl die Folge von Konflikten als auch von allmählichen Entwicklungen sein können
- daß jeder bereit ist, Verantwortung zu übernehmen, und auch seinem Partner dieses Recht zugesteht
- daß Sie von Ihrem Partner nicht erwarten können, daß er alle Ihre Bedürfnisse erfüllt oder das für Sie tut, was Sie selbst für sich tun sollten
- daß jeder Partner verschiedene Bedürfnisse, Fähigkeiten, Wertmaßstäbe und Erwartungen hat, weil er ein anderer *Mensch* und nicht, weil er der Ehemann bzw. die Ehefrau ist
- daß das gemeinsame Ziel die gegenseitige Beziehung und nicht gesellschaftlicher Status, Besitz oder Kinder ist
- daß Kinder nicht als Beweis der Liebe zu werten sind

- daß Sie wählen können, ob Sie Kinder haben wollen, und dann die Elternrolle bewußt und bereitwillig als die größte Verantwortung im Leben übernehmen
- daß Sympathie und Liebe auf der Grundlage gegenseitiger Achtung wachsen, die ein Merkmal der offenen Ehe ist.

Im Gegensatz zu den unrealistischen Idealen der unsterblichen Liebe, Sicherheit und Erfüllung durch einen anderen Menschen, wie sie für die traditionelle Ehe kennzeichnend sind, hat die offene Ehe folgende Ideale:

Intimität	*Verantwortungsbereitschaft*
Intensität	*Lernbereitschaft*
schöpferische Kraft	*Anregung*
Spontaneität	*Flexibilität*
Entwicklungsmöglichkeit	*Bereicherung der Persönlichkeit und der Beziehung der Partner*
Achtung	*persönliche Freiheit und die Sympathie und Liebe, die daraus erwachsen*

All diese Ideale werden nicht dadurch erreicht, daß man an den Partner Forderungen stellt, wie es bei den Idealen der traditionellen Ehe der Fall ist. Statt dessen sind sie das natürlich Ergebnis einer offenen Beziehung, einer Beziehung, die von Paar zu Paar anders geartet sein kann, einer Beziehung, die Sie selbst, mit sich selbst und für sich selbst aufbauen - das heißt für Ihr individuelles und Ihr gemeinsames Selbst.

Nena u. George O'Neill: Die offene Ehe. Konzept für einen neuen Typus der Monogamie. Reinbek 1975, S. 48 - 52

3.2.5 Zum Vorbildcharakter der Eltern bei der Wertvermittlung

Der Elternteil als Vorbild

Eltern, wie auch viele andere Erwachsene, mit denen Kinder in Kontakt kommen werden, wenn sie heranwachsen, werden *Vorbilder* für sie sein. Eltern sind ein ständiges Vorbild für ihre Nachkommen - durch ihre Handlungen demonstrieren sie noch deutlicher als durch ihre Worte, welchen Dingen sie Wert beimessen und an was sie glauben.
Eltern können ihre Wertvorstellungen lehren, indem sie sie vorleben. Wenn sie wollen, daß ihre Kinder Ehrlichkeit schätzen, müssen die Eltern täglich ihre eigene Ehrlichkeit demonstrieren. Wenn sie wollen, daß ihre Kinder Großzügigkeit

schätzen, müssen sie sich großzügig verhalten. Wenn sie wollen, daß ihre Kinder sich "christliche Werte" zu eigen machen, müssen sie sich selbst wie Christen verhalten. Das ist der beste und vielleicht der einzige Weg für Eltern Kindern ihre Wertvorstellungen zu "lehren".
"Richte dich nach dem, was ich sage, nicht nach dem, was ich tue", ist keine wirksame Einstellung bei der Unterweisung von Kindern in den Wertvorstellungen ihrer Eltern. "Richte dich nach dem, was ich *tue*", kann dagegen ein Kind mit großer Wahrscheinlichkeit modifizieren oder beeinflussen.

Eltern, die wollen, daß ihre Kinder ehrlich sind, werden ihr Vorhaben zunichte machen, wenn sie bei Erhalt einer unerwünschten Einladung am Telefon vor ihren Kindern lügen: "Oh, wir würden gerne kommen, aber wir erwarten Besuch von auswärts". Oder wenn Vater mittags bei Tisch erwähnt, wie schlau er seine Einkommensteuererklärung mit abzugsfähigen Unkosten ausgepolstert hat. Oder wenn Mutter ihre Teenager-Tochter warnt: "Nun wollen wir Vater aber nicht sagen, wieviel ich für die neue Lampe bezahlt habe". Oder wenn beide Eltern ihren Kindern im Zusammenhang mit Sex, Leben, Religion nicht die ganze Wahrheit sagen.
Eltern, die wollen, daß ihre Kinder der Gewaltlosigkeit in menschlichen Beziehungen Wert beimessen, werden als Heuchler erscheinen, wenn sie körperliche Züchtigungen anwenden, um zu disziplinieren". Ich erinnere mich einer beißenden Karikatur, die einen Vater darstellt, der seinen übers Knie gelegten Sohn prügelt und schreit: "Das wir dich hoffentlich lehren, dein kleines Brüderchen nicht zu schlagen".
Eltern lehren Kinder ihre eigenen Wertvorstellungen, indem *sie selbst ein entsprechendes Leben führen,* nicht, *indem sie Kinder zwingen, nach bestimmten Regeln zu leben.* Ich bin der festen Überzeugung, einer der Hauptgründe, warum Jugendliche heute unter Protest viele der Wertvorstellungen der erwachsenen Gesellschaft ablehnen, ist die Feststellung, daß Erwachsene auf die verschiedenste oft subtile Weise das zu praktizieren versäumen, was sie predigen. Kinder entdecken zu ihrem Entsetzen, daß die Schulbücher in den Oberschulen nicht die ganze Wahrheit über die Regierung und die Geschichte sagen, oder daß ihre Lehrer durch Verschweigen mancher Tatsachen des Lebens lügen. Sie können nicht umhin, empört über die Erwachsenen zu sein, die gewisse Prinzipien der Sexualmoral predigen, wenn sie im Fernsehen Filmen und Serien ausgesetzt sind, die ein sexuelles Verhalten der Erwachsenen darstellen, das im Widerspruch zu der Moral steht, für die sie ihren Kindern gegenüber eintreten.
Ja, Eltern können ihre Wertvorstellungen lehren, wenn sie vorleben. Aber wie viele Eltern tun das? Ihre Wertvorstellungen lehren, ja, das dürfen Sie, aber durch Beispiel, nicht durch Überredung oder durch elterliche Autorität. Lehren Sie, was immer für Sie selbst von Wert war, aber dadurch, daß Sie ein Vorbild sind, das seine Wertvorstellungen in die Praxis umsetzt.

Was Eltern Sorgen macht, ist, daß ihre Kinder sich nicht von *ihren Wertvorstellungen überzeugen lassen könnten.* Das stimmt - sie lassen sich möglicherweise nicht überzeugen. Vielleicht gefallen ihnen manche Wertvorstellungen der Eltern nicht, oder sie sehen vielleicht vollkommen richtig, daß manche der von den Eltern vertretenen Wertvorstellungen zu Ergebnissen führen, die Kinder nicht mögen (wie im Fall mancher Jugendlicher von heute, die den Patriotismus ablehnen, weil sie darin eine Wertvorstellung sehen, die ein Verhalten zeitigt, das oft zum Krieg führt und in der Geschichte oft geführt hat).

Wenn sie befürchten, daß Jugendliche sich nicht von Ihren Wertvorstellungen überzeugen lassen könnten, fallen Eltern stets auf das Argument zurück, daß sie berechtigt sind, Macht anzuwenden, um ihren Kindern ihre Wertvorstellungen aufzudrängen. "Sie sind zu jung, um selbst zu urteilen", lautet die am häufigsten angeführte Rechtfertigung dafür, Kindern Wertvorstellungen aufzudrängen.

Ist es überhaupt *möglich*, einem anderen, gesunden Menschen durch Macht und Autorität Wertvorstellungen aufzudrängen? Ich glaube nicht. Mit größter Wahrscheinlichkeit besteht das Resultat darin, daß diejenigen, deren Ansichten man beeinflussen möchte, sich einer derartigen Dominierung noch heftiger widersetzen und ihren Glauben und ihre Wertvorstellungen oft um so hartnäckiger verteidigen. Macht und Autorität mögen die *Handlungen* anderer kontrollieren, sie kontrollieren selten ihre *Gedanken, Ideen und Überzeugungen.*

Thomas Gordon: Familienkonferenz. Die Lösung von Konflikten zwischen Eltern und Kind. Reinbek 1980, S. 258 ff.

3.3 Zum Wandel des Familienzyklus und Familienkonstellationen

3.3.1 Einleitende und didaktische Hinweise

Familie leistet den wichtigsten Beitrag zur Entwicklung des einzelnen. Jedoch muß diese Allgemeinaussage differenzierter betrachtet werden. Es ist für die Entwicklung des Menschen psychologisch von großer Bedeutung, ob er in einer größeren oder kleineren Familie aufwächst. Zur Verdeutlichung dieses Themenkomplexes wurden zwei Textstellen gewählt.
Der erste Textausschnitt von *Walter Toman*, einem der herausragenden Forscher auf dem Gebiet der Familienkonstellationen, weist nach einer allgemeinen Einführung auf sehr unterschiedliche Geschwisterkonstellationen und deren Einfluß auf den einzelnen hin.
Die zweite Textstelle wurde von *Ursula Lehr* verfasst, und zeigt einen epochalen Wandel in der Größe der Familie. Bedingt durch Lebensumstände wie die enorme Vergrößerung der Lebenserwartungen hat sich auch die Familie gewandelt. Dies wirkt sich auch auf die Gestaltung einiger familieninterner Bereiche aus. Besonders dargelegt wird der epochale Wandel in der Auswirkung auf die Vereinbarkeit von Familie und Beruf.

Ansätze zur inhaltlichen Auseinandersetzung

- Können Sie aus eigener Erfahrung die Ergebnisse zu den Familienkonstellationen bestätigen?
- Welche Auswirkungen haben die unterschiedlichen Familienkonstellationen auf die individuelle Entwicklung?
- Welche psychischen Auswirkungen werden als positiv oder negativ bewertet?
- Gibt es Geschwisterkonstellationen, die der psychischen Entwicklung besonders dienlich sind? Gibt es so etwas wie die "optimale Familienkonstellation?
- Wie wirken sich die unterschiedlichen Geschwisterkonstellationen auf die spätere Ehe- und Familienfähigkeit und die Gestaltung der inneren Beziehungen in Ehe und Familie aus?
- Worin zeigt sich der epochale Wandel bei der Familie besonders?
- Welche Auswirkung hat dieser Wandel auf die Zugehörigkeit zur Familie bzw. den "Familiensinn"?
- Stellt der epochale Wandel eine neue Herausforderung an die Institution Ehe und die personale Entfaltung in der Ehe dar?
- Welche Auswirkung hat der Wandel auf die einzelnen Familienmitglieder sowohl in Bezug auf die Kinder als auch auf Eltern, Mann und Frau?
- Worin könnte eine optimale innerfamiliäre Lösung dieses Wandels bestehen? Gemeint sind hierbei nicht nur die Fragen in Zusammenhang mit der Vereinbarkeit von Familie und Beruf.
- Welche Argumente werden in diesem Zusammenhang zumeist ausgetauscht?
- Inwiefern stellt sich die Frage der Beziehungen der Generationen zueinander neu?
- Wie könnte eine moderne Partnerschaft in Ehe und Familie gestaltet sein, die alle Familienmitglieder einschließt?

3.3.2 Zu Familie, Familienzyklus und Beruf im epochalen Wandel

3.3.2.1 Zur Familie im epochalen Wandel

Vergleichen wir "Familie" heute und "Familie" vor 100 oder 200 Jahren, so zeigen sich vielfältige Veränderungen. Objektive Gegebenheiten - wie Familiengröße, Familienstruktur, Wohnsituation - haben sich gewandelt, doch auch das subjektive Erleben der Familie, der Interaktion zwischen den Familienmitgliedern, zeigt erhebliche Veränderungen im Laufe der Zeit. Von unseren sehr eingehenden biographischen Studien wissen wir, daß z.B. Großfamilienfeste, Großfamilienfeiern (von der Verlobung, der Hochzeit, der Kindstaufe, Kommunion, Konfirmation bis zum Begräbnis) in früheren Zeiten für sehr viele Menschen aller Schichten, allerdings für die ländliche Bevölkerung mehr als für die städtische, Höhepunkte des Lebenslaufes auch der nicht direkt betroffenen Familienmitglieder waren und nicht selten der eigenen Biographie eine subjektive Gliederung gaben. Heutzutage werden solche Familienfeste nicht nur von den Jüngeren, sondern auch von den meisten Älteren (wir haben hierzu Intensivstudien der Geburtsjahrgänge 1890 bis 1905) keineswegs mehr als besonders attraktiv erlebt, als "Wert", als "positives Ereignis" - sondern eher als unangenehme Verpflichtung oder gar als Belastung empfunden, der man oft lieber aus dem Weg gehen möchte.

Wir haben einen punktuell aufzeigbaren Einstellungswandel der Familienmitglieder - und zwar nicht nur der jüngeren, sondern auch der älteren - der Institution Familie gegenüber aufzuzeigen, doch wäre es falsch, daraus gleich Tendenzen einer Auflösung der Familie, einer generellen Scheu vor familiären Bindungen, ableiten zu wollen.

Freilich, die Familie als äußere Zwangsjacke, ein familiärer Zusammenhalt nur der Nachbarschaft und des "guten Rufes" wegen wird - mit Recht! - abgelehnt. Aber Familie als innerer Halt, als Möglichkeit mit mehr oder minder Gleichdenkenden Probleme zu diskutieren, als Möglichkeit gemeinsamen Erlebens im kleinen Kreis, wird bejaht - sogar von einem großen Anteil der heutigen Jugend. Nicht "die" Jugend von heute ist familienfeindlich, sondern höchstens bestimmte Gruppen von Jugendlichen, deren familiäre Erfahrungen eher negativ getönt sind, sei es, daß sie Familie als bloße äußere Form ohne innere Beziehung erlebten oder auch, daß sie von übermäßiger Fürsorge übersättigt worden sind und dieser unangebrachten "Bemutterung" nun zu entfliehen suchen.

Es gibt zwar heute wie auch früher Familien, die als Einengung des Lebensraumes erlebt werden - sowohl vom Jugendlichen, wie aber auch vom Vater und erst recht von der Mutter - und die als solche Einengung und Begrenzung innerlich abgelehnt werden. Aber es gibt auch früher wie heute noch Familien, die als Ausweitung des Lebensraumes erlebt werden - und zwar von allen Familienmitgliedern - und als solche geschätzt werden - und auch andere Formen familiären Zusammenlebens, die eher zu einer Auflösung der familiären Gemeinschaft im herkömmlichen Sinne führen werden. Dabei ist und bleibt die Grundidee der Familie, der lebenslangen Gemeinschaft der Ehepartner und der lebenslangen Interaktion zwischen Kindern und Eltern, Großeltern und Enkeln ein Grundwert unserer Gesellschaft. Die Familie wird auch in unserer Zeit und unserer Gesellschaft Bestand haben. Die Familie wird ein Grundwert unserer Gesellschaft

bleiben - aber nur dann, wenn sie echte Partnerschaft zwischen allen Familienmitgliedern anstrebt.
Ich möchte hier nicht im einzelnen auf alle Aspekte epochalen Wandels der Familie eingehen, sondern nur - mehr mosaikartig - einige Stichworte nennen:

1. Die veränderte Beziehung zwischen Familie und Gesellschaft:
"Familienrecht", "Familienschutz" und "Familienförderungsmaßnahmen" regeln heutzutage nicht nur die externen Beziehungen der Familie, sondern nehmen auch auf die internen Beziehungen erheblich Einfluß (von Ehestandsdarlehen, Kindergeld, Erziehungshilfe, Ausbildungsförderung und ähnlichen Maßnahmen über die oft Ehen verhindernde Scheidungsgesetzgebung bis hin zur Altersrente und Sozialhilfe im Pflegefall).

2. Zunehmende Unabhängigkeit einzelner Familienmitglieder:
Durch eine Vielzahl von Maßnahmen wird die "Versorgungsfunktion" der Familie reduziert. Eltern können sich heute nicht mehr in dem Maß wie früher für ihre Kinder "aufopfern (und erwachsene Kinder nicht für ihre alten Eltern), sondern nur noch für das Finanzamt, welches dann die Steuergelder als Segnungen des Staates unpersönlich an auszubildende Kinder und alte Eltern verteilt. Unter finanziell-wirtschaftlichem Aspekt ist ein Funktionsverlust der Familie zu beklagen - doch könnte daraus zweifelsohne ein Funktionsgewinn entstehen, wenn man sich nicht aus Abhängigkeit einander zuwendet, sondern aufgrund echter Gemeinsamkeiten, echter gegenseitiger Wertschätzung und Hochachtung (die für manche Eltern schwerer zu erreichen ist als die Möglichkeit, materielle Unterstützung zu bieten)!
Zweifelsohne wäre hier auch schon auf die zunehmende wechselseitige Unabhängigkeit von Mann und Frau einzugehen: Funktionen der Haushaltsführung (vom Knopfannähen bis zum Essenkochen, aber auch der Versorgung des Kleinkindes) können - zumindest bei der jüngeren Generation - mehr und mehr auch vom Mann übernommen werden, Funktionen der wirtschaftlichen Sicherung und der Vertretung der Familie nach außen mehr und mehr von der Frau. Doch auch dieser Funktionsverlust des Mannes als "Brötchenverdiener" und der der Frau als "Reinemachefrau, Putzhilfe, Kindermädchen und Köchin" kann für alle Beteiligten einen Funktionsgewinn mit sich bringen: echte Zuwendung aufgrund gegenseitiger Achtung und Wertschätzung der Persönlichkeit und nicht aufgrund gegenseitiger äußerer Abhängigkeit. Dies verlangt zweifellos mehr Anstrengung beider Partner, die nun äußere Bande durch innere Bande ersetzen müssen.

3. Die Großfamilie bzw. "erweiterte Familie" wird von der Kernfamilie abgelöst:
Das Zusammenwohnen mehrerer Generationen in einem Haushalt wird zunehmend seltener. Damit ist eine Betreuung des Kleinstkindes durch Großmütter, unverheiratete Schwestern und Verwandte kaum noch gegeben - ebensowenig wie die Betreuung alter, hinfällig gewordener Eltern oder Großeltern durch viele Geschwister. Das in früheren Zeiten durchaus übliche "multiple mothering" wie auch das "multiple caring for the aged parents" ist nur in den allerseltensten Fällen möglich. Wohlbegründet spricht man heute von der "Gefahr der Mutter-Ausschließlichkeit für das Kind".

4. Zwei-Generationen-Haushalte werden in kürzerer Zeit zu Ein-Generationen-Haushalten:

Der Rückgang der Drei-Generationen-Familie wurde schon vor 20 Jahren beklagt; doch selbst Zwei-Generationen-Haushalte gehen heute insofern zurück, als die Jugendlichen eher das Elternhaus verlassen. Oft geht - wie unsere Studien zeigen - allerdings mit der Minderung der quantitativen Beziehungen zwischen Eltern und heranwachsenden Kindern eine Verstärkung der qualitativen Beziehungen einher, besonders dann, wenn die Mütter nicht auf das Kind fixiert waren, sondern auch außerhäusliche Aufgaben wahrgenommen hatten und so durch die "empty-nest" Situation nicht allzusehr betroffen werden.

5. Von der Drei-Generationen-Familie zur Vier-bis-Fünf-Generationenfamilie:

Auch wenn das Zusammenwohnen mehrere Generationen in einem haushalt abnimmt, so ist gewiß ein neues Phänomen, daß vier Generationen einer Familie leben und miteinander in Kontakt stehen ("innere Nähe bei äußerer Distanz"), ja, daß sogar fünf Generationen weit üblicher werden. Das heißt - wie auch unsere ersten Erhebungen an 352 Fünf-Generationen-Familien zeigen:

- zwei Generationen im Rentenalter;
- Großmutter-Werden im dritten Lebensjahrzehnt, wenn noch nicht einmal 50% der durchschnittlichen Lebenserwartung erreicht ist;
- Überforderung der mittleren Generation der Großeltern als "sandwich-generation", die nach "oben" und "unten" zu geben hat;
- die jetzt wieder laut angepriesene "family-care for the aged" ist einmal "daughter-care", wird zum anderen oft von der Urgroßmutter für die Ururgroßmutter übernommen.

6. Von der Mehr-Kinder-Familie zur Ein- und Zwei-Kinder-Familie:

Dies sei hier nur festgestellt. Die Diskussion dieser Thematik der veränderten Generativität wäre ein eigenes Thema. Doch ist es falsch, einseitig die Berufstätigkeit für den Geburtenrückgang verantwortlich zu machen. Die Möglichkeiten besserer Familienplanung spielen einmal eine Rolle - zum anderen aber auch wissenschaftlich in dieser Form nicht haltbare Predigten einer "Nestwärme" und einer "notwendigen ständigen Bezugsperson" à la Christa Meves, die - völlig unnötig - bei jungen Müttern ein früher zu Zeiten der Großfamilie nie gekanntes Gefühl des Angebundenseins schaffen und oft zur Ablehnung schon des zweiten Kindes führen. Die in dieser Form falsch formulierte Alternative Kind oder Beruf ist von Übel; hier müßten Wege gesucht werden, die Kind und Beruf ermöglichen.

7. Veränderungen des familiären Lebenszyklus:

Schon die 35jährige Großmutter, die wir in Fünf-Generationen-Familien fanden, zwingt zu einem Umdenken und zu einer Korrektur von Klischeevorstellungen. Das Durchschnittsalter, Großmutter zu werden, liegt heute bei 46 Jahren. Großvater bei 49/50 Jahren, also auf dem Höhepunkt der Berufslaufbahn und längst vor Beginn des Rentenalters. Der 50jährige Großvater hat noch ein Viertel seines Lebens vor sich (d.h. eine durchschnittliche Lebenserwartung von noch 25 Jahren), die 45jährige Großmutter noch mehr als ein Drittel, nämlich 33,8 Jahre; die heute nicht mehr seltene 40jährige Großmutter hat sogar noch die Hälfte ihres Lebens vor sich (vgl. Statistisches Jahrbuch 1982, S. 73).

3.3.2.2 Zur gegenseitigen Ergänzung von Familie und Beruf

Eine enorme Lebensspanne ohne berufliche Aufgaben? Dies trägt bestimmt nicht zur Lebensqualität im Alter bei. Ich wage die herausfordernde Formulierung: Familie, Hausfrau und Mutter ist eine äußerst wichtige Aufgabe im Leben der Frau - aber heutzutage im Gegensatz zu früher keine Lebensaufgabe mehr, sondern nur für einen relativ kurzen Lebensabschnitt zutreffend. Die 25jährige Frau zu Ende des 17. Jahrhunderts hat den Rest ihres Lebens mit dem Großziehen der Kinder verbracht; sie erlebt nicht einmal das Selbständigwerden ihres jüngsten Kindes; heutzutage hat die Frau beim Selbständigwerden des jüngsten Kindes (mit 20 Jahren eher zu spät als zu früh angesetzt) noch 38% ihres Lebens vor sich. Dazu schreibt der Historiker *Imhof*:

"Wenn der heutige Zweigenerationen-Haushalt etwa mit dem 45. Altersjahr der Mutter zum ‚leeren Nest' schrumpft, so leben heute allein in der Bundesrepublik Deutschland über fünf Millionen Frauen im ‚besten Alter' in nachelterlicher Gefährtenschaft, meist ohne direkte wirtschaftliche Sorgen (verwitwete und geschiedene Frauen sind hier definitionsgemäß nicht miteingeschlossen), häufig aber auch ohne konkrete sinnvolle Tätigkeit.
Auch hier wird man erneut nicht von der Frage abstrahieren dürfen, ob oder wie lange es sich eine Gesellschaft leisten kann, auf dieses Reservoir lebenserfahrener Menschen bei der Bewältigung verschiedenster Aufgaben zu verzichten, ihnen nicht wenigstens vermehrte Chancen bei einer Wiedereingliederung in die außerhäusliche, außerfamiliäre Arbeitswelt einzuräumen. Ganz zu schweigen von den psychischen Auswirkungen, die eine derartige Ausgliederung bei den Betroffenen zur Folge haben muß. Um es zu wiederholen: Wir haben es hier keineswegs mit Einzelfällen zu tun, sondern mit fünf Millionen, was größenordnungsmäßig ein (sehr) knappes Zehntel der bundesdeutschen Bevölkerung ist, beziehungsweise der Gesamtbevölkerung von Dänemark entspricht."

Angesichts dieser Tatsache darf heutzutage über die Notwendigkeit einer guten Berufsausbildung auch für Mädchen kein Zweifel mehr bestehen. Junge Mädchen, die heute vor der Berufswahl stehen, sollte man davor warnen, den angestrebten Beruf nur als "Zwischenbeschäftigung" zwischen Schule und Heirat bzw. Familiengründung zu sehen! Der Beruf sollte vielmehr als Lebensaufgabe in die Zukunftsvorstellungen und Zukunftsplanungen der Mädchen mit einbezogen werden, selbst dann, wenn man - vorübergehend - sich mit ganzer Kraft der Aufgabe als Hausfrau und Mutter widmen möchte. Junge Frauen sollten bedenken, daß sie nach Beendigung ihrer Mutterpflichten noch mehr als ein Drittel ihres Lebens vor sich haben.
30 Jahre (...) eine unerfüllte Zeit? Leider ja; zumindest für viele Frauen, die ihre Familienpflichten derart in den Mittelpunkt ihres Lebens gestellt haben, daß sie jeden Kontakt zur Berufswelt, oft auch zu Freunden und Bekannten, abgebrochen und vielfach "der Familie zuliebe" auf alles verzichtet haben. (Dafür muß die Familie jetzt büßen!). Die durch den Auszug der Kinder "arbeitslos" gewordene Frau neigt dazu, ihre Unzufriedenheit mit "Klimakteriumsbeschwerden" zu etikettieren. Stöhnt man über Migräne und Depressionen, die "biologisch" bedingt sind, kann man sich im allgemeinen des Mitgefühls seiner Umwelt gewiß sein

und sich vielleicht sogar auf diesem Wege eine besondere Beachtung und Zuwendung des Mannes und vielleicht auch des im Auszug begriffenen Kindes sichern. Klagt man hingegen über ein Nicht-Fertigwerden mit der neuen Lebenssituation, über ein Sich-Überflüssigfühlen (was man schon nicht sich selbst, geschweige denn anderen Menschen gegenüber eingestehen will), wird man eher auf Unverständnis stoßen. Eine Vielzahl von medizinischen bzw. sozialmedizinischen Studien zum Klimakterium weisen Beschwerden (bzw. eine Überbetonung körperlicher Symptome) vorwiegend bei ganz bestimmten Gruppen von Frauen auf, bei jenen, die aufgrund ihrer Sozialisationsgeschichte ihre einzige Lebensaufgabe und Funktion im Gebären und Aufziehen von Kindern sehen und somit plötzlich mit einem "Funktionsverlust" konfrontiert werden. Dieser ihrer einzigen Aufgabe plötzlich beraubt, erscheint diesen Frauen dann ihr weiteres Leben oft als sinnlos.

Lehr, U.: Beruf und Familie. Zur Vereinbarkeit zweier Lebensbereiche, in: Familie und Familienpolitik. Zur Situation in der Bundesrepublik Deutschland. Hrsg. im Auftr. der Konrad-Adenauer-Stiftung von Klaus Weigelt. Melle 1985, S. 127-131

3.3.3 Zu den Familienkonstellationen des Menschen

3.3.3.1 Zu einigen allgemeinen Hinweise

Jeder Mensch wird in eine Familie geboren. Diese kann allerdings unvollständig sein oder im Laufe der Entwicklung des Menschen unvollständig werden. Der Vater, die Mutter oder Geschwister können in ihr fehlen, als Folge von Tod, Scheidung oder Trennung.

Im Durchschnitt wächst der Mensch in einer Zwei- bis Drei-Kinder-Familie auf, und sowohl der Vater wie die Mutter bleiben in der Familie. Der Vater ist bei der Eheschließung etwa 27 Jahre, die Mutter 24 Jahre alt gewesen. Der Altersunterschied zwischen ihnen beträgt im Durchschnitt drei Jahre. Im allgemeinen vergehen nach der Heirat ein bis zwei Jahre, ehe das erste Kind geboren wird, und nach etwa sieben Ehejahren kommt das letzte Kind zur Welt. Der durchschnittliche Altersabstand zwischen den Kindern ist drei bis vier Jahre.

Eltern mit einer größeren Anzahl von Kindern haben meist etwas früher geheiratet. Die Zahl ihrer Ehejahre bis zur Geburt des letzten Kindes kann erheblich höher sein als sieben und der Altersabstand der Kinder verringert sich im Durchschnitt auf zwei bis drei Jahre. In verschiedenen Epochen, aber auch in verschiedenen sozialen Schichten lag und liegt das Eheschließungsalter etwas oberhalb oder unterhalb der genannten Zahl. Auch dann ist der Mann allerdings im Durchschnitt drei Jahre älter als die Frau.

In 9 von 10 Fällen bleibt die Familie mindestens bis zur Adoleszenz des jüngsten Kindes intakt und beisammen. In etwa 10 % aller Familien mit Kindern wird ein Elternteil im Verlauf der späteren Kindheit oder frühen Jugend (bis zum 15. Lebensjahr des Kindes) durch Trennung, Scheidung oder Tod verloren, in etwa 5 % aller Familien mit Kindern bereits in der frühen Kindheit (bis zum 6. Lebensjahr des Kindes) oder schon zum Zeitpunkt der Geburt. In etwa 8 von 10 dieser Fälle ist der verlorene Elternteil der Vater, in 2 von 10 Fällen die Mutter.

Die Eltern stammen im Durchschnitt jeder aus einer Familie mit vier Kindern. Zwei von ihren drei Geschwistern sind im allgemeinen verheiratet. In mehr als 8 von 10 Fällen haben sie auch eigene Kinder.

Stärkere Abweichungen von diesen durchschnittlichen Verhältnissen haben in der Regel auch unterschiedliche psychologische Folgen. Eltern und Geschwister üben einen Einfluß aufeinander aus, der noch näher beschrieben werden soll. Wenn aber die Eltern etwa einen großen Altersunterschied aufweisen oder erst sehr viel später ihre Kinder bekommen haben als im Durchschnitt der Ehen, wenn ein Geschwister durch einen besonders großen oder aber durch einen besonders kleinen Altersabstand von einem Familienmitglied getrennt ist, wenn ein Elternteil oder ein Geschwister verloren wird, wenn ein solcher Verlust sehr früh im Leben einer Person oder erst relativ spät eintritt, wird die Familiensituation gegenüber anderen Familien in wichtigen Aspekten bleibend verändert. Es ist anzunehmen und konnte empirisch in vielfacher Weise belegt werden (siehe z.B. Bowlby 1951, Toman 1962, 1965), daß solche veränderten Situationen ihre Wirkungen auf das Sozialverhalten des einzelnen innerhalb der Familie haben, aber auch, daß ihre Wirkungen in sozialen Situationen und Kontexten außerhalb der Familie auftreten. Der einzelne verallgemeinert oder überträgt (etwa nach Hull, 1943, oder nach Freud, 1916/17; siehe auch Toman 1968) seine Erfahrungen in der Familie auf soziale Situationen außerhalb der Familie, etwa auf den Kinderspielplatz, den Kindergarten oder die Schule, auf Bekanntschaften und Freundschaften, die er schließt, auf Gruppen und Vereine, denen er sich zugesellt, auf Arbeits- und Berufssituationen, die er zum Teil selbst wählen kann und in die er sich jedenfalls täglich aufs neue und oft viele Jahre lang ohne Unterbrechung begibt.

Außer den Personen spielen auch Wohnverhältnisse und Wohnsitzwechsel, Krankheiten und damit verbundene vorübergehende Trennungen von der Familie eine Rolle. Im Durchschnitt hat ein Jugendlicher bis zum 15. Lebensjahr etwa einen bis zwei Wohnsitzwechsel seiner Familie erlebt. In dieser Zeit hat er etwa drei Krankheiten oder Unfälle gehabt, die keinen Krankenhausaufenthalt erforderten, und eine Krankheit oder einen Unfall mit Krankenhausaufenthalt. Dieser dauerte im Durchschnitt etwa vier Wochen.

Auch hier gilt, daß eine starke Abweichung, also eine größere Zahl von Wohnsitzwechseln oder eine größere Zahl von Krankheiten und Krankenhausaufenthalten das Sozialverhalten des Betreffenden verunsichern kann (Toman und Preiser 1973). Umgekehrt wirken unterdurchschnittliche Zahlen von Wohnsitzwechseln, also etwa überhaupt keiner, und unterdurchschnittliche Zahlen von Krankheiten oder Klinikaufenthalten unter sonst vergleichbaren Umständen eher günstig auf das Sozialverhalten des Kindes und Jugendlichen ein. Ziel der nun folgenden Darstellung ist es, den wichtigsten und von Familie zu Familie am deutlichsten unterscheidbaren Teil der Wirkungen solcher Umweltbedingungen zu beschreiben und zu differenzieren. Wir gehen dabei von der Annahme aus, daß die Familie eines Menschen jenen Lebenskontext darstellt, der von frühester Lebenszeit an, am beharrlichsten und zunächst fast ausschließlich gegeben und wirksam ist. Spielplatz, Kindergarten, Schule, weiterführende Schule, Organisationen und Vereine, der Arbeitsplatz, der Stammtisch usw. kommen erst viel später als die Familie und in der Regel nur für Teilzeiten des Tages und Teilabschnitte der Lebenszeit des Individuums zur Geltung. Der Familienkontext

bleibt in der Regel auch dann weiterbestehen. Das Individuum ist bis ins Erwachsenenalter, obschon in zunehmend kürzeren Zeitspannen, in den Familienkontext physisch einbezogen.
Es darf angenommen werden, daß Verallgemeinerungen von Erfahrungen eher aus früheren und nachhaltiger wirksamen Kontexten auf spätere und weniger nachhaltig wirkende Kontexte erfolgen als umgekehrt. Der Einfluß der Familie auf das Verhalten einer Person in der Schule ist in der Regel größer als der Einfluß der Schule auf das Verhalten dieser Person in der Familie. Der Einfluß der Erfahrungen in der Schule zusammen mit den Erfahrungen in der Familie auf die Berufssituation eines Menschen ist wahrscheinlich stärker als die Rückwirkung der Erfahrungen im Beruf auf die Schule und auf die Familie.
Diese Annahme will natürlich nicht besagen, daß spätere Ereignisse frühere Ereignisse überhaupt beeinflussen können. Die Vergangenheit kann nicht mehr abgeändert werden. Lediglich die Interpretation der Vergangenheit ist änderbar. Eine Person kann aus den Erfahrungen in der Schule oder im Beruf ihre Erfahrungen innerhalb der Familie im Rückblick neu einschätzen lernen, und es wäre denkbar, daß sie sogar die derzeit bestehenden Beziehungen zu ihren Familienmitgliedern fortan modifizieren kann. Selbst dann darf aber erwartet werden, daß diese erst im späteren Leben abgeänderten Familienbeziehungen in ihren unmittelbaren Wirkungen auf das weitere Familienleben und auf Kontexte außerhalb der Familie schwächer sind als die alten und ursprünglichen Beziehungen. Damit ist nicht einem hoffnungslosen Determinismus das Wort geredet, wohl aber sollten die alten und seit viel längerer Zeit wirksamen Einflüsse gegenüber den rezenteren und gegenwärtigen Einflüssen nicht unterschätzt werden. Die Wirkungen der alten Einflüsse sind oft versteckt. Sie betreffen emotionale Haltungen, elementare Motive und Interessen, deren sich der Betroffene mitunter gar nicht bewußt ist. Sie wirken aber auf sein soziales Verhalten ein, und zwar oft umso nachhaltiger, je weniger sie ihm bewußt sind.

3.3.3.2 Personenzusammensetzungen in der Familie

Zwei Brüder

Der ältere und der jüngere Bruder von Brüdern sind durch ihre Erfahrungen in der Familie auf den Kontakt mit altersnahen Personen des gleichen Geschlechtes dagegen weniger gut vorbereitet. Der ältere Bruder hat gelernt, gegenüber altersnahen Personen des gleichen Geschlechtes eine Führungs- und Verantwortungsrolle einzunehmen, der jüngere Bruder, sich anzulehnen, der jüngere Bruder, sich anzulehnen, seinem Bruder und Jungen überhaupt zu folgen, aber auch mit ihnen zu wetteifern und gegen sie zu opponieren. (S. 18)

Bruder und Schwester

Zusammenfassend darf man sagen, daß beide Geschwister, der ältere Bruder einer Schwester und die jüngere Schwester eines Bruders, gut an das Zusammenleben mit einer altersnahen Person des anderen Geschlechtes gewöhnt werden und daß der Bruder auch außerhalb der Familie dazu neigen wird, Führung und Verantwortung für Mädchen zu übernehmen. Die jüngere Schwester eines Bruders tendiert dagegen dazu, sich führen und verwöhnen zu lassen. Beide Geschwister bleiben auch außerhalb der Familie an den Kontakten mit altersnahen Personen des anderen Geschlechtes mehr interessiert als an den Kontakten mit altersnahen Personen des gleichen Geschlechtes.

Schwester und Bruder
Zusammenfassend gesagt: der jüngere Bruder einer Schwester und die ältere Schwester eines Bruders bleiben meist auch außerhalb der Familie an Kontakten mit Personen des anderen Geschlechtes stärker interessiert als an Kontakten mit Personen des gleichen Geschlechtes. Auch außerhalb der Familie tendiert die Schwester dazu, für Jungen und junge Männer zu sorgen und sie anzuleiten, während er eher geneigt ist, sich von Mädchen und Frauen verwöhnen und bemuttern zu lassen und seine eigenen Interessen relativ unbekümmert um andere zu verfolgen.
Die Eltern billigen übrigens diese Entwicklung mit der Begründung, daß der Bruder ja der kleinere und jüngere sei. Daß sich das Verhältnis der beiden Kinder gegenüber den konventionellen Vorstellungen der Beziehung von Mann und Frau umkehrt, daß die Tochter sozusagen die Führende und Verantwortliche, der Sohn eher unbekümmert und eigenwillig ist und zumindest in Alltagsangelegenheiten sich gerne auf andere verläßt, stört zwar manche Eltern solcher Kinder, in vielen Fällen können sie sich aber daran gewöhnen.

Zwei Schwestern
Für beide Schwestern gilt zusammenfassend, daß sie die Beziehung von Mann und Frau zueinander nur indirekt, nur durch die Beobachtung ihrer Eltern, kennenlernen. Beide sind für den Kontakt mit altersnahen Personen des gleichen Geschlechtes besser vorbereitet als für den Kontakt mit altersnahen Personen des anderen Geschlechtes. Die jüngere Schwester von Schwestern hat es allerdings infolge der etwas größeren Verwöhnung durch den Vater in der Regel doch leichter als die ältere Schwester von Schwestern, Anschluß an Jungen und später an junge Männer zu finden. Andererseits kommen ihr dabei ihr Ehrgeiz und ihr Wetteifer in die Quere. Sie scheint zuviel zu wollen, die Gunst zu vieler Jungen zu wollen oder das Wetteifern mit den Jungen nicht lassen zu können.

Mehrere Geschwister vom gleichen Typus
Älteste Brüder von mehreren Brüdern und jüngste Brüder von mehreren Brüdern variieren ebenfalls ihre Rollen den anderen gegenüber. Der Älteste ist für alle übrigen der Älteste. Jeder seiner Brüder muß in der Regel in eine Beziehung zu ihm kommen. Jeder von ihnen war einmal der Kleine, und für jeden war der älteste der große Bruder. Er wirkte umso größer, je später man selbst durch seine Geburt in die Geschwisterreihe eintrat. Analog ist der jüngste Bruder von Brüdern für alle seine Geschwister der Jüngste, auch wenn der Älteste sich leichter an ihn gewöhnen kann als etwa der Zweitjüngste. Auch hier ist zu erwarten, daß der älteste Bruder von mehreren Brüdern den ältesten Bruder eines einzigen Bruders an Markanz und Ausgeprägtheit seiner Merkmale übertrifft. Ebenso ist der jüngste Bruder von mehreren Brüdern häufig noch typischer als der jüngere Bruder nur eines einzigen Bruders. Ähnliches gilt für Mädchen. Die älteste Schwester von mehreren (...)

Gemischte und mittlere Geschwisterpositionen

Als Folge einer solchen Vielfalt von Rollen, die einem mittleren Geschwister gegenüber seinen Geschwistern zufallen, sind die Charakteristika und Präferenzen der einzelnen Rollen oder Geschwisterbeziehungen für einen Beobachter oft nicht mehr deutlich erkennbar. Sie vermischen sich. Der Betreffende nimmt keine ausgeprägte Position unter seinen Geschwistern ein. Die markanteren Rollen (zum Beispiel ältestes Mädchen, ältester Junge, jüngstes Mädchen oder jüngster Junge) haben bereits andere Geschwister übernommen. Das ist am deutlichsten bei einer Person zu beobachten, die sowohl ältere und jüngere Brüder wie auch ältere und jüngere Schwestern hat. Sie ist völlig in der Mitte. Sie wird sozusagen für jede Art von Beziehung, für solche zu älteren und zu jüngeren altersnahen Personen beider Geschlechter vorbereitet. Es ist zu erwarten, daß sich in keiner Beziehung, die sie später und außerhalb der Familie eingeht, unglücklich fühlen wird, allerdings auch in keiner besonders oder überschwenglich glücklich. Es könnte sein, daß ihr in neuen Beziehungen die jeweils nicht realisierten Beziehungen fehlen. Ein mittlerer Bruder von älteren und jüngeren Brüdern und Schwestern würde beispielsweise, wenn er mit der älteren Schwester von Brüdern eine Freundschaft schließt, die Möglichkeiten vermissen, sich auch manchmal so zu verhalten wie gegenüber seinen jüngeren Schwestern, und auch den Kontakt mit Jungen oder mit Männern würde er entbehren. Schon im Verband der Familie fühlen sich solche mittleren Geschwister oft übergangen oder ausgeschlossen. Sie glauben zu bemerken, daß es auf sie am wenigsten von allen Geschwistern ankommen dürfte. Daher drängen sie oft auch früher als andere Geschwister aus ihrem Familienverband fort, entweder physisch und geographisch oder etwa, indem sie eine ganz andere Berufslaufbahn wählen als der Rest der Familie.

Die Größe einer Geschwisterkonstellation

Geschwisterkonfigurationen reichen vom Einzelkind, über das wir noch sprechen werden und das sozusagen überhaupt keine Geschwisterposition hat, bis zu 14 und 15 Kindern. Konfigurationen mit fünf oder mehr Kindern kommen allerdings nur in 10% der Familien mit Kindern vor. Die durchschnittliche Form ist die Familie mit zwei bis drei Kindern.

Man kann daraus entnehmen, um wieviel komplizierter und vielfältiger das Familienleben in einer Familie mit vielen Kindern sein müßte als in einer Familie mit wenigen Kindern. Dabei ist zu bedenken, daß jedes Kind auch noch eine Beziehung zum Vater und zur Mutter hat, und daß jede dieser Beziehungen im Charakter von allen anderen abweichen kann.

In Familien mit vielen Kindern gibt es mehr mittlere Geschwister, und diese, insbesondere aber die "völlig mittleren" sind in Gefahr, übergangen und isoliert zu werden. Sie haben anscheinend eine allzu vieldeutige Position. Sie bedeuten für jeden Typus ihrer Geschwister etwas anderes. Sie sind für alle Geschwister da und daher eigentlich für keines, scheinen die Geschwister mit den markanteren Position zu denken.

Das muß aber nicht immer so sein. Größere Geschwisterkonfigurationen gliedern sich vielmehr nicht selten in Untergruppen auf. Sechs Geschwister etwa könnten zwei Dreier-Gruppen bilden und der vierte in der Geschwisterreihe könnte noch einmal so etwas wie ein erster oder Ältester sein: der Älteste der Kleinen.

Einzelkinder

Einzelkinder haben keine Geschwisterposition. Auch älteste Geschwister waren eine Zeitlang Einzelkinder, wurden aber durch die Ankunft des ersten ihrer Geschwister entthront. Das Einzelkind behält dagegen seine bevorzugte Position bei. Es hat vor allem Umgang mit seinen Eltern. Von diesen bekommt es in der Regel mehr Zeit, Zuwendung und konkrete Vergünstigungen als das einzelne Kind einer größeren Geschwisterkonfiguration, auch wenn dessen Eltern insgesamt das gleiche Maß oder sogar mehr an Zeit, Zuwendung und konkreten Vergünstigungen aufbringen. In der Aufteilung auf alle Kinder fällt für das einzelne weniger ab. Das Einzelkind wird in seiner Familie zunächst auf den Kontakt mit altersnahen Personen gar nicht oder nur indirekt vorbereitet. Es lernt durch teilnehmende Beobachtung an den Eltern, wie sich Mann und Frau zueinander verhalten können, aber es hat keine rechte Möglichkeit, dieses Verhalten mit anderen Kindern zu praktizieren. Erst im Kindergarten oder in der Schule ergeben sich Gelegenheiten dazu. Erst dann erleben Einzelkinder den Schock, daß sie nicht die einzigen Kinder für die zugehörigen Erwachsenen, hier die Lehrer, sind.

Zusammenfassend wäre zu sagen, daß Einzelkinder im Durchschnitt weniger gut als Kinder aller anderen Positionen auf den Kontakt mit altersnahen Personen vorbereitet sind. Sie bevorzugen Kontakte mit älteren, mit "höher gestellten", oder aber mit solchen altersnahen Personen, die ihnen väterlich oder mütterlich entgegenkommen.

Zwillinge

(...) Sie sind in der Regel gleich weit in ihrer Entwicklung. Keiner hat zunächst einen Erfahrungs- und Machtvorsprung. Beide können in der Auseinandersetzung mit ihrer physischen und Personenumgebung kaum etwas voneinander lernen, was sie nicht auch allein lernen würden. Wohl aber können sie durch gleiches Verhalten gegenüber anderen sich der Kontrolle durch diese besser widersetzen und die anderen zum Teil sogar auch eher kontrollieren, als ein einzelnes Kind in ihrer Position das könnte. Sei treten zu zweit auf, und das gibt ihren gemeinsamen Wünschen mehr Nachdruck.
Es wurde bereits gesagt, daß die Umgebung Zwillinge voneinander zu differenzieren trachtet. So macht etwa die Familie einen der Zwillinge zum älteren, den anderen zum jüngeren Geschwister, auch dann, wenn es sich um identische oder eineiige Zwillinge handelt.

Altersunterschiede

Insgesamt kann man sagen, daß geringe Altersabstände Geschwister stärker aneinander binden als große Altersabstände. Das gilt selbst dann, wenn sie manche ihrer Konflikte miteinander nicht lösen können und unbewußt an ihnen leiden. Je größer der Altersabstand, desto weniger affizieren die beiden einander, desto klarer bewußt und artikulierbarer werden allerdings auch die trotzdem verbleibenden Konflikte. Diese können in der Regel leicht gelöst werden. Der Umstand, daß solche Geschwister ihre Konflikte aussprechen und austragen, erweckt für den Beobachter mitunter den Eindruck, daß sie mehr und tiefere Konflikte haben als Geschwister mit geringen Altersabständen voneinander. Dieser Eindruck ist

meist falsch. Die effektiven, verhaltenswirksamen Konflikte sind bei Geschwistern mit geringen Altersabständen tiefer.
Im übrigen bestimmen die jeweils Älteren eher als die Jüngeren den Charakter der geschwisterlichen Beziehungen. Das jüngere Geschwister schafft zwar durch seine Geburt für das ältere eine neue Situation und ein erhebliches Problem, aber das ältere Geschwister bestimmt mehr oder weniger im Einvernehmen mit den Eltern, wie die neue Familiensituation aufzufassen ist und wie sie im weiteren gestaltet werden soll. Je mehr ältere Geschwister ein Neugeborenes vorfindet, desto weniger kann es selbst zur Interpretation und Gestaltung der Familiensituation beitragen. Die bereits vorhandenen (...)
Wenn nun die Eltern erheblich älter sind, wenn der Abstand zum ältesten Kind etwa 40 beziehungsweise 37 Jahre oder noch mehr Jahre beträgt, dann entwickelt sich der Kontakt mit dem Kind oft weniger kameradschaftlich und intim. Solche Eltern tendieren dazu, entweder autoritärer und abweisender zu sein als Eltern mit durchschnittlichen Altersabständen zu ihren Kindern, oder aber überfürsorglich und nachgiebiger. Nicht selten haben sie nur ein einziges Kind, auf das sich ihre Aufmerksamkeit und ihr Interesse konzentriert. Sie werden großelterlicher als andere Eltern.
Wenn Eltern wesentlich jünger sind als der Durchschnitt, also etwa 20 und 17 oder 20 und 18 Jahre zur Zeit der Geburt des ersten Kindes, dann neigen sie dazu, weniger fürsorge- und verantwortungsfreudig zu sein als andere Eltern. Sie lassen den Dingen ihren Lauf. Sie kümmern sich oft zu wenig um die Kinder oder überlassen diese jemand anderem - wenn es gut geht, immerhin ihren eigenen Eltern. Solche zu jungen Eltern wirken für die Kinder geschwisterlicher als andere Eltern. Die Großeltern der Kinder oder andere Personen, die ihre Pflege und Erziehung übernehmen, werden dann oft die eigentlichen psychologischen Eltern. Großeltern sind aber häufig inkonsistenter gegenüber ihren Enkelkindern als Eltern gegenüber ihren Kindern, mehr geneigt, sie zu verwöhnen, mitunter allerdings auch gleichgültiger, weniger verfügbar und weniger kontaktfreudig.

Walter Toman: Familienkonstellationen. Ihr Einfluß auf den Menschen und sein soziales Verhalten. 3. üb. Auflage - München 1980. (Textauswahl aus S. 11 - 42)

3.4 Zu den psychischen Folgen des gesellschaftlichen Wertewandels auf Ehe und Familie

3.4.1 Einleitende und didaktische Hinweise

Sowohl in öffentlichen als auch in privaten Diskussionen wird häufig von Verfall bzw. Veränderung von Werten gesprochen. Darüber gibt es die verschiedensten Ansichten. Sie reichen von den Zweiflern, ob es überhaupt eine Veränderung der Werte gibt bis hin zu denjenigen, die überall einen Wertwandel festzustellen glauben. Innerhalb dieses Spektrums gibt es sowohl Gegner als auch Befürworter. Immerhin werden aber von allen Personen, die sich an solchen Diskussionen beteiligen, Auswirkungen auf Ehe und Familie angenommen. Dies ist psychologisch wichtig. Ob Ehe und Familie wertgeschätzt werden oder nicht ist sicher für die Sozialisation von Kindern nicht unbedeutend.
Die folgenden fünf Texte implizieren dies in unterschiedlicher Weise. Der Amerikaner *Ronald Inglehart* vermittelt einen Überblick über den Wertwandel bei traditionellen, religiösen und familialen Werten. Der zweite Text, eine empirische Erhebung des *Institut für Demoskopie in Allensbach*, stellt aufgrund empirischer Untersuchungen den Stellenwert von Ehe und Familie im Bewußtsein der Bevölkerung dar. Im dritten Text von *Rolf Stein* wird unter Berücksichtigung des Übergangs zu immateriellen Werten auch die These in Betracht gezogen, daß Familie wieder neu eine Chance zur Befriedigung emotionaler Bedürfnisse sein kann. Der vierte Text von *Andreas Heller* geht auf Bindungs- und Beziehungsfähigkeit von Mann und Frau in der Familie ein. Der letzte Text von *Hartmann* stellt heraus, daß durch den Wertwandel der einzelne sehr hohe Ansprüche und Erwartungen an die Partnerschaft hat, die dann zu psychisch hohen Belastungen bis hin zum Scheitern der Ehe und Familie führen.

Ansätze zur inhaltlichen Auseinandersetzung

- An welchen Beispielen dokumentieren die Texte Wertewandel oder Werteverfall?
- Ist die Veränderung von Werten notwendig und hilfreich oder überflüssig und schädlich?
- Welche Wertveränderung kann für Ehe und Familie und die in ihr lebenden Menschen psychologisch besonders gefährdend sein?
- Welche Werte in Ehe und Familie sind für die psychische Stabilität des einzelnen und den Zusammenhalt von Ehe und Familie besonders wichtig?
- Wodurch werden Werte verändert? Nennen Sie mehrere Beispiele.
- Welche Werte werden durch Ehe und Familie vermittelt und können als unverzichtbare Bestandteile und Eckwerte für die Entwicklung des einzelnen betrachtet werden?
- Inwiefern hängen Werte miteinander zusammen oder sind sie unabhängig voneinander?
- Ist das Festhalten an Werten ein Ausdruck der psychischen Stabilität oder Charakterstärke?
- Ist ein Leben ohne Wertorientierungen überhaupt möglich?

3.4.2 Zu einigen Auswirkungen des Wertewandels

Es gibt im wesentlichen drei Gründe für den Niedergang der traditionellen religiösen, gesellschaftlichen und sexuellen Normen in den entwickelten Industriegesellschaften. Zum ersten hat mit zunehmender Sicherheit das Bedürfnis nach absoluten Normen abgenommen. Menschen, die unter Streß stehen, sind angewiesen auf strenge, berechenbare Regeln. Sie müssen genau wissen, was passieren wird, denn sie sind ständig in Gefahr - sie können sich nicht viele Fehler erlauben, also brauchen sie ein Maximum an Berechenbarkeit. Bei den Postmaterialisten verhält es sich genau umgekehrt: In einer Situation relativer Sicherheit kann man Vielfalt eher tolerieren, und die Sicherheit absolut strenger religiöser Regeln mit möglichen Sanktionen wird überflüssig. Es kostet viel mehr psychische Energie, von vertrauten Normen abzuweichen, wenn man unter Streß steht, als wenn man sich sicher fühlt. Es ist immer ein enormer psychischer Streß, wenn man seine Welt auseinandernehmen und wieder neu zusammensetzen muß. Aber Menschen, die wie die Postmaterialisten in relativ sicheren Verhältnissen leben, fällt es leichter, eine Abweichung von vertrauten Grundmustern zu akzeptieren, als Menschen, die sich um ihre fundamentalen existentiellen Bedürfnisse sorgen. Folglich können wir erwarten, daß Postmaterialisten einen kulturellen Wandel bereitwilliger akzeptieren als andere Menschen.
Der zweite Grund besteht darin, daß gesellschaftliche und religiöse Verhaltensregeln immer eine Funktion haben. Das trifft sicher auch für andere Regeln zu, aber so fundamentale Prinzipien wie "Du sollst nicht töten" haben ganz offensichtlich eine gesellschaftliche Funktion. Es ist entscheidend für die Lebensfähigkeit einer Gesellschaft, daß Gewalt in enge, berechenbare Kanäle gelenkt wird. Ohne solche Verhaltensregeln würde eine Gesellschaft sich über kurz oder lang selbst zerstören. Viele religiöse Regeln wie "Du sollst nicht ehebrechen" oder "Du sollst deinen Vater und deine Mutter ehren" dienen der Erhaltung des Familienverbandes. Gerade diese Funktion ist heute nicht mehr so wichtig wie früher. Früher hatte die Familie eine Schlüsselfunktion als Wirtschaftseinheit, in der entwickelten Industriegesellschaft spielt sich das Arbeitsleben jedoch vorwiegend außerhalb der Familie statt. Darüber hinaus hat der Wohlfahrtsstaat die Verantwortung für das Überleben seiner Bürger übernommen. Früher waren Kinder existentiell davon abhängig, daß die Eltern für sie sorgten; waren die Eltern dann alt, galt umgekehrt dasselbe. Obwohl die Familie immer noch wichtig ist, hat der Wohlfahrtsstaat diese Beziehung auf Leben oder Tod entschärft. Heutzutage kann die neue Generation auch dann überleben, wenn die Familie auseinanderbricht - sogar dann, wenn keiner der beiden Elternteile mehr da ist. Familien mit nur einem Elternteil und kinderlose alte Menschen können unter den gegenwärtigen Bedingungen wesentlich besser überleben als früher. Solange eine Scheidung das Überleben der Kinder gefährdet, wird sie von der Gesellschaft bedingungslos verurteilt und nicht toleriert, denn langfristig bedrohen Scheidungen die Überlebensfähigkeit der ganzen Gesellschaft.
Diese und andere Normen, die den Erhalt der traditionellen Familie mit zwei Elternteilen fördern, haben heute keine funktionale Basis mehr. Verändert die Gesellschaft deshalb ihre Werte? Nein - jedenfalls nicht direkt. Kulturelle Normen werden normalerweise bereits in jungen Jahren extrem stark internalisiert und mit Sanktionen belegt, die sich einer rationalen Erfassung entziehen. In der

Ablehnung der Scheidung spiegelt sich nicht einfach die rationale Überlegung: "Die Familie ist eine wichtige wirtschaftliche Einheit und zwei Menschen sollten aus diesem Grund verheiratet bleiben." Die Einstellung zur Scheidung wird vielmehr zu einer Frage von Gut und Böse. Die Normen, die einen Menschen gegen seinen Willen zu einem bestimmten Verhalten zwingen können, sind ihm als absolute Gesetze beigebracht worden. Sie haben sich so tief eingeprägt, daß ihn sein Gewissen quält, wenn er dagegen verstößt. Solche gesellschaftlichen Regeln entwickeln eine eigene Dynamik. Wenn sich die Funktion eines bestimmten kulturellen Grundmusters abgeschwächt hat oder gar völlig verschwunden ist, heißt das keineswegs, daß auch die Norm selbst verschwindet. Aber es ist möglich, daß sie sich allmählich abschleift, wenn die Bedeutung ihrer ursprünglichen Funktion verblaßt.

Die Normen, die zum Erhalt der Familie mit zwei Elternteilen verschiedenen Geschlechts beitragen, haben sich eindeutig gelockert. Dafür lassen sich viele Gründe anführen: vom Siegeszug des Wohlfahrtstaates bis zum drastischen Rückgang der Kindersterblichkeitsraten, was bedeutet, daß ein Ehepaar nicht mehr vier oder fünf Kinder in die Welt setzen muß, um die Art zu erhalten. Es ist zu erwarten, daß gerade in diesen Bereichen experimentiert wird. Dadurch könnten allmählich neue, von den traditionellen Normen abweichende Verhaltensweisen entstehen. Diese neuen Verhaltensweisen würden wahrscheinlich eher von jungen als von alten Menschen akzeptiert, eher von Menschen, die sich sicher fühlen, als von Menschen, die sich unsicher fühlen. Umgekehrt läßt sich ein Phänomen wie das Aufkommen der Moral Majority in den Vereinigten Staaten als Reaktion auf die jüngsten kulturellen Veränderungen interpretieren: Menschen, die weniger gebildet sind, über weniger Ressourcen verfügen und weniger sicher sind, fühlen sich durch Veränderungen schneller bedroht. Ein funktionales Äquivalent zur Moral Majority in den Vereinigten Staaten bilden, so merkwürdig es klingt, die linientreuen Kommunisten in der heutigen Sowjetunion. Auch sie erleben - beispielsweise in der Perestroika -, wie sich Normen verändern, mit denen sie aufgewachsen sind. Auch wenn sich diese Normen von den Normen der jüdisch-christlichen Tradition grundlegend unterscheiden, belastet es auch in diesem Fall das Gewissen und erzeugt Angst, wenn man davon abweicht. Deshalb begeistern sich die sowjetischen Intellektuellen mehr für die Perestroika als die niedrigeren Schichten der Arbeiterklasse. Die Reform in der Sowjetunion stößt nicht nur auf Widerstand bei den Eliten, die ein persönliches Interesse daran haben, das System so zu erhalten, wie es ist, sondern sie löst auch einen Konflikt zwischen alten und neuen Wertvorstellungen aus.

Der dritte Grund für den Niedergang der traditionellen Weltanschauungen hat mit kognitiver Konsistenz zu tun. Menschen streben nach innerer Konsistenz. Daher steht ihre Weltanschauung normalerweise in Einklang mit ihren Alltagserfahrungen. Und die Alltagserfahrungen der Menschen unserer Zeit unterscheiden sich grundlegend von den Lebenserfahrungen, die in die jüdisch-christliche Tradition eingegangen sind. Das Alte Testament entstand in einer Hirtengesellschaft. In seinen Symbolen - beispielsweise Gott als Hirte - spiegelt sich die Weltsicht jener Hirtengesellschaft wider. Als das Neue Testament verfaßt wurde, waren die Juden keine Hirten mehr, sondern überwiegend Bauern. Daher bildet das Neue Testament eine Agrargesellschaft mit anderen Regeln und einer anderen Weltsicht ab. Heute leben wir in einer entwickelten Industriegesellschaft, in der

Computer viel eher zum täglichen Leben gehören als Schafe. Folglich besteht ein kognitives Mißverhältnis zwischen dem traditionellen normativen System und der Welt, die den meisten Menschen aus unmittelbarer Erfahrung bekannt ist. Weder die sozialen Normen noch die Symbole noch die Weltsicht der etablierten Religionen sind heute noch so überzeugend und folgerichtig wie in ihrer ursprünglichen Umgebung.

Ronald Inglehart: Kultureller Umbruch. Wertwandel in der westlichen Welt. Frankfurt/New York 1989, S. 226 - 229

3.4.2.1 Zum Stellenwert der Familie in der Gesellschaft

Der Stellenwert, den die Bevölkerung heute der Familie beimißt, ist außerordentlich groß und bestätigt die Thesen René Königs von der ungebrochenen Widerstandsfähigkeit der Familie, die - in unterschiedlichen Formen - ein 'Urgut der gesellschaftlichen Menschheit' sei und mit ihrer Stabilität all jene widerlegt, die einen allmählichen Untergang von Ehe und Familie prognostizieren. Die Schichten und Generationen, in vielen Anschauungen getrennt, eint die Forderung, keine Abkehr, sondern eine Rückbesinnung auf die Familie einzuleiten. Diese Tendenz ist nicht auf Baden-Württemberg oder die Bundesrepublik beschränkt, sondern gilt für die ganze westliche Welt. In einer internationalen Studie über die Werte, Lebensziele und Weltanschauung der Bevölkerung, die zu Beginn der achtziger Jahre in zehn europäischen Ländern und den Vereinigten Staaten durchgeführt wurde, forderten 85 Prozent der erwachsenen deutschen Bevölkerung, ebenso 85 Prozent aller befragten Europäer und 94 Prozent der amerikanischen Bevölkerung eine Stärkung der Familie.
Während die letzten Jahrzehnte, insbesondere die Zeit zwischen dem Ende der sechziger und Mitte der siebziger Jahre in vielen Bereichen, gerade auch in der Bewertung der Ehe und die Familie betreffenden moralischen Normen, eine tiefgreifende Umorientierung der Bevölkerung brachten, steht die Überzeugung von der Notwendigkeit der Familie für das individuelle Glück völlig unangetastet. Am Beginn der fünfziger Jahre waren 78 Prozent der deutschen Bevölkerung überzeugt, daß eine eigene Familie eine unabdingbare Voraussetzung für ein gelungenes, glückliches Leben ist; Jahrzehnte später, am Ende der siebziger Jahre vertreten 73 Prozent der Bevölkerung diese Auffassung; daß ein Leben in der Vereinzelung, ohne die Einbindung in eine Familie, bessere Voraussetzungen für Lebensglück schafft, ist unverändert nur die Überzeugung einer verschwindenden Minderheit von 1 Prozent der Bevölkerung.
Während die Familie von der Bevölkerung nie grundsätzlich in Frage gestellt wurde, zeigen andere Zeitreihen, daß sie durchaus von Wertewandel betroffen war und in dem stärker egozentrierten gesellschaftlichen Klima der späten siebziger bis Anfang der achtziger Jahre als Lebensinhalt an Bedeutung verlor. Sie war hier eingebettet in die allgemeine Tendenz, Lebenssinn weniger aus dem Engagement für andere und vermehrt aus der Befriedigung eigener Bedürfnisse und Wünsche zu ziehen. Bei der Beschreibung der Ziele, die dem eigenen Leben Richtung und Sinn geben, treten in dieser Zeit die Fürsorge für die Familie und speziell für die Zukunft der Kinder zurück, ebenso wie die Anliegen, für andere

dazusein, an der Verbesserung der Gesellschaft mitzuwirken und sich für Ideen und Ideale einzusetzen; gegenläufig stieg der Wunsch, das Leben zu genießen, selbst glücklich zu sein. Dieser Rückzug auf sich selbst in einer von Zukunftspessimismus überschatteten Zeit ist zum Stillstand gekommen, teilweise rückgängig gemacht. Zwar haben die egozentrierten, hedonistischen Lebensziele weiter an Bedeutung gewonnen, doch ist als Gegengewicht die Zuwendung zu Familie und Gesellschaft und die Orientierung an ethischen Maßstäben wiederum gewachsen.
Noch ist nach dem Empfinden der Bevölkerung kein neues Gleichgewicht erreicht, die Familie noch immer gesellschaftlich unterbewertet. Die Repräsentativ-Untersuchung in Baden-Württemberg zeigt außerordentliche Defizite zwischen dem gewünschten und dem tatsächlichen Stellenwert der Familie in unserer Gesellschaft auf. Die Mehrheit ist überzeugt, daß der Stellenwert der Familie nicht nur über individuelles Glück entscheidet, sondern über den Zustand der gesamten Gesellschaft. Der Gedanke, daß es glückliche und weniger glückliche Gesellschaften gibt und sich die Bedingungen und Ziele, die über das Glück einer ganzen Gesellschaft entscheiden, klar benennen lassen, weckt in der Bevölkerung kein Befremden: ohne Zögern wird das Bild eines glücklichen Landes gezeichnet und damit - scharf abgehoben - das Bild der Bundesrepublik kontrastiert.
Ein glückliches Land gründet sich nach Überzeugung der Bevölkerung zunächst auf Freiheit, Freiheit von geistiger Unterdrückung und von Not, dann jedoch vor allem anderen auf harmonische, funktionsfähige Familien: auf Konsens zwischen den Generationen, die Chance, die Zukunft der Kinder zu sichern, einen hohen gesellschaftlichen Stellenwert der Familie. Erst danach werden als Bedingungen gesellschaftlicher Lebensqualität unberührte Natur und gute Bildungschancen genannt, eine starke religiöse Orientierung, gruppenübergreifender Konsens in wichtigen Fragen und Stolz auf das eigene Land. Nur sehr gering wird der Beitrag eines hohen Niveaus von Technik und Forschung und von raschem sozialen Wandel für das Glück einer Gesellschaft veranschlagt.
Weit bleibt die Bundesrepublik in einigen Bedingungen hinter diesem Ideal einer glücklichen Gesellschaft zurück, darunter vor allem auch in dem Stellenwert, der Harmonie und Funktionsfähigkeit der Familien. Eklatant fällt die Realität insbesondere gegenüber dem Wunsch nach Harmonie zwischen den Generationen ab: 62 Prozent halten sie für eine wesentliche Voraussetzung der Zufriedenheit einer Gesellschaft, nur 19 Prozent halten diese Bedingung in der Bundesrepublik Deutschland für erfüllt. Auch die Möglichkeiten, Kindern eine Zukunft zu sichern, die Kinderzahl und das Prestige der Familie bleiben hinter den Idealvorstellungen der Bevölkerung zurück. Generell haben nur 26 Prozent den Eindruck, daß der gesellschaftliche Stellenwert der Familie hoch ist (...).
Die ungebrochene Wertschätzung der Familie, der verbreitete Wunsch, ihren gesellschaftlichen Stellenwert weiter zu erhöhen, lenkt die Aufmerksamkeit auf das Fundament dieser Stabilität, ihren subjektiven Nutzen für die Mitglieder des Familienverbandes. Durch die partielle Verlagerung vieler Funktionen von der Familie auf den Staat, auf Solidargemeinschaften und spezialisierte Dienstleistungsbereiche hat sich auch der Nutzen der Familie für ihre Mitglieder gewandelt und immer stärker auf die Befriedigung emotionaler Bedürfnisse konzentriert. Auch wenn die Familie heute noch "zahlreiche Reste der ökonomischen, erzieherischen oder religiösen Tätigkeiten, der Unterhaltungs-, Unterstützungs-

und Gruppenaufgaben" besitzt und amerikanische Langzeitanalysen die ungebrochene Bedeutung der Familie für die materielle Absicherung der jungen Generation betonen, kann kein Zweifel bestehen, daß sich der individuelle Nutzen der Familie überwiegend aus der Qualität der persönlichen Beziehungen bestimmt. Familie steht für die Mehrheit nicht in erster Linie für materielle Absicherung oder Status, sondern für emotionale Beheimatung, für Geborgenheit, Liebe, Kommunikation, Verständnis, gegenseitige Hilfe und eine Quelle von Stolz.

Ehe und Familie. Einstellungen zu Ehe und Familie im Wandel der Zeit. Eine Repräsentativuntersuchung. Institut für Demoskopie Allensbach. Herausgegeben vom Ministerium für Arbeit, Gesundheit, Familie und Sozialordnung. Baden-Württemberg. Stuttgart, Aalen 1985, S. 4, 6, 8, 10.

3.4.2.2 Zum Wertwandel und dessen Wirkung auf und Beziehung zur Familie

Nach einer Zeitspanne, in der die Familie von Vertretern einer antifamilialen Richtung als "Zwangsfamilie" (Reich, W., 1971 (1936), S. 88-75) bezeichnet wurde, die zu "autoritätsgewohnten Untertanen" (Kentler, H., in: Feil, J. (Hrsg.), 1972, S. 7-12) erzieht und in der sie auch weniger in der Öffentlichkeit beachtet wurde, kann seit Beginn der 1980er Jahre ein verstärktes Interesse an der Familie im sozialwissenschaftlichen Bereich festgestellt werden. Dieses Interesse findet seinen Niederschlag neben zahlreichen wissenschaftlichen Veröffentlichungen (z.B. Berger, B.; Berger P.L., 1984) auch darin, daß die Familie wieder im Gespräch ist, selbst bei denjenigen, die der Ansicht waren (oder sind), man könne die Familie als Stiefkind der Gesellschaft behandeln oder gar ganz auf sie verzichten. Verständlich ist eine solche Sicht nur bei einer rein funktionalistischen Betrachtung, wenn die Familie hinsichtlich ihrer Funktionen für Mensch und Gesellschaft hinterfragt wird und dabei der Verlust bzw. die Verlagerung familialer Funktionen auf die Gesellschaft beklagt wird. Daß hiermit nicht unbedingt nur Negatives zusammenhängen muß, wird am Bildungssystem und am Sozialstaatsprinzip deutlich. Denn die Familie kann nicht alle wichtigen Aufgaben (z.B. Erziehung und Ausbildung der Kinder, Pflege und medizinische Betreuung von Kranken und Behinderten) alleine übernehmen. Viele Aufgaben werden besser von staatlichen oder sozialen Einrichtungen übernommen und erfüllt. Allerdings gilt hierbei die Einschränkung: Die Eigenrechte von Familie sollten im Rahmen der Subsidiarität nach Artikel 6 des Grundgesetzes der Bundesrepublik Deutschland garantiert sein und gewahrt bleiben. Gerechterweise muß man jedoch auch erwähnen, daß mit diesen gesellschaftlichen und subsidiären Leistungen ein System entstanden ist, dessen Rahmenbedingungen für viele, wenn nicht gar für die meisten Menschen Vorteile gebracht hat: Wohlstand, Demokratie und Sicherheit sind nur einige davon. Das aber hatte seinen Preis. Solange ein derartiges Gesellschaftssystem funktioniert und daher auch geschätzt wird, treten alle nicht meßbaren Leistungen in den Hintergrund und werden demzufolge auch geringer geschätzt. Leistungen in und für Familie, das liebevolle Bemühen füreinander, Opferbereitschaft und Verantwortung - all das fällt eben der einseitig materiellen Werteskala zum Opfer. Gerät ein System, in dem sich viele Menschen

vornehmlich an materiellen Gütern orientieren, jedoch in Bedrängnis, z.B. durch einen längerfristig hohen Stand an Erwerbslosigkeit, rücksichtsloses Verhalten gegenüber den natürlichen Lebensgrundlagen, hohe Zahlungsverpflichtungen im In- und Ausland, Abkehr von materiellen Leistungswerten und steigende Unzufriedenheit mit politischen Entscheidungen, so wird deutlich, daß lediglich mit einer Orientierung an materiellen Gütern derartige Probleme nicht hinreichend und befriedigend zu lösen sind. Immer mehr Menschen müssen dabei erkennen, daß insbesondere für die Problemlösungen in den zwischenmenschlichen Beziehungen die immateriellen und ideellen Werte wie Liebe, Vertrauen, Ehrlichkeit, Freundschaft und selbstlose Hilfsbereitschaft genauso wichtig sind.
So skizzenhaft und oberflächlich diese wenigen Hinweise auch sein mögen, sie zeigen nicht eine Krise des materialistischen Systems an, sondern bereits den Beginn einer neuen Epoche im sozialen Wandel: den Wandel von der materialistischen zu der postmaterialistischen Gesellschaft (vgl. R. Inglehart, 1977 und 1979), in der eine Besinnung auf ideelle und immaterielle Werte stattfindet, die dem Wesen des Menschen gerechter werden und die sich nicht in Leistungsbilanzen ausdrücken.
Es verwundert nicht, daß Werte wie Gemeinschaft, Beachtung der Lebensgrundlagen, Menschlichkeit usw., die bislang nur als "zweite Garnitur" betrachtet wurden, immer häufiger gefragt sind und offen diskutiert werden. Es ist daher nur allzu verständlich, den Versuch zu wagen, diese in zunächst überschaubaren, kleinen sozialen Kontaktnetzen (wieder) zu entdecken. Zu diesen kleinen sozialen Kontaktnetzen gehört in erster Linie die Familie.

Rolf Stein: Familiale Bedürfnisorientierungen in sozial-ökologischen Kontexten. Köln 1988, S. 12f.

3.4.2.3 Zu Auswirkungen des Wertwandels auf den einzelnen und seine Beziehungen in Partnerschaft und Familie

Der Wandel von der traditionalen in die moderne Gesellschaft bildet auf der Makroebene einen Verständniszugang zur gegenwärtigen Beziehungskultur. Das gesellschaftliche Klima, der atmosphärische Bezugsrahmen, in dem heute Beziehungen gelebt werden müssen, beeinflußt das Beziehungsverhalten. Und zwar zunächst einmal unabhängig davon, ob die Paare verheiratet sind oder nicht. Die gewandelten gesellschaftlichen Bedingungen ermöglichen, differenzierte Formen der Beziehungskultur zu denken und zu leben. Anders als in den 20er Jahren dieses Jahrhunderts, oder noch in den 60er Jahren, kann heute in zahlenmäßig auffallender Weise gesellschaftlich realisiert werden, was individuell gedacht und gelebt wird. Die Handlungs- und Lebensmuster der Individuen haben sich durch die soziale Akzeptanz ausgedehnt. Auch lädt die Verbreitung von nichtinstitutionalisierten Beziehungsformen zur Nachahmung ein. *Eine neue soziale Plausibilität für Beziehungsalternativen entsteht.* Neue Beziehungsformen stellen somit eine logische Konsequenz und Dynamik einer in ihren Wertüberzeugungen pluralen Gesellschaft dar. Öffentlich muß nicht gerechtfertigt werden, was privat als richtig empfunden wird. Zunächst einmal führt der Wunsch nach individueller Befriedigung, das Bedürfnis nach Intimität und gefühlsmäßiger

Übereinstimmung dazu, eine Beziehung einzugehen und zu konkretisieren. Auf dieser Ebene gilt weithin sowohl für eheliche als auch für nichteheliche Lebensgemeinschaften, daß jede Partnerschaft von der Hoffnung getragen wird, miteinander gelingend und glücklich leben zu wollen. In den Beziehungen sowohl von unverheirateten als auch von verheirateten Paaren tauchen daher ähnliche Sehnsüchte, Hoffnungen, Erwartungen und Ängste und Krisen auf. Hier wie dort werden die Erfahrungen von Eifersucht, Untreue und Trennung nicht weniger schmerzlos erlebt. Zunächst wird man also auf der Ebene der personalen Beziehungsqualität kaum die eine Beziehungsform als besser, situationsgerechter, fortschrittlicher, partnerschaftlicher und die andere als schlechter, unzeitgemäßer, unreifer oder pathologischer sehen können. Denn die Nuancen und Schattierungen in je einzelnen Paarbeziehungen sind zu unterschiedlich, um solche pauschale Beurteilungen aufrechterhalten zu können. Partnerschaften stehen immer, unabhängig von ihrer formalrechtlichen Verbindlichkeit, vor ähnlichen Herausforderungen: Es muß ein Boden gemeinsamen Lebens bereitet werden. Die Beziehung muß konstruiert werden. Ein gemeinsam bewohnbarer Lebensraum will erarbeitet und eine Lebensform aufgebaut werden. Dem Ereignis des Verliebtseins, der erotisch-sexuellen Intensität, soll Ausdruck, vielleicht auch Dauer gegeben werden. In diesem "Konstruktionsvorgang" treten natürlicherweise psychosozial bedingte Krisen, Störungen, Instabilitäten auf. Wie wird mit diesem Konfliktstoff umgegangen? Grundsätzlich muß zwischen unterschiedlichen psychischen Erfordernissen ein Ausgleich gesucht werden. Distanz und Nähe, Einsamkeit und Gemeinsamkeit müssen miteinander vermittelt werden. Intimität und Öffentlichkeit, die Wahlmöglichkeiten zwischen verschiedenen Beziehungen und die Verwirklichung einer Beziehung; Scheidung und Neuanfang oder Entschiedenheit für die Dauerhaftigkeit; das Ereignis des Verliebtseins und die Suche nach Verbindlichkeit in der Liebe bilden Pole, durch die jede Beziehung herausgefordert ist.

Die Herausforderung wird umso schärfer, je kürzer die zur Verfügung stehende Zeit ist, um gegensätzliche Akzente zu vermitteln oder in einer Art Synthese zusammenzubinden. Möglicherweise stellen Nichteheliche Lebensgemeinschaften den Anspruch auf solche Synthesebildungen. Offen bleibt zunächst, ob dieses Ideal realisiert werden kann, weil die zeitliche Dimensionierung begrenzt ist.

Eine weitere Synthesebildung wird zwischen Scheidung und Entschiedenheit angestrebt. Als selbstverständlich wird es betrachtet, eigene Überzeugungen und Entscheidungen auch korrigieren zu können. Die heutige Lebensführung wird unter dem Gesichtspunkt gestaltet, durch Versuch und Irrtum lernen zu können. Lebensentscheidungen gelten gesellschaftlich in der Regel als revidierbar. Von dieser Möglichkeit zur Revision wird auch der Bereich der Beziehungen, Ehe und Familie nicht ausgenommen. Sollte sich eine einmal getroffene Entscheidung nicht mehr als tragfähig und lebbar erweisen, neigt man zu Trennung und Scheidung.

Diese als authentisch betrachtete Haltung eröffnet oder verstellt Chancen zur Reifung. Immer entsteht eine krisenhafte Lebenssituation, die in sich ambivalent ist. Aus den erlittenen Erfahrungen können neue Ansätze für eine Folgebeziehung entwickelt werden. Es besteht aber auch die nicht unbegründete Vermutung, dem schmerzhaften Prozeß eigener Wandlung und Veränderung durch die Flucht aus der Beziehung in eine neue auszuweichen. "In unverbindlichen

Liebesbeziehungen erliegen wir oft der Versuchung, die Leitbildspiegelung nur so lange zu suchen wie ein gutes Lebensgefühl uns wärmt. In entscheidenden Situationen aber verweigern wir die Herausforderung, ein anderer zu werden."
Neue Lebensmuster bilden sich aus, die auch als *"Fortsetzungsbeziehungen" bzw. "Fortsetzungsehen"* bezeichnet werden können. In den USA werden mindestens die Hälfte der geschlossenen Ehen wieder getrennt. Kaum jemand also, dem die Erfahrungen von Heiraten und Wiederverheiratung nicht aus der eigenen Familie und Verwandtschaft vertraut wären. Konkret wird es für die aufwachsende Generation der Kinder, welche in den 80er Jahren geboren worden sind, "nichts Ungewöhnliches sein, diesen Sequenzen von Lebensarrangements zu folgen: für einige Jahre mit beiden Elternteilen zusammenleben; bei der Mutter leben, nachdem sich die Eltern scheiden ließen; dann beim Stiefvater leben; zu Beginn der zwanziger Jahre einige Zeit allein leben; mit einer Person des anderen Geschlechts zusammenleben; ohne zu heiraten; dann heiraten; geschieden werden; wieder allein leben; wieder heiraten; und schließlich nach dem Tod des Partners, noch einmal allein leben."
Es liegt nahe anzunehmen, daß die Beziehungs- und Bindungsfähigkeit durch diese aufeinanderfolgenden Muster nicht unbedingt gefördert wird. Aus der Angst, negative Erfahrungen mit den eigenen Eltern, aus der eigenen Vergangenheit zu wiederholen, kommt man in den Sog, immer wieder in ähnlichen Konflikten, Konstellationen und Paardynamiken die Flucht zu ergreifen. Indem Flüchtigkeit und Austauschbarkeit mangelnde Intensität auszugleichen suchen, kann eine chronische Unfähigkeit zur Beziehungskultivierung entstehen, die auch strukturelle Ursachen hat. In aufeinanderfolgenden oder nebeneinander liegenden Beziehungsmustern werden allzuleicht die Fehler auf derselben Entwicklungsstufe mit anderen Partner/innen wiederholt. Mit oft hohem verbalen Aufwand wird die Beziehung problematisiert, ohne sie freilich zu leben. Die tatsächliche Verwirklichung und Intensivierung wird vermieden, indem man jede Regung und Bewegung zum Thema macht. Man wiederholt die bislang erlernten Erfahrungen ohne daß die früheren Beziehungen hinreichend abgeschlossen, ausgetrauert sind. Sie bilden somit keinen fruchtbaren Boden für eine bleibende neue Bindung. *Durch solche negativen Wiederholungsketten zerbricht das Vertrauen und stirbt ein Stück des Glaubens in die eigene Beziehungsfähigkeit und in tragfähige Beziehungen überhaupt.*

Andreas Heller: Zusammenleben von Mann und Frau. Wien/Klagenfurt 1989, S. 89 - 93

3.4.2.4 Zu Werten und Ansprüchen in der Ehe und deren Relevanz bei der Ehescheidung

Die Frage nach den Ursachen einer Trennung oder Scheidung läßt sich auch aus der Sicht der betroffenen Partner beantworten. Wenn sich Partner trennen, dann sind sie meist auch in der Lage anzugeben, weshalb. Die Partner verfügen über eigene, subjektive Erklärungen der Ursachen ihrer Trennung, über Erklärungen, die prinzipiell dem Instrumentarium der empirischen Sozialforschung zugänglich sind.

So analysierte *Levinger* (1966) 600 von Eheberatern durchgeführte mündliche Interviews scheidungswilliger Ehepartner mit Kindern (Region Cleveland, Ohio). Dabei wurden Klagen über das Verhalten des jeweils anderen Ehepartners in 12 Kategorien klassifiziert. Danach wurden die Klagen nach dem Geschlecht der Befragten und nach deren Schichtzugehörigkeit aufgebrochen.
Die am häufigsten angegebenen Ursachen des Scheidungswunsches waren bei Männern wie Frauen seelische Grausamkeit des Partners sowie die Vernachlässigung der häuslichen Pflichten. Die nächsthäufigen Ursachen waren bei den Frauen physischer Mißbrauch durch den Partner und finanzielle Probleme, bei den Männern Untreue der Partnerin sowie sexuelle Unvereinbarkeit. Im Durchschnitt nannten die Frauen wesentlich mehr Ursachen als die Männer. Während physischer Mißbrauch, finanzielle Probleme und Trunksucht des Partners von signifikant mehr Frauen als Männern als Ursache ihrer Scheidungsabsicht genannt wurde, betrafen die Probleme Schwierigkeiten mit der Verwandtschaft und sexuelle Unverträglichkeit Männer stärker als Frauen.
Nach Schichtzugehörigkeit der Partner stellt *Levinger* Klagen über finanzielle Probleme, Alkoholismus und physischen Mißbrauch eher in den unteren Schichten fest, während weiter oben im Schichtgefüge psychische Momente relevanter werden.
Ein entscheidender Mangel der Studie von *Levinger* liegt in deren Beschränkung auf Klagen über den Partner. Denn auch in Eigenschaften der eigenen Person können Ursachen einer Scheidung gesehen werden. Eine Beschränkung auf Klagen über den anderen läßt jedwede Selbstattribution der Scheidungsursache unberücksichtigt.
In der Bundesrepublik erhob *Künzel* (1974a) im Kontext einer Studie zur Situation geschiedener Frauen deren subjektive Scheidungsgründe. Analysen der von *Künzel* erhobenen Merkmale wurden jedoch unseres Wissens bisher nicht publiziert.
Hahn, Klein und Steffens (1984) haben im Rahmen einer Befragung von 300 bundesdeutschen Ehepaaren Gründe, die die Partner zur Scheidung bewegen könnten, bei beiden Partnern erhoben und zwischen den Partnern verglichen. Dabei ergab sich hohe Übereinstimmung zwischen den Partnern über die Gründe: "Auseinanderleben" und "Persönlichkeit kommt in Ehe zu kurz", niedrige dagegen bei den Scheidungsgründen: "Streit" und "charakterliche Veränderungen".
Durch eine besonders starke Berücksichtigung möglicher Beziehungen der perzipierten Scheidungsursachen zu sozio-demographischen Hintergrundvariablen ist die Studie von *Burns* (1984) gekennzeichnet. Bei einer postalischen Befragung von 355 geschiedenen und getrennt lebenden Personen aus Sidney, Australien, wurden als Ursachen der Trennung/Scheidung am häufigsten genannt: sexuelle Unvereinbarkeit, Mangel an Kommunikation, Mangel an gemeinsamen Interessen sowie Ehebruch des Partners.
Ursachen der Trennung, die von Frauen stärker als von Männern genannt wurden, waren Zeitmangel des Partners zu Haus, Trinken, Grausamkeit und Probleme mit Wohnraum und Finanzen. In der Perzeption der Männer spielte die Unvereinbarkeit sexueller Wünsche eine größere Rolle. Bei niedriger Schichtzugehörigkeit spielten - wie schon in der Studie von *Levinger* - Alkoholismus und Grausamkeit des Mannes eine stärkere Rolle.

Alkoholismus als Trennungsmotiv fand sich in besonders starkem Maße auch bei Katholiken. Generell spielte der Streit mit Verwandten bei religiös orientierten Personen eine relativ große Rolle, sexuelle Unvereinbarkeit als Trennungsursache war bei den Frauen mit dem Fehlen, bei den Männern jedoch mit dem Vorhandensein religiöser Überzeugungen verbunden.
Bemerkenswert erscheinen einige Assoziationen mit perzipierten Scheidungsursachen, die *Burns* für die Ehedauer und das Heiratsalter fand. So berichtet *Burns* von einer mit Dauer der Ehe zunehmenden Bedeutung der Ehebrüche des Mannes, andererseits aber von einer abnehmenden Bedeutung der Scheidungsursachen sexuelle Unverträglichkeit und Grausamkeit des Mannes. Die Wahrscheinlichkeit, daß Ehebruch des Mannes als Ursache einer Trennung angegeben wird, steigt also mit der Dauer einer Ehe, während die Wahrscheinlichkeit der Angabe sexueller Unverträglichkeit und der Angabe von Grausamkeit des Mannes mit der Dauer der Ehe sinkt.
Beim *Heiratsalter* fanden sich signifikante Assoziationen niedrigen Heiratsalters mit der Häufigkeit, mit der Streit mit Verwandten, finanzielle Probleme, Probleme mit dem Wohnraum, Alkoholismus und Grausamkeit des Mannes als Trennungsursachen genannt wurden. In ähnlicher Form ist geringe Dauer der Beziehung vor der Eheschließung mit der Häufigkeit der Scheidungsursache Grausamkeit des männlichen Partners verbunden.
Auf die zwei letztgenannten Variablen: Dauer der Ehe und Heiratsalter werden wir später zurückkommen. Die beobachteten Assoziationen bestimmter Scheidungsursachen mit speziellen Ehephasen sind auf einer generelleren Ebene erklärungsbedürftig, ebenso die Beziehung niedrigen Heiratsalters zu bestimmten (zumindest perzipierten) Ursachen einer Scheidung.
Eine weitere wichtige Beziehung fand *Burns* zwischen dem Familienstand (dichotom: geschieden versus getrenntlebend) und der Wahrscheinlichkeit, daß das Vorhandensein eines anderen Partners als Ursache einer Ehescheidung angegeben wird. Scheidungen sind dann wahrscheinlicher, wenn eine erneute Ehe gewünscht wird, andernfalls wird das Getrenntleben in geringerem Maße als Nachteil perzipiert.
Weiterhin unterzog *Burns* die von ihren Befragten genannten Ursachen der Scheidung bzw. Trennung noch einer Faktorenanalyse, um zu Aussagen über die Struktur der Scheidungsursachen zu gelangen. Dabei wurden 7 verschiedene Faktoren identifiziert (in dieser Reihenfolge): allgemeine Belastung ('general stress'), Vernachlässigung des Mannes durch die Frau, Glücksspiel und Alkoholismus des Mannes, ein Faktor, der zwischen Geschiedenen und Getrenntlebenden differenziert, aber ansonsten nicht interpretierbar ist sowie schließlich der Faktor neuer Partner der Frau.

Peter H. Hartmann. Warum dauern Ehen nicht ewig? Eine Untersuchung zum Scheidungsrisiko und seinen Ursachen Opladen 1989, S. 26 - 28

3.5 Zu psycho-sozialen und psychosomatische Auswirkungen nach Schwangerschaftsabbrüchen. Herausforderungen für politische Gewalt und politische Parteien

3.5.1 Einleitende und didaktische Hinweise

Seitdem der Schwangerschaftsabbruch gesetzlich geregelt wurde, reißen die Diskussionen in der Öffentlichkeit nicht ab. Kaum ein anderes Thema führt zu solch emotionalen und mitunter unsachlichen, unfundierten und unfruchtbaren Gesprächen in der Öffentlichkeit. Dabei wird leicht der Eindruck erweckt, als ob die meisten Menschen für eine völlige Freigabe der Abtreibungen sind. Die Befürworter dieser Freigabe bieten feil, daß es im Willen und im Selbstbestimmungsrecht der Frau liegt, zu entscheiden, ob sie eine Schwangerschaft abbrechen will oder nicht. Nicht selten berücksichtigen insbesondere die Medien die Befürworter der Abreibung in viel stärkerem Maße als die Befürworter zum Schutz des ungeborenen Lebens. Wenn dann noch in Medien vom sogenannten "Abtreibungsrecht" gesprochen wird, das den Eindruck erweckt, als existiere de facto und de jure ein Recht auf Tötung ungeborenen Lebens, dann ist ein Werteverfall geradezu indiziert. Die Menschen, die sich für den Schutz des ungeborenen Lebens einsetzen, werden dann noch in die Ecke von nicht ernst zu nehmenden religiösen Fanatikern gedrängt. Wenn dann noch zusätzlich in den Diskussionen der politischen Parteien auf unterschiedlichster staatspolitischer Verantwortung nicht nur grundgesetzlich verbriefte Lebensschutzgarantieen sondern auch nachweisbare wissenschaftliche Erkenntnisse über den ungeborenen Menschen auf dem Alter politischer Opportunität und demokratischer Prozesse geopfert werden, dann wird der Verfall von lebenswichtigen Grundwerten weiter beschleunigt. Die gesamten Diskussionen muten an, als ob Schwangerschaftsabbruch die Befreiung für den Menschen bietet, sie verschweigen aber meist neben dem sicher wichtigsten Tatbestand der Tötung menschlichen Lebens auch noch die mitunter sehr negativen medizinischen, psychischen und sozialen Probleme, unter denen Frauen nach einer Interruptio leiden. Die drei Texte in diesem Kapitel beleuchten die Folgen einer Schwangerschaftsunterbrechung für die Frauen aus psychologischer, medizinischer und sozialer Sicht.

Ansätze zur inhaltlichen Auseinandersetzung

- Welche Folgen sind beim Schwangerschaftsabbruch nachweisbar?
- Sind die Erkenntnisse darüber einheitlich?
- Analysieren Sie einmal die Programme und Wahlreden der im Bundestag bzw. in einzelnen Landtagen vertretenen Parteien und bestimmter Politiker in Bezug auf die Meinung zum Schwangerschaftsabbruch daraufhin, inwiefern sie überhaupt auf die Spätfolgen von Interruptio aufmerksam machen.
- Inwiefern bestehen Diskrepanzen zwischen naturwissenschaftlicher Erkenntnis über das ungeborene Leben und gesetzlicher Bestimmung (vgl. die einschlägigen Kapitel im vorliegenden Reader) auf der einen Seite und den Äußerungen von Politikern oder Parteiprogrammen auf der anderen Seite?
- Welche psychologischen Folgen können erkennbare Diskrepanzen zwischen wissenschaftlicher Erkenntnis, (grund)gesetzlicher Bestimmung und politischen Äußerungen und Bestimmungen auf das Werteverständnis haben?
- Sind das ungeborene Leben und die Mutter eigentlich hinreichend durch die politische Gewalt geschützt?

3.5.2 Zu einigen psychosozialen psychosomatischen Auswirkungen

3.5.2.1 Zu den Folgen des Schwangerschaftsabbruchs aus medizinischer Sicht

Neben der in der Öffentlichkeit vieldiskutierten Frage, ab wann denn das Leben vor der Geburt als eigentlich menschlich anzusehen (...) sei (*vgl. Spezial 2/85*), wird die *Möglichkeit* einer *gesundheitlichen Schädigung der Frau* durch den Eingriff des Schwangerschaftsabbruchs in eher geringem Ausmaß beachtet. Auch in der gynäkologischen Fachwelt besteht über die Wahrscheinlichkeit von Folgen der Abruptio keine Einigkeit. Es soll ein kurzer Überblick über wissenschaftliche Arbeiten geboten werden. Die Folgen des Schwangerschaftsabbruchs lassen sich aus medizinischer Sicht in drei Kategorien einteilen:
- direkte Komplikationen des Eingriffs,
- Frühkomplikationen,
- Spätfolgen.

Zur Gruppe der direkten Komplikationen gehören:
- Narkosezwischenfälle,
- Perforationen (Durchstoßung) der Gebärmutter,
- Muttermundeinrisse durch Aufdehnung des Gebärmutterhalsteils,
- Blutungen mit größeren Blutverlusten.

Narkosezwischenfälle treten in der auch sonst bei Allgemeinanästhesie zu erwartenden Häufigkeit auf, nehmen aber einen relativ geringen Anteil der direkten Komplikationen des Eingriffs ein. Perforationen und Muttermundrisse kommen nach einer großen Statistik der BRD in der Häufigkeit von 0,47 bis 0,78 Prozent aller Fälle der Abruptio vor.

Ähnliche Ergebnisse wurden auch aus der DDR berichtet; dort lag die Rate der Perforationen und Muttermund(-ein)risse bei 1,3 Prozent aller Fälle von Schwangerschaftsabbruch. Blutungen, welche Blutersatz erforderlich machten, kommen nach der zuletzt zitierten Untersuchung mit einer Häufigkeit von 0,5 Prozent vor. Kleinere Untersuchungen als die zuletzt genannten zeigen vergleichbare Zahlen.

Als *Frühkomplikationen* sind zu bewerten:
- Nachblutungen (mit eventueller Nachcurettage),
- Infektionen der inneren Genitalorgane (Gebärmutter, Eileiter, sowie Umgebung),
- Venenthrombosen.

Nachblutungen treten nach einer Statistik der DDR in 0,9 Prozent aller Fälle von Abruptio auf, die Häufigkeit von Entzündungen der inneren Genitalien wird in der Literatur mit 1,58 bis 4,9 Prozent der Fälle angegeben. Einer amerikanischen Untersuchung zufolge liegt für beide Komplikationen ein erhöhtes Risiko für die Altersklasse unter 17 Jahren vor.

Die Gesamtkomplikationsrate für direkte Folgen und Frühkomplikationen liegt nach einer Statistik aus der BRD für die Aspirationscurettage ("Absaugung") bei 3,62, für die konventionelle Curettage ("Ausschabung") bei 4,83 Prozent. Aufgrund der großen Zahl in dieser Arbeit registrierter Abruptiofälle (für jede Methode mehr als 30.000) scheinen die Ergebnisse repräsentativ zu sein. In einer

kleineren Untersuchung aus der DDR (ca. 6.500 Fälle) wurde für die Aspirationscurettage eine Gesamtkomplikationsrate von 9,7 Prozent berichtet. Die Rate der Todesfälle durch den Schwangerschaftsabbruch liegt nach der oben zitierten Statistik aus der BRD bei 13 bis 15 Todesfällen pro 100.000 Eingriffen.
Die Berichte über *Spätfolgen* der Abruptio hinsichtlich nachfolgender Fruchtbarkeit und Schwangerschaftsverlauf sind in ihren Ergebnissen nicht eindeutig.
In der Fachliteratur wird ein Zusammenhang zwischen Sterilität und Unfruchtbarkeit einerseits und vorangegangenem Schwangerschaftsabbruch andererseits angenommen. Als Ursache sind Verletzungen des Gebärmutterhalses, der Gebärmutterhöhle und Verschlüsse der Eileiter anzusehen.
Das Auftreten von Eileiterverschlüssen nach vorangegangenem Schwangerschaftsabbruch steht nach einer amerikanischen Studie nicht eindeutig mit dem Eingriff im Zusammenhang, dieser darf aber als Risikofaktor für Sterilität gelten.
Eine amerikanische Studie über die Fruchtbarkeit nach dem Schwangerschaftsabbruch ergab, daß diese direkt nach dem Eingriff reduziert ist (eventuell auch durch vermehrte Anwendung familienplanerischer Maßnahmen bedingt), auf lange Sicht aber keine Beeinträchtigung gegenüber der Normalbevölkerung erfährt.
Nach japanischen Beobachtungen dürfte das vermehrte Auftreten von zervikalen Graviditäten - Schwangerschaften, bei welchen sich die befruchtete Eizelle in den Halsteil der Gebärmutter einnistet - mit der Abruptio zusammenhängen. (Zervikale Graviditäten können nur seltenst ausgetragen werden und enden in der Regel als Abortus).
In der Literatur zu Anfang der 70er Jahre wurden bei Schwangerschaften nach vorangegangenem Abbruch eine Erhöhung der Rate der Frühgeburten sowie ein geringeres Geburtsgewicht der Säuglinge beschrieben. Diese Ergebnisse haben sich statistisch in großen Untersuchungen zwar nicht eindeutig sichern lassen, jedoch als Tendenz eine Bestätigung erfahren.
Nach Untersuchungen aus der DDR dürften die beim Abbruch häufig auftretenden Verletzungen des Muttermundes und Halsteils der Gebärmutter ursächlich an der erhöhten Rate von Spontanaborten und Frühgeburten beteiligt sein. Eine dänische Untersuchung zeigte ähnliche Zusammenhänge, wobei die Häufigkeit von Plazentaretentionen (Zurückbleiben von Teilen des Mutterkuchens nach der Geburt) erhöht war. Einer amerikanischen Studie zufolge erhöht sich nach einer Abruptio die Gefahr für Lageanomalien des Mutterkuchens - Placenta praevia - deutlich.
Im ganzen gesehen ist - nun abgesehen von der moralisch-ethischen Problematik des Schwangerschaftsabbruchs - für die Frau selbst die Gefahr von gesundheitlichen Schäden sowie auch für spätere Schwangerschaften ein nicht zu unterschätzendes Risiko gegeben.

aus: Gerhard Wolfram: Folgen des Schwangerschaftsabbruchs in medizinischer Sicht. in: DIALOG 1/86, Informationen Ehe und Familie 2. Jg. 1986, S. 4f. Wien 1986.

3.5.2.2 Zu den psychischen Folgen nach einer Abreibung

Die Behauptung, daß psychische Spätfolgen nach einer Abtreibung selten und nur kurzfristig seien, stimmt nicht. Zwei von mir durchgeführte psychosoziale Befragungen von Frauen mit legaler Abruptio belegen die Schwere des Eingriffs. Eine risikolose Abtreibung gibt es nicht. Einerseits attackiert der Eingriff massivst eine humane Existenzform (Buck) - es geht um Sein oder Nichtsein, um Leben oder Tod des Ungeborenen. Zum anderen vollzieht die Schwangere einen Akt, der ihrem weiblichen Sein und Wesen und einer möglichen Erfüllung ihrer weiblichen Rolle, nämlich der Mutterschaft, diametral entgegenläuft. Da die Abtreibung ein widernatürlicher Akt ist, das heißt sich gegen die Natur der Frau richtet, gerät sie psychisch in Kollision mit ihrer weiblichen Identität, auch dann, wenn eine immer größer werdende Anzahl von Frauen glaubt, sich von dem "konventionellen" Rollenbild und -verständnis der Frau und Mutter lossagen zu müssen. Die Frau verliert bei der Abtreibung ihr ungeborenes Kind - nicht ihren Embryo, nicht ihren Föten. Deshalb lehnt sie im psychosozialen Beratungsgespräch bei Konfliktschwangerschaft zum Beispiel das Alternativangebot der Freigabe des Kindes zur Adoption häufig mit dem Argument ab: Ich gebe mein Kind, mein eigenes Fleisch und Blut nicht fremden Menschen zur Aufzucht. Lieber treibe ich ab. Die durch die Abtreibung des Ungeborenen bei der Frau ausgelöste Identitätskrise ist viel schwerer als der Verlust der Brust durch Amputation bei Mamma-Ca. Ist diese doch nur ein Teil des Körpers der Frau, das ungeborene Kind hingegen eine eigenständige, von der Mutter wesensverschiedene Person.
Die möglichen psychischen Spätfolgen nach einer Abtreibung, deren Existenz circa 80 Prozent der befragten Frauen bejahen, sind viel gravierender als die somatischen, weil die Prognose für eine erfolgreiche Psychotherapie derselben erfahrungsgemäß wesentlich ungünstiger ausfällt. Generell kann man sagen, daß nach einer Abtreibung als psychische Spätfolgen gehäuft auftreten: Reue- und Schuldgefühle, Selbstvorwürfe, Stimmungsschwankungen und Depressionen, unmotiviertes Weinen, Angstzustände und schreckhafte Träume. Oft wird das psychische Geschehen begleitet von multiplen funktionellen Störungen, wie Herzrhythmusstörungen, labilem Blutdruck, Migräne, Magen-Darm-Störungen, Unterbauchkrämpfen, vorzeitiger Wehentätigkeit bei erneuter Schwangerschaft, Schlafstörungen etc.
Etwa 60 Prozent der interviewten Frauen glauben an das Auftreten von Reue- und Schuldgefühlen nach dem Abbruch, ebenso viele fühlen sich selbst schuldig. Spricht man die Frauen direkt oder indirekt auf Schuldgefühle und Selbstvorwürfe an, so kommt sehr oft die Antwort "ja" auf die Aussage "Seit dem Abbruch habe ich häufiger Schuldgefühle, ohne zu wissen warum". Bei einer Befragung nach Beck wird das Vorhandensein von Schuldgefühlen, Gewissensbissen oder Reue bald heftig bestritten, bald gelassen vereint. Hingegen klagen die Frauen häufig über vegetative Symptome, die seit dem Eingriff neu aufgetreten sind. Teilweise handelt es sich primär um somatische, teilweise um psychosomatische Beschwerden. Das Schuldgefühl wird nicht mehr als solches im Bewußtsein erlebt, sondern in abgewandelter Form als körperliches Leiden. Boss meint, daß Angst und Schuldgefühl in zunehmendem Maße in die Verborgenheit des Leibesinnern kriechen und dann nur noch die Fremdsprache der sogenannten funktionellen Herz-Magen-Darm-Beschwerden oder anderer Organneurosen spre-

chen. Es ist, als ob das Unbewußte damit einverstanden wäre, daß der Konflikt auf der somatischen Ebene ausgetragen wird.
Stimmungsschwankungen und depressive Zustände, seit der Abtreibung gehäuft oder neu auftretend, geben circa 35 bis 40 Prozent der befragten Frauen an. Sie werden beschrieben als erhöhte Reizbarkeit, heiter-fröhlich-traurige Stimmungslage bis hin zu ausgesprochenen Depressionen, die so stark werden können, daß die Frauen sich in ambulante oder stationäre psychosomatische oder psychiatrische Therapie begeben müssen. Es kann sogar zu Äußerungen von Suizidgedanken und -versuchen kommen, die vor dem Abbruch nicht da waren. Andere Frauen haben keine Hoffnung mehr für die Zukunft, müssen sich zu Arbeiten zwingen, die sie vor dem Abbruch spielend erledigt haben, und sehen manchmal aus einer schwierigen Situation keinen Ausweg mehr.
Zirca 35 Prozent der Frauen weinen seit der Abtreibung häufiger, ohne eigentlich dazu motiviert zu sein. Eine Patientin bricht während des Interviews bei jeder Frage, die den Abbruch direkt anspricht, in Tränen aus, obgleich der Eingriff schon vier Jahre zurückliegt. Sie erinnert sich, daß sie unmittelbar nach der Abtreibung und in den beiden Jahren danach sehr viel geweint habe. Seit einem Jahr gehe es ihr besser. Aber immer wieder kämen Perioden, wo sie zutiefst traurig und depressiv sei und um das verlorene Kind weine, besonders, wenn sie Kinder sehe, die im Alter ihres abgetriebenen Kindes seien.
Auf die Frage "Seit dem Abbruch habe ich öfter Angstgefühle, ohne zu wissen wovor" antworten circa 30 Prozent der Frauen mit "Ja". Alpträume unmittelbar nach der Abtreibung und eine geraume Zeit danach befassen sich mit kleinen toten Kindern, die beispielsweise ohne Haut sind, aus dem Bett fallen, in einem Bach liegen oder sich mit einer Flasche schneiden. Frauen träumen von Babys, die verhungert, vernachlässigt oder verstümmelt sind (Jürgensen).
Weit mehr als die Hälfte der befragten Frauen fühlt sich unmittelbar nach der Abtreibung und vor allem später nicht freier und wohler, sondern nervöser, weniger ausgeglichen und hat bis heute ihre innere Ruhe psychische Stabilität nicht so recht wiedergewonnen. Eine Patientin sagt, die Zeit nach der Abtreibung sei schrecklich gewesen. Sie habe sich innerlich wie tot gefühlt. Eine andere Frau bezeichnet ihr Leben als total verpfuscht. Eine dritte meint, die Abtreibung habe ihr einen seelischen Knacks gegeben, wörtlich: "Das ist ja so schwer, das weiß niemand, wie schwer das ist. Seitdem habe ich einen Tick. Das würde ich niemals mehr tun." Frauen quälen sich mit Fragen wie "War es wohl richtig, was ich gemacht habe?" "Ob es wohl schon ein richtiger Mensch war?" "Was haben die Ärzte wohl mit meinem toten Kind gemacht? Was ist wohl mit ihm geschehen? "Wie oft kommt die Äußerung "Ich muß an mein Kind denken, wenn ich andere Frauen mit ihren Kindern sehe. Ich fühle mich schuldig, weil ich Leben vernichtet habe."
Gegen den Einwand, daß die angegebenen Prozentzahlen deswegen so hoch seien, weil möglicherweise überwiegend konfessionell gebundene und kirchlich praktizierende Frauen befragt wurden, sprechen die Antworten der Patientinnen selbst. Auf die Feststellung "Ich glaube, ich bin ziemlich religiös" antworten zwar 48 Prozent mit "Ja", aber 33 Prozent der "Ja-Sager" bezeichnen sich nicht als konfessionell gebunden und kirchlich praktizierend, was sie mit der Feststellung ausdrücken "Um im Leben bestehen zu können, brauche ich keine Kirche". Zum anderen berichten katholische Frauen, zu denen ein besonders gutes Ver-

trauensverhältnis während der Befragung bestand, daß sie die Abtreibung schon etliche Male gebeichtet hätten, aber dennoch keine psychische Entlastung spürten. In diesem Zusammenhang muß noch einmal ausdrücklich betont werden, daß die psychischen Spätfolgen nach Abtreibung primär seelischer Genese sind und nicht kirchlich-konfessionell induziert, sonst müßte zumindest bei den katholischen Frauen die Beichte Gewissensentlastung und damit psychische Erleichterung bringen.

Da alle Frauen, die eine Abtreibung hinter sich gebracht haben, mit dieser schlimmen Erinnerung leben müssen, versuchen sie Mechanismen zu entwickeln, die es ihnen gestatten, Schuld- und Reuegefühle, Angstzustände und Depressionen abzuwehren. "In den meisten Fällen wurde die Abruptio konflikthaft in einer Pseudoanpassung, in der Verleugnung und Projektion, die wichtigsten Abwehrmechanismen darstellen, verarbeitet, um schwere Depressionen zu vermeiden" (Jürgensen).

Dabei unterscheiden sich Abwehrmechanismen erwachsener Frauen qualitativ keineswegs von denen Jugendlicher, die eine Abtreibung haben vornehmen lassen (Merz).

Drei Mechanismen werden von Frauen praktiziert, um psychische Spätfolgen nach einer Abtreibung zu verarbeiten: 1. die Verdrängung; 2. die Projektion; 3. die Konfrontation.

Für die Erlebnisverarbeitung und zum Teil auch für die Wahl des Verarbeitungsmechanismus ausschlaggebend ist die Persönlichkeit der Frau. Entsprechend ihrer Charakterstruktur lassen sich die Frauen einteilen in intelligente und/oder psychisch differenzierte, die den Konflikt der Abtreibung relativ bewußt erleben. Schon im Beratungsgespräch bei bestehender Konfliktschwangerschaft fällt auf, daß sie eher sensibel, mütterlich, verantwortungsbewußt reagieren. Sie sind viel öfter bereit, das Kind auszutragen. Sie zeigen mehr Einsicht und Verständnis für psychologische Argumente als seelisch weniger differenzierte Frauen. Brechen sie nach einem oder mehreren Gesprächen die Schwangerschaft dennoch ab, so verarbeiten sie die Abtreibung wesentlich ungünstiger als die seelisch weniger differenzierte Frau.

Die weniger intelligente oder die seelisch infantil-retardierte Frau ist in ihrer psychischen Konstitution häufiger gefühlsarm bis stumpf, zeigt weniger Verantwortungsbewußtsein. Sie ist gelegentlich hysterisch und verbittert. Schon bei der Beratung während ihrer Konfliktschwangerschaft fällt auf, daß sie sich wesentlich seltener positiv zu ihrer Schwangerschaft einstellen kann. Deshalb treibt sie auch häufiger ab als die psychisch differenzierte Frau. Post abruptionem tendiert sie stärker dazu, die Problematik zu verdrängen und den Konflikt in Form von vegetativ-neurotischen Störungen zu somatisieren.

1. Die Verdrängung

Besonders nach der Verdrängung des traumatisierenden Abbruchgeschehens kann eine Somatisierung in Form von vegetativen Störungen voll einsetzen. 40 Prozent der interviewten Frauen beantworten die Frage "Haben Sie seit dem Abbruch vor der Periode körperliche Beschwerden" mit "Ja". Solche sind zum Beispiel Rückenschmerzen, Kopfschmerzen, Bruststechen, Schwindel, Ziehen im Unterleib. 30 Prozent der Frauen klagen seit der Abtreibung über gehäufte Un-

terleibsschmerzen ohne somatischen Befund. Was ist seit der Abtreibung geschehen?
Eine relativ große Gruppe sind Frauen, die im Gespräch aussagen, daß die Abtreibung sie psychisch nicht verändert habe. Dennoch verdrängen oder versuchen sie, den Gedanken an die Abtreibung aus ihrem Bewußtsein zu verdrängen. Bei der Katamneseerhebung war es interessant, daß Frauen das Abbruchjahr "vergessen" hatten, auch wenn die Abtreibung erst ein Jahr zurücklag. Hingegen konnten sie sich an Operationen vor sehr viel längerer Zeit genau erinnern.
61 Prozent der befragten Frauen hat der Gedanke an die Abtreibung noch lange beschäftigt. Sie können bis heute nicht vergessen und schieben den Gedanken an die Abtreibung, wenn er hoch kommt, beiseite, sie verdrängen ihn. Es kommen Äußerungen wie: "Immer, wenn der Gedanke an die Abtreibung kommt, schiebe ich ihn weg". "Wissen Sie, der Abbruch lastet auf meiner Seele. Ich quäle mich jetzt schon die ganzen Jahre, den Gedanken an den Abbruch immer wieder zu verdrängen. Es geht nicht." "Soll ich denn das Problem ein ganzes Leben mit mir rumschleppen?" "Ich habe mich nach der Abtreibung in die Arbeit gestürzt, um zu vergessen." Die Erinnerung an die abgebrochene Schwangerschaft beim Anblick schwangerer Frauen ist 52 Prozent der befragten Frauen lästig. Bei 70 Prozent der Frauen kommt immer wieder der Gedanke hoch, wie es wohl wäre, wenn das abgetriebene Kind jetzt lebte, der mehr oder weniger erfolgreich abgewehrt wird.

2. Die Projektion

Generell kann man sagen, daß der Druck der Umwelt auf die Schwangere nach der Novellierung des § 218 StGB spürbar zugenommen hat. Da nach seiner Neufassung die Schwangere bei legaler Indikation und Abbruch straffrei bleibt, ist sie den Pressionen der Umwelt, besonders denen des Partners, erheblich mehr ausgesetzt als vor der Novellierung des Gesetzes. Wünscht zum Beispiel der Kindesvater, meist der Ehemann, oder wünschen bei Teenagern die Eltern die Abtreibung, so erscheint es der Familie der Schwangeren nicht einsichtig, weshalb sie den Abbruch nicht vornehmen lassen sollte.
Widersetzt sich die Frau den Wünschen der mitmenschlichen Umwelt, so beginnt oft eine suggestive Beeinflussung zur Abtreibung, die so weit gehen kann, daß man droht, die Schwangere zu verlassen oder das junge Mädchen aus dem Hause zu weisen.
Psychisch labile Frauen und besonders Frauen in finanzieller Abhängigkeit vom Kindesvater - meist die nichtberufstätige Ehefrau oder die Schwangere, die mit dem Kindsvater in freier Partnerschaft zusammenlebt und von ihm abhängig ist - geben dem psychischen Druck nach und treiben ab.
39 Prozent der interviewten Frauen geben der mitmenschlichen Umwelt, dem Kindsvater - Ehemann, Freund, Verlobten - und/oder dem oder den Ärzten die Schuld für die Entscheidung zum Schwangerschaftsabbruch. Folgende Antworten mögen das psychische Erleben von Frauen illustrieren, die mittels Projektion versuchen, Aggressionen projektiv nicht nur auf Ärzte, sondern häufiger noch "auf die als Versager oder brutale Verfolger hingestellten Partner abzuwälzen" (Jürgensen). "Meine Umgebung hat mich damals zu einer Entscheidung gedrängt, die ich im tiefsten Innern gar nicht wollte." "Ich gebe meiner Umgebung

einen großen Teil der Schuld für diese Entscheidung" und "Der Kindsvater wollte das Kind auf keinen Fall haben" lauten die entsprechenden Aussagen im Fragebogen, die mit "stimmt" von einem hohen Prozentsatz der befragten Frauen bejaht werden.
Bei einigen Frauen wäre die Entscheidung pro Kind ausgefallen, wenn der Ehemann zugestimmt hätte. Eine Patientin hätte sich gewünscht, daß ihr Mann sie nie in die Abtreibung gedrängt hätte. Er wollte auf keinen Fall das Kind haben. Dafür hasse sie ihn streckenweise heute noch. Haßgefühle, Gefühlskälte, Launen und Depressionen kennzeichnen das ehelich-sexuelle Miteinander mancher Frauen nach dem Abbruch. Nicht selten kommt es zu sekundären Sexualstörungen, wie Dyspareunie, Frigidität und Orgasmusstörungen. Der bekannte Gynäkologe *A. Meyer* schrieb schon vor 40 Jahren: "Eine besondere Bereitschaft zu Sexualneurosen scheint da zu bestehen, wo der Mann stark auf den Schwangerschaftsabbruch drängte, aber die Frau mehr ihm zuliebe nachgab, der Not gehorchend, nicht dem eigenen Triebe. Hier erscheinen die Störungen als eine Art Rache gegenüber dem Eingriff in die Freiheit der Persönlichkeit und als eine Art harter Belehrung des Mannes über sein Unrecht. Denn Mißachtung der Persönlichkeit ist oft eine der schwersten Kränkungen" (Meyer). Gelegentlich kommt es zu einem Umdenken auf Seiten des Mannes, weil er sieht, wie die Frau über Jahre hinweg psychisch leidet. Er zeigt Verständnis und Kooperation, um der Frau zu helfen.

"Nicht nur die Männer werden zum äußeren Verfolger, um dem inneren zu entgehen ..., sondern auch die Ärzte" (Jürgensen). Heftige Vorwürfe und Aggressionen gegen den oder die Ärzte, die Patientin zum Beispiel wegen einer möglichen oder auch wahrscheinlichen Behinderung des Kindes übertrieben ängstigten und sie damit zum Abbruch drängten, werden laut. Eine Patientin meint unter Tränen: "Die Ärzte haben über meinen Kopf hinweg entschieden. Sie haben mich geängstigt, das Kind könne geschädigt sein. Wäre ich nochmals in der gleichen Situation von damals, ich würde austragen, auch wenn mein Kind geschädigt wäre. Es ist mein Fleisch und Blut, ich würde es lieben." Eine andere Patientin sagt: "Ich wurde mit der Spirale schwanger. Der Arzt sagte mir, nachdem sie gezogen war, der Embryo könne möglicherweise verletzt und geschädigt sein. Ich weiß nicht, ob das stimmte. Aus Angst vor der Behinderung des Kindes, die man mir quasi suggerierte, ließ ich die Schwangerschaft abbrechen. Ich hätte liebend gern das Kind genommen."

Insgesamt stehen 45 Prozent der befragten Frauen nicht mehr zu ihrer früheren Entscheidung und würden, wenn sie könnten, die Abtreibung rückgängig machen. Wenn sie erneut in der Lage von damals wären, würden sie den Eingriff nicht mehr durchführen lassen, weil sie ihre damalige Entscheidung als falsch und ungut betrachten. Die Bestärkung der richtigen und guten Entscheidung zum Abbruch - von Seiten des Arztes oder des Beraters - ist für viele Frauen vor der Abruptio keine Entscheidungshilfe und nach der Abtreibung nicht von psychotherapeutischer Relevanz. Einige Frauen, die mit liegender Spirale schwanger wurden, vermißten die Information vom Arzt, daß die Spirale eigentlich ein Abortivum sei, was sie erst später erfahren hätten und was sie in ihrem Gewissen und psychisch belastet hätte.

Andere Frauen behaupten, sie seien von ihrem Arzt nicht genügend oder überhaupt nicht über die prozentuale Unsicherheit des Intrauterinpessars (IUP) als Kontrazeptivum aufgeklärt worden.

3. Die Konfrontation

Die dritte und auch kleinste Gruppe der befragten Frauen versucht, durch bewußte Konfrontation mit dem Abbruchgeschehen ihr psychisches Gleichgewicht wieder zu erreichen, vor allem durch Gespräche mit vertrauten Personen, wie Ehemann, öfter die Freundin, die Mutter, seltener der Arzt - niemals der Arzt, der die Indikation stellte oder die Abtreibung vornahm -, der Seelsorger, der Psychologe und Psychotherapeut.
Eine Patientin sagt, daß sie nur deswegen zu mir gekommen sei, um mit mir nochmals über den Abbruch zu sprechen, nicht, um meiner Wissenschaft und Statistik zu dienen. Sie glaube, daß ein nochmaliges Gespräch mit einer Psychologin ihr helfen würde, die Abtreibung leichter zu verkraften. Andere Frauen verbalisieren, daß sie den Abbruch so lange bewußt erleben wollten, bis sie ihn psychisch verkraftet hätten. Daß sie sich auf Zukunft und Dauer der psychischen Belastung einstellen müßten, weil die eigentlichen Folgen der Abtreibung erst viel später voll bewußt erlebt würden. "Heute sieht man alles ganz anders", meint eine der Frauen. "Ich war eine lange Zeit nach dem Eingriff am Boden zerstört. Ich habe mir vorgenommen, du mußt das schaffen. Ich bin jetzt noch in nervenärztlicher Behandlung. Ich hatte schwere Angstzustände. Ich arbeite sehr mit der Therapie des Arztes mit."
Immer wieder kommen Phasen im Leben der Frauen, in denen viele die Abtreibung nochmals erleben und psychisch nachvollziehen. Eine Patientin schließt sich zum Beispiel jährlich, noch sechs Jahre nach dem Abbruch, am Tag des errechneten Geburtstermines in ihr Haus ein, verdunkelt die Fenster und spricht den ganzen Tag kein Wort mit ihrer Familie. Eine andere begeht den "Jahrestag der Abtreibung" mit einer guten Tat. Meist lädt sie ein Kind aus einem Kinderheim zu sich ein und bereitet ihm eine Freude. Wieder andere Frauen versuchen, ein Kind zu adoptieren, weil sie glauben und hoffen, mit der Adoption Psyche und Gewissen zu erleichtern und zu beruhigen. Manchmal wird eine erneute Schwangerschaft angestrebt, weil die Geburt eines Kindes nach einer Abtreibung psychische Entlastung bringen soll. Allerdings kommen diese "normalen Trauerreaktionen als adäquate Verarbeitung des Geschehens mit Hinwendung der psychischen Besetzungen zu neuen Objekten und Bedauern des Geschehenen als etwas Unwiderruflichem nur ganz selten vor" (Jürgensen).
Der Schwangerschaftsabbruch ist keine Lösung psychosozialer Probleme. Im Gegenteil, viele Probleme bestehen nach der Abtreibung weiter, und das Risiko psychischer Spätfolgen kommt neu und erschwerend hinzu. Die psychische Dimension der Labilität und Stabilität in Konfliktsituationen generell kommt in der speziellen Situation des psychischen Risikos nach Abtreibung voll zum Tragen. *Schulte* ist der Meinung, daß es absurd wäre, bei psychisch labilen Frauen, Neurotikerinnen oder gar Psychopathinnen von einer Abtreibung die Korrektur psychischer Fehlentwicklungen oder psychosomatisch falscher Verhaltensweisen zu erwarten. Eine generell in Krisensituationen psychisch labil reagierende Frau wird auf den psychischen Streß des Schwangerschaftsabbruchs mit noch stärke-

rem psychischen Fehlverhalten antworten. Daß selbst sonst relativ stabile Frauen nach der Abtreibung nicht unbeeinträchtigt bleiben, zeigt die Schwere des psychophysischen Eingriffs. 67 Prozent der befragten Frauen verneinen die Aussage: "Ich habe seit dem Abbruch das Gefühl, mit dem Leben besser fertig zu werden." 55 Prozent fühlen sich seit der Abtreibung nicht freier, wohler und stabiler.
Beim Schwangerschaftsabbruch wird nicht nur pränatales Menschenleben vernichtet, sondern auch ein Heer von schweren bis schwersten Neurotikerinnen ständig neu geschaffen, das personell schon jetzt nicht mehr ausreichend psychotherapeutisch betreut und begleitet werden kann. Außerdem ist die Prognose einer Psychotherapie, wie oben schon erwähnt, nicht besonders günstig, wie die Erfahrung behandelnder Psychologen und Psychotherapeuten zeigt. Ganz zu schweigen von den psychologischen Auswirkungen auf die Familie der Frauen, auf Ehepartner und Kinder. Nach *Jürgensen* zerbrachen post abruptionem 20 Prozent der Partnerschaften, und weitere 20 Prozent wurden als bedeutungslos dargestellt. *Petersen* ist erschüttert vom Ausmaß seelischen Elends im Gefolge des Schwangerschaftsabbruchs. Mit ihm zusammen möchte ich abschließend die Frage stellen: "Wissen die Ärzte überhaupt, was sie tun beim Schwangerschaftsabbruch?"

Maria Simon: Pränatales Menschenleben und die Folgen nach seiner Abtreibung. S. 184 - 191 in: H. von Voss; R. von Voss; P. Hoffacker: Chancen für das ungeborene Leben. Köln 1988

3.5.2.3 Zu den psychosozialen Folgen des Schwangerschaftsabbruchs

Einerseits wird Schwangerschaftsabbruch vom Gesetz her zugelassen, um das Leben sowie körperliche und psychosoziale Gesundheit der Frau zu schützen. Andererseits muß aber nun gefragt werden, ob möglicherweise Schwangerschaftsabbruch die psychosoziale Gesundheit der Frau beeinträchtigen kann. Unter juristischem Gesichtspunkt geht es bei der Frage der Rechtfertigung für die Verminderung des Schutzes der Frucht. Unter dem medizinischen Gesichtspunkt geht es einerseits um die Frage von Indikation und Gegenindikation. Denn der Arzt darf keinen Schaden bewirken. Auch spielen die psychosozialen Folgen eine Rolle, die beim nachträglichen ärztlichen Umgang mit der Frau auftauchen können, bislang aber häufig nicht beachtet wurden.
Bei politischen Diskussionen meinen manche, in psychosozialer Hinsicht sei überhaupt kein Schaden, sondern nur Nutzen nach Schwangerschaftsabbruch zu beobachten. Dies sei auch der Grund, warum Schwangerschaftsabbruch gerechtfertigt sei. Andere wiederum meinen, psychosozialer Schaden sei sehr wohl zu beobachten. Hilflosigkeit taucht hingegen auf, das Ausmaß und die Art dieses Schadens genau zu definieren oder gar zu erfassen. So finden sich in der medizinischen Literatur Autoren, die überhaupt keine oder nur unwesentliche nachteilige Erscheinungen beschreiben. Andere Autoren hingegen berichten, daß in über 40 Prozent der Fälle Komplikationen nach Schwangerschaftsabbruch beobachtet werden können.
Sowohl die Schwangerschaftskonfliktberatung als auch die unterschiedlichen Ausgangspositionen des Beraters und der Ratsuchenden sind die Gründe, warum Probleme bei der statistischen Aussage hinsichtlich psychosozialer Spätkompli-

kation auftauchen. Psychiatrisch-psychologisches Wissen und die Schulung hierfür sind notwendig, um Früh- und Spätkomplikationen voll erkennen und schließlich auch bewerten zu können. Auch wird bei statistischen Bewertungen vielfach deutlich, daß ein großer Teil selektiv definierter Frauen sich einer Nachuntersuchung entziehen.

Jede Nachuntersuchung ist damit verbunden, daß Erinnerungen wach werden, die eine erneute Konfliktbearbeitung notwendig machen. Auch müssen Frauen im Rahmen von Nachuntersuchungen sich wiederum mit dem eigentlichen Abbruchgeschehen zeitlich und örtlich auseinandersetzen, weshalb schon allein aus diesen Gründen Nachuntersuchungen erschwert und statistische Aussagen nahezu unmöglich sind. Der Gynäkologe verfügt zwar über statistische Zahlen zum Schwangerschaftsabbruch, wobei auch er dem Problem der Dunkelziffern ausgesetzt ist. Der Nervenarzt hingegen beobachtet zwar eine Vielzahl von Folgeerscheinungen, er seinerseits verfügt aber über keine Basiszahlen von Schwangerschaftsabbrüchen, auf die er seine Beobachtung statistisch beziehen könnte.

Bei der Bewertung der statistischen Aussagen fällt weiterhin auf, daß der Zeitpunkt der Nachuntersuchung nach Schwangerschaftsabbruch bei statistischen Erhebungen und damit auch bei der Bewertung möglicher psychosozialer Folgeerscheinungen eine erhebliche Rolle spielt. Es wird vielfach angenommen, daß mit zunehmendem Zeitabstand zum eigentlichen Geschehen des Schwangerschaftsabbruchs die Tendenz zur Verleugnung größer wird. Somit können Probleme auftauchen, die damit zusammenhängen, daß hinreichend belegbare Zusammenhänge nicht mehr zu erkennen sind und gar bei unsachgemäßer Interpretation zu falschen Rückschlüssen führen können. Die obengenannten Gründe sind es, die deshalb Aussagen zu psychosozialen Folgen nach Schwangerschaftsabbruch nahezu unmöglich machen. Es wird deutlich, daß das beste Mittel der Erkenntnis, das uns überhaupt zur Verfügung steht, die klinische Erfahrung des Nervenarztes und des Psychotherapeuten ist.

Die nervenärztliche Erfahrung zeigt, daß eine Unterscheidung zwischen Früh- und Spätkomplikationen nach Schwangerschaftsabbruch erschwert ist. In der Literatur werden vielfältige Störungen beschrieben: neurotische Tendenzen, Depressivität, Nervosität, psychosomatisch Störungen, Schuldgefühle, sexuelle Störungen, suizidale Tendenzen.

Nach dem eigenen klinischen Eindruck werden unmittelbar auftretende psychische Störungen wie etwa Zorn und Empörung über die Umgebung, ein Aufbäumen gegen das Verlusterlebnis, Gefühle der Demütigung etc. meist vom Willen her schnell unterdrückt, so daß sie scheinbar schnell wieder abklingen. Das schnelle Verschwinden der offenkundigen Frühkomplikation sollte aber nicht so mißverstanden werden, als sei nun alles in Ordnung. In einer nicht unerheblichen Zahl von Fällen entwickeln sich anschließend langsam psychische Spätkomplikationen.

Bei der offenkundigen psychischen Symptomatik kann es sich um depressive Reaktionen aller Schweregrade handeln. Diese gehen nicht selten mit funktionellen Sexualstörungen mit anderen gynäkologischen Symptomen wie etwa Unterleibschmerzen ohne Organbefund einher. Es kommen paranoide Entwicklungen, mitunter auch psychotische Entwicklungen vor. Ferner kommen in meinem Beobachtungsgut hypochondrische Reaktionen sowie alle möglichen psychoneurotischen und psychosomatischen Symptome vor. In der eigenen Praxis gab es einen Fall von gelungenem Suizid nach Interruptio. Das Ausmaß des Druckes von Seiten des Sozialarbeiters der Behörde äußerte sich unter anderem darin, daß er die Patientin selber in das Sprechzimmer hineinführte, um dann anzufangen, das ärztliche Gespräch mit zu stenographieren.

Psychische Symptomatik im Verborgenen

Nach Schwangerschaftsabbruch kann sich mitunter auch eine psychoneurotische oder psychosomatische Symptomatik entwickeln, die eher vage und undefiniert bleibt und kein fest umrissenes Krankheitsbild darstellt: Nervosität, Erregbarkeit, Depressivität, sexuelle Schwierigkeiten, sogenannte Kreislaufstörungen und anderes mehr. Solche Symptome können vor allem am Arbeitsplatz zu erheblichen Konflikten Anlaß geben, obwohl die umgebende Gruppe der betreffenden Frau von dem eigentlichen Schwangerschaftsabbruch der Betroffenen selbstverständlich keine Kenntnis hat. Hinzuweisen ist auch auf einen umgekehrten Kausalzusammenhang. So kann aus einem depressiven oder paranoiden Zustand heraus eine Situation entstehen, wo die Patientin sich wegen einer Interruptio beklagt, die überhaupt nicht stattgefunden hat. Auch kann ein realer früherer Schwangerschaftsabbruch retrograd emotional aufgeladen werden.

Schuldgefühle

Das Problem der Schuldgefühle nach Interruptio hat noch keine hinreichende Darstellung gefunden, vor allem nicht in deskriptiver Hinsicht. Schuldgefühle können in den realen Gegebenheiten des jeweiligen Falles verankert sein. Schuldgefühle nach Interruptio können aber auch aus tief unbewußten neurotischen Konflikten stammen, die mit der unmittelbaren Realität nur wenig zu tun haben. Beide Arten von Schuldgefühlen sind unterschiedlich zu bewerten und erfordern einen unterschiedlichen Umgang.

Oft ist es so, daß der Schwangerschaftsabbruch einerseits in bewußter Erinnerung bleibt, also nicht eigentlich verdrängt wird; andererseits aber eigenartig unreflektiert und unbedacht bleibt, so daß man am ehesten von einer Bewußtseinsverschiebung sprechen möchte. Dieser Umstand gibt den Schuldgefühlen und ihren Folgeerscheinungen oft einen merkwürdigen Charakter, der halbwegs durch Bewußtsein und halbwegs durch Unbewußtheit gekennzeichnet ist.

Übrigens halte ich es für kurzschlüssig, wenn so häufig gesagt wird, die Schuldgefühle seien ja "nur" auf den Einfluß der Kirche zurückzuführen. Wer hört denn in Fragen der Sexualität heute überhaupt noch auf die Kirche? Wer richtet zum Beispiel sein kontrazeptives Verhalten nach den Lehren der Kirche? Wenn aber das Sexualleben so weitgehend von der Kirche unbeeinflußt bleibt, warum sollen dann nach dem Schwangerschaftsabbruch auftretende Schuldgefühle ausgerechnet auf die Kirche zurückzuführen sein? Oder ist es vielleicht eher umgekehrt, daß die Schuldgefühle der betroffenen Frauen allgemein menschlich sind und nur auch von der Kirche geteilt werden? Hippokrates und den vielen nichtchristlichen Völkern, denen der Schwangerschaftsabbruch ein Problem blieb, waren ja auch nicht von den christlichen Kirchen beeinflußt.

Eine ideologisch eingeschränkte Sicht über die Herkunft der Schuldgefühle aber erschwert den therapeutischen Umgang mit ihnen.

Neues Symptom oder Exazerbation?

Die eingehende anamnestische Untersuchung zeigt, daß eine Interruptio meist nur dann zu einer nachfolgenden nervösen Symptomatik führt, wenn auch schon in der Vorgeschichte nervöse Schwierigkeiten nachzuweisen sind. Hier können Zeichen einer nervösen Persönlichkeitsstruktur, aber auch eine voll ausgeprägte nervöse Symptomatik vorliegen. Relativ selten kommt es vor, daß eine Interruptio zu einer neurotischen oder psychotischen Erstsymptomatik führt. Dieser Umstand hat Konsequenzen für Prognose und Indikationsstellung.
Es mag zunächst überraschend klingen, daß beim Vorliegen einer wohlbegründeten, sogenannten "guten" psychiatrischen Indikation - zum Beispiel also bei dem Vorliegen einer schizophrenen Erkrankung - am ehesten mit dem Auftreten von psychischen Früh- und auch Spätkomplikationen zu rechnen ist. Bei näherem Zusehen handelt es sich dabei jedoch um eine Selbstverständlichkeit, denn die Indikation zur Interruptio besteht hier ja gerade in der großen Ich-Schwäche dieser Frauen. Wegen dieser Ich-Schwäche sind sie mitunter durch Schwangerschaft und Mutterschaft überfordert; genausowenig können sie aber mitunter einen Schwangerschaftsabbruch verkraften. Gerade beim Vorliegen schwerer psychiatrischer Erkrankungen ist also eine Interruptio nicht ganz automatisch und blindlings indiziert, sondern nur nach Abwägung der individuellen Gegebenheiten. Was kann diese konkrete Patientin aller Voraussicht nach weniger verkraften: Schwangerschaft und Mutterschaft oder Schwangerschaftsabbruch? Die Erfahrung zeigt, daß selbst bei dem Fall einer schizophrenen Patientin auch das Austragen einer zunächst unerwünschten Schwangerschaft mitunter ausgesprochen günstig wirken kann. Selbstverständlich gilt diese Aussage nur in der besonderen Situation, sie kann nicht verallgemeinert werden. Es muß aber betont werden, daß die "beste" psychiatrische Indikation nicht selten eine Verschlechterung der vorhandenen psychischen Symptomatik nach sich zieht.

Schwangerschaftsabbruch und Knick in der Lebenslinie

Nach einem Schwangerschaftsabbruch tritt nicht selten eine ungünstig veränderte Einstellung zu dem Kindsvater, ja zu allen Männern ein. Manchmal überwiegen die Folgen einer desillusionierten Einstellung; manchmal drängt es die Frau zur Rache am Mann, an der Umwelt; manchmal kommt es zu depressivem Rückzug. Nicht selten gibt es manifeste funktionelle Sexualstörungen, manchmal versteckte sexuelle Schwierigkeiten, manchmal werden sexuelle Beziehungen mehr oder weniger vollständig aufgegeben oder nur pflichtmäßig unterhalten. Manche Frauen bleiben unverheiratet. Bei anderen kommt es zu erheblichen Störungen in der Ehe.

Problematik der Emanzipation

Eine große Anzahl von Frauen bittet lediglich unter Druck, ja unter Zwang um Interruptio. Es sei an die vielen Ich-schwachen Frauen erinnert oder an die Frauen mit einer depressiv getönten Versagenshaltung, die von ihren Eltern, Lehrern, Sozialberatern, Ehemännern oder von ihren Freunden und Freundinnen ab-

hängig sind. Viele von diesen wollen ihr Kind in Wirklichkeit gerne haben. Man hindert sie aber daran, und die Schwangere fügt sich, denn kaum etwas ist so unerträglich, wie allein gelassen zu werden und allein zu bleiben.
Das, was als eine neue Freiheit für die Frau beabsichtigt ist, bringt also in nur allzu vielen Fällen in Wirklichkeit ein hohes Maß an Unfreiheit mit sich. Denn das Ausüben von Druck und Zwang ist durch die Möglichkeiten, die das neue Gesetz mit sich bringt, um so leichter geworden. Wenn die Frau aber ein Kind, das sie an sich lieber haben möchte, wegen Druck von außen nicht austragen kann, dann ist ihre Emanzipation nicht gefördert, sondern behindert.

Anwalt der Abtreibung

Eine Wendung in der Lebenslinie kann auch so aussehen, daß sich nach einer eigenen Interruptio das eigene Verhalten und Erleben wandeln und man zum engagierten Anwalt für Interruptio wird. Nicht wenige Frauen zum Beispiel, die sich in der öffentlichen Diskussion oder durch die Wahl ihrer Berufsausübung engagiert für den Schwangerschaftsabbruch einsetzen, haben in Wort und Schrift öffentlich bekannt, daß sie ja selber auch eine Interruptio gehabt hätten. Aus mehreren persönlichen Begegnungen weiß ich, daß der engagierte Einsatz für das Recht der Frau auf Interruptio dabei mitunter erst durch die eigene Interruptio ausgelöst war. Ähnliches gilt mitunter auch für Ärzte. Nachdem sie einmal eine Interruptio durchgeführt haben, entwickeln sie bisweilen das dringende Bedürfnis, sich zu beweisen, daß sie trotz ihrer inneren Bedenken richtig gehandelt haben.
Wiederholt habe ich selbst erlebt und auch von anderen Ärzten erfahren müssen, daß Frauen mit der Begründung um Interruptio bitten, sie dürften und könnten kein Kind mehr haben, weil sie früher schon einmal abgetrieben hätten. Mitunter wird hinzugefügt: Weil sie daher kein Kind verdienen würden. Zu dieser Bestrafungsphantasie gesellt sich aber ein weiteres Motiv. Um sich selbst zu beweisen, daß sie trotz aller Schuldgefühle bei ihrer ersten Abtreibung richtig gehandelt hätten, drängt es sie zur Wiederholung der Abtreibung, mitunter mehrmals. Man darf sich nicht wundern, daß derartige Beweggründe meist eher beiläufig geäußert werden, so daß sie leicht überhört werden können. Denn man kann ja in einer Beratungsstelle nicht so leicht sofort seine tieferen Beweggründe ansprechen, und so wird bei der Bitte um Interruptio oft zunächst von oberflächlichen Dingen gesprochen.

Hans Molinski: Psychosozialer Hintergrund bei Schwangerschaftskonfliktlösung. In: Hubertus von Voss; Rüdiger von Voss; Paul Hoffacker (Hrsg.): Chancen für das ungeborene Leben. Köln 1988, S. 171 bis 176

Anmerkung der Herausgeber: *Zu den Folgen der Schwangerschaftsabbruch ist während der Drucklegung des vorliegenden Readers eine empirische Erhebung veröffentlicht worden, die leider nicht mehr berücksichtigt werden konnte. Dort wird in einer vergleichenden Untersuchung dargestellt, inwiefern sich Folgen bei Schwangerschaftsabbruch und Adoptionsfreigabe in Bezug auf sozialmedizinische und sozialökologische Kontexte der Frauen ergeben. Titel des Buches ist:*
Poensgen, M.: Abschied von den unvergessenen Kindern. Frauen nach Schwangerschaftsabbruch und Adoptionsfreigabe. Freiburg i. Br. 1991

4. Philosophie und Ethik

4.1 Zum Beitrag von Philosophie für das Menschenverständnis

4.1.1 Einleitende und didaktische Hinweise

Philosophen haben sich immer schon in ihren Bemühungen, alles was ist, erklärend einzuholen nachdrücklich und ausdrücklich mit dem Menschen befaßt. Aus der Vielzahl der dabei nachweisbaren Fragestellungen und Probleme werden hier einige Schwerpunkte durch Textauszüge belegt:
Der Mensch als Gemeinschaftswesen (Polis-Wesen, Staatswesen) (Aristoteles), der Mensch als individuelles, vernünftiges, durch Sein gestiftetes Lebewesen (Thomas), der Mensch als mechanisches, durch politische Macht (Leviathan als künstliche Vernunft) zu zähmendes Triebwesen (Hobbes), der Mensch als von Natur aus "gutes" Geschöpf (Rousseau), der Mensch als autonomes, vernünftiges, Pflicht-(gesetzes-) Wesen (Kant), der Mensch ein durch unbegrenzte objektive Entfaltungsfähigkeit seines vernünftigen Geistes ausgestattetes Wesen (Scheler), der Mensch ein über Individualismus und Kollektivismus hinausführendes Wesen (Buber), der Mensch als nach Sinn fragendes Wesen (Camus).
Die knappen Ausschnitte - und dies hinsichtlich der Personen, der Aussagen und konsequent auch der entsprechenden Problemstellungen - verdeutlichen: Das Wesen (Sosein) des Menschen wurde immer wieder von Philosophen angefragt. Im Vergleich dazu nimmt die Problematisierung des Daseins (der Existenz) des Menschen bei Philosophen eine wenigstens scheinbar zweitrangige Stelle ein. Dennoch: Bereits bei Thomas bricht dieses Problem in seinem Seins-Begriff auf, und in der neueren und neuesten Philosophie - so in der Existentialontologie Heideggers und im Existentialismus scheint die Sinnfrage als Existenzproblem des Menschen zunehmend auf. Diese Problem-Wende von der vorrangigen Wesensfrage zur existentiellen Sinnfrage hat die Philosophie mehrfach, und zwar bereits im Mittelalter vollzogen, für Gesellschaft und insbesondere für Politik steht sie wenigstens praktisch noch aus, wie die äußerst oberflächlichen Diskussionen um die sogenannte Abtreibung, letztlich - Vernichtung menschlichen Daseins um des Soseins willen - eklatant aufweisen.

Impulse zur inhaltlichen Auseinandersetzung

- Welcher Text entspricht am ehesten Ihrem Menschenverständnis?
- Bitte prüfen Sie philosophische Aussagen unter der Frage: Ist der Mensch von Natur aus gut oder schlecht?
- Setzen Sie sich mit diesen philosophischen Aussagen und Begründungen auseinander.
- Wie deuten Philosophen das Verhältnis von einzelnem und Gemeinschaft (Gesellschaft, Staat)?
- Welche Begründungszusammenhänge der eingeblendeten philosophischen Aussagen scheinen Ihnen besonders einleuchtend?
- Welchen Stellenwert weisen Sie dem Dasein (der Existenz) des Menschen im Vergleich zu seinem Sosein (Wesen) zu?
- Wie bestimmen Sie das Verhältnis von Individualismus und Kollektivismus? Ist die Aussage Bubers für Sie diesbezüglich nachvollziehbar? Wo sind für Sie in diesem Buber-Text Schwierigkeiten gegeben?
- Welche Bedeutung weisen diese philosophischen Texte den immateriellen Werten für das umfassende Menschenverständnis zu?
- Bedeutet der Kampf "gegen Gipfel" (Schwierigkeiten, Konflikte) schon sinnstiftende Bewältigung menschlicher Existenz (Camus)?

4.1.2 Zu philosophischen Quellen über das Menschenverständnis

4.1.2.1 Zum Menschenverständnis nach Aristoteles

"Daraus ergibt sich, daß der Staat zu den naturgemäßen Gebilden gehört und daß der Mensch von Natur ein staatenbildendes Lebewesen ist. Wer dagegen (durch seine Natur und nicht bloß aus Zufall) außerhalb des Staates lebt, ist entweder schlecht oder höher als der Mensch, so wie etwa jener, von dem Homer schmähend sagt, er sei "ohne Sippe, ohne Gesetz und ohne Herd". Denn ein solcher ist von Natur auch "gierig nach Krieg", da er unverbunden steht, wie man im Brettspiel sagt. Weshalb ferner der Mensch in höherem Grade ein staatenbildendes Lebewesen ist als jede Biene oder sonst ein Herdentier, ist klar. Denn, wie wir behaupten, macht die Natur nichts vergebens. Der Mensch ist aber das einzige Lebewesen, das Sprache besitzt. Die (bloße) Stimme zeigt Schmerz und Lust an und ist darum auch den andern Lebewesen eigen - denn bis zu diesem Punkte ist ihre Natur gelangt, daß sie Schmerz und Lust wahrnehmen und das einander anzeigen können -; die Sprache dagegen dient dazu, das Nützliche und Schädliche mitzuteilen und so auch das Gerechte und Ungerechte. Dies ist nämlich im Vergleich zu den andern Lebewesen dem Menschen allein eigen, daß er einen Sinn für Gut und Schlecht, für Gerecht und Ungerecht und so weiter besitzt. Die Gemeinschaft in diesen Dingen aber schafft erst das Haus und den Staat."(...)

"Alle Menschen haben nun von Natur in sich den Drang zu einer solchen Gemeinschaft, und wer sie als erster errichtet hat, ist der Schöpfer der größten Güter. Wie nämlich der Mensch, zu seiner Vollendung gelangt, das beste der Lebewesen ist, so ist er, wenn er sich von Gesetz und Recht löst, das schlechteste von allen. Das schlimmste ist nämlich die bewaffnete Ungerechtigkeit. Der Mensch nun tritt ins Dasein mit den Waffen seiner Klugheit und Tüchtigkeit, und gerade sie kann man am allermeisten auch zum Gegenteil gebrauchen. Darum ist der Mensch ohne Tugend das gottloseste und wildeste aller Wesen und in Liebeslust und Eßgier das schlimmste. Die Gerechtigkeit aber ist der staatlichen Gemeinschaft eigen. Denn das Recht ist die Ordnung der staatlichen Gemeinschaft (Pol. I 2, 1253a, 1ff.)."

4.1.2.2 Zu Aussagen "Über das Sein und das Wesen" von Thomas v. Aquin

Daher sagt man, der Mensch sei ein vernünftiges Lebewesen, nicht aber, daß er aus Lebewesen und Vernunft bestehe, etwa wie man sagen kann, daß er aus Leib und Seele bestehe. In dieser Rede, der Mensch bestehe aus Seele und Leib, wird ausgedrückt, daß es sich damit so verhalte, wie wenn aus zwei Dingen irgendein drittes entsteht, das keines jener beiden ist. Denn der Mensch ist weder Seele noch Leib. Sagt man aber, der Mensch sei in irgendeinem Sinne aus Lebendigem und Vernünftigem zusammengesetzt, so handelt es sich nicht um ein drittes Ding, das aus zwei anderen bestände, sondern um einen dritten, aus zwei anderen Begriffen gewonnenen Begriff. Der Begriff: Lebendiges drückt nämlich ohne

Bestimmung einer besonderen (die Art bestimmenden) Form die Natur des Dinges aus, in Bezug darauf, daß diese sich hinsichtlich weiterer Vollendung als Stoff erweist. Der Begriff des unterscheidenden Merkmales: Vernünftiges indes besteht in der Bestimmung einer die Art kennzeichnenden Form. Aus diesen beiden Begriffen wird der Begriff der Art oder der Definition gebildet. Wie nun von einem aus anderen Dingen zusammengesetzten Ding nicht das aussagbar ist, was von jenen Dingen ausgesagt werden kann, daraus das eine besteht, so übernimmt auch der Begriff nicht die Bestimmungen jener Teilbegriffe, die in ihn eingehen; man kann nämlich nicht sagen, daß die Definition eine Gattung oder ein Unterschied sei.

Nun bezeichnet zwar der Gattungsbegriff das ganze Wesen der Art, dennoch brauchten aber keineswegs alle Arten, die zu dieser selben Gattung gehören, ein (einziges) Wesen zu haben. Die Einheit der Gattung nämlich entspringt gerade aus der Unbestimmtheit oder Ungesondertheit; es liegt aber nicht so, daß alles durch den Gattungsnamen Bezeichnete in seinen verschiedenen Arten ein der Zahl nach eines Wesen besäße, zu dem eine andere Sache, die dann der die Gattung näher bestimmende Unterschied wäre, so hinzuträte, wie etwa die Form den Stoff - der nun ein der Zahl nach einer ist - näher bestimmt; (der Gattungsbegriff entspringt vielmehr auf die angegebene Weise), weil er irgendeine Form, aber nicht in bestimmter Weise diese oder jene bezeichnet; in bestimmter Weise wird dann die Form durch den Unterschied ausgedrückt, und es ist diese Form gar keine andere als die vordem in unbestimmter Weise durch die Gattung bezeichneten.

4.1.2.3 Zu Aussagen in "Leviathan" nach Thomas Hobbes

"Die Natur oder die Weisheit, welche Gott in der Hervorbringung und Erhaltung der Welt darlegt, ahmt die menschliche Kunst so erfolgreich nach, daß sie unter anderen Werken auch ein solches liefern kann, welches ein künstliches Tier genannt werden muß. Denn da Leben doch nichts anderes ist als eine Bewegung der Glieder, die sich innerlich auf irgendeinen vorzüglichen Teil im Körper gründet - warum sollte man nicht sagen können, daß alle Automaten oder Maschinen, welche wie z. B. die Uhren durch Federn oder durch ein im Innern angebrachtes Räderwerk in Bewegung gesetzt werden, gleichfalls ein künstliches Leben haben? Ist das Herz nicht als Springfeder anzusehen? Sind nicht die Nerven ein Netzwerk und der Gliederbau eine Menge von Rädern, die im Körper diejenigen Bewegungen hervorbringen, welche der Künstler beabsichtigte? Doch die Kunst schränkt sich nicht nur auf die Nachahmung der eigentlichen Tiere ein, auch das edelste darunter, den Menschen, bildet sie nach. Der große Leviathan (so nennen wir den Staat) ist ein Kunstwerk oder ein künstlicher Mensch - obgleich an Umfang und Kraft weit größer als der natürliche Mensch, welcher dadurch geschützt und glücklich gemacht werden soll. Bei dem Leviathan ist derjenige, welcher *die höchste Gewalt* besitzt, gleichsam die Seele, welche den ganzen Körper belebt und in Bewegung setzt; *die Obrigkeiten und Beamten* stellen die künstlichen Glieder vor; die von der höchsten Gewalt abhängenden *Belohnungen und Bestrafungen,* wodurch jeder einzelne zur Erfüllung seiner Obliegenheiten angehalten wird, vertreten die Stelle der *Nerven;* das *Vermögen einzelner Personen* ist hier die *Kraft,* so wie das *Glück des Volkes* das allgemeine *Geschäft;* die

Staatsmänner, von welchen die nötigen Kenntnisse erwartet werden, sind das *Gedächtnis; Billigkeit* und *Recht* ein künstliche *Vernunft; Einigkeit* ist *gesunder, Aufruhr* hingegen *kranker Zustand* und *Bürgerkrieg* der *Tod.* Die Verträge endlich, welche die Teile dieses Staatskörpers verbinden, sind jenem bei Erschaffung der Welt von Gott gebrauchten Machtworte gleich: *Es werde oder laßt uns Menschen machen."* (Leviathan, Einleitung)

4.1.2.4 Zu Emile (Erstes Buch) nach Jean-Jacques Rousseau

"Alles ist gut, wie es aus den Händen des Schöpfers kommt; alles entartet unter den Händen des Menschen. Der Mensch zwingt ein Land, die Erzeugnisse eines anderen hervorzubringen, einen Baum, die Früchte eines anderen zu tagen. Er vermengt und vertauscht das Wetter, die Elemente und die Jahreszeiten. Er verstümmelt seinen Hund, sein Pferd, seine Sklaven. Alles dreht er um, alles entstellt er. Er liebt die Mißgeburt, die Ungeheuer. Nichts will er haben, wie es die Natur gemacht hat, selbst den Menschen nicht. Man muß ihn, wie ein Schulpferd, für ihn dressieren; man muß nach seiner Absicht stutzen wie einen Baum seines Gartens.

Ohne das wäre alles noch schlimmer, denn der Mensch gibt sich nicht mit halben Maßnahmen ab. Unter den heutigen Verhältnissen wäre ein Mensch, den man von der Geburt an sich selbst überließe, völlig verbildet. Vorurteile, Macht, Notwendigkeit, Beispiel und alle gesellschaftlichen Einrichtungen, unter denen wir leben müssen, würden die Natur in ihm ersticken, ohne etwas anderes an ihre Stelle zu setzen. Sie gliche einem Baum, der mitten im Wege steht und verkommt, weil ihn die Vorübergehenden von allen Seiten stoßen und nach allen Richtungen biegen. Ich wende mich an dich, liebe und weise Mutter. Du hast es verstanden, dich von der Heerstraße fernzuhalten und das Bäumchen vor dem Zusammenprall mit der öffentlichen Meinung zu behüten! Pfleg und gieß die Pflanze, ehe sie verdorrt; eines Tages wirst du dich an ihren Früchten laben. Umwall beizeiten die Seele deines Kindes; ein anderer mag den Umfang abstecken, du aber mußt die Schranken setzen.

Pflanzen werden gezogen: Menschen werden erzogen. Käme der Mensch groß und stark zur Welt: seine Stärke und Größe nützen ihm solange nichts, bis er gelernt hätte, sich ihrer zu bedienen. Sie wären sein Schaden, weil sie andere daran hinderten, für ihn zu sorgen und ihm beizustehen. So ginge er, sich selbst überlassen, zugrunde, ehe er sein Bedürfnis erkannt hätte. Man beklagt den Kindstand, aber man sieht nicht, daß die Menschheit zugrunde gegangen wäre, wenn der Mensch nicht als Kind begonnen hätte.

Wir werden schwach geboren und brauchen die Stärke. Wir haben nichts und brauchen Hilfe; wir wissen nichts und brauchen Vernunft. Was uns bei der Geburt fehlt und was wir als Erwachsene brauchen, das gibt uns die Erziehung.

Die Natur oder die Menschen oder die Dinge erziehen uns. Die Natur entwickelt unsere Fähigkeiten und unsere Kräfte; die Menschen lehren uns den Gebrauch dieser Fähigkeiten und Kräfte. Die Dinge aber erziehen uns durch die Erfahrung, die wir mit ihnen machen, und durch die Anschauung."(...)

Wir werden empfindsam geboren und von Geburt an auf verschiedene Weise durch unsere Umwelt beeinflußt. Sobald wir unserer Eindrücke bewußt werden, suchen wir die betreffenden Gegensätze zu erstreben oder zu fliehen; anfangs je nachdem sie uns angenehm oder unangenehm sind, später je nach der Zuneigung oder der Abneigung, die wir zwischen uns und jenen Dingen finden; schließlich urteilen wir vernünftig über ihren Wert für unser Glück und unsere Vollkommenheit. Diese Anlagen wachsen und festigen sich in dem Maße, in dem wir empfindsamer und vernünftiger werden. Werden sie jedoch von Gewohnheiten gezwungen, so ändern sie sich mehr oder weniger nach unseren Meinungen. Vor dieser Veränderung sind sie das, was ich die Natur in uns nenne. Auf diese ursprüngliche Veranlagung müßte man alles zurückführen".(...) (Emile, Erstes Buch, Ss. 9, 10, 11, 12 - Auszüge)

4.1.2.5 Zu "Praktische Vernunft" nach Imanuel Kant

"*Pflicht!* du erhabener großer Name... wo findet man die Wurzel deiner edlen Abkunft, welche alle Verwandtschaft mit Neigung stolz ausschlägt, und von welcher Wurzel abzustammen die unnachläßliche Bedingung desjenigen Werts ist, den sich Menschen allein selbst geben können? Es kann nichts minderes sein, als was den Menschen über sich selbst (als einen Teil der Sinnenwelt) erhebt, was ihn an eine Ordnung der Dinge knüpft, die nur der Verstand denken kann, und die zugleich die ganze Sinnenwelt, mit ihr das empirisch bestimmbare Dasein des Menschen in der Zeit und das Ganze aller Zwecke (welches allein solchen unbedingten praktischen Gesetzen als das moralische angemessen ist) unter sich hat. Es ist nichts anders als die *Persönlichkeit*, d.i. die Freiheit und Unabhängigkeit von dem Mechanismus der ganzen Natur, doch zugleich als ein Vermögen eines Wesens betrachtet, welches eigentümlichen, nämlich von seiner eigenen Vernunft gegebenen reinen praktischen Gesetzen, die Person also als zur Sinnenwelt gehörig ihrer eigenen Persönlichkeit unterworfen ist, sofern sie zugleich zur intelligiblen Welt gehört; da es denn nicht zu verwundern ist, wenn der Mensch, als zu beiden Welten gehörig, sein eigenes Wesen in Beziehung auf seine zweite und höchste Bestimmung nicht anders als mit Verehrung und die Gesetze derselben mit der höchsten Achtung betrachten muß.
Auf diesen Ursprung gründen sich nun manche Ausdrücke, welche den Wert der Gegenstände nach moralischen Ideen bezeichnen. Das moralische Gesetz ist *heilig* (unverletzlich). Der Mensch ist zwar unheilig genug, aber die *Menschheit* in seiner Person muß ihm heilig sein. In der ganzen Schöpfung kann alles, was man will, und worüber man etwas vermag, auch *bloß als Mittel* gebraucht werden; nur der Mensch, und mit ihm jedes vernünftige Geschöpf, ist *Zweck an sich selbst*. Er ist nämlich das Subjekt des moralischen Gesetzes, welches heilig ist, vermöge der Autonomie des vernünftigen Wesens eingeschränkt, es nämlich keiner Absicht zu unterwerfen, die nicht nach einem Gesetze, welches aus dem Willen des leidenden Subjekts selbst entspringen könnte, möglich ist; also dieses niemals bloß als Mittel, sondern zugleich selbst als Zweck zu gebrauchen (Kritik der praktischen Vernunft I 1, 3, Hauptstück)."

4.1.2.6 Zu Aussagen in "Vom Ewigen im Menschen" nach Max Scheler

"Da der menschliche Geist - in Individuo wie in der Gattung - also wächst nicht nur in seinen Kenntnissen, sondern auch in seinen *Funktionen* und Kräften, Kenntnisse zu sammeln, nicht nur in seinen Werken und Leistungen, z.B. in

Kunst und moralischer Lebenspraxis, sondern auch in seinen künstlerischen und moralischen *Fähigkeiten,* so ist an keinem Punkte der Geschichte der vernünftige Menschengeist *vollständig,* vielmehr immer nur *unvollständig* philosophisch - auf *allen* Gebieten der Noetik - zu bestimmen. Ferner ist das hier gemeinte Wachstum des vernünftigen Geistes selbst - durch Funktionalisierung ursprünglicher Wesenseinsichten - - in keiner Weise bedingt durch eine Umbildung der *Naturorganisation des Menschen* als leiblichem Organismus (einschließlich der Gehirn- und Nervenorganisation), etwa so, wie Albert Lange und Herbert Spencer (unter Voraussetzung der Vererbbarkeit erworbener Fähigkeiten) meinten. Im Gegenteil läßt sich zeigen (was hier nicht geschehen soll), daß *eine* auslösende Ursache für die selbständige, autonome Entfaltung des menschlichen Geistes - Vernunft als solcher (im Unterschiede von allem unmittelbar leiblich bedingten psychischen Dasein) eben die eminente *biologische Fixiertheit* der menschlichen, als der differenziertesten Lebensorganisation ist. Eben weil der Mensch die entwicklungsgeschichtlich "fixierteste Tierart" gemäß dem allgemein biologischen Gesetze der steigenden Abnahme von Entwicklungsfähigkeit (auch Restitutionsfähigkeit) bei höherer Organisation ist, wurde er subjektiv auch dazu angetrieben, die unbegrenzte objektive Entfaltungsfähigkeit seines vernünftigen Geistes durch Funktionalisierung seiner Wesenseinsichten auch faktisch ins Spiel treten zu lassen. Durch diese von der biologischen grundverschiedenen Art und Richtung seiner Entwicklung als Geistwesen gleicht er in weit erhabenerer Weise das aus, was ihm an natürlicher Entwicklungsfähigkeit und faktischer Entwicklung als natürliches Lebewesen um des Preises seiner höheren Organisation willen verloren gegangen ist. (...)
Es braucht kaum gesagt zu werden, wie grundlegend sich die hier vertretene Grundansicht von der Entfaltung des Menschen unterscheidet nicht nur - wie wir eben zeigten - von der kantischen Identitäts- und Konstanzlehre der menschlichen Vernunft, sondern auch von solchen Theorien, die solche Konstanz verwerfen und also eine Theorie vom Werden und Wachsen der menschlichen Vernunft vertraten. Solche Lehren sind z. B. die betreffenden Lehren Herbert Spencers und seiner Schule auf dem Boden *positivistisch*-sensualistischer Erkenntnistheorie; ferner auf dem Boden einer bis aufs äußerste verstiegenen *rationalistisch*-konstruktiven Geistes- und Vernunftlehre die einschlägigen Lehren Hegel."

4.1.2.7 Zum "Problem des Menschen" nach Martin Buber

"Für die Lebensentscheidung der kommenden Geschlechter ist durch diese Wirklichkeit, deren Entdeckung in unserem Zeitalter begonnen hat, der Weg gewiesen, der über Individualismus und Kollektivismus hinausführt. Hier deutet sich das echte Dritte an, dessen Erkenntnis dazu helfen wird, dem menschlichen Geschlecht echte Person wiederzugewinnen und echte Gemeinschaft zu stiften. Für die philosophische Wissenschaft vom Menschen aber ist in dieser Wirklichkeit der Ausgangspunkt gegeben, von dem aus sie einerseits zu einem gewandelten Verständnis der Person, anderseits zu einem gewandelten Verständnis der Gemeinschaft fortzuschreiten vermag. Ihr zentraler Gegenstand ist weder das Individuum noch das Kollektiv, sondern der Mensch mit dem Menschen. Nur in der lebendigen Beziehung ist die Wesenheit des Menschen, die ihm eigentümliche, unmittelbar zu erkennen. Auch der Gorilla ist ein Individuum, auch der

Termitenstaat ist ein Kollektiv, aber Ich und Du gibt es in unserer Welt nur, weil es den Menschen gibt, und zwar das Ich erst vom Verhältnis zum Du aus. Von der Betrachtung dieses Gegenstandes "der Mensch mit dem Menschen" muß die philosophische Wissenschaft vom Menschen ausgehen, die Anthropologie und Soziologie umfaßt. Betrachtest du den Einzelnen an sich, dann siehst du vom Menschen gleichsam nur so viel wie wir vom Mond sehen; er der Mensch mit dem Menschen ist ein rundes Bild. Betrachtest du die Gesamtheit an sich, dann siehst du vom Menschen gleichsam nur so viel wie wir von der Milchstraße sehen; erst der Mensch mit dem Menschen ist umrissene Form. Betrachte den Menschen mit dem Menschen, und du siehst jeweils die dynamische Zweiheit, die das Menschenwesen ist, zusammen: hier das Gebende und hier das Empfangende, hier die angreifende und hier die abwehrende Kraft, hier die Beschaffenheit des Nachforschens und hier die des Erwiderns, und immer beides in einem, einander ergänzend im wechselseitigen Einsatz, miteinander den Menschen darzeigend. Jetzt kannst du dich zum Einzelnen wenden und du erkennst ihn als den Menschen nach seiner Beziehungsmöglichkeit; du kannst dich zur Gesamtheit wenden und du erkennst sie als den Menschen nach seiner Beziehungsfülle. Wir mögen der Antwort auf die Frage, was der Mensch sei, näher kommen, wenn wir ihn als das Wesen verstehen lernen, in dessen Dialogik, in dessen gegenseitig präsentem Zu-zweien-Sein sich die Begegnung des Einen mit dem Anderen jeweils verwirklicht und erkennt." (Martin Buber, Das Problem des Menschen, S. 168, 169)

4.1.2.8 Zum "Mythos von Sisyphos" nach Albert Camus

Die Götter hatten Sisyphos dazu verurteilt, unablässig einen Felsblock einen Berg hinaufzuwälzen, von dessen Gipfel der Stein von selbst wieder hinunterrollte. Sie hatten mit einiger Berechtigung bedacht, daß es keine fürchterlichere Strafe gibt als eine unnütze und aussichtslose Arbeit.
Wenn man *Homer* Glauben schenken will, war *Sisyphos* der weisestse und klügste unter den Sterblichen. Nach einer anderen Überlieferung jedoch betrieb er das Gewerbe eines Straßenräubers. Ich sehe darin keinen Widerspruch. Über die Gründe, weshalb ihm in der Unterwelt das Dasein eines unnützen Arbeiters beschert wurde, gehen die Meinungen auseinander. Vor allem wirft man ihm eine gewisse Leichtfertigkeit im Umgang mit den Göttern vor. Er gab ihre Geheimnisse preis. *Egina,* die Tochter des *Asopos,* wurde von *Jupiter* entführt. Der Vater wunderte sich über ihr Verschwinden und beklagte sich darüber bei *Sisyphos.* Der wußte von der Entführung und wollte sie *Asopos* unter der Bedingung verraten, daß er der Burg von Korinth Wasser verschaffte. Den himmlischen Blitzen zog er den Segen des Wassers vor. Dafür wurde er in der Unterwelt bestraft. *Homer* erzählt uns auch, *Sisyphos* habe den Tod in Ketten gelegt. *Pluto* konnte den Anblick seines stillen, verödeten Reiches nicht ertragen. Er verständigte den Kriegsgott, der den Tod aus den Händen seines Überwinders befreite.
Außerdem heißt es, *Sisyphos* wollte, als er zum Sterben kam, törichterweise die Liebe seiner Frau erproben. Er befahl ihr, seinen Leichnam unbestattet auf den Markt zu werfen. *Sisyphos* kam in die Unterwelt. Dort wurde er von ihrem Gehorsam, der aller Menschenliebe widersprach, derart aufgebracht, daß er von

Pluto die Erlaubnis erwirkte, auf die Erde zurückzukehren und seine Frau zu züchtigen. Als er aber diese Welt noch einmal geschaut, das Wasser und die Sonne, die warmen Steine und das Meer wieder geschmeckt hatte, wollte er nicht mehr ins Schattenreich zurück. Alle Aufforderungen, Zornausbrüche und Warnungen fruchteten nichts. Er lebte noch viele Jahre am Golf, am leuchtenden Meer, auf der lächelnden Erde und mußte erst von den Göttern festgenommen werden. Merkur packte den Vermessenen beim Kragen, entriß ihn seinen Freunden und brachte ihn gewaltsam in die Unterwelt zurück, in der sein Felsblock schon bereitlag.

Kurz und gut: *Sisyphos* ist der Held des Absurden. Dank seinen Leidenschaften und dank seiner Qual. Seine Verachtung der Götter, sein Haß gegen den Tod und seine Liebe zum Leben haben ihm die unsagbare Marter aufgewogen, bei der sein ganzes Sein sich abmüht und nichts zustande bringt. Damit werden die Leidenschaften dieser Erde bezahlt. Über *Sisyphos* in der Unterwelt wird uns nichts weiter berichtet. Mythen sind dazu da, von der Phantasie belebt zu werden. So sehen wir nur, wie ein angespannter Körper sich anstrengt, den gewaltigen Stein fortzubewegen, ihn hinaufzuwälzen und mit ihm wieder und wieder einen Abhang zu erklimmen; wir sehen das verzerrte Gesicht, die Wange, die sich an den Stein schmiegt, sehen, wie eine Schulter sich gegen den erdbedeckten Koloß legt, wie ein Fuß ihn stemmt und der Arm die Bewegung aufnimmt, wir erleben die ganz menschliche Selbstsicherheit zweier erdbeschmutzter Hände. Schließlich ist nach dieser langen Anstrengung (gemessen an einem Raum, der keinen Himmel, und an einer Zeit, die keine Tiefe kennt) das Ziel erreicht. Und nun sieht *Sisyphos,* wie der Stein im Nu jene Tiefe rollt, aus der er ihn wieder auf den Gipfel wälzen muß. Er geht in die Ebene hinunter. Auf diesem Rückweg, während dieser Pause, interessiert mich Sisyphos. Ein Gesicht, das sich so nahe am Stein abmüht, ist selber bereits Stein! Ich sehe, wie dieser Mann schwerfälligen, aber gleichmäßigen Schrittes zu der Qual hinuntergeht, deren Ende er nicht kennt. Diese Stunde, die gleichsam ein Aufatmen ist und ebenso zuverlässig wiederkehrt wie sein Unheil, ist die Stunde des Bewußtsein. In diesen Augenblicken, in denen er den Gipfel verläßt und allmählich in die Höhlen der Götter entschwindet, ist er seinem Schicksal überlegen. Er ist stärker als sein Fels.

Dieser Mythos ist tragisch, weil sein Held bewußt ist. Worin bestünde tatsächlich seine Strafe, wenn ihm bei jedem Schritt die Hoffnung auf Erfolg neue Kraft gäbe? Heutzutage arbeitet der Werktätige sein Leben lang unter gleichen Bedingungen, und sein Schicksal ist genauso absurd. Tragisch ist es aber nur in den wenigen Augenblicken, in denen der Arbeiter bewußt wird. *Sisyphos,* der ohnmächtige und rebellische Prolet der Götter, kennt das ganze Ausmaß seiner unseligen Lage: über sie denkt er während des Abstiegs nach. Das Wissen, das seine eigentliche Qual bewirken sollte, vollendet gleichzeitig seinen Sieg. Es gibt kein Schicksal, das durch Verachtung nicht überwunden werden kann.

Wenn der Abstieg so manchen Tag in den Schmerz führt, er kann doch auch in der Freude enden. Damit wird nicht zuviel behauptet. Ich sehe wieder *Sisyphos* vor mir, wie er zu seinem Stein zurückkehrt und der Schmerz von neuem beginnt. Wenn die Bilder der Erde zu sehr im Gedächtnis haften, wenn das Glück zu dringend mahnt, dann steht im Herzen des Menschen die Trauer auf: das ist der Sieg des Stein, ist der Stein selber. Die gewaltige Not wird schier unerträglich. Unsere Nächte von Goethsemane sind das. Aber die niederschmetternden

Wahrheiten verlieren an Gewicht, sobald sie erkannt werden. So gehorcht *Ödipus* zunächst unwissentlich dem Schicksal. Erst mit Beginn seines Wissens hebt seine Tragödie an. Gleichzeitig aber erkennt er in seiner Blindheit und Verzweiflung, daß ihn nur noch die kühle Hand eines jungen Mädchens mit der Welt verbindet. Und nun fällt ein maßloses Wort: "Allen Prüfungen zum Trotz - mein vorgerücktes Alter und die Größe meiner Seele sagen mir, daß alles gut ist." So formuliert der *Ödipus* des *Sophokles* (wie Kirilow bis *Dostojewskij*) den Sieg des Absurden. Antike Weisheit verbindet sich mit modernem Heroismus.
Man entdeckt das Absurde nicht, ohne in die Versuchung zu geraten, irgendein Handbuch des Glück zu schreiben. "Was! Auf so schmalen Wegen...?" Es gibt aber nur eine Welt. Glück und Absurdität entstammen ein und derselben Erde. Sie sind untrennbar miteinander verbunden. Irrtum wäre es, wollte man behaupten, daß das Glück zwangsläufig der Entdeckung des Absurden entspringe. Wohl kommt es vor, daß das Gefühl des Absurden dem Glück entspringt. "Ich finde, daß alles gut ist", sagt *Ödipus,* und dieses Wort ist heilig. Es wird in dem grausamen und begrenzten Universum des Menschen laut. Es lehrt, daß noch nicht alles erschöpft ist, daß noch nicht alles ausgeschöpft wurde. Es vertreibt aus dieser Welt einen Gott, der mit dem Unbehagen und mit der Vorliebe für nutzlose Schmerzen in sie eingedrungen war. Es macht aus dem Schicksal eine menschliche Angelegenheit, die unter Menschen geregelt werden muß.
Darin besteht die ganze verschwiegene Freude des *Sisyphos.* Sein Schicksal gehört ihm. Sein Fels ist seine Sache. Ebenso läßt der absurde Mensch, wenn er seine Qual bedenkt, alle Götzenbilder schweigen. Im Universum, das plötzlich wieder seinem Schweigen anheimgegeben ist, werden die tausend kleinen, höchst verwunderten Stimmen der Erde laut. Unbewußte, heimliche Rufe, Aufforderungen aller Gesichter bilden die unerläßliche Kehrseite und den Preis des Sieges. Ohne Schatten gibt es kein Licht; man muß auch die Nacht kennenlernen. Der absurde Mensch sagt Ja, und seine Mühsal hat kein Ende mehr. Wenn es ein persönliches Geschick gibt, dann gibt es kein übergeordnetes Schicksal oder zumindest nur eines, das er unheilvoll und verächtlich findet. Darüber hinaus weiß er sich als Herr seiner Zeit. Gerade in diesem Augenblick, in dem der Mensch sich wieder seinem Leben zuwendet (ein *Sisyphos,* der zu seinem Stein zurückkehrt), bei dieser leichten Drehung betrachtet er die Reihe unzusammenhängender Taten, die sein Schicksal werden, seine ureigene Schöpfung, die in seiner Erinnerung geeint ist und durch den Tod alsbald besiegelt wird. Überzeugt von dem rein menschlichen Ursprung alles Menschlichen, ist es also immer unterwegs - ein Blinder, der sehen möchte und weiß, daß die Nacht kein Ende hat. Der Stein rollt wieder.
Ich verlasse *Sisyphos* am Fuße des Berges! Seine Last findet man immer wieder. Nur lehrt *Sisyphos* uns die größere Treue, die die Götter leugnet und die Steine wälzt. Auch er findet, daß alles gut ist. Dieses Universum, das nun keinen Herrn mehr kennt, kommt ihm weder unfruchtbar noch wertlos vor. Jedes Gran dieses Steins, jeder Splitter dieses durchnächtigten Berges bedeutet allein für ihn eine ganze Welt. Der Kampf gegen Gipfel vermag ein Menschenherz auszufüllen. Wir müssen uns *Sisyphos* als einen glücklichen Menschen vorstellen.

4.2 Zur Ehe als menschliches Handlungsfeld aus ethischer Sicht

4.2.1 Einleitende Hinweise und didaktischer Leitfaden

In der Philosophie ist "Ehe" als Handlungsfeld von verschiedenen Ansätzen her einzuholen oder gar zu klären versucht worden. Aus der Fülle dieser ethischen Bemühungen um "Ehe" seien nachstehend einige Beispiele herausgegriffen:

Jean-Jacques Rousseau verweist in seinem "Emile" unter anderem auf seine aus der Jugendzeit überkommenen Ansichten, die ihn aufgrund von Erfahrungen nachdenklich machen (4.2.2.1), tritt aber dann als "Mentor" auf, um das Erkalten von Liebe in der Ehe zu verhindern (4.2.2.2). Dietrich von Hildebrand untersucht in seiner "Metaphysik der Gemeinschaft" auf der Basis seiner Aussagen über die "Einswerdung" (ebd. I. Teil, 4. Kapitel) Grundlagen der Werthaftigkeit von Ehe als Duo personaler Gemeinschaft und daraus folgender Handlungen (4.2.2.3) und Erwin Metzke wählt den anthropologischen Geschlechteransatz (4.2.2.4).

Die Texte verdeutlichen neben der Unterschiedlichkeit ihres je eigenen Ansatzes insbesondere das konsequente verschiedene Ethikverständnis einschließlich der entsprechenden differenzierten methodologischen Erkenntnisse. Die Textauszüge - abermals nur eine Auswahl - können anregen, mehr davon oder darüber zu studieren.

Impulse zur Auseinandersetzung mit den Textauszügen

- Welcher der nachstehenden Textausschnitte scheint Ihnen am ehesten einsichtig?
- Sind nach Ihrer Meinung die belehrenden Handlungsanweisungen des Jean-Jacques Rousseau in Sachen ehelicher Liebe heute noch von Bedeutung?
- Lassen sich die duopersonale Gemeinschaft (Hildebrand) und die Geschlechtergemeinschaft (Metzke) miteinander vergleichen?
- Versuchen Sie, das Verständnis von Ethik, wie es in den eingeblendeten Textauszügen verankert ist, aufzuweisen und möglichst zu begründen.
- Können Sie die implizierten und/oder explizierten Anweisungen einschließlich der dafür beigebrachten Begründungen für Ehe als menschliches Handlungsfeld nachvollziehen?

4.2.2 Zu philosophischen Quellen über Ehe als menschliches Handlungsfeld

4.2.2.1 Zum Eheverständnis in Emile, 4. Buch nach Jean-Jacques Rousseau

Seit meiner Jugend habe ich die Ehe als die erste und die heiligste Einrichtung der Natur geachtet. Nachdem ich mir das Recht versagt habe, mich ihr zu ergeben, nahm ich mir vor, sie nicht zu entweihen. Denn ich hatte mir, trotz Schule und meinen Studien, die ganze ursprüngliche Klarheit meines Geistes bewahrt. Die Maximen der Welt hatten ihn noch nicht getrübt, und meine Armut bewahrte mich vor den Versuchungen, die uns die Trugschlüsse des Lasters diktieren.
Gerade dieser Entschluß war mein Verderben. Meine Scheu vor fremden Eherechten machte die Verfehlungen offenbar. Das Ärgernis mußte gesühnt werden. Verhaftet, gebannt, verjagt war ich mehr das Vergehen oft nur zu vergrößern braucht, um der Strafe zu entgehen. Einige solcher Erfahrungen genügen, um einen Geist nachdenklich zu machen.

4.2.2.2 Zum Eheverständnis in Emile, 5. Buch nach Jean-Jacques Rousseau

Zuneigung und Aufmerksamkeiten gewinnen ein Herz, können es aber nicht halten. Ich komme nun wieder zu meinem Rezept gegen das Erkalten der Liebe in der Ehe zurück.
"Es ist einfach und leicht", fahre ich fort. "Man muß weiterhin Liebhaber bleiben, auch wenn man Ehegatte ist." - "Das wird uns nicht schwerfallen", sagt Emile und lachte über das Geheimnis. "Schwieriger, als du vielleicht denkst. Laß mir bitte Zeit, mich zu erklären.
"Knoten, die man fest zusammenziehen will, reißen. So geht es auch mit dem Eheband, wenn man es straffer ziehen will, als es nötig ist. Die Treue, die beiden Gatten auferlegt wird, ist das heiligste aller Rechte. Aber die Macht, die sie dem einen über den anderen verleiht, ist zu groß. Zwang und Liebe gehen schlecht zusammen und die Lust läßt sich nicht befehlen. Erröten Sie nicht, Sophie! und denken Sie nicht an Flucht. Ich möchte bei Gott Ihr Schamgefühl nicht verletzen! Aber es handelt sich um euer Liebesglück. Um einer so großen Sache willen gestatten Sie mir diese Worte zwischen einem Ehemann und einem Vater, die sie sonst nicht ertragen würden.
Es ist nicht so sehr der Besitz, der sättigt, als die Unterwerfung; und einem ausgehaltenen Mädchen ist man länger verbunden als einer Frau. Wie hat man nur aus den zärtlichsten Liebkosungen eine Pflicht machen können und aus den süßesten Liebesbezeigungen ein Recht? Das gegenseitige Verlangen begründet das Recht; die Natur kennt kein anderes. Das Gesetz kann dieses Recht einschränken, aber es kann es nicht ausweiten. Die Wollust ist in sich selbst so süß! Soll sie aus dem traurigen Zwang der Macht gewinnen, die sie aus ihren eigenen Reizen nicht schöpfen könnte? Nein, meine Kinder, in der Ehe sind die Herzen gebunden, aber die Körper sind sich nicht unterworfen. Ihr seid euch Treue schuldig, aber keine

Willfährigkeit. Jeder von euch beiden kann nur dem anderen gehören, aber nur so weit, als es ihm gefällt.

4.2.2.3 Zur "Metaphysik der Gemeinschaft" nach Dietrich von Hildebrand

Bei der Ehe ist erstens eine besondere Grundart der Liebe, die wir eingangs näher kennenlernten, Thema: die eheliche Liebe. Zweitens ist hier der Wert der menschlichen Person realisieren kann in religiöser, sittlicher, intellektueller, vitaler Hinsicht und vor allem der früher aufgezeigte Gesamtwertglanz, der das objektive Fundament der Liebe darstellt, bilden die Wertsphäre, die ihre virtus unitiva hier entfaltet. Für jeden Ehegatten ist die Person des anderen innerhalb der Beziehung "Thema", und für beide ist es ihre gegenseitige Liebe. Das gilt analog für alle duopersonalen Gemeinschaftsgebilde, die wir als reine Liebesgemeinschaften bezeichnen können, wenngleich die thematische Liebeskategorie selbstverständlich jeweils eine andere ist.
Zum Sinnbereich dieser duopersonalen Liebesgemeinschaften gehört also, wie wir sahen, die Personwertsphäre - in der Richtung der ganzen Wertfülle des einzelnen. Doch diese ist mehr immanentes Fundament; das eigentliche Thema ist die gegenseitige Liebe, das Sich-Einswissen. Nur läßt sich dies gar nicht von dem anderen Moment loslösen, die Liebe setzt notwendig als objektives Fundament den Wertglanz an der geliebten Person voraus und hier einen ganz in der Individualität fundierten. Doch das "Palladium" dieser Beziehung ist nicht die Wertfülle des einzelnen - diese ist mehr immanente Voraussetzung -, sondern die gegenseitige Liebe. Im "Namen" der Liebe vereint man sich, um sich zu lieben, um in Liebe eins zu sein. Da die Personwerte aber jeweils nicht nur als Werte der Person, sondern auch als selbständige Wertbereiche existieren, in denen beide Personen inkorporiert sind, so wirken sie auch indirekt - als derartige Wertbereiche - vereinigend mit. Nicht die sittliche Wertsphäre, die in der Menschheit und in gewissen Gesinnungsgemeinschaften direkt thematisch ist, noch die intellektuelle, die es im Kulturkreis ist, noch die vitale Wertsphäre ist als solche hier unmittelbares Thema, sondern die Person in ihrer werterfüllten Individualität. Alle die anderen Wertbereiche schwingen indirekt mit - je nach der besonderen Qualität der Liebesgemeinschaft dominiert ein Wertbereich oder mehrere. Im Vordergrund steht in besonderer Weise der Wert der Personalität als solcher; der generelle Wert, den dieses geheimnisvolle Gebilde trägt, das ein Du bilden kann, das Liebe empfangen und wiederlieben kann, hat hier ebenfalls zentrale Thematizität.
Im Gegensatz zu anderen duopersonalen Gemeinschaftsgebilden, die durch formale Identifikation zustande kommen, ist bei der Ehe mit ihrer objektiven Form die Frage, welcher Wertbereich indirekt bei dem Aufbau der Gemeinschaften beteiligt ist, nicht lediglich von der Qualität der subjektiven Beziehung abhängig. Die feierlich einmalige und unwiderrufliche gegenseitige Übergabe, die dieser Gemeinschaft zugrunde liegt, läßt einerseits den Wertbereich der Person bis in ihre tiefsten geistigen Wurzeln mitsprechen, andererseits auch die geheimnisvolle Wertsphäre der intimen leiblichen Verbundenheit, bzw. die Wertsphäre des Sinnlichen im höchsten und edelsten Sinn. Die beiden Ehegatten *Objektiv* geeint

durch die letzte totale Zuordnung aufeinander - im Geistig-Personalen und im Leiblichen. Es bildet also objektiv den Sinnbereich der Ehe die eheliche Liebe in ihrer tiefsten Form und der Wert der Vereintheit in der tiefsten natürlichen Personwertsphäre bis zur leiblich-sinnlichen Sphäre. Mag subjektiv auch eine eheliche Liebe vorliegen, die in peripheren Wertbereichen beheimatet ist - etwa eine nur vitale Liebe -, *Sinnbereich* der ehelichen Gemeinschaft bleibt die Verbundenheit im tiefsten Personalwertbereich; und der soziale Akt, der die Ehe formal konstituiert, stellt beide Ehegatten in diese tiefe Gemeinschaft objektiv hinein, selbst wenn keinerlei Liebe zugrundeliegt. Erst recht begegnen wir diesem Tatbestand, wenn wir auf die sakramentale Ehe hinblicken. Hier ist - gemäß der Idee der sakramentalen Ehe sowie der ihr qualitativ entsprechenden Liebe - der Sinnbereich sogar im Übernatürlichen verankert und die Verbundenheit objektiv ein Vereintsein in Christus. Nicht also nur die tiefste natürliche Totalverbundenheit, sondern darüber hinaus sogar eine besondere Verbundenheit in Christus bildet hier den Sinnbereich, selbst wenn die eheliche Liebe beider subjektiv nicht eine Liebe in Christus ist.

Zu dem Sinnbereich der Ehe gehört weiter der Ausblick auf die Entstehung neuer geistiger Personen, die aus der innigsten Verbundenheit geheimnisvoll hervorgehen. Es gehört ja zum objektiven Sinn dieser Gemeinschaft, daß aus ihr der neue Mensch hervorgeht. Der Blick auf diesen neuen Menschen, den es auch zu erziehen und mit Liebe zu umgeben gilt, gehört zum Sinnbereich dieser Gemeinschaft; und der erhabene Wert, der in der Entstehung einer neuen geistigen Person liegt, ist ein mitaufbauendes Element für das Gemeinschaftscorpus der Ehe.

Zu dem Sinnbereich der Ehe gehört ferner, wenn auch sekundär, im Gegensatz zu den übrigen duopersonalen Liebesgemeinschaften, daß sie die Urlebensgemeinschaft ist. Das Zusammenleben, das Bilden einer wirtschaftlichen Einheit, das Besitzen eines äußeren Lebens gehört hier ebenfalls zum Sinnbereich. Man bildet eine Einheit, die sich auch in der Sphäre des äußeren Lebens von den anderen Menschen scharf abhebt und bei welcher jeweils der andere Ehegatte auch in dieser Hinsicht ganz in die Sphäre des "Mein" hineingezogen wird. Oder wie wir auch sagen können, der Unterschied zwischen dem Bereich des "Mein", der jede Person umgibt, und dem des "Dein", der die fremde Person umgibt, ist zwischen den Ehegatten auch in Bezug auf die Sphäre des äußeren Lebens aufgehoben, bzw. sie haben nur noch einen gemeinsamen Bezirk des "Mein", selbst in ihrem alltäglichen äußeren Lebenslauf, was sich auch in der Gemeinsamkeit des Namens symbolisch spiegelt. Das kann natürlich subjektiv auch außerhalb der Ehe zutreffen. In der Ehe ist es aber objektiv der Fall, auch wenn es subjektiv nicht der Fall ist. Das bedeutet selbstverständlich ein Hineinwagen vieler Sinnsphären in den Sinnbereich der Beziehung. Man denke an die vielen "objektiven Güter für die Person", die sich nun an beide gemeinsam adressieren - wie z.B. das Haus, in dem man wohnt, alles, was man besitzt, die Gestaltung des äußeren Lebens, von der kulturellen Atmosphäre bis zu dem äußeren Komfort und der Art der Speisen. Die "Einheit von tisch und Bett", die Ehe darstellt, bringt dies deutlich zum Ausdruck. wir können sagen: Das Lebensmilieu, in dem man lebt und sich bewegt, ist für diese Gemeinschaft, die zugleich einen "Hausstand" darstellt, ebenfalls eine Gütersphäre, die zum Sinnbereich gehört, wenn auch selbstverständlich nur sekundär. Die Ehe ist eine wesenhaft duopersonale und individuelle Gemeinschaft. Sie ist ferner eine Gemeinschaft mit erlebnisfundierter Zugehörigkeit. wir sahen früher, daß sie materiale und formale Gemeinschaft ist, und zwar in organischer Verbindung beider Elemente. Sie gehört weiterhin zu den primären Gemeinschaften. von einer autoritativen Struktur kann nur mit Einschränkung bei ihr gesprochen werden. die Zweiteilung in einen engeren und weiteren Kreis, bzw. in Glieder und Organe scheidet bei ihr aus. (S. 230-234)

4.2.2.4 Zur "Anthropologie der Geschlechter" nach Erwin Metzke

Wo immer in dem vielfältigen Schrifttum zur Anthropologie der Geschlechter Gedanken auftauchen, denen es philosophisch nachzugehen lohnt, zeigt sich alsbald, welches Feld unbewältigter Probleme sich öffnet. Sie erscheinen nicht lediglich am Rande, als unbewältigte irrationale Reste, sondern sie begegnen als das Erste. Wenn PIPER von der "Einheit des Fleisches, wie die Bibel sie versteht" als der "ontologischen Grundlage" der Ehe spricht oder überhaupt von der "ontologischen Bezogenheit der Geschlechter" in der Wirklichkeit des Geschlechtslebens ausgeht, bleibt gerade das, was er "ontologisch" nennt, eigentümlich ungeklärt, so wichtig die damit von ihm gewiesene Fragerichtung ist. Ein solches vorläufiges Hinweisen braucht kein Mangel zu sein, nur ist gegenüber jeder allzu sicheren Anwendung griffbereiter Kategorien daran zu erinnern, daß wir uns auf einem Boden befinden, dessen tiefere Erschließung durch das Denken kaum erst begonnen hat. Darüber dürfen die verschiedenen vorhandenen Lehren über das Wesen der Geschlechter nicht hinwegtäuschen. Es bedürfen gerade die ersten Ansätze zu einer Philosophie der Geschlechter eines besonderen Schutzes sowohl gegenüber allem Systematisieren wie gegenüber allem Popularisieren, damit sie nicht schon vor der Entfaltung (gerade in diesem Bereich!) zerredet sind.
Aber noch etwas anderes wird erkennbar: je näher die Versuche, das Wesen der Geschlechter zu erfassen, an das konkrete menschliche Erfahren herangelangen, je mehr es gelingt, dieses Erfahren in seinem Seinsgehalt spürbar zu machen, um so deutlicher wird, daß sich das Mann- und Frausein in seiner im Lebensvollzug sich erschließenden Unmittelbarkeit dem direkten Zugriff entzieht; nicht so, daß nun einem ungehemmten Irrationalismus Tür und Tor geöffnet würde, sondern so, daß die Erfahrung der Grenzen unserer Aussagen eine eigene Bestimmtheit hat. Es ist das aller wissenschaftlichen Feststellbarkeit, aller begrifflichen Subsumption sich Entziehende selbst, das jedem vagen Beleiben, jedem nebulosen Schwärmen und spekulativen Ausdeuten entgegentritt und das zugleich das Denken zwingt, seine gewohnten Kategorien preiszugeben und die schon vorgebahnten Wege, die zu schnellfertiger Theorienbildung und zu Scheinwissen verführen, zu verlassen. Es wächst zugleich die Einsicht, daß es nicht lediglich auf die Perfektion an sich vorhandener Methoden ankommt. Wir lernen, sorgsamer zu bedenken, ob wir überhaupt schon in der Lage sind, über die unsere menschliche Existenz bis in die Wurzel treffende Erfahrung der Beziehung und Begegnung der Geschlechter in einer ihr gemäßen Weise philosophische oder wissenschaftliche Aussagen zu machen, ob wir nicht immer schon zu selbstsicher und vermessen in unseren Urteilen sind. Freilich widerstrebt es dem Menschen

nur allzusehr, seine Begriffe dem verwandelnden Feuer von Erfahrungen voll auszusetzen, die die Selbstachtung seiner Vernunft beunruhigen.
Gerade in den bisherigen Bemühungen, eine Anthropologie der Geschlechter zu entwickeln, wird sichtbar, wie hemmend die Herrschaft schon festgelegter philosophischer und wissenschaftlicher Vormeinungen ist. Vor allem die noch keineswegs überwundene Tendenz zu einer objektivierenden Auffassung des menschlichen Wesens ist immer wieder bemerkbar. Andererseits hat sich aber gezeigt, daß es noch nicht damit getan ist, mit Edmund Husserl und Max Scheler den Begriff der Person als eines Selbstvollzuges vom Substanzbegriff abzulösen oder schließlich mit Sartre den Selbstentwurf der Existenz absolut zu setzen. Dasjenige vielmehr zu erkennen, was weder im Vollzug der Subjektivität noch im wissenschaftlich erforschbaren Objektsein aufgeht, erscheint nun geradezu als Vorbedingung, um überhaupt auf den Weg zu einer Anthropologie der Geschlechter zu gelangen.
Daß philosophische Erwägungen nicht überflüssig sind, sondern daß durch sie die Fragen so "entfacht" werden, daß die Grunderfahrungen des Mann- und Frauseins erst in den Blick treten, vermag vollends deutlich zu werden, wenn wir noch einmal nach der Ausgangsbasis einer Lehre vom Wesen der Geschlechter kritisch zurückfragen. Läßt sich das Wesen der Geschlechter überhaupt erfassen, solange man sie in der Art eines Nebeneinander sieht, das unter verschiedenen Gesichtspunkten vergleichbar und unterscheidbar ist, wobei zumeist impliziert ist - auch in den tiefer fundierten Konzeptionen von Simmel bis Buytendijk -, daß jedes Geschlecht aus eigenem Wurzelgrund aufsteigt und letztlich sich in sich selbst, in seinem Menschsein vollendet? (Es ist jedenfalls nicht zufällig, daß auch Buytendijks Darstellung zu "Idealentwürfen" des Männlichen und Weiblichen führt.) Ist nicht vielmehr das unaufgebbar Primäre die wechselseitige Bezogenheit eines Zueinander (nicht nur Nebeneinander!), von dem es auszugehen gilt, um überhaupt einen angemessenen Zugang zur Sache zu gewinnen? Dieser Zugang wird von vornherein schon im anthropologischen Ansatz versperrt, wenn man von einem an-und-für sich-seienden Ich oder auch einem neutralen Menschsein ausgeht, um nachträglich das Wesen des Mann- und Frauseins und die Beziehung zwischen ihnen zum Thema zu machen. Gerade diese ursprüngliche aufeinander zuweisende Zweiheit, die als solche, als aufeinander zuweisende zur Zweisamkeit wird, bringt im Gegensatz zu allen, diese Grundgegebenheit neutralisierenden anthropologischen Deutungen und Theorien erst die Menschlichkeit des Menschen - auch in seiner wesenhaften Leiblichkeit ans - Licht.
Buytendijks wichtiger Hinweis etwa darauf, daß die "Bedeutung der äußeren Erscheinung der Frau" sich vor allem "unter den Blicken des anderen Geschlechts herausgebildet hat", bekommt von hier aus noch ein anderes Gewicht als in seiner eigenen Konzeption, in der dieser Hinweis relativiert wird (s.o.). Dabei weiß Buytendijk trotz gelegentlich nicht ganz eindeutiger Formulierung, daß es nicht nur die "äußere Erscheinung", sondern das leibhafte Frausein selbst ist, mit dem auf den Blick des Mannes "geantwortet" wird, wie auch im Gegenverhältnis Anblick und Anspruch der Frau auf das Wesen des Mannes, das untrennbar ist von seiner äußeren Erscheinung, einzuwirken vermag. (Freilich wird hier wieder die Notwendigkeit genauerer ontologischer Klärung des Verhältnisses von Wesen und Erscheinung spürbar.) Was sonst jedenfalls nur wie ein Anhang zur Anthropologie der Geschlechter erscheint, in dem nun auch noch die verschiedenen Ein-

flüsse der Geschlechter aufeinander behandelt werden, könnte so gerade den Schlüssel zum Ursprungsraum der Geschlechterproblematik enthalten.
Was in der stillen Gewalt dieser wechselseitigen Beeinflussung an erzieherischer Macht verborgen ist, wird nicht immer erkannt und allzuwenig fruchtbar gemacht. Vor allem Ortega Y Gasset hat immer wieder auf den "Einfluß der Frau in der Geschichte" hingewiesen, sofern nämlich die Geschichte eine Geschichte "männlicher Ideale" ist, "welche die Frauen ersannen". Die Ideale sind freilich nicht eigentlich gewußte oder bewußt gewollte, sie wirken unmittelbarer in Neigung und Abneigung und durch sie mit oft fast unmerkbarer, aber doch stetig prägender Kraft auf den Mann ein.

Erwin Metzke: Anthropologie der Geschlechter. Philosphische Bemerkungen zum Stand der Diskussion (in Theologische Rundschau Nr. 22/1954, SS. 211 - 241) - Auszug SS. 233 - 235

4.3 Zur Familie als Lebensbereich für Stiftung und Einübung sozialen Handelns

4.3.1 Einleitende und didaktische Hinweise

Das Suchen nach philosophischen Quellen über Familie ist aus mehrfachen Gründen recht langwierig. Die Abgrenzungen insbesondere gegenüber Soziologie und Theologie engen die Auswahl ein. Außerdem scheinen Philosophen Familie als Einübungsfeld sozialen Handelns, also Familie unter sozialethischem Aspekt weder vorrangig noch eingehend zu thematisieren.

Aus systematischen Gründen wie auch zur Optimierung von Lesbarkeit und Verständnis von Aussagen werden daher lediglich Texte von zwei Autoren ausgewählt, und zwar Jean-Jacques Rousseau, der sich in seinem Emile an verschiedenen Stellen und in unterschiedlichen Zusammenhängen mit Familie, mit der Bedeutung von Familie für Gesellschaft und Staat und auch mit der Relevanz der "häuslichen Pflege" befaßte. Nicht wegen der von einigen behaupteten Zeitlosigkeit der einschlägigen dieses Autors, sondern vielmehr aufgrund der bereits seiner in Sachen Menschenverständnis (vgl. oben 4.1.2.4) und Ehe (vgl. oben 4.2.2.1) eingespiegelten Texte wird auch hier auf ihn zurückgegriffen. Der zweite Autor, nämlich Dietrich von Hildebrand, befaßte sich unmittelbar im Anschluß an den oben angeführten Texte über Ehe (4.2.2.2) ebenfalls mit Familie. Deshalb liegt es nahe, Dietrich von Hildebrand nochmals zu Worte kommen zu lassen, zumal er in diesen Ausführungen wiederholt auf seine Aussagen über Ehe zurückgreift.

Impulse zur inhaltlichen Auseinandersetzung

- Können Sie die Ausführungen Jean-Jacques Rousseaus über Familie nachvollziehen? Versuchen Sie, entsprechende Gründe für die Ergebnisse Ihrer Textanfanges auszumachen.
- wie können Sie die Bedeutung von Familie nach Jean-Jacques Rousseau für Stiftung sozialen Handelns in einen Satz zusammenfassen?
- Welche Kategorien sozialen Handelns reklamiert Hildebrand für die Familie?
- Sind Sie mit diesen (sozialen) Handlungskategorien einverstanden? Sind Sie realistisch oder ...?
- Vergleichen Sie die Aussagen beider Autoren (Rousseau und Hildebrand) über den Lebensbereich Familie im allgemeinen und die Bedeutung von Familie für Stiftung sozialen Handelns im besonderen.

4.3.2 Philosophische Quellen zu Familie als Lebensbereich für Stiftung / Einübung sozialen Handelns (Literaturauszüge)

4.3.2.1 Zum Familienverständnis in "Emile" 1. Buch nach Jean-Jacques Rousseau

In der Sozialordnung sind alle Plätze gekennzeichnet; jeder muß für seinen Platz erzogen werden. Verläßt einer seinen Platz, so ist er zu nichts mehr zu gebrauchen. Die Erziehung ist nur insofern von Nutzen, als die Berufung mit der Berufswahl der Eltern übereinstimmt. In jedem anderen Fall schadet sie dem Schüler, und sei es durch die Vorurteile, die sie ihm beigebracht hat. In Ägypten mußte der Sohn den Beruf des Vaters übernehmen, und die Erziehung hatte wenigstens ein gesichertes Ziel. Bei uns bleiben nur die Ränge bestehen, und die Menschen wechseln ständig. Niemand weiß, ob er seinem Sohn nicht schadet, wenn er ihn für seinen Stand erzieht. (S. 14)
Wollt ihr aber, daß er seine ursprüngliche Form behält, so behütet ihn von seiner Geburt an. Bemächtigt euch seiner, sobald er geboren wird, und verlaßt ihn nicht mehr, bis er erwachsen ist, sonst gelingt es euch nicht. Wie die Mutter die wahre Amme ist, so ist der Vater der wahre Lehrer. Sie müssen sich also über ihre Funktionen wie über ihre Methoden verständigen. Aus der Hand der einen muß das Kind in die Hand des anderen übergehen. Es wird besser von einem vernünftigen, wenn auch ungelehrten Vater erzogen, als vom geschicktesten Lehrer der Welt: denn der Eifer kann eher das Talent ersetzen als das Talent den Eifer. (S. 22)

4.3.2.2 Zum Familienverständnis in "Emile" 5. Buch nach Rousseau

Plato schreibt in seinem "Staat" für die Frauen die gleichen Übungen vor; das glaube ich wohl. Da er in seinem Staat die Einzelfamilie abgeschafft hat und nicht mehr wußte, was er mit den Frauen machen sollte, machte er gezwungenermaßen Männer aus ihnen. Dieser große Geist hatte alles berechnet und alles vorausgesehen. Er kam Einwänden zuvor, die ihm vielleicht niemand machen wollte; aber die Einwände, die man ihm machte hat er nicht widerlegt. Ich rede hier nicht von dieser sogenannten Frauengemeinschaft; der Vorwurf, den man so oft wiederholt beweist nur, daß die, die ihn machen, Plato gar nicht gelesen haben. Ich spreche von dieser Promiskuität, die überall unterschiedslos die beiden Geschlechter in den Beschäftigungen und Arbeiten austauscht, was notwendigerweise zu den unerträglichsten Mißbräuchen führen muß. Ich spreche von dieser Zerrüttung der süßesten natürlichen Empfindungen, die einem künstlichen Gefühl geopfert werden, das nur durch sie bestehen kann: als ob es nicht natürlicher Beziehungen bedürfte, um konventionelle Bande zu knüpfen! als ob die Nächstenliebe nicht das Prinzip wäre für die Liebe, die man dem Staat schuldet! als ob sich nicht durch das kleine Vaterland der Familie das Herz an das große anschlösse! als ob nicht der gute Sohn, der gute Ehemann, der gute Vater den guten Bürger ausmachten! (S. 391f.)

Um das friedliche und häusliche Leben zu lieben, muß man es kennen. Man muß seine Beglückung von Kindheit an gespürt haben. Nur im Vaterhaus gewinnt man den Sinn für das eigene Heim, und keine Frau, die nicht von ihrer Mutter erzogen worden ist, hat später Freude daran, ihre eigenen Kinder zu erziehen. Unglücklicherweise gibt es in unseren großen Städten keine häusliche Erziehung mehr. Die Gesellschaft hat dort alles durchdrungen und ist so gemischt, daß es für ein zurückgezogenes Leben keine Zuflucht mehr gibt und man in seinem Haus wie auf dem Marktplatz lebt. Wenn man nur in der Gesellschaft lebt, hat man natürlich keine Familie mehr. Kaum, daß man noch seine Eltern kennt. Man empfindet sie als fremd, und die Einfachheit häuslicher Sitten erlischt mit der süßen Vertrautheit, die ihren Reiz ausmacht. So saugt man mit der Muttermilch schon den Geschmack der Vergnügungen unseres Jahrhunderts und der Maximen ein, die man jetzt herrschen sieht. (S. 423)

4.3.2.5 Zur "Metaphysik der Gemeinschaft" nach Dietrich von Hildebrand

Die *Familie* ist ebenfalls eine Liebesgemeinschaft - wenn auch in einem weiteren Sinn. Ihr Sinnbereich ist ebenfalls das gegenseitige Sich-Lieben. Jedoch ist zunächst ein tiefgehender Strukturunterschied gegenüber der Ehe und allen duopersonalen Liebesgemeinschaften zu finden. Durch die Pluropersonalität gewinnt das Gemeinschaftsgebilde eine größere Selbständigkeit im Verhältnis zu den Gliedern. Der milieuhafte Innenraum, der, wie wir sahen, mit der Pluropersonalität erst beginnt, stellt gegenüber der intimen Eigenwelt der duopersonalen Liebesgemeinschaft eine neue Situation für die Entfaltung des Sinnbereichs dar. Es handelt sich zwar hier um den intimen Innenraum im Unterschied von den öffentlichen Innenräumen des Staates und anderer Gemeinschaften; aber zum erstenmal und auf neue Weise tritt hier das Gemeinschaftscorpus wie bei den anderen pluropersonalen Gemeinschaften - Staat, Nation, Menschheit - in seiner Selbstständigkeit gegenüber den Gliedern hervor.

Abgesehen von diesem tiefgehenden Strukturunterschied der Familie gegenüber den duopersonalen Liebesgemeinschaften, der auch die formale Rolle des Sinnbereich inhaltlich um ähnliche Elemente. Sinnbereich ist auch hier das Vereintsein, der Wertbereich der Gemeinschaft überhaupt. Das in Liebe zu einer Einheit Verbundensein ist auch hier primäres Thema. Fürs erste liegt es in dem Sinnbereich der Familie, daß die in ihr zusammengefaßten Personen sich in bestimmter Weise lieben. Der Sinnbereich der Gemeinschaft enthält gleichsam an die einzelnen Glieder die "Anweisung" zur Entfaltung von drei klassischen Liebeskategorien: zur Entfaltung der Elternliebe, der Kindesliebe und der Geschwisterliebe. Die eheliche Liebesverbundenheit der Eltern ist als Fundament vorausgesetzt; sie hat *innerhalb* der Familie als solcher aber keine thematische Stellung. In der Familie sind auch die verschiedenen Glieder durch den Sinnbereich objektiv in spezifischer Weise zugeordnet; und zwar besteht diese Zuordnung vor allem in der Anweisung auf Entfaltung dieser drei klassischen Liebeskategorien. Der tiefste primäre Sinn dieser Gemeinschaft liegt darin, daß in ihr diese klassischen Liebesbeziehungen real werden und dadurch sich der generelle Vereintheitswert in einzigartiger Weise realisiert. Die Situation ist gegenüber den duopersonalen

Liebesgemeinschaften auch insofern anders, als die Beziehung des Sinnbereichs der Gemeinschaft zu der Liebe der einzelnen eine indirektere ist, und zweitens insofern, als hier die Gemeinschaft zu der Liebe der einzelnen eine indirektere ist, und zweitens insofern, als hier die Gemeinschaft der realen Entfaltung dieser Liebesbeziehungen vorangeht. Als Gemeinschaft mit objektiver Fundierung der Zugehörigkeit konstituiert sie sich nicht aus der Liebe der einzelnen Glieder heraus, sondern "vor" dieser - enthält jedoch ohne weiteres die objektive gegenseitige Zuordnung der Glieder im Sinne der verschiedenen Liebeskategorien und die immanente Anweisung zur Realisierung der Liebe. Die genannten drei Liebeskategorien sind aber dadurch charakterisiert, daß in ihnen die Liebe nicht jene Thematizität besitzt, wie sie etwa für die eheliche Liebe charakteristisch ist. Es spielen hier von vornherein bestimmte andere Momente neben dem rein "Liebehaften" eine essentielle Rolle. So in der Elternliebe die verantwortungsvolle Sorge und der Blick auf die Erziehung und Entwicklung des Kindes - in der Kindesliebe die verheißungsvoll empfangende Haltung gegenüber den Eltern als Repräsentanten der objektiv gültigen Welt, das "Zehren" von ihrer Atmosphäre, der Gehorsam - bei der Geschwisterliebe das "Miteinander des Lebens", das hier nicht wie bei der Ehe eine Folge der Totalumfassung, der thematischen Liebe ist, sondern eine diese Liebe a priori charakterisierende Situation, die viel mehr ein Fundament der Liebe als eine Folge derselben darstellt. Daraus geht schon hervor, daß hier die Liebe eine nicht so ausschließlich thematische Rolle spielt wie in der Ehe, da der Charakter dieser Liebe schon andere Elemente wesentlich mit hereinbezieht.

Aber der Sinnbereich der Familie enthält nicht nur die gegenseitige Zuordnung der einzelnen in Liebe, sondern er involviert auch das "Ur-Innenmilieu". Die Konstitution eines solchen Ur-Innenmilieus, das auch als solches mit einer spezifischen Atmosphäre geschwängert ist und für jeden Menschen die "Heimat" bildet, das "Nest", das ihn umhegt, in dem er normalerweise aufwächst und erblüht, bildet ebenfalls ein zentrales Moment des Sinnbereichs dieser Gemeinschaft. Und in diesem Bilden eines liebeerfüllten Milieus liegt ein völlig neues Moment gegenüber allen duopersonalen Liebesgemeinschaften. Diesen fehlt eben als duopersonalen Gemeinschaften die Möglichkeit, einen solchen "eigenständigen" Innenraum zu schaffen, in ihnen konstituiert sich lediglich jene intime Eigenwelt, die nur für die beiden Gliedpersonen der Gemeinschaft geöffnet ist und ganz von ihnen getragen wird. Die Familie stellt ferner wie die Ehe eine Urlebensgemeinschaft dar. Obgleich die Lebensgemeinschaft in der Ehe noch tiefer und restloser ist, spielt das Moment in der Familie dennoch eine ungleich größere Rolle. Im Sinnbereich der Familie hat es eine vorherrschende, konstitutivere Funktion. Die Art der Liebesgemeinschaft ist hier von vornherein geprägt durch das Moment der Lebensgemeinschaft - wir können sagen: der Sinnbereich enthält das Zusammenleben in Liebe ganz primär -, während bei der Ehe die Lebensgemeinschaft nur eine organische Folge der an sich zunächst nicht dadurch geprägten besonderen Liebesgemeinschaft ist, ähnlich wie das der Ehe eigentümliche formale Moment. Aus der Überfülle und Eigenart der Liebe quillt jene Totalumfassung des anderen, welche die Lebensgemeinschaft mit hereinzieht. Bei der Familie hingegen gehört die Lebensgemeinschaft ganz primär zum Sinnbereich, und auch die hier thematischen Liebeskategorien sind mit dem Moment der Lebensgemeinschaft tief verknüpft, wie dies bei der Geschwisterliebe am deutlichsten hervortritt. Trotzdem dürfen wir die Familie nicht in erster Linie als Lebensgemeinschaft sehen. Das viel Zentralere und Entscheidener bildet an ihr die *Liebesgemeinschaft*. Und die Lebensgemeinschaft ist auch hier niemals *Fundament* der Liebesgemeinschaft - eine Auffassung, die all denen naheliegt, die den Menschen vom Tier aus verstehen wollen. Die primäre Zuordnung ist die der Liebe, wenngleich die Entfaltung der hier thematischen Liebe von vornherein die Lebensgemeinschaft einschließt. Die objektive Zuordnung von Eltern zu Kindern, Kindern zu Eltern, Geschwistern untereinander ist in diesem Sinne "gleichzeitig" eine Liebeszuordnung und eine Zuordnung der Lebensgemeinschaft. Damit hängt zusammen, daß diese Lebensgemeinschaft eine metaphysische Klassizität besitzt - im Gegensatz etwa zu der Lebensgemeinschaft des bloßen Lebenskreises und der Sippe. So ist auch hier wie bei der Ehe eine ganze Skala verschiedener Güterbereiche, die das gemeinsame Leben aktuell werden läßt, in den Sinnbereich der Gemeinschaft einbezogen. Das Milieu der Familie steht mit vielen Wert- und Güterbereichen in Beziehung, von der kulturellen Welt des "Hauses" bis zu der rein wirtschaftlich materiellen Sphäre von Wohnung, Nahrung und Bekleidung.

Wie bei den duopersonalen Liebesgemeinschaften spielt hier der Personwert als solcher und das Verstandenwerden und Beantwortetwerden desselben eine dominierende Rolle. Aber es handelt sich nicht durchweg um die *individuelle* Wertfülle und um ein letztes wertmäßiges Verstehen und Beantworten der *Individualität*. Denken wir nur an die Liebe der Kinder zu den Eltern, bei der die *Individualität* der Eltern relativ zurücktritt, und auch an die Geschwisterliebe! Nur bei der Liebe der Eltern zu den Kindern steht dieses Moment im Vordergrund, aber doch nicht mit derselben thematischen Betonung wie in den duopersonalen Liebesgemeinschaften und vor allem in der Ehe. Die letzte Erfüllung des Verstanden- und Beantwortetwerdens setzt ja, wie wir sahen, den vollen Ineinanderblick und die gegenseitige Entschleierung des Wesenswertes voraus. Dafür spielt die Entwicklung und Entfaltung der Persönlichkeit in all ihren individuellen Wertmöglichkeiten eine dominierende Rolle. Und zwar ist nicht nur dieses Moment als solches, sondern auch die einzigartige Aufgabe, die es für die Eltern dem Kinde gegenüber involviert, in der Familie voll thematisch. Hier ragt die Familie auf besondere Weise in das Metaphysische hinein, insofern den Eltern in dieser Hinsicht eine Stellvertretung Gottes obliegt. In diesem Moment des Sinnbereichs ist zutiefst die autoritative Struktur der Familie fundiert. Die genannte Aufgabe der Eltern sowie die Eigenart der Familie als Lebensgemeinschaft involviert die äußere Sorge der Eltern für die Kinder als Pflicht. Zum Sinnbereich der Familie gehört demgemäß auch die Ernährung, Bekleidung der Kinder usw., mit einem Wort, die leibliche Fürsorge.

Mit dieser Charakteristik des Sinnbereichs der Familie müssen wir uns hier begegnen. In den durch die "Grundformen" der Gemeinschaft bezeichneten Hinsichten charakterisiert sie sich folgendermaßen: Sie ist pluropersonal, individuell gebunden, mit (z.T. modifiziert) objektiver Fundierung der Zugehörigkeit. Sie besitzt eine materiale Natur, aber zugleich weitgehende formale Seinsvollkommenheiten, so daß sie rechtlicher Fassung ohne Vergewaltigung zugänglich ist. Sie ist sekundäre Gemeinschaft, insofern sie die Ehegemeinschaft wesentlich voraussetzt. Sie ist Gemeinschaft mit ausgesprochen autoritativer Struktur, aber ohne Zweiteilung in Organe und Glieder. (S. 234-239)

4.4 Zum gesellschaftlichen Wandel und Wertewandel von Ehe und Familie

4.4.1 Einleitende und didaktische Hinweise

Schon in der Frühzeit des Denkens befaßten sich Philosophen mit dem Problem des Bleibenden in dem ständig Werdenden. Vom "alles fließt" des vorsokratischen Philosophierens bis zur heutigen Behauptung, daß sich alles, also auch die Werte wandeln und nichts Bleibendes mehr bleibe, scheint mitunter trotz der fast 2 1/2 Jahrtausende lagen Zeitspanne kaum ein qualitativer Unterschied ausmachbar. Und dennoch: Das Werden ist überhaupt nicht verständlich vom Standpunkt des wenigstens gedachten Bleibenden!
Da es aber dabei tatsächlich um mehr als nur ein zu denkendes Bleibendes in dem ständigen Werden geht, das Bleibende also ist, einfachen zwischenzeitlich als Naturgesetze anerkannten Fakten entnommen werden so zum Beispiel: Die Gesamtmasse der Energie bleibt konstant. Gesellschaftlicher Wandel, Wertewandel von Ehe und Familie können also, sofern Ehe und Familie etwas mit dem Menschen zu tun haben und der Mensch auch selbstverständlich nicht nur ein biologisches Wesen ist, nicht umfassend sein. Und tatsächlich ist hinreichend bekannt, daß der Mensch - wenigstens bisher - trotz aller Wandlungen immer ein zweigeschlechtliches Wesen geblieben ist, daß also "Ehe" ein Fundamentum in re, d. h. in der Natur des Menschen begründet ist, daß Kinder durch Paarung von Mann und Frau gezeugt werden bzw. daß zumindest eine weibliche Eizelle und eine männliche Samenzelle erforderlich sind u.v.a..
Der "gesellschaftliche Wandel" ist letztlich kein grundlegender Wandel des Menschen! Konsequent ist ein Wertewandel von Ehe und Familie, und auch wegen der gerade angesprochenen human- und naturwissenschaftlichen Tatsachen ist dieser Wertewandel immer nur im Rahmen der von Natur gesetzten Grenzen des Menschen möglich. Ethik als Wissenschaft gründet in wissenschaftlich gesicherten Erkenntnissen und nicht in Ideologie oder Träumereien.
Die eingespiegelten Textauszüge über gesellschaftlichen Wandel und Wertewandel im allgemeinen implizieren im konkreten auch die Diskussion des Bedeutungswandels von Ehe und Familie. Diesbezüglich bleibt festzuhalten, daß im Sog bestimmter anachronistischer Schulen - wiederum - ein individualistisches Menschenverständnis vertreten wird und daß konsequent auch zwischen sogenannten Selbstentfaltungswerten und Pflicht- bzw. Akzeptanzwerten unterschieden wird. Erstere führen gerade wegen ihrer Einengung des Menschenverständnisses zum Bedeutungsschwund von Ehe und Familie; letztere gründen dagegen in einem modernen umfassenden Menschenverständnis. Sie begründen Ehe und Familie in der natürlichen Sozialität des Menschen!

Impulse zur inhaltlichen Auseinandersetzung mit den Textauszügen

- Welche "Werte" rechnen Sie auf der Basis der Textauszüge zu den sogenannten *Pflicht- oder Akzeptanzwerten, Selbstentfaltungswerten*?
- Wie wird diese Wertunterscheidung begründet? Können Sie diesen Begründungen folgen?
- Welche Auswirkungen hat der Wertewandel auf das Demokratieverständnis und auf Ehe und Familie?
- Was muß Ihres Erachtens getan werden, um Demokratie als Ordnung menschlichen Zusammenlebens konsensfähig zu erhalten bzw. gegebenenfalls konsensfähig zu gestalten?
- Welche Aufgaben kommen der Ethik als in Einzelwissenschaften begründete Systematik menschlichen Handelns im "Wertewandel" zu?

4.4.2 Zu einigen philosophische Quellen und Aussagen

4.4.2.1 Zu Wertorientierungen im Wandel

"Selbstentfaltung - Frustration - Wertverlust"

Einer zusätzlichen Klärung bedarf nun auch die Frage, ob Selbstentfaltungswerte evtl. zur "Privatisierung" der Menschen, d.h. also zu ihrer "Einigelung" ins Private beitragen, ob sie eine "instrumentelle Einstellung" befördern, d.h. also die Menschen dazu bringen, ihre Anstrengungen kalkulatorisch auf das Minimum dessen zu beschränken, was erforderlich ist, um angestrebte Gratifikationen (insb. Geld, Arbeitsplatzsicherheit etc.) zu erhalten und ob sie letztlich auch den menschlichen "Egoismus" fördern.
Es hat solche Feststellungen in den vergangenen Jahren - im Zusammenhang mit dem beobachtbaren Wertwandel - verschiedentlich gegeben und sie scheinen allzu gut belegt zu sein, um gänzlich von der Hand gewiesen werden zu können. Auf der anderen Seite darf von Einstellungsentwicklungen, die sich bei repräsentativen Bevölkerungsstichproben finden, nicht ohne weiteres auf direkte Auswirkungen und Begleiterscheinungen des von Pflicht- und Akzeptanzwerten zu Selbstentfaltungswerten hinführenden Wertwandels geschlossen werden.
Soweit solche Entwicklungen, die sich in wesentliche Einstellungsbereiche hinein nachverfolgen lassen, mit dem so charakterisierbaren Wertwandel in einer nachweisbaren Verbindung stehen, muß man vielmehr die folgenden Zusammenhänge beachten:
1) Die ausgeprägte Empfindlichkeit gegenüber faktischen oder vermuteten Widerständen, Einschränkungen und Selbstgefährdungen, die sich mit dem Einfluß von Selbstentfaltungswerten verbindet, kann leicht zu "Frustrations"-Erlebnissen führen, die sich mit Ohnmachtsempfindungen und mit pessimistischen Vorstellungen über die Verbesserungsfähigkeit durchlebter Situation verbinden. Es kann hierbei zu Verhärtungen oder Versteifungen gegenüber der einschränkenden oder belastenden Umwelt kommen, welche eine Grundlage für Widerstands- und Protestneigungen bieten. Es kommen aber - je nach individueller Disposition und Lage - auch Anpassungs- oder Rückzugslösungen in Frage, in welchen es entweder zu einem Abbau von Selbstentfaltungswerten oder aber zu ihrer "Verlagerung" in andere Austragungsräume (so z.B. von der Arbeit in die Freizeit oder von der Politik in die Sektenreligiösität) kommt.
Menschen, in denen persönlichkeitsdynamische Reaktionen dieser Art abgelaufen sind, stehen dem betreffenden Umweltbereich natürlich mit veränderten Einstellungen gegenüber. Diese mögen im Einzelfall in stärkerem Maße als vorher durch Pflicht- und Akzeptanzwerte bestimmt werden, die nach der Zurücknahme von Selbstentfaltungswerten eine Chance der Wiedererhöhung ihres Rangplatzes erhalten, sofern sie noch "im Kern gesund sind, wird allerdings ein "Wertverlust" eintreten, d.h. die Einstellungen der Menschen werden weder von Pflicht- und Akzeptanzwerten, noch von Selbstentfaltungswerten bestimmt sein. Sofern dieser Wertverlust Bestandteil eines Vorgangs der Verlagerung von Selbstentfaltungswerten in andere Austragungsräume ist, besteht natürlich zunächst die Möglichkeit, daß die Beziehung zu dem betreffenden Umweltbereich abgebrochen wird, daß also ein "drop out" (z.B. ein Arbeitsplatzwechsel,

ein Berufswechsel oder eine Berufsaufgabe) stattfindet. In vielen Fällen werden aber "rationale Gründe" dafür sprechen, die Beziehung nicht abzubrechen, sondern aufrechtzuerhalten, um aus ihr weiterhin wichtige Vorteile ableiten zu können. Es wird dann eben zu einer "instrumentellen", d.h. nüchtern-kalkulatorischen Einstellung kommen, die auch als "egoistisch" angesehen werden mag und die sich mit einer "Privatisierung" verbinden kann.
2) Der "Wertverlust", von welchem eben die Rede war, braucht nicht unbedingt auf dem Umweg einer vorübergehenden Aneignung von Selbstentfaltungswerten erfolgen, sondern kann sich auch direkt mit dem Abbau von Pflicht- und Aktzeptanzwerten verbinden. Man muß sich, um dies einzusehen, nur vor Augen führen, daß Pflicht- und Akzeptanzwerte grundsätzlich Funktionen des Selbstzwangs und der Selbstkontrolle haben, d.h. stets einem "Druck" von psychischen Energien unterliegen, die auf die Durchsetzung von Entlastungsbedürfnissen zielen. Solche Werte sind aber daher in einem hohen Maße störungsanfällig und legitimierungsbedürftig. Ihre Geltung muß, mit anderen Worten, stets gegen gewissermaßen "natürlichere" Bedürfnisse verteidigt werden. Zu der somit gegebenen Spannungslage trägt auch bei, daß Pflicht- und Akzeptanzwerte - wie auch alle übrigen Werte - kaum jemals bis zu der hypothetisch vorstellbaren Obergrenze hin "internalisiert" sind. Sie sind vielmehr, in soziologischer Terminologie, "institutionalisiert", d.h. in ihrer Geltung in der Regel durch eine Mischung von Internalisierung und sozialem Autoritätszwang gesichert.
Es legt sich nahe, diesem Gesichtspunkt für die Bundesrepublik eine besondere Bedeutung zuzumessen, die sich aus den ausgeprägten Diskontinuitäten der neueren deutschen Geschichte ergibt. Man sieht die Dinge keinesfalls realistisch, wenn man meint, in den Pflicht- und Akzeptanzwerten schlechterdings "alte" Werte vor sich zu haben, die "aus dem Dunkel der geschichtlichen Überlieferung auf uns gekommen" sind. Natürlich waren solche Werte seit dem christlichen Mittelalter sehr stark betont und kultiviert worden, und sie hatten insbesondere in den ländlichen Gebieten bis in die letzte Zeit hinein eine "traditionale" Wurzel. Es kann jedoch keinen Zweifel daran geben, daß ihnen diejenigen Volksmassen, die in der 2. Hälfte des 19. Jh. vom Land in die aufschießenden Industriestädte strömten, nach Möglichkeit zu entkommen suchten, wobei die Sehnsucht nach einem kleinbürgerlichen "Glück" eine große Rolle spielte. Wenn diese Volksmassen anschließend einem Zwang zur Anpassung an die Industriedisziplin unterworfen wurden, so konnte sich hieraus keine "Renaissance" der Pflicht- und Akzeptanzwerte ergeben. Der Traum vom "ganz anderen Dasein" gehörte vielmehr zu dem Leben, das sich hier entwickelte. Der Sozialismus trug in beträchtlichem Maße dazu bei, diesen Traum zur konkreten Hoffnung werden zu lassen und ihn zu politisieren. Erst die Prosperitätserfahrung seit den 50er Jahren schenkte diesem Traum allerdings eine Erfüllungserfahrung, wodurch endlich eine - zeitweilige - "Versöhnung" mit der fordernden Wirklichkeit der Industriegesellschaft eingeleitet werden konnte. Man kann sich auf den Standpunkt stellen, daß verschiedene Anstiege von Pflicht- und Akzeptanzwerten, die sich in den 50er Jahren und in den beginnenden 60er Jahren, d.h. also in der Zeit vor dem Wertwandlungsschub ereigneten, auf diesen Sachverhalt zurückzuführen sind. Wird nun so, wie dies in der Bundesrepublik seit dem Ende der 60er Jahre geschehen ist, die Berechtigung gesellschaftlicher Pflicht- und Akzeptanzforde-

rungen grundsätzlich in Frage gestellt, dann gerät allerdings die Institutionalisierungsgrundlage - und damit auch die Legitimität - der betroffenen Werte ins Wanken. Ihre Befolgung ist dann nicht mehr "selbstverständlich", sondern wird u.U. - in der Bundesrepublik ist dies geschehen - als "rückschrittlich" abgewertet. Die Menschen können somit nicht mehr davon ausgehen, Werte im Sinne des sozial Wünschenswerten zu befolgen, wenn sie sich an Pflicht- und Akzeptanzwerte halten. Die Befolgung solcher Werte wird vielmehr zu einer Sache individueller "Präferenzen" und verliert ihre vorherige Verbindlichkeit. Die Folge ist Verwirrung ("Wertunsicherheit") oder Abwendung im Sinne eines Nachgebens gegenüber inneren "Versuchungen". Bei diesen handelt es sich aber keinesfalls immer schon um die "neuen" Selbstentfaltungswerte, die vielmehr ihrerseits formierungs- und kultivierungsbedürftig sind. Die Menschen stehen somit in der Gefahr, in ein "Werteloch" zu fallen, in welchem sie auf ihre individuellen Fähigkeiten zur Entwicklung sozialer Klugheit und praktischer Alltagsvernunft zurückgeworfen werden, in welchem sie aber auch einen "Identitätsverlust" erleiden können, der ihnen dann die Fähigkeit zur Ausbildung stabiler Einstellungs- und Verhaltensorientierungen raubt.

Helmut Klages, Wertorientierungen im Wandel. Rückblick, Gegenwartsanalyse, Prognosen. Campus Verlag Frankfurt/New York. 1985. SS. 29 - 32

4.4.2.2 Zur Wertsynthese - Eine Antwort der politischen Bildung auf den Wertwandel.

Die Auswirkungen des Wertwandels auf die politische Kultur
In zahlreichen Untersuchungen wurde nachgewiesen, daß der Wertwandel sowohl in einzelnen sozialen Lebensbereichen (Erziehungsziele, Ehe und Familie, Arbeits- und Berufsleben, Religion und Kirche) wie auch im Bereich der politischen Kultur weitreichende Veränderungen bewirkt hat. In einer generalisierenden Weise lassen sich diese stichwortartig resümieren als Individualisierung und Pluralisierung der Lebensstile, als allgemeiner Deinstitutionalisierungsprozeß sowie als Zunahme instrumenteller Einstellungen. Ausschließlich auf die politische Kultur bezogen, soll dies hier - thesenhaft verkürzt - an drei Phänomenen angedeutet und anschließend didaktisch problematisiert werden.

Demokratieverständnis
Wertewandel und Entwicklung des demokratischen Wertbewußtseins stehen in einem ambivalenten Wechselverhältnis. Einerseits war der Wertwandel Motor der "partizipatorischen Revolution" und steht so gewissermaßen synonym für den allgemeinen Demokratisierungsprozeß seit Mitte der sechziger Jahre. Relikte einer alten "Untertankultur" mit ihrer Überbetonung von Kollektiv-, Pflicht- und Ordnungswerten konnten so zugunsten von mehr individueller Mit- und Selbstbestimmung abgebaut werden. Andererseits - und dies ist primär wohl nur mit den historischen Vorbelastungen und der allgemeinen Wohlstandsentwicklung erklärbar - war dieser Prozeß auch von Überreaktion und Überkompensation geprägt. Selbstentfaltungswerte wurden einseitig und geradezu eruptiv freigesetzt, so daß zunehmend Entpflichtungs- und Entsolidarisierungstendenzen gegenüber dem sozialen Ganzen und dem demokratischen Gemeinwesen manifest wurden.

Nicht der "citoyen", sondern der möglichst unabhängige Sozialbürger, dessen Lebensgefühl sich mit der Formel "tun und lassen können, was man will" umschreiben läßt, scheint inzwischen zur gesellschaftlichen Leitfigur geworden zu sein. Die Wertschätzung der Demokratie reduziert sich so im wesentlichen auf den möglichst weitgehenden Anspruch auf materielle und individuelle Bedürfnisbefriedigung, die maximale Ausnutzung individueller Freiheitspielräume und die Gewährleistung eines Maximums an persönlicher Selbstverwirklichung und Glück. Unter kleinstmöglichem Einsatz soll aus dem rechts- und Sozialstaatsangebot der größtmögliche private Nutzen gezogen werden. Daß Demokratie weniger ideelle als individualistisch-instumentell interpretiert wird, zeigt ein eher konsumentenhaftes Verständnis von Partizipation im Sinne einer möglichst unverkürzten Durchsetzung eigener Interessen, wie auch die wachsende Neigung, sich den diversen "Zumutungen" des Staates zu entziehen. Treffend kommentiert Helge Pross die hierin zum Ausdruck kommende Erosion des Gemeinsinns: "Übergreifende, über die persönlichen Interessen und das private Glück hinausreichende Ideen, Ideen der Selbstverleugnung zugunsten gemeinschaftlicher Belange, Ideen des Verzichts für ein Kollektiv haben in der Bundesrepublik keine Heimat. In diesem Sinne besteht ein geistiges Vakuum. Auch das ist heute deutsch. In dieser Hinsicht unterscheidet sich die Bundesrepublik von anderen westlichen Gesellschaften.

Wertabsolutismus

Einseitig und teilweise radikalisiert werden Selbstentfaltungswerte - bei gleichzeitig ausgeprägter Distanz gegenüber den als restaurativ und illiberal eingestuften Pflicht- und Akzeptanzwerten - vor allem im Umfeld der neuen sozialen Bewegungen geltend gemacht). Obwohl eine Minderheit, beeinflussen sie als Avantgarde des Wertwandels das öffentliche Wertbewußtsein nicht unerheblich. Sich selbst verstehen sie als Sprachrohr einer humanidealistischen Gesellschaftskritik, der es um die Befreiung des Individuums aus vorgegebenen Ordnungen und Zwängen, um die Durchsetzung alternativer Lebensstile wie auch um die "Rettung von Menschheit und Natur" im technisch-industriellen Zeitalter geht. In einem umfassenden Sinne thematisieren sie "Lebens- und Überlebensfragen", verstricken sich dabei aber häufig in den Einseitigkeiten eines gesinnungsethischen Moralismus und neigen dann unter Berufung auf sichere Gewißheiten und eine höhere Legitimität dazu, die eigenen Wertpositionen und das eigene Wertverwirklichungsprogramm absolut zu setzen. Die von ihnen ins Spiel gebrachten Themen der "Neuen Politik" werden so in den Rang von Glaubens- und Letztfragen erhoben, Wahrheitsanspruch und politischer Geltungsanspruch nicht mehr auseinandergehalten und in Inhalts- und Verfahrensfragen eine einseitige Veto- und Definitionsmacht reklamiert. Dies läuft einerseits auf eine einseitige Kündigung des gemeinsamen Wertekonsenses (z.B. Toleranzprinzip, Kompromißbereitschaft, Gleichheitsgrundsatz, Beschränkung der Politik auf Vorletztes) hinaus, andererseits erwachsen der politischen Kultur durch Reideologisierung, Polarisierung und Fragmentierung keineswegs unbedeutende Belastungen.

Antiinstitutionelle Affekte

Ein dritter Effekt des Wertwandels betrifft die, vor allem bei Jugendlichen zu konstatierende, fortschreitende Entlegitimierung der demokratischen bzw.

staatlichen Institutionen. Sie hängt mit dem Wachstum der Selbstentfaltungsmentalität zusammen. Beschränkungen eigener Freiheitspielräume werden als Fremdbestimmung oder als Hindernis spontan-ungebundener, basisdemokratischer Unmittelbarkeit erfahren. Wie weit die Geringschätzung der Institutionen bis in weite Teile der Bevölkerung hinein gediehen ist, läßt sich an einer ganzen Reihe hier nur stichwortartig genannter Symptome ablesen: an der Interpretation demokratischer Spielregeln als purem Formalismus und einer hiermit korrespondierenden Begrifflichkeit wie "Mehrheitsdemokratie" oder "positivierte Legalitätslegitimität"; an der Subjektivierung des Rechtsverständnisses, wie sie etwa in der abnehmenden Aktzeptanz rechtsstaatlich zustandegekommener Entscheidungen zum Ausdruck kommt; an der in allen politischen Lagern erstaunlich großen Bereitschaft zur Billigung illegaler Handlungen und begrenzter Regelverletzungen zum Zwecke politischer Zieldurchsetzung; an der schon fast popularisierten Vorstellung vom Staat als Inkarnation einer "strukturellen Gewalt", die für manche zum Anlaß einer exzessiven Interpretation des Widerstandsrechts wird; schließlich auch an der vor allem in Teilen der sozialen Bewegungen üblichen Infragestellung grundlegender Willensbildungs- und Konfliktregelungsmechanismen wie des Repräsentations- und des Mehrheitsprinzips oder des staatlichen Gewaltmonopols."

Gerd Hepp, Wertsynthese - Eine Antwort der politischen Bildung auf den Wertwandel. Aus Politik und Zeitgeschichte. Beilage zur Wochenzeitung Das Parlamente. B 46/89 v. 10.11.1989, S. 16 - 18.

4.4.2.3 Zum 40. Jahrestag des Grundgesetzes

"Geistige, soziale und politische Folgen sind seit 1968 geblieben. Gesellschafttspolitische Themen traten in den Vordergrund. Politisches Engagement drang über staatliche Organe hinaus in die Gesellschaft vor. Basisdemokratie wurde eingefordert, Bügerinitiativen verbreiteten sich. Neue soziale Bewegungen entstanden. Befreiung und neue Gemeinschaft wurden gesucht. Dabei kamen alte Erfahrungen wieder zum Vorschein. Es gibt Abhängigkeiten im Leben, die menschenunwürdig sind; wir wollen uns ihrer entledigen. Es gibt aber auch Bindungen, die wir suchen, weil sie uns zu Menschen werden lassen. Wir wollen zu uns selbst finden, ohne uns zu vereinzeln. Und das ist schwer... Im Grundgesetz war nach heftigen Auseinandersetzungen die Gleichberechtigung von Mann und Frau mit lapidarer Eindeutigkeit verordnet worden. Um den Vollzug wird seither gerungen... Frauen sind aber nach wie vor zu oft benachteiligt... Dahinter steht die Spannung zwischen Familie und Beruf. Noch immer müssen sich Familien dem Arbeitsmarkt anpassen statt umgekehrt. Darunter leiden alle. Die Frauen tragen den Löwenanteil der Lasten, die sich daraus ergeben.

Welche Zukunft hat bei uns die Familie?

Die materielle Lage für Familien mit Kindern fällt stark ins Gewicht. Vor kurzem schrieb mir eine Frau: "Eine Gesellschaft, die sich alles leisten kann" nur keine Mütter, muß sich nicht wundern, wenn sich die Frauen keine Mutterschaft mehr leisten können. Welche Zukunft also hat bei uns die Familie? Welche Obhut

bietet sie kleinen Kindern und alten Menschen? Welchen Schutz findet werdendes Leben?
Die Stellung, die die Frau in der Vergangenheit innehatte, sollte niemand entwerten, so belastet sie auch war. Eines aber ist heute unumstößlich: Die Frauen sind freier geworden. Das ist ein Gewinn für sie. Männer sollten aufhören, unwiederbringlichen Privilegien nachzutrauern. Dann sind sie auch besser in der Lage, den Familien nicht nur materiell aufzuhelfen, sondern auch beim Denken und Fühlen im ganzen. Es wäre keine menschlich überzeugende Gesellschaft, der alles als wertlos gilt, was nicht bezahlt wird. Was Mütter für Kinder tun, ist unbezahlbar. Aber helfen muß die Gesellschaft, und bei der Verteilung der Lasten sollte es gerechter zugehen als bisher. Im übrigen wäre es gut, wenn Männer, soweit sie im Rechtsstaat dazu berufen sind, besonders behutsam über die Lage von Frauen urteilten.
Die genannten Beispiele zeigen, was unsere Verfassung kann und was sie nicht kann. Sie schützt die Würde des Menschen und die Grundrechte. Sie organisiert unser Zusammenleben mit seinen Konflikten, und in der Gewißheit neuer Entwicklungen macht sie friedlich Wandel möglich. Ob wir aber die Fähigkeit dazu haben, das garantiert die Verfassung nicht... Die Verfassung ist weder Orakel noch Motor der gesellschaftlichen Entwicklung. Sie lebt von Voraussetzungen, die sie selbst nicht schaffen oder erneuern kann. Dazu gehören die allgemeinen ethischen Überzeugungen. Wir selbst müssen wissen, was wir dürfen und wollen... Die Verfassung ist wehrhaft und werthaft angelegt, aber sie ist kein ewig sprudelnder Wertebrunnen für ethische Dürrezeiten.
Auch die Freiheits- und Grundrechte leben von dem, was wir aus ihnen machen. Sie verkümmern, wenn wir sie nur als eigene Ansprüche gegen den Staat verstehen. Ihre tiefere Bedeutung liegt in den Rechten, die jeder dem anderen zugesteht. Mit der Verfassung allein ist kein Staat zu machen, sondern mit unserer Verantwortung für den Staat, das heißt füreinander; denn der Staat, das sind wir selber...

Richard von Weizsäcker, Auszug aus seiner Rede beim Staatsakt vom 24. Mai zum 40. Jahrestag des Grundgesetzes, in: FAZ v. 26.05.1989

4.5 Zum Schutz des ungeborenen Lebens - eine ethische Pflicht der politischen Gewalt

4.5.1 Einleitende und didaktische Hinweise

Unter 5.5 unten ("Abtreibung" als eigener strafrechtlicher Tatbestand noch haltbar?) wurde auf die Problematik des Strafrechtstatbestandes "Abtreibung" hingewiesen. Die dort dokumentierten anderen Tatbestände in Sachen menschliches Leben eröffnen dem Gesetzgeber neue Möglichkeiten für zeitgemäße, d. h. diesfalls sachlich-wissenschaftlich begründete Initiativen. Da das Rechtsgut menschliches Wesen nach den Grundgesetz auf der Basis der Menschenwürde auch der politischen Gewalt nicht verfügbar, sondern ihr vorgegeben ist, verdichten sich die neuen Handlungsmöglichkeiten des Gesetzgebers zur ethischen Pflicht, menschliches Leben (GG Art, 2) in Erhaltung und Entfaltung zu schützen. Jedenfalls ist er in der Pflicht, ggf. auch neue gesetzliche Maßnahmen auf den Weg zu bringen, gerade das schutzlose, wehrlose und schuldlose ungeborene Kind auf der Basis der neuesten wissenschaftlichen Erkenntnisse in den unverzichtbaren Schutz mit einzubeziehen. Schutzwürdigkeit und Schutzbedürftigkeit dieses menschlichen Lebens sind durch das Bundesverfassungsgerichtsurteil vom 25.02.1975 in aller Deutlichkeit herausgestellt worden. Die gegenwärtige Indikationslösung ist von daher - dies wird heute zunehmend bestätigt - zu überprüfen.
In diesem Zusammenhang einen dritten Weg in die Diskussion einzuführen, nämlich - Fristenlösung bei Pflichtberatung - ist auf der Basis und im Rahmen einschlägiger gesicherter wissenschaftlicher Erkenntnisse über das Rechtsgut menschliches Leben letztlich als einmalige ethische Fehlleistung und konsequent als politikwissenschaftlicher Unsinn einzuordnen.
In Ergänzung der unter 5.5 unten eingespiegelten Dokumente werden hier unter anderem auch Auszüge aus dem schon genannten Urteil des Bundesverfassungsgerichtes X 75 als Grundlage der Auseinandersetzung beigebracht.

Impulse zur Auseinandersetzung mit den Textauszügen

- Nennen Sie Eckwerte für den Schutz menschlichen Lebens, wie sie in den Leitsätzen des einschlägigen Bundesverfasssungsgerichtsurteils festgehalten sind.
- Wie beurteilen Sie die im 5. Leitsatz formulierten Aussagen? Können Sie diese nachvollziehen? Scheinen Ihnen diese Aussagen wissenschaftlich begründbar und mit der Wertordnung des Grundgesetzes vereinbar?
- Versuchen Sie aus diesen Leitsätzen die ethische Pflicht des Staates abzuleiten, ungeborenes menschliches Leben zu schützen.
- Welche Begründungen für den gesetzlichen Schutz des ungeborenen Kindes sind für Sie einsichtig?
- Welche Hintergründe, Zusammenhänge, Absichten scheinen Ihres Erachtens von Bedeutung bzw. welche Hinweise ergeben sich aus den Textauszügen, das der Gesetzgeber trotz gesicherter wissenschaftlicher Erkenntnisse seine Pflicht, das ungeborene Kind zu schützen, nur äußerst mangelhaft bzw. gar nicht eingelöst?
- Welche zusätzlichen Hilfen und Maßnahmen schlagen Sie vor, das ungeborene Kind wirksamer zu schützen?

4.5.2 Zu einigen relevanten Textauszügen

4.5.2.1 Zum Urteil des Bundesverfassungsgerichtes vom 25.02.1975 (Leitsätze)

Nr. 1

1. Das sich im Mutterleib entwickelnde Leben steht als selbständiges Rechtsgut unter dem Schutz der Verfassung (Art. 2 Abs. 2 Satz 1, Art. 1 Abs. 1 GG). Die Schutzpflicht des Staates verbietet nicht nur unmittelbare staatliche Eingriffe in das sich entwickelnde Leben, sondern gebietet dem Staat auch, sich schützend und fördernd vor dieses Leben zu stellen.
2. Die Verpflichtung des Staates, das sich entwickelnde Leben in Schutz zu nehmen, besteht auch gegenüber der Mutter.
3. Der Lebensschutz der Leibesfrucht genießt grundsätzlich für die gesamte Dauer der Schwangerschaft Vorrang vor dem Selbstbestimmungsrecht der Schwangeren und darf nicht für eine bestimmte Frist in Frage gestellt werden.
4. Der Gesetzgeber kann die grundsätzlich gebotene rechtliche Mißbilligung des Schwangerschaftsabbruchs auch auf andere Weise zum Ausdruck bringen als mit dem Mittel der Strafdrohung. Entscheidend ist, ob die Gesamtheit der dem Schutz des ungeborenen Lebens dienenden Maßnahmen einen der Bedeutung des zu sichernden Rechtsgutes entsprechenden tatsächlichen Schutz gewährleistet. Im äußersten Falle, wenn der von der Verfassung gebotene Schutz auf keine andere Weise erreicht werden kann, ist der Gesetzgeber verpflichtet, zur Sicherung des sich entwickelnden Lebens das Mittel des Strafrechts einzusetzen.
5. Eine Fortsetzung der Schwangerschaft ist unzumutbar, wenn der Abbruch erforderlich ist, um von der Schwangeren eine Gefahr für ihr Leben oder die Gefahr einer schwerwiegenden Beeinträchtigung ihres Gesundheitszustandes abzuwenden. Darüber hinaus steht es dem Gesetzgeber frei, andere außergewöhnliche Belastungen für die Schwangere, die ähnlich schwer wiegen, als unzumutbar zu werten und in diesen Fällen den Schwangerschaftsabbruch straffrei zu lassen.
6. Das Fünfte Gesetz zur Reform des Strafrechts vom 18. Juni 1974 (BGBI.I S. 1297) ist der verfassungsrechtlichen Verpflichtung, das werdende Leben zu schützen, nicht in dem gebotenen Umfang gerecht geworden.

Gründe:

Die Frage der rechtlichen Behandlung des Schwangerschaftsabbruchs wird in der Öffentlichkeit seit Jahrzehnten unter mannigfachen Gesichtspunkten diskutiert. In der Tat wirft dieses Phänomen des Soziallebens vielfältige Probleme biologischer, insbesondere humangenetischer, anthropologischer, ferner medizinischer, psychologischer, sozialer, gesellschaftspolitischer und nicht zuletzt ethischer und moraltheologischer Art auf, die Grundfragen menschlicher Existenz berühren. Aufgabe des Gesetzgebers ist es, die aus diesen verschiedenen Sichtweisen entwickelten, unter sich vielseitig verschränkten Argumente zu würdigen, sie durch spezifisch rechtspolitische Überlegungen sowie durch die praktischen Erfahrungen des Rechtslebens zu ergänzen und auf dieser Grundlage die Entscheidung zu gewinnen, in welcher Weise die Rechtsordnung auf diesen sozialen Vorgang reagieren soll. Die nach außergewöhnlich umfangreichen Vorarbeiten im Fünften Strafrechtsreformgesetz getroffene gesetzliche Regelung kann vom Bundesverfassungsgericht allein unter dem Gesichtspunkt geprüft werden, ob sie mit dem Grundgesetz als dem höchsten in der Bundesrepublik geltenden Recht vereinbar ist. Gewicht und Ernst der verfassungsrechtlichen Fragestellung werden deutlich, wenn bedacht wird, daß es hier um den Schutz menschlichen Lebens geht, eines zentralen Wertes jeder rechtlichen Ordnung. Die Entscheidung über Maßstäbe und Grenzen der gesetzgeberischen Entscheidungsfreiheit erfordert eine Gesamtschau des verfassungsrechtlichen Normenbestandes und der in ihm beschlossenen Wertordnung.

I.

1. Art. 2 Abs. 2 Satz 1 GG schützt auch das sich im Mutterleib entwickelnde Leben als selbständiges Rechtsgut.

(a) Die ausdrückliche Aufnahme des an sich selbstverständlichen Rechts auf Leben in das Grundgesetz - anders als etwa in der Weimarer Verfassung - erklärt sich hauptsächlich als Reaktion auf die "Vernichtung lebensunwerten Lebens", auf Endlösung" und "Liquidierung", die vom nationalsozialistischen Regime als staatliche Maßnahmen durchgeführt wurden. Art. 2 Abs. 2 Satz 1 GG enthält ebenso wie die Abschaffung der Todesstrafe durch Art. 102 GG "ein Bekenntnis zum grundsätzlichen Wert des Menschenlebens und zu einer Staatsauffassung, die sich in betonten Gegensatz zu den Anschauungen eines politischen Regimes stellt, dem das einzelne Leben wenig bedeutete und das deshalb mit dem angemaßten Recht über Leben und Tod des Bürgers schrankenlosen Mißbrauch trieb" (BVerfGE 18, 112, 117).

(b) Bei der Auslegung des Art. 2 Abs. 2 Satz 1 GG ist auszugehen von seinem Wortlaut: "Jeder hat das Recht auf Leben...". Leben im Sinne der geschichtlichen Existenz eines menschlichen Individuums besteht nach gesicherter biologisch-physiologischer Erkenntnis jedenfalls vom 14. Tage nach der Empfängnis (Nidation, Individuation) an (vgl. hierzu die Ausführungen von Hinrichsen vor dem Sonderausschuß für die Strafrechtsreform, 6. Wp., 74. Sitzung, StenBer. S. 214 ff.). Der damit begonnene Entwicklungsprozeß ist ein kontinuierlicher Vorgang, der keine scharfen Einschnitte aufweist und eine genaue Abgrenzung der verschiedenen Entwicklungsstufen des menschlichen Lebens nicht zuläßt. Er ist auch nicht mit der Geburt beendet; die für die menschliche Persönlichkeit spezifischen Bewußtseinsphänomene z. B. treten erst längere Zeit nach der Geburt auf. Deshalb kann der Schutz des Art. 2 Abs. 2 Satz 1 GG weder auf den "fertigen" Menschen nach der Geburt noch auf den selbständig lebensfähigen nasciturus beschränkt werden. Das Recht auf Leben wird jedem gewährleistet, der "lebt"; zwischen einzelnen Abschnitten des sich entwickelnden Lebens vor der Geburt oder zwischen ungeborenem und geborenem Leben kann hier kein Unterschied gemacht werden. "Jeder" im Sinne des Art. 2 Abs. 2 Satz 1 GG ist "jeder Lebende", anders ausgedrückt: jedes Leben besitzende menschliche Individuum; "jeder" ist daher auch das noch ungeborene menschliche Wesen.

(c) Gegenüber dem Einwand, "jeder" bezeichne sowohl in der Umgangs- als auch in der Rechtssprache gemeinhin eine "fertige" menschliche Person, eine reine Wortinterpretation spreche daher gegen die Einbeziehung des ungeborenen Lebens in den Wirkungsbereich des Art. 2 Abs. 2 Satz 1 GG, ist zu betonen, daß jedenfalls Sinn und Zweck dieser Grundgesetzbestimmung es erfordern, den Lebensschutz auch auf das sich entwickelnde Leben auszudehnen. Sie Sicherung

der menschlichen Existenz gegenüber staatlichen Übergriffen wäre unvollständig, wenn sie nicht auch die Vorstufe des "fertigen Lebens", das ungeborene Leben, umfaßte.
Diese extensive Auslegung entspricht dem in der Rechtsprechung des Bundesverfassungsgerichts aufgestellten Grundsatz, "wonach in Zweifelsfällen diejenige Auslegung zu wählen ist, welche die juristische Wirkungskraft der Grundrechtsnorm am stärksten entfaltet" (BVerfGE 32, 54 (71); 6, 55 (72)).

II.

1. Die Schutzpflicht des Staates ist umfassend. Sie verbietet nicht nur - selbstverständlich - unmittelbare staatliche Eingriffe in das sich entwickelnde Leben, sondern gebietet dem Staat auch, sich schützend und fördernd vor dieses Leben zu stellen, das heißt vor allem, es auch vor rechtswidrigen Eingriffen von Seiten anderer zu bewahren. An diesem Gebot haben sich die einzelnen Bereiche der Rechtsordnung, je nach ihrer besonderen Aufgabenstellung, auszurichten. Die Schutzverpflichtung des Staates muß um so ernster genommen werden, je höher der Rang des in Frage stehenden Rechtsgutes innerhalb der Wertordnung des Grundgesetzes anzusetzen ist. Das menschliche Leben stellt, wie nicht näher begründet werden muß, innerhalb der grundgesetzlichen Ordnung einen Höchstwert dar; es ist die vitale Basis der Menschenwürde und die Voraussetzung aller anderen Grundrechte.

2. Die Verpflichtung des Staates, das sich entwickelnde Leben in Schutz zu nehmen, besteht grundsätzlich auch gegenüber der Mutter. Unzweifelhaft begründet die natürliche Verbindung des ungeborenen Lebens mit dem der Mutter eine besonders geartete Beziehung, für die es in anderen Lebenssachverhalten keine Parallele gibt. Die Schwangerschaft gehört zur Intimsphäre der Frau, deren Schutz durch Art. 2 Abs. 1 in Verbindung mit Art. 1 Abs. 1 GG verfassungsrechtlich verbürgt ist. Wäre der Embryo nur als Teil des mütterlichen Organismus anzusehen, so würde auch der Schwangerschaftsabbruch in dem Bereich privater Lebensgestaltung verbleiben, in den einzudringen dem Gesetzgeber verwehrt ist (BVerfGE 6, 32 (41); 6, 389 (433); 27, 344 (350); 32, 373 (379)). Da indessen der nasciturus ein selbständiges menschliches Wesen ist, das unter dem Schutz der Verfassung steht, kommt dem Schwangerschaftsabbruch eine soziale Dimension zu, die ihn der Regelung durch den Staat zugänglich und bedürftig macht. Das Recht der Frau auf freie Entfaltung ihrer Persönlichkeit, welches die Handlungsfreiheit im umfassenden Sinn zum Inhalt hat und damit auch die Selbstverantwortung der Frau umfaßt, sich gegen eine Elternschaft und die daraus folgenden Pflichten zu entscheiden, kann zwar ebenfalls Anerkennung und Schutz beanspruchen. Dieses Recht ist aber nicht uneingeschränkt gewährt - die Rechte anderer, die verfassungsmäßige Ordnung, das Sittengesetz begrenzen es. Von vornherein kann es niemals die Befugnis umfassen, in die geschützte Rechtssphäre eines anderen ohne rechtfertigenden Grund einzugreifen oder sie gar mit dem Leben selbst zu zerstören, am wenigsten dann, wenn nach der Natur der Sache eine besondere Verantwortung gerade für dieses Leben besteht.
Ein Ausgleich, der sowohl den Lebensschutz des nasciturus gewährleistet als auch der Schwangeren die Freiheit des Schwangerschaftsabbruchs beläßt, ist nicht möglich, da Schwangerschaftsabbruch immer Vernichtung des ungeborenen Lebens bedeutet. Bei der deshalb erforderlichen Abwägung "sind beide

Verfassungswerte in ihrer Beziehung zur Menschenwürde als dem Mittelpunkt des Wertsystems der Verfassung zu sehen" (BVerfGE 35, 202 (225)). Bei einer Orientierung an Art. 1 Abs. 1 GG muß die Entscheidung zugunsten des Vorrangs des Lebensschutzes für die Leibesfrucht vor dem Selbstbestimmungsrecht der Schwangeren fallen. Diese kann durch Schwangerschaft, Geburt und Kindeserziehung in manchen persönlichen Entfaltungsmöglichkeiten beeinträchtigt sein. Das ungeborene Leben hingegen wird durch den Schwangerschaftsabbruch vernichtet. Nach dem Prinzip des schonendsten Ausgleichs konkurrierender grundgesetzlich geschützter Positionen unter Berücksichtigung des Grundgedankens des Art. 19 Abs. 2 GG muß deshalb dem Lebensschutz des nasciturus der Vorzug gegeben werden. Dieser Vorrang gilt grundsätzlich für die gesamte Dauer der Schwangerschaft und darf auch nicht für eine bestimmte Frist in Frage gestellt werden. Die bei der dritten Beratung des Strafrechtsreformgesetzes im Bundestag geäußerte Meinung, es gehe darum, den Vorrang "des aus der Menschenwürde fließenden Selbstbestimmungsrechtes der Frau gegenüber allem anderen, auch dem Lebensrecht des Kindes, für eine bestimmte Frist herauszustellen" (Deutscher Bundestag, 7. Wp., 96. Sitzung, StenBer. S. 6492), ist mit der grundgesetzlichen Wertordnung nicht vereinbar.

3. Von hier aus erschließt sich die von der Verfassung geforderte Grundhaltung der Rechtsordnung zum Schwangerschaftsabbruch: Die Rechtsordnung darf nicht das Selbstbestimmungsrecht der Frau zur alleinigen Richtschnur ihrer Regelungen machen. Der Staat muß grundsätzlich von einer Pflicht zur Austragung der Schwangerschaft ausgehen, ihren Abbruch also grundsätzlich als Unrecht ansehen. In der Rechtsordnung muß die Mißbilligung des Schwangerschaftsabbruchs klar zum Ausdruck kommen. Es muß der falsche Eindruck vermieden werden, als handle es sich beim Schwangerschaftsabbruch um den gleichen sozialen Vorgang wie etwa den Gang zum Arzt zwecks Heilung einer Krankheit oder gar um eine rechtlich irrelevante Alternative zur Empfängnisverhütung. Der Staat darf sich seiner Verantwortung auch nicht durch Anerkennung eines "rechtsfreien Raumes" entziehen, indem er sich der Wertung enthält und diese der eigenverantwortlichen Entscheidung des Einzelnen überläßt.

4.5.2.2 Zum "Versagen des Rechtsstaates"

Darf der Staat die Abtreibung erlauben?

Mit der Anerkennung von Indikationen stellt sich die Frage, ob Abtreibungen in den Indikationsfällen erlaubt (gerechtfertigt) oder lediglich straffrei gestellt sind, und damit die noch grundsätzlichere Frage, ob der Staat die Tötung Ungeborener überhaupt erlauben darf. In der Rechtswissenschaft ist die Meinung verbreitet, die Indikationen stellten Rechtfertigungsgründe dar). Diese Meinung hat auch die Bundesregierung wiederholt vertreten). Sie wird im wesentlichen damit begründet, daß der Gesetzgeber bei der Normierung der Indikationstatbestände im Interesse aller Mitwirkenden sowie der Durchführbarkeit der "flankierenden Maßnahmen" eine volle Legalisierung indizierter Schwangerschaftsabbrüche angestrebt habe und ein Verständnis der Indikationen als Schuld- oder Strafausschließungsgründe strafrechtssystematisch unbefriedigend sei und bedenkliche

praktische Konsequenzen habe (z. B. Nichtigkeit des ärztlichen Behandlungsvertrages, Möglichkeit der Nothilfe zugunsten des Ungeborenen).
Weder ein - im Gesetz nicht objektivierter - möglicher Wille der am Gesetzgebungsverfahren Beteiligten noch ein Bedürfnis nach Systemgerechtigkeit können jedoch ausschlaggebend sein. Vielmehr ist die Frage nach Recht oder Unrecht indizierter Abtreibungen letztlich nach dem Verfassungsrecht, welches dem einfachen Gesetzesrecht stets vorgeht, zu beantworten. Vor dem Grundgesetz, obgleich es das Recht auf Leben unter Gesetzesvorbehalt stellt (Art. 2 Abs. 2 Satz 2 GG), kann die These vom rechtfertigenden Charakter der Indikationen nicht bestehen. Sie läßt sich vor allem nicht vereinbaren mit der Gleichwertigkeit geborenen und ungeborenen Lebens, mit der Schutzpflicht des Staates auch für das ungeborene Leben, mit dem Grundsatz der Verhältnismäßigkeit und dem Prinzip des schonendsten Ausgleichs in Fällen der Grundrechtskollision, mit der Wesensgehaltsgarantie des Art. 19 Abs. 2 GG und mit dem Zitiergebot des Art. 19 Abs. 1 Satz 2 GG. Vor allem aufgrund dieser verfassungsrechtlichen Einwände, mit denen eine ernsthafte Auseinandersetzung bisher nicht stattgefunden hat, wird die Rechtfertigungsthese inzwischen in der Literatur überwiegend abgelehnt.
Manche Vertreter der Rechtfertigungsthese glauben sich jedoch auf das Urteil des Bundesverfassungsgerichts zur Fristenlösung stützen zu können. Dort sei, was zutrifft, von "gerechtfertigten" Fällen die Rede und von solchen, in denen das Austragen der Schwangerschaft der Frau "nicht zumutbar" sei, von ihr "nicht verlangt werden" könne. Die grundsätzlichen Aussagen des Urteils sprechen jedoch klar gegen die Annahme, das Gericht wolle die Indikationen als Rechtfertigungsgründe verstanden wissen.
Das Bundesverfassungsgericht stellt selbst fest: "Jedes menschliche Leben - auch das erst sich entwickelnde Leben - ist als solches gleich wertvoll und kann deshalb keiner irgendwie gearteten unterschiedlichen Bewertung oder gar zahlenmäßigen Abwägung unterworfen werden." Die damit anerkannte Gleichwertigkeit ungeborenen und geborenen menschlichen Lebens folgt, soweit es um das Lebensrecht geht, schon aus dessen Anerkennung für "jeden", auch für jeden Ungeborenen. Sie wird nicht etwa in Frage gestellt durch die unterschiedliche Behandlung von Mord, Totschlag, Kindestötung und Abtreibung im Strafrecht, die nicht auf einem etwa verschiedenen Wert des jeweiligen Opfers, sondern auf der unterschiedlichen Beurteilung der Strafwürdigkeit des jeweiligen Delikts durch den Gesetzgeber beruht.

Wegen der Gleichwertigkeit allen menschlichen Lebens verbietet es sich von vornherein, die Auffassung zu vertreten, das Leben eines Menschen könne einem anderen unzumutbar sein mit der Folge, daß dieser berechtigt sei, jenes Leben zu vernichten. Wenn das Bundesverfassungsgericht von Unzumutbarkeit in bestimmten Situationen außergewöhnlicher Belastung spricht, so kann dies deshalb nur dahingehend verstanden werden, daß in solchen Fällen der Zugang zum Austragen der Schwangerschaft "mit dem Mittel des Strafrechts" als unzumutbar angesehen werden kann, nicht aber im Sinne einer rechtfertigenden Unzumutbarkeit.

An einer von Abtreibungsbefürwortern gerne zitierten Stelle des Urteils ist die Rede von einer Konfliktlage, in der die Entscheidung zum Abbruch der Schwangerschaft den "Rang einer achtenswerten Gewissensentscheidung" haben könne. Dieser im Kontext der übrigen Ausführungen - Vorrang des Lebensrechts des Ungeborenen vor dem Selbstbestimmungsrecht der Schwangeren - zu lesende Satz, bei welchem das Gericht wohl an ganz extreme Fälle gedacht hat, kann nicht so verstanden werden, daß das Anerkennen einer Gewissensentscheidung der letztlich entscheidende Grund für den Rückzug des Strafrechts oder gar für eine Rechtfertigung von Abtreibung sei. Andernfalls wäre eine Indikationenregelung ebensowenig wie eine Fristenregelung begründbar. Denn das Gewissen ließe sich weder an gesetzliche Indikationen noch an Fristen binden. Der Gedanke an eine rechtfertigende Gewissensentscheidung erscheint jedoch abwegig. Weder gibt die Gewissensfreiheit das Recht, einen anderen zu töten, noch ist es denkbar, daß das Gewissen solches gebieten könnte.

Bernward Büchner: Abtreibung. Das Versagen des Rechtsstaates (Auszug aus Politik und Zeitgeschichte. B 14/90, 30. März 1990, SS. 6 - 8).

4.5.2.3 Zu "Staatliche Lebensschutzverweigerung"

"Die Wucht der Emanzipationswelle überspült das wehrlose Leben" (*Rolf Stürner)*. Der Staat entzieht dem ungeborenen menschlichen Leben seinen Schutz und zerstört damit die Grundlagen eines zivilisierten Zusammenlebens, die in der Verfassung erkennbare Wertordnung und das Rechtsbewußtsein. Damit stellt der Staat den Sinn der staatlichen Ordnung und sich selbst in Frage. Das ist ein schwerer Vorwurf, der zu begründen ist.
Vom Lebensrecht der Ungeborenen ist in der Abtreibungsdiskussion erstaunlich wenig die Rede. Selbst das Staatsoberhaupt fällt hier durch eine merkwürdige Zurückhaltung auf. Schließlich geht es weder um einen Juristenstreit noch um einen Parteienstreit, sondern um die Erfüllung einer Staatspflicht gegenüber dem schwächsten Glied unserer Gesellschaft, das die Hilfe aller Verfassungsorgane erwarten darf. Umfassender staatlicher Schutz bedeutet, sich "schützend und fördernd" vor das ungeborene Leben zu stellen. Es geht auch nicht um die Pflicht zur Wahrung der Neutralität. Es ist ein grundlegender Irrtum, die staatliche Verpflichtung zur weltanschaulichen Neutralität mit dem Gebot zu verwechseln, das Vernünftige zu tun. Wenn der Mensch eine zielgerichtete Verfassung besitzt, so muß auch jedes Gesetz auf die Sinngebung des menschlichen Lebens ausgerichtet sein, nicht auf eine Beliebigkeit. "Das Absinken in die Beliebigkeit ist gleichbedeutend mit einem Verlust an Humanität. Und ein sensibles Gewissen ist etwas anderes als Skrupelantentum" (*Robert Spaemann)*. Dieses Absinken in die Beliebigkeit ist auch sozialschädlich, weil es nicht ohne nachteilige Folgen für diejenigen bleibt, die sich immer schon am Gewissen orientiert haben. Nicht die gewissenlosen Kräfte sichern die Humanität, sondern die gewissenhaften. Es ist daher legitim, wenn diese Kräfte, die ständig zur Solidarität mit den Opfern falscher gesetzgeberischer Entscheidungen aufgerufen werden, nunmehr die Berücksichtigung des Gemeinwohls einfordern. Unsere Gesellschaft verteidigt den Tötungsfreiraum, ohne sich zu fragen, ob sich der Zeitgeist nicht dereinst als umfassender Irrtum herausstellt. Die Schattenseite der Bindungslosigkeit eines ausgeprägten

Individualismus spüren die Schwächsten unserer Gesellschaft am stärksten. Das neuentstandene Leben kann keine Rechte erkämpfen und keine Interessengemeinschaft bilden. Die ihm drohenden Gefahren sind kaum wahrnehmbar.
Will man aber Gemeingefahren wirksam bekämpfen, so muß man die Handlungsweisen der Verantwortlichen sinnlich wahrnehmbar machen. Auch die gegenwärtige Regierung reagiert auf den Verlust des moralischen Bewußtseins nicht mit sofortiger Lebenshilfe durch staatliche Kontrolle, sondern mit indirekter Hilfe, als sei das persönliche Gewissen für eine lebensbejahende Entscheidung stets zu finden, als gäbe es kein irrendes Gewissen. Von daher ist schon die zwingende Verpflichtung, eine Beratungsbescheinigung zu erteilen, unhaltbar.
Das Grundgesetz mag nicht in jeder Beziehung erfüllt sein. Wer es aber ändern will, muß es in der rechtlich vorgeschriebenen Weise tun. Bis dahin ist es für jeden verbindlich, in ganz besonderer Weise für unsere Verfassungsorgane. Das Mindeste, was ein Recht zu leisten hat, ist die Gewähr der gegenseitigen Achtung des Lebensrechts. Das kann auch der Nichtchrist durch die Vernunft aufspüren. Es geht also nicht um christlichen Fundamentalismus, sondern um die Legitimation unseres sozialen Rechtsstaates. Er würde sich selbst verleugnen, wenn er bei sozialer Indikation den Schutz des keimenden Lebens verweigert und ihm als "soziale Hilfe" nur einfiele, einfach die Tötung schuldlosen Lebens untätig geschehen zu lassen (*Adolf Arndt*). Der Lebensschutz ist eine Urpflicht, nämlich die Achtung der Würde neu entstandenen Lebens. Daher wird hier nicht über "die Sünde" der Abtreibung diskutiert, sondern über das Unrecht der Tat im Verhältnis zu einem anderen Leben, das als unantastbar behandelt werden muß. Diese Binsenwahrheit wird nur ausgesprochen, weil es in Mode gekommen ist, Tabus zu brechen, ohne sich groß Gedanken darüber zu machen, welche Funktion ein Tabu erfüllt. Die Geschichte lehrt, daß sich Massentötungen nicht ohne ein ideologisches Klima der Tötungsbereitschaft begehen lassen. Leider bestraft man meist nur die Verführten, selten die Ideologen, die das Töten schon vorgedacht haben.
Wenn der Staat aber nicht einmal mehr die Kraft aufbringt, sich über das Sozialverhalten eines Ameisenvolkes zu erheben und das schwächste Glied unserer Gesellschaft völlig der Willkür ausliefert, so hört er auf, Rechtsstaat zu sein. Die Abtreibungsdiskussion wird daher ganz bewußt auch um das Ansehen des Rechtsstaates und der Verfassungsorgane geführt. Sie sind mit dem Vorwurf belastet "Der Staat tötet". Dieser Vorwurf konnte nicht entkräftet werden. Man darf also gegen Verfassungsorgane heute ungestraft den Tötungsvorwurf erheben; sie haben nicht den Hauch einer Erfolgschance, ihre Kritiker rechtlich belangen zu können. Am Pranger stehen die Verfassungsorgane.

1. Rechtsklarheit

Die Bundesregierung hat das Recht der gesetzlichen Krankenversicherung neu geregelt. Im Regierungsentwurf des Gesundheits-Reformgesetzes heißt es zur Begründung: "Um es für den Bürger verständlicher zu machen". Nun ist aber nichts so streitig wie die Regelung über die "Abtreibung auf Krankenschein". Es geht darum, was die Worte "nicht rechtswidriger Schwangerschaftsabbruch" aussagen. Die Praxis setzt die Begriffe "nicht strafbar" in § 218 a StGB mit dem Begriff "nicht rechtswidrig" in der RVO gleich. Nichts hätte bei der enormen

Bedeutung dieser Frage näher gelegen als eine verfassungsrechtliche Klärung und Entscheidung dieser Frage. Aber genau die unterließ der Gesetzgeber. Denn er beließ es bei den Regelungen des geltenden Rechts. Die Verfassungsorgane haben aber die Wertentscheidungen unserer Verfassung politisch durchzusetzen. Ein Rechtsstaat kann daher nicht ohne Selbstwiderspruch zulassen, daß die Gesetze permanent verfassungswidrig ausgelegt werden. Schließlich geht es um die Erfüllung staatlicher Lebensschutzpflicht. Sobald den Verfassungsorganen verfassungsrechtliche Bedenken gegen eine mißbräuchliche Rechtsanwendung bekannt sind, hat der Staat zur Klärung beizutragen. Die Lebensgefahr läßt sich dadurch sofort verringern.
Die derzeit völlig fehlende staatliche Kontrolle ist übrigens nicht naturgegeben. In verfassungswidriger Weise hat der Staat die Entscheidung über Leben und Tod privater Allmacht überantwortet. Die Mißachtungen des Rechts nimmt er hin. Der Staat erfährt sie zwar auch sonst an jedem Tag, ohne daß der Rechtsstaat schon deswegen zugrundegehen muß. Der Untergang ist aber besiegelt, wenn der Staat nicht mehr zwischen Recht und Unrecht zu unterscheiden wagt, schlimmer: selbst Tötungshandlungen als rechtmäßig anerkennt. Und es ist schon Ausdruck böswilliger Unsachlichkeit, den Lebensrechtlern vorzuhalten, sie sollten lieber frauenbegleitende Patenschaften übernehmen, statt juristisch zu diskutieren. Hilfe muß auf dem Boden des Rechts gewährt werden. Darum ist auf die Gefahr für den Rechtsstaat hinzuweisen, wenn der Staat Tötungshandlungen als rechtmäßig ausgibt und fördert. Lebensschützende Hilfe und Recht ergänzen einander.

2. Sofortige Hilfe

Die Lebensgefahr ungeborener Kinder läßt sich nur abwenden, wenn die politischen Kräfte in den Rechtsraum zurückfinden und dadurch zu einer Bewußtseinsänderung beitragen. Unmittelbarer Schutz des Lebens ist wichtigste und erste Hilfe. Kein Beratungsgesetz, keine Familienpolitik können diesen ersten konkreten Lebensschutz ersetzen. So sehr sich die Ungeborenen über mehr Mütterlichkeit freuen würden, so muß ihnen der Staat sofort und unmittelbar dadurch helfen, daß er die Gewährung von Sachleistungen der öffentlichen Hand für Tötungshandlungen unterbindet. Die gegenwärtige Politik der Bewußtseinsänderung erinnert an den Slogan der sozial-liberalen Koalition "Jedes Kind hat ein Recht, erwünscht zu sein". Damit läßt sich die Tötung unerwünschter Kinder nicht rechtfertigen. So notwendig mehr Mütterlichkeit ist, so notwendig ist die Befolgung der ersten Pflicht, sich schützend und fördernd vor jedes konkrete menschliche Leben zu stellen. Die vielbeschworenen flankierenden Maßnahmen gegen die "relative Armut" und die Veränderung der "Lebensperspektiven" der Mutter sind wegen der Vorrangigkeit des elementaren Lebensrechts nur eine Ergänzung des Schutzes, kein Ersatz dafür. Bis die kinderfreundliche Gesellschaft da ist, dürfen die bestehenden Konflikte nicht durch die Tötung des Schwächeren gelöst werden. In der Abtreibungsfrage wird seit fünfzehn Jahren nur über die "bessere" Hilfe für Schwangere nachgedacht, ihr aber unentwegt primär die brutalste angeboten. Die Lebensgefahr am Anfang, größte Menschengefahr überhaupt, duldet keinen methodischen Streit über flankierende Maßnahmen, sondern verlangt sofortige Beseitigung der Gefahren für Mutter und Kind. *Robert Spae-*

mann hat den kritischen Punkt freigelegt: "Öffentlicher Zynismus gegenüber dem menschlichen Leben oder effektiver Schutz desselben." Das ist hier die Frage.

3. Die staatliche Verantwortung

Niemand sieht die Verantwortung des Staates so, daß alles unter Aufgabe der persönlichen Verantwortung auf den Staat delegiert werden darf. Wir dürfen aber vom Staat erwarten, daß er Anwalt des Lebens ist, wenn dieses in Gefahr gerät. Der Bürger darf dafür, daher seine natürlichen Schutzrechte dem Staat überträgt, von diesem erwarten, daß er dafür die äußere und innere Sicherheit garantiert. Allein der Staat hat dazu die Machtmittel. Das nimmt nichts davon zurück, daß auch jeder Bürger persönlich gefordert ist, ungeborenes Leben zu schützen. Denn der Vertrag mit dem Staat läßt sich nur erfüllen, wenn die Menschen ihre Vernunft mit einbringen. Der Staat darf aber nicht zulassen, daß seine Bürger selbsttüchtig und ohne friedfertige Vernunft, sich selbst schädigend, über das Lebensrecht des Ungeborenen verfügen.

Der Begriff "Rechtsstaat" drückt das Verhältnis von Staat und Recht dahin aus, daß das Recht nicht willkürliches Instrument in der Hand des Staates sein darf, sondern eine unabhängige Macht verkörpert. Der Staat ist Träger von Pflichten. Das gilt insbesondere für die Erfüllung der staatlichen Lebensschutzpflicht. Die Möglichkeiten der Politik, diese Pflicht zu erfüllen, sind weitreichend. Niemand erwartet in einer pluralistischen Gesellschaft eine Politik auf der Grundlage des "christlichen Menschenbildes". Jeder darf aber eine verfassungskonforme Politik erwarten. Und hier versagt der Rechtsstaat. Zu vordergründig steckt sich der Staat soziale Federn an den Hut, um glaubhaft erscheinen zu lassen, man sei auf dem richtigen Wege. Ergänzend gefaßte Entschließungen zur Verbesserung des Schutzes ungeborener Kinder und ein Konzept von Maßnahmen sollen beschwichtigend wirken. Und wenn die guten Absichten bereits wieder in Vergessenheit geraten, wird eine neue Entschließung gefaßt. Der Staat räumt dabei selbst ein, daß das geltende Recht bei einer Vielzahl von Fällen nicht den in der Grundentscheidung des Bundesverfassungsgerichts aufgestellten Grundsätzen entspricht. Doch wie wird er seiner Verantwortung gerecht? Es ist eine Illusion zu glauben, der Staat könne die vielfältigen Angebote unseres Wohlfahrtstaates so erweitern, daß die Verwirklichung eines Kinderwunsches ohne jegliche persönliche Einbuße möglich wird, also keine "relative Armut" eintritt. Paradiesische Wünsche muß und kann der Staat nicht erfüllen.

4. Gefahren für die Frau

Wie kann der Staat ernstlich erwarten, die Gesundheit der Frau werden ohne eine umfassende Aufklärung über die ihr drohenden Gefahren geschützt? Der Staat überläßt es privaten Stellen, der Frau die Folgen einer staatlich geförderten Massentötung aufzuzeigen. Dabei wäre es doch am Staat selbst, allen Frauen klarzumachen, daß der "medizinische Fortschritt", einen Embryo kunstvoll und absaugen zu können, mit körperlichen, vor allem aber mit psychischen Spätschäden zu teuer erkauft wird. Denn aus dem objektiv-rechtlichen Gehalt des Artikels 2 Abs. 2 GG folgt die Pflicht staatlicher Organe zum Schutz der Gesundheit. Auch engagierte Kämpferinnen für die Belange der Frau wissen aus sehr intimen Gesprächen, daß der Wahn, eine Notlage durch Töten abwenden zu können, kurz, die Reue aber lang ist. Der Zorn darüber, daß das "Notlagenproblem" unter ganz anderen Vorzeichen in den Zimmern der Psychotherapeuten erneut zur Sprache kommt, entlädt sich in der Forderung an den Gesetzgeber, er möge den Trauerprozeß durch ein verbrieftes "Recht auf Abtreibung" beenden. Die Beratung habe nicht dem Lebensschutz des Kindes zu dienen, sondern der Frau "knallhart" klarzumachen, welche Belastungen mit dem Kind auf sie zukommen und in welcher Weise sie durch das Kind "Verlust an Lust" und eine "Störung der Persönlichkeitsentwicklung" zu erleiden habe. Solche Schlaumeiereien, so möchte man meinen, können natürlich nur diejenigen aushecken, deren Eltern anders dachten. Doch das ist nach *Gerhard Amendt* weit gefehlt. Er kommt in seiner Studie über die Hintergründe der Einstellung zur Abtreibung zu der Erkenntnis: Wer eine straflos gestellte Abtreibung dennoch als Unrecht ansieht, war meist selbst ein unerwünschtes Kind. So einfach ist die verfassungsrechtliche Bewertung von Tötungshandlungen also. Eine allzu bereitwillige Hilfe zur Abtreibung, das lehren die Erfahrungen der Nachbetreuung, verschlimmert das Los der Frau. Denn qualvolle Ängste, Depressionen und sehr oft auch Haß auf diejenigen, die es eigentlich hätten besser wissen müssen, bleiben zurück. Die Aussagen der Therapeuten sind grausame Wirklichkeit. Dennoch wird heute zu 90 % der gewünschten Fälle auf Kosten dieser Gefahren für die Frau abgetrieben. Abtreibenden Ärzten kann man den Vorwurf grob fahrlässigen Handelns nicht ersparen. Denn sie müßten wissen, wie der Gesetzgeber sie mit der Rolle des Richters in die Verantwortung gezogen und überfordert hat. Gegen sein Todesurteil hat der Embryo geringeren Rechtsschutz als jedes warmblütige Tier.

Der Arzt weiß besser als die Schwangere um ihr gesundheitliches Risiko. Wieviel Freiraum gibt ihm aber dennoch die in Fragen der ärztlichen Aufklärungspflicht überaus kleinliche Rechtsprechung. Es ist nicht auszumachen, daß jemals ein Arzt verurteilt worden wäre, weil er die ratsuchende Frau nicht voll über ihr Gesundheitsrisiko aufgeklärt hat. Der Arzt hat aber sonst bei einer fahrlässig herbeigeführten Gesundheitsschädigung hohen Schadensersatz zu zahlen. Dabei ist die Gefahr der Kinderlosigkeit zwar gewiß nicht die größte Gefahr für die Frau. Dennoch: Man gewinnt den Eindruck, Kinderlosigkeit sei nur dann ein Schicksal, wenn zur Beseitigung die modernen Mittel der Fortpflanzungsmedizin eingesetzt werden können, wenn ärztliche Kunst also zur Machbarkeit und Wünschbarkeit beitragen kann. Man muß zur Verdeutlichung des geschützten Gutes nicht an die Peinliche Halsgerichtsordnung erinnern, die ärztlich herbeigeführte Unfruchtbarkeit "mit dem Schwert" ahndete. Aber es wirft doch ein bezeichnendes Licht auf unsere Scheingerechtigkeit, wenn Kinderlosigkeit nur noch durch die Invitro-Fertilisation zum Thema werden kann. Warum spricht man nur in diesem Zusammenhang vom Ausmaß des Glücks und der Einzigartigkeit der Erfahrung, die Kinder schenken können?

Merkwürdig ist auch, daß viele Befürworter des Tötungsfreiraums zwar das Kurpfuscherargument im Munde führen, der Schwangeren aber gleichwohl garantieren wollen, daß sie den Eingriff in einer ambulanten Einrichtung vornehmen lassen kann. Der New Yorker City Health Code erlaubt Abtreibungen nur in solchen Einrichtungen, in denen alle in einem Krankenhaus üblichen Einrichtungen (z.B. Blutbank, Labor, Röntgengerät usw.) vorhanden sind. Maßgebend war die Erkenntnis, daß die Mortalitätsrate in ambulanten Einrichtungen 2,85 mal höher lag als bei den in Krankenhäusern durchgeführten Aborten. Allein schon das Anästhesierisiko ist bei Abtreibungen ungewöhnlich hoch. So gehört z.B. zu den Regeln der ärztlichen Kunst, daß der Anästhesist nicht zugleich Operateur sein darf. Freigabebefürworter können daher kaum für sich in Anspruch nehmen, sie hätten das Gesundheitsinteresse der Schwangeren im Auge.

Karl Lenzen. Staatliche Lebensschutzverweigerung (Auszug, Staatliche Schutzpflicht, Aus Festschrift für Herbert Tröndle zum 70. Geburtstag, Gruyter, Berlin, New York 1989, SS. 730 - 737)

5. Staats- und Rechtswissenschaften

5.1 Zum Menschenverständnis in Grundgesetz und Länderverfassungen

5.1.1 Einleitende und didaktische Hinweise

Das Grundgesetz der Bundesrepublik Deutschland enthält verschiedene Aussagen, aus denen sich teils direkt, teils indirekt inhaltliche Eckwerte für das Menschenverständnis ergeben. Diese Aussagen haben Verfassungsrang, d. h. sie sind für die Gesetzgebung bindend. Gleiches gilt für Aussagen über das Menschenverständnis, sofern solche in Länderverfassungen und Ländergesetzen enthalten sind. Das Grundgesetz formuliert zwar keine ausdrückliche Bestimmung über das Menschenverständnis, von daher sind einschlägige Entscheidungen des Bundesverfassungsgerichtes gleichfalls von Bedeutung. Deshalb werden hier auch einige Auszüge entsprechenden Urteilen des Bundesverfassungsgerichtes eingeblendet. Die zusammengefaßten Textauszüge können, und dies aus Platzgründen, nur eine Auswahl sein. Es werden jeweils Bestimmungen des Grundgesetzes und der Länderverfassungen über Stellenwert und Bedeutung des Menschen eingeblendet. Fehlen in einer Länderverfassung solche Hinweise, so wird dies ausdrücklich erwähnt. Die Texte sind systematisch strukturiert, nämlich

1. Aussagen des Grundgesetzes;
2. einschlägige Entscheidungen des Bundesverfassungsgerichtes;
3. Aussagen von Länderverfassungen.

Zur Erarbeitung von textlichen Übereinstimmungen, Unterschieden, Differenzierungen u. a. werden unter der Ziffer 5.1.1.2 einige exemplarische Impulse bzw. Fragen als Hilfen zur Auseinandersetzung formuliert. Selbstverständlich können diese verschiedentlich ergänzt, detailliert und weitergeführt werden.

Ansätze zur inhaltlichen Auseinandersetzung

- Welche inhaltlichen Eckwerte für das Menschenverständnis ergeben sich aus den eingeblendeten Texten des Grundgesetzes?
- Welche Begründungen für die aufgewiesenen Inhalte des Menschenverständnisses sind besonders aus Art. 1 Abs. 2 den eingespiegelten Textauszügen aus Urteilen des Bundesverfassungsgerichtes zu entnehmen?
- Welche inhaltlichen Verdeutlichungen des Menschenverständnisses sind Ihres Erachtens in den Entscheidungen des Bundesverfassungsgerichtes enthalten?
- Versuchen Sie, gemeinsame Inhaltsschwerpunkte des Menschenverständnisses, wie sie in Länderverfassungen enthalten sind, festzustellen und mit den Inhalten von Artikeln 1 und 2 des Grundgesetzes zu vergleichen.
- Welchen Stellenwert messen Sie den Bestimmungen des Grundgesetzes den Artikeln 19 2. Absatz und 79 3. Absatz zu?
- Werden Ihres Erachtens durch die Bestimmungen des § 218 ff StGB auch oben aufgewiesene Inhalte des Menschenverständnisses berührt oder gar aufgehoben? Begründen Sie Ihre Ergebnisse.
- Was halten Sie von der Unterscheidung "Menschenrechte" (jeder Mensch, jedermann u.a.) und "Bürgerrecht" (jeder Deutsche, alle Deutschen u.a.) im Zusammenhang der neuen Sensibilisierung für das ungeborene menschliche Leben?

5.1.2 Zu einigen thematischen Textauszügen zum Menschenverständnis

5.1.2.1 Zum Grundgesetz der Bundesrepublik Deutschland

PRÄAMBEL
Im Bewußtsein seiner Verantwortung vor Gott und den Menschen, von dem Willen beseelt, seine nationale und staatliche Einheit zu wahren und als gleichberechtigtes Glied in einem vereinten Europa dem Frieden der Welt zu dienen, hat das Deutsche Volk in den Ländern Baden, Bayern, Bremen, Hamburg, Hessen, Niedersachsen, Nordrhein-Westfalen, Rheinland-Pfalz, Schleswig-Holstein, Württemberg-Baden und Württemberg-Hohenzollern, um dem staatlichen Leben für eine Übergangszeit eine neue Ordnung zu geben, kraft seiner verfassunggebenden Gewalt dieses Grundgesetz der Bundesrepublik Deutschland beschlossen. Es hat auch für jene Deutschen gehandelt, denen mitzuwirken versagt war. Das gesamte Deutsche Volk bleibt aufgefordert, in freier Selbstbestimmung die Einheit und Freiheit Deutschlands zu vollenden.

Wortlaut der Präambel nach dem Einigungsvertrag

"Im Bewußtsein seiner Verantwortung vor Gott und den Menschen, von dem Willen beseelt, als gleichberechtigtes Glied in einem vereinten Europa dem Frieden der Welt zu dienen, hat sich das deutsche Volk kraft seiner verfassungsgebenden Gewalt dieses Grundgesetz gegeben.
Die Deutschen in den Ländern Baden-Württemberg, Bayern, Berlin, Brandenburg, Bremen, Hamburg, Hessen, Mecklenburg-Vorpommern, Niedersachsen, Nordrhein-Westfalen, Rheinland-Pfalz, Saarland, Sachsen, Sachsen-Anhalt, Schleswig-Holstein und Thüringen haben in freier Selbstbestimmung die Einheit und Freiheit Deutschlands vollendet. Damit gilt dieses Grundgesetz für das gesamte deutsche Volk".

Artikel 1 (Menschenwürde, Menschenrechte, Bindung an die Grundrechte)
(1) Die Würde des Menschen ist unantastbar. Sie zu achten und zu schützen ist Verpflichtung aller staatlichen Gewalt.
(2) Das Deutsche Volk bekennt sich darum zu unverletzlichen und unveräußerlichen Menschenrechten als Grundlage jeder menschlichen Gemeinschaft, des Friedens und der Gerechtigkeit in der Welt.
(3) Die nachfolgenden Grundrechte binden Gesetzgebung, vollziehende Gewalt und Rechtsprechung als unmittelbar geltende Recht.

Artikel 2 (Entfaltung der Persönlichkeit, körperliche Unversehrtheit und Freiheit der Person)
(1) Jeder hat das Recht auf die freie Entfaltung seiner Persönlichkeit, soweit er nicht die Rechte anderer verletzt und nicht gegen die verfassungsmäßige Ordnung oder das Sittengesetz verstößt.
(2) Jeder hat das Recht auf Leben und körperliche Unversehrtheit. Die Freiheit der Person ist unverletzlich. In diese Rechte darf nur auf Grund eines Gesetzes eingegriffen werden.

Artikel 3 (Allgemeiner Gleichheitsatz, Gleichberechtigung, spezielle Gleichheitssätze)
(1) Alle Menschen sind vor dem Gesetz gleich.
(2) Männer und Frauen sind gleichberechtigt.
(3) Niemand darf wegen seines Geschlechts, seiner Abstammung, seiner Rasse, seiner Sprache, seiner Heimat und Herkunft, seines Glaubens, seiner religiösen oder politischen Anschauung benachteiligt oder bevorzugt werden.

Artikel 4 (Freiheit des Glaubens, des Gewissens und des Bekenntnisses, Kriegsdienstverweigerung)
(1) Die Freiheit des Glaubens, des Gewissens und die Freiheit des religiösen und weltanschaulichen Bekenntnisses sind unverletzlich.
(2) Die ungestörte Religionsausübung wird gewährleistet.
(3) Niemand darf gegen sein Gewissen zum Kriegsdienst mit der Waffe gezwungen werden. Das Nähere regelt ein Bundesgesetz.

Artikel 5 (Freiheit der Meinungsäußerung, der Information, Pressefreiheit, Freiheit der Kunst und Wissenschaft)
(1) Jeder hat das Recht, seine Meinung in Wort, Schrift und Bild frei zu äußern und zu verbreiten und sich aus allgemein zugänglichen Quellen ungehindert zu unterrichten. Die Pressefreiheit und die Freiheit der Berichterstattung durch Rundfunk und Film werden gewährleistet. Eine Zensur findet nicht statt.
(2) Diese Rechte finden ihre Schranken in den Vorschriften der allgemeinen Gesetze, den gesetzlichen Bestimmungen zum Schutze der Jugend und in dem Recht der persönlichen Ehre.
(3) Kunst und Wissenschaft, Forschung und Lehre sind frei. Die Freiheit der Lehre entbindet nicht von der Treue zur Verfassung.

Artikel 19 (Grundrechtseinschränkungen, Garantie des Wesensgehalts, Grundrechtsgeltung für juristische Personen, Rechtsschutzgarantie)
(2) In keinem Falle darf ein Grundrecht in seinem Wesensgehalt angetastet werden.

Artikel 79 (Änderungen des Grundgesetzes, Verbot der Verfassungsdurchbrechung)
(3) Eine Änderung dieses Grundgesetzes, durch welche die Gliederung des Bundes in Länder, die grundsätzliche Mitwirkung der Länder bei der Gesetzgebung oder die in den Artikeln 1 und 20 niedergelegten Grundsätze berührt werden, ist unzulässig.

5.1.2.2 Zu einigen Auszügen aus Urteilen des Bundesverfassungsgerichtes

Entscheidung des Bundesverfassungsgerichtes (Auszug BVerfGE 39, 36-37, 40, 41, 42, 43)
1. Art. 2 Abs. 2 Satz 1 GG schützt auch das sich im Mutterleib entwickelnde Leben als selbständiges Rechtsgut.
a) Die ausdrückliche Aufnahme des an sich selbstverständlichen Rechts auf Leben in das Grundgesetz - anders als etwa in der Weimarer Verfassung erklärt sich

hauptsächlich als Reaktion auf die "Vernichtung lebensunwerten Lebens", auf "Endlösung" und "Liquidierung", die vom nationalsozialistischen Regime als staatliche Maßnahmen durchgeführt wurden. Art. 2 Abs. 2 Satz 1 GG enthält ebenso wie die Abschaffung der Todesstrafe durch Art. 102 GG "ein Bekenntnis zum grundsätzlichen Wert des Menschenlebens und zu einer Staatsauffassung, die sich in betonten Gegensatz zu den Anschauungen eines politischen Regimes stellt, dem das einzelne Leben wenig bedeutete und das deshalb mit dem angemaßten Recht über Leben und Tod des Bürgers schrankenlosen Mißbrauch trieb" (BVerfGE 18, 112 (117)).

b) Bei der Auslegung des Art. 2 Abs. 2 Satz 1 GG ist auszugehen von seinem Wortlaut: "Jeder hat das Recht auf Leben ...". Leben im Sinne der geschichtlichen Existenz eines menschlichen Individuums besteht nach gesicherter biologisch-physiologischer Erkenntnis jedenfalls vom 14. Tage nach der Empfängnis (Nidation, Individuation) an (vgl. hierzu die Ausführungen von Hinrichsen vor dem Sonderausschuß für die Strafrechtsreform, 6. Wp., 74. Sitzung, StenBer. S. 2142 ff.). Der damit begonnene Entwicklungsprozeß ist ein kontinuierlicher Vorgang, der keine scharfen Einschnitte aufweist und eine genaue Abgrenzung der verschiedenen Entwicklungsstufen des menschlichen Lebens nicht zuläßt. Er ist auch nicht mit der Geburt beendet; die für die menschliche Persönlichkeit spezifischen Bewußtseinsphänomene z.B. treten erst längere Zeit nach der Geburt auf. Deshalb kann der Schutz des Art. 2 Abs. 2 Satz 1 GG weder auf den "fertigen" Menschen nach der Geburt noch auf den selbständig lebensfähigen nasciturus beschränkt werden. Das Recht auf Leben wird jedem gewährleistet, der "lebt"; zwischen einzelnen Abschnitten des sich entwickelnden Lebens vor der Geburt oder zwischen ungeborenem und geborenem Leben kann hier kein Unterschied gemacht werden. "Jeder im Sinne des Art. 2 Abs. 2 Satz 1 GG ist "jeder Lebende", anders ausgedrückt: jedes Leben besitzende menschliche Individuum; "jeder" ist daher auch das noch ungeborene menschliche Wesen. (...)
Die Entstehungsgeschichte des Art. 2 Abs. 2 Satz 1 GG legt es somit nahe, daß die Formulierung "jeder hat das Recht auf Leben" auch das "keimende" Leben einschließen sollte. Jedenfalls kann aus den Materialien noch weniger für die gegenteilige Ansicht abgeleitet werden. Andererseits ergibt sich aus ihr kein Anhaltspunkt für die Beantwortung der Frage, ob das ungeborene Leben strafrechtlich geschützt werden muß. (...)

... die Pflicht des Staates, jedes menschliche Leben zu schützen, läßt sich deshalb bereits unmittelbar aus Art. 2 Abs. 2 Satz 1 GG ableiten. Sie ergibt sich darüber hinaus auch aus der ausdrücklichen Vorschrift des Art. 1 Abs. 1 Satz 2 GG; denn das sich entwickelnde Leben nimmt auch an dem Schutz teil, den Art. 1 Abs. 1 GG der Menschenwürde gewährt. Wo menschliches Leben existiert, kommt ihm Menschenwürde zu; es ist nicht entscheidend, ob der Träger sich dieser Würde bewußt ist und sie selbst zu wahren weiß. Die von Anfang an im menschlichen Sein angelegten potentiellen Fähigkeiten genügen, um die Menschenwürde zu begründen. (...)

1. Die Schutzpflicht des Staates ist umfassend. Sie verbietet nicht nur - selbstverständlich - unmittelbare staatliche Eingriffe in das sich entwickelnde Leben, son-

dern gebietet dem Staat auch, sich schützend und fördernd vor dieses Leben zu stellen, das heißt vor allem, es auch vor rechtswidrigen Eingriffen von Seiten anderer zu bewahren. An diesem Gebot haben sich die einzelnen Bereiche der Rechtsordnung, je nach ihrer besonderen Aufgabenstellung, auszurichten. Die Schutzverpflichtung des Staates muß um so ernster genommen werden, je höher der Rang des in Frage stehenden Rechtsgutes innerhalb der Wertordnung des Grundgesetzes anzusetzen ist. Das menschliche Leben stellt, wie nicht näher begründet werden muß, innerhalb der grundgesetzlichen Ordnung einen Höchstwert dar; es ist die vitale Basis der Menschenwürde und die Voraussetzung aller anderen Grundrechte.

2. Die Verpflichtung des Staates, das sich entwickelnde Leben in Schutz zu nehmen, besteht grundsätzlich auch gegenüber der Mutter. Unzweifelhaft begründet die natürliche Verbindung des ungeborenen Lebens mit dem der Mutter eine besonders geartete Beziehung, für die es in anderen Lebenssachverhalten keine Parallele gibt. Die Schwangerschaft gehört zur Intimsphäre der Frau, deren Schutz durch Art. 2 Abs. 1 in Verbindung mit Art. 1 Abs. 1 GG verfassungsrechtlich verbürgt ist. Wäre der Embryo nur als Teil des mütterlichen Organismus anzusehen, so würde auch der Schwangerschaftsabbruch in dem Bereich privater Lebensgestaltung verbleiben, in den einzudringen dem Gesetzgeber verwehrt ist (BVerfGE 6,32 (41); 6, 389 (433); 27, 344 (350); 32, 373 (379). Da indessen der nasciturus ein selbständiges menschliches Wesen ist, das unter dem Schutz der Verfassung steht, kommt dem Schwangerschaftsabbruch eine soziale Dimension zu, die ihn der Regelung durch den Staat zugänglich und bedürftig macht.
Das Recht der Frau auf freie Entfaltung ihrer Persönlichkeit, welches die Handlungsfreiheit im umfassenden Sinn zum Inhalt hat und damit auch die Selbstverantwortung der Frau umfaßt, sich eine Elternschaft und die daraus folgenden Pflichten zu entscheiden, kann zwar ebenfalls Anerkennung und Schutz beanspruchen. Dieses Recht ist aber nicht uneingeschränkt gewährt - die Rechte anderer, die verfassungsmäßige Ordnung, das Sittengesetz begrenzen es. Von vornherein kann es niemals die Befugnis umfassen, in die geschützte Rechtssphäre eines anderen ohne rechtfertigenden Grund einzugreifen oder sie gar mit dem Leben selbst zu zerstören, am wenigsten dann, wenn nach der Natur der Sache eine besondere Verantwortung gerade für dieses Leben besteht. Ein Ausgleich, der sowohl den Lebensschutz des nasciturus gewährleistet als auch der Schwangeren die Freiheit des Schwangerschaftsabbruchs beläßt, ist nicht möglich, da Schwangerschaftsabbruch immer Vernichtung des ungeborenen Lebens bedeutet. Bei der deshalb erforderlichen Abwägung "sind beide Verfassungswerte in ihrer Beziehung zur Menschenwürde als dem Mittelpunkt des Wertsystems der Verfassung zu sehen" (BVerfGE 35, 202 (225). Bei einer Orientierung an Art. 1 Abs. 1 GG muß die Entscheidung zugunsten des Vorrangs des Lebensschutzes für die Leibesfrucht vor dem Selbstbestimmungsrecht der Schwangeren fallen.

5.1.2.3 Zu einigen Auszügen aus Länderverfassungen

5.1.2.3.1 Zur Landesverfassung von Baden-Württemberg

Verfassung des Landes Baden-Württemberg vom 11. November 1953 (Gesetzblatt S. 173) geändert durch Gesetz vom 6. Februar 1979 (GBI. S. 176)

Artikel 1
(1) Der Mensch ist berufen, in der ihn umgebenden Gemeinschaft seine Gaben in Freiheit und in der Erfüllung des christlichen Sittengesetzes zu seinem und der anderen Wohl zu entfalten.
(2) Der Staat hat die Aufgabe, den Menschen hierbei zu dienen. Er faßt die in seinem Gebiet lebenden Menschen zu einem geordneten Gemeinwesen zusammen, gewährt ihnen Schutz und Förderung und bewirkt durch Gesetz und Gebot einen Ausgleich der wechselseitigen Rechte und Plichten.

Artikel 2
(1) Die im Grundgesetz für die Bundesrepublik Deutschland vom 23. Mai 1949 festgelegten Grundrechte und staatsbürgerlichen Rechte sind Bestandteil dieser Verfassung und unmittelbar geltendes Recht.
(2) Das Volk von Baden-Württemberg bekennt sich darüber hinaus zu dem unveräußerlichen Menschenrecht auf die Heimat.

Artikel 3
(1) Die Sonntage und die staatlich anerkannten Feiertage stehen als Tage der Arbeitsruhe und der Erhebung unter Rechtsschutz. Die staatlich anerkannten Feiertage werden durch Gesetz bestimmt. Hierbei ist die christliche Überlieferung zu wahren.
(2) Der 1. Mai ist gesetzlicher Feiertag. Er gilt dem Bekenntnis zu sozialer Gerechtigkeit, Frieden, Freiheit und Völkerverständigung.

5.1.2.3.2 Zur Landesverfassung des Freistaates Bayern

(Verfassung des Freistaates Bayern vom 2. Dezember 1946 Stand 1. Mai 1983)

Artikel 99
Die Verfassung dient dem Schutz und dem geistigen und leiblichen Wohl aller Einwohner. Ihr Schutz gegen Angriffe von außen ist gewährleistet durch das Völkerrecht, nach innen durch die Gesetze, die Rechtspflege und die Polizei.
Art. 99 hat vor allem programmatische Bedeutung.

Artikel 100
Die Würde der menschlichen Persönlichkeit ist in Gesetzgebung, Verwaltung und Rechtspflege zu achten.
Gilt neben Art. 1 Abs. 1 GG weiter (Art. 142 GG, Rechtsprechung des Bayer. VerfGH).

Artikel 101
Jedermann hat die Freiheit, innerhalb der Schranken der Gesetze und der guten Sitten alles zu tun, was anderen nicht schadet.
Gilt neben Art. 2 Abs. 1 GG weiter (Art. 142 GG, Rechtsprechung des Bayer. VerfGH); "Gesetz" ist hier alles, was Rechtsnormcharakter besitzt, also neben den Gesetzen im formellen Sinn auch Rechtsverordnungen, Verordnungen u. Satzungen der Kommunen u. anderen Körperschaften d. öff. Rechts.

Artikel 102
(1) Die Freiheit der Person ist unverletzlich.

Artikel 107
(1) Die Glaubens- und Gewissensfreiheit ist gewährleistet.
(2) Die ungestörte Religionsausübung steht unter staatlichem Schutz.

Artikel 110
(1) Jeder Bewohner Bayerns hat das Recht, seine Meinung durch Wort, Schrift, Druck, Bild oder in sonstiger Weise frei zu äußern. An diesem Recht darf ihn kein Arbeits- und Anstellungsvertrag hindern und niemand darf ihn benachteiligen, wenn er von diesem Recht Gebrauch macht.
(2) Die Bekämpfung von Schmutz und Schund ist Aufgabe des Staates und der Gemeinden.

5.1.2.3.3 Zur Landesverfassung von Berlin

(vom 1. September 1950 (VOBl.I S. 433) Stand Februar 1982

Artikel 6
(1) Alle Männer und Frauen sind vor dem Gesetz gleich. Sie haben das Recht auf gleiche wirtschaftliche, soziale und geistige Entwicklungsmöglichkeiten.
(2) Die Frau ist auf allen Gebieten des staatlichen, wirtschaftlichen und sozialen Lebens dem Manne gleichgestellt.

Artikel 8
(19 Jedermann hat das Recht, innerhalb der Gesetze seine Meinung frei und öffentlich zu äußern, solange er die durch die Verfassung gewährleistete Freiheit nicht bedroht oder verletzt.
(2) Jedermann hat das Recht, sich über die Meinung anderer, insbesondere auch anderer Völker, durch die Presse oder Nachrichtenmittel aller Art zu unterrichten.
(3) Eine Zensur ist nicht statthaft.

Artikel 9
(1) Die Freiheit der Person ist unverletzlich. Niemand darf seinem gesetzlichen Richter entzogen werden.

Artikel 20
(1) Die ungestörte Religionsausübung ist gewährleistet.

Artikel 23
(1) Die durch die Verfassung gewährleisteten Grundrechte sind für Gesetzgebung, Verwaltung und Rechtsprechung verbindlich.
(2) Einschränkungen der Grundrechte sind durch Gesetz nur insoweit zulässig, als sie nicht den Grundgedanken dieser Rechte verletzen.
(3) Werden die in der Verfassung festgelegten Grundrechte offensichtlich verletzt, ist jedermann zum Widerstand berechtigt.

5.1.2.3.4 Zur Landesverfassung von Bremen

(Landesverfassung der Freien Hansestadt Bremen vom 21. Oktober 1947 (Brem Gel.-Bl.S. 251) Ausgabe 1979)

Art. 1. (Schutz der Menschenwürde)
(1) Die Würde des Menschen ist unantastbar. Sie zu achten und zu schützen ist Verpflichtung aller staatlichen Gewalt.
(2) Das Deutsche Volk bekennt sich darum zu unverletzlichen und unveräußerlichen Menschenrechten als Grundlage jeder menschlichen Gemeinschaft, des Friedens und der Gerechtigkeit in der Welt.
(3) Die nachfolgenden Grundrechte binden Gesetzgebung, vollziehende Gewalt und Rechtsprechung als unmittelbar geltendes Recht.

Art. 2. (Freiheitsrechte)
(1) Jeder hat das Recht auf die freie Entfaltung seiner Persönlichkeit, soweit er nicht die Rechte anderer verletzt und nicht gegen die verfassungsmäßige Ordnung oder das Sittengesetz verstößt.
(2) Jeder hat das Recht auf Leben und körperliche Unversehrtheit. Die Freiheit der Person ist unverletzlich. In diese Rechte darf nur auf Grund eines Gesetzes eingegriffen werden.

Art. 3. (Gleichheit vor dem Gesetz)
(1) Alle Menschen sind vor dem Gesetz gleich.
(2) Männer und Frauen sind gleichberechtigt.
(3) Niemand darf wegen seines Geschlechtes, seiner Abstammung, seiner Rasse, seiner Sprache, seiner Heimat und Herkunft, seines Glaubens, seiner religiösen oder politischen Anschauungen benachteiligt oder bevorzugt werden.

Art. 4. (Glaubens- und Bekenntnisfreiheit)
(1) Die Freiheit des Glaubens, des Gewissens und die Freiheit des religiösen und weltanschaulichen Bekenntnisses sind unverletzlich.
(2) Die ungestörte Religionsausübung wird gewährleistet.
(3) Niemand darf gegen sein Gewissen zum Kriegsdienst mit der Waffe gezwungen werden. Das Nähere regelt ein Bundesgesetz.

Art. 5. (Meinungs- und Pressefreiheit; Freiheit der Kunst und der Wissenschaft)
(1) Jeder hat das Recht, seine Meinung in Wort, Schrift und Bild frei zu äußern und zu verbreiten und sich aus allgemein zugänglichen Quellen ungehindert zu

unterrichten. Die Pressefreiheit und die Freiheit der Berichterstattung durch Rundfunk und Film werden gewährleistet. Eine Zensur findet nicht statt.
(2) Diese Rechte finden ihre Schranken in den Vorschriften der allgemeinen Gesetze, den gesetzlichen Bestimmungen zum Schutze der Jugend und in dem Recht der persönlichen Ehre.

Art. 12. (Freiheit der Berufswahl)
(1) Alle Deutschen haben das Recht, Beruf, Arbeitsplatz und Ausbildungsstätte frei zu wählen. Die Berufsausübung kann durch Gesetz oder auf Grund eines Gesetzes geregelt werden.
(2) Niemand darf zu einer bestimmten Arbeit gezwungen werden, außer im Rahmen einer herkömmlichen allgemeinen, für alle gleichen öffentlichen Dienstleistungsplicht.

Art. 15. (Sozialisierung)
Grund und Boden, Naturschätze und Produktionsmittel können zum Zwecke der Vergesellschaftung durch ein Gesetz, das Art und Ausmaß der Entschädigung regelt, in Gemeineigentum oder in andere Formen der Gemeinwirtschaft überführt werden.

5.1.2.3.5 Zur Verfassung der Freien und Hansestadt Hamburg

(vom 6. Juni 1952 Stand 1978. Keine Aussagen über das Menschenverständnis)

5.1.2.3.6 Zur Verfassung des Landes Hessen

(vom 11. Dezember 1946, durch Gesetz vom 22. Juli 1950 wurden die Artikel 73 und 75 der Verfassung geändert.)

Artikel 1
Alle Menschen sind vor dem Gesetz gleich, ohne Unterschied des Geschlechts, der Rasse, der Herkunft, der religiösen und der politischen Überzeugung.

Artikel 2
(1) Der Mensch ist frei. Er darf tun und lassen, was die Rechte anderer nicht verletzt oder die verfassungsmäßige Ordnung des Gemeinwesen nicht beeinträchtigt.
(2) Niemand kann zu einer Handlung, Unterlassung oder Duldung gezwungen werden, wenn nicht ein Gesetz oder eine auf Gesetz beruhende Bestimmung es verlangt oder zuläßt.
(3) Glaubt jemand, durch die öffentliche Gewalt in seinen Rechten verletzt zu sein, so steht ihm der Rechtsweg offen.

Artikel 3
Leben und Gesundheit, Ehre und Würde des Menschen sind unantastbar.

Artikel 5
Die Freiheit der Person ist unantastbar.

Artikel 9
Glauben, Gewissen und Überzeugung sind frei.
Artikel 11
(1) Jedermann hat das Recht, seine Meinung frei und öffentlich zu äußern. Dieses Recht darf auch durch ein Dienstverhältnis nicht beschränkt werden, und niemand darf ein Nachteil widerfahren, wenn er es ausübt. Nur wenn die vereinbarte Tätigkeit einer bestimmten politischen, religiösen oder weltanschaulichen Richtung dienen soll, kann, falls ein Beteiligter davon abweicht, das Dienstverhältnis gelöst werden.
(2) Pressezensur ist unstatthaft.
Artikel 17
(1) Auf das Recht der freien Meinungsäußerung, der Versammlungs- und Vereinsfreiheit sowie auf das Recht der Verbreitung wissenschaftlicher oder künstlerischer Werke kann sich nicht berufen, wer den verfassungsmäßigen Zustand angreift oder gefährdet.
Artikel 27
Die Sozial- und Wirtschaftsordnung beruht auf der Anerkennung der Würde und der Persönlichkeit des Menschen.

5.1.2.3.7 Zur Landesverfassung von Niedersachsen

(Vorläufige Niedersächsische Verfassung vom 13. April 1951 (Nieders. GVBI. Sb I S.5) Fassung vom 28. März 1972. Keine Aussagen über das Menschenverständnis).

5.1.2.3.8 Zur Landesverfassung von Nordrhein-Westfalen

(Verfassung für das Land Nordrhein-Westfalen vom 28. Juni 1950 Fassung vom 19.12.1978)
Artikel 4
1. Die im Grundgesetz für die Bundesrepublik Deutschland in der Fassung vom 23. Mai 1949 festgelegten Grundrechte und staatsbürgerlichen Rechte sind Bestandteil dieser Verfassung und unmittelbar geltendes Landesrecht.
2. Jeder hat Anspruch auf Schutz seiner personenbezogenen Daten. Eingriffe sind nur in überwiegendem Interesse der Allgemeinheit auf Grund eines Gesetzes zulässig.

5.1.2.3.9 Zur Landesverfassung von Rheinland-Pfalz

(Landesverfassung für Rheinland-Pfalz vom 18. Mai 1947 (VOBI. S. 209) Fassung vom 23.02.1979)
Artikel 1 (Menschenwürde, Rechtsverbindlichkeit der Grundrechte)
(1) Die Würde des Menschen ist unantastbar. Sie zu achten und zu schützen ist Verpflichtung aller staatlichen Gewalt.
(2) Das deutsche Volk bekennt sich darum zu unverletzlichen und unveräußerlichen Menschenrechten als Grundlage jeder menschlichen Gemeinschaft, des Friedens und der Gerechtigkeit in der Welt.

(3) Die nachfolgenden Grundrechte binden Gesetzgebung, vollziehende Gewalt und Rechtsprechung als unmittelbar geltendes Recht.

Artikel 3 (Gleichheit vor dem Gesetz)

(1) Alle Menschen sind vor dem Gesetz gleich.

(2) Männer und Frauen sind gleichberechtigt.

(3) Niemand darf wegen seines Geschlechtes, seiner Abstammung, seiner Rasse, seiner Sprache, seiner Heimat und Herkunft, seines Glaubens, seiner religiösen oder politischen Anschauungen benachteiligt oder bevorzugt werden.

Artikel 5 (Freiheit der Meinungsäußerung, Freiheit von Kunst, Wissenschaft und Lehre)

(1) Jeder hat das Recht, seine Meinung in Wort, Schrift und Bild frei zu äußern und zu verbreiten und sich aus allgemein zugänglichen Quellen ungehindert zu unterrichten. Die Pressefreiheit und die Freiheit der Berichterstattung durch Rundfunk und Film werden gewährleistet. Eine Zensur findet nicht statt.

Artikel 8 (Versammlungsfreiheit)

(1) Alle Deutschen haben das Recht, sich ohne Anmeldung oder Erlaubnis friedlich und ohne Waffen zu versammeln.

(2) Für Versammlungen unter freiem Himmel kann dieses Recht durch Gesetz oder auf Grund eines Gesetzes beschränkt werden.

Artikel 17 (Petitionsrecht)

Jedermann hat das Recht, sich einzeln oder in Gemeinschaft mit anderen schriftlich mit Bitten oder Beschwerden an die zuständigen Stellen und an die Volksvertretung zu wenden.

5.1.2.3.10 Zur Landesverfassung des Saarlandes

(Verfassung des Saarlandes in der Fassung vom 6. November 1974)

Artikel 1

Jeder Mensch hat das Recht, als Einzelperson geachtet zu werden. Sein Recht auf Leben, auf Freiheit und auf Anerkennung der Menschenwürde bestimmt, in den Grenzen des Gesamtwohles, die Ordnung der Gemeinschaft.

Artikel 3

Die Freiheit der Person ist unantastbar. Nur durch Gesetz kann sie eingeschränkt werden.

Artikel 4

Glauben, Gewissen und Überzeugung sind frei.

Die bürgerlichen und staatsbürgerlichen Rechte und Pflichten werden dadurch weder bedingt noch beschränkt.

Artikel 5

Jedermann hat das Recht, innerhalb der Schranken der Gesetze seine Meinung durch Wort, Schrift, Druck, Bild oder in sonstiger Weise frei zu äußern. Die Kunst, die Wissenschaft und ihre Lehre sind frei.

Eine Zensur findet nicht statt.

Beschränkungen sind nur im Rahmen der Gesetze gestattet.

Artikel 10

Auf das Recht der freien Meinungsäußerung, der Versammlungs- und Vereinsfreiheit sowie auf das Recht der Verbreitung wissenschaftlicher oder künstlerischer Werke kann sich nichts berufen, wer die freiheitliche demokratische Grundordnung angreift oder gefährdet.

Artikel 12
Alle Menschen ohne Unterschied des Geschlechts, der Rasse, der Herkunft, der religiösen und der politischen Überzeugung sind vor dem Gesetz gleich. Männer und Frauen sind gleichberechtigt.

5.1.2.3.11 Zur Landesverfassung von Schleswig-Holstein

Die Landessatzung für Schleswig-Holstein vom 13. Dezember 1949 unter Berücksichtigung der Änderungen bis zum 24. Februar 1983 enthält keine Aussagen über das Menschenverständnis.

5.2 Zum Grundwert Ehe im Grundgesetz und Länderverfassungen

5.2.1 Einleitende und didaktische Hinweise

"Ehe" ist ebenso wie "Familie" im Grundgesetz der Bundesrepublik Deutschland im Grundrechtskatalog als Menschenrecht festgeschrieben. Die Rechtseinrichtung "Ehe" ist damit nicht nur ein Recht der Deutschen, sondern der in diesem Grundrecht enthaltene Schutz vor Eingriffen des Staates betrifft ebenso die "Ehe" von Ausländern. Die Bestimmung des Grundgesetzes ist nach der Entscheidung des Bundesverfassungsgerichtes eine "wertentscheidende Grundsatznorm". Sie bezieht sich auf das gesamte Eherecht. Zudem sind wiederum die Bestimmungen des Grundgesetzes Artikel 19, 2. Absatz zwingend (vgl. oben 5.1.2). Zur Verdeutlichung des Verständnisses und konsequent des Stellenwertes und der Bedeutung von Ehe werden in diese Textsammlung wiederum Auszüge einschlägiger Entscheidungen des Bundesverfassungsgerichtes aufgenommen. Für Länderverfassungen gelten wie allgemein auch diese Bestimmungen des Grundgesetzes. Die relevanten Entscheidungen des Bundesverfassungsgerichtes sind ebenfalls für Ländergesetzgebung, vollziehende Gewalt und Rechtsprechung bindend (Grundgesetz Artikel 1, 3. Absatz). In Analogie zur Struktur der in der Ziffer 5.1.2 zum Menschenverständnis versammelten Aussagen werden hier teils als ergänzende Information, teils aus Gründen zum Vergleich und zur analytischen Prüfung und Auseinandersetzung ebenfalls Bestimmungen über "Ehe" aus Länderverfassungen eingeblendet.

Impulse zur inhaltlichen Auseinandersetzung

- Was entnehmen Sie der Formulierung, daß die "Ehe" "unter dem besonderen Schutze der staatlichen Ordnung" steht? Versuchen Sie, daraus die Funktion politischer Gewalt hinsichtlich der Stiftung von "Ehe" zu bewerten.
- Welche Bedeutung messen Sie der Bestimmung von "Ehe" als Menschenrecht für das Ausländerrecht bei?
- Vergleichen Sie die Bestimmungen von Länderverfassungen über "Ehe" mit denen des Grundgesetzes.
- Nennen Sie Beispiele aus Ihrem Erfahrungsbereich, die den "besonderen Schutz" von Ehe durch die staatliche Ordnung konkret belegen. Können Sie auch gegenteilige Beispiele aufweisen?
- Welche Konsequenzen ergeben sich Ihres Erachtens für die politische Gewalt aus den eingeblendeten Textauszügen für das Zusammenleben von Mann und Frau ohne Ehe (Lebensgemeinschaften? Ehe auf Probe? u.a.)?
- Wird in den Verfassungstexten Ehe als Basis für Familie oder Familie als Basis für Ehe eingeordnet?

5.2.2 Zu einigen relevanten Textauszügen

5.2.2.1 Zum Grundgesetz der Bundesrepublik Deutschland

Ehe und Familie, Erziehungsrechte der Eltern
Artikel 6
(1) Ehe und Familie stehen unter dem besonderen Schutz der staatlichen Ordnung.

5.2.2.2 Zu Auszügen aus Entscheidungen des Bundesverfassungsgerichtes

5.2.2.2.1 Zu einigen Entscheidungen des Bundesverfassungsgerichts

(6,55,71 f.,76 v. 17.01.1957)

Art. 6 Abs. 1 GG ist nicht nur ein "klassisches Grundrecht" zum Schutze der spezifischen Privatsphäre von Ehe und Familie sowie Institutsgarantie, sondern darüber hinaus zugleich eine Grundsatznorm, das heißt eine verbindliche Werteentscheidung für den gesamten Bereich des Ehe und Familie betreffenden privaten und öffentlichen Rechts (...)
Art. 6 Abs. 1 GG ist eine wertentscheidende Grundsatznorm. Er stellt Ehe und Familie als die Keimzelle jeder menschlichen Gemeinschaft, deren Bedeutung mit keiner anderen menschlichen Bindung verglichen werden kann, unter den besonderen Schutz der staatlichen Ordnung.
Es handelt sich dabei zunächst um eine Bestimmung im Sinne der klassischen Grundrechte, die angesichts der Erfahrungen in der Zeit der nationalsozialistischen Herrschaft dem Schutz der spezifischen Privatsphäre von Ehe und Familie vor äußerem Zwang durch den Staat dienen soll. In Abkehr von der Allstaatlichkeit des Nationalsozialismus bekennt sich das Grundgesetz auch für diesen Lebensbereich zur Eigenständigkeit und Selbstverantwortlichkeit des Menschen.
Unbestritten umschließt das verfassungsrechtliche Bekenntnis zu Ehe und Familie zugleich die Gewährleistung beider Lebensordnungen, enthält also eine sogenannte Instituts- oder Einrichtungsgarantie. In dieser Eigenschaft sichert er Ehe und Familie lediglich in ihrer wesentlichen Struktur, so daß insoweit seine juristische Wirkungskraft in der Rechtswirklichkeit nur darin besteht, einen Normenkern des Ehe- und Familienrechts verfassungsrechtlich zu gewährleisten. Die rechtliche Wirkung des Art. 6 Abs. 1 GG erschöpft sich jedoch nicht in diesen Funktionen. wie eine ganze Reihe von Verfassungsnormen - insbesondere solche, die das Verhältnis des Bürgers zum Staat bestimmen oder das Gemeinschaftsleben regeln - erfüllt Art. 6 Abs. 1 GG mehrere Funktionen, die miteinander verbunden sind und ineinander übergehen. Aufgabe der Verfassungsrechtsprechung ist es, die verschiedenen Funktionen einer Verfassungsnorm, insbesondere eines Grundrechts, zu erschließen. Dabei ist derjenigen Auslegung der Vorzug zu geben, "die die juristische Wirkungskraft der betreffenden Norm am stärksten entfaltet" (Thoma).
Eine Interpretation von Art. 6 Abs. 1 GG nach diesem Prinzip zeigt, daß er nicht nur ein Bekenntnis enthält und als Institutsgarantie wirkt, sondern darüber hinaus

zugleich eine Grundsatznorm darstellt, das heißt eine verbindliche Wertentscheidung für den gesamten Bereich des Ehe und Familie betreffenden privaten und öffentlichen Rechts.
"Art. 6 Abs. 1 GG gebietet nach seinem Wortlaut schlechthin den besonderen Schutz von Ehe und Familie durch die staatliche Ordnung. Schon diese weite Formulierung kennzeichnet die Bestimmung eindeutig - auch - als Grundsatznorm für das gesamte, Ehe und Familie betreffende Recht. Nur diese Deutung wird auch dem leitenden Prinzip des sozialen Rechtsstaates und der Einordnung der Norm in den Grundrechtsteil der Verfassung gerecht." (...)
"Aus (dieser) Funktion des Art. 6 Abs. 1 GG als einer wertentscheidenden Grundsatznorm ergeben sich die rechtlichen Grenzen für die Freiheit des gesetzgeberischen Ermessens. Wie jede Verfassungsnorm ist Art. 6 Abs. 1 GG nur insoweit den Gesetzgeber aktuell bindendes Recht, als seine Fassung bestimmt genug ist, eine Norm niederen Ranges daran zu messen. Hier ergibt sich das Maß der Bestimmtheit aus dem Begriff des "Schützens"; er bedeutet seinem Wortsinn nach die Förderung des Schutzgutes, die Abwehr von Störungen oder Schädigungen und vor allem den Verzicht des Staates auf eigene störende Eingriffe. Der in Art. 6 Abs. 1 GG statuierte besondere Schutz der staatlichen Ordnung für Ehe und Familie umschließt hiernach zweierlei: *positiv* die Aufgabe für den Staat, Ehe und Familie nicht nur vor Beeinträchtigungen durch andere Kräfte zu bewahren, sondern auch durch geeignete Maßnahmen zu fördern, *negativ* das Verbot für den Staat selbst, die Ehe zu schädigen oder sonst zu beeinträchtigen"...

5.2.2.2.2 Zu Kommentaren über einschlägige Entscheidungen des Grundgesetzes

(Zusammenfassende Hinweise von einschlägigen Entscheidungen nach Maunz-Dürig, Kommentar zum Grundgesetz (Zu Art. 65 Ziff. 15, 15 a)

"Ehe" als Gegenstand des staatlichen Schutzes (Abs. 1) ist die grundsätzlich lebenslange Verbindung eines Mannes mit einer Frau zur Lebensgemeinschaft. Voraussetzung ist die Eheschließung. Über Art und Form der Eheschließung entscheidet der staatliche Gesetzgeber (näheres s. Ehegesetz vom 20.2.1946, zuletzt geändert durch Ges. vom 2.7.1976, BGBI. IS. 1749). Lebensgemeinschaften ohne Eheschließung werden zwar durch Abs. 1 nicht verboten. Die sogenannte "nichteheliche Lebensgemeinschaft" steht aber nicht unter dem Schutz des Grundgesetzes. Da die an einer solchen Gemeinschaft beteiligten Personen die Ehe als Lebensform ablehnen und sich für die Gegenform entscheiden, empfiehlt es sich nicht, von einer "eheähnlichen Gemeinschaft", zu sprechen; ihre Gemeinschaft will selbst gerade nicht "eheähnlich" sein. Wortlaut und Normzweck des Abs. 1 besagen eindeutig, daß die eheliche Lebensgemeinschaft, nicht aber ihre Gegenform, geschützt wird. Die nichteheliche Lebensgemeinschaft ist im Grundgesetz weder unmittelbar noch mittelbar angesprochen. Man kann daraus nur folgern, daß sie des verfassungsrechtlichen Schutzes nicht teilhaftig ist. Auch eine rechtliche Gleichbehandlung ergibt sich aus dem Grundgesetz nicht. Bei Ungleichheit der Sachverhalte gilt der Grundsatz: Ungleiches ist je nach seiner Eigenart zu behandeln. Daraus kann anderseits nicht gefolgert werden, daß die nichteheliche Lebensgemeinschaft in irgendeiner Hinsicht gegenüber der Ehe bevorzugt werden dürfte; sonst verlöre der "besondere Schutz" des Abs. 1 seinen Sinn."

5.2.2.3 Zu relevanten Auszügen aus Länderverfassungen

5.2.2.3.1 Zur Landesverfassung von Baden-Württemberg

Artikel 2
(1) Die im Grundgesetz für die Bundesrepublik Deutschland vom 23. Mai 1949 festgelegten Grundrechte und staatsbürgerlichen Rechte sind Bestandteil dieser Verfassung und unmittelbar geltendes Recht.
(2) Das Volk von Baden-Württemberg bekennt sich darüber hinaus zu dem unveräußerlichen Menschenrecht auf die Heimat.

5.2.2.3.2 Zur Landesverfassung von Bayern

Artikel 124
(1) Ehe und Familie sind die natürliche und sittliche Grundlage der menschlichen Gemeinschaft und stehen unter dem besonderen Schutz des Staates.
(2) Mann und Frau haben in der Ehe grundsätzlich die gleichen bürgerlichen Rechte und Pflichten. *(Absatz 1 gilt auf Grund Art. 142 GG)*

Artikel 142
Ungeachtet der Vorschrift des Artikels 31 bleiben Bestimmungen der Landesverfassungen auch insoweit in Kraft, als sie in Übereinstimmung mit den Artikeln 1 bis 18 dieses Grundgesetzes Grundrechte gewährleisten.

5.2.2.3.3 Zur Landesverfassung von Berlin

Artikel 23
(1) Die durch die Verfassung gewährleisteten Grundrechte sind für Gesetzgebung, Verwaltung und Rechtsprechung verbindlich.
(2) Einschränkungen der Grundrechte sind durch Gesetz nur insoweit zulässig, als sie nicht den Grundgedanken dieser Rechte verletzen.
(3) Werden die in der Verfassung festgelegten Grundrechte offensichtlich verletzt, ist jedermann zum Widerstand berechtigt.

5.2.2.3.4 Zur Landesverfassung von Bremen

Art. 21. (Ehe und Familie)
Ehe und Familie bilden die Grundlage des Gemeinschaftslebens und haben darum Anspruch auf den Schutz und die Förderung des Staates.

Art. 22 (Gleichberechtigung)
Mann und Frau haben in der Ehe grundsätzlich die gleichen bürgerlichen Rechte und Pflichten. Die häusliche Arbeit der Frau wird der Berufsarbeit des Mannes gleichgeachtet.

Art. 23 (Erziehungsrecht)
Die Eltern haben das Recht und die Pflicht, Ihre Kinder zu aufrechten und lebenstüchtigen Menschen zu erziehen. Staat und Gemeinde leisten ihnen hierbei die nötige Hilfe.
In persönlichen Erziehungsfragen ist der Wille der Eltern maßgebend. Das Erziehungsrecht kann den Eltern nur durch Richterspruch nach Maßgabe des Gesetzes entzogen werden.

Art. 24 (Uneheliche Kinder) Eheliche und uneheliche Kinder haben den gleichen Anspruch auf Förderung und werden im beruflichen und öffentliche Leben gleich behandelt.

Art. 25 (Schutz der Jugend) Es ist Aufgabe des Staates, die Jugend vor Ausbeutung und vor körperlicher, geistiger und sittlicher Verwahrlosung zu schützen. Fürsorgemaßnahmen, die auf Zwang beruhen, bedürfen der gesetzlichen Grundlage.

5.2.2.3.5 Zur Landesverfassung von Hamburg

Die Landesverfassung von Hamburg enthält keine Aussagen zum Grundwert Ehe

5.2.2.3.6 Zur Landesverfassung Hessen

Art. 4
Ehe und Familie stehen als Grundlage des Gemeinschaftslebens unter dem besonderen Schutze des Gesetzes.

5.2.2.3.7 Zur Landesverfassung Niedersachsen

Die Landesverfassung von Niedersachsen enthält keine Aussagen zum Grundwert Ehe

5.2.2.3.8 Zur Landesverfassung Nordrhein-Westfalen

Artikel 5
1. Ehe und Familie werden als die Grundlagen der menschlichen Gesellschaft anerkannt. Sie stehen unter dem besonderen Schutz des Landes. Die Mutterschaft und die kinderreiche Familie haben Anspruch auf besondere Fürsorge.
2. Die der Familie gewidmete Hausarbeit der Frau wird der Berufsarbeit gleichgeachtet.

5.2.2.3.9 Zur Landesverfassung von Rheinland-Pfalz

Artikel 23 (Ehe und Familie)
Ehe und Familie sind die naturgegebene Grundlage der menschlichen Gesellschaft. Als Gemeinschaften eigenen natürlichen Rechts stehen sie unter dem besonderen Schutz des Staates.

Das Recht der Kirchen und Religionsgemeinschaften, die religiösen Verpflichtungen bezüglich der Ehe mit verbindlicher Wirkung für ihre Mitglieder selbständig zu regeln, bleibt unberührt.

Artikel 24 (Mutterschutz und Familienhilfe)
Kinder sind das kostbarste Gut der Familie und des Volkes. Die Mutter, insbesondere die berufstätige, hat Anspruch auf den Schutz und die Fürsorge des Staates. Reinheit und Gesundheit der Familie zu fördern und ihre soziale Sicherheit zu gewährleisten, ist Aufgabe des Staates und der Gemeinden.

Artikel 25 (Elternrecht, Jugendschutz)
Die Eltern haben das natürliche Recht und die oberste Pflicht, ihre Kinder zur leiblichen, sittlichen und gesellschaftlichen Tüchtigkeit zu erziehen. Staat und Gemeinden haben das Recht und die Pflicht,, die Erziehungsarbeit der Eltern zu überwachen und zu unterstützen.
Die Jugend ist gegen Ausbeutung sowie gegen sittliche, geistige und körperliche Verwahrlosung durch staatliche und gemeindliche Maßnahmen und Einrichtungen zu schützen. Uneheliche Kinder haben den gleichen Anspruch auf Förderung wie eheliche Kinder.
Fürsorgemaßnahmen im Wege des Zwanges können nur auf gesetzlicher Grundlage angeordnet werden, wenn durch ein Versagen des Erziehungsberechtigten das Wohl des Kindes gefährdet wird.

Artikel 26 (Mitwirkung der Kirchen)
In den Angelegenheiten der Pflege und Förderung der Familie und der Erziehung der Jugend ist die Mitwirkung der Kirchen, Religions- und Weltanschauungsgemeinschaften und Verbände der freien Wohlfahrtspflege nach Maßgabe der Gesetze gewährleistet.

5.2.2.3.10 Zur Landesverfassung des Saarlandes

Artikel 22
Ehe und Familie genießen als die natürliche Grundlage des Gemeinschaftslebens den besonderen Schutz und die Förderung des Staates. Die Ehe beruht auf der Gleichberechtigung der beiden Geschlechter.

Artikel 23
Die Mutterschaft hat Anspruch auf den Schutz und die Fürsorge des Staates.

Artikel 24
Die Erziehung der Kinder zur leiblichen, geistigen, seelischen sowie zur gesellschaftlichen Tüchtigkeit ist oberste Pflicht und natürliches Recht der Eltern. Nur durch richterliche Entscheidung kann dieses Recht eingeschränkt oder entzogen werden.
Den unehelichen Kindern sind durch die Gesetzgebung die gleichen Bedingungen für ihre leibliche und seelische Entwicklung und ihre Stellung in der Gesellschaft zu schaffen wie den ehelichen Kindern.

Artikel 25
Die Jugend ist gegen Ausbeutung sowie gegen leibliche, geistige oder sittliche Verwahrlosung zu schützen. Staat und Gemeinden haben die erforderlichen Einrichtungen zu schaffen. Ihre Aufgaben können durch Einrichtungen der freien Wohlfahrt wahrgenommen werden, die als gemeinnützig anerkannt sind. Fürsorgemaßnahmen im Wege des Zwanges sind nur auf Grund des Gesetzes zulässig.

5.2.2.3.11 Zur Landesverfassung von Schleswig-Holstein

Die Landesverfassung von Schleswig-Holstein enthält keine Aussagen zum Grundwert "Ehe"

5.3 Zur Familie im Grundgesetz, Länderverfassungen und in Familienberichten

5.3.1 Einleitende und didaktische Hinweise

Die unter Ziffer 5.2 oben beigebrachten Hinweise zum Grundwert Ehe gelten analog auch für den Grundwert Familie. Den Entscheidungen des Bundesverfassungsgerichtes kommt für das Verständnis Familie gerade auch wegen der verhältnismäßig großen Offenheit der Grundgesetzaussagen über Familie immer wieder aktueller Stellenwert zu. Von daher werden Eckwerte zum Familienverständnis in systematischer Fassung nach Maunz-Dürig eingeblendet. Als Beispiele für unterschiedliche Familienverständnisse sind in dieser Thematik auch Auszüge aus dem zweiten, dritten und vierten Familienbericht berücksichtigt.

Relevante Textauszüge aus Länderverfassungen zum Grundwert Familie sind teils bereits unter der Ziffer 5.2.2.3f oben eingefügt, teils werden sie hier ergänzend beigebracht.

Impulse zur inhaltlichen Auseinandersetzung

- Versuchen Sie, wichtige Inhalte des Familienverständnisses aus den Bestimmungen des Grundgesetzes und den Eckwerten, wie sie sich aus einschlägigen Urteilen des Bundesverfassungsgerichtes ergeben (sh. Maunz-Dürig), aufzuweisen.
- Welche konkreten Schutzmaßnahmen sehen Grundgesetz und Bundesverfassungsgericht für Familie vor?
- Vergleichen Sie die Aussagen über den Grundwert Familie hinsichtlich von Gemeinsamkeiten, Unterschieden, Gegensätzen in Grundgesetz, Bundesverfassungsgerichtsentscheidungen und Länderverfassungen.
- Vergleichen Sie die Aussagen (Grundgesetz, Bundesverfassungsgerichtsentscheidungen, Länderverfassungen) mit entsprechenden Hinweisen des zweiten, dritten und vierten Familienberichtes.
- Entwickeln Sie aus Aussagen des Grundgesetzes, von Länderverfassungen Leitlinien für den besseren Schutz von Familie.

5.3.2 Zum Grundgesetz der Bundesrepublik Deutschland

Artikel 6 (Ehe und Familie, Elternrecht, Mutterschutz, Rechtsstellung nichtehelicher Kinder)
(1) Ehe und Familie stehen unter dem besonderen Schutze der staatlichen Ordnung.
(2) Pflege und Erziehung der Kinder sind das natürliche Recht der Eltern und die zuvörderst ihnen obliegende Pflicht. Über ihre Betätigung wacht die staatliche Gemeinschaft.
(3) Gegen den Willen der Erziehungsberechtigten dürfen Kinder nur auf Grund eines Gesetzes von der Familie getrennt werden, wenn die Erziehungsberechtigten versagen oder wenn die Kinder aus anderen Gründen zu verwahrlosen drohen.
(4) Jede Mutter hat Anspruch auf den Schutz und die Fürsorge der Gemeinschaft.
(5) Den unehelichen Kindern sind durch die Gesetzgebung die gleichen Bedingungen für ihre leibliche und seelische Entwicklung und ihre Stellung in der Gesellschaft zu schaffen wie den ehelichen Kindern.

5.3.3 Zu Eckwerten des Familienverständnisses in systematischer Fassung

3. "Familie" als Gegenstand des staatlichen Schutzes ist die Verbindung von Eltern und Kindern in den von der Rechtsordnung bestimmten oder anerkannten Lebensbereichen. Eine Ehe ohne Kinder ist keine "Familie"; sie wird erst durch Geburt oder Annahme eines Kindes eine Familie. Auch Kinder im Rechtssinn, die nicht der Ehe entsprossen sind, z. B. an Kindes Statt angenommene Personen, führen zum Bestand einer Familie. Eine Familie ist nicht an die Hausgemeinschaft gebunden; auch auswärtige Kinder gehören zur Familie, sofern sie nicht in eine neue Familie gehören. Sie beschränkt sich auch nicht auf Minderjährige; vielmehr bleibt sie auch nach Volljährigkeit der Kinder bestehen. Zu beachten ist jedoch, daß ein Kind mit seiner Verheiratung aus seiner bisherigen Familie ausscheidet und eine neue zu begründen beginnt. Ist ein Elternteil durch Tod, Ehescheidung oder Ehetrennung ausgeschieden, so bleibt eine Restfamilie. Keine Restfamilie wird angenommen, wenn alle vorhanden gewesenen Kinder gestorben sind, aber die Ehegatten leben. Geschützt ist allein die sogenannte Kleinfamilie, bestehend aus Eltern und Kindern (ohne Großeltern).
Voraussetzung einer Familie ist eine von der Rechtsordnung anerkannte natürliche oder gesetzliche Verwandtschaft; daher muß man auch die Gemeinschaft des nichtehelichen Kindes mit seiner Mutter als eine Familie ansehen, die den Schutz des Grundgesetzes genießt, wenn auch als eine von vornherein unvollständige Familie. Folgerichtig wird man künftig auch den nichtehelichen Vater zusammen mit seinem Kind (entsprechend der allgemeinen Regelung des § 1589 Abs. 1 BGB nach Wegfall des Abs. 2) als eine von Art. 6 geschützte Gemeinschaft anzusehen haben. Die nichteheliche Lebensgemeinschaft ist keine Familie im Sinne des Grundgesetzes. Auch wenn in dieser Gemeinschaft gemeinsame Kinder vorhanden sind, bildet die Gesamtheit dieser Personen keine Familie. Da allerdings

ein nichteheliches Kind sowohl mit seiner Mutter als auch (seit 1970) mit seinem Vater eine Familie bildet, entsteht das seltsame Ergebnis, daß in diesem Fall zwei Familien vorhanden wären. Ob etwas derartiges dem Ziel des Abs. 2 entspricht, dürfte freilich fraglich sein. Ein Kind aus einer nichtehelichen Lebensgemeinschaft bedarf unstreitig des Schutzes nach Abs. 5; für seine leibliche und seelische Entwicklung und seine Stellung in der Gesellschaft sind durch die Gesetzgebung die gleichen Bedingungen zu schaffen wie für ein eheliches Kind. 1. Abs. 2 führt die Verfassungstradition der Weimarer Zeit (Art. 120 WRV) und früherer Entwicklungsstufen fort, indem er bestimmte Rechte und Pflichten der Eltern in Bezug auf Pflege und Erziehung der Kinder in den Rang von Verfassungsrecht erhebt. Dieser Rechte-Pflichten-Kreis bezeichnet man abgekürzt als Elternrecht. Das Grundgesetz räumt dem Elternrecht die Kraft eines subjektiven öffentlichen Rechts mit unmittelbar geltender Bindungswirkung ein. Es bringt zum Ausdruck, daß es das Elternrecht als ein aus dem Naturrecht hervorgehendes, vom Staat vorgefundenes, vorstaatliches Recht ansieht. Dieses vorstaatliche Recht gestaltet es jedoch gleichzeitig als positivrechtliches, als ein der staatlichen Rechtsordnung zugehöriges Recht aus. Es erkennt also nicht Naturrecht als hier geltendes Recht an. Vielmehr gründet es das geltende Recht auf die verfassunggebende Entscheidung der staatlichen Gemeinschaft.

2. Das Elternrecht, wie es das Grundgesetz auffaßt, stellt ein Menschenrecht, nicht ein auf Deutsche beschränktes Recht dar. Dem Charakter als Menschenrecht steht nicht entgegen, daß nicht alle Menschen dieses Recht ausüben können, nämlich dann nicht, wenn sie kinderlos sind. Manch andere Menschenrechte sind ebenfalls mitunter nicht für jeden Menschen in jedem Zeitpunkt ausübbar, sondern nur potentiell eingeräumt, z. B. das in Art. 5 GG für jedermann begründete Recht auf Pressefreiheit, ohne daß dadurch die Menschenrechtsqualität des Rechts beeinträchtigt würde. Die Menschenrechtskonvention (Zusatzprotokoll vom 20.3.1952, Art. 2, Satz 2 in der Bundesrepublik als Gesetz vom 20.12.1956, BGBl. II S. 1880, verkündet) erkennt das Elternrecht als das Recht an, die Erziehung und den Unterricht entsprechend ihren eigenen religiösen und weltanschaulichen Überzeugungen sicherzustellen.

4. Träger des Elternrechts sind die Eltern im Rechtssinn. Aus den Worten "das natürliche Recht" kann nicht gefolgert werden, daß stets oder nur die natürlichen Eltern Rechtsträger des Grundrechts sind oder sein müssen. Das Recht ist naturgegeben, aber die Personen, die es ausüben können, werden von der Rechtsordnung bestimmt. Da das natürliche Recht vom Grundgesetz positiviert worden ist, muß der Begriff Eltern aus der gesamten Rechtsordnung heraus ausgelegt werden. Das Verstehen eines Grundrechts auch aus einfachen Gesetzen heraus (sog. "Gesetzmäßigkeit der Verfassung") ist nichts Ungewöhnliches. Stellt man sich auf diesen Standpunkt, dann gehören auch die Adoptiveltern zu den Grundrechtsträgern des Abs. 2, ebenso die nichteheliche Mutter, soweit ihr elterliche Sorge zusteht. Keine Bedenken bestehen dann auch gegen die Anwendung der Vorschriften des BGB über das Ruhen der elterlichen Sorge (§§ 1673 ff. BGB). Ruht das elterliche Sorgerecht, dann kann auch Abs. 2 nicht mehr auf Personen angewandt werden, denen an sich das Elternrecht zustehen würde. Entsprechendes gilt von der Verwirkung des Sorgerechts (§ 1676) und von seinem Ende

(§ 1677). Aus einfachen Gesetzen heraus ist ferner die Frage zu beantworten, welcher Elternteil das Elternrecht ausübt, falls eine Einigung zwischen den Beiden Eltern fehlt.
Kein Argument dafür, daß nur die natürlichen Eltern in Abs. 2 gemeint sein können, ist aus der Verwendung des Wortes "Erziehungsberechtigte" in Abs. 3 zu folgern. Meist sind die Eltern die Erziehungsberechtigten. Es kann aber nach Maßgabe des positiven Rechts auch natürliche Eltern geben, die nicht Erziehungsberechtigte sind. Wenn Eltern nicht mehr vorhanden sind oder wenn sie das elterliche Sorgerecht verloren haben oder wenn sie dieses, obwohl sie es müßten, doch nicht ausüben, dann haben die ersatzweise eintretenden Personen zwar kein Elternrecht, weder in einem naturrechtlichen noch im verfassungsrechtlichen Sinn. Aber sie können die Befugnis erhalten, an Stelle von Eltern zu handeln. Vertrauen Eltern die Ausübung ihrer Rechte anderen Personen oder bestimmten Einrichtungen an, z.B. Pflegeeltern, Kinderheimen, Erziehungsinstituten u. a., so berührt dies nicht den Fortbestand ihres Elternrechts. Das Anvertrauen der Ausübung wirkt nur im Innenverhältnis zwischen Eltern und den genannten Personen oder Einrichtungen.

25 b. Verstärkung des Elternrechts
5. Gegenüber der Weimarer Verfassung hat das Elternrecht im Grundgesetz eine Verstärkung erfahren, vor allem in folgender Hinsicht:

25 c. Erstreckung auf Erziehungsziele
a) Nach jetzt geltendem Recht ist es nicht auf bestimmt Erziehungsziele beschränkt. Vielmehr erstreckt es sich - vorbehaltlich anderweitiger Regelung - auf alle billigenswerten Erziehungsziele und denkbaren Erziehungsmaßnahmen. Es umfaßt auch die geistige Einwirkung auf das Kind und reicht damit in die Ausbildung in Schulfächern hinein (s. nachst. Buchstabe b). Seine Grenze findet es am Begriff der Erziehung.

25 d. Erstreckung auf die Schule
b) Unter der Geltung der Weimarer Verfassung mußte das Elternrecht vor den Toren der Schule halt machen. Nunmehr erstreckt sich ebenso auf den schulischen wie auf den außerschulischen Bereich, auf ersteren jedoch unter Beachtung des Art. 7 Abs. 1 (s. Rdnrn. 27 ff.).

25 e. Abwehrrecht und Bestimmungsrecht
c) Als Grundrecht bedeutet das Elternrecht nicht nur, wie die sogenannten klassischen Grundrechte, Freiheit von staatlichen Eingriffen im verfassungsgewollten Umfang. Es räumt auch eine unmittelbare Einwirkung auf andere Menschen ein, nämlich auf die Kinder, die von diesen nicht einseitig verhindert werden kann. Damit hat es zwei Seiten: einmal in der Richtung auf den Staat, sodann in der Richtung auf die Kinder. Im ersteren Fall hat es den Rechtscharakter eines Abwehrrechts, im zweiten Fall ist es ein Bestimmungsrecht über Menschen. Unberührt bleibt daneben das Verhältnis der Kindesrechte zu den Aufgaben des Staates (s. dazu u. Rdnr. 27 ff.).
d) Eltern, die sich auf dieses Grundrecht stützen, nehmen nicht Rechte von Kindern wahr, sondern ein eigenes, persönliches, originäres Recht, allerdings ein

Recht zugunsten und im Interesse des Kindes. Es gestattet keinen rechtsmindernden Eingriff in den Bereich des Kindes. Soweit es reicht, steht ihm kein Recht des Kindes entgegen. Man kann von einer treuhänderischen Rechtsposition der Eltern sprechen.
e) In jedem Lebensalter des Kindes muß das Elternrecht so ausgeübt werden, daß seine Betätigung der Entfaltung des Kindes zur selbstverantwortlichen Persönlichkeit dient. Je mehr sich das Kind altersmäßig entwickelt, um so mehr schwächt sich die Reichweite und die Durchschlagskraft des Grundrechts ab. Die eigene Entscheidung des Kindes tritt immer mehr hervor. In § 1626 Abs. 2. BGB n.F. kann nicht nur eine Beschreibung von Fakten erblickt werden. Auch wenn hier die Formulierung einer Aussage gewählt worden ist, kann und muß darin eine Rechtsnorm gesehen werden, die Rechte und Pflichten begründet.
f) Das Elternrecht des Grundgesetzes hat sowohl einen individualrechtlichen Charakter als auch einen gemeinschaftsrechtlichen Bezug. Als Individualrecht wird ihm das Kindesrecht an die Seite gestellt, aber nicht entgegengesetzt, da beide auf das gleiche Ziel gerichtet sind. Der gemeinschaftsrechtliche Bezug besteht darin, daß die Familie als soziale Lebenseinheit gewertet wird.
g) Eine Verstärkung des Elternrechts durch die neuere Entwicklung liegt auch insoweit vor, als es teilnimmt, an der Hebung der Kraft aller Grundrechte durch das Grundgesetz. Sie äußert sich u.a. in der Weise, daß alle Grundrechte nunmehr regelmäßig unmittelbar anwendbar anwendbares, nicht nur programmatisches Recht enthalten (Art. 1 Abs. 3) und insbesondere auch den einfachen Gesetzgeber binden. Als Maßstab für die Verfassungsmäßigkeit einzelner elternrechtlicher Gesetzesbestimmungen muß daher stets Art. 6 Abs. 2 zugrundegelegt werden. Das Elternrecht als staatliches Rechtsinstitut gehört indessen ebensowenig wie der Schutz von Ehe und Familie (Abs. 1) zu den Unantastbarkeiten des Art. 79 Abs. 3. In der verfassungsmäßigen Ordnung der Bundesrepublik kommt der Persönlichkeit des Menschen ein ungleich höherer Wert zu als in früheren verfassungsrechtlichen Zeitabschnitten. Wenn auch Ar. 2 GG nicht unmittelbar auf das Verhältnis der Eltern zum Staat bezogen werden kann, weil das Elternrecht als das speziellere Grundrecht ihm vorgeht, so strahlt doch seine Kraft auf andere Grundrechte aus. Die Grundrechte verkörpern eine objektive Wertordnung, die als verfassungsrechtliche Grundentscheidung für alle Bereiche des Rechts Geltung beansprucht. Im Lichte der verstärkten Rechte der Persönlichkeit muß auch das Elternrecht gesehen werden. Wie ein Grundrecht, dessen Einschränkung durch Gesetz zugelassen ist, in keinem Fall völlig unberücksichtigt bleiben kann, so kann auch ein institutionalisiertes Wächteramt nicht dazu führen, daß durch deren Ausübung das Grundrecht schlechthin ausgeschaltet wird; sonst würde die Ausstrahlungskraft eines Grundrechtes verkannt werden.

25 j. Pflichtbindung der Eltern

6. In Art. 6 Abs. 1 ist das Elternrecht auf Pflege und Erziehung der Kinder verknüpft mit der elterlichen Pflicht, dieses Recht auszuüben. Es liegt eine Pflichtbindung vor, wie sie in gleicher Weise bei keinem anderen Grundrecht besteht. Am ehesten nähert sie sich der Rechtsposition aus Art. 14 Abs. 2: "Eigentum verpflichtet". Jedoch ist im Falle der Eigentumsbindung die Pflicht eine das Recht beschränkende Schranke, während sie bei der elterlichen Pflichtbindung ein "Wesensbestandteil" des Elternrechts ist. Rechtlich anders geartet ist die

Pflicht zu Verfassungstreue n ihrem Verhältnis zum Grundrecht der Freiheit von Kunst und Wissenschaft, Forschung und Lehre (Art. 5 Abs. 3), da sie hier eine immanente Schranke des Grundrechts bedeutet, und noch mehr bei der Staatsangehörigkeit (Art. 16) bei der aus einem Rechtsstatus sowohl Rechte als auch Pflichten abzuleiten sind. Man kann die elternrechtliche Pflichtbindung als Verantwortung der Eltern vor dem Saat ansehen, sich so zu verhalten, wie dies dem Art. 6 Abs. 2 vorschwebt.

29. Elternrecht und Schulgepräge

9. Das Elternrecht, soweit es in den schulischen Bereich hineinwirkt, bezieht sich auch auf das religiöse oder weltanschauliche Gepräge einer Schule. In dieser Hinsicht hat es infolge landesgesetzlicher Regelungen in den letzten Jahren sehr an Breitenwirkung verloren. Gerade dadurch aber behält es auf kleinerem Raum seine verfassungsrechtliche Bedeutung, weil es auch in der Gegenwart eine nicht abschätzig anzusehende Anzahl von Eltern gibt, die in voller Überzeugung unter Berufung auf Elternrecht und Gewissen ein bestimmtes Gepräge der Schule oder Klasse ablehnen oder ein anderes wünschen. Gerade für Minderheiten Sorge zu tragen, gehört zu den Aufgaben der Rechtsordnung. Diesen Eltern muß eine vernünftige Ausweichmöglichkeit eröffnet werden, die keine größeren Lasten auferlegt, als der Weg, vor dem ausgewichen werden will. Nicht auf die geringe Zahl der Eltern kommt es an, sondern auf die Begründetheit und Schutzbedürftigkeit ihres Anliegens. Dies gilt sowohl für die Bejahung wie auch für die Ablehnung eines bestimmten Gepräges. Nach beiden Richtungen wäre die Unterbindung von Wahlmöglichkeiten eine Verletzung des Elternrechts. (Maunz-Dürig, Kommentar zu Artikel 6 GG - Auszüge)

5.3.4 Zu den relevanten Auszügen aus Länderverfassungen

5.3.4.1 Zur Landesverfassung von Baden-Württemberg

Artikel 2

(1) Die im Grundgesetz für die Bundesrepublik Deutschland vom 23. Mai 1949 festgelegten Grundrechte und staatsbürgerlichen Rechte sind Bestandteil dieser Verfassung und unmittelbar geltendes Recht.

(2) Das Volk von Baden-Württemberg bekennt sich darüber hinaus zu dem unveräußerlichen Menschenrecht auf die Heimat.

Artikel 15

(3) Das natürliche Recht der Eltern, die Erziehung und Bildung ihrer Kinder mitzubestimmen, muß bei der Gestaltung des Erziehungs- und Schulwesens berücksichtigt werden.

Artikel 16

(3) Ergeben sich bei der Auslegung des christlichen Charakters der Volksschule Zweifelsfragen, so sind sie in gemeinsamer Beratung zwischen dem Staat, den Religionsgemeinschaften, den Lehrern und den Eltern zu beheben.

5.3.4.2 Zur Landesverfassung des Freistaates Bayern

Ehe und Familie ***(Artikel 124)***

(1) Ehe und Familie sind die natürliche und sittliche Grundlage der menschlichen Gemeinschaft und stehen unter dem besonderen Schutz des Staates.

(2) Mann und Frau haben in der Ehe grundsätzlich die gleichen bürgerlichen Rechte und Pflichten.

Absatz 1 gilt auf Grund Art. 142 GG neben Art. 6 Abs. 1 GG weiter, Absatz 2 stellt lediglich eine Richtlinie für den Gesetzgeber dar, deren Bedeutung durch die Bundeskompetenzen sehr gering geworden ist.

Schutz der Familie ***(Artikel 125)***

(1) Gesunde Kinder sind das köstlichste Gut eines Volkes. Jede Mutter hat Anspruch auf den Schutz und die Fürsorge des Staates.

(2) Die Reinhaltung, Gesundung und soziale Förderung der Familie ist gemeinsame Aufgabe des Staates und der Gemeinden.

(3) Kinderreiche Familien haben Anspruch auf angemessene Fürsorge, insbesondere auf gesunde Wohnungen.

Vgl. zu Absatz 1 Satz 2 den Art. 6 Abs. 4 GG, im übrigen enthält dieser Artikel Programmsätze und Richtlinien für den Landesgesetzgeber, deren Bedeutung durch Bundeskompetenzen sehr gering geworden ist.

Erziehungsrechte der Eltern ***(Artikel 126)***

(1) Die Eltern haben das natürliche Recht und die oberste Pflicht, ihre Kinder zur leiblichen, geistigen und seelischen Tüchtigkeit zu erziehen. Sie sind darin durch Staat und Gemeinden zu unterstützen. In persönlichen Erziehungsfragen gibt der Wille der Eltern den Ausschlag.

Gleichstellung der unehelichen Kinder

(2) Uneheliche Kinder haben den gleichen Anspruch auf Förderung wie eheliche Kinder.

(3) Die Jugend ist gegen Ausbeutung sowie gegen sittliche, geistige und körperliche Verwahrlosung durch staatliche und gemeindliche Maßnahmen und Einrichtungen zu schützen. Fürsorgeerziehung ist nur auf gesetzlicher Grundlage zulässig.

Absatz 1 gilt als Grundrecht neben Art. 6 Abs. 2 GG weiter (Art. 142 GG), Absatz 2 ist - wie Art. 6 Abs. 5 GG - eine Richtlinie für den Gesetzgeber. Der in Absatz 3 behandelte Jugendschutz ist weitgehend durch Bundesrecht geregelt.

Einfluß der Religionsgemeinschaften bei der Kindererziehung ***(Artikel 127)***

Das eigene Recht der Religionsgemeinschaften und staatlich anerkannten weltanschaulichen Gemeinschaften auf einen angemessenen Einfluß bei der Erziehung der Kinder ihres Bekenntnisses oder ihrer Weltanschauung wird unbeschadet des Erziehungsrechtes der Eltern gewährleistet. *(Vgl. Art. 7 Abs. 2 GG.)*

5.3.4.3	Zur Landesverfassung von Berlin (Artikel 23 (Text sh. 5.2.2.3.3)
5.3.4.4	Zur Landesverfassung von Bremen (Artikel 21-25, Text sh. 5.2.2.3.4)
5.3.4.5	Zur Landesverfassung von Hamburg (Keine Aussagen zur Familie)
5.3.4.6	Zur Landesverfassung von Hessen (Artikel 4, Text sh. 5.2.2.3.6)
5.3.4.7	Zur Landesverfassung von Niedersachsen (Keine Aussagen zur Familie)
5.3.4.8	Zur Landesverfassung von Nordrhein-Westfalen (Art. 6, Text sh. 5.2.2.3.8)
5.3.4.9	Zur Landesverfassung von Rheinland-Pfalz (Art. 23-26, Text sh. 5.2.2.3.9)
5.3.4.10	Zur Landesverfassung des Saarlandes (Art. 22-25, Text sh. 5.2.2.3.10)
5.3.4.11	Zur Landesverfassung von Schleswig-Holstein (Keine Aus-sagen zu Familie)

5.3.5 Zum Familienverständnis von Familienberichten

5.3.5.1 Zum 2. Familienbericht 1975 (Familie und Sozialisation)

1.1 Der Begriff der Familie

Die Familienberichtskommission ging bei der begrifflichen Bestimmung ihres zentralen Gegenstandes "Familie" von zwei Erfordernissen aus: Einerseits galt es, im Sinne der familienwissenschaftlich gebräuchlichen Terminologie einen Begriff von Familie in den Mittelpunkt zu rücken, der die Besonderheiten der Eltern-Kind-Beziehung eindeutig erfassen läßt. Andererseits war es aber auch geboten, das Untersuchungsfeld mit einem engen Begriff von Familie nicht allzusehr einzuschränken. Aus beiden Überlegungen ergaben sich folgende Differenzierungen: Familie im engeren Sinne soll das Beziehungsgefüge eines Elternpaares mit einem oder mehreren eigenen Kindern bezeichnen (Kernfamilie). "Eigene Kinder" können sowohl biologisch abstammende als auch adoptierte Kinder sein.

Vollständige und unvollständige "Kernfamilie"

Dieser enge Begriff der Kernfamilie legt fest, daß Kinder in einer *"vollständigen"* Familie einen Vater und eine Mutter besitzen. Ist sie "unvollständig", weil ein Elternteil aufgrund von nicht-ehelicher Geburt, Trennung oder Verwitwung fehlt, kann von Mutter- bzw. Vaterfamilie im Unterschied zur Elternfamilie gesprochen werden.

Klein- vs. Großfamilie

Wohnt eine Familie - gleich ob vollständig oder unvollständig - allein in einem Haushalt, so stellt sie eine *Kleinfamilie* dar. Die *Großfamilie* umfaßt demgegenüber eine Kernfamilie, die mit anderen Kernfamilien bzw. anderen Erwachsenen zusammenlebt. Sie ist entweder Verwandtschaftsfamilie oder Wohngemeinschaft/Kommune, je nachdem, ob zwischen den Mitgliedern der Großfamilie (über die Grenze der Kernfamilie hinaus) Verwandtschaftsbeziehungen bestehen oder nicht. Die Kleinfamilie unterscheidet sich von der Großfamilie also danach, ob Eltern und deren Kinder, also die Kernfamilie, allein oder mit anderen in einer Haushaltsgruppe vereinigt ist. *(Leistungen und Leistungsgrenzen der Familie hinsichtlich des Erziehungs- und Bildungsprozesses der jungen Generation - (Bundestagsdrucksache 7/3502, S. 17)*

5.3.5.2 Zum 3. Familienbericht 1979

Die Lage der Familien in der Bundesrepublik Deutschland

Definition der Familie
Formen von Familie
Nach Artikel 6 des Grundgesetzes stehen Ehe und Familie unter dem besonderen Schutz der staatlichen Ordnung. Die Kommission spricht von "Familie", wenn durch Geburt und Adoption von Kindern aus der Ehe eine biologisch-soziale Kleingruppe zusammenlebender Menschen entsteht. Das ist die "Normalfamilie". Von ihr gibt es Abweichungen verschiedener Art; zum Beispiel die "Familie", die aus einer alleinstehenden Mutter mit Kindern besteht oder in der ein verwitweter Vater mit Kindern zusammenlebt.
Welche Gruppe als Familie oder als Normalfamilie anzusehen ist, hängt nicht zuletzt von der historischen Entwicklung, von ethnischen, sozial-kulturellen und moralischen Tatbeständen und Vorstellungen ab. So stellt die Internationale Union der Familienverbände in einem 1976 vorgelegten Bericht fest, daß die Familie in allen Staaten als Grundeinheit der Gesellschaft anerkannt, daß aber eine normative, für die ganze Welt gültige Definition der Familie weder möglich noch wünschenswert sei, da ihre Strukturen und Rollen je nach Staat, Kultur und Religion sehr unterschiedlich und außerdem überall in einem Entwicklungsprozeß begriffen sind. Diese Entwicklung erlaube die Koexistenz von verschiedenen faktischen und juristischen Zuständen, auf die der Begriff "Familie" angewendet werden kann.

Es werden unter anderem erwähnt:
- die Großfamilie, das heißt ein Haushalt, der mehrere Kleinfamilien einbegreift
- die monogame oder die polygame Familie
- die vollständig Familie
- die unvollständige Familie mit nur einem Elternteil
- das Ehepaar ohne Kinder
- der aus zusammenlebenden Verwandten, verschwägerten oder adoptierten Personen bestehende Haushalt.

Nach Auffassung der Union sind aber Entwicklungen auch anderer Formen von Familien nicht ausgeschlossen. *(Bundestagsdrucksache (/3121) (zu Drucksache 8/3120) 20.08.79, S. 13*

5.3.5.3 Zum 4. Familienbericht 1986

Erweiterung des Familienbegriffs
So kann die Familie in einer sehr weiten Bedeutung die Gruppe von Menschen bezeichnen, die miteinander verwandt, verheiratet oder verschwägert sind, gleichgültig ob sie zusammen oder getrennt leben, ob die einzelnen Mitglieder noch leben oder bereits verstorben sind.
Familie kann unabhängig von räumlicher oder zeitlicher Zusammengehörigkeit als Folge von Generationen angesehen werden, die biologisch und rechtlich miteinander verbunden sind (Gutachten Wissenschaftlicher Beirat: Familie und Arbeitswelt, S. 27). Gerade für den älter werdenden Menschen, aber auch für den jüngeren, kann die Familie zu einem offeneren, distanzierter erlebten sozialen Netzwerk werden.
Da es also zahlreiche Familienformen als Lebenswirklichkeit gibt, zeigt sich die Notwendigkeit, für die Klärung einer bestimmten Fragestellung zu einer Abgrenzung des Familienbegriffs zu gelangen, welche dem besonderen Anliegen des Untersuchungsauftrags am besten gerecht wird.

"Familie" aus der Perspektive älterer Menschen
Der Familienbegriff der Kommission für den 4. Familienbericht geht von der Perspektive des älter werdenden Menschen aus, der aus einer Herkunftsfamilie stammt, keine, eine oder mehrere Kernfamilien begründet haben kann und im Lebensverlauf in sehr unterschiedlicher Weise mit diesen Familienangehörigen in weiterer Sicht durch Wohnformen und/oder wirtschaftliche sowie soziale Beziehungen verbunden ist, die auch gegenseitige Hilfe und Unterstützung sowie Anteilnahme beinhalten. *(Die Situation der älteren Menschen in der Familie (Bundestagsdrucksache 10/6145, 13.10.86, S. 14)*

5.4 Zum Recht als Basis für Gesetze. Folgerungen für die Bedeutung von Ehe und Familie in Gesellschaft

5.4.1 Einleitende und didaktische Hinweise

In den Staats- und Rechtswissenschaften werden die Begriffe "Recht" und "Gesetz" mit verschiedenen Inhalten gefüllt, so zum Beispiel bedeutet Recht einerseits die Gesamtheit der positiven Normen, andererseits aber auch "vorstaatliches", "überpositives Recht", "naturrechtliche Sätze". Im Vergleich dazu werden in der Regel mit "Gesetzen" positive üblicherweise geschriebene Normen verstanden. Gerade hinsichtlich der Bereiche Ehe und Familie kommt den oben aufgewiesenen Unterscheidungen "Recht" und "Gesetz" besondere Relevanz zu. Die Nahtstelle von Recht und Gesetz ist - so scheint es wenigstens in der abendländischen Kultur - weithin unabhängig von bestimmten Weltanschauungen oder religiösen Vorgegebenheiten und Entwicklungen gerade für Begründung und Verständnis von Ehe und Familie bei namhaften Philosophen des Politischen als unauflösbar gefaßt worden. So versteht Aristoteles Familie als die von der Natur eingerichtete Gemeinschaft zur Vorsorge für die Bedürfnisse des täglichen Lebens (Politik 1.2. §5), Kant und Hegel (Hegel insbesondere in den "Grundlinien der Philosophie des Rechts", und zwar in §§ 180 f. und 211) verdeutlichen den Zusammenhang von Recht und Gesetz auch in Ausführungen über Ehe und Familie. Neuere Autoren, wie Johannes Messner, weisen wiederholt auf vorstaatliche natürliche Gegebenheiten von Ehe und Familie hin.
Das Bundesverfassungsgericht hat solche Begründungszusammenhänge nicht aufgehoben, indem es "überpositives Recht" reklamierte und eine umfassende "rechtswertneutrale" Gesetzgebung diesfalls in Schranken wies.
Einige Auszüge - aus der Vielzahl können diese wiederum nur wenige und lediglich Bruchstücke sein - sollen die sicherlich zunehmende Bedeutung von Recht als Basis für Gesetz zu veranschaulichen. Zumindest die argumentative Auseinandersetzung mit den unterschiedlichen Begründungszusammenhängen ist für weitere ernsthafte Diskussionen und Gestaltungsversuche hilfreich.

Impulse zur Auseinandersetzung mit den Textausschnitten

- Nennen Sie naturrechtliche Begründungszusammenhänge für Familie, wie sie Johannes Messner aufzuweisen bemüht ist.
- Was bedeutet Familie "Zelle der Gemeinschaft" und wie kann diese Aussage begründet werden?
- Wie bestimmt das Grundgesetz in Sachen Elternrecht das Verhältnis von Naturrecht und positivem Recht?
- Versuchen Sie, die "letzten Grenzen der Gerechtigkeit" (BVerfGE 3,232 - 234) inhaltlich aufzuweisen und zu begründen.
- Welche überpositiven Normen sind Ihres Erachtens für das Verständnis, den Schutz und das Recht von Ehe und Familie für eine moderne Gesellschaft besonders von Bedeutung und welche Folgerungen ziehen Sie daraus?

5.4.2 Zu einigen relevanten Textauszügen

5.4.2.1 Zu "Das Naturrecht, Zelle der Gesellschaft"

"Die Familie ist die Zelle der Gesellschaft, da diese nur fortdauern, wachsen und sich erneuern kann, wenn Ehen zahlreich genug und hinreichend fruchtbar sind. Die Familie ist demnach Zelle der Gesellschaft im *biologischen* Sinn. Kaum eine andere Tatsache macht klarer ersichtlich, daß das sittliche Naturgesetz wirkliches Lebensgesetz der Völker ist, wie die Abhängigkeit ihrer biologischen Entwicklung von der Einhaltung der Normen, die das Naturgesetz der Ehe und der Familie vorschreibt.
Es wäre jedoch völlig verfehlt, in der Familie die Zelle der Gesellschaft mindestens ebenso in *moralischer* Hinsicht. Nicht nur haben wir gezeigt, wie überhaupt die für die gesellschaftliche Existenzordnung des Menschen maßgebenden Verhaltensweisen und Wertungen durch die Wirkweise der menschlichen Natur in der Familiengemeinschaft bedingt sind, sondern auch wie durch die Familienerziehung der Mensch für die eigenverantwortliche Erfüllung seiner einzelmenschlichen und gesellschaftlichen Lebensaufgaben gebildet wird. Die beiden wichtigsten sozialen Tugenden, Nächstenliebe und Gerechtigkeit, lernt der Mensch vor allem in der Familie. Dazu kommen die beiden nächstwichtigen sozialen Tugenden des rechten Gehorsams und des rechten Befehlens. Das rechte Gehorchen setzt die Achtung der Autorität als sittlicher, gottgegebener Gewalt voraus, das rechte Befehlen setzt das Bewußtsein voraus, daß die Autorität zum Wohle derer gegeben ist, denen befohlen wird. In der Familie lernt der Mensch, daß der Gehorsam für den Menschen nie willenlose Unterwürfigkeit sein kann, daß sein Wesen vielmehr Unterwerfung unter die Ordnung seines gesellschaftlichen Seins ist, ohne die sein einzelmenschliches Sein verkümmert bleibt. Der Mensch muß beides, Gehorchen und Befehlen, in der Familie gelernt haben, um in der Lage zu sein, der Autorität in der Gesellschaft die Form zu geben, die mit der Würde und dem Recht der menschlichen Person vereinbar ist. Und nur jene, die in ihren Familien gelernt haben, daß Gebieten nicht Herrschsucht sein darf, sondern fürsorglicher Dienst an der Gemeinschaft und ihren Gliedern sein soll, werden als Träger gesellschaftlicher Autorität der Gemeinschaft und ihrem Gemeinwohl wirklich dienen können. Die Familie ist daher sozialpädagogisch unersetzbar. Auch alle sozialen Tugenden, nämlich die, die auf die Achtung anderer als Personen mit der gleichen menschlichen Natur und den gleichen menschlichen Rechten begründet sind, wie Hilfsbereitschaft, Güte, Verträglichkeit, Selbstbescheidung, Rücksichtnahme, Nachgiebigkeit, Aufrichtigkeit, lernt der Mensch in der Familie. Sie ist moralisch wie biologisch die Zelle der Gesellschaft.
Die Familie ist auch in *kultureller* Hinsicht die Zelle der Gesellschaft. Es darf als ein soziologisches Gesetz bezeichnet werden, daß Völker mit rückgängiger Geburtenbewegung, wenn diese die Reproduktionsziffer unterschreitet, niedergehende Kulturen haben. Der tiefere Grund: Einer der wichtigsten Antriebe zur Hochhaltung jener Werte, die die Höhe der Kulturen bestimmen, nämlich der sittlichen und geistigen Werte als Formkräfte des Lebens, fällt mit dem Niedergang der Familie weg. Ehepaare, die sich aus Selbstsucht um die Verantwortung vor Kindern und für Kinder drücken, sind nie Aktivposten in der

Kulturenentwicklung eines Volkes. Zwar kann ein solches Volk ökonomisch eine Zeitlang bessergestellt sein, es wird jedoch nicht über die seelischen Kräfte verfügen, die für den Aufstieg von Kulturen unerläßlich sind.
Daß die Familie die Lebenszelle der Gesellschaft ist, bietet die soziologische Erklärung für die alte Erfahrungstatsache, daß man den Zustand einer Gesellschaft, ihre innere Lebens- und Erneuerungskraft am Zustand ihrer Familien ablesen kann. Wer die richtige *Diagnose des Zustandes einer Gesellschaft* finden will, muß auf die Familien sehen, wie der Arzt zuerst den Puls des Kranken fühlt. Wenn die Familie in der Gesellschaft mißachtet, vom Staate vernachlässigt, wenn ihre Gemeinschaft gelockert, ihre wirtschaftliche Existenzgrundlage unzureichend ist, wenn ihr Nachwuchs sie nicht wieder ersetzt, die Ehescheidungen zunehmen, dann sind das untrügliche Symptome, daß der Gesellschaftskörper sich in einer schweren Krise befindet. Die Geschichte beweist zur Genüge, daß der Verfall des Familienlebens die tiefste Ursache des Verfalles der Völker ist. Die Folgerung aus der Stellung der Familie als Zelle der Gesellschaft besteht darin, daß alle wirkliche Sozialreform bei der Familie einsetzen muß. Alle angebliche Sozialreform, die dieses Gesetz außer acht läßt oder gar verletzt, muß notwendig am Ende fehlschlagen. Individualismus, Liberalismus, marxistischer und liberaler Sozialismus richten sich alle selbst dadurch, daß sie den Schwerpunkt der Sozialreform anderswo als bei der Familie und bei ihrer Funktion als biologischer, moralischer und kultureller Zelle der Gesellschaft suchen.

Johannes Messner: Das Naturrecht, 75. Die Familie: Zelle der Gesellschaft, Verlag Duncker & Humblodt, Berlin 41, 1984, SS. 578-580

5.4.2.2 Zum Kommentar zum Grundgesetz Artikel 6

1. Abs. 2 führt die Verfassungstradition der Weimarer Zeit (Art. 120 WRV) und früherer Entwicklungsstufen fort, indem er bestimmte Rechte und Pflichten der Eltern in Bezug auf Pflege und Erziehung der Kinder in den Rang von Verfassungsrecht erhebt. Dieser Rechte-Pflichten-Kreis bezeichnet man abgekürzt als Elternrecht. Das Grundgesetz räumt dem Elternrecht die Kraft eines subjektiven öffentlichen Rechts mit unmittelbar geltender Bindungswirkung ein. Es bringt zum Ausdruck, daß es das Elternrecht als ein aus dem Naturrecht hervorgehendes, vom Staat vorgefundenes, vorstaatliches Recht ansieht. Dieses vorstaatliche Recht gestaltet es jedoch gleichzeitig als positivrechtliches, als ein der staatlichen Rechtsordnung zugehöriges Recht aus. Es erkennt also nicht Naturrecht als hier geltendes Recht an. Vielmehr gründet es das geltende Recht auf die verfassungsgebende Entscheidung der staatlichen Gemeinschaft. (Maunz, Lfg. 18, September 1980, S. 19)

5.4.2.3 Zur Entscheidung 3, Nr. 15 des Bundesverfassungsgericht

"Es liegt im Wesen des pouvoir constituant, daß er (der Gesetzgeber) von seinen eigenen Grundsatznormen Ausnahmen statuieren kann, die nach der Regel vom Vorrang der speziellen gegenüber der allgemeinen Norm zu beachten sind.

Die ausnahmslose Geltung des darin zum Ausdruck kommenden Grundsatzes, daß der ursprüngliche Verfassungsgeber alles nach seinem Willen ordnen kann, würde aber einen Rückfall in die Geisteshaltung eines wertungsfreien Gesetzespositivismus bedeuten, wie sie in der juristischen Wissenschaft und Praxis seit längerem überwunden ist. Gerade die Zeit des nationalsozialistischen Regimes in Deutschland hat gelehrt, daß auch der Gesetzgeber Unrecht setzen kann, daß also, soll die praktische Rechtsübung solchen geschichtlich denkbaren Entwicklungen nicht ungewappnet gegenüberstehen, in äußersten Fällen die Möglichkeit gegeben sein muß, den Grundsatz der materialen Gerechtigkeit höher zu werten als den der Rechtssicherheit. (...)
Auch dadurch, daß der Gesetzgeber des Grundgesetzes in seine Grundentscheidung Normen einbezogen und damit im Grundgesetz positiviert hat, die vielfach als übergesetzlich bezeichnet werden (etwa in Art. 1, aber auch in Art. 20 GG), haben sie ihren besonderen Charakter nicht verloren. In ihrer Einzelausgestaltung, namentlich in der Frage, inwieweit Ausnahmen von ihnen zuzulassen sind, stehen sie also zur freien Disposition des Verfassungsgebers nur insoweit, als jene letzten Grenzen der Gerechtigkeit selbst nicht überschritten werden.
Die Wahrscheinlichkeit, daß ein freiheitlich demokratischer Verfassungsgeber diese Grenzen irgendwo überschritte, ist freilich so gering, daß die theoretische Möglichkeit originärer "verfassungswidriger Verfassungsnormen" einer praktischen Unmöglichkeit nahezu gleichkommt.
Als der Parlamentarische Rat an die Abfassung des Grundgesetzes ging, stand seine Arbeit noch unter der frischen Erfahrung der geschichtlichen Katastrophe, die durch den nationalsozialistischen Unrechtsstaat herbeigeführt worden war. In entschiedener Abkehr von einer Haltung, die in Recht und Gerechtigkeit keine Werte zu sehen vermochte, war er bemüht, im Grundgesetz die Idee der Gerechtigkeit zu verwirklichen. Ob und inwieweit das gelungen ist, kann zwar nur aus dem objektiven Ergebnis der Gesetzgebung, nicht aus der Absicht des Gesetzgebers abgelesen werden. Doch ist eine Verletzung äußerster Gerechigkeitsgrenzen in einem Gremium wie dem Parlamentarischen Rat, in welchem Vertreter der verschiedensten Geistesrichtungen und Weltanschauungen mit dem einmütigen Willen zusammenarbeiten, bei der Schaffung einer neuen Staatsgrundordnung der Gerechtigkeit zu dienen, zwar im Hinblick auf das Spannungsverhältnis zwischen dem Ideal der Gerechtigkeit und der Notwendigkeit, einer geschichtlich gegebenen politischen Situation gestaltend Herr zu werden, nicht schlechthin unmöglich, aber doch schwer vorstellbar. Die Rechtswirklichkeit hat das bekräftigt. *(Bundesverfassungsgericht, Auszug aus der Entscheidung 3, Nr. 15, SS. 232 - 234)*

5.5 Zur Haltbarkeit von Abtreibung als eigenem strafrechtlichen Tatbestand

5.5.1 Einleitende und didaktische Hinweise

1 (in der Fassung des 15. Strafrechtsänderungsgesetzes vom 18. Mai 1976) formuliert der § 218 StGB "wer eine Schwangerschaft abbricht, wird mit Freiheitsstafe bis zu drei Jahren oder mit Geldstrafen bestraft." Nach § 218 a ist bei Vorliegen bestimmter Gegebenheiten (medizinischer, genetischer, kriminologischer und sozialer Art) die grundsätzlich strafbare Abtreibung nicht strafbar. Von Bedeutung ist zudem die Begriffsbestimmung, wie sie in § 219 e enthalten ist (siehe unten 5.5.2.1, 10).
Die neuerliche Diskussion über die Relevanz eines eigenen Straftatbestandes "Abtreibung" hat wohl unterschiedliche Ursachen, so z. B.: zum einen sind die zunehmende Entmythologisierung, Entemotionalisierung und die damit in Zusammenhang einzuordnende Verwissenschaftlichung der Bestimmung vorgeburtlichen menschlichen Lebens mehr und mehr von Bedeutung, zum anderen greift die angebliche Zielvorgabe der sogenannten Strafrechtsreform, durch die Indikationslösung menschliches Leben besser zu schützen nachweislich nicht, zum dritten hat der Art. 31 Abs. 4 des Einigungsvertrages zwischen der Bundesrepublik Deutschland und der DDR vom 31.08.1990 (siehe unten 5.5.2.2, 1) eine unterschiedliche Tatbestandbestimmung in Sachen Abtreibung, zumindest bis zum 31.12.1992 festgeschrieben.
Solche und ähnliche Ereignisse müssen die Frage nach den Tatbestand "Abtreibung" grundsätzlich neu aufwerfen, denn das nach dem Grundgesetz der Bundesrepublik Deutschland wohl höchste Rechtsgut "menschliches Leben" ist tatsächlich am wenigsten geschützt. Strafrechtstatbestände könnten damit als politische Willkür etikettiert werden. Anthropologische und politikwissenschaftliche Begründungen und damit die grundsätzlich Bedeutung des gesamten Strafrechts könnten sohin in einer Demokratie zur Disposition gestellt werden.
Die Kernfrage aus diesen und weiteren Ereignissen und Gegebenheiten bleibt: Ist "Abtreibung" neben anderen Delikten gegen das menschliche Leben noch als eigener Strafrechtstatbestand haltbar?

Impulse zur Auseinandersetzung

- Welche Begründungen können Sie vorbringen, daß der Beginn menschlichen Lebens
  - "mit der Einnistung des befruchteten Eies in der Gebärmutter (§ 219 d StGB, vgl. auch unten 5.5.2.1.13 gegeben ist?
  - von der politischen Gewalt bestimmt wird,
  - eine subjektive Angelegenheit ist?
- Nennen Sie Merkmale der Tatbestände des § 218, 218a; 218b StGB, des § 211 StGB; des § 212 StGB; des § 213 StGB; des § 216 StGB; des § 217 StGB
- Vergleichen Sie die Merkmale dieser Tatbestände und versuchen Sie, Ihre Aussagen sachlich und fachlich zu begründen.
- Welche wissenschaftlichen Gründe können Sie beibringen a.) für die Beibehaltung eines eigenen strafrechtlichen Tatbestandes in Sachen "Abtreibung, und b.) für die Aufhebung eines eigenen strafrechtlichen Tatbestandes in Sachen "Abtreibung"?

5.5.2 Zu einigen relevanten Textauszügen aus dem Strafgesetzbuch (StGB)

5.5.2.1 Zum Paragraphen 211 StGB (Mord), Wortlaut

(1) Der Mörder wird mit lebenslanger Freiheitsstrafe bestraft.
(2) Mörder ist, wer aus Mordlust, zur Befriedigung des Geschlechtstriebs, aus Habgier oder sonst aus niedrigen Beweggründen, heimtückisch oder grausam oder mit gemeingefährlichen Mitteln oder um eine andere Straftat zu ermöglichen oder zu verdecken, einen Menschen tötet.

5.5.2.2 Zum Paragraphen 212 StGB (Totschlag)

(1) Wer einen Menschen tötet, ohne Mörder zu sein, wird als Totschläger mit Freiheitsstrafe nicht unter fünf Jahren bestraft.
(2) In besonders schweren Fällen ist auf lebenslange Freiheitsstrafe zu erkennen.

5.5.2.3 Zum Paragraphen 213 StGB (minderschwerer Fall des Totschlags)

War der Totschläger ohne eigene Schuld durch eine ihm oder einem Angehörigen zugefügte Mißhandlung oder schwere Beleidigung von dem Getöteten zum Zorne gereizt und hierdurch auf der Stelle zur Tat hingerissen worden oder liegt sonst ein minder schwerer Fall vor, so ist die Freiheitsstrafe von sechs Monaten bis zu fünf Jahren.

5.5.2.4 Zum Paragraphen 216 StGB (Tötung auf Verlangen)

(1) Ist jemand durch das ausdrückliche und erstliche Verlangen des Getöteten zur Tötung bestimmt worden, so ist auf Freiheitsstrafe von sechs Monaten bis zu fünf Jahren zu erkennen.
(2) Der Versuch ist strafbar.

5.5.2.5 Zum Paragraphen 217 StGB (Kindestötung)

(1) Eine Mutter, welche ihr nichteheliches Kind in oder gleich nach der Geburt tötet, wird mit Freiheitsstrafe nicht unter drei Jahren bestraft.
(2) In minder schweren Fällen ist die Strafe Freiheitsstrafe von sechs Monaten bis zu fünf Jahren.

5.5.2.6 Zum Paragraphen 218 StGB (Abbruch der Schwangerschaft)

(1) Wer eine Schwangerschaft abbricht, wird mit Freiheitsstrafe bis zu drei Jahren oder mit Geldstrafe bestraft.
(2) In besonders schweren Fällen ist die Strafe Freiheitstrafe von sechs Monaten bis zu fünf Jahren. Ein besonders schwerer Fall liegt in der Regel vor, wenn der Täter

1. gegen den Willen der Schwangeren handelt oder
2. leichtfertig die Gefahr des Todes oder einer schweren Gesundheitsschädigung der Schwangeren verursacht.

Das Gericht kann Führungsaufsicht anordnen (§ 68 Abs. 1 Nr. 2).

(3) Begeht die Schwangere die Tat, so ist die Strafe Freiheitsstrafe bis zu einem Jahr oder Geldstrafe. Die Schwangere ist nicht nach Satz 1 strafbar, wenn der Schwangerschaftsabbruch nach Beratung (§218 b Abs. 1 Nr. 1, 2) von einem Arzt vorgenommen worden ist und seit der Empfängnis nicht mehr als zweiundzwanzig Wochen verstrichen sind. Das Gericht kann von einer Bestrafung der Schwangeren nach Satz 1 absehen, wenn sie sich zur Zeit des Eingriffs in besonderer Bedrängnis befunden hat.
(4) Der Versuch ist strafbar. Die Frau wird nicht wegen Versuchs bestraft.

5.5.2.7 Zum Paragraphen 218a StGB (Indikations- und Schwangerschaftsabbruch)

(1) Der Abbruch der Schwangerschaft durch einen Arzt ist nicht nach § 218 strafbar, wenn 1. die Schwangere einwilligt und 2. der Abbruch der Schwangerschaft unter Berücksichtigung der gegenwärtigen und zukünftigen Lebensverhältnisse der Schwangeren nach ärztlicher Erkenntnis angezeigt ist, um eine Gefahr für das Leben oder die Gefahr einer schwerwiegenden Beeinträchtigung des körperlichen oder seelischen Gesundheitszustandes der Schwangeren abzuwenden, und die Gefahr nicht auf eine andere für sie zumutbare Weise abgewendet werden kann.
(2) Die Voraussetzungen des Absatzes 1 Nr. 2 gelten auch als erfüllt, wenn nach ärztlicher Erkenntnis
1. dringende Gründe für die Annahme sprechen, daß das Kind infolge einer Erbanlage oder schädlicher Einflüsse vor der Geburt an einer nicht behebbaren Schädigung seines Gesundheitszustandes leiden würde, die so schwer wiegt, daß von der Schwangeren die Fortsetzung der Schwangerschaft nicht verlangt werden kann,
2. an der Schwangeren eine rechtswidrige Tat nach den §§ 176 bis 179 begangen worden ist und dringende Gründe für die Annahme sprechen, daß die Schwangerschaft auf der Tat beruht, oder
3. der Abbruch der Schwangerschaft sonst angezeigt ist, um von der Schwangeren die Gefahr einer Notlage abzuwenden, die a) so schwer wiegt, daß von der Schwangeren die Fortsetzung der Schwangerschaft nicht verlangt werden kann, und b) nicht auf eine andere für die Schwangere zumutbare Weise abgewendet werden kann.
(3) In den Fällen des Absatzes 2 Nr. 1 dürfen seit der Empfängnis nicht mehr als zweiundzwanzig Wochen, in den Fällen des Absatzes 2 Nr. 2 und 3 nicht mehr als zwölf Wochen verstrichen sein.

5.5.2.8 Zum Paragraphen 218b StGB (Abbruch der Schwangerschaft ohne Beratung der Schwangeren)

(1) Wer eine Schwangerschaft abbricht, ohne daß die Schwangere
1. sich mindestens drei Tage vor dem Eingriff wegen der Frage des Abbruchs ihrer Schwangerschaft an einen Berater (Absatz 2) gewandt hat und dort über die zur Verfügung stehenden öffentlichen und privaten Hilfen für Schwangere, Mütter und Kinder beraten worden ist, insbesondere über solche Hilfen, die die Fortsetzung der Schwangerschaft und die Lage von Mutter und Kind erleichtern, und
2. von einem Arzt über die ärztlich bedeutsamen Gesichtspunkte beraten worden ist,

wird mit Freiheitsstrafe bis zu einem Jahr oder mit Geldstrafe bestraft, wenn die Tat nicht in § 218 mit Strafe bedroht ist. Die Schwangere ist nicht nach Satz 1 strafbar.

(2) Berater im Sinne des Absatzes 1 Nr. 1 ist

1. eine von einer Behörde oder Körperschaft, Anstalt oder Stiftung des öffentlichen Rechts anerkannte Beratungsstelle oder

2. ein Arzt, der nicht selbst den Schwangerschaftsabbruch vornimmt und

a) als Mitglied einer anerkannten Beratungsstelle (Nummer 1) mit der Beratung im Sinne des Absatzes 1 Nr. 1 betraut ist,

b) von einer Behörde oder Körperschaft, Anstalt oder Stiftung des öffentlichen Rechts als Berater anerkannte ist oder

c) sich durch Beratung mit einem Mitglied einer anerkannten Beratungsstelle (Nummer 1), das mit der Beratung im Sinne des Absatzes 1 Nr. 1 betraut ist, oder mit einer Sozialbehörde oder auf andere geeignete Weise über die im Einzelfall zur Verfügung stehenden Hilfen unterrichtet hat.

(3) Absatz 1 Nr. 1 ist nicht anzuwenden, wenn der Schwangerschaftsabbruch angezeigt ist, um von der Schwangeren eine durch körperliche Krankheit oder Körperschaden begründete Gefahr für ihr Leben oder ihre Gesundheit abzuwenden.

5.5.2.9 Zum Paragraphen 219 StGB (Abbruch der Schwangerschaft ohne ärztliche Feststellung)

(1) Wer eine Schwangerschaft abbricht, ohne daß ihm die schriftliche Feststellung eines Arztes, der nicht selbst den Schwangerschaftsabbruch vornimmt, darüber vorgelegen hat, ob die Voraussetzungen des § 218 a Abs. 1 Nr.2, Abs. 2,3 gegeben sind, wird mit Freiheitsstrafe bis zu einem Jahr oder mit Geldstrafe bestraft, wenn die Tat nicht in § 218 mit Strafe bedroht ist. Die Schwangere ist nicht nach Satz 1 strafbar.

(2) Ein Arzt darf Feststellungen nach Absatz 1 nicht treffen, wenn ihm die zuständige Stelle dies untersagt hat, weil er wegen einer rechtswidrigen Tat nach Absatz 1 oder den §§ 218, 218 b, 219 a, 219 b oder 219 c oder wegen einer anderen rechtswidrigen Tat, die er im Zusammenhang mit einem Schwangerschaftsabbruch begangen hat, rechtskräftig verurteilt worden ist. Die zuständige Stelle kann einem Arzt vorläufig untersagen, Feststellungen nach Absatz 1 zu treffen, wenn gegen ihn wegen des Verdachts einer der in Satz 1 bezeichneten rechtswidrigen Taten das Hauptverfahren eröffnet worden ist.

5.5.2.10 Zum Paragraphen 219 a StGB (Unrichtige ärztliche Feststellung)

(1) Wer als Arzt wider besseres Wissen eine unrichtige Feststellung über die Voraussetzungen des § 218 a Abs. 1 Nr. 2, Abs. 2, 3 zur Vorlage nach § 219 Abs. 1 trifft, wird mit Freiheitsstrafe bis zu zwei Jahren oder mit Geldstrafe bestraft, wenn die Tat nicht in § 218 mit Strafe bedroht ist.

(2) Die Schwangere ist nicht nach Absatz 1 strafbar.

5.5.2.11 Zum Paragraphen 219b StGB (Werbung für den Abbruch der Schwangerschaft)

(1) Wer öffentlich, in einer Versammlung oder durch Verbreiten von Schriften (§ 11 Abs. 3) seines Vermögensvorteils wegen oder in grob anstößiger Weise

1. eigene oder fremde Dienste zur Vornahme oder Förderung eines Schwangerschaftsabbruchs oder
2. Mittel, Gegenstände oder Verfahren, die zum Abbruch der Schwangerschaft geeignet sind, unter Hinweis auf diese Eignung anbietet, ankündigt, anpreist oder Erklärungen solchen Inhalts bekanntgibt, wird mit Freiheitsstrafe bis zu zwei Jahren oder mit Geldstrafe bestraft.
(2) Absatz 1 Nr. 1 gilt nicht, wenn Ärzte oder anerkannte Beratungsstellen (§ 218 b Abs. 2 Nr. 1) darüber unterrichtet werden, welche Ärzte, Krankenhäuser oder Einrichtungen bereit sind, einen Schwangerschaftsabbruch unter den Voraussetzungen des § 218 a vorzunehmen.
(3) Absatz 1 Nr. 2 gilt nicht, wenn die Tat gegenüber Ärzten oder Personen, die zum Handel mit den in Absatz 1 Nr. 2 erwähnten Mitteln oder Gegenständen befugt sind, oder durch eine Veröffentlichung in ärztlichen oder pharmazeutischen Fachblättern begangen wird.

5.5.2.12 Zum Paragraphen 219 c StGB (In Verkehr bringen von Mitteln zum Abbruch der Schwangerschaft)

(1) Wer in der Absicht, rechtswidrige Taten nach § 218 zu fördern, Mittel oder Gegenstände, die zum Schwangerschaftsabbruch geeignet sind, in den Verkehr bringt, wird mit Freiheitsstrafe bis zu zwei Jahren oder mit Geldstrafe bestraft.
(2) Die Teilnahme der Frau, die den Abbruch ihrer Schwangerschaft vorbereitet, ist nicht nach Absatz 1 strafbar.
(3) Mittel oder Gegenstände, auf die sich die Tat bezieht, können eingezogen werden.

5.5.2.13 Zum Paragraphen § 219 d StGB (Begriffsbestimmung)

Handlungen, deren Wirkung vor Abschluß der Einnistung des befruchteten Eies in der Gebärmutter eintritt, gelten nicht als Schwangerschaftsabbruch im Sinne dieses Gesetzes.

5.5.3 Zum Vertrag über die Herstellung der Einheit Deutschlands

Artikel 31 Abs. 4 Familie und Frauen

(4) Es ist Aufgabe des gesamtdeutschen Gesetzgebers, spätestens bis zum 31. Dezember 1992 eine Regelung zu treffen, die den Schutz vorgeburtlichen Lebens und die verfassungskonforme Bewältigung von Konfliktsituationen schwangerer Frauen vor allem durch rechtlich gesicherte Ansprüche für Frauen, insbesondere auf Beratung und soziale Hilfen besser gewährleistet, als dies in beiden Teilen Deutschlands derzeit der Fall ist. Zur Verwirklichung dieser Ziele wird in dem in Artikel 3 genannten Gebiet mit finanzieller Hilfe des Bundes unverzüglich ein flächendeckendes Netz von Beratungsstellen verschiedener Träger aufgebaut. Die Beratungsstellen sind personell und finanziell so auszustatten, daß sie ihrer Aufgabe gerecht werden können, schwangere Frauen zu beraten und ihnen notwendige Hilfen - auch über den Zeitpunkt der Geburt hinaus - zu leisten. Kommt eine Regelung in der in Satz 1 genannten Frist nicht zustande, gilt das materielle Recht in dem in Artikel 3 genannten Gebiet weiter.

5.5.4 Zum Einigungsvertrag (Auszug aus Anlage 2, Sachgebiete c: Strafrecht und Ordnungswidrigkeitenrecht, Abschnitt I, Ziffer 5)

Folgendes Recht der Deutschen Demokratischen Republik bleibt in Kraft:
5. § 1 bis § 4 Abs. 2 Satz 1 sowie § 4 Abs. 3 bis § 9 der Durchführungsbestimmung zum Gesetz über die Unterbrechung der Schwangerschaft vom 9. März 1972 (GBI.II Nr. 12 S. 149).

6. Theologie

6.1 Zum Beitrag der Theologie für das Menschenverständnis

6.1.1 Einleitende und didaktische Hinweise

Theologische Auskünfte über den Menschen - ob in der Geschichte der Menschheit als erste oder in der Geschichte des Menschen als letzte - vermitteln dem suchenden und fragenden Menschen immer schon Inhalte anderer bzw. besonderer Art. Diese Andersartigkeit bzw. besondere Qualität theologischer Aussagen kann mehrdimensional verstanden werden: Zum einen enthüllen theologische Aussagen über den Menschen dem Menschen Gehalte, die ihm durch noch so intensives philosophisches Denken und sonstiges wissenschaftliches Forschen wegen der Grenzerfahrung des Denkens verhüllt bleiben, zum anderen ereignen sich theologische Auskünfte in der Regel auf eine Art und Weise, daß dem Menschen deren inhaltliche Aussagekraft entrückt scheint.
Von den verschiedenen theologischen Auskünften über das Verständnis des Menschen, wie sie abendländische Kultur zumindest mitstiftend von Bedeutung sind, müssen die jüdischen wie die christlichen Gehalte - dies ist nicht als Gegensatz zu verstehen - eingeordnet werden. Aus diesem Grunde bleiben die nachstehenden Textauszüge auch auf solche Quellen eingeengt. Durch einige Abschnitte aus Dokumenten des 2. Vatikanischen Konzils soll die zeitentsprechende Bedeutung der biblischen Auskünfte über den Menschen eröffnet werden.

Impulse zur Auseinandersetzung mit den Textausschnitten

- Nennen Sie Grundinhalte des biblischen Menschenverständnisses.
- Setzen Sie sich mit der biblischen Auskunft, daß der Mensch ein Geschöpf, also nicht aus sich selbst ist, auseinander.
- Welche aktuelle Bedeutung hat für Sie die biblische Auskunft, daß der Mensch existentiell auf den Menschen und auf Gott verwiesen ist?
- Vergleichen Sie die eingeblendeten Aussagen des 2. Vatikanischen Konzils mit den biblischen Auskünften über das Menschenverständnis.
- Vergleichen Sie die theologischen Auskünfte über das Menschenverständnis mit den in diesem Arbeitsbuch eingespiegelten sonstigen einschlägigen Erkenntnissen über den Menschen.

6.1.2 Zu einigen theologischen Quellen zum Menschenverständnis

6.1.2.1 Zum Menschen als Geschöpf

"Da formte Gott, der Herr, den Menschen aus Erde vom Ackerboden und blies in seine Nase den Lebensatem. So wurde der Mensch zu einem lebendigen Wesen. Dann legte Gott, der Herr, in Eden, im Osten, einen Garten an und setzte dorthin den Menschen, den er geformt hatte. Gott, der Herr, ließ aus dem Ackerboden allerlei Bäume wachsen, verlockend anzusehen und mit köstlichen Früchten, in der Mitte des Gartens aber den Baum des Lebens und den Baum der Erkenntnis von Gut und Böse." *(Die Bibel. Einheitsübersetzung der Heiligen Schrift. Altes und Neues Testament. Stuttgart 1980, S. 6)*

6.1.2.2 Zur Verwiesenheit des Menschen auf eine Partnerin

18 Dann sprach Gott, der Herr: Es ist nicht gut, daß der Mensch allein bleibt. Ich
will ihm eine Hilfe machen, die ihm entspricht.
19 Gott, der Herr, formte aus dem Ackerboden alle Tiere des Feldes und alle Vö-
gel des Himmels und führte sie dem Menschen zu, um zu sehen, wie er sie be-
nennen würde. Und wie der Mensch jedes lebendige Wesen benannte, so sollte es
heißen. 20 Der Mensch gab Namen allem Vieh, den Vögeln des Himmels und al-
len Tieren des Feldes. Aber eine Hilfe, die dem Menschen entsprach, fand er
nicht.
21 Da ließ Gott, der Herr, einen tiefen Schlaf auf den Menschen fallen, so daß er
einschlief, nahm eine seiner Rippen und verschloß ihre Stelle mit Fleisch.
22 Gott, der Herr, baute aus der Rippe, die er vom Menschen genommen hatte,
eine Frau und führte sie dem Menschen zu. 23 Und der Mensch sprach: Das end-
lich ist Bein von meinem Bein und Fleisch von meinem Fleisch. Frau soll sie
heißen; denn vom Mann ist sie genommen. 24 Darum verläßt der Mann Vater und
Mutter und bindet sich an seine Frau, und sie werden ein Fleisch. 25 Beide, Adam
und seine Frau, waren nackt, aber sie schämten sich nicht voreinander." *(Gen2,
18-25)*

6.1.2.3 Zum Fall des Menschen

Der Fall des Menschen: 3,1 - 24. Die Schlange war schlauer als alle Tiere des
Feldes, die Gott, der Herr, gemacht hatte. Sie sagte zu der Frau: Hat Gott wirk-
lich gesagt: Ihr dürft von keinem Baum des Gartens essen? 2 Die Frau entgegnete
der Schlange: Von den Früchten der Bäume im Garten dürfen wir essen; 3 nur
von den Früchten des Baumes, der in der Mitte des Gartens steht, hat Gott gesagt:
Davon dürft ihr nicht essen, und daran dürft ihr nicht rühren, sonst werdet ihr
sterben.
4 Darauf sagte die Schlange zur Frau: Nein, ihr werdet nicht sterben. 5 Gott weiß
vielmehr: Sobald ihr davon eßt, gehen euch die Augen auf; ihr werdet wie Gott
und erkennt Gut und Böse. 6 Da sah die Frau, daß es köstlich wäre, von dem
Baum zu essen, daß der Baum eine Augenweide war und dazu verlockte, klug zu
werden. Sie nahm von seinen Früchten und aß; sie gab auch ihrem Mann, der bei
ihr war, und auch er aß.

[7]Da gingen beiden die Augen auf, und sie erkannten, daß sie nackt waren. Sie
hefteten Feigenblätter zusammen und machten sich einen Schutz. [8]Als sie Gott,
den Herrn, im Garten gegen den Tagwind einherschreiten hörten, versteckten
sich Adam und seine Frau vor Gott, dem Herrn, unter den Bäumen des Gartens.
[9]Gott, rief Adam zu und sprach: Wo bist du? [10]Er antwortete: Ich habe dich im
Garten kommen hören; da geriet ich in Furcht, weil ich nackt bin, und versteckte
mich. [11]Darauf fragte er: Wer hat dir gesagt, daß du nackt bist? Hast du von dem
Baum gegessen, von dem zu essen ich dir verboten habe? [12]Adam antwortete:
Die Frau, die du mir beigesellt hast, sie hat mir von dem Baum gegeben, und so
habe ich gegessen. [13]Gott, der Herr, sprach zu der Frau: Was hast du da getan?
Die Frau antwortete: Die Schlange hat mich verführt, und so habe ich gegessen.
[14]Da sprach Gott, der Herr, zur Schlange: Weil du das getan hast, bist du ver-
flucht unter allem Vieh und allen Tieren des Feldes. Auf dem Bauch sollst du
kriechen und Staub fressen alle Tage deines Lebens. [15]Feindschaft setze ich zwi-
schen dich und die Frau, zwischen deinen Nachwuchs und ihren Nachwuchs. Er
trifft dich am Kopf, und du triffst ihn an der Ferse. [16]Zur Frau sprach er: Viel
Mühsal bereite ich dir, sooft du schwanger wirst. Unter Schmerzen gebierst du
Kinder. Du hast Verlangen nach deinem Mann; er aber wird über dich herrschen.
(Gen 3, 1-24)

6.1.2.4 Zum Menschen als sündiges Wesen

Als Simon Petrus das sah, fiel er Jesus zu Füßen und sagte: Herr, geh weg von
mir; ich bin ein Sünder. [9]Denn er und alle seine Begleiter waren erstaunt und er-
schrocken, weil sie so viele Fische gefangen hatten; [10]ebenso ging es Jakobus
und Johannes, den Söhnen des Zebedäus, die mit Simon zusammenarbeiteten. Da
sagte Jesus zu Simon: Fürchte dich nicht! Von jetzt an wirst du Menschen fan-
gen. [11]Und sie zogen die Boote an Land, ließen alles zurück und folgten ihm
nach. *(ebd. Das Neue Testament S. 74)*

6.1.2.5 Zur Bedeutung theologischer Auskünfte für das Menschenverständnis

[10]Denn uns hat es Gott enthüllt durch den Geist. Der Geist ergründet nämlich
alles, auch die Tiefen Gottes. [11]Wer von den Menschen kennt den Menschen,
wenn nicht der Geist des Menschen, der in ihm ist? So erkennt auch keiner Gott -
nur der Geist Gottes. [12]Wir aber haben nicht den Geist der Welt empfangen,
sondern den Geist der aus Gott stammt, damit wir das erkennen, was uns von
Gott geschenkt worden ist. [13]Davon reden wir auch, nicht mit Worten, wie
menschliche Weisheit sie lehrt, sondern wie der Geist sie lehrt, indem wir den
Geisterfüllten das Wirken des Geistes deuten. [14]Der irdisch gesinnte Mensch
aber läßt sich nicht auf das ein, was vom Geist Gottes kommt. Torheit ist es für
ihn, und er kann es nicht verstehen, weil es nur mit Hilfe des Geistes beurteilt
werden kann. [15]Der geisterfüllte Mensch urteilt über alles, ihn aber vermag nie-
mand zu beurteilen. [16]Denn wer *begreift den Geist des Herrn? Wer kann ihn
belehren?* Wir aber haben den Geist Christi." (ebd. S. 186) *(1 Kor 2, 10-16)*

6.1.2.6 Zum alten und neuen Menschen

"Der alte und der neue Mensch: (Eph 4,17 - 24)
[17]Ich sage es euch und beschwöre euch im Herrn: Lebt nicht mehr wie die Heiden in ihrem nichtigen Denken! [18]Ihr Sinn ist verfinstert. Sie sind dem Leben, das Gott schenkt, entfremdet durch die Unwissenheit, in der sie befangen sind, und durch die Verhärtung ihres Herzens. [19]Haltlos wie sie sind, geben sie sich der Ausschweifung hin, um voll Gier jede Art von Gemeinheit zu begehen.
[20]Das aber entspricht nicht dem, was ihr von Christus gelernt habt. [21]Ihr habt doch von ihm gehört und seid unterrichtet worden in der Wahrheit, die Jesus ist.
[22]Legt den alten Menschen ab, der in Verblendung und Begierde zugrunde geht, ändert euer früheres Leben, [23]und erneuert euren Geist und Sinn! [24]Zieht den neuen Menschen an, der *nach dem Bild Gottes* geschaffen ist in wahrer Gerechtigkeit und Heiligkeit." (ebd. S. 219) *(Lk. 5,8 - 11)*

6.1.2.7 Zum Menschen als ein Gemeinschaftswesen

(Der Gemeinschaftscharakter der menschlichen Berufung) im Ratschluß Gottes) Gott, der väterlich für alle sorgt, wollte, daß alle Menschen eine Familie bilden und einander in brüderlicher Gesinnung begegnen. Alle sind ja geschaffen nach dem Bild Gottes, der "aus einem alle Völker hervorgehen ließ, die das Antlitz der Erde bewohnen" (Apg 17,26), und alle sind zu einem und demselben Ziel, d. h. zu Gott selbst berufen. Daher ist die Liebe zu Gott und zum Nächsten das erste und größte Gebot. Von der Heiligen Schrift werden wir belehrt, daß die Liebe zu Gott nicht von der Liebe zum Nächsten getrennt werden kann: "und wenn es ein anderes Gebot gibt, so ist es in diesem Wort einbegriffen: Du sollst deinen Nächsten lieben wie dich selbst... Danach ist die Liebe die Fülle des Gesetzes" (Röm 13, 9-10; 1 Jo 4, 20). Das ist offenkundig von höchster Bedeutung für die immer mehr voneinander abhängig werdenden Menschen und für eine immer stärker eins werdende Welt.
Ja, wenn der Herr Jesus zum Vater betet, "daß alle eins seien... wie auch wir eins sind" (Jo 17, 20 - 22), und damit Horizonte aufreißt, die der menschlichen Vernunft unerreichbar sind, legt er eine gewisse Ähnlichkeit nahe zwischen der Einheit der göttlichen Personen und der Einheit der Kinder Gottes in der Wahrheit und der Liebe. Dieser Vergleich macht offenbar, daß der Mensch, der auf Erden die einzige von Gott um ihrer selbst willen gewollte Kreatur ist, sich selbst nur durch die aufrichtige Hingabe seiner selbst vollkommen finden kann.[43]

Pastoralkonstitution über die Kirche in der Welt von heute des 2. Vatikanischen Konzils Ziffer 24, in: (Rahner/Vorgrimler. Kleines Konzilskompendium, S. 471 f.

6.1.2.8 Zum Menschen als ein soziales Wesen

(Die gegenseitige Abhängigkeit von menschlicher Person und menschlicher Gesellschaft) Aus der gesellschaftlichen Natur des Menschen geht hervor, daß der Fortschritt der menschlichen Person und das Wachsen der Gesellschaft als solcher sich gegenseitig bedingen. Wurzelgrund nämlich, Träger und Ziel aller ge-

sellschaftliche Institutionen ist und muß auch sein die menschliche Person, die ja von ihrem Wesen selbst her des gesellschaftlichen Lebens durchaus bedarf. Da also das gesellschaftliche Leben für den Menschen nicht etwas äußerlich Hinzukommendes ist, wächst der Mensch nach allen seinen Anlagen und kann seiner Berufung entsprechen durch Begegnung mit anderen, durch gegenseitige Dienstbarkeit und durch den Dialog mit den Brüdern. Unter den gesellschaftlichen Bindungen, die für die Entwicklung des Menschen notwendig sind, hängen die einen, wie die Familie und die politische Gemeinschaft, unmittelbarer mit seinem innersten Wesen zusammen; andere hingegen gehen eher aus seiner freien Entscheidung hervor. In unserer gegenwärtigen Zeit mehren sich beständig aus verschiedenen Ursachen die gegenseitigen Verflechtungen und Abhängigkeiten, und so entstehen mannigfache Verbindungen und Institutionen öffentlichen oder privaten Rechts. Obschon dieser Vorgang, den man als "Sozialisation" bezeichnet, gewiß nicht ohne Gefahren ist, bringt er doch viele Vorteile für die Festigung und Förderung der Eigenschaften der menschlichen Person und für den Schutz ihrer Rechte mit sich.
Wenn nun die menschliche Person zur Erfüllung ihrer Berufung, auch der religiösen, dem gesellschaftlichen Leben viel verdankt, so kann dennoch nicht geleugnet werden, daß die Menschen aus den gesellschaftlichen Verhältnissen heraus, in denen sie leben und in die sie von Kindheit an eingefangen sind, oft vom Tun des Guten abgelenkt und zum Bösen angetrieben werden. Ganz sicher stammen die so häufig in der gesellschaftlichen Ordnung vorkommenden Störungen zum Teil aus der Spannung in den wirtschaftlichen, politischen und gesellschaftlichen Gebilden selbst. Doch ihre tieferen Wurzeln sind Stolz und Egoismus der Menschen, die auch das gesellschaftliche Milieu verderben. Wenn aber einmal die objektiven Verhältnisse selbst von den Auswirkungen der Sünde betroffen sind, findet der mit Neigung zum Bösen geborene Mensch wieder neue Antriebe zur Sünde, die nur durch angestrengte Bemühung mit Hilfe der Gnade überwunden werden können. *(Pastoralkonstitution über die Kirche in der Welt von heute des 2. Vatikanischen Konzils Ziffer 25, in: (Rahner/Vorgrimler. Kleines Konzilskompendium, S. 472 f.)*

6.1.2.9 Zum Menschen als suchendem und fragenden Wesen

(Die tieferen Fragen der Menschheit). In Wahrheit hängen die Störungen des Gleichgewichts, an denen die moderne Welt leidet, mit jener tiefer liegenden Störung des Gleichgewichts zusammen, die im Herzen des Menschen ihren Ursprung hat. Denn im Menschen selbst sind viele widersprüchliche Elemente gegeben. Einerseits erfährt er sich nämlich als Geschöpf vielfältig begrenzt, andererseits empfindet er sich in seinem Verlangen unbegrenzt und berufen zu einem Leben höherer Ordnung. Zwischen vielen Möglichkeiten, die ihn anrufen, muß er dauernd unweigerlich eine Wahl treffen und so auf dieses oder jenes verzichten. Als schwacher Mensch und Sünder tut er oft das, was er nicht will, und was er tun wollte, tut er nicht. So leidet er an einer inneren Zwiespältigkeit, und daraus entstehen viele und schwere Zerwürfnisse auch in der Gesellschaft.- Freilich werden viele durch eine praktisch materialistische Lebensführung von einer klaren Erfassung dieses dramatischen Zustandes abgelenkt oder vermögen unter dem Druck ihrer Verelendung sich nicht mit ihm zu beschäftigen. Viele glauben,

in einer der vielen Weltdeutungen ihren Frieden zu finden. Andere wieder erwarten vom bloßen menschlichen Bemühen die wahre und volle Befreiung der Menschheit und sind davon überzeugt, daß die künftige Herrschaft des Menschen über die Erde alle Wünsche ihres Herzens erfüllen wird. Andere wieder preisen, am Sinn des Lebens verzweifelnd, den Mut derer, die in der Überzeugung von der absoluten Bedeutungslosigkeit der menschlichen Existenz versuchen, ihr nun die ganze Bedeutung ausschließlich aus autonomer Verfügung des Subjekts zu geben. Dennoch wächst angesichts der heutigen Weltentwicklung die Zahl derer, die die Grundfragen stellen oder mit neuer Schärfe spüren: Was ist der Mensch? Was ist der Sinn des Schmerzes, des Bösen, des Todes - alles Dinge, die trotz solchen Fortschritts noch immer weiterbestehen? Wozu diese Siege, wenn sie so teuer erkauft werden mußten? Was kann der Mensch der Gesellschaft geben, was von ihr erwarten? Was kommt nach diesem irdischen Leben?
Die Kirche aber glaubt: Christus, der für alle starb und auferstand, schenkt dem Menschen Licht und Kraft durch seinen Geist, damit er seiner höchsten Berufung nachkommen kann; es ist kein anderer Name unter dem Himmel des Menschen gegeben, in dem sie gerettet werden sollen. Sie glaubt ferner, daß in ihrem Herrn und Meister der Schlüssel, der Mittelpunkt und das Ziel der ganzen Menschheitsgeschichte gegeben ist. Die Kirche bekennt überdies, daß allen Wandlungen vieles Unwandelbare zugrunde liegt, was seinen letzten Grund in Christus hat, der derselbe ist gestern, heute und in Ewigkeit. im Licht Christi also, des Bildes des unsichtbaren Gottes, des Erstgeborenen vor aller Schöpfung, will das Konzil alle Menschen ansprechen, um das Geheimnis des Menschen zu erhellen und mitzuwirken dabei, daß für die dringlichsten Fragen unserer Zeit eine Lösung gefunden wird. *(Pastoralkonstitution über die Kirche in der Welt von heute des 2. Vatikanischen Konzils Ziffer 10, in: (Rahner/Vorgrimler. Kleines Konzilskompendium, S. 457f.)*

6.1.2.10 Zu Liebe und Friede als existentialia christlichen Menschenverständnisses

Wir können aber Gott, den Vater aller, nicht anrufen, wenn wir irgendwelchen Menschen, die ja nach dem Ebenbild Gottes geschaffen sind, die brüderliche Haltung verweigern. Das Verhalten des Menschen zu Gott dem Vater und sein Verhalten zu den Menschenbrüdern stehen in so engem Zusammenhang, daß die Schrift sagt: "Wer nicht liebt, kennt Gott nicht" (1 Jo 4,8). So wird also jeder Theorie oder Praxis das Fundament entzogen, die zwischen Mensch und Mensch, zwischen Volk und Volk bezüglich der Menschenwürde und der daraus fließenden Rechte einen Unterschied macht.
Deshalb verwirft die Kirche jede Diskriminierung eines Menschen oder jeden Gewaltakt gegen ihn um seiner Rasse oder Farbe, seines Standes oder seiner Religion willen, weil dies dem Geist Christi widerspricht. Und dementsprechend ruft die Heilige Synode, den Spuren der heiligen Apostel Petrus und Paulus folgend, die Gläubigen mit leidenschaftlichem Ernst dazu auf, daß sie "einen guten Wandel unter den Völkern führen" (1 Petr. 2,12) und womöglich, soviel an ihnen liegt, mit allen Menschen Frieden halten[14], so daß sie in Wahrheit Söhne des Vaters sind, der im Himmel ist.[15]" *(Ziffer 5 aus der "Erklärung über das Verhältnis der Kirche zu den nichtchristlichen Religionen" des 2. Vatikanischen Konzils, S. 359)*

6.2 Zum Beitrag der Theologie für das Verständnis von Ehe

6.2.1 Einleitende und didaktische Hinweise

Auf die grundsätzliche Bedeutung theologischer Auskünfte ist bereits hingewiesen worden (vgl. Kap. 6.1., Einleitung).

Wiederum werden hier vorrangig für abendländische Kultur besonders relevante theologische Aussagen zu "Ehe", "Ehebruch" aus biblischen Quellen beispielhaft und auszugsweise eingefügt. Aus mehreren Gründen wurden ebenfalls zwei Belegstellen aus dem Koran gewählt.

Ausschnitte aus Dokumenten des II. Vatikanischen Konzils zu Ehe, und zwar aus der dogmatischen Konstitution über die Kirche in der Welt von heute (Gaudium et spes) runden die exemplarische Dokumentation ab.

Impulse zur inhaltlichen Auseinandersetzung

- Versuchen Sie, wichtige Inhalte von Ehe, wie sie in den eingespiegelten Quellen des Alten Testamentes, Neuen Testamentes, Konzils und des Koran enthalten sind, zu vergleichen.
- Welche Begründungen vermitteln die Quellenauszüge für Ihre Wertung von Ehe?
- Sind Ihres Erachtens die Aussagen und deren Begründung rational nachvollziehbar oder verweisen sie unmittelbar in die Dimension des Glaubens?
- Können die hier eingefügten theologischen Auskünfte in Sachen Ehe dem Menschen heute eine Hilfe sein? Versuchen Sie, Ihre Aussagen zu begründen.
- Vergleichen Sie die theologischen Auskünfte über Ehe mit gegenwärtigen wissenschaftlichen Erkenntnissen.

6.2.2 Zu einigen theologischen Quellen zum Eheverständnis (Textauszüge)

6.2.2.1 Zum Ehebruch - eine Beleidigung des anderen

[22]Als ob es nicht genug wäre, in der Erkenntnis Gottes zu irren, nennen sie in dem heftigen Zwiespalt, den die Unwissenheit in ihr Leben bringt, so große Übel auch noch Frieden. [23]Bei kindermörderischen Festbräuchen, heimlichen Kulten oder wilden Gelagen mit fremdartigen Sitten [24]halten sie weder Leben noch Ehe rein, sondern einer tötet heimtückisch den anderen oder beleidigt ihn durch Ehebruch. [25]Alles ist ein wirres Gemisch von Blut und Mord, Diebstahl und Betrug, Verdorbenheit, Untreue, Aufruhr und Meineid; [26]es herrscht Umkehrung der Werte, undankbare Vergeßlichkeit, Befleckung der Seelen, widernatürliche Unzucht, Zerrüttung der Ehen, Ehebruch und Zügellosigkeit. [27]Die Verehrung der namenlosen Götzenbilder ist aller Übel Anfang, Ursache und Höhepunkt. [28]Sie rasen im Freudentaumel, weissagen Lügen, leben in Ungerechtigkeit oder schwören leichthin einen Meineid. [29]Im Vertrauen auf leblose Götzen fürchten sie nicht, daß ihre Meineide ihnen schaden könnten. [30]Jedoch für beides wird sie die gerechte Strafe treffen: daß sie sich von Gott eine falsche Vorstellung machten, indem sie Götzenbilder verehrten, und daß sie unter Mißachtung der Heiligkeit des Eides hinterlistig und ungerecht schworen. [31]Es ist nie die Macht derer, bei denen sie schworen, sondern immer die den Sündern gebührende Strafe, die die Vergehen der Frevler verfolgt.

Die Bibel. Einheitsübersetzung der Heiligen Schrift. Altes und neues Testament. Stuttgart 1980, S. 779 (AT 14, 22-31)

6.2.2.2 Zur christlichen Ehe

Nun zu den Anfragen eures Briefes! "Es ist gut für den Mann, keine Frau zu berühren". Wegen der Gefahr der Unzucht soll aber jeder seine Frau haben, und jede soll ihren Mann haben. Der Mann soll seine Pflicht gegenüber der Frau erfüllen und ebenso die Frau gegenüber ihrem Mann. Nicht die Frau verfügt über ihren Leib, sondern der Mann. Ebenso verfügt nicht der Mann über seinen Leib, sondern die Frau. Entzieht euch einander nicht, außer im gegenseitigen Einverständnis und nur eine Zeitlang, um für das Gebet frei zu sein. Dann kommt wieder zusammen, damit euch der Satan nicht in Versuchung führt, wenn ihr euch nicht enthalten könnt. Das sage ich als Zugeständnis, nicht als Gebot. Ich wünschte Euch, alle Menschen wären (unverheiratet) wie ich. Doch jeder hat seine Gnadengabe von Gott, der eine so, der andere so.

Die Bibel. Einheitsübersetzung der Heiligen Schrift. Altes und neues Testament. Stuttgart 1980, S. 188 (NT 1 Kor 7,1-7)

6.2.2.3 Zur Ehe mit Heiden und zur Ehescheidung

Den Unverheirateten und den Witwen sage ich: Es ist gut, wenn sie so bleiben wie ich. Wenn sie aber nicht enthaltsam leben können, sollen sie heiraten. Es ist besser zu heiraten, als sich in Begierde zu verzehren. Den Verheirateten gebiete nicht ich, sondern der Herr: Die Frau soll sich vom Mann nicht trennen - wenn sie sich aber trennt, so bleibe sie unverheiratet oder versöhne sich wieder mit dem Mann -, und der Mann darf die Frau nicht verstoßen.
Den übrigen sage ich, nicht der Herr: Wenn ein Bruder eine ungläubige Frau hat und sie willigt ein, weiter mit ihm zusammenzuleben, soll er sie nicht verstoßen. Auch eine Frau soll ihren ungläubigen Mann nicht verstoßen, wenn er einwilligt, weiter mit ihr zusammenzuleben. Denn der ungläubige Mann ist durch die Frau geheiligt, und die ungläubige Frau ist durch ihren gläubigen Mann geheiligt. Sonst wären eure Kinder unrein; sie sind aber heilig. Wenn aber der Ungläubige sich trennen will, soll er es tun. Der Bruder oder die Schwester ist in solchen Fällen nicht wie ein Sklave gebunden; zu einem Leben in Frieden hat Gott euch berufen. Woher weißt du denn, Frau, ob du den Mann retten kannst? Oder woher weißt du, Mann, ob du die Frau retten kannst?

Die Bibel. Einheitsübersetzung der Heiligen Schrift. Altes und neues Testament. Stuttgart 1980, S. 188f. (NT 1 Kor 7, 8-16)

6.2.2.4 Zur Ehrbarkeit der Ehe

Die Bruderliebe soll bleiben. Vergeßt die Gastfreundschaft nicht; denn durch sie haben einige, ohne es zu ahnen, Engel beherbergt. Denkt an die Gefangenen, als wäret ihr mitgefangen; denkt an die Mißhandelten, denn auch ihr lebt noch in eurem irdischen Leib. Die Ehe soll von allen in Ehre gehalten werden, und das Ehebett bleibe unbefleckt; denn Unzüchtige und Ehebrecher wird Gott richten. Euer Leben sei frei von Habgier; seid zufrieden mit dem, was ihr habt; denn Gott hat versprochen: *Ich lasse dich nicht fallen und verlasse dich nicht.*

Die Bibel. Einheitsübersetzung der Heiligen Schrift. Altes und neues Testament. Stuttgart 1980, S. 261. (NT 1 Hebr 13, 1-5)

6.2.2.5 Zur Ehe als Sakrament

Die christlichen Gatten endlich bezeichnen das Geheimnis der Einheit und der fruchtbaren Liebe zwischen Christus und der Kirche und bekommen daran Anteil (vgl. Eph 5, 32). Sie fördern sich kraft des Sakramentes der Ehe gegenseitig zur Heiligung durch das eheliche Leben sowie in der Annahme und Erziehung der Kinder und haben so in ihrem Lebensstand und in ihrer Ordnung ihre eigene Gabe im Gottesvolk (vgl. 1 Kor, 7, 7). Aus diesem Ehebund nämlich geht die Familie hervor, in der die neuen Bürger der menschlichen Gesellschaft geboren werden, die durch die Gnade des Heiligen Geistes in der Taufe zu Söhnen Gottes gemacht werden, um dem Volke Gottes im Fluß der Zeiten Dauer zu verleihen.

In solch einer Art Hauskirche sollen die Eltern durch Wort und Beispiel für ihre Kinder die ersten Glaubensboten sein und die einem jeden eigene Berufung fördern, die geistliche aber mit besonderer Sorgfalt.

Rahner/Vorgrimmler: Kleines Konzilskompendium, S. 136; Dogmatische Konstitution über die Kirche - Lumen gentium, Ziffer 11 (Auszug)

6.2.2.6 Zur Ehe in der heutigen Welt

(Ehe und Familie in der heutigen Welt). Das Wohl der Person sowie der menschlichen und christlichen Gesellschaft ist zuinnerst mit einem Wohlergehen der Ehe- und Familiengemeinschaft verbunden. Darum begrüßen die Christen zusammen mit allen, welche diese Gemeinschaft hochschätzen, aufrichtig all die verschiedenen Hilfen, mittels derer man heute in der Förderung dieser Gemeinschaft der Liebe und im Schutz des Lebens vorwärtskommt und gatten und Eltern bei ihrer großen Aufgabe unterstützt werden. Die Christen hoffen von daher auf noch bessere Resultate und suchen dazu beizutragen.
Jedoch nicht überall erscheint die Würde dieser Institution in gleicher Klarheit. Polygamie, um sich greifende Ehescheidung, sogenannte freie Liebe und andere Entartungen entstellen diese Würde. Darüberhinaus wird die eheliche Liebe öfters durch Egoismus, bloße Genußsucht und durch unerlaubte Praktiken gegen die Fruchtbarkeit der Ehe entweiht. Außerdem tragen die heutigen wirtschaftlichen, sozialpsychologischen und staatlichen Verhältnisse erhebliche Störungen in die Familie hinein. Schließlich werden in manchen Teilen der Welt die Probleme der Bevölkerungszunahme mit Besorgnis registriert. Durch all dies wird das gewissen der Menschen beunruhigt. Andererseits zeigen sich Bedeutung und Stärke von Ehe und Familie als Institution gerade dadurch, daß sogar die tiefgreifenden Veränderungen der heutigen Gesellschaft trotz aller daraus entstehenden Schwierigkeiten sehr oft die wahre Eigenart dieser Institution in der verschiedensten Weise deutlich werden lassen.
Darum will das Konzil durch besondere Hervorhebung bestimmter Hauptpunkte der kirchlichen Lehre die Christen und alle jene Menschen belehren und bestärken, die die ursprüngliche Würde der Ehe und ihren hohen heiligen Wert zu schützen und zu fördern suchen.

Rahner/Vorgrimmler: Kleines Konzilskompendium, S. 497; Dogmatische Konstitution über die Kirche - Gaudium et spes, Ziffer 47, vgl. auch Kap. 6.3 des vorliegenden Readers)

6.2.2.7 Zur Heirat mit Heiden

Und heiratet nicht eher Heidinnen als sie gläubig geworden sind; wahrlich, eine gläubige Sklavin ist besser als eine Heidin, auch wenn sie euch gefällt. Und verheiratet (eure Töchter) nicht eher an Heiden als sie gläubig wurden; und wahrlich ein gläubiger Sklave ist besser als ein Heide, auch wenn er euch gefällt.

Der Koran. 2. Sure, Ziffer 220. In der Übersetzung von Max Henning. Stuttgart 1989, S. 53

6.2.2.8 Zur Vielweiberei

Und so ihr fürchtet, nicht Gerechtigkeit gegen die Waisen zu üben, so nehmt euch zu Weibern, die euch gut dünken, (nur) zwei oder drei oder vier; und so ihr (auch dann) fürchtet, nicht billig zu sein,, heiratet nur eine oder was eure Rechte (an Sklavinnen) besitzt. Solches schützt euch eher vor Ungerechtigkeit. Und gebet den Weibern ihre Morgengabe freiwillig. Und so sie euch gern etwas davon erlassen, so genießet es bekömmlich und zum Wohlsein.

Der Koran. 4. Sure, Ziffer 3. In der Übersetzung von Max Henning. Stuttgart 1989

6.3 Zum Beitrag der Theologie für das Familienverständnis

6.3.1 Einleitende und didaktische Hinweise

Zum Beitrag der Theologie für das Menschenverständnis und für das Verständnis von Ehe sind oben (vgl. 6.1 und 6.2) bereits verschiedene Auszüge aus relevanten Quellen eingeblendet worden. Theologie hat sich - und dies nicht erst in neuerer und neuester Zeit - verstärkt auch mit dem Verständnis von Familie befaßt. Daß katholische Theologie das Familienverständnis mit besonderem Nachdruck thematisierte, kann zweifelsohne auch mit dem sakramentalen Stellenwert von Ehe in Verbindung gebracht werden. Verschiedene human-wissenschaftliche Erkenntnisse sind dafür sicherlich von zusätzlicher Bedeutung.

Es können wiederum nur einige Texte berücksichtigt werden, so Auszüge aus Dokumenten des 11. Vatikanischen Konzils, beispielsweise aus dem Dekret über das Laienapostolat, der Konstitution über die Kirche in der Welt von heute und aus der dogmatischen Konstitution über die Kirche und verschiedene Auszüge aus dem apostolischen Schreiben "Familiaris consortio". Sicherlich ist gerade zu diesem Thema das Studium der ganzen Texte besonders zu empfehlen.

Impulse zur inhaltlichen Auseinandersetzung mit den Textauszügen

- Nennen Sie einige notwendige (konstitutive) Merkmale für das Familienverständnis in den eingeblendeten Textauszügen.
- Versuchen Sie, Begründungen für das Familienverständnis in den erwähnten Quellen auszumachen.
- Können Sie die beigebrachten Argumente nachvollziehen?
- Welche Familienrechte scheinen Ihnen heute mehr denn je unmittelbar auf nationaler Ebene bzw. auf internationaler Ebene durchsetzbar bzw. durchsetzungswürdig und durchsetzungsbedürftig?
- Was müssen Ihres Erachtens der nationale Gesetzgeber und internationale Gremien zum Schutze und zur Förderung von Familie heute mit Nachdruck veranlassen?
- Was müßte, könnte Kirche tun, um Schutz und Förderung von Familie zu erhärten?

6.3.2 Zu einigen relevanten Textauszügen

6.3.2.1 Zu Dokumenten des II. Vatikanischen Konzils (Auszüge)

6.3.2.1.1 Zum Dekret über das Apostolat der Laien (Ziff. 11)

Schon immer war es Pflicht der Gatten, heute aber ist es ein hochbedeutsamer Teil ihres Apostolates geworden: die Unauflöslichkeit und Heiligkeit des ehelichen Bandes durch ihr Leben sichtbar zu machen und zu erweisen, Recht und Pflicht der Eltern und Vormünder zur christlichen Erziehung ihrer Kinder entschlossen zu vertreten sowie die Würde und das rechtmäßige Eigenleben der Familie zu verteidigen. Sie, wie auch alle übrigen Christen, mögen mit allen Menschen guten Willens daraufhin zusammenarbeiten, daß diese Rechte in der bürgerlichen Gesetzgebung gesichert bleiben. Die Führung des Gemeinwesens soll den Bedürfnissen der Familien hinsichtlich Wohnung, Kindererziehung, Arbeitsbedingungen, sozialer Sicherheit und Steuern Rechnung tragen. In der Organisation des Aus- und Einwanderungswesens soll das Zusammenleben der Familie in jeder Weise sichergestellt sein.
Die Familie selbst empfing von Gott die Sendung, Grund- und Lebenszelle der Gesellschaft zu sein. Diese Sendung wird sie erfüllen, wenn sie sich in der gegenseitigen Liebe ihrer Glieder und im gemeinsamen Gebet vor Gott als häusliches Heiligtum der Kirche erweist; wenn sich die ganze Familie in den liturgischen Gottesdienst der Kirche eingliedert; wenn schließlich die Familie zu echter Gastfreundschaft bereit ist, Gerechtigkeit und andere gute Werke zum Dienst aller notleidenden Brüder fördert. Unter den verschiedenen Werken des Familienapostolates seien folgende genannt: verlassene Kinder an Kindes Statt annehmen, Fremde freundlich aufnehmen, bei der Gestaltung des Schullebens helfend mitwirken, Heranwachsenden mit Rat und Tat zur Seite stehen, Brautleuten zu einer besseren Ehevorbereitung helfen, in der Katechese mitarbeiten, Eheleute und Familien in materieller und sittlicher Not stützen, alte Menschen nicht nur mit dem Notwendigen versehen, sondern ihnen auch einen angemessenen Anteil am wirtschaftlichen Fortschritt zukommen lassen.

Rahner/Vorgrimler. Kleines Konzilskompendium. 1966. S. 402 f.

6.3.2.1.2 Zur Konstitution über die Kirche in der Welt von heute (52)

(Die Sorge aller um die Förderung von Ehe und Familie). Die Familie ist eine Art Schule reich entfalteter Humanität. Damit sie aber ihr Leben und ihre Sendung vollkommen verwirklichen kann, sind herzliche Seelengemeinschaft, gemeinsame Beratung der Gatten und sorgfältige Zusammenarbeit der Eltern bei der Erziehung der Kinder erforderlich. Zu ihrer Erziehung trägt die anteilnehmende Gegenwart des Vaters viel bei. Aber auch die häusliche Sorge der Mutter, deren besonders die jüngeren Kinder bedürfen, ist zu sichern, ohne daß eine berechtigte gesellschaftliche Hebung der Frau dadurch irgendwie beeinträchtigt wird. Die Kinder sollen so erzogen werden, daß sie erwachsen in vollem Verständnis für ihre Verantwortung ihrer Berufung, auch einer geistlichen, folgen

und einen Lebensstand wählen können, in dem sie, wenn sie heiraten, eine eigene Familie gründen können, und dies unter günstigen sittlichen, gesellschaftlichen und wirtschaftlichen Voraussetzung. Es ist Aufgabe der Eltern oder Erzieher, die jungen Menschen bei der Gründung einer Familie mit klugem Rat, den sie gern hören sollen, anzuleiten. Doch sollen sie sich dabei hüten, sie mit direktem oder indirektem Zwang zum Eingehen einer Ehe oder zur Wahl des Partners zu bestimmen.

So ist die Familie, in der verschiedene Generationen zusammenleben und sich gegenseitig helfen, um zu größerer Weisheit zu gelangen und die Rechte der einzelnen Personen mit den anderen Notwendigkeiten des gesellschaftlichen Lebens zu vereinbaren, das Fundament der Gesellschaft. Deshalb müssen alle, die einen Einfluß auf Gemeinden und gesellschaftliche Gruppen haben, zur Förderung von Ehe und Familie wirksam beitragen. Die staatliche Gewalt möge es als ihre heilige Aufgabe betrachten, die wahre Eigenart von Ehe und Familie anzuerkennen, zu hüten und zu fördern, die öffentliche Sittlichkeit zu schützen und den häuslichen Wohlstand zu begünstigen. Das Recht der Eltern auf Zeugung der Nachkommenschaft und auf Erziehung in der Familie ist zu sichern. Durch umsichtige Gesetzgebung und andere Maßnahmen soll auch für diejenigen Sorge getragen und entsprechende Hilfe gegeben werden, die das Gut der Familie leider entbehren müssen. Die christlichen Laien, die die Gegenwart auszukaufen und das Ewige von den wandelbaren Formen zu unterscheiden haben, mögen die Werte der Ehe und Familie durch das Zeugnis ihres eigenen Lebens wie durch Zusammenarbeit mit den anderen Menschen guten Willens eifrig fördern, und so werden sie trotz aller Schwierigkeiten für die Familie das erreichen, was sie braucht, und auch das, was die moderne Zeit an Vorteilen bietet. Um dieses Ziel zu erreichen, sind die christliche Gesinnung der Gläubigen, das richtige sittliche Gewissen der Menschen und eine weise Erfahrung theologischer Fachleute von großem Nutzen. Die Fachleute in den Wissenschaften, besonders in Biologie, Medizin, Sozialwissenschaften und Psychologie, können dem Wohl von Ehe und Familie und dem Frieden des Gewissens sehr dienen, wenn sie durch ihre gemeinsame wissenschaftliche Arbeit die Voraussetzungen für eine sittlich einwandfreie Geburtenregelung genauer zu klären suchen.

Die Seelsorger haben die Aufgabe, unter Voraussetzung einer genügenden Kenntnis des Familienproblems, mittels der verschiedenen pastoralen Hilfen, durch die Verkündigung des Wortes Gottes, durch die Feier der Liturgie und durch anderen geistlichen Beistand, die Berufung der Gatten in ihrem Ehe- und Familienleben zu fördern, sie menschlich und geduldig in Schwierigkeiten zu stützen und sie in der Liebe zu stärken, damit Familien von großer Ausstrahlungskraft entstehen. Mancherlei Einrichtungen, besonders Familienvereinigungen, mögen den Jugendlichen und den Eheleuten selbst, besonders den Jungverheirateten, durch Rat und Tat beistehen und helfen, sie zu einem Familienleben hinzuführen, das seiner gesellschaftlichen und apostolischen Aufgabe gerecht wird. Die Ehegatten selber aber sollen, nach dem Bild des lebendigen Gottes geschaffen, in eine wahre personale Ordnung gestellt, eines Strebens, gleichen Sinnes und in gegenseitiger Heiligung vereint sein, damit sie, Christus, dem Ursprung des Lebens, folgend, in den Freuden und Opfern ihrer Berufung durch ihre treue Liebe Zeugen jenes Liebesgeheimnisses werden, das der Herr durch seinen Tod und seine Auferstehung der Welt geoffenbart hat.

Rahner/Vorgrimmler: Kleines Konzilskompendium 1966, S. 504 - 506

6.3.2.1.3 Zur Dogmatischen Konstitution über die Kirche (Zf.11 Auszug)

Aus diesem Ehebund nämlich geht die Familie hervor, in der die neuen Bürger der menschlichen Gesellschaft geboren werden, die durch die Gnade des Heiligen Geistes in der Taufe zu Söhnen Gottes gemacht werden, um dem Volke Gottes im Fluß der Zeiten Dauer zu verleihen. In solch einer Art Hauskirche sollen die Eltern durch Wort und Beispiel für ihre Kinder die ersten Glaubensboten sein und die einem jeden eigene Berufung fördern, die geistliche aber mit besonderer Sorgfalt.

Rahner/Vorgrimmler: Kleines Konzilskompendium 1966, S. 136

6.3.2.2 Zum Lehrschreiben "Familiaris consortio"

6.3.2.2.1 Zur Familie als Gemeinschaft von Personen (Ziffer 15)

In Ehe und Familie bilden sich vielfältige interpersonale Beziehungen heraus - die bräutliche, die väterliche und mütterliche, die kindliche, die geschwisterliche -, durch die jede menschliche Person in die "Familie der Menschheit" und die "Familie Gottes", die Kirche, eingeführt wird. Christliche Ehe und Familie bauen die Kirche auf: wird doch die menschliche Person in der Familie nicht nur gezeugt und durch die Erziehung allmählich in die menschliche Gemeinschaft eingeführt, sondern durch die Neugeburt in der Taufe und die Glaubenserziehung auch eingeführt in die Familie Gottes, die Kirche.
Die von der Sünde entzweite Menschheitsfamilie wird durch die erlösende Kraft von Christi Tod und Auferstehung in ihrer Einheit wiederhergestellt. Die christliche Ehe hat an der heilbringenden Wirkung dieses Ereignisses Anteil und ist der natürliche Ort, wo sich die Eingliederung der menschlichen Person in die große Familie der Kirche vollzieht. Der im Anfang an Mann und Frau gerichtete Auftrag, zu wachsen und sich zu vermehren, erreicht auf diese Art seien ganz Wahrheit und seine volle Verwirklichung. Die Kirche findet so in der aus dem Sakrament geborenen Familie ihre Wiege und den Ort, wo sie sich den Generationen der Menschheit und diese mit sich verbindet". *(Verlautbarungen des Apostolischen Stuhls Nr. 33, S. 19)*

6.3.2.2.2 Zur Familie als größere Gemeinschaft (Ziffer 21)

Die Ehegemeinschaft bildet das Fundament, auf dem die größere Gemeinschaft der Familie sich aufbaut, der Eltern und Kinder, der Brüder und Schwestern, der Verwandten und sonstigen Hausgenossen.
Diese Gemeinschaft wurzelt in den natürlichen Banden von Fleisch und Blut und entfaltet sich, wobei sie ihre eigentlich menschliche Vollendung im Entstehen

und Reifen der noch tieferen und reicheren Bande des Geistes findet. Die Liebe, die die zwischenmenschlichen Beziehungen der verschiedenen Familienmitglieder beseelt, stellt die innere Kraft dar, welche die familiäre Einheit und Gemeinschaft gestaltet und lebendig macht. Die christliche Familie ist sodann berufen, die Erfahrung einer neuen und eigenen Einheit zu machen, welche die natürliche und menschliche bestätigt und vervollkommnet. Ist doch die Gnade Jesu Christi, "des Erstgeborenen unter vielen Brüdern", durch ihre Natur und innere Dynamik eine "Gnade der Brüderlichkeit", wie sie der heilige Thomas von Aquin nennt. Der im Sakrament ausgegossene Heilige Geist ist die lebendige Wurzel und die unerschöpfliche Nahrung der übernatürlichen Gemeinschaft, die die Gläubigen versammelt und mit Christus und untereinander in der Einheit der Kirche Gottes verbindet. Eine spezifische Darstellung und Verwirklichung dieser kirchlichen Gemeinschaft ist die christliche Familie, die deshalb auch "Hauskirche" genannt werden kann und muß.
Alle Mitglieder der Familie haben, jedes nach seinen eigenen Gaben, die Gnade und die Verantwortung, täglich personale Gemeinschaft aufzubauen und dabei aus der Familie eine "Schule reich entfalteter Humanität zu machen. Das geschieht durch die sorgende Liebe zu den Kleinen, den Kranken und den Alten, durch den täglichen gegenseitigen Dienst, durch das Teilen der Güter, der Freuden und der Leiden.

Ein grundlegendes Element zum Aufbau einer solchen Gemeinschaft bildet der erzieherische Austausch zwischen Eltern und Kindern, bei dem jeder gibt und empfängt. Durch die Liebe, die Achtung, en Gehorsam gegen die Eltern leisten die Kinder ihren spezifischen und unersetzlichen Beitrag zum Aufbau einer recht menschlichen und christlichen Familie. Das wird ihnen leichter gemacht, wenn die Eltern ihre unverzichtbare Autorität als einen wirklichen und echten "Dienst" ausüben, der auf das menschliche und christliche Wohl der Kinder ausgerichtet ist, im besonderen darauf, daß diese eine wahrhaft verantwortliche Freiheit gewinnen, und wenn in den Eltern das Bewußtsein des "Geschenks" lebendig bleibt, das ihnen ständig in den Kindern zuteil wird.

Die Familiengemeinschaft kann nur mit großem Opfergeist bewahrt und vervollkommnet werden. Sie verlangt in der Tat eine hochherzige Bereitschaft aller und jedes einzelnen zum Verstehen, zur Toleranz, zum Verzeihen, zur Versöhnung. Jede Familie weiß, wie Ichsucht, Zwietracht, Spannungen und Konflikte ihre Gemeinschaft schwer verletzen und manchmal tödlich treffen: daher die vielfachen und mannigfaltigen Formen von Spaltung im Familienleben. Aber gleichzeitig ist jede Familie immer vom Gott des Friedens gerufen, die frohe und erneuernde Erfahrung der "Versöhnung" zu machen, der wiederhergestellten Gemeinschaft, der wiedergefundenen Einheit. Im besonderen der Empfang des Bußsakraments und die Teilnahme am Mahl des einen Leibes Christi schenkt der christlichen Familie die Gnade und die Verantwortung, alle Spaltungen zu überwinden und auf die volle Wirklichkeit der von Gott gewollten Gemeinschaft zuzugehen und so dem innigen Wunsch des Herrn zu entsprechen, daß "alle eins seien".

6.3.2.2.3 Zur Familie als Grund- und Lebenszelle der Gesellschaft (Ziffer 42)

Der Schöpfer aller Dinge hat die eheliche Gemeinschaft zum Ursprung und Fundament der menschlichen Gesellschaft bestimmt", so ist die Familie die "Grund- und Lebenszelle der Gesellschaft" geworden.
Die Familie ist in lebendiger, organischer Weise mit der Gesellschaft verbunden; denn durch ihren Auftrag, dem Leben zu dienen, bildet sie deren Grundlage und ständigen Nährboden. In der Familie wachsen ja die Bürger heran, und dort finden sie auch ihre erste Schule für jene sozialen Tugenden, die das Leben und die Entwicklung der Gesellschaft von innen her tragen und gestalten. So ergibt sich aus der Natur und Berufung der Familie, daß sie sich auf keinen Fall in sich selbst verschließen darf, sondern sich vielmehr auf die anderen Familien und die Gesellschaft hin öffnen und so ihre gesellschaftliche Aufgabe wahrnehmen muß.

6.3.2.2.4 Zur Charta der Familienrechte (Ziffer 46)

Das Ideal gegenseitiger Hilfe und Förderung zwischen Familie und Gesellschaft stößt oft, und zwar sehr massiv, auf die harte Wirklichkeit, daß beide voneinander getrennt, ja sogar in einen Gegensatz zueinander geraten sind. In der Tat, so beklagt es die Synode immer wieder, ist die Lage sehr vieler Familien in verschiedenen Ländern mit zahlreichen Problemen verbunden, ja oft genug ausgesprochen belastet: Institutionen und Gesetze mißachten willkürlich die unverletzlichen Rechte der Familie, ja der menschlichen Person, und die Gesellschaft geht, anstatt sich in den Dienst der Familie zu stellen, gegen deren Werte und Grundbedürfnisse gewaltsam vor. Die Familie, die im Plane Gottes die erste Lebenszelle der Gesellschaft und noch vor dem Staat und jeder anderen Gemeinschaft Träger von Rechten und Pflichten ist, wird so zum Opfer einer Gesellschaft, deren Hilfsmaßnahmen oft schleppend oder zu spät kommen, und die ihr gegenüber sogar offenkundige Ungerechtigkeiten begeht. Darum verteidigt die Kirche offen und nachdrücklich die Rechte der Familie vor den untragbaren Anmaßungen der Gesellschaft und des Staates. Im einzelnen haben die Väter der Synode unter anderem folgende Rechte der Familie genannt:

- das Recht, als Familie zu leben und sich zu entwickeln, das heißt das Recht jedes Menschen, besonders auch der Armen, eine Familie zu gründen und sie mit den nötigen Mitteln zu unterhalten;
- das Recht, die eigene Verantwortung in der Weitergabe des Lebens und in der Erziehung der Kinder wahrzunehmen;
- das Recht auf Intimität für den ehelichen und familiären Bereich;
- das Recht auf Dauerhaftigkeit der ehelichen Bindung und Institution;
- das Recht, einen Glauben zu haben, ihn zu bekennen und zu verbreiten;
- das Recht, die Kinder nach den eigenen religiösen wie kulturellen Traditionen und Werten mit den notwendigen Hilfen, Mitteln und Einrichtungen zu erziehen;
- das Recht auf leibliche, soziale, politische und wirtschaftliche Sicherheit, besonders der Armen und der Kranken;

- das Recht auf eine geeignete Wohnung, die ein angemessenes Familienleben ermöglicht;
- das Recht, die eigenen Anliegen vor den wirtschaftlichen, sozialen und kulturellen Behörden auf oberer und unterer Ebene auszudrücken und zu vertreten, sei es persönlich oder mit Hilfe von Verbänden;
- das Recht, mit anderen Familien und Institutionen Verbände zu bilden, um die eigenen Aufgaben gut und schnell erfüllen zu können;
- das Recht, die Minderjährigen vor schädlichen Drogen, Pornographie, Alkoholismus usw. mit Hilfe von entsprechenden Einrichtungen und Gesetzgebungen zu schützen;
- das Recht auf eine sinnvolle Freizeit, die auch die Werte der Familie fördert;
- das Recht der alten Menschen auf ein menschenwürdiges Leben und Sterben;
- das Recht, als Familie auswandern zu können, um bessere Lebensbedingungen zu suchen.

Der Heilige Stuhl wird die ausdrückliche Bitte der Synode aufgreifen und diese Anregungen durch die Erstellung einer "Charta der Familienrechte" weiterführen, die den in Frage kommenden Gremien und Autoritäten überreicht werden soll. (ebd. S. 49 f.)

6.4 Zum Beitrag der Theologie für die Verhältnisbestimmung von Ehe und Familie in der Gesellschaft

6.4.1 Einleitende und didaktische Hinweise

In den voraufgegangenen Abschnitten (sh. oben 6.1 - 6.3) wurde bereits mehrfach in den eingespiegelten Textauszügen auch auf Zusammenhänge und damit auf das Verhältnis von Ehe und Familie hingewiesen. Deshalb sind diese texte ebenfalls für die Hier aufgewiesene Thematik von Bedeutung.

die Grundsätzlichkeit der Verhältnisbestimmung von Ehe und Familie rechtfertigt jedoch die zusätzliche Aufnahme weiterer thematischer Textauszüge aus theologischen Quellen. Abermals sind es neuere und neueste Dokumente, so des II. Vatikanischen Konzils und aus Familiaris consortio.

Impulse zur inhaltlichen Auseinandersetzung

- Nennen Sie zentrale Zusammenhänge zwischen Ehe und Familie, wie sie in den Textauszügen enthalten sind.
- Versuchen Sie, die enthaltenen Begründungen für den Zusammenhang auszumachen und sachlich zu prüfen.
- Können die in den Texten beigebrachten Zusammenhänge von Ehe und Familie und deren Begründungen auch von Nichtchristen nachvollzogen werden?
- Ist die in diesen theologischen Texten enthaltene Verhältnisbestimmung von Ehe und Familie a. heute auch wissenschaftlich begründbar und daher b. von der Gesetzgebung unbedingt zu beachten oder c. von der Gesetzgebung nicht zu beachten?
- Wie könnten/würden Sie das Verhältnis von Ehe und Familie bestimmen und wie können Sie Ihre Aussagen begründen?

6.4.2 Zu einigen relevanten Dokumenten des II. Vatikanischen Konzils (Textauszüge)

6.4.2.1 Zur Dogmatischen Konstitution über die Kirche (Ziffer 35, Auszug)

Wie die Sakramente des Neuen Bundes, durch die das Leben und der Apostolat der Gläubigen genährt werden, einen neuen Himmel und eine neue Erde (vgl. Apk. 21, 1) vorbilden, so werden die Laien gültige Verkünder des Glaubens an die zu erhoffenden Dinge (vgl. Hebr. 11,1), wenn sie mit dem Leben aus dem Glauben ohne Zögern das Bekenntnis des Glaubens verbinden. Diese Evangelisation, das heißt die Verkündigung der Botschaft Christi durch das Zeugnis des Lebens und das Wort, bekommt eine eigentümliche Prägung und besondere Wirksamkeit von da her, daß sie in den gewöhnlichen Verhältnissen der Welt erfüllt wird.

In dieser Aufgabe erscheint als besonders wertvoll jener Lebensstand, der durch ein besonderes Sakrament geheiligt wird, das Ehe- und Familienleben. Dort gibt es eine hervorragende Übung und Schule des Laienapostolates, wo die christliche Religion die ganze Einrichtung des Lebens durchdringt und von Tag zu Tag mehr umbildet. Dort haben die Eheleute ihre eigene Berufung, sich gegenseitig und den Kindern den Glauben und die Liebe Christi zu bezeugen. Die christliche Familie verkündet mit lauter Stimme die gegenwärtige Wirkkraft des Gottesreiches, besonders aber auch die Hoffnung auf das selige Leben. So überführt sie durch Beispiel und Zeugnis die Welt der Sünde und erleuchtet jene, die die Wahrheit suchen.

Daher können und müssen die Laien, wenn auch den zeitlichen Sorgen verpflichtet, eine wertvolle Wirksamkeit zur Evangelisation der Welt ausüben. Wenn nun einige von ihnen beim Mangel an geweihten Amtsträgern oder bei deren Verhinderung unter einem Verfolgungsregime nach Möglichkeit gewisse heilige Aufgaben stellvertretend erfüllen und viele von ihnen ihre ganzen Kräfte dem apostolischen Werk widmen, so müssen doch alle zur Ausweitung und zum Wachstum des Reiches Christi in der Welt mitarbeiten. Deshalb sollen die Laien sich um eine tiefere Kenntnis der geoffenbarten Wahrheit bemühen und inständig von Gott die Gabe der Weisheit erbitten.

6.4.2.2 Zur Pastoralkonstitution über die Kirche in der Welt von heute

50 (Die Fruchtbarkeit der Ehe) Ehe und eheliche Liebe sind ihrem Wesen nach auf die Zeugung und Erziehung von Nachkommenschaft ausgerichtet. Kinder sind gewiß die vorzüglichste Gabe für die Ehe und tragen zum Wohl der Eltern selbst sehr viel bei. Derselbe Gott, der gesagt hat: "Es ist nicht gut, daß der Mensch allein sei" (Gn 2,28), und "der den Menschen von Anfang an als Mann und Frau schuf" (Mt 19, 14), wollte ihm eine besondere Teilnahme an seinem schöpferischen Wirken verleihen, segnete darum Mann und Frau und sprach: "Wachset und mehret euch" (Gn 1,28). Ohne Hintansetzung der übrigen Eheziele sind deshalb die echte Gestaltung der ehelichen Liebe und die ganze sich daraus ergebende Natur des Familienlebens dahin ausgerichtet, daß die Gatten von sich aus entschlossen bereit sind zur Mitwirkung mit der Liebe des Schöpfers und

Erlösers, der durch sie seine eigene Familie immer mehr vergrößert und bereichert.
In ihrer Aufgabe, menschliches Leben weiterzugeben und zu erziehen, die als die nur ihnen zukommende Sendung zu betrachten ist, wissen sich die Eheleute als mitwirkend mit der Liebe Gottes des Schöpfers und gleichsam als Interpreten dieser Liebe. Daher müssen sie in menschlicher und christlicher Verantwortlichkeit ihre Aufgabe erfüllen und in einer auf Gott hinhörenden Ehrfurcht durch gemeinsame Überlegung versuchen, sich ein sachgerechtes Urteil zu bilden. Hierbei müssen sie auf ihr eigenes Wohl wie auf das ihrer Kinder - der schon geborenen oder zu erwartenden - achten; sie müssen die materiellen und geistigen Verhältnisse der Zeit und ihres Lebens zu erkennen suchen und schließlich auch das Wohl der Gesamtfamilie, der weltlichen Gesellschaft und der Kirche berücksichtigen. Dieses Urteil müssen im Angesicht Gottes die Eheleute letztliche selbst fällen. In ihrem ganzen Verhalten seien sich die christlichen Gatten bewußt, daß sie nicht nach eigener Willkür vorgehen können; sie müssen sich vielmehr leiten lassen von einem Gewissen, das sich auszurichten hat am göttlichen Gesetz; sie müssen hören auf das Lehramt der Kirche, das dieses göttliche Gesetz im Licht des Evangeliums authentisch auslegt. Dieses göttliche Gesetz zeigt die ganze Bedeutung der ehelichen Liebe, schützt sie und drängt zu ihrer wahrhaft menschlichen Vollendung. So verherrlichen christliche Eheleute in Vertrauen auf die göttliche Vorsehung und Opfergesinnung den Schöpfer und streben zur Vollkommenheit in Christus, indem sie in hochherziger menschlicher und christlicher Verantwortlichkeit Kindern das Leben schenken. Unter den Eheleuten, die diese ihnen von Gott aufgetragene Aufgabe erfüllen, sind besonders jene zu erwähnen, die in gemeinsamer kluger Beratung eine größere Zahl von Kindern, wenn diese entsprechend erzogen werden können, hochherzig auf sich nehmen.
Die Ehe ist aber nicht nur zur Zeugung von Kindern eingesetzt, sondern die Eigenart des unauflöslichen personalen Bundes und das Wohl der Kinder fordern, daß auch die gegenseitige Liebe der Ehegatten ihren gebührenden Platz behalte, wachse und reife. Wenn deshalb das - oft so erwünschte - Kind fehlt, bleibt die Ehe dennoch als volle Lebensgemeinschaft bestehen und behält ihren Wert sowie ihre Unauflöslichkeit.

51 (Die eheliche Liebe und der Fortbestand des menschlichen Lebens) Das Konzil weiß, daß die Gatten in ihrem Bemühen, das Eheleben harmonisch zu gestalten, oft durch mancherlei Lebensbedingungen der heutigen Zeit eingeengt sind und sich in einer Lage befinden, in der die Zahl der Kinder - mindestens zeitweise - nicht vermehrt werden kann und der Vollzug treuer Liebe und die volle Lebensgemeinschaft nur schwer gewahrt werden können. Wo nämlich das intime eheliche Leben unterlassen wird, kann nicht selten die Treue als Ehegut in Gefahr geraten und das Kind als Ehegut in Mitleidenschaft gezogen werden; denn dann werden die Erziehung der Kinder und auch die tapfere Bereitschaft zu weiteren Kindern gefährdet.
Manche wagen es, für diese Schwierigkeiten unsittliche Lösungen anzubieten, ja sie scheuen selbst vor Tötung nicht zurück. Die Kirche aber erinnert daran, daß es keine wahren Widerspruch geben kann zwischen den göttlichen Gesetzen hinsichtlich der Übermittlung des Lebens und dem, was echter ehelicher Liebe dient. Gott, der Herr des Lebens, hat nämlich den Menschen die hohe Aufgabe der Er-

haltung des Lebens übertragen, die auf eine menschenwürdige Weise erfüllt werden muß. Das Leben ist daher von der Empfängnis an mit höchster Sorgfalt zu schützen. Abtreibung und Tötung des Kindes sind verabscheuenswürdige Verbrechen. Die geschlechtliche Anlage des Menschen und seine menschliche Zeugungsfähigkeit überragen in wunderbarer Weise all das, was es Entsprechendes auf niedrigeren Stufen des Lebens gibt. Deshalb sind auch die dem ehelichen Leben eigenen Akte, die entsprechend der wahren menschlichen Würde gestaltet sind, zu achten und zu ehren. Wo es sich um den Ausgleich zwischen ehelicher Liebe und verantwortlicher Weitergabe des Lebens handelt, hängt die sittliche Qualität der Handlungsweise nicht allein von der guten Absicht und Bewertung der Motive ab, sondern auch von objektiven Kriterien, die sich aus dem Wesen der menschlichen Person und ihrer Akte ergeben und die sowohl den vollen Sinn gegenseitiger Hingabe als auch den einer wirklich humanen Zeugung in wirklicher Liebe wahren. Das ist nicht möglich ohne aufrichtigen Willen zur Übung der Tugend ehelicher Keuschheit. Von diesen Prinzipien her ist es den Kindern der Kirche nicht erlaubt, in der Geburtenregelung Wege zu beschreiten, die das Lehramt in Auslegung des göttlichen Gesetzes verwirft.
Mögen alle daran denken: Das menschliche Leben und die Aufgabe, es weiterzuvermitteln, haben nicht nur eine Bedeutung für diese Zeit und können deshalb auch nicht von daher allein bemessen und verstanden werden, sondern haben immer eine Beziehung zu der ewigen Bestimmung des Menschen.

6.4.3 Zum apostolischen Schreiben "familiaris consortio"

6.4.3.1 Zu Kindern als kostbarstes Gut der Ehe (Ziffer 14)

14. Dem Plan Gottes entsprechend ist die Ehe die Grundlage der größeren Gemeinschaft der Familie, sind doch die Ehe als Institution und die eheliche Liebe auf die Zeugung und Erziehung von Kindern hingeordnet und finden darin ihre Krönung.
In ihrer tiefsten Wirklichkeit ist die Liebe wesenhaft Gabe, und wenn die eheliche Liebe die Gatten zum gegenseitigen "Erkennen" führt und zu "einem Fleisch macht, erschöpft sie sich nicht in der Gemeinschaft der beiden, sondern befähigt sie zum größtmöglichen Geben, zum Schenken des Lebens an eine neue menschliche Person, wodurch sie zu Mitarbeitern Gottes werden. Während sich die Eheleute einander schenken, schenken sie über sich selbst hinaus die Wirklichkeit des Kindes: lebender Widerschein ihrer Liebe, bleibendes Zeichen ihrer ehelichen Gemeinschaft, lebendige und unauflösliche Einheit ihres Vater- und Mutterseins. Als Eltern empfangen die Eheleute von Gott die Gabe einer neuen Verantwortung. Ihre elterliche Liebe ist dazu berufen, für die Kinder zum sichtbaren Zeichen der Liebe Gottes selbst zu werden, "von der jede Vaterschaft im Himmel und auf Erden ihren Namen hat". Man darf jedoch nicht vergessen, daß das eheliche Leben auch dann nicht seinen Wert verliert, wenn die Zeugung neuen Lebens nicht möglich ist. Die leibliche Unfruchtbarkeit kann den Gatten Anlaß zu anderen wichtigen Diensten am menschlichen Leben sein, wie Adoption, verschieden Formen erzieherischer Tätigkeit, Hilfe für andere Familien, für arme oder behinderte Kinder.

6.4.3.2 Zu Recht und Pflicht der elterlichen Erziehung (Ziffer 36)

36. Die Aufgabe der Erziehung hat ihre Wurzeln in der Urberufung der Eheleute zur Teilnahme am schöpferischen Wirken Gottes. Wenn die Eltern in Liebe und aus Liebe eine neue Person zeugen, die in sich die Berufung zu Wachstum und Entwicklung hat, übernehmen sie eben dadurch die Aufgabe, ihr auch wirksam zu helfen, ein vollmenschliches Leben zu führen. Daran hat das II. Vatikanische Konzil erinnert: " DA die Eltern ihren Kindern das Leben schenkten, haben sie die überaus schwere Verpflichtung zur Kindererziehung. Daher müssen sie als die ersten und bevorzugten Erzieher ihrer Kinder anerkannt werden. Ihr Erziehungswirken ist so entscheidend, daß es dort, wo es fehlt, kaum zu ersetzen ist. Den Eltern obliegt es, die Familie derart zu einer Heimstätte der Frömmigkeit und Liebe zu Gott und den Menschen zu machen, daß die gesamte Erziehung der Kinder nach der persönlichen wie der gesellschaftlichen Seite hin davon getragen wird. So ist die Familie die erste Schule der sozialen Tugenden, deren kein gesellschaftliches Gebilde entraten kann."
Das Recht und die Pflicht der Eltern zur Erziehung sind als wesentlich zu bezeichnen, da sie mit der Weitergabe des menschlichen Lebens verbunden sind; als unabgeleitet und ursprünglich, verglichen mit der Erziehungsaufgabe anderer, aufgrund der Einzigartigkeit der Beziehung, die zwischen Eltern und Kindern besteht; als unersetzlich und unveräußerlich, weshalb sie anderen nicht völlig übertragen noch von anderen in Beschlag genommen werden können. Außer diesen grundlegenden Merkmalen darf nicht vergessen werden, daß das entscheidenste Element, welches die Erziehungsaufgabe der Eltern schlechthin prägt, die väterliche und mütterliche Liebe ist, die im Werk der Erziehung ihre Vollendung zum vollen und vollkommenen Dienst am Leben findet. Die Liebe der Eltern bleibt nicht nur Quelle, sie wird die Seele und somit die Norm, die das gesamte konkrete erzieherische Wirken prägt und leitet und mit jenen Werten wie Verständnis, Beständigkeit, Güte, Dienen, Selbstlosigkeit und Opferbereitschaft bereichert, die die kostbarsten Früchte der Liebe sind.

6.4.3.3 Zur Erziehung zu Grundwerten

37. Trotz der Schwierigkeiten in der Erziehung, die heute oft noch drückender geworden sind, müssen die Eltern mit Vertrauen und Mut die Kinder zu den Grundwerten des menschlichen Lebens heranbilden. Die Kinder müssen aufwachsen in angemessener Freiheit gegenüber den materiellen Gütern, indem sie sich einen einfachen und anspruchslosen Lebensstil aneignen in der Überzeugung, daß "der Wert des Menschen mehr in dem liegt, was er ist, als in dem, was er hat".
In einer Gesellschaft, die aufgrund gewalttätiger Auseinandersetzungen zwischen verschiedenen Individualismen und Egoismen von Spannungen und Konflikten erschüttert und zerstritten ist, müssen die Kinder sich nicht nur ein Gespür für wahre Gerechtigkeit aneignen, die allein die Achtung der personalen Würde eines jeden Menschen gewährleistet, sondern auch und vor allem das Gespür für wahre Liebe als aufrichtige Sorge und selbstlosen Dienst für die anderen, besonders für die Ärmsten und Bedürftigsten. Die Familie ist die erste und grundlegende Schule sozialen Verhaltens: Als Liebesgemeinschaft findet sie im Sichverschen-

ken das Gesetz, das sie leitet und wachsen läßt. Die Selbsthingabe, welche die Liebe der Ehegatten zueinander prägt, bietet sich auch als Modell und Norm für jene selbstlose Hingabe an, die sich in den Beziehungen zwischen den Geschwistern und zwischen den verschiedenen Generationen verwirklichen soll, die in der Familie zusammenleben. Die täglich zu Hause erlebte und gelebte Gemeinschaft und Anteilnahme in Freud und Leid bildet die konkreteste und wirksamste Schule für die aktive, verantwortliche und erfolgreiche Eingliederung der Kinder in den größeren Raum der Gesellschaft.

Die Erziehung zur Liebe als Hingabe seiner selbst ist auch die unerläßliche Voraussetzung für die Eltern in ihrer Aufgabe, den Kindern eine klare und taktvolle Geschlechtserziehung zu vermitteln. Angesichts einer Kultur, die in weiten Kreisen die menschliche Geschlechtlichkeit "banalisiert", weil sie diese in verkürzter und verarmter Weise interpretiert und lebt, indem sie sie einzig mit dem Leibe und dem egoistisch verstandenen Vergnügen in Verbindung setzt, muß der erzieherische Dienst der Eltern entschieden auf eine Kultur der Geschlechtlichkeit hinzielen, die wahrhaft und vollmenschlich ist; die Geschlechtlichkeit ist ja ein Reichtum der ganzen Person - Leib, Gemüt und Seele - und zeigt ihre tiefste Bedeutung darin, daß sie die Person zur Hingabe ihrer selbst in der Liebe führt. Die Geschlechtserziehung, Grundrecht und -pflicht der Eltern, muß immer unter ihrer sorgsamen Leitung erfolgen, sei es zu Hause, sei es in den von ihnen für ihre Kinder gewählten Bildungsstätten, deren Kontrolle ihnen zusteht. In diesem Sinn betont die Kirche das Prinzip der Subsidiarität, das die Schule beobachten muß, wenn sie sich an der Geschlechtserziehung beteiligt; sie hat sich dabei vom gleichen Geist leiten zu lassen wie die Eltern. In diesem Zusammenhang ist die Erziehung zur Keuschheit völlig unverzichtbar als einer Tugend, die die wahre Reifung der Person fördert und sie befähigt, die "bräutliche Bedeutung" des Leibes zu achten und zu entfalten. Die christlichen Eltern werden sogar - sollten sie die Zeichen einer göttlichen Berufung erkennen - der Erziehung zur Jungfräulichkeit eine besondere Aufmerksamkeit und Sorge widmen und in ihr die höchste Form jener Selbsthingabe sehen, welche den Sinn der menschlichen Geschlechtlichkeit bildet.

Aufgrund der engen Verbindung zwischen der geschlechtlichen Dimension der Person und ihren ethischen Werten+ muß die Erziehung die Kinder dazu führen, die sittlichen Normen als notwendige und wertvolle Garantie für ein verantwortliches persönliches Wachsen in der menschlichen Geschlechtlichkeit zu erkennen und zu schätzen.

Deshalb wendet sich die Kirche entschieden gegen eine gewisse, vielfach verbreitete Art sexueller Information; losgelöst von sittlichen Grundsätzen, ist sie nichts anders als eine Einführung in die Erfahrung des Vergnügens und ein Anreiz, der den Kindern - schon in den Jahren der Unschuld - ihre Unbefangenheit nimmt und den Weg des Lasters öffnet.

6.4.3.4 Zum Erziehungsauftrag und Ehesakrament

38. Für die christlichen Eltern hat der Erziehungsauftrag, der, wie schon gesagt, in ihrer Teilnahme am Schöpfungswerk Gottes gründet, eine neue und spezifische Quelle im Ehesakrament, das sie für eine wahrhaft christliche Erziehung der Kinder weiht, das heißt dazu beruft, an der Autorität und der Liebe Gottes, des

Vaters, und Christi, des Göttlichen Hirten, wie auch an der mütterlichen Liebe der Kirche teilzunehmen, und sie mit der Gabe der Weisheit des Rates, der Stärke und jeder anderen Gabe des Heiligen Geistes ausstattet, damit sie den Kindern in ihrem menschlichen und christlichen Reifungsprozeß beistehen können.
Die Erziehungsaufgabe empfängt vom Ehesakrament die Würde und Berufung, ein echtes und wirkliches "Amt" der Kirche zur Auferbauung ihrer Glieder zu sein. Der erzieherische Dienst der christlichen Eltern ist von solcher Größe und Würde, daß der heilige Thomas nicht zögert, ihn mit dem Amt der Priester zu vergleichen: "Einige vermitteln und schützen das geistige Leben durch ein Amt, das rein geistiger Natur ist: Es ist dies die Aufgabe des Weihsakraments; andere tun dies hinsichtlich des leiblichen und geistigen Lebens zugleich: und das geschieht durch das Ehesakrament, in welchem Mann und Frau sich verbinden, um Kinder zu zeugen und zur Gottesverehrung zu erziehen.
Das lebendige und wache Bewußtsein von dem im Ehesakrament empfangenen Auftrag wird den christlichen Eltern helfen, sich mit froher Zuversicht und starkem Vertrauen der Erziehungsaufgabe zu widmen, eingedenk zugleich ihrer großen Verantwortung vor Gott, der sie zur Auferbauung der Kirche in ihren Kindern ruft und sendet. So wird die Familie der Getauften, die vom göttlichen Worte und Sakrament als Hauskirche zusammengeführt ist, wie die große Kirche zugleich zur Mutter und Lehrerin.

6.4.3.5 Zum gesellschaftlichen und politischen Auftrag

44. Der gesellschaftliche Auftrag der Familie darf sich gewiß nicht auf Zeugung und Erziehung beschränken, auch wenn er darin seine erste und unersetzliche Ausdrucksweise findet. Die Familien können und müssen sich deshalb - einzeln oder im Verband - vielfältigen gesellschaftlichen Aufgaben widmen, vor allem im Dienst an den Armen und allgemein an jenen Personen und Lebenssituationen, welche die öffentliche Organisation der Vorsorge und Fürsorge nicht zu erreichen vermag.
Der soziale Beitrag der Familie hat seinen besonderen Charakter, der noch mehr bewußt gemacht und stärker gefördert werden muß; und das vor allem, während die Kinder allmählich heranwachsen, so daß möglichst alle Glieder der Familie wirksam einbezogen werden.
Im einzelnen muß die wachsende Bedeutung hervorgehoben werden, die in der heutigen Gesellschaft der Gastfreundschaft in all ihren Formen zukommt, vom Öffnen der Tür des eigenen Hauses und noch mehr des eigenen Herzens für die Anliegen der Mitmenschen bis hin zum konkreten Einsatz, jeder Familie das eigene Heim zu sichern als naturgegebenen Ort für ihr Bestehen und Wachsen. Vor allem die christliche Familie ist berufen, die Aufforderung des Apostels zu beherzigen: "Gewährt jederzeit Gastfreundschaft!" und nach dem Vorbild und in der Liebe Christi den notleidenden Bruder aufzunehmen: "Wer einem von diesen Kleinen auch nur einen Becher frisches Wasser zu trinken gibt, weil es ein Jünger ist - Amen, ich sage euch: Er wird gewiß nicht um seinen Lohn kommen."
Der gesellschaftliche Auftrag der Familie soll sich auch in Formen politischen Handelns äußern, das heißt, die Familien müssen als erste sich dafür einsetzen, daß die Gesetze und Einrichtungen des Staates die Rechte und Pflichten der

Familie nicht nur nicht beeinträchtigen, sondern positiv stützen und verteidigen. In diesem Sinne sollen die Familien sich dessen immer mehr bewußt werden, daß in erster Linie sie selbst im Bereich der sogenannten "Familienpolitik" die Initiative ergreifen müssen; sie sollen die Verantwortung für die Veränderung der Gesellschaft übernehmen. Sonst werden die Familien die ersten Opfer jener Übel sein, die sie vorher nur gleichgültig betrachtet haben. Der Appell des II. Vatikanischen Konzils, die individualistische Ethik zu überwinden, hat darum seine Bedeutung auch für die Familie als solche.

6.5 Zum Beitrag der Theologie zur Begründung des politischen Handlungsbedarfs in Sachen extrakorporaler Befruchtung u.a.

6.5.1 Einleitende und didaktische Hinweise

Schon 1985 wurde von einer Arbeitsgruppe, in der unter Leitung von Ernst Benda, dem ehemaligen Präsidenten des Bundesverfassungsgerichtes verschiedene Fachwissenschaftler mitarbeiteten, ein Bericht unter dem Titel "In-Vitro-Fertilisation, Genomanalyse und Gentherapie" vorgelegt (hier kurz "Benda-Bericht" bezeichnet).

Franz Böckle, Direktor des moraltheologischen Seminars der Rheinischen Friedrichs-Wilhelm-Universität in Bonn hat an dieser Arbeitsgruppe als Professor für Moraltheologie mitgewirkt.

Mit Datum vom 22.02.1987 hat die Kongregation für die Glaubenslehre eine "Instruktion über die Achtung vor dem beginnenden menschlichen Leben und die Würde der Fortpflanzung. Antworten auf einige aktuelle Fragen" herausgegeben. Diese Instruktion wurde im Pressedienst der Deutschen Bischofskonferenz 1/87 vom 09.03.1987 und mit Anmerkungen gleichen Datums dazu gezeichnet vom Vorsitzenden der Deutschen Bischofskonferenz als Pressedienst 2/87 veröffentlicht. Da insbesondere diese drei Dokumente thematisch von Bedeutung sind, werden hier vor allem Auszüge aus diesen eingeblendet. Und zwar vorrangig Auszüge zum Problem der homologen In-Vitro-Fertilisation. Selbstverständlich ist es hilfreich, ja notwendig, zur weiteren Diskussion und Auseinandersetzung die genannten Dokumente zur Grenze beizuziehen.

Impulse zur inhaltlichen Auseinandersetzung

- Welche Gründe werden in den Textauszügen genannt, die homologe In-Vitro-Fertilisation gesetzlich zu erlauben?
- Welche Gründe werden in den Textauszügen genannt, die homologe In-Vitro-Fertilisation zu verbieten bzw. sie einzuschränken?
- Hat Ihres Erachtens der Gesetzgeber in Sachen extrakorporale Befruchtung eine Pflicht zum Handeln?
- Wie beurteilen Sie aus wissenschaftlicher Sicht die Aussagen der Instruktion der Glaubenslehre in Sachen In-Vitro-Fertilisation?
- Wie ordnen Sie die Stellungnahme zu dieser Frage ein, wie sie der Vorsitzende der Deutschen Bischofskonferenz veröffentlicht hat?
- Versuchen Sie auf der Basis der grundgesetzlich gesicherten Menschenwürde eine eigene Stellungnahme in Sachen homologe In-Vitro-Fertilisation zu erarbeiten und diese Stellungnahme wissenschaftlich zu begründen.

6.5.2 Zu einigen relevanten Textauszügen und Quellen

6.5.2.1 Zur homologen In-Vitro-Fertilisation (Benda-Bericht)

Empfehlung: Dem Gesetzgeber wird empfohlen, die Durchführung von In-Vitro-Fertilisationen auf ärztliche Einrichtungen zu beschränken, die den von ihm zu bestimmenden Mindestanforderungen in personeller und sachlicher Hinsicht genügen und die einer staatlichen Aufsicht nach Maßgabe des Landesrechts unterliegen.

Begründung: Es kann davon ausgegangen werden, daß die Indikationen für eine In-Vitro-Fertilisation demnächst in von den Ärztekammern als Bestandteil der jeweiligen Berufsordnungen beschlossenen Richtlinien festgelegt werden. Die Einhaltung dieser Richtlinien setzt eine personelle wie sachliche Mindestausstattung der Kliniken voraus.

Darüber hinaus erscheint es geboten, In-Vitro-Fertilisation auf Einrichtungen zu beschränken, die nicht nur bestimmten Mindestanforderungen in personeller und sachlicher Hinsicht genügen, sondern zugleich auch staatlicher Aufsicht unterliegen. Die Durchführung extrakorporaler Befruchtungen derartigen Einrichtungen vorzubehalten, dient nicht nur dem Gesundheits- und Lebensschutz; vielmehr bietet eine solche Regelung auch eine erhebliche Gewähr dafür, daß zell- und gentechnologische Methoden nicht in einer verfassungsrechtlich bedenklichen Weise angewandt werden. Namentlich gilt dies für die Grenzen bei der Erzeugung und dem Umgang mit menschlichen Leben - Grenzen, die festzulegen dem Gesetzgeber in den folgenden Abschnitten des Berichts empfohlen wird. Der Bericht geht bei seiner Empfehlung davon aus, daß es nicht genügt, den ärztlichen Berufsverbänden die Bestimmung der oben erwähnten Grenzen zu überlassen. Wie das Bundesverfassungsgericht in seinem "Facharzt-Beschluß" vom 9. Mai 1972 (BVerfGE 33, 125, 156 ff.) ausgeführt hat, kann der Gesetzgeber zwar Berufsverbänden des öffentlichen Rechts die Befugnis verleihen, mit Wirkung für ihre Mitglieder Angelegenheiten zu regeln, die die Berufsausübung betreffen und von den Berufsverbänden am sachkundigsten beurteilt werden können. Der Rechtsetzungautonomie von Berufsverbänden sind jedoch um so engere Grenzen gesetzt, je stärker die Regelung in Grundrecht der Verbandsmitglieder eingreift oder außenstehende Dritte berührt. Regelungen, die dem Kreis der eigenen Angelegenheiten der Berufsangehörigen überschreiten, sind vom Gesetzgeber selbst zu treffen; dieser darf insoweit allenfalls Einzelfragen fachlich-technischen Charakters der autonomen Satzungsgewalt überlassen. Da es ebenso im Interesse des Lebens- und Gesundheitsschutzes wie des Schutzes der Menschenwürde liegt, die Durchführung der extrakorporalen Befruchtung auf Einrichtungen zu beschränken, welche die oben genannten Voraussetzungen erfüllen, steht das Grundrecht der Berufsfreiheit (Art. 12 Abs. 1 GG) der vorgeschlagenen Regelung nicht entgegen.
Wünschenswert ist es, die entsprechenden Regelungen bundeseinheitlich zu treffen. Allerdings erscheint es zweifelhaft, ob der Bundesgesetzgeber insoweit eine Kompetenz für die hier in Frage kommenden gesetzgeberischen Maßnahmen besitzt, da diese unter keine der dem Bund auf dem Gebiet des Gesundheitswesens

zugewiesene Einzelzuständigkeiten (vgl. Ar. 74 Nr. 19 GG) subsumiert werden können. Insoweit kann daher nur den Ländern empfohlen werden, zu übereinstimmenden Regelungen zu gelangen. Dem Landesrecht bleibt es dabei unbenommen, die Kontrolle über die In-Vitro-Fertilisation durchführenden Einrichtungen den standesrechtlichen Organisationen zu übertragen.

Empfehlung: Den an der extrakorporalen Befruchtung Mitwirkenden ist zu empfehlen, nur Eizellen zu befruchten, die im Rahmen der laufenden Behandlung für den Embryo-Transfer benötigt werden. Darüber hinaus ist der Arzt für den Fall, daß ein Embryo-Transfer nach In-Vitro-Fertilisation nicht möglich ist oder nicht alle Embryonen transferiert werden können, zu verpflichten, dies unter Angabe der Gründe der örtlich zuständigen Ärztekammer anzuzeigen.

Begründung: Mit dem Grundgesetz ist es nicht in Einklang zu bringen, auf dem Wege einer extrakorporalen Befruchtung Embryonen zu erzeugen, ohne zugleich deren Menschwerdung zu intendieren. Auf die Ausführungen zu 2.1.2.1.1 (S. 13) wird insoweit verwiesen. Angesichts der Bedeutung, die dem vorgeschlagenen Gebot schon mit Rücksicht auf die von der Verfassung getroffenen Wertentscheidungen zukommt, wird der Gesetzgeber hier zu einer klaren Aussage gelangen müssen. Auch hier gilt, daß der Gesetzgeber eine derartige - die fachliche Kompetenz von Berufsverbänden überschreitende - Regelung nicht den ärztlichen Berufsverbänden überlassen darf (vgl. die Begründung oben zu 2.1.2.2.1; S. 18 f).

6.5.2.2 Zur Instruktion über die Achtung vor dem beginnenden menschlichen Leben und die Würde der Fortpflanzung. Antworten auf einige aktuelle Fragen

Die homologe künstliche Befruchtung

Nachdem die heterologe künstliche Befruchtung für unannehmbar erklärt wurde, stellt sich die Frage nach der moralischen Bewertung der Verfahren der homologen künstlichen Befruchtung FIVET und der künstlichen Besamung zwischen den Eheleuten. Vorher ist eine prinzipielle Frage zu klären.

Welches Band ist aus moralischer Sicht zwischen Fortpflanzung und ehelichem Akt erforderlich?

a) Die Kirche unterstreicht in ihrer Lehre über die Ehe und die menschliche Fortpflanzung "die von Gott bestimmte unlösbare Verknüpfung der beiden Sinngehalte - liebende Vereinigung und Fortpflanzung -, die beide dem ehelichen Akt innewohnen. Diese Verknüpfung darf der Mensch nicht eigenmächtig auflösen. Seiner innersten Struktur nach befähigt der eheliche Akt, indem er die Eheleute aufs engste miteinander vereint, zugleich zur Zeugung neuen Lebens, entsprechend den Gesetzen, die in die Natur des Mannes und der Frau eingeschrieben sind". Dieses auf die Natur der Ehe und auf die innige Verknüpfung ihrer Güter gegründete Prinzip bringt wohlbekannte Folgen auf der Ebene der verantwortlichen Vaterschaft und Mutterschaft mit sich. "Wenn die beiden wesentlichen Gesichtspunkte der liebenden Vereinigung und der Fortpflanzung beachtet werden, behält der eheliche Akt voll und ganz den Sinngehalt gegenseitiger und wahrer Liebe und seine Hinordnung auf die erhabene Aufgabe der Elternschaft".

Dieselbe Lehre bezüglich des Bandes zwischen den Sinngehalten des ehelichen Aktes und zwischen den Gütern der Ehe klärt das moralisch Problem der homologen künstlichen Befruchtungen, denn "es ist nie erlaubt, diese verschiedenen Aspekte dermaßen zu trennen, daß man entweder die Absicht zur Zeugung oder die eheliche Verzeihung positiv ausschließt". Die Kontrazeption beraubt vorsätzlich den ehelichen Akt seiner Öffnung auf die Fortpflanzung hin und bewirkt so eine gewollte Trennung der Ziele der Ehe. Die homologe künstliche Befruchtung bewirkt objektiv eine analoge Trennung zwischen den Gütern und Sinngehalten der Ehe, indem sie eine Fortpflanzung anstrebt, die nicht Frucht eines spezifischen Aktes ehelicher Vereinigung ist. Deshalb ist es erlaubt, eine Befruchtung zu wünschen, wenn sie Ergebnis eines "ehelichen Aktes ist, der aus sich heraus zur Zeugung von Nachkommenschaft geeignet ist, auf den die Ehe ihrer Natur nach hingeordnet ist und durch den die Ehegatten ein Fleisch werden". Aber die Fortpflanzung ist aus moralischer Sicht ihrer eigenen Vollkommenheit beraubt, wenn sie nicht als Frucht des ehelichen Aktes, des spezifischen Geschehens der Vereinigung der Eheleute, angestrebt wird.

b) Der moralische Wert der innigen Bindung, die zwischen den Gütern der Ehe und zwischen den Sinngehalten des ehelichen Aktes besteht, gründet auf der Einheit des menschlichen Wesens, der Einheit des Leibes und der Geistseele. Die Eheleute drücken einander ihre personale Liebe in der "Sprache des Leibes" aus, die deutlich den Ausdruck gegenseitiger Hingabe mit der Bestimmung zur Elternschaft verbindet. Der ehelich Akt, durch den die Eheleute einander ihre Selbsthingabe kundtun, drückt zugleich die Öffnung zum Geschenk des Lebens aus: Er ist ein untrennbar leiblicher und geistiger Akt zugleich. In ihrem Leib und durch ihren Leib vollziehen die Gatten die Ehe und können Vater und Mutter werden. Um die Sprache des Leibes und seine naturgegebene Fülle zu achten, muß die eheliche Vereinigung in der Achtung vor der Öffnung auf die Fortpflanzung hin erfolgen, und die Zeugung einer Person muß Frucht und Ziel der ehelichen Liebe sein. Der Ursprung des menschlichen Wesens ist so Frucht einer Zeugung, die "nicht nur an die biologische, sondern auch an die geistige Vereinigung der Eltern gebunden ist, die im Bund der Ehe geeint sind". Eine außerhalb des Leibes der Eheleute erlangte Befruchtung bleibt gerade deswegen der Sinngehalte und der Werte beraubt, die sich in der Sprache des Leibes und der Vereinigung der menschlichen Person ausdrücken.

c) Nur die Achtung vor dem Band, das zwischen den Sinngehalten des ehelichen Aktes besteht, und die Achtung vor der Einheit des menschlichen Wesens gestatten eine der Würde der Person entsprechende Fortpflanzung. In seinem einmaligen und unwiederholbaren Ursprung muß das Kind in seiner personalen Würde gleich denen geachtet und anerkannt werden, die ihm das Leben schenken. Die menschliche Person muß in die Zeichen der Einheit und der Liebe ihrer Eltern aufgenommen werden; die Zeugung eines Kindes muß deshalb die Frucht

gegenseitiger Schenkung sein, die sich im ehelichen Akt verwirklicht, in dem die Eheleute - als Diener und nicht als Herren - am Werk der Schöpfer-Liebe teilnehmen.
Der Ursprung einer menschlichen Person ist in Wirklichkeit Ergebnis einer Schenkung. Der Empfangene muß die Frucht der Liebe seiner Eltern sein. Er kann nicht als Produkt eines Eingriffs medizinischer Techniken gewollt oder empfangen werden: Dies würde bedeuten, ihn zum Objekt einer wissenschaftlichen Technologie zu erniedrigen. Niemand darf das Auf-die Welt-Kommen eines Kindes den Bedingungen technischer Effizienz unterwerfen, die nach den Maßstäben von Kontrolle und Beherrschung bewertet werden.
Die moralische Bedeutung des Bandes, das zwischen den Sinngehalten des ehelichen Aktes und zwischen den Gütern der Ehe besteht, die Einheit des menschlichen Wesens und die Würde seines Ursprungs erfordern, daß die Zeugung einer menschlichen Person als Frucht des spezifisch ehelichen Aktes der Liebe zwischen den Eheleuten angestrebt werden muß. Es zeigt sich also, welch große Wichtigkeit das Band, das zwischen Fortpflanzung und ehelichem Akt besteht, auf anthropologischem und moralischem Gebiet hat, und so erklärt sich die Position des Lehramts bezüglich der homologen künstlichen Befruchtung.

Ist die homologe In-Vitro-Befruchtung moralisch erlaubt?

Die Antwort auf diese Frage hängt eng von den eben erwähnten Grundsätzen ab. Sicherlich kann man die rechtmäßigen Anliegen der unfruchtbaren Eheleute nicht außer Acht lassen; einigen von ihnen erscheint der Rückgriff auf die homologe FIVET als einziges Mitte, um ein aufrichtig gewünschtes Kind zu bekommen: Man fragt sich, ob in diesen Situationen nicht die Gesamtheit des ehelichen Lebens genüge, um die der menschlichen Fortpflanzung entsprechende Würde zu sichern. Man erkennt an, daß die FIVET sicherlich das Fehlen ehelicher Beziehungen nicht zu ersetzen vermag und nicht den spezifischen Akten der ehelichen Vereinigung vorgezogen werden darf, wenn man die Gefahren, die sie für das Kind mit sich bringen kann, und die Mängel des Verfahrens vor Augen hat. Aber - so fragt man - falls es unmöglich wäre, die Sterilität, die Ursache von Leid ist, anders zu beheben, kann dann die homologe In-vitro-Befruchtung nicht eine Hilfe, ja sogar eine Therapie darstellen, und kann deshalb dann nicht deren moralisch Zulässigkeit angenommen werden?
Der Wunsch nach einem Kind - oder zumindest die Bereitschaft dazu, das Leben weiterzugeben - ist aus moralischer Sicht für eine verantwortliche menschliche Zeugung erforderlich. Doch diese gute Absicht ist für eine moralisch positive Bewertung der In-vitro-Befruchtung zwischen Eheleuten nicht ausreichend. Das Verfahren der FIVET muß in sich selbst bewertet werden; es kann seine endgültige moralische Bewertung weder aus dem ehelichen Leben in seiner Gesamtheit herleiten, in das es sich einfügt, noch von den ehelichen Akten, die ihm vorangehen, noch von denen, die ihm folgen mögen.

Es ist schon daran erinnert worden, wie unter den Umständen, in denen sie üblicherweise praktiziert wird, die FIVET die Zerstörung menschlicher Wesen mit sich bringt, eine Tatsache, die sich gegen die schon vorgelegte Lehre über die Unerlaubtheit der Abtreibung richtet. Aber auch in dem Fall, in dem alle

Vorsichtsmaßnahmen zur Vermeidung des Todes der menschlichen Embryonen angewandt würden, bewirkt die homologe FIVET die Trennung der auf die menschliche Befruchtung ausgerichteten Handlungen vom ehelichen Akt. Deshalb muß man die eigentliche Natur der homologen FIVET in Betracht ziehen und dabei auch von der Verbindung zur Abtreibung absehen. Die homologe FIVET wird außerhalb des Leibes der Eheleute mit der Hilfe der Handlungen dritter Personen durchgeführt, deren Kompetenz und technische Leistung den Erfolg des Eingriffs bestimmen; sie vertraut das Leben und die Identität des Embryos der Macht der Mediziner und Biologen an und errichtet eine Herrschaft der Technik über Ursprung und Bestimmung der menschlichen Person. Eine derartige Beziehung von Beherrschung widerspricht in sich selbst der Würde und der Gleichheit, die Eltern und Kindern gemeinsam sein muß. Die Empfängnis in vitro ist Ergebnis einer technischen Handlung, die die Befruchtung vornehmlich bestimmt; sie ist nicht Ausdruck und Frucht eines spezifischen Aktes ehelicher Vereinigung; weder wird sie tatsächlich so herbeigeführt noch wird sie positiv angestrebt als Ausdruck und Frucht eines spezifischen Aktes der ehelichen Vereinigung. Selbst wenn man sie im Kontext der tatsächlich bestehenden ehelichen Beziehungen betrachtet, ist in der homologen FIVET die Zeugung der menschlichen Person objektiv der ihr eigenen Vollkommenheit beraubt: nämlich Zielpunkt und Frucht eines ehelichen Aktes zu sein, durch den die Eheleute "im Schenken des Lebens an eine neue menschliche Person zu Mitarbeitern Gottes" werden.

Diese Gründe lassen verstehen, warum in der Lehre der Kirche der eheliche Liebesakt als der einzige der menschlichen Fortpflanzung würdige Ort angesehen wird. Aus denselben Gründen bleibt auch der sog. "einfache Fall" - also ein homologes FIVET-Verfahren, das von jeder kompromittierenden Verbindung mit der Abtreibungspraxis, der Zerstörung von Embryonen und der Masturbation frei wäre - eine moralisch unerlaubte Technik, weil sie die menschliche Fortpflanzung der ihr eigenen und naturgemäßen Würde beraubt.

Sicherlich ist die homologe FIVET nicht von all der ethischen Negativität belastet, die man in der außerehelichen Fortpflanzung vorfindet; Familie und Ehe bleiben weiterhin der Raum für die Geburt und die Erziehung des Kindes. Dennoch - in Übereinstimmung mit der traditionellen Lehre über die Güter der Ehe und die Würde der Person - bleibt die Kirche aus moralischer Sicht bei der Ablehnung der homologen In-vitro-Befruchtung; diese ist in sich unerlaubt und steht in Widerspruch zur Würde der Fortpflanzung und der ehelichen Vereinigung, selbst wenn alles getan wird, um den Tod des menschlichen Embryos zu vermeiden.

Obwohl die Art und Weise, in der die menschliche Empfängnis in der FIVET herbeigeführt wird, nicht gebilligt werden kann, muß man doch jedes Kind, das auf die Welt kommt, als lebendiges Geschenk der göttlichen Güte annehmen und mit Liebe aufziehen.

Wie ist die künstliche homologe Besamung aus moralischer Sicht zu bewerten?

Die homologe künstliche Besamung innerhalb der Ehe kann nicht zugelassen werden, mit Ausnahme des Falls, in dem das technische Mittel nicht den eheli-

chen Akt ersetzen, sondern ihn erleichtern und ihm helfen würde, sein natürliches Ziel zu erreichen.
Die Unterweisung des Lehramts zu diesem Thema ist schon dargelegt worden. Sie ist nicht bloß Ausdruck besonderer historischer Umstände, sondern sie fußt auf der Lehre der Kirche über die Verknüpfung zwischen ehelicher Vereinigung und Fortpflanzung sowie auf der Betrachtung der personalen Natur des ehelichen Aktes. "Der eheliche Akt ist seiner natürlichen Struktur nach eine persönliche Handlung, ein gleichzeitiges unmittelbares Zusammenwirken der Eheleute. Dieses ist wegen der Natur derer, die hier tätig sind, und wegen der Eigenart des Aktes der Ausdruck gegenseitiger Hingabe, die nach einem Wort der Heiligen Schrift zur Einheit in einem Fleisch führt". Deshalb "verwirft" das moralische Gewissen "jedoch nicht notwendigerweise die Anwendung gewisser künstlicher Hilfsmittel, die einzig dazu dienen, den natürlichen Akt zu erleichtern, oder dem normal vollzogenen Akt zu seinem Ziel zu verhelfen". Wenn das technische Mittel den ehelichen Akt erleichtert oder ihm hilft, seine natürlichen Ziele zu erreichen, kann es moralisch bejaht werden. Falls sich hingegen der technische Eingriff an die Stelle des ehelichen Aktes setzen sollte, ist er moralisch unerlaubt. Die den ehelichen Akt ersetzende künstliche Besamung ist wegen der freiwillig bewirkten Trennung zwischen den beiden Bedeutungen des ehelichen Aktes verboten. Die Masturbation, mit deren Hilfe normalerweise der Same gewonnen wird, ist ein weiteres Zeichen für diese Trennung; auch wenn sie in Hinblick auf die Fortpflanzung geschieht, bleibt diese Handlung ihrer Bedeutung auf die Vereinigung hin beraubt: "denn es fehlt ihr ... eine von der sittlichen Ordnung geforderte geschlechtliche Beziehung, jene nämlich, die den vollen Sinn gegenseitiger Hingabe als auch den einer wirklich humanen Zeugung in wirklicher Liebe realisierte".

6.5.2.3 Zu Anmerkungen zur Interpretation der `Instruktion über die Achtung vor dem beginnenden menschlichen Leben und die Würde der Fortpflanzung` der Kongregation für die Glaubenslehre, veröff. am 10.03.87 in Rom (Auszug S. 5-6)

Die Biomedizinische Forschung und die Unterweisung der Kirche

Das Geschenk des Lebens, das Gott der Schöpfer und Vater dem Menschen anvertraut hat, verlangt von diesem, sich des unschätzbaren Wertes solchen Lebens bewußt zu werden und die Verantwortung dafür zu übernehmen: Dieses grundlegende Prinzip muß in den Mittelpunkt der Überlegung gestellt werden, um die moralischen Probleme zu klären und zu läsen, die die künstlichen Eingriffe in das beginnende Leben und in die Fortpflanzungsvorgänge aufgeworfen haben.

Dank des Fortschritts der biologischen und medizinischen Wissenschaften kann der Mensch über immer wirksamere therapeutische Mittel verfügen, aber er kann auch neue Macht erwerben, mit unvorhersehbaren Folgen für das menschliche Leben an seinem Beginn selbst und in seinen ersten Stadien. Verschiedene Verfahren ermöglichen heute Eingriffe nicht nur zur Unterstützung, sondern auch zur

Beherrschung der Fortpflanzungsvorgänge. Derartige Techniken gestatten es dem Menschen, "sein eigenes Schicksal in die Hand zu nehmen", aber sie setzen ihn auch "der Versuchung aus, die Grenzen einer vernunftgemäßen Herrschaft über die Natur zu überschreiten". So sehr sie einen Fortschritt im Dienst am Menschen bedeuten können, bringen sie doch auch schwerwiegende Risiken mit sich. Von vielen kommt daher ein dringender Aufruf, bei den Eingriffen in die Fortpflanzung mögen die Werte und Rechte der menschlichen Person gewahrt werden. Die Anfragen nach Klärung und Orientierung kommen nicht nur von den Gläubigen, sondern auch von denen, die jedenfalls eine Sendung der Kirche, die "erfahren in allem Menschlichen" ist, im Dienst der "Zivilisation der Liebe" und des Lebens anerkennen. Das Lehramt der Kirche tritt nicht im Namen einer besonderen Kompetenz im Bereich der Naturwissenschaften auf, sondern will, nach Kenntnisnahme der Daten der Forschung und Technik, ihrem vom Evangelium kommenden Auftrag und ihrer apostolischen Pflicht gemäß die Morallehre vorlegen, die der Würde der Person und ihrer ganzheitlichen Berufung entspricht. Sie tut es, indem sie die moralischen Urteilskriterien für die Anwendung der wissenschaftlichen Forschung und besonders der auf das menschliche Leben und seine Anfänge bezogenen Technik darlegt. Solche Kriterien sind die Achtung, die Verteidigung und die Förderung des Menschen, sein "ursprüngliches und grundlegendes Recht" auf Leben, seine Würde als Person, mit einer Geistseele begabt, mit moralischer Verantwortung ausgestattet und zur seligen Gemeinschaft mit Gott gerufen.

Das Eingreifen der Kirche ist auch in diesem Bereich getragen von der Liebe, die sei dem Menschen schuldet, dem sie hilft, seine Rechte und Pflichten zu erkennen und zu achten. Diese Liebe nährt sich aus den Quellen der Liebe Christ: Indem sie das Geheimnis des fleischgewordenen Wortes betrachtet, erkennt die Kirche auch das "Geheimnis des Menschen"; indem sie das Evangelium des Heiles verkündet, offenbart sie dem Menschen seine Würde und lädt ihn ein, seine Wahrheit in voller Weise zu entdecken. So legt die Kirche erneut das göttliche Gesetz vor, um das Werk der Wahrheit und Befreiung zu tun.

Denn es geschieht aus Güte - um den Weg des Lebens zu weisen -, daß Gott den Menschen seine Gebote gibt und die Gnade, sie zu befolgen; und es ist ebenfalls aus Güte - um ihnen zu helfen, auf dem selben Weg auszuharren -, daß Gott immer allen seine Vergebung anbietet. Christus hat Mitleid mit unserer Gebrechlichkeit: Er ist unser Schöpfer und unser Erlöser. Möge sein Geist die Herzen für das Geschenk des Friedens Gottes und für das Verständnis seiner Gebote öffnen.

7. Pädagogik

7.1 Zum Beitrag der Pädagogik für das Menschenverständnis

7.1.1 Einleitende und didaktische Hinweise

Kaum eine andere anthropologische Wissenschaft hat sich intensiver und differenzierter mit Vorstellungen über das Menschenverständnis beschäftigt als die Pädagogik. Die Fragen, wozu und woraufhin der Mensch erzogen werden soll, sind erst dann sinnvoll zu beantworten, wenn man ein zugrundeliegendes Bild bzw. Verständnis vom Menschen hat. Eine der fundamentalsten Feststellungen der Pädagogik lautet: Der Mensch ist ein Wesen, das der Erziehung bedarf.
Die vorliegenden Texte vermitteln einen kleinen, aber gewiß nicht repräsentativen Einblick in die Fragestellungen zwischen Anthropologie und Pädagogik. Der erste Text von Theodor Ballauff legt die Bedeutung der Erziehung für die Menschlichkeit des Menschen dar. Dabei zeigt Ballauff gleichzeitig die Schwächen der biologischen Anthropologie. Der zweite Text von Otto Friedrich Bollnow stellt die verschiedenen anthropologischen Betrachtungsweisen des Menschen dar. Bollnow zeigt, daß es unmöglich ist, ein geschlossenes Bild vom Menschen zu zeichnen. Im dritten Text von Werner Loch wird das Verhältnis von Menschenverständnis, Erzieher und Erziehung betrachtet. Heinrich Roth stellt im vierten Text den Menschen als erziehungsbedürftigstes und erziehungsfähigstes Wesen dar. Im fünften Text stellt Walter Braun die "Weltoffenheit" des Menschen dar. Irmgard Bock (sechster Text) stellt eine Relation zwischen Menschenverständnis und Lebensalter dar. Im siebten und letzten Text zeichnet Wolfgang Brezinka ein "realistisches Menschenbild" in der Pädagogik.

Ansätze zur inhaltlichen Auseinandersetzung

- Vergleichen Sie die Texte miteinander. Wo zeigen sich Unterschiede und wo Gemeinsamkeiten im Menschenverständnis?
- Nennen Sie einige Gründe, weshalb das biologische Menschenverständnis für die pädagogische Fragestellung nicht ausreicht!
- An welchen Kriterien zeigt sich die Erziehungsbedürftigkeit und Erziehungsfähigkeit des Menschen?
- Stellen Sie einige herausragende Elemente des pädagogischen Menschenverständnisses dar?
- Worin unterscheiden sich Menschen und Tiere in pädagogischen Konsequenzen?
- Was bedeutet die These: Der Mensch ist ein weltoffenes Wesen?
- Welche Kriterien bzw. Bausteine müßte aufgrund der vorliegenden Texte eine optimale Erziehung enthalten, damit sie dem Menschenverständnis der Pädagogik entspricht?
- Warum sollte man sich kein Bild vom Menschen machen?
- Von welchen Faktoren bzw. Einflüssen hängt die Erziehung des Menschen ab?
- Warum kann der Mensch als eine "offene Frage" bezeichnet werden?

7.1.2 Zur Bedeutung der Erziehung für die Menschlichkeit des Menschen

Und hier mag nun der Punkt erreicht sein, wo die Pädagogik das Wort ergreifen sollte. Die "biologische Anthropologie" selbst mußte sie mehrfach zitieren. Die "Selbstdomestikation" des großhirnigen Primaten geschieht ja gerade durch das, was wir sonst in der Pädagogik "Erziehung und Bildung" nennen. Der Mensch ist das ausgezeichnete Lebewesen, weil er fast unbeschränkt modifizierbar bleibt, mit anderen Worten, weil er lernen, ja sogar das Lernen selbst erlernen kann.
Daß der Mensch ein Wesen ist, das erzieht, erzogen wird und auf Erziehung angewiesen ist, wird eins der fundamentalsten Kennzeichen der Menschlichkeit. Das die Abhängigkeit des Menschenkindes sich wesentlich von der jedes jungen Tieres unterscheidet, lehrt uns die biologische Betrachtung. Diese Abhängigkeit untersteht der Anleitung und geht zunehmend zur vollen Selbständigkeit über. Die Prinzipien der Verselbständigung und der Anleitung liegen aber nicht auf biologischer Ebene. Sie sind von anderer Art. In der Erziehung wird dem Kind nicht nur Gelegenheit (...)
Menschlichkeit ist also - (...) - auf Erziehung angewiesen. Erziehung muß das Kind erst seiner Vernünftigkeit zuführen. Der junge Mensch muß seine Bestimmung vernehmen lernen. Um ihn in dieses Vernehmen und von da aus ins Selbstverständnis zu bringen, bedarf es der Unterweisung, die sich an den einzelnen zu wenden hat. Mit anderen Worten, der Jugendliche muß hören lernen. Unterweisung führt nach Kant ebenso den Menschen zu seiner Vernünftigkeit und der in ihr gewährten Erschlossenheit hin, wie sie dazu hilft, die Fülle dessen, was Menschen werden können, im Laufe der Generationen ans Licht der Welt zu bringen. Erziehung weist dann aber auch in die Maße und Grenzen der Menschlichkeit ein, die ja die Natur dem Menschen nicht vorausgibt. Natürliche Freigabe und vernünftige Maßgabe korrespondieren einander. Demgemäß formuliert auch Kant in seiner Pädagogik wie einst Erasmus: Der Mensch ist das einzige Wesen, das erzogen werden muß, und nur durch Erziehung wird der Mensch er selbst.
Man sollte daher den Menschen nicht als animal educandum bezeichnen. Das Tier als solches läßt sich gerade nicht erziehen. Es läßt sich dressieren, d.h. in gewisse Verhaltensmuster eingewöhnen. Nur das können wir beobachten. Daß demgegenüber der Mensch erzogen werden muß, zeigt, daß wir es in ihm nicht mehr mit einem Tier, sondern mit einem Wesen zu tun haben, dem sich alles anders gewährt, als es dem Tier gegeben und zugefügt wird, das daher etwas völlig anderes wird als ein Tier.
Das Entscheidende ist in diesem Zusammenhang, daß alles, was zur Menschlichkeit gehört, erst gelernt werden muß.
Selbst jemand sein zu wollen, das liegt im Menschen drin. Einen Menschen zu lehren, geziemend ein Mensch zu sein, das ist Sache der Erziehung. Körperbau und Temperament hängen sicher eng zusammen. Aber Erziehung lehrt das Kind, sein Temperament in Zucht zu nehmen und seine Kraft für sachliche und mitmenschliche Ziele einzusetzen. Das Geschlecht ist gewiß eine angeborene Bestimmtheit. Was aber dieser Junge oder dieses Mädchen mit seinen männlichen bzw. weiblichen Möglichkeiten anfängt, läßt sich aus dem Angeborensein als solchem nicht herleiten. Und erst recht nicht, ob dieser Junge ein guter Mann, dieses Mädchen eine gute Frau werden wird - darum geht es aber bei der

Erziehung. In ihr geht es um das, was dem Menschen nicht in die Wiege gelegt worden ist, um das Maß. Und daher muß der Mensch ermessen lernen durch Einsicht. Erreicht er das nicht, ist er schlimmer daran, als wenn er wirklich ein Primat geblieben oder geworden wäre.

Das Eigenartigste ist doch wohl, daß der Mensch selbst erst lernen mußte und muß, sein Wesen zu ermessen. Die Frage, was der Mensch sei, worin seine Menschlichkeit bestehe, kennzeichnet die Menschlichkeit selbst. Ihre Beantwortung hat nicht zuletzt die Vielfalt und Gegensätzlichkeit des Menschlichen hervorgetrieben. Die Erziehung hat zwar immer wieder dazu gedient, ein bestimmtes Wesen des Menschen in möglichst vielen Exemplaren soz. festzustellen, also endgültig zu konsolidieren. Aber sie muß heute einsehen, daß ihre eigene Aufgabe im Gegenteil, in der Freigabe der Individualität und der Suche nach immer erneuter "Definition" des Menschlichen in jedem einzelnen Menschen besteht. Das neugeborene Wesen bedeutet uns zwar die Vorgabe eines Menschen der Möglichkeit nach; ob dieses Wesen aber die Menschlichkeit erreichen wird, das ist durch nichts gewährleistet. Erziehung wird sich allerdings darum bemühen; ein langer Bildungsgang wird notwendig sein. Aber wie vieles kann dieses Ziel zu erreichen vereiteln!

Der bisherige Gedankengang läuft jedoch Gefahr, erneut den Menschen als Analogon des Tieres zu sehen und zu suchen. Die Argumentation, der Mensch sei das von der Natur verlassene und zugleich freigegebene Wesen, das jedoch in entlastender Sprache und selbstgesteuerter Handlung Mittel seiner Selbsterhaltung und -entfaltung gefunden habe, trifft noch nicht die Mitte des Menschlichen. Das Wesen, das Mensch werden kann, wird allerdings von den Bedingungen und Anpassungen des höheren Tieres freigegeben, es wird ihm jene Erschlossenheit zuteil, die ein jedes im Ganzen offenkundig und erfahrbar werden läßt. Aber die Erschlossenheit versetzt jenes Wesen noch nicht in die Zugehörigkeit zu Wahrheit, sondern kann sehr wohl noch Instrument und Medium der Lebensbewältigung und Selbstermächtigung bleiben. Die Wendung von der Erschlossenheit als Mittel des Menschen, seines Willens und seiner vitalen Selbstsicherung, zur Wahrheit und ihrer ausschließlichen Maßgeblichkeit muß erst vollzogen sein, um die Menschlichkeit zu erreichen. Von Erziehung im strengen Sinn kann erst dann die Rede sein, wenn mit ihr das Bemühen um jene Wendung bezeichnet wird. Sonst haben wir es noch mit "Aufzucht" zu tun, die "Denken" als Werkzeug und Waffe zu benutzen lehrt und den einzelnen zum brauchbaren Mitglied einer Gruppe auszubilden trachtet. Nur deshalb bedarf es der Erziehung, um der "Ohnmacht" der Wahrheit zu Hilfe zu kommen.

Die Erschlossenheit des Ganzen und die in ihr gewährte Entdeckung von immer wieder anderen Dingen, Wesen und Zusammenhängen bringt es geradezu mit sich, sich von ihr als Erschlossenheit abzuwenden und dem Wesen, das Mensch werden kann, alles scheinbar verfügbar werden zu lassen. Sie verführt selbst dazu, von neuem und nun erst recht der Lebensbewälti-gung verhaftet zu bleiben und das Verlorene zu ersetzen. Der "Mensch" tritt als der überlegene Konkurrent der Tiere in Erscheinung, und er versteht sich auch als der berufene Herr der Erde, der Tiere und seinesgleichen. Wille und Können, Herrschaft und Dienst, Überlegenheit und Untertänigkeit dimensionieren die "menschliche Gesellschaft".

Die "Wahrheit" erscheint als "nützlich", weil nur der am besten fährt, der die Verhältnisse und die anderen am angemessensten zu erkennen und zu bewältigen vermag. Wohlverstandene Erziehung macht sich daher nicht die Ausbildung von Fertigkeiten, die Schulung des Verhaltens oder die Anpassung an eine jeweils moderne Welt zur Aufgabe, sondern die Einweisung in die Erschlossenheit des Ganzen, nun aber als Hinführung zur Wahrheit. Sie hat die Notwendigkeit der Erziehung aus der unerläßlichen Überführung der anfänglichen Erschlossenheit in die Wahrheit hergeleitet. Dann bedeutet jene Erschlossenheit nicht mehr Eigentum und Herrschaftsbereich eines Lebewesen, sondern dann gehört dieses, nun als Mensch, der Wahrheit an.
Die Erziehung möchte einerseits dem werdenden Menschen einen langen Weg verkürzen, auf dem seine Vorfahren einst zu Wesentlichem hinfanden. Sie möchte andererseits ihn auf diesen Weg zur Wahrheit bringen, damit er ihn auf eigene Weise weiter beschreitet. Erziehung ist daraus entstanden, den Jugendlichen zu der von den Erwachsenen erreichten Wahrheit hinzugeleiten. Jede andere Zielsetzung und Sinngebung der Erziehung verwandelt sie in die Vergewaltigung der Menschlichkeit.
Erst seitdem die Menschen die Wahrheit als eigenste Aufgabe und als Maßgabe für Wort, Tat und Werk erfuhren, wünschten sie für ihre Kinder Erziehung. Erst seitdem können wir mit Fug und von Erziehung, von Paideia, von educatio sprechen.
Nicht Technik, nicht Fertigung und Herstellung, nicht Produktion und Konsum kennzeichnen die Menschlichkeit, sondern etwas ganz anderes. Der Mensch als "Mängelwesen", als "physiologische Frühgeburt" gewinnt sich nicht soz. auf einer höheren Ebene wieder, indem er das, was ihm gegenüber dem Tier mangelt, durch Handeln, Sprache und Institution kompensatorisch erwirbt, um sich wieder, wie das Tier, in seinem Lebensraum zu erhalten und durchzusetzen. Vielmehr vollzieht er als wahrer Mensch sein ganzes Sein anders als das Tier. Nicht ein Unterschied der "Anlagen", der "Ausstattung" gegenüber dem Tier liegt vor, etwa durch Hinzukommen der Ratio, der Intelligenz, sondern eine von Grund aus gewandelte Übernahme des Natürlichen. Dem "Menschenkind" wird es durch die Langsamkeit seiner natürlichen Entwicklung möglich gemacht, nicht nur auf das Angesprochenwerden durch Mutter und Familie zu hören und sich in Anspruch nehmen zu lassen, sondern darüber hinaus sich diesem Anspruch zu stellen und demgemäß von Grund aus zu bestimmen. Die tierische Kraft und Gier muß, wie Pestalozzi sagt, dem ich hier folge, daher zunächst "stillgestellt" werden, sie muß niedergehalten werden, damit der Mensch nicht durch sie fortgerissen werde von sich selbst. Nur so kann die Mutter das Kind in seine Menschlichkeit hervorrufen. Sprache muß daher das ureigene Medium der menschlichen Bildung werden. Die physische Hilflosigkeit und Langsamkeit gewährt das Glauben- und Liebenlernen als das rein Menschliche, das dem Tier gerade vorenthalten bleibt. So erscheint der Mensch als das sich geschenkte Wesen, nicht aber als Wesen, das eine ihm gewährte Kraft zur Befriedigung seiner Bedürfnisse einsetzt. Das Wesentliche des Menschen liegt in seiner "Kraftlosigkeit", in seiner "Schwäche", die das Kind in seiner Angewiesenheit auf mütterliche Pflege und mütterlichen Zuspruch erfährt. Durch die Liebe der Mutter wird ihm Kraft zuteil, die es an die Mutter glauben und auf sie vertrauen läßt.

In der so verstandenen Liebe zeigt sich eindeutig, daß der Mensch das Wesen ist, das alle Dinge und alle anderen Wesen freizugeben vermag auf das, was sie sind, und damit auf ihre volle Anwesenheit, auf ihre erfüllte Zeitlichkeit. Wenn wir auch alles andere beim Tier vermuten könnten oder zu beobachten meinten, die Einsicht in das Sein von Sachen, Wesen und Mitmenschen und seine Freistellung durch die selbstlose Tat können wir wohl kaum noch irgendeinem Tier zuschreiben.

Erziehung ist sicher ein soziales Phänomen. Sie stellt den Heranwachsenden in die Gemeinschaft. Aber das gerade ist nicht das Wesentliche. "Ver-gesellschaftung" beobachten wir auch bei Tieren. Die Erziehung wird den jungen Menschen vielmehr nicht nur zu sachlichem, sondern auch mit-menschlichem Handeln anleiten.

Auch hier geht es wieder darum, den anderen selbst in den Blick zu bekommen und ihn in seine Begabung, aber auch in seine mögliche Berufung eintreten zu lassen. Nur so erschließt sich Gemeinschaft in Einsicht und Aufgabe, in Werk und Tat. Und auch hier wird der Heranwachsende wie der Erwachsene nur dann die anderen recht zu nehmen wissen, wenn er von einem Ganzen her auf den einzelnen in seiner geschichtlichen Situation zurückkommt.

Zur Zugehörigkeit des Menschen zur Wahrheit

Der Mensch kann nicht durch das Hinzukommen der Ratio, der sogenannten Vernunft, zu seiner tierischen Natur gekennzeichnet und als "animal rationale" vom Tier unterschieden werden. Wir werden uns vielmehr selbst einsichtig als "Ereignis", als "Einbruch" eines Vernehmens, in welchem Sein und Zeit in ihrer Gegenseitigkeit hervortreten. Im Licht ihres Gedankens sind wir in der Welt, das besagt: wir selbst und alles andere tritt in einem Ganzen zutage als Gabe und Aufgabe. Das Denken, in dem Sein und Zeit aufgehen, besagt nicht mehr Ratio oder Intelligenz, sondern eine Inanspruchnahme, die uns unvergleichlich mit Tier und Pflanze werden läßt. Kein Tier kann den Tod vor Augen haben und das Gewicht des Seins ein Leben lang erfahren. Nur der Mensch nennt Gott als den Namen für das rätselhafte Dunkel, das sich im Licht des Denkens über alles breitet.

Nicht die Abstraktion oder die Reflexion, nicht die Objektion oder die Negation machen den Menschen zu ihm selbst. Sie sind vielmehr erst späte Folgen jener ursprünglichen Zugehörigkeit zur Wahrheit, sofern in Reflexion und Objektion sich der Mensch mittels des Denkens auf sich zurückbiegt und sich in dieser gewonnenen Selbständigkeit Gegenstände entgegenstellt. Durch solche Tat glaubt er sich zum Herrn der Dinge und Wesen ermächtigt. Vom vereinzelten Bestand her taucht das umgreifende Ganze wieder auf, nun aber in der "Abstraktion" von übereinstimmenden Merkmalen, die das Denken als "Verstand" auf Begriffe bringt. "Sein" bleibt als der allgemeinste Begriff übrig, der alles und nichts besagt.

Der Mensch ist daher nicht der Neinsager zu Trieb und Sucht, sondern der Ort der Wahrheit, die anfänglich in der Erschlossenheit einem Wesen zuteil wird. Nur weil der Mensch in der reflexiven Wendung des Denkens sich selbst in Besitz nimmt und sich auf sich selbst stellt, jene Erschlossenheit ihm aber als Mittel zu einer universellen Vergegenständlichung dient, bedarf es der asketischen

Negation, um wieder in die Zugehörigkeit zur Wahrheit zu gelangen, um wieder die freigebende Einsicht und die selbstlose Tat zu erlernen. Wenn nicht jenes ursprüngliche Verhältnis von Wahrheit und Menschlichkeit waltete - kein Mensch würde jemals "auf den Gedanken gekommen sein", die Wahrheit zu suchen, um sie aussagen und vollbringen zu dürfen. Die "Geschichte der Menschheit" wäre nie zustande gekommen, wohl aber eine Abfolge von sich gegenseitig überwältigenden "Reichen" unterschiedlicher "Primatenpopulationen". Der Konjunktiv dieser "Ungeschichte" verweist uns erneut an den Indikativ der Wahrheit.

Überschauen wir unseren Gedankengang noch einmal, so kommt eine Paradoxie zum Vorschein, die unsere Betrachtung trägt und möglich macht.

Das Denken wird uns zuteil, und damit sind wir uns in der Welt erschlossen: Dinge und Wesen, wir Menschen untereinander werden uns offenkundig, erfahrbar und "begreiflich". Wir suchen uns im Denken von den uns ersichtlichen Dingen und Wesen her zu verstehen und zu erklären. So kommen wir zum Beispiel vom Tier auf uns zurück und bestimmen uns als animal rationale oder als aufrechtgehenden, sprechenden und werkenden Primaten. Oder wir kommen auf uns zurück als Imago Dei, indem wir von Gott als dem Anderen der Welt ausgehen. Wir stellen uns denkend in die Welt hinein und richten uns in ihr ein. Wir sind leibliche Wesen, wir gehen und sitzen, wir greifen zu und wehren uns, wir werden gestoßen und schneiden uns in den Finger. Wir empfinden heftige Schmerzen. Aber ebenso haben wir einen Leib, der uns in seinem eigenläufigen Geschehen fremd und dunkel wird, das wir weder durchschauen noch beherrschen, dessen wir uns zumeist nur bewußt werden, wenn es nicht mehr unauffällig unser Leben in der Welt trägt und uns nicht mehr ungehindert agieren läßt.

So sind wir in der Welt als dem Ganzen des Seienden und sind uns offenbar als leibliche Wesen zwischen Tier und Gott, von denen wir uns herzuleiten und zu begründen suchen. Und wir sind doch zugleich und vorgängig jenem zugehörig, das alles Verstehen und Begründen, alles Handeln und jedes menschliche Miteinander gewährt, eben dem Denken. Es ist ebenso die Voraussetzung für jede Betrachtung über "das Wesen des Menschen" und über "die Aufgaben der Erziehung" wie für das Leben eines jeden in der Welt, für seine Anwesenheit als Mensch wie für menschliche Worte und Taten.

So sind wir denkend weder Welt noch Mensch und doch nur durch das Denken in der Welt und menschlich, nämlich der Fragwürdigkeit und Schwierigkeit unseres Lebens in Welt überantwortet. Sie zwingen uns, immer wieder nach neuen Antworten und Lösungen zu suchen - mittels des Denkens.

Die Paradoxie der Vorgängigkeit und Nachträglichkeit des Denkens tritt nun darin am schärfsten zutage, daß uns das Denken in die Erschlossenheit des Seienden im Ganzen, in Welt, hineinstellt, daß es selbst aber schließlich unter die Dinge gerät. Es wird zum verfügbaren Vermögen des Menschen, zur res cogitans, zum Geist, sich als höchste Stufe oder Schicht den Steinen, Pflanzen und Tieren überlagert oder aus dunklen Gründen unbefriedigter Triebe aufsteigt. Das Denken als Möglichkeit und Gewähr alles sich in Welt offenbaren Menschseins bringt sich auf die eben genannten Weisen unter seine eigene Botmäßigkeit. Ja, es bringt sich selbst zum Verschwinden - nämlich als Möglichkeit und Gewährung von Menschlichkeit und Welt - dadurch, daß es sich als etwas an Seiendem, als Eigenschaft oder Fähigkeit unter vielen anderen bestimmt. So kommt es sich

selbst in seiner Ursprünglichkeit aus dem Sinn und bleibt sich entzogen, sofern es unter dem Seienden verschwindet.
Und doch taucht es immer wieder auf in seiner Verborgenheit und Vergessenheit. Das Denken, das hinter alles zu kommen sucht, hinter die Ursprünge und Bedingungen, hinter die Gründe und Folgen, hinter Grundlagen und Abhängigkeiten der Dinge, vermag hinter sich selbst nicht zu kommen. Es bleibt das Rätsel schlechthin, weil das, was alles hell werden läßt, alles erklärbar und durchschaubar werden läßt, selbst im Dunkel bleibt und nur an seinem Widerschein "sichtbar" wird.
Sollte nicht darin das "eigentlich Menschliche" stecken, daß der Mensch alles, auch sich selbst, bedenken darf, ja sogar mittels des Denkens wie eines Instrumentes bedienen kann und doch sich gerade unverfügbar bleibt in diesem Denken, so sehr er auch ins Seiende im Ganzen einzufügen sucht? Dann wäre der Mensch in Wahrheit alles andere als ein "animal rationale" - aber wohl auch kein Ebenbild des unbekannten Gottes.
Es ist doch merkwürdig: Wir suchen unser "Wesen" von Tier oder Gott her zu ermitteln, wir kennen aber weder Tier noch Gott. Hinsichtlich unserer Kenntnis Gottes sind wir daher auch auf eine "Offenbarung" angewiesen.
Daß wir auf uns als Menschen von Gott oder Tier zurückkommen und damit eine unbekannte Größe durch eine andere Unbekannte zu erklären suchen, ist das Fragwürdige. Wir haben einen anderen Weg zu gehen versucht. Denn das Nächstliegende ist in jenen Verfahren schon übersprungen - es liegt uns allerdings gerade so fern. Um es zu finden, müssen wir nur einmal davon abgehen, den Menschen als ein bestimmtes Seiendes von anderem Seienden herleiten zu wollen. Wir müssen darauf achten, was denn diesen Versuch, diese "Selbsterkenntnis", trägt und ausmacht. Dann stoßen wir allerdings nicht auf ein zu unterscheidendes "Seiendes", sondern auf dieses Bemühen selbst. Wir nennen es "Denken".
Hierin liegt doch das Auszeichnende des Menschen. Was auch immer er über Gott und Tier ausmachen wird, wie auch immer er auf sich als Menschen zurückkommen wird - dieser Vollzug ist zunächst ihm eigen. Erst von ihm aus kann er diese Eigentümlichkeit von Tier oder Gott abheben. Dieses "Denken" zeigt sich gerade zunächst nicht als res cogitans oder als "Vermögen" eines animal, sondern umgekehrt: res und animal erscheinen als solche erst in jenem Denken.
Nicht von Biologie oder Theologie aus wird man das "Wesen des Menschen" zu bestimmen suchen; vielmehr wird man jene als "Phänomene" für das "Wesen des Menschen" nehmen, nämlich aus einem Denken geboren zu werden, das Gott, Mensch, Tier allererst erscheinen läßt und ins Verhältnis bringt. Dieses Denken kann daher nicht aus einer "Leistung" des Menschen hervorgehen, sondern läßt "den Menschen" hervortreten, wenn es sich inmitten des Seienden im Ganzen, unter "Dingen und Wesen" ereignet.

Theodor Ballauff: Die pädagogische Unzulänglichkeit biologischer Anthropologie, Essen 1962; S. 35; S. 37 - 46

7.1.3 Zur anthropologischen Betrachtung des Menschen in der Pädagogik

Damit rückt in der Geschichte der Pädagogik der Wandel im Bild vom Menschen - vom Menschen, wie er ist, und vom Menschen, wie er sein soll - in den Mittelpunkt der Betrachtung. Jedes pädagogische System ist getragen von einer ganz bestimmten Auffassung vom Menschen. Diese bildet die einheitliche Mitte, aus der alle Einzelzüge hervorgegangen sind und in der sie untereinander zusammenhängen. Darum ist dieses Bild vom Menschen auch der geeignete Schlüssel, hinter die Einzelheiten der pädagogischen Lehren zu dringen und sie gewissermaßen in ihrer "Stilreinheit", in der inneren Notwendigkeit ihres Zusammenhangs, zu begreifen. Das Einzelne erscheint als bedingt durch eine allgemeine Auffassung vom Menschen und darum auch nicht mehr als zufällig und beliebig vertauschbar, sondern als notwendiges Glied eines größeren Ganzen. Es wird verständlich von diesem Ganzen her. Darum kann man auch einzelne Anschauungen verschiedener Pädagogen oder verschiedener Zeiten nicht unmittelbar miteinander vergleichen, sondern nur, indem sie zunächst zurückbezogen werden auf die entsprechenden Menschenbilder und diese dann zueinander in einen Entwicklungszusammenhang gesetzt werden. So wird die Geschichte der Pädagogik eine Geschichte der Menschendeutungen.

Nur muß man sich vor der vereinfachenden Auffassung hüten, als seien diese Menschenbilder das Primäre und als wirkten sie sich dann nachträglich neben anderem auch in der Erziehung aus. Das mag bis zu einem gewissen Grade dort der Fall sein, wo ein fertiges Menschenideal nur übernommen wird (wie seinerzeit etwa bei der nationalsozialistischen "Weltanschauung") oder wo ein Philosoph sich nachträglich pädagogischen Fragen zuwendet. Wo die Verhältnisse aber noch natürlich sind, da ist es so, daß sich das Bild vom Menschen erst in und mit der Pädagogik entwickelt und darum auch (ähnlich wie bei den Dichtern) den betreffenden Pädagogen gar nicht ausdrücklich bewußt zu sein braucht - und das ist es auch in den seltensten Fällen. Diese Menschenbilder herauszuarbeiten und damit die unbewußt leitende Einheit sichtbar zu machen, ist erst die Aufgabe der nachträglichen Besinnung und so genommen dann eine der reizvollsten und fruchtbarsten Aufgaben der Geschichtsschreibung der Pädagogik.

Diese Betrachtungsweise hat man vielfach als anthropologische Behandlung auch die der Geschichte der Pädagogik innerlich angemessene. Sie bezeichnet in einer engeren und präziseren Weise das, was man früher in unbestimmterer Form als den Rückgang auf die "Weltanschauung" des betreffenden Pädagogen bezeichnet hatte. So kann man dann zusammenfassen:

Die Anthropologie ist der Schlüssel jedes pädagogischen Systems; denn wir begreifen die Geschichte der Pädagogik nicht als die stetig sich vervollkommende Entwicklung einzelner Gedanken, sondern von der ständigen Wandlung und Erneuerung des Menschenbilds her, aus dem sich in jeder Epoche und bei jedem einzelnen Denker das Ganze der pädagogischen Vorstellungen, der Erziehungsziele sowohl als auch der Auswahl der zu ihnen hinführenden Mittel, jedesmal neu entfaltet. Um Verwechslungen zu vermeiden, muß man sich aber darüber klar sein, daß die Bezeichnung dieser an sich notwendigen und wichtigen Betrachtungsweise als "anthropolo-gisch" und der Sprachgebrauch, der von der "Anthropologie" eines pädagogischen Klassikers oder einer ganzen Zeit spricht, den Begriff der Anthropologie in einem allgemeinen, lockeren Sinn aufnimmt, der mit einer besonderen Wissenschaft vom Menschen, welcher Art diese im einzelnen auch sein mag, ob empirisch oder philosophisch, nichts mehr zu tun hat. Ich würde darum heute vorziehen, den Begriff der Anthropologie in diesem Zusammenhang ganz zu vermeiden und zurückhaltender von einem "Bild vom Menschen" oder auch, weil eine bildhafte Anschaulichkeit ja nicht immer gegeben zu sein braucht, allgemeiner von Vorstellungen vom Menschen zu sprechen.

7.1.3.1 Zur pädagogischen Anthropologie

Was Loch unter pädagogischer Anthropologie versteht, hat, wie zur Vermeidung von Mißverständnissen noch einmal ausdrücklich angemerkt sei, mit der von A. Flitner mit demselben Namen bezeichneten basalen und integralen Anthropologie nichts zu tun. Sie bezeichnet nicht den grundlegenden Ertrag der anthropologischen Einzelwissenschaften, sondern umgekehrt den Beitrag, den das Faktum der Erziehung für das Verständnis des Menschen und damit für die philosophische Anthropologie leistet. Sie ist also ein Teil der philosophischen Anthropologie, nämlich der, der sich auf der Pädagogik (oder ihrem Gegenstand: der Erziehung) aufbaut. Hatten wir vorher im Anschluß an Pleßner entwickelt, daß jede Einzelwissenschaft vom Menschen zum Organ der philosophischen Anthropologie werden kann, so gilt das natürlich auch von unserer eigenen Wissenschaft. Sie ist in Bezug auf die Anthropologie nicht nur nehmend, sondern auch gebend, d.h., die Erziehung liefert ihren eigenen und nicht zu ersetzenden Beitrag zum Verständnis des Menschen. So formuliert es Giel in seiner schon genannten Darstellung mit aller Entschiedenheit:
"Die Erziehung ist daher für die philosophische Anthropologie keine abgeleitete Tätigkeit, sondern ein noch auszulegendes Verständnis des Menschen, in dem Seiten in den Blick gerückt sind, die nur in der immanenten Sicht der Erziehungs "praxis" gesehen werden können."

Und weiterhin in ausdrücklichem Anklang an Pleßner:
"Die Pädagogik ist (...) ein Organon, ein unersetzbares Medium" für den systematischen Aufbau der Philosophie als Anthropologie.

Wenn wir diesen Ansatz durchzuführen versuchen, so fragt die pädagogische Anthropologie also: Was lehrt die Tatsache der Erziehung mit allen ihren verschiedenen Aspekten und allen für sie getroffenen Veranstaltung für das Gesamtverständnis des Menschen? So hatte schon Langeveld seine Fragestelle formuliert: Man liest "aus der Erziehungstatsache ab, was diese über das Wesen des Menschen lehrt". Oder, wie Loch es in unserer allgemeinen Formel wiederholt: "Wie muß das Wesen des Menschen im ganzen beschaffen sein, damit sich diese Erziehungserscheinung darin als ein sinnvoll und notwendiges Glied begreifen läßt." Wir kommen von hier aus zu einer Anthropologie der Erziehung, und zwar nicht in dem Sinne einer Anthropologie für die Zwecke der Erziehung, sondern einer Anthropologie von der Erziehung her, auf dem Boden der Erziehung.
Dieser Gedanke ist in Langevelds Formulierung vom Menschen als dem animal educandum und animal educabile in prägnanter Weise Herausgestellt worden. Er leuchtet ein und ist seitdem auch vielfach aufgenommen worden. Ich vermeide

bei aller inhaltlichen Übereinstimmung lieber diese Bezeichnung, weil sie den Gedanken in einer zu einseitigen Weise fixiert und in Gefahr ist, zum bequem handhabbaren Schlagwort zu werden. Ebenso wichtig wie die Erziehungsbedürftigkeit scheint mir die Erziehungswilligkeit zu sein. Der Mensch braucht nicht nur die Erziehung im Sinne einer harten Notwendigkeit, der er sich nur widerwillig unterwirft (die Erziehung als harte Zucht oder gar Züchtigung), sondern drängt sich von sich aus freudig der Erziehung entgegen. Er verlangt von sich aus nach der Erziehung.

Wenn wir den ersten Schritt der sich in dieser Richtung entwickelnden Konsequenzen wenigstens kurz andeuten, so gehört hierher, daß der Mensch, um sich zu seinem vollen Wesen zu entfalten, an die sich in der Erziehung äußernde Wechselwirkung mit seiner Umgebung angewiesen ist. Gegenüber der von der Gegebenheit der Erziehung ausgehenden anthropologischen Besinnung versagt nicht nur der romantische Ansatz, der die Entwicklung des Menschen in Analogie zum pflanzlichen Wachstum in einer "organischen" Entfaltung sieht und die Erziehung dabei auf eine bloße Behütung vor schädigenden Einflüssen beschränkt wissen möchte, sondern ebensosehr die Derbolavsche Auffassung, die den eigentlichen Kern der Erziehung im Selbstverwirklichungsprozeß des Ichs sieht.

Auf diesem Boden ist dann im einzelnen zu verfolgen, was das Ganze der Erziehungsphänomene für das Verständnis des Menschen bedeutet und wie diese wiederum von hier her tiefer verstanden werden können. Loch hat ein umfangreiches Programm einer solchen Forschungsrichtung vorgezeichnet, das die Fülle der Lebensalter und Lebenssituationen, der Erziehungseinrichtungen und Erziehungsmaßnahmen unter diesem leitenden Gesichtspunkt zusammennimmt.

Darin ist aber zugleich schon ein weiteres enthalten: Die Pädagogik ist in dieser Beziehung nicht nur interesselos gebend, nicht nur in der Organon-Funktion für die philosophische Anthropologie eingespannt, sondern sie ist selber an diesem Teil der philosophischen Anthropologie unmittelbar interessiert; denn ihre eignen Grundlagen sind es ja, die in dieser Betrachtung in vertiefter Weise hervortreten. Das Verständnis des Menschen als eines erziehungsbedürftigen Wesens muß daher für die Pädagogik selber von höchster Bedeutung sein; denn in der Rückbeziehung auf das philosophische Verständnis des Menschen im ganzen lernt die Pädagogik ihre eignen Grundlagen in einer neuen und vertieften Weise kenn. "Sie versteht die Pädagogik nicht aus sich selbst, sondern aus der Wirklichkeit des Menschen, wie sie sich in der Erziehung zeigt." Damit kehrt die pädagogische Anthropologie in den Rahmen einer umfassenden Pädagogik zurück und entwickelt auf anthropologischer Basis eine einheitliche Theorie der Erziehungsphänomene. Und das ist es, was Loch in seinem weitgespannten Programm vor allem im Auge gehabt zu haben scheint.

Wenn wir uns der begrifflichen Verhältnisse noch einmal ausdrücklich vergewissern wollen, so wird das Wort "pädagogische Anthropologie" also in einem doppelten Sinn gebraucht, je nachdem unter Anthropologie die Gesamtheit der Einzelwissenschaften vom Menschen oder die philosophische Anthropologie verstanden wird. Im zweiten Fall müßte man also eigentlich strenger (wie es auch Langeveld gelegentlich getan hat) von einer pädagogischen (philosophischen) Anthropologie oder einer philosophisch-pädagogischen Anthropologie sprechen. Weil aber das zu schwerfällig ist, muß man in jedem Fall genau angeben, welche

Art von pädagogischer Anthropologie jeweils gemeint ist. Um diese Schwierigkeiten zu vermeiden, würde ich vorschlagen, die Bezeichnung "pädagogische Anthropologie" für die unter pädagogischem Gesichtspunkt gesehene und behandelte integrale und basale empirische Anthropologie (im Sinne von Flitner) vorzubehalten und das, was bei Loch unter diesem Namen gefaßt wird, unterscheidend als (philosophische) Anthropologie der Erziehung zu bezeichnen. Das eine ist ein Teil der empirischen, das andre ein Teil der philosophischen Anthropologie, wobei die zweite dann allerdings auch unmittelbar auf die Pädagogik zurückwirkt.

7.1.3.2 Zur anthropologischen Pädagogik

Demgegenüber ist das, was wir im Anschluß an Loch als anthropologische Pädagogik bezeichnen, unmittelbar ein Teil der Pädagogik. Es handelt sich in ihr um eine Übertragung der in der philosophischen Anthropologie ausgebildeten Betrachtungsweise auf die Pädagogik. Und nur diese philosophische Anthropologie meine ich, wenn ich innerhalb der Pädagogik von einer anthropologischen Fragestellung spreche. Es handelt sich dabei aber nicht etwa darum, die "Ergebnisse" der philosophischen Anthropologie dann nachträglich - in Analogie zu dem, was Portmann und Flitner als "basale Anthropologie" bezeichnet haben - auf die Pädagogik anzuwenden und für die Pädagogik auszuwerten, sondern um die Übernahme der philosophisch-anthropologischen Fragestellung. Diese Fragestellung wird, von einem Pädagogen aufgenommen, unmittelbar zu einem pädagogischen Prinzip.

Streng genommen läßt sich hier keine scharfe Grenze ziehen; denn jede Erkenntnis der philosophischen Anthropologie hat schon zugleich unmittelbar auch pädagogische Bedeutung. Was das Wissen vom Menschen angeht, das gilt zugleich auch für die Wesensverwirklichung des Menschen und gibt damit zugleich einen Hinweis für die Erziehung. Wenn wir etwa in der anthropologischen Ebene begreifen, daß die Krisis kein zufälliges Mißgeschick ist, sondern Bedingung der Möglichkeit menschlicher Reifung, dann ergibt sich unmittelbar daraus auch die pädagogische Konsequenz, nicht darüber hinwegzuschleichen, sondern dem jungen Menschen zu helfen, diese Krisis in aller Ehrlichkeit und aller Entschiedenheit durchzuhalten. Und so ergibt sich schlechterdings kein anthropologisches Problem, das nicht zugleich und unmittelbar eine pädagogische Bedeutung hat, mag diese auch in einem Fall stärker und im andern Fall schwächer hervortreten. Die Angst und die Freude, die Liebe und das Vertrauen, das Wandern und das Wohnen und was immer wir nehmen, das alles hat zugleich eine unmittelbare pädagogische Bedeutung . Das "eigentliche Pädagogische" ist dann nur die Perspektive, die Auswahl des pädagogisch Wichtigen und vor allem dann die konkrete Durchführung, d.h. die genauere Überlegung, wie die gewonnenen Gesichtspunkte in der Praxis realisiert werden können. Das erfordert dann allerdings in jedem Fall noch eingehende Überlegungen.

Darum versagt hier auch völlig der Gedanke einer Hilfswissenschaft oder Grundwissenschaft. Ich würde darum auch vorziehen, überhaupt nicht von einer anthropologischen Pädagogik und auch nicht von einer pädagogischen Anthropologie zu sprechen, sondern in einer lockeren Weise von einer anthropologischen Betrachtungsweise in der Pädagogik, um damit auszudrücken, daß es sich nicht um einen besonderen Gegenstand, nicht um ein durch den anthropologischen Gesichtspunkt ausgesondertes Teilgebiet der Pädagogik handelt, neben dem es auch andere Teilgebiete gäbe, sondern um das Ganze der Pädagogik, gesehen nur aus einem besonderen, mit fruchtbar erscheinenden Gesichtspunkt, nämlich dem der Anthropologie.

Zusammengefaßt also: Es handelt sich nicht um eine neu zu begründende Disziplin, nicht um einen besonderen Zweig, der dann im ganzen der Pädagogik eine besondere Aufgabe zu erfüllen hätte, sondern um eine die gesamte Pädagogik durchziehende Betrachtungsweise, die jede einzelne Frage in einem neuen Licht zu sehen und in einer neuen Tiefe auszuschließen verspricht. Wenn man diese Pädagogik als "anthropolo-gisch" bezeichnet, so soll das nur eine bestimmte Betrachtungsweise, nicht aber einen bestimmten Gegenstand bezeichnen. Darum würde ich vorzie-hen - und so habe ich es auch im Titel ausgedrückt, - von einer anthropolo-gischen Betrachtungsweise in der Pädagogik zu sprechen.
Und endlich ein letztes: Wenn die anthropologische Pädagogik nur eine neue Betrachtungsweise ist, dann folgt daraus, daß sie von sich aus kein neues Ordnungsschema zu liefern imstande ist, das die einzelnen pädagogischen Fragen in einer neuen Weise zu einem Ganzen zusammenzufügen erlaubte. Die anthropologische Betrachtungsweise hat als solche keine systembildende Funktion. Das könnte sie nur, wenn sie ihrem eigenen Wesen untreu würde und ein geschlossenes "Bild vom Menschen" aufzurichten versuchte, aus dem sie dann die Pädagogik in ihrer inneren Rangordnung abzuleiten vermöchte.

Soweit sie eines Systems bedarf, muß sie es sich von andrer Seite geben lassen, und hier macht sich die innere Grenze oder besser der funktionelle Charakter der anthropologischen Betrachtungsweise bemerkbar. So wie die anthropologische Betrachtung ja nicht ins Leere baut, sondern immer schon aus einer bestimmten pädagogischen Problematik hervorgegangen ist, die sie zu klären und zu vertiefen unternimmt, so kehrt sie dann auch wieder mit ihrer Antwort in diese ursprüngliche pädagogische Problematik zurück. Vielleicht ist die anthropologische Betrachtung aber auch gar nicht so sehr am System interessiert als an der Erschließung neuer und überraschender Phänomene und läßt sich in der Freude, Neues zu entdecken, gern ins Unabsehbare fortziehen. Das ordnende Zusammenfügen der Einzelzüge verliert gewiß nicht seine Bedeutung, aber es erscheint, solange sich immer neue Perspektiven auftun, doch erst als etwas Sekundäres, das man gern für spätere Zeiten zurückstellt, solange man noch ständig Neues zu entdecken hofft.

7.1.3.3 Zur Unmöglichkeit eines geschlossenen Bilds vom Menschen

Von hier aus klärt sich zugleich ein weiterer Zusammenhang. Es ist in der Pädagogik heute viel von einem "Bild" oder gar einem "geschlossenen Bild" vom Menschen die Rede, das in der Erziehung vorgegeben sein müsse und von dem her man die Erziehung allein in verläßlicher Weise begründen könne. Wo ein solches leitendes Bild fehle, da müsse die Erziehung notwendig in die Irre gehen. Von dieser Argumentation geht in der Tat eine eigentümliche Überzeugungskraft aus. Sie erscheint so einleuchtend, daß es schwer ist, sich ihrem Zwang zu entziehen. Um so wichtiger ist es, diese Verhältnisse einmal grundsätzlich zu durchdenken, um den in dieser Argumentation begangenen Fehler zu durchschauen. Ein solches geschlossenes Menschenbild kann die Anthropologie in der Tat nicht liefern, weder als philosophische noch als pädagogische Anthropologie. Was sie herausarbeitet, sind immer nur einzelne Aspekte, sich von bestimmten Gesichtspunkten ergebende anthropologische Zusammenhänge. Aber daß sich diese Zusammenhänge nicht zu einem geschlossenen Bild zusammenfügen, das dann für die Zwecke der Erziehung zugrunde gelegt werden könnte, das ist kein Mangel, dessentwegen sich unsre Betrachtungsweise zu entschuldigen hätte, sondern das entspringt mit innerer Notwendigkeit aus der Natur des menschlichen Daseins, und jeder Versuch, diesen angeblichen Mangel durch die Errichtung eines leitenden Menschenbildes zu beseitigen, verstößt in einer als fehlerhaft nachweisbaren Weise gegen die unabänderlichen Grundlagen des menschlichen Daseins, gegen die Gegebenheiten der conditio humana, deren methodische Konsequenzen im Prinzip der offenen Frage bezeichnet waren. Gäbe es ein solches verbindliches Menschenbild, dann wäre die Pädagogik in der Tat nur die Anwendung ihr anderweitig vorgegebener Voraussetzungen, mögen diese nun von philosophischer, religiöser oder politischer Seite kommen. Darum ist es auch kein Zufall, daß die Forderungen, ein bestimmtes Menschenbild als verpflichtend zugrunde zu legen, in der Regel von außerpädagogischen, mit autoritärem Anspruch herantretenden Mächten ausgeht, die sich durch die Vorgabe eines solchen Menschenbilds der Erziehung zu bemächtigen suchen.

Wir hatten schon zu Anfang bei den "impliziten Anthropologien" der Dichter und Denker und auch der Erzieher darauf aufmerksam gemacht, daß man wohl im rückschauenden Blick ein solches Bild vom Menschen feststellen könnte, daß dieses aber den Betreffenden selber gar nicht bewußt gewesen sei, sondern nur unbewußt, gleichsam vom Rücken her das schaffen geleitet habe. So mag auch eine spätere Geschichtsschreibung in den Arbeiten unserer Zeit ein solches implizites Menschenbild finden. Aber das darf uns heute nicht bekümmern; denn jede Orientierung an einem solchen Bild würde uns die Offenheit der zu immer neuen Erfahrungen bereiten, immer neu in Unbekannte vordringenden Arbeit, kurz würde uns die Wissenschaftlichkeit unserer Arbeit verstellen, die an das unaufhebbare Zirkelverhältnis von Wesensbestimmung und Einzelerfahrung gebunden ist. Die Suche nach einem zugrunde liegenden Menschenbild ist selber schon eine verhängnisvolle Verkehrung, die aus der Flucht vor den Anstrengungen und den Gefahren einer ins Unbekannte vordringenden echt empirischen Forschung entspringt. Daß auf der anderen Seite diese Offenheit nicht Unverbindlichkeit bedeutet, das zeigt sich in jedem neu in Angriff genommenen Problem. Aus jeder neuen anthropologischen Einsicht ergeben sich zugleich neue Aufgaben für die Erziehung. Wie die verschieden Forderungen gegeneinander abzugrenzen sind, das kann allerdings die pädagogische Theorie nicht mehr lehren. Das ergibt sich erst in der konkreten Entscheidung des einzelnen Erziehers.

Darum muß die Pädagogik die Forderung nach einem zugrunde liegenden Menschenbild als unangemessen zurückweisen. Wir sprechen, um diese Verhältnisse zu bezeichnen, von einer grundsätzlichen Bildlosigkeit in Bezug auf den Menschen, die es mit voller Klarheit anzuerkennen gilt. Das gilt nicht nur für die wis-

senschaftliche Theorie, sondern ebenso grundsätzlich auch für das konkrete Verhältnis des Menschen zu seinem eignen Leben.
Nur in der Anerkennung dieser vollen Bildlosigkeit kann sich der Mensch für die unabsehbaren neuen Möglichkeiten seines Lebens offen halten.

Otto Friedrich Bollnow: Die anthropologische Betrachtungsweise in der Pädagogik. 3. unveränderte Auflage. Essen 1975; S. 15 ff; S. 45 - 53

7.1.4 Zum Verhältnis von Menschenverständnis, Erzieher und Erziehung

Was sieht die Pädagogik eigentlich vom Menschen? Wie erscheint er in den pädagogischen Begriffen? Welche Seiten des Menschen heben sie ans Licht, welche lassen sie im Dunkeln? Das ist die einfache Frage der anthropologischen Betrachtungsweise. Die Frage nach der Natur des Menschen überhaupt ist ihr nicht gleichgültig, aber sie läßt sie offen, stellt sie zunächst zurück, um zuerst einmal nach dem zu fragen, was die Pädagogik selbst vom Menschen wahrnimmt. Es geht nicht mehr primär um ein umgreifendes Menschenbild, sondern allenfalls um das "Menschenbild" der Pädagogik, um die eigentümliche Auffassung des Menschen, die sich dann zwangsläufig ergibt, wenn man ihn als Das Wesen annimmt, das erzogen werden muß und kann, und wenn man die Tatsachen seines Lebens, die für diese Annahmen sprechen, mit den Begriffen zu fassen versucht, in denen sich dann die Idee der Erziehung konkretisiert und artikuliert. In diesem Zugriff erscheint der Mensch den Pädagogen heute als das "animal educandum et educabile" Oder auch als der "homo educandus et educabilis" und schließlich auch als "educatur", weil der Mensch auch als "Erzogener" unter der Bedingung der Erziehung steht. (...)

Von hier aus erscheint die Entdeckung der sogenannten "unstetigen Erziehungsformen" als eine innere Notwendigkeit).
In allen diesen Phänomenen bringt sich die Veränderlichkeit des modernen Menschen unübersehbar zum Ausdruck und zur Geltung. Deshalb glaubt heute in der Pädagogik niemand mehr ernsthaft daran, daß die Erziehung den Menschen ändern könne, weil jeder weiß, daß der Mensch die Erziehung ändert.
Der theoretische Reflex dieses Faktums ist das Aufkommen der anthropologischen Betrachtungsweise in der Pädagogik. Sie registriert die Veränderungen der Erziehung durch die Veränderungen des Menschen. Sie fragt: Wie muß die Erziehung beschaffen sein, damit sie dieser neuen menschlichen Erscheinung im Sinne ihrer Aufgabe gerecht werden kann? In der theoretischen Dimension der Pädagogik lautet diese Frage entsprechend: Wie muß die Erziehung konzipiert werden, damit diese menschliche Erscheinung mit diesem Konzept begriffen, erklärt oder gar verstanden werden kann? - Aber auch die umgekehrte Frage stellt sich dem Pädagogen in dieser Situation immer wieder mit Notwendigkeit: Wie erscheint der Mensch in diesem Konzept der Erziehung? Was sagt dieses Erziehungsphänomen über den Menschen, wie wird in seinem Begriff der Mensch begriffen? Wie muß der Mensch konzipiert werden, damit diese Erziehungserscheinung mit diesem Konzept begriffen, erklärt oder gar verstan-

den werden kann? - Beide Fragerichtungen gehören wesensmäßig zusammen; sie sind nur zwei entgegengesetzte Wendungen der gleichen Frage; die eine ist die Umkehrung der anderen. Beide entspringen aus dem Problem, Daß nicht mehr feststeht, was der Mensch ist, und daß deshalb auch nicht mehr feststehen kann, was die Erziehung ist. Mit dem Begriff des Menschen ist zwangsläufig auch der Begriff der Erziehung zu einer "offenen Frage" geworden, die - infolge der geschichtlichen Veränderlichkeit des Menschen - immer wieder neu beantwortet werden muß und infolgedessen auch nicht mehr abschließend beantwortet werden kann, solange der Mensch dem Prinzip der Wandelbarkeit unterworfen ist. In Epochen der Erziehungsgeschichte, wo feststand, was der Mensch sei, stand auch fest, was die Erziehung sei. Auch dort bestimmte die Pädagogik die Erziehung aus dem Begriff des Menschen und ihren Menschen aus dem Begriffe der Erziehung. Dieses methodische Grundgesetz gilt immer. Es brauchte aber in der Vergangenheit nur selten bemüht zu werden, nur an den Übergängen von einer Epoche zur anderen, wo der Mensch in einer neuen Gestalt zum Vorschein kam und die überlieferte Erziehungsform in Frage stellte. Wenn dann diese Frage beantwortet war, war sie wieder für Generationen gültig beantwortet. Aber wenn sich der Mensch - wie heute - fortwährend zu ändern scheint, dann muß diese anthropologische Frage laufend gestellt werden, dann kann sie nicht mehr verstummen und dann muß sie als methodisches Prinzip in die erziehungswissenschaftliche Arbeit aufgenommen werden, muß als solches prinzipiell in jeder Einzeluntersuchung gegenwärtig sein, um sofort zur Anwendung gebracht werden zu können, wenn jener bekannte verhängnisvolle Gegensatz zu entstehen droht: der Gegensatz zwischen der Auffassung des Menschen innerhalb und der Wirklichkeit des Menschen außerhalb der Erziehung und ihrer Theorie. Das Interesse der Pädagogik an der anthropologischen Betrachtungsweise enthüllt sich hier als ein eminent praktisches Interesse.

Das Erziehen selbst ist wesensmäßig ein Begreifen des Menschen, und insofern gibt es in der Pädagogik keinen Gegensatz zwischen Theorie und Praxis, weil jede pädagogische Praxis schon ihre Theorie ist und weil jede pädagogische Theorie immer schon als Praxis gedacht wird und erst dann etwas erkennt, wenn sie sich praktiziert. Dazu kommt weiter: wie jedes Erziehen ein Begreifen des Menschen im Sinne eines bestimmten Konzeptes vom Menschen ist, stellt auch jede "fertige" Erziehung, die einen erwachsenen Menschen prägt, einen Begriff des Menschen dar.

Hier liegt nun der ethische Ursprung der anthropologischen Betrachtungsweise in der Pädagogik. Da jede Erziehungspraxis immer schon einen Begriff des Menschen einschließt und jede Erziehungstheorie in ihrem Begriff des Menschen eine Praxis, wie mit diesem Menschen umzugehen sei, vorsieht, bezeichnet jedes pädagogische Konzept vom Menschen unmittelbar zugleich eine bestimmte Gestalt pädagogischen Handelns am Menschen. Es ist die für das pädagogische Verhalten entscheidend maßgebende Kategorie. Das aber bedeutet, daß jedes pädagogische Konzept vom Menschen über seine wissenschaftliche, theoretische Funktion hinaus notwendig immer auch schon eine ethische, praktische Funktion hat und daß beide überhaupt nicht voneinander zu trennen sind. Jedes pädagogische Konzept vom Menschen ist ein ethisches Konzept, weil für die Pädagogik das Begreifen des zu erziehenden Menschen im Grunde das Erziehen dieses Menschen ist und weil umgekehrt jedes Erziehen ein Begreifen des zu erziehenden Menschen ist. Daraus folgt zwingend, daß der Pädagoge, wenn er sich über die moralische Richtigkeit seines erzieherischen Handelns Rechenschaft gibt, gar nicht anders kann, als sich über sein Konzept des Menschen Rechenschaft zu geben. Die ethische Reflexion des Pädagogen ist somit eo ipso eine anthropologische Reflexion. Und umgekehrt ist jede pädagogische Anthropologie eine pädagogische Ethik. Denn für den Pädagogen entspringt die anthropologische Betrachtungsweise buchstäblich automatisch aus der ethischen Rechtfertigung seines erzieherischen Handelns als einer Weise, den Menschen zu begreifen und in diesem Begriff zur Wirklichkeit hervorzurufen. In diesem Zusammenhang gewinnt die oben entwickelte anthropologische Doppelfrage die folgende praktische, ethische Gestalt: Wie muß das Wesen des Menschen im ganzen beschaffen sein, damit darin diese meine erzieherische Handlungsweise als sinnvolles und notwendiges Glied begriffen werden kann? Und: Wie muß das Wesen der Erziehung im ganzen beschaffen sein, damit darin der Mensch, wie ich ihn in meinem erzieherischen Handeln begreife, als sinnvolles und notwendiges Glied begriffen werden kann? - Das sind prekäre, geradezu unangenehme Fragen, wenn man bedenkt, wie fehlerhaft die erzieherischen Handlungs- und Behandlungsweisen oft beschaffen sind, wie sie den zu erziehenden Menschen oft vergewaltigen und in seinen Entwicklungsmöglichkeiten hemmen. Indem man dies anthropologische Doppelfrage auf schlechterdings jede erzieherische Handlungsweise und damit auch auf die Vielzahl erzieherischer Fehlhandlungen anwenden kann, tritt hier noch einmal ihre kritische, entlarvende Funktion mit besonderer Deutlichkeit hervor. Durch sie wird es dem Pädagogen unmöglich gemacht, seine Erziehungspraktiken durch ein darüber schwebendes angeblich allgemeinverbindliches Menschenbild zu rechtfertigen, ohne danach zu fragen, ob diese Praktiken jenem Menschenbild überhaupt entsprechen. Denn die anthropologische Frage behaftet den Pädagogen unmittelbar in seinem Handeln mit einer Verantwortung für den Begriff des Menschen, indem sie der dem Erziehen selbst immanenten den Menschen hervorbringenden und zugleich begreifenden Leistung die moralische Bedeutung gibt, die ihr zukommt. So zwingt sie den Erzieher, fortwährend daran zu denken, daß und wie er die Menschen begreift, wenn er sie erzieht, und was er ihnen antut, wenn er sie so oder so begreift.

Die entscheidende moralische Bedeutung der anthropologischen Betrachtungsweise für die Pädagogik liegt an dieser Stelle darin, den Pädagogen darauf aufmerksam zu machen, daß er, ob er das wahrhaben will oder nicht, den Menschen begreift, wenn er ihn erzieht, und daß er ihn in diesem handlungsimmanenten Begriff in seineen konkreten Entfaltungsmöglichkeiten real bestimmt, d.h. daß dieser Begriff sowohl theoretische als auch praktische Konsequenzen hat, die die Verwirklichung des zu erziehenden Menschen entweder fördern oder hemmen.

Werner Loch: Der pädagogische Sinn der anthropologischen Betrachtungsweise; in: Anthropologie und Pädagogik, hrsg. von H. Herbert Becker. 3. neubearb. u.erw. Auflage, Bad Heilbrunn 1977, S. 90; 94f.; 105 f.

7.1.5 Zur Erziehungsbedürftigkeit und Erziehungsfähigkeit des Menschen

7.1.5.1 Zur Erziehungsbedürftigkeit im Aufbau des kulturellen Lebens

Der Mensch ist jedoch mehr als ein Wesen der Tradition. Das "Geschäft der Erziehung" ist nicht mit der Tradierung beendet. Was Erziehung eigentlich bedeutet, enthüllt sich erst in dem Bereich, der keine Parallelen mit dem tierischen Leben mehr hat: im *geistig- kulturellen* Leben des Menschen.
Der Wiedererwerb der Erfahrung der vorausgegangenen Generationen macht ihn noch nicht zu dem, was ihn als geistiges Wesen bestimmt. Wenn wir vom Menschen als einem geistigen Wesen sprechen, dann meinen wir das, was ihn nicht nur vom Tier unterscheidet, sondern vor dem Tier auszeichnet. Wenn der Mensch nur fähig wäre, die Erfahrungen der vorausgegangenen Generationen in Lern- und Aneignungsakten zu übernehmen, dann wäre er nur ein Wesen der Tradition und Konvention.
Menschsein bedeutet aber nicht nur die Übernahme der Ergebnisse, Leistungen und Erzeugnisse, die die vorausgehenden Generationen hervorgebracht haben, sondern auch die Übernahme und Fortführung der geistigen Schöpferkraft, die diese Zeichen, Werkzeuge und Normen geschaffen hat. Der Mensch kann nicht nur mit fremden Erfahrungen sein Leben meistern. Es bedarf der Fortpflanzung der Fähigkeiten, die zur Schaffung und Verbesserung der Zeichen, Werkzeuge, Ordnungen und Normen geführt haben. Mit anderen Worten: der Mensch bedarf der *Tradierung des Geistes selbst,* der die Voraussetzungen für dieses schöpferische Schaffen ist. Wir verwenden den Begriff des Geistigen hier für das *Kulturverstehende und Kulturzeugende* im Menschen, d.h. für das Erfinderische, Entdeckerische, Schöpferische in ihm, und meinen dies nicht nur im Sinne genialen schöpferischen Schaffens, sondern auch im Sinne des alltäglichen schöpferischen Entdeckens. Der Mensch, und zwar prinzipiell jeder Mensch, kann nicht nur Sprache nachsprechen, sondern seine eigenen Gedanken formulieren, nicht nur Vorgedachtes nachdenken, sondern selber denken, nicht nur vorgegebene Pläne ausführen, sondern selber Pläne entwerfen.
Jeder Mensch - das ist die Kehrseite seiner Instinktentbundenheit und Weltoffenheit - wird laufend vor *neue Aufgaben* und *neue Situationen* gestellt, die er zu meistern hat und die er mit gewohnten Verhaltensmustern und Leistungsformen nicht wirklich lösen kann, wenn er sich auch häufig genug und normalerweise auf diese Weise hilft. Es ist für ihn konstitutiv, daß er mit einer starren Anwendung übernommener Erfahrungen nicht durchkommt. Ob er dieses existentielle Angewiesensein auf variationsfähiges, erfinderisches, schöpferisches Handeln als Größe oder Mühsal erlebt, ob er sich dazu "auserlesen" oder "verdammt" weiß: sein Leben fordert ihn unabweisbar immer wieder zu neuen Antworten heraus.
Es ist nun unsere Aufgabe, dieses Geistige näher zu bestimmen und zu fragen, inwieweit es auch in dieser Hinsicht auf Erziehung verwiesen ist. Ist der Mensch dadurch geistiges Wesen, daß wir ihn mit Intelligenz und Sprache ausstatten? Man könnte sich ja allenfalls auch ein intelligentes und sprachfähiges Tier denken. Manche Verbrecher erwecken den Eindruck einer derartigen menschlichen Verfallsform. Was ist das "Mehr", das wir in dieser Verfallsform als "menschlich" oder "geistig" nicht mehr erkennen und anerkennen? Man könnte

vielleicht pauschal vorwegnehmend so formulieren: Was den Menschen vor dem Tier auszeichnet, was ihn also zum geistigen bzw. kulturellen Wesen macht, sind sein Bedürfnis und seine Fähigkeit, ideelle Forderungen, regulative Prinzipien, maßgebliche Entwürfe sowohl zu erkennen, wie zu *produzieren* und ihnen gemäß zu handeln.
Diese Geistigkeit des Menschen stellt sich dar im Denken, in der Sprache, in seiner Wertempfänglichkeit und kulturellen Schaffenskraft, in all den menschlichen Fähigkeiten und Kräften, die Voraussetzung sind für Kunst und Wissenschaft, Vernunft und Weisheit, Sittlichkeit und Religion, Zivilisation und Kultur. Der Mensch kann über die Lebens- und Arterhaltung hinaus *"Fühlung halten mit Ideen" (Nic. Hartmann),* die sein Leben transzendieren, und unter ihnen als regulativen Prinzipien sein Leben führen.
Der Mensch kann (im Unterschied zum Tier, das ein wahrnehmendes, getriebenes, fühlendes und reagierendes Wesen ist) nicht existieren, ohne vom Wahrnehmen zum Denken fortzuschreiten, vom Getriebensein und Angetriebensein zum Wollen, vom Fühlen zum bewußten Werten, vom Agieren und Reagieren zum Handeln, d.h. zum bewußt durchdachten, bewußt gewerteten, bewußt entschiedenen und verantworteten Handeln. Das Fortschreiten in dieser Richtung kann sehr verschieden weit gelingen.

7.1.5.2 Zu den pädagogischen Konsequenzen

Was ist das Ergebnis unseres Gedankenganges? Wir haben unter vier Aspekten nach der Eigenart menschlicher Lebensführung gefragt und nach der Rolle, die die Erziehung jeweils innerhalb der Bereiche dieser Aspekte spielt. Wir fragten nach der spezifischen Eigenart seiner biologischen Ausstattung, nach der spezifischen Eigenart seines Sozialverhaltens, nach der spezifischen Eigenart seines geistig-kulturellen Erlebens und Schaffens und seiner religiösen Erfahrung. Methodischer Ausgangspunkt für die Herausarbeitung der besonderen menschlichen Eigenart war für uns der Vergleich mit dem tierischen Verhalten.
Die Fruchtbarkeit dieses methodischen Ansatzes und die Ergebnisse dieses Vergleichs zeigt noch einmal die nachfolgende Übersichtstabelle, wenn man dabei im Auge behält, daß ein solcher Vergleich nur berechtigt ist, wenn seine Problematik mitbedacht wird; denn der kontrastierende Tier-Mensch-Vergleich, der in den dualistischen Schemata "Weltoffenheit" und "Umweltgebundenheit", Mängelwesen und Instinktspezialisiertheit gipfelt, ist streng genommen nur von heuristischem Wert (...).

Tier	**Mensch**
umwelteingepaßt für eine bestimmte Umwelt spezialisierte Organe kurze Entwicklungs- und Lernzeit viele Verhaltens- und Leistungs- formen sind angeboren	weltoffen nicht spezialisierte Organe Hand als Universalwerkzeug lange Entwickl. u.Lernzeit alle Verhaltens- u. Leistungs- formen müssen ler- nend erworben werden

Diese Übersichtstabelle zeigt, daß der Vergleich nur in einer gewissen Hinsicht und nur bis zu einem gewissen Punkt sinnvoll durchführbar ist. Sie zeigt ferner, daß das, was den Menschen vor dem Tier auszeichnet, vornehmlich auf zwei durchgängigen Momenten beruht, einmal darauf, daß seine Lebenserfahrung auf eine geistige *Führungshierarchie* hin angelegt ist, und dann darauf, daß er im Vergleich zum Tier in seiner Lebensgestaltung auf *zunehmende Freiheit* gestellt ist.

Beide Momente sind unabdingbar gekoppelt mit der Bedeutung der Erziehung, die notwendig wird, um geistige Lebenserfahrung gelernt und Freiheit verantwortet sein will, wenn menschliches Leben in geordneter Freiheit entwickelt und erhalten bleiben soll. Fassen wir diese *Bedeutung der Erziehung* noch einmal nach den wichtigen Einsichten, die wir gewonnen haben, zusammen.

1. Wir müssen dem Kind von Anfang an als einem werdenden Menschen begegnen. Wir müssen es auf seine *menschliche Endbestimmung* hin interpretieren und auf diese hin sich entfalten lassen. Der Mensch ist nie Tier, und es ist kein Zeitpunkt aufzuweisen, in dem ein solcher Übergang nachweisbar wäre....

2. Seine lange Entwicklungszeit kann keinen anderen Sinn haben, als daß seine Entwicklung, d.h. der Aufbau seiner Person sich im *Kontakt mit den Umwelteinflüssen* der Welt vollziehen soll (...)

3. Der Mensch ist von Natur das *lernende* Wesen. Form und Inhalt menschlichen Lernens beziehen sich nicht nur auf Wissen und Können, sondern auch auf Gesinnung und Verhalten (...)

4. In dieser langen Schutz- und Pflegezeit ist der Mensch von Anfang an als intelligentes und geistiges Wesen anzusprechen, das nicht über angeborene Verhaltensmuster verfügt, sondern auf *Erfahrungen* und die *Verarbeitung dieser Erfahrungen* angewiesen ist (...)

5. Auch zur Erfüllung seiner gesellschaftlichen und sozialen Aufgaben ist der Mensch auf Erfahrung verwiesen. Die ihm gestellte Entwicklungsaufgabe, in seinem gesellschaftlichen und sozialen Verhalten Partner seiner erwachsenen Zeitgenossen zu werden, setzt voraus, die den eigenen Erfahrungen vorausgegangenen Erfahrungen derer zu übernehmen, die vor ihm gelernt haben, das Leben zu meistern (...) Er ist das auf den Mitmenschen, die mitmenschliche Gesellschaft angewiesene Wesen. Auf sich selbst gestellt kann er nicht Mensch werden im Sinne seiner geistigen Bestimmung.

6. Zur Erfüllung seiner kulturellen Aufgabe genügt aber die Übernahme fremder Erfahrungen nicht. Er muß *produktiv schaffend* mit seiner jeweils verschiedenen Individuallage fertig werden. Das gilt für den einfachen Menschen wie für das Genie. Konvention und Tradition reichen zur menschlichen Lebensmeisterung nicht aus. Er muß selbst zu geistigem Leben erwachen (...)

7. Schließlich steht der Mensch den "Ohnmachtsbereichen des Lebens" - Kampf und Tod, Schuld und Versagen - hilflos gegenüber, wenn er auf jene Erfahrung verzichtet, die sich in Philosophie und Religion zu Jahrtausende überdauernden Einsichten in das Wesen des Menschen verdichtet haben (...)
Der Mensch ist nur als homo educandus zu verstehen; mit *Langevelds* Worten: "Daß der Mensch ein Wesen ist, das erzieht, erzogen wird und auf Erziehung angewiesen ist, ist selbst eines der fundamentalsten Kennzeichen des Menschenbildes". (*M.J. Langeveld, Einführung in die Pädagogik, 3. Aufl., Stuttgart 1962, S.168*).

Heinrich Roth: Der Mensch als erziehungbedürftiges und erziehungsfähiges Wesen: in: Anthropologie und Pädagogik. Hrsg. von H. Becker, 3. neubearb. u. erweiterte Auflage. Bad Heilbrunn/Obb. 1977, S. 119 ff, 125, 127 f.

7.1.6 Zum Menschen von der offenen Frage zum weltoffenen Wesen

Bollnow hatte, wie schon gesagt, in Anlehnung an *Plessner* den Menschen als eine "offene Frage" bezeichnet. Der offenen Frage der Geisteswissenschaften steht die "geschlossene Frage" der Naturwissenschaften gegenüber. Wenngleich, wie *Plessner* feststellt, die geschlossene Frage der offenen Frage überlegen ist, so ist diese Feststellung doch nur für die Methode gültig. Die geschlossene Frage geht in der Regel auf eine eindeutige Festlegung eines Gegenstandes, während die offene Frage auf die Unergründlichkeit eines Gegenstandes hinausläuft, obwohl gerade die Offenheit des Fragens in den Kern des Verstehens und des Verständnisses hineinzielt. Die "geschlossene Frage" dagegen schränkt das Objekt ein. Sie macht es zum Ziel der Messung frei verfügbar. Zu diesem Zweck muß ich sie aus der Geschichte herausnehmen. "In der Anerkennung der Verbindlichkeit des Unergründlichem" so schreibt *Plessner,* "wird also der zeitliche Hervorgang des Un- und Überzeitlichen, des Geistes, entdeckt oder die geistige Welt, das Jenseits des vergänglichen Menschen, als sein eigenes Jenseits ihm zurückgegeben" (Plessner, 1981 b, 182). Die "offene Frage" liegt also ganz offensichtlich in der Ebene der Wissenschaftstheorie. Aber es ist falsch, den Menschen nur als ein Problem der Wissenschaftstheorie zu sehen, also nur unter methodischem Aspekt. Läßt man den Menschen im Prinzip der "offenen Frage" stehen, kann man notgedrungen nicht bis zu seinem eigenen Wesen vordringen. Man verfängt sich dann leicht im Dickicht kategorialer Aussagen, die man glaubt, mit Hilfe der "offenen Frage" als Deutungsregel annehmen zu müssen, deren Stringenz aber keineswegs gesichert ist. Der Regreß, der da durchgeführt wird, ist abhängig von den Kategorien, die der Forscher anlegt. Daher landet er leicht bei Einsichten und Aussagen, die nicht immer von allen nachzuvollziehen sind, sondern nur seine eigene Position wiedergeben. Wie sehr hier ein circulus vitiosus walten kann, wird übrigens bei *Bollnow* selbst wie auch bei *Zdarzil* deutlich.
Wenn man insbesondere beim Menschen zum Ziele kommen will, darf man nicht bei der "offenen Frage" stehenbleiben, sondern muß die Offenheit aus der Ebene der Wissenschaftstheorie herausheben und sie auf den zu untersuchenden Gegenstand selbst übertragen. Das hat, was den Menschen betrifft, zum ersten Male *Scheler* unternommen. Aber er hat nicht nur gesagt, daß der Mensch ein offenes Wesen sei, sondern er hat ihn darüber hinaus als ein "weltoffenes" Wesen be-

zeichnet. Damit hat er mehr und weniger zugleich gesagt. Hätte er nur von einem offenen Wesen gesprochen, so hätte man irrtümlich vermuten können, daß es in jeder Beziehung absolut offen sei. Das ist aber nicht der Fall. Der Mensch hat nur einen bestimmten Rahmen, in dem er offen ist, und dieser Rahmen ist die Welt. Er zeigt mit der Thematisierung der Weltoffenheit also die Richtung an, in der diese Offenheit tendiert, aber er zeigt auch die Grenze auf. Denn über die Welt kann er nicht hinaus, sie ist sein Feld. Die Weltoffenheit sagt aber zugleich noch mehr: sein Feld ist die Welt und nicht die Umwelt". Insofern überragt er das umweltgebundene Tier, das in einer Symbiose mit *seiner* Welt, d.i. "Umwelt", lebt, derart, daß die Struktur dieser Symbiose in hohem Maße von organischen Prozessen des Tieres abhängig ist. Die Weltoffenheit des Menschen zeigt dagegen gerade eine Entbundenheit von solchen organischen Voraussetzungen. *Scheler* bezeichnet dieses geistige Verhalten des Menschen auch als "sachlich". "Sachlichkeit" ist "Bestimmbarkeit durch das Sosein von Sachen selbst" (Scheler, 1976, 32).

Man sieht daran sehr deutlich, daß uns ein wissenschaftstheoretisches Regelprinzip, wie es das Prinzip der offenen Frage ist, hier nicht weiterhelfen kann, daß es uns aber auch nie auf diese Wesentlichkeit bringen könnte. Denn - noch einmal sei es gesagt - die Kategorialanalyse, die mit Hilfe des Prinzips der offenen Frage zu erarbeiten ist, kann immer nur wieder zu determinierenden Aussagen kommen, wie sie sich beispielsweise im Organon-Prinzip *(Bollnow),* aber auch in der Feststellung der Reflexivität *(Zdarzil)* konkretisieren.

Die anthropologische Reduktion kennzeichnet aber einen Menschen ohne Welt; das ist das eigentlich Schlimme daran. Die Reduktion auf die Ausschließlichkeit des Menschen ist eine fehlerhafte weil ideologisch abgeschattete Maßnahme, mit der der Mensch eigentlich gar nicht in Sicht kommt.

Die Weltoffenheit als Wesensmerkmal des Menschen ist von drei namhaften Philosophen, die teils auch in anderen Disziplinen gearbeitet haben, herausgestellt worden. Sie zeigen den Menschen auch für die Pädagogik auf einmalige Weise in einer Sonderstellung, die er in der Welt hat. Ich nenne deshalb ihre Ansätze Sonderentwurfstheorien, weil darin zum Ausdruck kommt, daß der Mensch etwas Besonderes ist, das sich nicht aus sich selbst begreifen läßt, sondern eine einmalige Stellung in der Welt hat. Ich möchte gleich hervorheben, daß es sich dabei um eine Sonderstellung in jeder Beziehung handelt. Der Mensch ist nicht vom Tier noch von einem kulturellen Organon her und damit aus sich selbst begreifbar. Diese Son-derentwurfstheorien nehmen also die Gedanken auf und explizieren sie jede auf ihre eigene Weise, die ich in den vorhergehenden Kapiteln ausgebreitet habe, daß nämlich der Mensch nur von seinem In-der-Welt-Sein her verstanden werden kann und nicht von sich bzw. von seinen eigenen Objektivationen her, die wir auch Kultur nennen. Dies muß gesagt werden, obwohl gerade die Sonderentwurfstheorien immer wieder für die Stützung des Argumentes herangezogen worden sind, daß der Mensch sich in seiner Kultur wiedererkenne und auch von ihr anthropologisch erklärt werden müsse, was besonders eine Richtung, die im Raume der Pädagogik entstandene Anthropologie, tut, die, wie wir gesehen haben, aus der *Dilthey*-Schule kommt.

Der Mensch, der in Bezügen steht und dadurch ein Verhältnis zur Welt hat, ist immer einer, der gefragt ist und der sich daher immer als einer betrachten muß, der in der Gegenrede steht. Er ist somit in Wahrheit, betrachtet man ihn von der

Pädagogischen Anthropologie aus, ein animal educandum im Hinblick darauf, daß er in der Welt ist.
Den Menschen als "offene Frage" oder als "weltoffenes Wesen" zu betrachten, d.h. in der Beschreibung eines Zustandes zu verharren, bringt auch das heute so mißliebige und daher so angegriffene Leistungsproblem mit sich. Das In-der-Welt-Sein ist keine Frage der Leistung, der Mensch bringt nichts von sich aus auf, sondern er steht in einem Gesamtzusammenhang, aus dem er gar nicht heraus kann, indem er immer schon kraft seines Menschseins steht. Wir sehen, wie sich die Betrachtungsweise verschiebt, wenn wir den Menschen auf einen Zustand hin befragen, anstatt ihn in Beziehungen zu sehen.

Walter Braun: Pädagogische Anthropologie im Widerstreit, Genese und Versuch einer Systematik. Bad Heilbrunn/Obb. 1989, S. 60 f., 88.

7.1.7 Zum Menschenverständnis und zum Lebensalter

Wenn betont wird, daß Erziehung Hilfe bei der Menschwerdung des Menschen sei, dann ist der Gedankenschritt, Erwachsenensein zum eigentlichen Menschsein zu erklären, nicht mehr weit. Gerade das soll hier zu überwinden versucht werden. Der Mensch ist immer, als Kind wie als Greis, in die Spannung zwischen seinem Sein und der Realisierung seiner Möglichkeiten eingebunden. Er bedarf dazu immer der Hilfe, wenngleich in Kindheit und Jugend auf andere Weise und vielleicht im stärkerem Ausmaß als in späteren Lebensabschnitten. Sollensforderungen sind zudem zwar in eine bestimmte Kultur eingebunden, aber sie sind nicht aus ihr zu legitimieren. Die Frage nach der Kultur eines Menschen gibt nicht die Antwort auf die Frage nach den Sollensforderungen, die an ihm zu stellen sind, damit er sich selbst verwirklichen kann, denn sie sind nicht grundsätzlich und immer mit dem, was in einer bestimmten Kultur vertreten wird, identisch. Man denke etwa an das "Dritte Reich". "Auch die Kulturwelt bedarf des bildungstheoretischen Kriteriums, welcher *Richtungssinn* für das Bildungsgeschehen mit und am Menschen jeweils den Kulturinhalten gegeben werden soll." (Schwarz 1957, S. 46)
Eine Pädagogische Anthropologie, die es für notwendig erachtet, die Ziele mit zu reflektieren, steht vor einer ganz besonderen Schwierigkeit. Wir haben zwar ein vielfältiges Einzelwissen über den Menschen, aber darüber, was ein guter Mensch sei, ist kaum Einigkeit zu erzielen. Dabei ist es schon fast eine Unmöglichkeit, eine Vokabel wie "gut" in diesem Zusammenhang zu gebrauchen. Ein mündiger, emanzipierter, aufgeklärter, vielleicht noch gebildeter Mensch - darüber ließe sich reden, aber ein guter? Und auch für die anderen Definitionen ließe sich wohl nur so lange eine Übereinstimmung erzielen, solange man sich nicht inhaltlich festlegt. Begriffe wie Mündigkeit und ähnliche dienen häufig nur als Deckmantel für das Faktum, daß eine wirkliche Übereinstimmung letztlich fehlt. Hans WITTIG (1981) hat auf diese Tatsache sehr deutlich hingewiesen und zugleich die ambivalenten Möglichkeiten aufgezeigt, die etwa den Begriffen Geist, Vernunft und auch Charakter innewohnen. "Der Sinn des Menschseins und seiner Lebensbezüge - und diese Sinnerhellung kann doch immer nur letztes Ziel bedeuten - läßt sich niemals allein aus Fachforschung und Fachstudium, nicht

allein aus den Sachverhalten erschließen... *Wissenschaft allein vermag niemals den Sinn unseres Daseins gültig zu erhellen* - dieser optimistische Glaube ist längst zerschmolzen... Wohl kann und soll die Wissenschaft die Sinnfrage letzter Bezüge stellen und durch Forschungsdienst zu ihrer Erhellung beitragen. Immer aber wird die jeweilige Sinnantwort abhängen von dem jeweiligen Sinnaspekt, dem Sinnmaßstab, den man als Bezugspol des Ganzen verbindlich gelten läßt..." (Schwarz) 1957, S. 33) Wenn also Pädagogische Anthropologie mit reflektieren will und muß, wie die Realisierung menschlicher Möglichkeiten in der jeweiligen Altersphase in einer konkreten Kultur aussieht, dann scheint es unumgänglich, konkret zu werden und einen eigenen Standpunkt zu beziehen.
Letztlich geht es um den Aufweis von Zielen, die nicht nur in eine ferne Zukunft projiziert werden dürfen, sondern in jeder Lebensphase zu realisieren sind. Damit wären Kategorien aufzuzeigen, die sich bei allem Wandel das ganze Leben hindurch als Aufgabe und Möglichkeit erhalten.
Einen wichtigen Ansatz in dieser Richtung hat Gerner (1974a) vorgelegt. Er unterscheidet sieben Dimensionen des Menschlichen: 2. die leibliche, 2. die affektive, 3. die kognitive, 4. die sprachliche, 5. die soziale, 6. die geschichtliche, 7. die sittliche und die religiöse Dimension. Sie alle bedürfen zu ihrer Entfaltung der Hilfe anderer. Und dieser Hilfsbedürftigkeit entspricht auf der anderen Seite eine Bereitschaft und Fähigkeit, diese Hilfe zu geben.

Irmgard Bock: Pädagogische Anthropologie der Lebensalter. Eine Einführung, München 1984; S. 16f.

7.1.8 Zum realistischen Menschenbild in der Pädagogik

Jahrzehntelang haben rationalistische, individualistische und hedonistische Illusionen über die Natur des Menschen und die Bedingungen für sein Glück den Zeitgeist bestimmt. Sie sind noch immer weit verbreitet, aber sie herrschen nicht mehr unangefochten. Viele Menschen sind nüchterner geworden, weil sie die schädlichen Folgen der einseitigen Lehren erkannt haben. Sie sind wieder offen für jene Wahrheiten, die bisher vernachlässigt worden sind. Welches sind die wichtigsten, die bei der Erziehung berücksichtigt werden sollten?

1. Der Mensch ist kein rein vernünftiges Wesen. Er hat mächtige organische Antriebe, die zum Guten wie zum Schlechten genutzt werden können. Er ist von Natur aus unfertig und bildsam, gefährdet und lernbedürftig. Deshalb bedarf er der Zucht, der Disziplinierung, um inneren Halt erwerben zu können.
2. Der Mensch ist für seinen inneren Halt auf äußeren Halt angewiesen. Er braucht eine Gemeinschaft mit festen Lebensformen.
   Er muß guter Sitte begegnen, damit er sittlich gut werden und bleiben kann.
3. Der innere Halt ist davon abhängig, daß der Mensch als Kind dauerhafte Geborgenheit in einer kleinen Gruppe erfährt. Er entsteht aus den Gemütsbindungen[31] an die Mutter und andere geliebte Mitmenschen in der Familie und ihrem nächsten Umkreis. Durch Liebe zu ihnen werden ihre Ideale auch seine Ideale.

4. Innerer Halt kann nur über die Anerkennung von Autorität gewonnen und bewahrt werden. Das ist zunächst die Autorität geliebter Personen, später aber auch die Autorität einer überpersönlichen Institution, einer geltenden Glaubenslehre und Moral, einer ehrwürdigen Tradition.
5. Für die Wertorientierung reichen Vernunft und Wissenschaft allein nicht aus. Glaubenssysteme wie Religionen, Mythen und Weltanschauungen (oder Ideologien) bleiben auch in der modernen Gesellschaft unentbehrlich. Ihnen kommt ein natürliches Bedürfnis entgegen, zu glauben und zu verehren.
6. Wissen über das Gute genügt nicht, um das Gute zu tun. Man muß das Gute wollen. Moralische Lebenstüchtigkeit setzt moralische Anstrengungen voraus: Selbstüberwindung, Verzicht auf Schlechtes und Überflüssiges, Sammlung auf das Wesentliche, Übung im Tun des Guten, Askese.
7. Moralische Anstrengungen werden in der Regel nur geleistet, wenn sie in einer überschaubaren Lebensgemeinschaft von jedermann gefordert und kontrolliert werden. In großen Gruppen mit unpersönlichen Beziehungen bleibt die moralische Anstrengungsbereitschaft gering und die Neigung stark, auf Kosten anderer zu leben und öffentliche Güter auszubeuten.
8. Erziehung hat in dem Maße Aussicht auf Erfolg, wie die genannten Bedingungen gesichert sind. Das hängt von weltanschaulichen und moralischen Entscheidungen ab. Grundlegend sind dabei die Entscheidungen über die gemeinsamen Ideale.

Wolfgang Brezinka: Erziehung in einer wertunsicheren Gesellschaft. Beiträge zur Praktischen Pädagogik. München Basel, 1986, S. 25/26

7.2 Zur Ehe als Lebensgemeinschaft von und für soziale Werte

7.2.1 Einleitende und didaktische Hinweise

Ungeachtet zahlreicher ideologischer Aussagen, die von einem Untergang der Ehe in modernen Gesellschaften sprechen und auch ungeachtet der Tatsache, daß heute mehr Ehen denn je geschieden werden und die Bereitschaft vieler Menschen, nicht nur junger Leute, groß ist, eine und auch mehrere nichteheliche Verbindungen einzugehen, steht auch die Ehe als institutionalisierte Verbindung von Mann und Frau eigentlich auf "sicherem Boden". Wenn die Ehe sich wie ein "roter Faden" durch die Kulturgeschichte der Menschheit zieht, und zwar zumeist als lebenslange, monogame Beziehung, und heute noch die meisten Menschen heiraten (wollen), ja sogar eine zunehmende Bereitschaft und Wertschätzung der Ehe bei jüngeren Leuten im Vergleich zu vor zehn Jahren festgestellt werden kann, wie eine jüngste Untersuchung des Institutes für Demoskopie Klensbach zeigte, dann ist Ehe offensichtlich unabhängig von modernen bzw. modernistischen Ideologien sondern eine zum anthropologischen Wesen des Menschen gehörende Einrichtung, die letztendlich zur Würde des Menschen gehört, wenn sie nicht sogar selbst als Ausdruck dieser Würde zu verstehen ist.
Mit der Ehe korrespondiert ganz offenbar eine Wertschätzung der Menschen und sie kann ein Einübungsfeld von und für soziale Werte verstanden werden. Die drei Texte dieses Kapitels geben hierzu einen Überblick. Der erste Text von *Nena und George O'Neill* zeigt, wie die Institution Ehe als Wert in moderner Gesellschaft selbst Wertfunktionen besitzt, die für die Erziehung und Sozialisation erforderlich sind. Der zweite, kurze Text von *Wilhelm Heinen*, stellt dar, wie wichtig die lebenslange Ehe für die Reifung des Menschen ist. Im dritten Text von *Elisabeth Lukas* wird die Notwendigkeit des wertorientierten Verhaltens und sinnhaften Handeln als Einübungsmöglichkeiten der individuellen und sozialen Werte dargestellt.

Fragen zur inhaltlichen Auseinandersetzung

- Stellen Sie die unterschiedlichen Blickrichtungen der einzelnen Aufsätze dar! Welche Werte werden insgesamt in Zusammenhang mit der Ehe dargestellt?
- Welche Argumente stützen die Ehe als Wert im Leben des Menschen? Mit Hilfe welcher Argumente können Sie den sogenannten Gegnern der Ehe entgegnen?
- Welche Werte werden durch die lebenslange Ehe vermittelt? Welche Werte sind davon pädagogisch wichtig?
- Wie können die Werte der Ehe im Rahmen der Partnerschaft zwischen Mann und Frau deutlich und vermittelt werden?
- Welche Werte der Ehe sind für die Erziehung der Kinder wichtig und wie können diese vermittelt werden?
- Stellen Sie bitte den Zusammenhang von den Werten der ehe und den sozialen und individuellen notwendigen Werten dar!
- Welche Institution könnten in besonderer Weise dabei hilfreich sein den Wert der ehe darzustellen und zu vermitteln? Diskutieren Sie dabei die Rolle der Bildungseinrichtungen, Massenmedien, Politik und Kirche.

7.2.2 Zur "offenen Ehe" als Wert und Einübungsfeld von Werten

Eine der einfachsten Erklärungen für den Fortbestand der Ehe - trotz der weitverbreiteten Ernüchterung, mit der sie heute betrachtet wird - ist das angeborene Bedürfnis des Menschen nach einem festen sozialen Gefüge. Struktur und Form sind die Grundbedingungen der Existenz und die Voraussetzung für die schöpferische Kraft des Menschen; nur sie ermöglichen ein annehmbares Dasein und die sinnvolle Auswertung und Einordnung von Erfahrungen und Erkenntnissen. Zur Struktur gehört das Wissen um die Schaltphasen von Verkehrsampeln, das Wissen, daß auf Tag die Nacht folgt, daß die Miete am Monatsersten fällig ist, Adressen Rechenmaschinen, Rechnungen und Banken, Uhren und Kalender - die Liste der strukturellen Hilfsmittel des modernen Menschen ist endlos. Und in dem Maße, wie unsere Gesellschaft komplexer wird und die Bevölkerungszahl weiter ansteigt, werden mehr und mehr neuartige strukturelle Formen notwendig. (...)
Eine solche Verbindung, ob sie nun in der Einehe oder in anderen Formen der ehe verwirklicht wird, erfüllt die tiefsten Bedürfnisse des Menschen - sein Bedürfnis nach Intimität, Vertrauen, Zärtlichkeit und Zusammengehörigkeit und nach einer gültigen Auswertung seiner Erfahrungen. Die Verbindung von zwei Einzelpartnern braucht weder von Dauer noch ausschließlich zu sein, noch braucht sie eine gegenseitige Abhängigkeit zu bedeuten, aber sie bietet eine Gemeinsamkeit und sichere Vertrautheit, wie man sie in keiner anderen Form des Zusammenlebens finden kann. (...)
Theoretisch sollte die Ehe nicht die Voraussetzung für eine Verbindung zwischen zwei Einzelpartnern sein. Sie sollte nicht einmal nötig sein, um ein Kind für legitim zu erklären. Ein Kind sollte allein durch die Tatsache seiner Geburt legitim sein. Alle Bedingungen für das Aufziehen eines Kindes - mütterliche Sorge, Sicherheit durch gegenseitige Bindung und natürliche Beziehung zur Umwelt sowie menschliche Vertrautheit - können auch ohne das Bestehen einer rechtmäßigen Ehe erfüllt werden. Die Liebe und die Vertrautheit zwischen zwei Menschen ist nicht von einem Stück Papier, einem Trauschein abhängig, um funktionieren, bestehen und fortdauern zu können. Oder doch?
Die Verpflichtung gegenüber einem anderen Menschen kann nicht durch ein Gesetz geregelt werden. Eine echte Verpflichtung kann sich nur innerhalb einer Verbindung entwickeln, nicht aber von außen in sie hineingetragen werden. Eine echte Verpflichtung kann sich nur innerhalb einer Verbindung entwickeln, nicht aber von außen in sie hineingetragen werden. Die Unterzeichnung eines Vertrages kann keine Garantie für eine Verpflichtung des Partners im emotionalen Sinn sein. Warum sollte das Nichtvorhandensein eines solchen Vertrages das Fehlen gegenseitiger Verpflichtung bedeuten?
Das sollte es nicht, ist aber doch sehr häufig der Fall. Der Trauschein wäre in der Tat überflüssig, wenn wir ein Entwicklungsstadium erreicht hätten, das Verantwortung füreinander und Vertrauen zwischen allen Menschen garantieren würde. Aber das wird wohl ein Wunschtraum bleiben. In unserer nur allzu realen Welt ist der Trauschein immer noch die wichtigste Vorbedingung für das Entstehen eines Vertrauensverhältnisses zwischen Mann und Frau. Mit diesem letzten, endgültigen Schritt sagt praktisch ein Partner zum anderen: Hiermit lege ich uneingeschränkt alle meine Karten auf den Tisch.

Wer die außergesetzliche Form des Zusammenlebens wählt, sich gegen eine rechtsgültige Ehe sträubt, ist in Wirklichkeit meist nicht bereit, sich uneingeschränkt dem Partner auszuliefern. Aus irgendeinem Grund - in den meisten Fällen ist er im nicht mehr zeitgemäßen Konzept der Ehe zu suchen - sind viele nicht mehr gewillt, es auf eine totale Bindung ankommen zu lassen. Angesichts dieses überholten Ehekonzepts, das tatsächlich unhaltbar, antiquiert und reformbedürftig ist, kann man ihnen kaum Vorwürfe machen. Der alte, traditionelle Ehevertrag ist unrealistisch und verlangt in seinen veralteten Klauseln unvernünftige Verpflichtungen. Trotzdem sollte man die Ehe nicht wegwerfen wie ein gebrauchtes Papiertaschentuch. Die psychologischen und strukturellen Gebote, die für die Ehe sprechen, sind stark. Die wirkliche Aufgabe besteht darin, die Ehe von altmodischen Idealen und romantischen Gefühlsduseleien zu befreien und Wege zu finden, sie unserer Zeit anzupassen, sie in das Muster der vielen Veränderungen einzufügen, die in der modernen Gesellschaft stattgefunden haben. (...)
Vielleicht kommt es wirklich einmal soweit, daß die Ehe völlig ausstirbt, wie einige Futuristen vorhersagen. Aber diese Entwicklung liegt in weiter Ferne. Wir müssen in und mit unserer Zeit leben, und in dieser Welt des ständigen Wandels begreift der Mensch mehr und mehr, daß er nur in seinem persönlichen Verhältnis zur Umwelt einen Sinn für sein Leben finden kann. Unser Streben nach Mitgliedschaft in der menschlichen Gesellschaft maskiert ein tiefer verwurzeltes Bedürfnis. Nur wenn wir von unseren Mitmenschen ein klares und unverfälschtes Bild haben, können wir lieben, unsere eigenen und die Fähigkeiten anderer erforschen und uns vor der Entpersönlichung unserer Zeit schützen. Und immer noch ist es einzig und allein die Ehe, gleichgültig in welcher Form, die dem Menschen die Möglichkeit bietet, die Sicherheit und Ausgeglichenheit zu finden, die er braucht, um die Intimität einer Mann- und Frau-Bindung in vollem Maße erleben zu können. Das starke Bedürfnis nach einer solchen Bindung kann nicht besser ausgedrückt werden als durch die Aussage einer Frau, die bis zu ihrem 34. Lebensjahr der Ehe aus dem Weg ging und offen die Ängste und Befürchtungen eingestand, die sie empfand, als sie dann doch heiratete. Sie sagte: "Vor der Ehe hatte ich einige länger dauerende intime Freundschaften, aber ich fühlte mich niemals ernsthaft gebunden. Jetzt, da ich verheiratet bin, weiß ich, daß ich mich auf keine andere Art und Weise hätte weiterentwickeln können. Die Ehe bietet Entwicklungsmöglichkeiten, weil man Neues hinzugewinnt und Altes abwirft. Was habe ich abgeworfen, und was habe ich dazugewonnen? Ich glaube, ich habe das Schneckenhaus abgeworfen, in dem ich bis dahin lebte, und dafür die Fähigkeit gewonnen, mich gegenüber einem anderen Menschen zu öffnen. Das ist es, wozu man sich verpflichtet - dem Partner offen Zugang zu sich selbst zu gewähren." Nur durch eine solche klare Verpflichtung können wir uns selbst unsere Entwicklungsmöglichkeiten wirklich erkennen. Wir sollten also nicht die Ehe als ein saft- und kraftloses Überbleibsel aus der Vergangenheit einfach abtun, sondern uns ernsthaft darum bemühen, diese Institution so zu verändern, daß sie unserer Zeit entspricht. Wie aber können wir die Institution der Ehe so individualisieren, daß sie den Bedürfnissen der einzelnen Paare entspricht? Eine Ehe darf keine Massenkonfektion sein. Sie muß sich wie nach Maß gearbeitet den Bedürfnissen derjenigen anpassen, die von ihr Gebrauch machen. Und da die Institution der Ehe offensichtlich noch für lange Zeit bestehenbleiben wird, sollten wir sie nicht als eine bloße Notwendigkeit betrachten, sondern als eine Bejahung

und Bestätigung unseres Bedürfnisses, mit und durch die Liebe zum Partner zu wachsen und zu reifen. (...)

Zum Begriff der offenen Ehe als Einübungsfeld von Werten

Die offene Ehe bedeutet eine ehrliche Beziehung zwischen zwei Menschen, die auf gleicher Freiheit und gleichem Recht auf Persönlichkeit beider Partner beruht.
Die offene Partnerschaft ist eine nichtmanipulierte Beziehung zwischen Mann und Frau. Keiner darf das Opfer der Unzulänglichkeiten und Enttäuschungen des anderen sein. Sie ist eine Verbindung zwischen Ebenbürtigen, in der es keinen Herrscher und keinen Untergebenen, keine aufgezwungenen Einschränkungen oder erstickenden Besitzansprüche zu geben braucht. Die Frau ist nicht die Wirtschafterin, der Mann nicht der Diktator. Weil ihre Beziehung auf gegenseitiger Zuneigung und auf gegenseitigem Vertrauen aufgebaut ist, hat jeder genug geistige und emotionale Freiheit, um seine Persönlichkeit zu entwickeln. Sowohl die Frau wie der Mann dürfen ihre Beziehungen zur Umwelt in Übereinstimmung mit der eigenen Entwicklung gestalten. Jeder hat die Chance, Entwicklungsmöglichkeiten und Erfahrungen auch außerhalb der Ehe wahrzunehmen. Durch individuelles Reifen und unterstützt von der Liebe, die sie füreinander empfinden, bleibt ihre Kraft als Paar lebendig und verstärkt sich. Durch ein neues dynamisches Prinzip wird die Verbindung gefestigt und bereichert. Weil jeder sich frei entwickeln und seine Persönlichkeit reifen lassen kann, seinen Erfahrungsschatz durch Einflüsse von außen vergrößert und gleichzeitig von den Erfahrungen profitiert, die der Partner in der Umwelt sammelt, entwickelt sich die Verbindung in einer ständig ansteigenden Spirale. Die offene Partnerschaft basiert also auf der Synergie, dem Zusammenwirken verschiedener Kräfte, wonach eins plus eins mehr als zwei und die Summe der zusammenwirkenden Teile größer ist als die Summe der getrennt wirkenden.
In der traditionellen Ehe leben Mann und Frau nicht in einer Eins-plus-eins-Beziehung. Ihr Ideal ist es, zu einer Einheit zu verschmelzen - zu einem Paar. Getrennte Erfahrungen, außer denen, die sich zwangsläufig daraus ergeben, daß der Mann zur Arbeit geht und die Frau zu Hause bleibt, sind nicht gestattet, mit Ausnahme eines gelegentlichen Herrenabends für ihn oder eines Kaffeekränzchens für sie. In einer solchen Ehe kommt es häufig vor, daß die Persönlichkeit des Mannes sich schneller entwickelt als die der Frau, weil er mehr Kontakt mit der Umwelt hat. Daraus entsteht eine Störung des Gleichgewichts, und der Ehepartner, dessen Wachstum eingeschränkt ist, neigt dazu, die Entwicklung des anderen übelzunehmen.
Im Gegensatz dazu fördert die offene Partnerschaft beim Mann wie bei der Frau die seelische und geistige Entwicklung. Auf ihre Verbindung haben Veränderungen und neue Erfahrungen einen günstigen Einfluß. Durch Veränderungen werden neue Verhaltensweisen, neue Beziehungen, neue Selbsterkenntnisse und eine gesteigerte Dynamik der Wechselbeziehung zwischen den Partnern möglich. Sogar die Liebe zum Partner kann zu einem zyklisch auftretenden Ereignis werden. Da jeder durch seine individuelle Entwicklung und die wachsende Kenntnis des anderen für den Partner attraktiver wird, verstärkt und festigt sich ihre Verbindung, wird immer wieder neu belebt und kann ständig wachsen.

Zweifellos suchen unzählige Paare heute nach einem Ausweg aus der Falle ihr der traditionellen Ehe. In den letzten Jahren sind viele therapeutische Hilfsmittel erprobt worden, die eine zeitweise Befreiung vom ehelichen Streß versprechen. Man lehrt die Paare, wie sie in einem therapeutisch kontrollierten Kampf ihre feindlichen Gefühle und Aggressionen abreagieren können. In der immer häufiger angewendeten Gruppenbehandlung lernen sie, über ihr aufgestautes Schuldbewußtsein und über ihre unterdrückten Gefühle zu reden, um auf diese Weise zu versuchen, die Schranken zu durchbrechen und durch turbulente und oftmals heftige physische und verbale Anstrengungen eine Kommunikation zum Ehepartner herzustellen. Oder sie lernen, wie sie selbst einmal im Jahr ihren emotionalen Zustand überprüfen können, genauso wie man ein Auto zur Revision gibt oder eine Lagerinventur macht. Manche Paare finden tatsächlich auf diese Weise Trost und Erleichterung. Aber ebenso wie ein Hausmittel nur die Verdauungsbeschwerden erleichtern, nicht aber das Magengeschwür beseitigen kann, erweisen sich diese Methoden nur als ein Notventil.

Was wir mit der offenen Partnerschaft erreichen wollen, ist eine totale Revision innerhalb der Ehe selbst - eine Revision, die von den beiden Beteiligten abhängt und nicht von dem, was in der Vergangenheit üblich war. Die offene Ehe ist nicht ein abstraktes Ideal; sie ist ein Vorschlag, den Ehevertrag gemäß den individuellen Bedürfnissen der Partner in eine daseins- und zeitgerechte Form umzuschreiben.

Die Bedeutung einer Ehe in unserer Zeit muß von einem Mann und einer Frau, die beide unabhängig und völlig frei den Sinn des eigenen und des gemeinsamen Lebens gefunden haben, geprägt werden. Die Ehe muß sich auf einer neuen Offenheit aufbauen - Offenheit gegenüber sich selbst, dem Partner und der Umwelt. Nur wenn ein Ehepaar seinen eigenen Partnerschaftsvertrag ausarbeitet, kann es die Flexibilität erreichen, die es für seine Weiterentwicklung braucht. Die Partnerschaftsehe ist eine erweiterte Monogamie; sie bietet die erfüllenden und lohnenden Aspekte einer engen inneren Beziehung zweier Menschen, beseitigt aber die Einschränkungen, die uns früher als wesentlicher Bestandteil der Monogamie eingeredet wurden. Im Laufe des vergangenen Jahrhunderts haben wir uns weit von dem einengenden viktorianischen Begriff der Ehe als goldenem Käfig entfernt. Im vorigen Jahrzehnt haben wir endlich entdeckt, daß jeder Partner nicht nur das Recht auf den eigenen Sexualgenuß hat, sondern sich auch bemühen soll, den anderen zu befriedigen; und heute wissen wir, wie man ein solches gegenseitiges Geben und Nehmen erreichen kann. Aber wir haben auch gelernt, daß eine gute sexuelle Beziehung mehr erfordert als die bloße Lust am Sex. Und was noch wichtiger ist, wir haben gelernt, daß die Sexualität bestimmt nicht das Wichtigste in der Ehe ist - diesen Anschein hatte es nur, solange Mann und Frau durch verzerrte Ansichten und Überlieferungen daran gehindert wurden, ihre eigene Sexualität zu begreifen. Albert Ellis hat über dieses Thema folgendes geschrieben: "Die sexuelle Erregung (...) ist in der Hauptsache (...) das Ergebnis von Prozessen, die im Gehirn ablaufen: von Denken und Fühlen. Die Kunst der Sexualität ist daher, wie Ovid schon vor Jahrhunderten sagte, die Kunst der Liebe - das heißt die Kunst, rücksichtsvoll, gütig, liebevoll, interessant, selbstsicher, kommunikativ, phantasievoll, verständnisvoll und experimentierfreudig zu sein."

Die Pflege dieser grundlegenden Eigenschaften ist unsere wichtigste Aufgabe. Wir glauben, daß die Konzeption der offenen Ehe, wird sie richtig angewendet, zur Entwicklung einer Beziehung zwischen Mann und Frau führen kann, die das Gedeihen dieser Eigenschaft fördert. Der goldene Käfig der viktorianischen Ehe hat heute keine Funktion mehr, das Gold ist abgeschabt, und der Rost frißt sich immer tiefer. Es ist an der Zeit, diesen Käfig endgültig abzuschaffen und unsere Ehen in Freiheit und Unabhängigkeit aufzubauen.

Nena u. George O'Neill: Die offene Ehe. Konzept für einen neuen Typus der Monogamie. Reinbek bei Hamburg 1981 (1972) S. 12f. ; 14f. S. 24-26.

7.2.3 Zur Notwendigkeit der Ehe für das Kind

(...) Das Kind erfordert Ehe der Eltern auf Lebensdauer. Das Menschenkind ist im Gegensatz zum Tierjungen nach Aussage des Biologen und Zoologen Adolf Portmann eine "physiologische Frühgeburt", ein "Nesthocker", der auf die Sorge und Pflege der Eltern, besonders der Mutter, angewiesen ist. Die Mutter kann ihre Aufgabe nur unvollständig oder mangelhaft erfüllen, wenn ihr der Ehepartner und damit dem Kinde der Vater fehlt. Nur die unauflösliche Ehe garantiert der Mutter den menschlichen und wirtschaftlich-materiellen Halt, dessen sie zur Erfüllung ihrer Mutteraufgabe bedarf. Der Entwicklungsprozeß und die lebenslange Entfaltung des Menschen kann ohne die Vorbilder der Eltern, die in treuer Eheliebe miteinander und füreinander leben, nicht gelingen. Die für Kindheit und Jugendzeit unentbehrliche Geborgenheit wird nur in einer lebenslänglichen Ehe der Eltern vermittelt werden, vorausgesetzt, daß die unauflösliche auch eine lebendige wachsende oder reifende Ehe ist. Die Unauflöslichkeit ist noch nicht ohne weiteres die Garantie für eine reifende Ehe, jedoch ist sie die beste Voraussetzung für das Reifen der Ehepartner und damit auch der Ehe. Manche Ehen kommen durch Flucht aus der Ursprungsfamilie oder in einer Faszination zustande. Solche Partner werden nach Abklingen der Faszination die Unauflöslichkeit der Ehe nicht anerkennen wollen, vielmehr auf Scheidung drängen. Flucht und Faszination sind keine tragfähigen Grundlagen für eine Ehe.

Wilhelm Heinen: Werden und Reifen des Menschen in Ehe und Familie. Münster 2. Aufl. 1978, S. 67f

7.2.4 Zur Notwendigkeit der Sinnstiftung von Familie

Die Familie ist keine lose Ansammlung einiger miteinander verwandter Menschen unterschiedlichen Alters, sondern ein ganz besonderes, spezifisch menschliches Sozialgefüge, das - zumindest bis heute und trotz vieler andersartiger Versuche - unersetzbar geblieben ist. (...)
In der gesunden Familie hat jedes Familienmitglied eine sinnvolle Funktion. (...)
Dieses Gleichnis, auf die Familie übertragen, bedeutet, daß die Familie um so stabiler und gesünder ist, als die einzelnen Familienmitglieder imstande sind, ihre Funktionen, die sie innerhalb der Familie erfüllen, jeweils auf die Gegebenheiten der anderen Familienmitglieder abzustimmen. (...)
Es ist ja ein altes logotherapeutisches Rezept, daß nur ein Wechsel in der persönlichen Sinnerfüllung, aber kein wesentlicher Sinnverlust im Leben des einzelnen

entstehen darf; neu ist jedoch in unserem Zusammenhang die Feststellung, daß auch innerhalb der Familie dasselbe Prinzip ausgeglichener Sinnerfüllung gilt, indem die Funktion jedes einzelnen sinnvoll auf die übrigen Familienmitglieder abgestimmt sein sollte. (...)
Die logotherapeutische, das heißt nach Sinn und Werten orientierte Analyse der Familiengeschichte macht deutlich, daß beide Eheleute auf ein unveränderbares Schicksal, das eine Erweiterung ihrer familiären Beiträge verlangt hätte, statt dessen mit einer Funktionseinschränkung reagiert hatten, was die Situation erheblich verschärfte. (...)
Niemand braucht dem anderen blindlings untertan zu sein, aber jeder *muß* den anderen in den eigenen Lebensplan miteinkalkulieren, wenn er in einer stabilen und glücklichen Familie leben will. Die Logotherapie hat als erste Humanwissenschaft erkannt, daß die die innere Wertorientierung eines Menschen entscheidend korreliert mit seiner psychischen Gesundheit, und daß, je intensiver und vielfältiger diese Wertorientierung ist, um so gefestigter und positiver dessen Persönlichkeit sich entfaltet, daß die innere Wertorientierung nach Möglichkeit nicht einseitig sein sollte, sondern vielmehr einige gleichgewichtige Interessensbereiche umfassen muß (...)
Wir haben also in der logotherapeutischen Forschung dazugelernt, daß eine gesunde Wertorientierung eher *viele*, etwa gleichrangige Werte, statt *wenige* Extremwerte beinhaltet. (...)
Meines Erachtens besteht ein sehr enger Zusammenhang zwischen der Beachtung des Prioritätskriteriums bei der persönlichen Ausrichtung nach Sinn und Werten und der Harmonie bzw. Konfliktbewältigung innerhalb einer Familie. (...) Wenn die Familienmitglieder einigermaßen imstande sind, das Prioritätskriterium zu beachten und die ihnen sinngemäß zufallende Funktion innerhalb der Familie zu erfüllen, kann die Familie nicht von ernsthaften Krisen geschüttelt werden, ja selbst dann nicht, wenn ein Familienmitglied versagt oder ausfällt, weil in jedem Fall ein Funktionsverlust durch eine Funktionserweiterung anderer Familienmitglieder wieder ausgeglichen würde. (...)
Je größer die Funktion innerhalb der Familie ist, die ein Mitglied übernimmt, desto mehr *Selbstverantwortlichkeit* muß ihm gegeben sein, um sinnvoll handeln zu können. Bei einer im logotherapeutischen Sinne aufeinander abgestimmten Funktionsaufteilung ist es weder möglich, daß ein Familienmitglied nur Anweisungen gibt, welche die Angehörigen ausführen müssen (Funktionskollision!), noch ist es möglich, daß jedes Familienmitglied unabhängig von den anderen tut, was ihm beliebt (Gefahr einer Funktionslücke!). Die Größe der familiären Funktion des einzelnen wird also von den Bedürfnissen der gesamten Familie bestimmt. Und diese seine Funktion entscheidet wiederum über die Größe der Auswahl seiner außerfamiliären Interessensschwerpunkte und Ziele. Somit ist Aufbau und Gestaltung der persönlichen inneren Wertorientierung eines Menschen frei - frei, bis auf die Belange seiner Familie, die Vorrang haben. (...)
Das ist eben das ganz Besondere, das zu lernen wir uns alle bemühen müssen: begreifen, wo unsere Funktion innerhalb unserer Familie liegt, wie groß sie ist, und auf welche Weise wir sie am besten zu erfüllen vermögen. Hierfür jedoch gibt es keine konkreten Ratschläge, keine erlernbaren Regeln und psychologischen Tips. Nichts als das eigene Gewissen, das "Sinnorgan", wie Frankl es interpretiert, nichts als die Orientierung nach dem "Sinn des Augenblicks" und der

"Aufforderung der Stunde" kann uns helfen, die jeweils richtige Entscheidung zu treffen. (...)

Kehren wir jetzt zu unserem Ausgangspunkt zurück, zum neuen Menschenbild im Spiegel der Psychologie. Es ist bei weitem noch kein vollständiges Bild, aber die Fratzengestalt ist gewichen, es ist auch kein Idealbild, aber es weist menschliche Züge auf. Es ist das Bild eines Wesens, ausgestattet mit einer dreifachen Dimensionalität: mit einem Leib, der es mit allen anderen Organismen dieser Erde unweigerlich verwandtschaftlich verknüpft, mit einer Psyche, die es ähnlich den höheren Tieren emotional und instinktmäßig im Erleben und Handeln beeinflußt, und mit einem Geist, der auf dieser Erde kein Äquivalent findet, es sei denn in unseren Gottesvorstellungen. Jede dieser Dimensionen fordert ihr Recht auf den *ganzen* Menschen, und keine läßt sich von den anderen isolieren; die Unterschiedlichkeit unserer Natur ist dimensionale Spaltung und anthropologische Einheit zugleich.

Und dieses Wesen besitzt bei aller Vielschichtigkeit innerhalb der geistigen Dimensionen zwei Fähigkeiten, die in den Lebensraum, den wir kennen, bisher einmalig und einzigartig sind, nämlich das, was Frankl die Fähigkeit zur *Selbstdistanzierung* und die Fähigkeit zur *Selbst-Transzendenz* nennt. (...) ebenso bedeutsam ist ihr *Bezug zum Familiengefüge.* Denn was es dem Menschen überhaupt möglich macht, ein Leben lang mit anderen, nahestehenden Menschen verbunden zu bleiben und in dieser Verbindung sozusagen als vergängliches Individuum zurückzutreten, um als Teil einer (relativ) unvergänglichen Familienkette weiterzuexistieren, das sind *nur* diese beiden Fähigkeiten.

Die Fähigkeit zur *Selbstdistanzierung* bewirkt das Abstand-nehmen-Können von sich selbst. Dadurch ist der Mensch in der Lage, seine eigene Position und die seiner Angehörigen aus einer gewissen Distanz zu betrachten (...) Ohne Distanz nämlich wäre er gefangen in den Gedanken um sein eigenes Wohlergehen und könnte nur begreifen, was ihm allein nottut, nicht aber die Bedürfnisse des anderen. (...)

Im Unterschied dazu ist der Mensch durch seine Selbstdistanzierungsfähigkeit imstande, sich *und* die anderen aus ein und derselben entfernteren Perspektive aus wahrzunehmen und im wahrgenommenen Beziehungsgefüge Funktionslücken zu entdecken und bewußt und willentlich zu füllen.

Dazu kommt noch die Fähigkeit zur *Selbst-Transzendenz*, die bewirkt, daß der Mensch über sich selbst und seine eigenen Unzulänglichkeiten hinauswachsen kann, indem er sich mit ganzer Kraft auf etwas außerhalb seiner selbst Liegendes konzentriert (...)

Die Selbst-Transzendenz befähigt jeden einzelnen von uns, anderen Familienmitgliedern *zuliebe* auf eine Funktion zu verzichten, auch wenn er sie gerne ausüben würde (...)

Fassen wir also zusammen: Die Selbsttranszendierung befähigt uns, innerhalb der Familie Funktionslücken zu erkennen und durch eigenen Einsatz zu schließen, die Selbst-Transzendenz befähigt uns, innerhalb der Familie Funktionsverzichte zu leisten, wenn dies im Sinne der Gemeinschaft nützlich ist, um Funktionskollisionen zu verhindern. Damit aber sind *alle Voraussetzungen* gegeben, um ein harmonisches Familienzusammenspiel von Familienmitgliedern selbst in Krisensituationen aufrecht erhalten zu können. Darum *ist jeder von uns befähigt*, seine Familie im Grunde glücklich und zufriedenstellend zu gestalten, wenn er es

wirklich will und wenn er bereit ist, seine Handlungen diesem Willen zu unterwerfen.
Was die gesunde Familie braucht, das ist weder Wohlhabenheit noch eine übersteigerte Sexualität der Eltern, das sind auch nicht "brave" Kinder, große Wohnräume oder Unterstützungen von außen, das ist wirklich nichts als ein bißchen guten Willen, nämlich - Willen zum Sinn.

Elisabeth Lukas: Auch deine Familie braucht Sinn. Freiburg i.Brsg. 1981, Auszüge aus SS. 195-208)

7.3 Zur Familie als Ort von Wertbegründung und Werteeinübung

7.3.1 Einleitende und didaktische Hinweise

Familie ist nach gesichertem Erkenntnisstand nicht nur der Garant für die optimale Entwicklung des Menschen und der Entfaltung der Persönlichkeit, sondern auch die wesentliche Schnittstelle für den Transfer von Normen und Werten, ohne die ein menschenwürdiges und geordnetes Leben in Gemeinschaft und Gesellschaft undenkbar wäre. Innerhalb der Familie werden im Normalfall durch liebevolle und verantwortliche Erziehung seitens der Eltern und der Familienmitglieder lebensnotwendige Werte und Wertorientierungen begründet und eingeübt. Wertorientiertes Handeln gehört ganz wesentlich zur Würde des Menschen und seiner Existenz. Während in Zeiten homogener gesellschaftlicher Wertorientierung zwischen den Werten und der Wertvermittlung in der Familie auf der einen und der Wertorientierung der Gesellschaft auf der anderen Seite weitgehender Konsens bestand, haben Eltern in einer Gesellschaft mit heterogenen Wertauffassungen sehr oft Orientierungsschwierigkeiten bei der Vermittlung individueller, gesellschaftlicher, ökologischer und kultureller Werte. Werte wie gemeinschaftsbezogenes und verantwortliches Handeln, sowie Verzichtbereitschaft spielen in einer Gesellschaft, in der Individualismus, Konsumisnus und Egoismus als Lebensstrategien gefordert sind, freilich nur eine beiläufige Rolle. Jedoch wird zunehmend mehr Menschen bewußt, daß ganz wesentliche zwischenmenschliche Beziehungen, wie Glück, ein guter Charakter, Liebe, Treue, und dergleichen mehr, nicht mit Egoismus und materiellen Gütern zu erreichen sind. Zunehmend mehr Menschen erkennen, daß immaterielle Wertorientierungen eher zum Sinn des Lebens gehören. Dies ist offenbar, wie in einschlägigen Analysen nachgewiesen, einer der zentralen Eckwerte nachindustrieller Gesellschaft.
Die drei vorliegenden Texte enthalten hierzu einige Impulse. Der erste Text von Bruno Hamann geht der Frage nach, inwieweit die Erziehung in der Familie für die Wertorientierung bedeutend ist. Im zweiten Text des selben Autors wird die Bedeutung der Familienkonstellationen für die Wertorientierte Erziehung herausgestellt (vgl. hierzu auch Kapitel 3.3). Der Pädagoge Walter Braun stellt im dritten Text die Schwierigkeit von Familie dar, aufgrund gesellschaftlicher Einflüsse Ort von Wertebegründung und Werteeinübung zu sein.

Fragen zur inhaltlichen Auseinandersetzung

- Inwiefern wird in den drei Texten deutlich, daß Familie Ort von Wertebegründung und Werteeinübung ist?
- Welche Bedeutung kommt dabei der Erziehung im allgemeinen bei?
- Welche Bedeutung haben die einzelnen Familienmitglieder für Wertebegründung und Werteeinübung?
- Welche unverzichtbaren gesellschaftlichen relevanten Werte werden in der Familie in herausragender Weise vermittelt?
- Gibt es Beispiele dafür, daß in der nachindustriellen Gesellschaft immaterielle Wertorientierungen immer wichtiger werden?
- Bietet immatrielle Wertorientierung eine Chance für Mensch und Familie?
- Welche gesellschaftlichen Einflüsse sind bei der Vermittlung von Werten eine Konkurrenz für die Familie? Nennen Sie bitte negative und positive gesellschaftliche Einflüsse!
- Welche gesellschaftlichen Institutionen sollten bei der Vermittlung und Begründung von Werten mit der Familie kooperieren?

7.3.2 Zur Bedeutung der Erziehung in der Familie für die Wertorientierungen

Versteht man unter "Leitbildern" allgemein Komplexe normativer Vorstellungen über wertvolles Verhalten, erstrebenswerte Gestaltungen des Lebens oder lebensweltlicher Teilbereiche, so kann man mit dem Begriff "Erziehungsleitbilder" wertvoll erachtete "Verhaltens- und Persönlichkeitsentwürfe" bezeichnen, die auf das Erziehungshandeln einen steuernden und orientierenden Einfluß ausüben. Solche enthalten allgemeine Vorstellungen darüber, welches Verhalten, welche Verhaltensdispositionen, welche Zustände von Personen oder welche Persönlichkeitseigenschaften als hochwertig und daher erstrebenswert gelten sollen (vgl. auch Dietrich, 1985; Grauner, 1972, 37ff.; Gukenbiehl, 1979, 182; Lukesch, 1976, 37ff.). Erziehungsbilder, die für die Eltern zentrale Bezugsgrößen pädagogischen Handelns darstellen und die Funktion von Erziehungszielen ausüben können, lassen sich in einige Kategorien fassen: größte Bedeutung wird den sogenannten "Leistungsstugenden" (beruflicher Tüchtigkeit, Ehrlichkeit, Leistungswille, Strebsamkeit) zuerkannt; fast gleich hoch werden "Charaktertugenden" (wie Anstand, Sittlichkeit, Bescheidenheit, Pflichtbewußtsein) eingestuft, relativ hoch rangieren auch die sogenannten "Familienwerte" (Respektierung elterlicher Ansprüche, Familiensinn, Bindung an die Familie, Einordnung in die Familie, Liebe und Achtung gegenüber den Eltern). Andere Leitvorstellungen bzw. normative Orientierungen werden in der Präferenzordnung deutlich tiefer eingestuft, wie z.B. Schaffung und Erhaltung von Lebensfreude, Eigenständigkeit und dergleichen (vgl. dazu: Krumm, 1970, 309ff.; Lukesch, 1976, 42ff.; s. auch Gukenbiehl, 1979, 183f.; Fell, 1983, 449 ff.).
Auffallend ist, daß die für die Erziehung maßgeblichen Normvorstellungen der Eltern weniger auf sozial-kulturelle Zustände und auf das Kind als gesellschaftliches Wesen gerichtet sind als vielmehr auf dessen Persönlichkeitsgestaltung. Laut Lukesch (1976, 46) gehört es zum gängigen Ideal der kindlichen Persönlichkeit, überragende Erfolge im Leben mit hohen moralischen Qualitäten zu vereinen.
Die Auswahl, bevorzugte Reihenfolge und inhaltliche Ausgestaltung solcher Leitvorstellungen sind von verschiedenen soziokulturellen und -ökonomischen Faktoren abhängig (zu Folgendem Gukenbiehl, 1979, 184 ff.). Sozialwissenschaftliche Forschung konnte nachweisen, daß Bildungsideale und Erziehungsleitbilder mit den jeweils herrschenden Menschenbildern zusammenhängen und sowohl in den gesamtkulturellen Kontext als auch in das soziale Gesamtgefüge (ökonomische, politische, rechtliche Strukturen) einer Zeit und eines Raumes eingebunden sind. Dabei sind die normativen Vorstellungen über den Menschen, d.h., wie er "leben" und "sein" soll, einerseits von der historischen Gesamtsituation abhängig, andererseits sind diese Gesellschaftsstrukturen zugeschnitten auf Menschen mit (durch Erziehung und Sozialisation herzustellenden) hoch-"bewerteten" Einstellungen und Fähigkeiten.
Heute gilt bei uns jener Mensch als "ideal" bzw. wünschenswert, der zwischen privaten und öffentlichen Tugenden, zwischen Selbstverwirklichung und sozialem Engagement, zwischen geistiger und beruflicher Aktivität u.a. den rechten Ausgleich findet.

In unserer Zeit bildet die hochtechnisierte Industriekultur mit ihrem Menschen- und Gesellschaftsbild die Grundlage für den Minimalkonsens über jene Werte, die allgemein hoch eingeschätzt und als Potentiale zur humanen individualen und sozialen Qualifizierung des einzelnen anerkannt werden. So werden heute - worauf neuere Arbeiten zur Erziehungsstilforschung (vgl. Lukesch, 1976, 114FF.; Heid/Herrlitz, 1987; Kluxen, 1983) verweisen - Ziele wie Selbstständigkeit, Eigenverantwortung, Mitmenschlichkeit, berufliche Tüchtigkeit, Leistungsbereitschaft, Interessiertheit, Lebensfreude, Beherrschtheit u. a. in breiter Übereinstimmung zwischen den Bevölkerungsschichten hoch eingestuft, während andere, wie z. B. Bescheidenheit, Ordentlichkeit, Familiensinn, gute Umgangsformen, Anständigkeit, weniger geschätzt werden bzw. zunehmend an Bedeutung verlieren. Deren Bewertung ist allerdings nicht einheitlich; sie differiert aufgrund von Schichteinflüssen. Solche Bewertungsunterschiede und Nuancierungen in Interpretation und Auswahl von Zielen und allgemeinen Wertvorgaben wurden und werden in der Literatur unter der Formel "Schichtabhängigkeit von Erziehungsleitbildern" erörtert (vgl. Kohn, 1973; 1977; Neidhardt, 2 1977; s. auch Grauer, 1972, 38 ff.; Lukesch, 1976, 113 FF.; Steinkamp, 1980, 255 ff., 271 ff.).
Auf einige differente Akzentuierungen von Erziehungswerte und -zielen die - trotz weitgehender Übereinstimmung in den Erziehungsleitbildern - in unterschiedlichen Sozialschichten zu beobachten sind, haben Kohn (1973, 210 ff.) und Neidhardt (1977, 275 ff.) aufmerksam gemacht. Ihren Feststellungen gemäß (dazu Gukenbiehl, 1979, 185) schätzen Unterschichteltern besonders Gehorsam, Zuverlässigkeit, Reinlichkeit und Gefälligkeit als Merkmale eines "ordentlichen" Kindes hoch ein. Sie lassen eine subjektiv gefärbte und emotionale Handlungsorientierung erkennen und bevorzugen eine "familistische" (eng auf die privaten Bezüge abgestellte) Wertordnung. Für Mittelschichteltern gelten dagegen Selbstbeherrschung, planende Selbständigkeit, Zufriedenheit und Wißbegierde als erstrebenswerte Ziele. Hier werden allgemein verbindliche und zweckrationale Handlungsorientierungen und insofern "öffentliche" Werte zum Bezugspunkt bzw. zu Maßgaben der Kindererziehung. in beiden Schichten zeigen die Eltern die Tendenz, sich im Erziehungshandeln an anerkannten gesellschaftlichen Leitbildern zu orientieren, und bemühen sich um Konformität zwischen weithin geltenden Normen und Einstellungen und Verhalten der Kinder. Während aber Unterschichteltern mehr auf Übereinstimmung zwischen den von außen gesetzten normen und dem sichtbaren Verhalten der Kinder bedacht sind, achten Mittelschichteltern mehr auf Übereinstimmung zwischen verinnerlichten Normen und Standards und (registrierbarem) Verhalten, d. h., das gezeigte Verhalten soll nicht durch unkritische Übernahme von Vorgaben bestimmt sein, sondern von inneren Überzeugungen.
Die im Rahmen eines relativ breiten Grundkonsenses über die geltenden Erziehungsleitbilder doch nicht übersehbaren unterschiedlichen Akzentsetzungen werden unter anderem von folgenden Faktoren mitbestimmt (s. Gukenbiehl, 1979, 186 f.):

- von der Lebensgeschichte der Eltern (einschließlich der genossenen Erziehung und der erreichten Bildungsniveaus):
  Eltern geben häufig jene Wertvorstellungen und Handlungsmuster weiter, die sie für sich selbst als verpflichtend ansehen (vgl. Neidhardt, 2 1977, 282 f.).

- von generellen Lebens- und besonders von Berufserfahrungen der Eltern: Eltern wählen zumeist jene Werte als Erziehungsleitbilder aus, die nach ihren eigenen Erfahrungen für ein erfolgreiches Handeln im Beruf und anderen Lebensbereichen nützlich sind (Grüneisen/Hoff, 1977).
- von der Deutung der Gesellschaftsstruktur und der Einschätzung der sozialen Situation durch die Eltern:
  In ihren Zielsetzungen für die Erziehung ihrer Kinder nehmen Eltern oft auf ihre eigenen Interpretationen des Gesellschaftsaufbaus und ihre eigenen Erklärungen über hier wirkende Kraftströme Bezug (vgl. Neidhardt, 2 1977, 277 ff.).

Die genanten Faktizitäten tragen erheblich dazu bei, daß die Familien aus der ihr je eigenen und vertrauten Situation und Position heraus agiert und normalerweise für jene Lebenslage "zurüstet", der sie selbst zugehört. Es überrascht daher nicht, daß Eltern weitgehend jene Wertvorstellungen vermitteln, die ihr eigenes Denken, Urteilen und Handeln bestimmen. Als von ihnen tragfähig eingestufte Garanten der Lebensbewältigung sollen diese Wertvorstellungen die Zukunft ihrer Kinder sichern.
Der in der Literatur vielfach herausgearbeitete Sachverhalt, daß es einen relativ weithin anerkannten Grundbestand von Wert- und Zielvorstellungen als Bezugspunkte des Erziehungshandelns (Leitbilder) gibt, daß solche aber schichtabhängige Nuancierungen und Gewichtungen erkennen lassen, wird auch im Zeiten Familienbericht aufgewiesen. Dort werden Maßgaben sichtbar gemacht, die zugleich als Leitziele wie auch als real faßbare Wirkungen des Erziehungs- bzw. Sozialisationsprozesses verstanden werden (der Familienbericht bezeichnet sie als Sozialisationsziele bzw. -wirkungen). Solche sind:
- Selbstsicherheit,
- intellektuelle Fähigkeit,
- Leistungsmotivation
- Selbständigkeit
- Gewissenhaftigkeit (i.S. von Verantwortlichkeit zu sozialem Handeln),
- Solidarität (einschl. der Fähigkeit zu kooperativem Handeln),
- Empathie (d.h. die Fähigkeit, Bedürfnisse und Interessen anderer wahrzunehmen),
- Bereitschaft und Fähigkeit zur produktiven Konfliktbewältigung (s. Zweiter Familienbericht, 1975, 42 ff., 52).

Bruno Hamann: Familie heute. Ihre Funktion und Aufgabe als gesellschaftliche und pädagogische Institution. Frankfurt am Mein 1980, S. 64 - 66

7.3.2 Zur Bedeutung von Familienkonstellationen für die wertorientierte Erziehung

Für einen wertenden Vergleich der erzieherischen Kompetenz vollständiger und unvollständiger Familien sind Erkenntnisse über die Vater-Mutter-Kind-Beziehungen im Sinne von Dyaden und als Triade sowie in Sonderheit auch über Mutter- und Vater-Entbehrung recht aufschlußreich. Auch die Bedeutung von Geschwister-Beziehungen darf dabei nicht übersehen werden.

Zur Mutter-Kind-Beziehung - Folgen der Mutter-Entbehrung

Die Wissenschaft zeigt sich seit langem um die Erhellung des Bezugsverhältnisses Mutter-Kind, besonders hinsichtlich seiner Struktur und seiner Bedeutung für die kindliche Entwicklung, bemüht (s. Hassenstein, 1974; Lehr, 1974; Lewis/Cherry, 1977; Rauth, 1976; Robertson, 1977; Schaffer, 1977; Stern; 1979; Klaus/Kennel, 1987).

Die Bedeutsamkeit dieser Beziehung für die menschlichen Werdensprozeß ist enorm: Sie gewinnt für die Lebenschancen des Kindes unter allen binnenfamilialen Relationen das größte Gewicht und zwar deshalb, weil

- durch die affektive Haltung der Mutter die emotionale Fundierung des Kindes besorgt wird,
- die Mutter als erstes Liebesobjekt zum Vorbild aller späteren Liebesbeziehungen wird,
- im Mutter-Kind-Bezug das erste "Umwelt-Informationssystem" vorliegt.

Die emotionale Fundierung des menschlichen Gesamtverhaltens erfolgt dadurch, daß die Mutter schon vom Säuglingsalter ab durch liebevolle und häufige Zuwendung, durch gefühlsmäßige Wärme und sorgfältige Pflege kindliche Bedürfnisse befriedigt und Erlebnisse schafft, die eine optimistische Einstellung des Kindes zur Welt grundlegen. Solchermaßen wird das kindliche Selbstvertrauen gestärkt und die Voraussetzung für jene Belastbarkeit geschaffen, die für die spätere Lebensbewältigung nötig ist.

Die Bedeutung der Mutter als erstem und stärkstem Liebesobjekt liegt vor allem darin, daß sie im dialogischen Geschehen des Gebens und Nehmens Erfahrungen von starker Prägekraft vermittelt, Identifikationsmöglichkeiten bietet, in dem von ihr erzeugten Vertrauen die Grundlage für soziale Bindungsfähigkeit schafft (Erikson, 1974, 63) sowie eine positive Einstellung zur Lebenswelt begründet.

Als primäres "Umwelt-Informationssystem" kann die Mutter-Kind-Dyade insofern bezeichnet werden, als hier "erste" und "grundlegende" Erfahrungen für das Kind ermöglicht, erste Werte und Verhaltensmuster kennengelernt werden und der Zugang zu einer sich stetig weitenden Welt (der Dinge und ihrer Zusammenhänge) erschlossen wird. Das Verhalten der Mutter erscheint zudem besonders geeignet, dem Kleinkind das bestmögliche Maß an sensorischer, taktiler und kognitiver Anregung zu vermitteln, das es zur Ausbildung seiner psychischen und somatischen Funktionen benötigt (vgl. Pechstein, 1975, 52; Kester, 1979, 108 f.; auch Rauh, 1976, 98 ff.; Schultze, 1982, 153 f., 156).

Störungen in der Beziehung zwischen Mutter und Kind sowie auch der Wegfall der Mutter als primäres Bezugs-, Liebes- und Lernobjekt ziehen häufig Defizite in der Persönlichkeitsentwicklung nach sich. Auf solche Defizite und Negativerscheinungen macht im besonderen die mit der "Mutter-Entbehrung" oder "Mutter-Kind-Trennung" befaßte Forschung aufmerksam (zusammenfassend hierzu Klaus/Kennel, 1987; Lehr, 1973; Schmalohr, 1975; Rutter, 1978).

Mit dem hier verwendeten Begriff "Mutter-Entbehrung" (Mutter-Kind-Trennung, auch Mutter-Deprivation) werden grundverschiedene Umstände bezeichnet, die keinesfalls gleichgesetzt werden dürfen: die Lebenssituation mutterloser Halbwaisen und elternloser Heimkinder sowie die Problemlage von Kindern mit berufstätiger Mutter. Bezüglich dieser je anders gelagerten Lebensumstände ist auch die Forschungslage sehr ungleich: über Halbwaisen (weniger als 1% aller Kinder unter 15 Jahren) gibt es relativ wenig Erkenntnisse, über Heimkinder (rd. 1,1% der Kinder unter 8 Jahren) liegen wesentlich umfänglichere und genauere Ergebnisse vor, ebenso über die Problemlage von Kindern mit berufstätiger Mutter (jedes dritte Kind unter 15 Jahren).

Bezüglich der Mutter-Deprivation (vgl. zu Folgendem auch Gukenbiehl, 1979, 174ff.) ist die Situation der Heimkinder ziemlich intensiv untersucht. Deren Problemlage wurde insbesondere durch die Hospitalismusforschung aufgezeigt. Während die älteren Ergebnisse solcher Forschung - im Umkreis von René Spitz (1968; 1974) und John Bowlby (1973; 1975) - nahelegen, daß eine längere Mutter-Kind-Trennung im Säuglings- und Kleinkindalter zu irreparablen Entwicklungsschäden, zu Verzögerungen vor allem im kognitiven und sprachlichen Bereich und zu Störungen in der Fähigkeit zu sozialer Kontaktaufnahme führe, wurde aufgrund von Nachuntersuchungen (vgl. dazu Lehr, 1973, 14ff.) eine Modifikation solcher Aussagen nötig. Diese beruht auf folgender Einsicht: Generell unreparable Auswirkungen früher Mutter-Kind-Trennung lassen sich kaum feststellen, vor allem gilt das hinsichtlich langer Prägewirkungen. Kurz- und mittelfristige negative Auswirkungen jedoch gibt es, wie Entwicklungsunterschiede zwischen Heim- und Familienkindern zeigen. Allerdings lassen sich auch diese nicht allein dem Fehlen der leiblichen Mutter zurechnen (Lehr, 1973, 14, 16); sie sind vielmehr auf eine Vielzahl von Faktoren zurückzuführen. Die zwei hauptsächlichsten Faktoren, welche solche Entwicklungsunterschiede bedingen, dürften nach heutiger Erkenntnis eine sensorische Verarmung (d.h. ein Manko bezüglich empfangener und verarbeitender Sinneseindrücke) sowie eine soziale Vereinsamung (d.h. ein Mangel an sozialemotionaler Zuwendung und Zufuhr) sein (vgl. Weinert, 1974, 373f.; Schmalohr, 1975, 203ff.). Daß daran neben dem Ausfall der Mutter auch andere Instanzen bzw. Umstände schuld sind, wie etwa fehlende Stimulation seitens der sozialen Umwelt i.w.S., dürfte unbestritten sein.

Die Auswirkungen einer Trennung von Mutter und Kind können neben den genannten Faktoren auch noch durch andere Komponenten beeinflußt sein: so vom Alter des Kindes, von der Qualität der Beziehung zur Mutter und der sozialen Umwelt vor der Trennung, von der Art der Beziehung zu den Eltern während der Trennung, von der Qualität der Erfahrungen nach der Trennung und von konstitutionellen Faktoren, wie biologischer Ausstattung des Kindes, Grad der Sensibilität, Anpassungsfähigkeit an Umweltveränderungen (vgl. hierzu Lehr, 1973, 9ff.; Schmalohr, 1975, 219ff.; Gukenbiehl, 1979, 175.; Weinert, 1974, 373f.).

Von ganz anderer Art als Deprivationen bei Halbwaisen und Hospitalismusschäden sind die Folgen der Mutter-Kind-Trennung aufgrund der Berufstätigkeit der Mutter. Forschungen über Auswirkungen haben zum Teil recht uneinheitliche und sich teilweise widersprechende Ergebnisse gebracht. Als generelle Einsicht darf aufgrund entsprechender Belege (vgl. Koliadis, 1975, 95ff., 118ff., 320ff.; Lehr, 1975, 240ff.; s. auch Langenmayr, 1976; Röttger, 1971) folgendes gelten:

Die mütterliche Berufstätigkeit stellt für den Erziehungs- und Sozialisationsprozeß insofern ein gewichtiges Element dar, als sie die Lebenssituation der Familie wesentlich beeinflußt (durch Veränderung der Organisation des Familienlebens, eventuelle Inanspruchnahme öffentlicher oder privater Einrichtungen zur Betreuung des Kindes u.a.). Eindeutige Erziehungs- und Sozialisationsmängel, die lediglich durch mütterliche Erwerbstätigkeit verursacht wären, sind aber nicht nachgewiesen.

Da und dort beobachtete negative Wirkungen - wie etwa höhere Krankheitsrate, Schlafstörungen, geringere Leistungsbereitschaft, erschwerte soziale Anpassung u.a. - sind nicht Konsequenzen mütterlicher Berufstätigkeit, sondern tauchen nur in Zusammenhang mit anderen ungünstigen Lebens-, Erziehungs- und Sozialisationsbedingungen auf. Solche negativen Wirkungen beruhen sozusagen auf einem Faktorenbündel; sie sind mit abhängig von Alter und Geschlecht des Kindes, seiner Stellung in der Geschwisterreihe, von Umfang und Art der mütterlichen Arbeit, der Kontinuität und dem Motiv der Erwerbstätigkeit, dem Qualifikationsniveau und der Berufszufriedenheit der Mutter, von dem emotionalen Klima in der Familie, vom Vorhandensein und der Rolle des Vaters, von der Einstellung der Ehegatten und anderer Bezugspersonen zur mütterlichen Berufstätigkeit, von der sozialen Lage der Familie sowie von der Art und Qualität der familiären oder institutionellen Ersatzbetreuung des Kindes während der Abwesenheit der Mutter (Gukenbiehl, 1979, 177f.).

Defizite infolge mütterlicher Berufstätigkeit sind nach bisherigem Kenntnisstand nur dann zu erwarten, wenn sie in einem Wirkungszusammenhang mit anderen, negativ wirkenden Alltags- und Sozialisationsbedingungen eingebunden sind (Gukenbiehl, 1979, 178).

Zur Bedeutung des Vaters im kindlichen Entwicklungsprozeß - Vaterdeprivation

Untersuchungen zur Bedeutung des Vaters für die frühkindliche Entwicklung und das Erziehungs- und Sozialisationsgeschehen wie auch über die Auswirkungen seiner Abwesenheit wurden lange Zeit nicht intensiv betrieben. Erst seit den 70er Jahren wurden Forschungen zur Vaterrolle - in Zusammenhang der Erweiterung der interaktiven Betrachtungsweise in der Familienforschung auf die Vater-Kind-Beziehung - forciert. Solche brachten neue Einsichten in die Wirksamkeit des Vaters: so die Untersuchungen über die Vater-Kind-Interaktion (Lamb, 1975; 1976; Parke, 1978; Pedersen, 1979; 1980), über die indirekten Einwirkungen des Vaters auf die Mutter-Kind-Interaktion (Lewis/Weinraub, 1976), über seine Funktion in der inneren Dynamik der Familie, d.h. der Vater-Mutter-Kind-Triade (Clarke-Stewart, 1978), über seine Rolle während des Loslösungs- und Individuationsprozesses (Abelin, 1971; 1975) und in der Wiederannäherungsphase (Rotmann, 1978), über seine Identitäts- und Erziehungsfunktion (Clarke-Stewart, 1980; Parke, 1982; s. auch Braun, 1980; Fthenakis, 1985; Meyer-Krahmer, 1980; Rotmann, 1981; Scharmann/Scharmann, 1975; Wesseln, 1982).

Was der Vater für das Kind ist oder doch sein kann, läßt sich durch Vergleich von Erziehungsverläufen, an denen er beteiligt ist, und solchen, an denen er als "Faktor" ausfällt, ermitteln. Untersuchungen solcher Art lassen erkennen, daß der Vater für die Entwicklungsförderung im kognitiven wie im emotional-sozialen Bereich wichtige Impulse liefert, besonders das Kleinkind aktiv stimuliert, auf seine Regungen und Äußerungen ebenso sensibel reagiert wie die Mutter, ein intensives Bindungsverhalten zeigt und vor allem ein nur schwer ersetzbares Identifikationsobjekt abgibt.

Ausfall des Vaters kann das Verhalten des Kindes negativ beeinträchtigen. So zeigen mehrere Studien signifikante Beziehungen zwischen der Abwesenheit des Vaters und der Zunahme von Verhaltensauffälligkeiten. Diese erstrecken sich z.B. auf Schwierigkeiten bei der Geschlechtsrollenübernahme, auf Anpassungsprobleme (Störungen der Kontaktaufnahme) in der Gruppe der Gleichaltrigen, auf Verzögerungen in der Persönlichkeitsentwicklung, auf Beeinträchtigungen kognitiver Leistungen und des Selbstkonzeptes. Jungen werden dabei (im allgemeinen) stärker betroffen als Mädchen (Weinert, 1974, 375).

Ob und inwieweit sich die Abwesenheit oder der Verlust des Vaters auf die kindliche Entwicklung nachteilig auswirkt, hängt nicht nur von der Vater-Entbehrung als solcher ab, sondern auch noch von einer Reihe anderer Zusatzbedingungen bzw. intervenierender Variablen: etwa ob der Vater durch Tod, Scheidung ausfällt oder überhaupt nie in Erscheinung trat, wie die Mutter auf diese defizitäre Situation und ihre Ursachen reagiert, wie groß die Familie ist, wie das Leben in der unvollständigen Familie verläuft, wie alt das Kind ist, welche Stellung es in der Geschwisterreihe einnimmt, welche Identifikationsmöglichkeiten es sonst noch hat (z.B. ältere Brüder) und wie der biographische Stellenwert des Trennungserlebnisses zu veranschlagen ist (Weinert, 1975, 375).

Die Wirksamkeit des Vaters und entsprechend die Folgen von Vater-Kind-Trennung sind nicht allein an der Einzelbeziehung zwischen diesen beiden zu bemessen. Auch die indirekten Einwirkungen des Vaters auf andere Interaktionen, besonders den Mutter-Kind-Dialog, und das Ausmaß seiner Ausstrahlung sowie seiner Aktivität im sozialen Netzwerk der Familie als Ganzem (dazu Clark-Stewart, 1978; Lewis/Weinraub, 1976; Parke, 1976; Parke/Sawin, 1980; Petersen, 1975; 1980; Oppel, 1985) sind dafür hoch relevant.

Geschwisterbeziehungen - Fehlen von Geschwistern

Auch Geschwisterbeziehungen wirken sich auf das Entwicklungs-, Erziehungs- und Sozialisationsgeschehen nachhaltig aus. Solche sind neben den Eltern-Kind-Relationen oft die wichtigsten Bedingungen für die genannten Prozesse in der frühen Kindheit. (...)

Bedenkt man, wie vielfältig die Orientierungen und Erfahrungen sind, die sich aus den Kontakten und Beziehungen des Kindes mit Geschwistern ergeben können, und wie nachhaltig die Lern- und Prägeprozesse durch solche Relationen beeinflußt werden, so läßt sich auch ermessen, wie das Fehlen von Geschwistern sich auswirkt. Sicherlich gewinnen für die Ausbildung des sozialen Handelns, das Erlernen von Verhaltensmustern, die

Entwicklung des Selbst sowie die regelhafte Durchgliederung der Erfahrungswelt auch andere Faktoren (z.B. Eltern, Peers, Schule) Valenz; diese für die Entwicklung und das Verhalten überaus wichtigen Komponenten erfahren jedoch in und durch Geschwisterbeziehungen spezifische Förderung, deren Ausbleiben ein gewisses Manko bedeutet.

Bruno Hamann: Familie heute. Ihre Funktion und Aufgabe als gesellschaftliche und pädagogische Institution. Frankfurt am Main 1980, S. 56-60, 62

7.3.4 Zur Schwierigkeit von Familie als Ort von Wertebegründung und Werteeinübung aufgrund gesellschaftlicher Einflüsse

Wenn, wie der Soziologe *Berger* festgestellt hat, Gesellschaft immer eine totalisierende Tendenz hat, dann macht sie auch vor ihren Erziehungsinstitutionen nicht halt, vor allem nicht vor der Familie und der Schule. Die Frage ist also, ob wir die Grundzüge der Partizipationsgesellschaft auch in der Erziehung wiederfinden und vor allen Dingen, wie sie sich auf Kindheit und Jugend auswirken. Es ist kein Geheimnis, daß von vielen Wissenschaftlern das Leben und die Lebensart der jungen Generation seit einiger Zeit ein Gegenstand der Forschung ist. Schnell ist die Literatur darüber gewachsen. Die Bücher sind kaum alle aufzuzählen. Es ist sowohl vom Ende der Kindheit *(Postman)* als auch vom Ende der Erziehung die Rede *(Giesecke)*. Schon relativ früh hat *Renate Mayntz* mit dem Phänomen der Gefährtenfamilie auf die Umwandlung der Familie in eine Partizipationsgesellschaft im kleine hingewiesen. *Mayntz* beschreibt die Gefährtenfamilie als eine Interessengemeinschaft, *"wobei dann beide Partner versuchen, ihren beruflichen Ehrgeiz für sich zu befriedigen. Daß eine solche Ehe labil ist und leicht auseinanderbricht, wenn sich etwa ein für die eigenen Zwecke nützlicher Partner zeigt, ist leicht einzusehen"*.

Kein Zweifel, die Gefährtenfamilie stellt keine Institution dar, die nach ihren eigenen Erfordernissen lebt, sondern sie wird von den persönlichen Bedürfnissen der einzelnen Partner geprägt. Die Problematik besteht darin, daß die Ehepartner sich in einer Gefährtenfamilie schon leicht überfordern, wenn sie ihre persönlichen Interessen allzu sehr in den Vordergrund stellen. Viel stärker aber sind das Kind oder die Kinder überfordert. *"Die mögliche Überforderung des Kindes in der Gefährtenfamilie ist nicht nur gefühlsmäßiger und seelischer Art, man findet manchmal auch eine geistige Überforderung des Kindes als Begleiterscheinung des Bemühens, das Kind als selbständige kleine Persönlichkeit zu nehmen und kameradschaftlich mit ihm zu verkehren"*.
Wir müssen uns noch einmal deutlich machen, was da eigentlich in der Gefährtenfamilie geschieht: Das Kind nimmt unfreiwillig Anteil am Leben der Erwachsenen. Es wird mehr oder weniger einfach dazu gezwungen, daß es eben an den Problemen der Erwachsenen, die eben nicht aus der Institution Familie selber kommen, sondern aus dem Leben der Erwachsenen in der Gesellschaft, partizipiert. Es lernt also früh, wie Erwachsene ihre Konflikte miteinander z.B. am Arbeitsplatz regeln, obwohl es für diese Probleme noch gar nicht reif ist. Im tiefsten Grunde seines Herzens möchte das Kind ja viel lieber in dem bleiben, was *Pestalozzi* die "Wohnstube" genannt hat. Aber diese Wohnstube gibt es eben nicht. Man wird heute sozusagen als Kind in die Öffentlichkeit geboren, in der alle gesellschaftlichen Probleme ausgetragen werden. Deswegen bleibt dem Kind

nichts anderes übrig, als daran zu partizipieren. Wie eine Art Wolkenkuckucksheim muß es uns heute vorkommen, wenn *Pestalozzi* die Wohnstube einen "kleinen Himmel" oder den "Haushimmel" nennt, aber auch schon kritisch anmerkt: "Das, was Eltern die Kinder lehren können, ist und bleibt immer die Hauptsache fürs menschliche Leben; und das versäumen die Eltern den Kindern in der Wohnstube zu geben, und bauen auf Wörter, die ihnen ein Schulmeister vorsagt, die zwar wohl recht und gut sind und viel Schönes und Braves bedeuten, aber immer doch nur Wörter sind und aus einem fremden Munde kommen und den Kindern nie so anpassen wie ein Vater- oder ein Mutterwort". Im Fehlen der Wohnstube liegt der Kern der Permessiveness, von der in den letzten Jahrzehnten in der Literatur so viel Rede war und noch ist. Sie besteht nicht eigentlich darin, daß den Kindern manches oder vieles erlaubt wird, was ihnen früher nicht erlaubt wurde, sondern darin, daß sich die Eltern zu viel erlauben gegen ihre Kinder, daß sie sie partizipieren lassen an Problemen, die im Grunde nicht in die Kinderstube, sondern zum Regelsystem der Gesellschaft gehören. Diese Prozesse nennen wir auch Sozialisationsprozesse. Und diese Sozialisationsprozesse mit Partizipationscharakter hören in der Schule nicht auf, sondern werden dort fortgesetzt. So wird eine Entwicklung in Gang gesetzt, die *Hermann Giesecke* so charakterisiert:

"Das wichtigste Ergebnis dieser gesellschaftlich-kulturellen Entwicklungen ist, daß der Anteil persönlich verantworteter Erziehung zurückgeht und zurückgehen muß zugunsten anonymer Sozialisationsprozesse, die insbesondere über die Massenmedien und die Gleichaltrigen funktionieren".

Schon in einem früheren Werk hat derselbe Autor die Forderung nach einer "Fundamentaldemokratisierung" in der Erziehung gestellt, die er vor allem in der "emanzipierenden Mitbestimmung" sieht. Da heißt es beispielsweise:

"Das Leitmotiv der emanzipierenden Mitbestimmung ist in jedem Augenblick des Entwicklungsprozesses aktuell, es kann nicht 'vertagt' werden; es ist nicht etwas, was erst 'später' , nämlich für den Erwachsenen einen Sinn hat, so daß sich die Kinder- und Jugenderziehung von diesem Postulat befreien könnte. Thema ist vielmehr immer auch die jeweilige Existenz des Lernenden selbst. Emanzipation kommt nicht allein den Erwachsenen, den im juristischen Sinne Mündigen zu, sondern gilt vom ersten Tage eines kindlichen Lebens an. Und die im Kindheits- und Jugendalter nötigen Einschränkungen müssen jeweils sorgfältig begründet und bewiesen werden".

Das Kind und der Jugendliche werden also im vorhinein für mündig erklärt. Mündigkeit ist nicht mehr die Folge des Erziehungsprozesses, sondern die Voraussetzung aller Sozialisationsprozesse, die auch Partizipationsprozesse sind. Von Erziehung ist gar keine Rede mehr, Mündig wird man nicht, sondern mündig ist man, wenn man nur das richtige Bewußtsein hat. Was das ist, ist recht einfach zu umschreiben: Das Subjekt muß den Willen haben, sich selbst zu befreien "aus Bedingungen, die (seine) Rationalität und das mit ihr verbundene gesellschaftliche Handeln beschränken". Die Partizipation wird also durch die schulische Sozialisation nicht etwa begrenzt, sondern total gemacht. Dabei wird den Kindern und Jugendliche suggeriert, daß sie selbst handeln und damit sich von aller Herrschaft befreien müssen, aber es wird verschwiegen, daß die Abhängigkeit vom Gesellschaftssystem immer größer wird. Es werden dem Jugendliche Rechte zugestanden, die er einfach noch nicht wahrnehmen kann, weil er überfordert ist. Aber diese Überforderung früher Partizipation führt zu einer frühen Aufgeblasenheit, zu Oberflächlichkeit und Wortklauberei. Von diesem Gedanken aus muß man der These *Ariès* zustimmen, daß Kindheit in der Moderne eben nicht für das Kind freier, angenehmer und kindlicher geworden ist, sondern im Gegenteil sehr viel stärker eingeengt und verzweckt ist. Die Erziehung in der Partizipationsgesellschaft führt das Kind und den Jugendlichen nicht in die eigene Freiheit, obwohl diese gerade von den Vertretern der Kritischen Theorie in der Pädagogik intendiert wird, sondern zu einer Abhängigkeit des Denkens von nachgeordneten Systemen, die ich an anderer Stelle auch Metasysteme genannt habe und das, obwohl bzw. gerade weil ständig mehr pädagogisiert wird. Ich sehe mich in dieser Frage voll von *von Hentig* bestätigt, der im Vorwort zu dem Buch von *Ariès* schreibt:

"Meine Hypothese ist: die ständige Vermehrung der pädagogischen Maßnahmen hilft den Kindern (und Jugendlichen) nicht nur nicht; sie erzeugt einen Zustand besonderer Anfälligkeit und Ausgeliefertheit; mehr Institutionen und mehr Informationen belehren nur darüber, wie man mit diesen, nicht wie man mit sich und seiner Welt lebt".

Diese bedauerliche Erscheinung hat aber nun interessanterweise nicht etwa die Konsequenz, daß Kindheit und Jugend nicht verschwinden, was man ja annehmen könnte und was auch von einigen Autoren vorausgesagt worden ist (vor allem von *Neill Postman*), sondern Kindheit und Jugend bleiben weit über das Kindes- und Jugendalter hinaus erhalten. Die Partizipationsgesellschaft und ihre pädagogischen Vertreter haben alles getan, um den Kindern und Jugendlichen zu erklären, daß sie bereits erwachsen seien bzw. sich wie Erwachsene zu benehmen hätten und könnten. Es gibt dann keinen Sinn mehr für die Betroffenen, wirklich erwachsen zu werden, und selbst wenn sie es wollten, wüßten sie gar nicht, wie man es anstellt, erwachsen zu werden. Mit anderen Worten: Kindheit und Jugend verfestigen sich, wie es *Wilhelm Brinkmann* richtig gesehen hat. Er schreibt:

"Meine These nämlich ist, daß Kindheit nicht verschwindet, sondern sich verfestigt - zumindest in den luxurierenden Wohlstandsgesellschaften mit entwickelter Industrie -, und daß eine neue pädagogische Kindheit, eine neue soziale Form, Kind zu sein, entstanden ist, die von einer selbstkritischen Pädagogik nicht gefördert, sondern aufgelöst, zum Verschwinden gebracht werden müßte".

Diese erregende Feststellung ist nicht ganz neu. Schon 1970 hatte *Werner Loch* von einer "stationären Emanzipation" gesprochen, der es nicht darum geht, aus dem Jugendalter in das Erwachsenenalter bzw. den Status der Erwachsenen zu gelangen. "Die jugendspezifischen Statusgruppen sollen nicht verlassen werden: Die Schüler wollen Schüler bleiben und die Studenten. 'In unserer Gesellschaft wird (nach *Ausubel*, W.B.) relativ früh ein großes Maß von Emanzipation erreicht, verglichen mit der relativ späten Zuerkennung des sozialen Status eines Erwachsenen. Durch die Emanzipation etabliert sich der Jugendliche als selbständige Person, getrennt von seinen Eltern, bereit nach erwachsenen Zielen zu streben, und Willens, die Verantwortung für sich und seine Angelegenheiten selbst zu übernehmen. Dieses vorläufige Stadium der Entschlossenheit und Selbständigkeit im Familienmilieu zu erreichen, ist aber etwas ganz anderes, als den Grad sozialer Anerkennung als Erwachsener zu bekommen, der die Erfahrung im tatsächlichen Spielen erwachsener Rollen ermöglicht". Diese Entwicklung konsequent zu Ende gedacht und geführt, ist nicht nur eine Bestätigung für das, was ich Partizipationsgesellschaft nenne, sondern führt tatsächlich zu einer Verfestigung, man könnte auch von einer Erweiterung von Kindheit und Jugend sprechen. das Heißt Kindheit bleibt Kindheit und Jugend bleibt Jugend, aber auf einem anderen Niveau. Kinder und Jugendliche "spielen" die Rollen von Erwachsenen bis zu einem gewissen Grade, aber sie haben nicht deren Pflichten, denn sie "spielen" eben nur. Unsere Gesellschaft und Kultur wird also immer pueriler und juveniler, weil wir in der Gesamtentwicklung gar nicht mehr zum Erwachsenen kommen nur noch Regelungen, daß Menschen *wie* Erwachsene behandelt werden. Ist das nicht die Situation in der wir heute stehen? Wir können normalerweise nicht mehr davon ausgehen, daß ein Erwachsener auch ein Erwachsener ist, sondern daß er allenfalls *die Rolle eines Erwachsenen* für sich in Anspruch nimmt. Das hat weitreichende Konsequenzen für unser ganzes Zusammenleben in der Gesellschaft, für die juristische Seite, die politische, die sittlich-moralische und nicht zuletzt für die pädagogische. Die Gesellschaft spaltet sich immer weiter auf in homogene Gruppen, die vor allem altershomogen sind, denn das ist die Konsequenz aus der Partizipation. Jeder will für sich möglichst viel partizipieren. Das kann er aber nur, wenn er mit möglichst viel Gleichaltrigen und Gleichgesinnten seine Ziele verfolgt, denn gerade bei den Gleichaltrigen darf er darauf hoffen, daß sie ähnliche Wünsche und Ziele haben. Man denke beispielsweise nur an die sexuelle Partizipation der Jugendlichen, von der wir noch nicht wissen, ob sie nicht noch zu weiteren Verfrühungen führt. Aber auch ein Beispiel aus der älteren Generation können wir anführen: das Streben, nur ja nicht alt zu werden oder wenigstens nur ja nicht als auszusehen. Die ewige Jugend ist der Wunsch vieler älterer Menschen. Auch hier sieht man deutlich den Versuch, nicht eigentlich erwachsen zu werden, sondern immer jung zu bleiben, oder doch wenigstens diese Rolle zu spielen, obwohl man für sich natürlich auf alle Rechte eines Erwachsenen pocht. Man ist sogar ungehalten darüber, wenn irgend jemand diese Rechte nicht ernst nimmt. Ist nicht die ständige Forderung nach Liberalisierung des öffentlichen Lebens ein Einklagen von immer mehr Erwachsenenrechten, bis sich dann herausstellt, daß der einzelne und die Gesellschaft als solche damit weidlich überfordert sind?

aus: Walter Braun: Erziehung in der Partizipationsgesellschaft. in: Zentralblatt für Jugendrecht, 4-5, 1988, S. 166-168

7.4 Die neue Begründung von Ehe und Familie als Werte in unserer Gesellschaft. Eine notwendige Aufgabe der Pädagogik

7.4.1 Einleitende und didaktische Hinweise

Die hohe Wertschätzung von Ehe und Familie im Spiegel der öffentlichen Meinung und ihre historische, kulturelle, politische, psychologische und soziologische Bedeutung legen es nahe, von Ehe und Familie als grundlegenden Werten in unserer Gesellschaft zu sprechen, die damit herausragende Zielgruppen und Aufgaben für die Pädagogik bedeuten. Daß dem nicht so ist, wissen Eltern zugenüge zu berichten. Ganz wesentlich wäre in diesem Zusammenhang die Förderung und Stärkung der Erziehungsfähigkeit und Erziehungsleistung der Eltern.
Die beiden Texte im vorliegenden Kapitel stellen zunächst einmal die Hauptaufgaben familialer Erziehung dar, und dies an einigen, teils anthropologischen Bereichen *(Bruno Hamann).*
Der zweite Text von *Irmgard Bock* zeigt die Bedeutung der pädagogischen Anthropologie für die Wertvermittlung in Ehe und Familie. Gleichzeitig wird das Handeln des einzelnen in seiner Bedeutung für die Gesellschaft und kleinere soziale Kontaktnetze herausgestellt.

Fragen zur inhaltlichen Auseinandersetzung

- Welche Erziehungswerte werden in den beiden Aufsätzen mit der Familie originär in Verbindung gebracht?
- Inwiefern wird familiale Erziehung dabei selbst als ein zentraler Wert dargestellt?
- Mit Hilfe welcher Argumente kann man Ehe und Familie als Werte in unserer Gesellschaft begründen?
- Welche Aufgaben hat dabei die Pädagogik und welche Aufgaben müßten dabei in unterschiedlichen Bildungs- und Erziehungseinrichtungen erfüllt werden?
- Diskutieren Sie einmal den Begriff: Ethik der Erziehung! Was könnte und müßte dieser Begriff bedeuten?
- Was müßte und könnte die "Familienpädagogik" dabei leisten und einbringen?

7.4.2 Zur Bedeutung familialer Erziehung für die individuellen Wertorientierungen in der Gesellschaft

Die Hauptaufgaben familiärer Erziehung (i.w.S.) lassen sich folgendermaßen auflisten: (dazu: Badry, 1980; Cloer, 1979; Furck, 1964; Kluge/Hemmert-Halswick, 1982; Lückert, 1960; Metzger, 1962; 1968; Mollenhauer u.a., 1975; Moritz, 1964).

- *Befriedigung elementarer Bedürfnisse*
  Dazu gehören körperliche, seelische und geistige Bedürfnisse (z.B. Nahrung, Behausung, Verlangen nach Angenommen- und Geliebtsein, Expansions- und Gestaltungsdrang, Informations- und Wissensdurst).
- *Gewährung von Schutz, Geborgenheit, Zuflucht*
  Solche Bedürftigkeiten ergeben sich teils infolge immer neuer Erfahrungen, teils auch wegen möglicher Enttäuschungen und Mißerfolge in einer "bedrohlich" erlebten (Um-)Welt. Der Aufbau eines tragfähigen Selbst- und Weltverhältnisses erfordert Sicherheit und Halt; speziell auch das Eingehen von Beziehungen und Bindungen (personaler und sachlicher Art) macht einen sicheren und Verläßlichen "Ort" als Kraftquelle wie als Rückzugsbasis nötig.
- *Ermöglichung von Spiel und Übung*
  Im Spiel liegen hohe Erziehungswerte. Es ist jene freie Betätigung des Menschen, in der er sich voll und ganz zum Einsatz bringt, sich diszipliniert verhält, sich von eventuellen Spannungen befreit und genußreichem Tun hingibt, viele physische, psychische und geistige Kräfte entfaltet und die Möglichkeit für spätere Welt- und Lebensbeherrschung vorbereitet. Spiel (und in gewissem Sinne auch Übung) sind Betätigungsweisen, in denen eine Aktivierung der gesamten Kräfte, eine Auseinandersetzung mit Weltgehalten, Ausdruck von Innerem, Experimentieren und der Erwerb wesentlicher Verhaltenseigenschaften möglich ist. Den hierzu nötigen Spielraum zu gewähren, Anregungen zu geben, Interessensgebiete zu eröffnen, Ziele zu zeigen, Aufgaben zu stellen, Ergebnisse zu kontrollieren sind wichtige pädagogische Aufgaben.
- *Vermittlung elementarer Kenntnisse und Fertigkeiten*
  Anleitung zu einfachen Tätigkeiten (Essen, Sitzen, Gehen usw.) sind hier gefordert, dann aber auch das Erlernen der Sprache und das Verstehen der Symbolwelt in einem weiteren Sinne. Viel Sprechen, Erklären und Animieren erscheinen angezeigt, ebenso die Anleitung, zu Dingen und Sachverhalten Stellung zu nehmen.
- *Erschließung eines grundlegenden Lebens- und Weltverständnisses*
  Im Aufbau eines Welt- und Menschenbildes sind die Eltern insofern bzw. in dem Maße beteiligt, als sie zum kindlichen Weltentdecken und zur Horizonterweiterung beitragen. Die Möglichkeiten hierzu sind vielfältiger Art. Besonders wichtig erscheint uns diesbezüglich die Pflege und Förderung kindlichen Denkens (wirkkräftige Mittel: Spiel, Sprache, Begünstigung der Fragehaltung), sodann die Konfrontation der Kinder mit Geschichten, Märchen, Erzählungen, Erlebnisberichten samt der Herausforderung zur Stellungnahme), ferner das Erfahrungen-sammeln-Lassen im alltäglichen Um-

gang sowie der Beistand bei der Deutung von Erlebnissen und Erfahrungen (im lebensweltlichen geschehen, durch Medien oder sonstwo Erfahrenes).

- *Vermittlung gesellschaftlicher und kultureller Normen*
  Bei dieser Aufgabenstellung geht es darum, einfache Regeln des Zusammenlebens einzuspielen, überschaubare Ordnungen erfahrbar zu machen, sozial-ethische Haltungen zu begründen. Auch die Regelung der Strebungen (i.S. von "In-Zucht-Nehmen" der Triebwünsche) unter Maßgabe geltender Normen gehört hierher (was ein vertrautmachen mit Werten bzw. Wertsystemen einschließt). Der Erwerb solcher Normen vollzieht sich zunächst im Vormachen und Nachmachen, dann im Üben, im Aufzeigen und Einsichtigmachen des Gesollten (wobei das Gehaltvolle an ihm die innere Bejahung aufgrund von Einsicht bewirken kann). Auch das gegeben Beispiel und die Vorbildwirkung können der Normvermittlung dienlich sein.
- *Emotionale Fundierung*
  Kognitive Beeinflussung reicht zur Lebensbemeisterung nicht aus. Der menschliche Daseinsvollzug wird auch von emotionalen Komponenten mitgetragen. Da Gefühle alle seelischen Vorgänge durchtönen und das Gemüt (als bleibende Grundstimmung im Erleben) bestimmend ist für die Bedingungen, die jemand zu Mitmenschen, Sachen/Sachwelt und Werten pflegt, ist Gefühls- und Gemütsbildung nötig. Hierbei kommt es darauf an, solche Maßnahmen zu treffen, die gefühlsbetonte Empfindungen, Erlebnisse und Betätigungen auslösen und den Menschen befähigen, tiefgehende (tiefgefühlte) Beziehungen zu anderen und anderem (Personen und Dingen) aufnehmen zu können.
  Zum "Wie" solcher Erziehung kann gesagt werden: Vieles vollzieht sich indirekt durch Sehenlassen, Erlebenlassen, Heranführung an und Schaffung von Situationen, die das Kind "bewegen". Es gilt auch, Werte sichtbar und erlebbar zu machen, die Hingabe abverlangen.
  Werthaftes leuchtet dem Kind zunächst nur an Personen auf. Daraus ergibt sich die Forderung, den Blick auf wertvolles Verhalten von Personen zu lenken. Und da Gemütsbildung am intensivsten durch Bindungen geschieht, durch die das Kind selbst hindurchgeht, sollte das Eingehen persönlicher Bindungen besonders gefördert werden. Auch nichtpersonale Bindungen sind dem Werterleben dienlich: das Verhältnis des Kindes zu Gemeinschaft, Natur, Kunst und Übernatur.
  Auch für die Einübung der Frustrationstoleranz stellt die Familie als ein spezieller Beziehungs-, Erlebens- und Erfahrungsraum ein geeignetes Feld dar.
- *Vorbereitung für den Eintritt in das Berufs-, Arbeits- und Wirtschaftslebens*
  Hierher gehörende erzieherische Aufgaben betreffen einmal die Mitarbeit der Kinder im Haushalt (Erlernen technischer Fertigkeiten, Einblicke in praktische Erfordernisse des Lebens), sodann die Anleitung zum rechten Umgang mit Geld und zum vernünftigen Konsumverhalten (Einhaltung des rechten Maßes, lernen notwendigen Verzichts). Bei der Berufsfindung ist die Mithilfe der Eltern gefragt: Sie sollen vornehmlich Begabungen wecken und fördern sowie Interessen unterstützen, erwünschte und mögliche berufliche Tätigkeiten (Felder) ausfindig machen helfen, Vor- und Nachteile mit

abwägen usw. Auch betreffs der Berufsbildung (-Ausbildung) obliegt ihnen Mithilfe: Nicht nur die durch sie erfolgende Statuszuweisung spielt eine beachtenswerte Rolle, sondern auch ihre Normen und Vorstellungen, ihr Bildungswille, ihr direkter und indirekter Einfluß auf die gewählte Schullaufbahn, Schulzielsetzung und Leistungsmotivation ihrer Kinder.
Nicht zuletzt obliegt den Eltern neben ihrem Beitrag zur Arbeits- und Berufsfähigkeit auch die Aufgabe, ein "Arbeitsethos", d.h. eine wünschenswerte Arbeitshaltung grundzulegen und zu unentbehrlichen "Arbeitstugenden", wie sie allenthalben in der Arbeits- und Berufswelt gefordert werden (Leistungsbereitschaft, Werkgerechtigkeit, Sachlichkeit, Sorgfalt, Genauigkeit usw.), hinzuführen. Nach- und Mitmachen, das Setzen von Eigenverantwortung fordernden Aufgaben im Umfeld des Hauses (samt entsprechenden Kontrollen und Korrekturen) sind dabei nötig.

- *Sexuelle Erziehung*
  Die Bedeutung der Sexualität als einer zentralen Lebensäußerung läßt erzieherische Aufgaben als dringend geboten erscheinen: vor allem die Mithilfe bei der Einpassung der Sexualität in das personale und soziale Ordnungsgeschehen (zur Sexualität im Kindes- und Jugendalter z.B. Affemann, ^{2}1980; Borneman, 1985; Hellbrügge, 1982; Meile, 1983; Scarbath/Thewes, 1982). Was diesbezüglich von den Eltern geleistet werden kann, vollzieht sich auf zwei Ebenen: in Form von sachlichen Informationen ("Aufklärung") über sexuelle Tatbestände und Vorgänge (entsprechend dem jeweiligen Verstehens- und Fragehorizont des Kindes) und im "Geleit" i.S. einer kontinuierlichen Hilfe, die durch einen natürlich-ungekünstelten Umgang zwischen Eltern und Kind statthat, sexuelle Phänomene ungeniert angeht (ohne den Nimbus des Besonderen und Außergewöhnlichen darüber zu breiten) und so eine unbelastete und freie Fragehaltung entstehen läßt (vgl. Pfahler, 1960; Affemann, ^{2}1980, 37ff.; Härtter, 1973). Ziel ist hier wie dort sittlich verantwortliches Handeln im Umgang mit der eigenen Sexualität und in der Beziehung zu Geschlechtspartnern (personale und partnerschaftliche Liebesfähigkeit). Was die Inhalte der Sexualerziehung angeht (vgl. unter anderem Fuhrian, 1984, 3ff.), bleibt in früher Kindheit vieles dem "Fingerspitzengefühl" (wichtig: Hinhören auf das Kind!) überlassen. Freilich gibt es auch literarische Hilfen für die Hand der Eltern und Kinder (bezogen auf bestimmte Altersphasen). Zur sachlichen und methodischen Unterstützung der Eltern (in Wahrnehmung ihrer sexualerzieherischen Aufgaben) können zudem Schul-Elternabende, Erwachsenen- und Weiterbildung und auch Medien wichtige Dienste leisten.
- *Moralische Erziehung*
  Moralische oder sittliche Erziehung (oft auch ethische Erziehung genannt) zielt darauf ab, den Menschen hinsichtlich seiner Moralität oder Sittlichkeit zu fördern, d.h. ihm zu einer Grundeinstellung oder Haltung zu verhelfen, die auf die Verwirklichung des Guten und Wahren (und Schönen) gerichtet ist. Was wert ist, verwirklicht zu werden, bzw. was sich "geziemt" - was als sittlich zu gelten hat -, ist zwar oft durch gesellschaftliche Normen oder Werte "vorgegeben", es bedarf aber der Reflexion des jeweils Handelnden, der Überprüfung auf seinen Geltungsanspruch hin. Nur für das, was der einzelne für sich selbst als verpflichtend erkennt, wird er sich tatkräftig ein-

setzen. Sofern er sich (als freies Vernunftwesen) dem Anspruch der Menschen- und Sachwelt stellt, urteilt und gemäß der gewonnen Einsicht handelt, realisiert er sich als sittliches Wesen. Zu so verstandenem sittlichen Handeln und Verhalten gehören Autonomie, Fähigkeit zur mündigen Entscheidung und Verantwortung.
Für den Erwerb solcher Qualitäten, für die Vermittlung sittlicher Grunderfahrungen und für die Heranführung des Kindes an Normen und "herrschende Sitten" (mit "Güterabwägung") kommt der Familie unbestreitbar eine weittragende Funktion zu. Die frühen Stufen der sittlichen Erziehung sind vornehmlich durch "Prägung" und "Autorität" charakterisiert. Dabei stellt die Familie laut Karl Erlinghagen (1970, 1018) den Primärraum sittlichen Werdens dar, in welchem Eltern und ältere Geschwister als "ethische Garanten" (Spranger) fungieren, deren Verhalten als bindende Norm erfahren und nachgeahmt wird. Dialog, Vorbild, Beispiel u.ä. sind dabei - neben sprachlichen Belehrungen - unerläßliche Erziehungsmittel.

- *Religiöse Disponierung*
  Religiosität stellt ein menschliches Grundphänomen dar. Daraus leitet sich ein Anrecht auf religiöse Erziehung ab. Die Aktivierung des religiösen Grundzugs hebt in der Familie an (Näheres bei Bergherr/u.a., 1976; Kaufmann/Stachel, 1980, S. 117ff.; Lögering, 1982, 184ff.; Simmon-Kaiser, o.J.; Schulz, 1979; Schweitzer, 1987; Strecker, 1975). Im Kindesalter geschieht sie weitgehend durch funktionale Einflüsse. Erlebnisse und Erfahrungen, die dem Gemeinschaftsleben entstammen, prägen die Vorstellungs- und Gefühlswelt nachhaltig. Solche sind demnach auch für die Anfänge religiöser Erziehung höchst relevant. Mittun und Nachahmen religiöser Betätigungen, wie sie insbesondere von sympathischen Personen (Eltern und Geschwistern) vollzogen werden, vermitteln Erfahrungen, die sozusagen den Boden für religiöses Erleben bereiten. Erfahrungen solcher Art (s. Dienst, 1979; Leist, 1972), die später durch Belehrungen ergänzt werden, fördern die finale Fragehaltung des Kindes und damit den Aufbau eine (religiösen) Weltbildes. Beides - Lernen durch Erfahrung und Lernen durch Belehrung - disponiert zum Glauben können. freilich können die Eltern in puncto Erlebnissen nur Bruchstücke liefern (z.B. im Miteinander-Essen, -Sprechen, -Spielen, -Feiern, gegenseitigem Helfen, Lieben usw.) (vgl. Stachel, 1976, 87), die das Glauben-Können vorbereiten. Die Überzeugungskraft ihres eigenen Tuns und religiösen Engagements wird dabei wohl das Bewegendste sein, mächtiger auch als instruierende Worte.
- *Erziehung "zur" Familie*
  Die Bedeutung der Familie für das personale und soziale Leben erfordert geradezu, im jungen Menschen schon recht früh ein angemessenes Verhältnis, d.h. eine affirmative Einstellung zu Ehe und Familie zu vermitteln. Deren Förderung und Sicherung ist nicht nur eine gesellschafts-politische Aufgabe. Zu ihrer Erhaltung und Weiterentwicklung muß sie auch sonst zum Gegenstand der Reflexion gemacht und ihre bewußte Gestaltung angebahnt werden: so im Rahmen von Schule (vgl. z.B. Linti, 1980), Erwachsenen- und Weiterbildung, kirchlichen Maßnahmen. Aber auch in der Familie selbst müssen entsprechende Tendenzen und Ziele verfolgt werden. Gerade durch das Erleben und Erlebenlassen von Familie gilt es, Sinn- und Wertbe-

züge erfahrbar zu machen. Der einzelne soll durch das Leben in der Familie erkennen, was diese bewirken und bedeuten kann (speziell für die Kontinuität menschlicher Existenz und für interpersonale Beziehungen). Erziehung zur Familie hebt darauf ab, neben einer positiven Einstellung ihr gegenüber, eine sachgerechte Auffassung von ihrer Eigenart und Leistungsfähigkeit herbeizuführen. Sie möchte den Geist der Familienhaftigkeit (der sich im Familiensinn und einem Gefühl der Solidarität ausdrückt) erzeugen, zu Liebesfähigkeit und verantwortlicher Partnerschaft die Grundlagen bereiten und somit auch zur Ehe- und Familienfähigkeit qualifizieren.

Bruno Hamann: Familie heute. Ihre Funktion und Aufgabe als gesellschaftliche und pädagogische Institution. Frankfurt am Main 1980, S. 33-38

7.4.3 Zur pädagogisch anthropologischen Begründung des Wertes von Familie in Gesellschaft

Wenn man das bis jetzt Ausgeführte bedenkt, wird einsichtig, daß letztlich die Familie als Erziehungsinstanz auch für eine Pädagogische Anthropologie in den Blick kommen muß. Junge Menschen, die eine Familie gründen, gehen für ihr Leben entscheidende Bindungen ein, die ihre Stellung im sozialen Gefüge und ihre Identität ändern. Das Kind wächst normalerweise in einer Familie auf, nicht als Einzelwesen mit einer Bezugsperson und auch nicht unmittelbar in einer Gesellschaft. Es bedarf beider Eltern (vgl. Juritsch 1966). Die Familie beinhaltet die grundlegenden sozialen Beziehungen, die jeder Mensch aufnehmen muß. Sie umfaßt auch als sog. moderne Klein- oder Kernfamilie, wenigstens zwei Generationen und beide Geschlechter. Häufig kommen noch eine dritte Generation und mehrere Geschwister hinzu. Diese Konstellation ist insofern wichtig, als hier die verschiedenen Altersstufen und die beiden Geschlechter gelebt werden und sich gegenseitig ergänzen. Wie tief die anthropologische Verwiesenheit von Kind und Erwachsenem aufeinander vor jedem pädagogischen Bezug und diesen erst begründend ist, hat Martin Rang aufgewiesen (vgl. 1970). Vom Kind kann man nur sprechen, weil es auch Erwachsene gibt, und umgekehrt.

Das Kind hat durch seine Geburt eine festumrissene Stellung in der Gemeinschaft Familie. Es ist Sohn oder Tochter. Darüberhinaus baut es seine Ich-Identität auf, die die Geschlechtsidentität mit umfaßt. *"Soll die Familie die Entwicklung der Nachkommen angemessen fördern und unterstützen, so müssen die Ehepartner als Eltern in der elterlichen Koalition miteinander übereinstimmen, die Schranken zwischen den Generationen wahren und an ihren geschlechtsspezifischen Rollen festhalten"*. (Lidz, 1974, Erster Band, S. 99f.).

Das Kind kann so seine ersten Erfahrungen mit den fundamentalen menschlichen Gegebenheiten machen, und es versäumt sie, wenn es nicht in einer Familie aufwachsen kann. Man kann - vielleicht überspitzt und doch mit einiger Berechtigung - sagen, erst die Familie zeigt das ganze Menschsein auf.

Entsprechend dem eigenen Alter und dem eigenen Geschlecht hat jedes Mitglied der Familie eine eigene Position, die es zwar ausgestalten kann und muß, von der es selbst aber auch mitbestimmt wird. Es gibt in diesem Sinne eine Ordnung in der Familie; Alfred Nitschke spricht von "Rangordnung" (vgl. 1956), die nicht

ohne Schaden für das Kind aufgehoben werden kann. Familien, in denen die Partnerschaftlichkeit so weit geht, daß es keine entschiedenen Kompetenzen mehr gibt, können Kinder erheblich verunsichert.
Besonders wichtig ist das Verhalten der Ehepartner zueinander, denn dieses Verhältnis prägt die Gruppe Familie als ganze. Vater und Mutter sind als solche in ihrer Beziehung zum Kind "von der Qualität ihrer ehelichen Beziehung abhängig" (Parke, 1982, S. 19). Hier werden gegenseitige Rücksicht und Fürsorge vorgelebt, und das Kind wird in sie einbezogen; aber auch Autorität und die damit verbundene Verantwortung werden erfahren. Geschlechtsrollen zeigen eine selbstverständliche oder problematische Ausgestaltung; die Aufgaben und "Privilegien" der Generationen werden im Zusammenspiel realisiert. Konfliktbewältigung wird hier am ehesten zu lernen sein und ebenso das gemeinsame Lösen von Problemen.
Entscheidende Grundlage für viele dieser Phänomene ist, daß die heutige Familie zumindest idealiter durch emotionale Bindungen zusammengehalten wird, hier also Emotionalität über die Mutter-Kind-Beziehung hinaus fundiert wird in der Weise, daß das Sein des anderen grundsätzlich akzeptiert wird. In der Familie erfährt man Wertschätzung nicht aufgrund von Leistungen, sondern so, wie man ist. Eine gewisse Überschätzung, die dabei auftreten kann, ist durchaus nicht nur negativ. Vertrauen in die Fähigkeiten des Kindes, nicht nur im intellektuellen Bereich, weckt diese oft erst (vgl. Bühler, Schenk-Danzinger, Smitter 1958).
So ist es selbstverständlich, daß Jugendliche zwar einerseits versuchen, den Einfluß der Eltern auf ihre Entscheidungen einzudämmen, andererseits gerade die emotionale Bindung an sie weitgehend aufrechterhalten wird (vgl. Borlinghaus 1982; Fuchs 1981, S. 326ff.). Das sollte jedoch nicht darüber hinwegtäuschen, daß die Eltern auf der anderen Seite erhebliche Erwartungen an das Kind herantragen. Dessen gesamte Entwicklung ist praktisch in solchen Erwartungen vorweggenommen (vgl. E. Müller 1969). Eltern und Kinder identifizieren sich miteinander und gewinnen so als Erwachsene die Möglichkeit, sich selbst als jungen Menschen noch einmal zu erleben, dadurch Verständnis aufzubringen und evtl. selbst "nachzureifen". Darüberhinaus wird häufig durch das Verhältnis Mutter-Sohn, Vater-Tochter eine tiefere Einsicht für das andere Geschlecht geweckt, was auch zu einem besseren Verständnis des Ehepartners führen kann. Kinder wollen den Eltern, mit denen sie sich identifizieren, gleichen. Von daher sind sie aktiv deren Einflüssen geöffnet.
Familie ist darüber hinaus eine geistige Einheit. Hier wird im Regelfall dasselbe für wertvoll gehalten, dasselbe geglaubt, derselbe Lebensstil gepflegt. Es gibt eine spezifische geistige Familienatmosphäre, die etwa darin zum Ausdruck kommt, wie Feste begangen werden - oder auch nicht. Und nicht zuletzt ist die Familie eine geistliche Einheit. Religiöses Leben ist ursprünglich Gemeinschaftsleben, zumindest in unserem Kulturkreis. So hat sich das Christentum der Familie auch immer besonders angenommen, und insofern ragt sie weit in Bereiche hinein, die über die Alters- und Geschlechtsgegebenheiten hinausgehen, diese aber mit durchformen (vgl. Moritz 1965, bes. S. 23; S. 41f.).
Die Mitglieder der Familie geben sich einerseits selbst Regeln und definieren damit ihre Gemeinschaft, sie können das aber nur in dem größeren Rahmen dessen, was *man* als Familie tut. "(...) die Familie ist ein wesentlicher Teil des Erbes, das das neugeborene Kind übernimmt, in der Familie fließen das genetische und

das kulturelle Erbe zusammen" (Lidz, 1974, Erster Band, S. 81). Einen sehr interessanten Hinweis verdanken wir Lidz/Fleck, die hervorheben, daß das Kind zwei Namen habe: "(...) einen Vornamen, der ihm einen Platz in der Familie einräumt, und einen Nachnamen, der es als Mitglied einer bestimmten Familie gegenüber der Gesellschaft ausweist: beide Namen tragen zu seiner Identität bei." (Lidz/Fleck, 1979, S. 223). Man könnte diesen Sachverhalt auch so ausdrücken: Menschliche Individualität und Identität ist immer eine solche in Gemeinschaft. In der Familie wird "der *familiale Kontext des Elternverhaltens*" (Vaskovics 1982b, S. 11), d.h. die gesellschaftlich bedingte Komponente ihres Handelns, für die Kinder erfahrbar. Familie ist ein menschliches Phänomen, das nach Hess/Handel (vgl. 1977) dadurch gekennzeichnet ist, daß hier ein Verhältnis von Vereinzelung und Verbindung für jedes ihrer Mitglieder gesucht und gefunden wird. Das bestimmt das Verhältnis zueinander. Wenn generell gesagt werden kann: "Das menschliche Sozialverhalten ist ein komplexes psychisches Phänomen, an dem vorwiegend Gefühle, Affekte, Stimmungen, Gestimmtheiten und Strebungen, aber auch Denken, Wollen, Einstellungen und Gewohnheiten beteiligt sind" (Heinelt 1971b, S. 136), so gilt das für das Verhalten in der Familie in besonderem Maße, weil hier diese psychischen Phänomene erst aufgebaut werden. Vereinzelung ist vom Kind erst zu gewinnen in der eigenen Ausdifferenzierung aus der engen Bindung an die Bezugsperson bzw. Bezugspersonen. Sie muß zugleich die Grenze zu wahren suchen, ohne die diese Bindung und die Sicherheit, die sie zu bieten hat, ernsthaft gefährdet sind. Besonders gut abzulesen ist das am ersten Trotzalter. Hier versucht das Kind erste Schritte in Richtung Selbständigkeit; es ist zugleich aber häufig sehr unglücklich über den Verlust der Übereinstimmung mit den Eltern, die ihm nicht selten den Weg aus der Vereinzelung zurück in die Gemeinschaft zeigen müssen. Nur aus der Geborgenheit heraus ist das Selbständigwerden möglich. Kinder, die sie nicht haben, geraten in erheblich größere Schwierigkeiten.

Die Bedeutung der Vereinzelung ist aber ebenso hervorzuheben. Erst wenn man ihm den Spielraum dazu läßt, vermag das Kind zunehmend es selbst zu werden, was es ja intensiv anstrebt. Viele neurotische und psychotische Störungen zeigen die katastrophalen Auswirkungen, wenn diese Freiheit fehlt. Ein Hinweis auf die Schizophrenie-, speziell die double-bind-Forschungen, muß hier ausreichen. Eltern machen sich zwar schon vor der Geburt ihres Kindes ein Bild von ihm, aber sie werden ihm nicht gerecht, wenn sie es in dieses Bild hineinpressen wollen. Trotzdem werden ihre Erziehungshaltungen, die Anforderungen, die sie stellen, und die Hilfen, die sie geben, von diesen Vorstellungen mit geprägt werden.

Es wäre falsch, die Familie nur im Hinblick auf die Kinder zu sehen. Auch Eltern bringen ihre Bedürfnisse mit in sie ein, die befriedigt werden müssen, wenn sie nicht Fehlformen entwickeln sollen, die wieder Rückwirkungen auf alle Mitglieder haben würden. Zudem werden oft durch die Geburt eines Kindes besondere Schwierigkeiten der Persönlichkeit der Eltern oder eines Elternteils erst offensichtlich. Neidhardt hebt sehr gut hervor, wie stark die gegenseitige Verwiesenheit ist, die, weil selbstverständlich, deshalb oft übersehen wird. Wir vergessen, daß ein Paar erst durch die Geburt eines Kindes zu Eltern wird mit den damit gegebenen anthropologischen Besonderheiten. So ist es letztlich auch falsch, zu sagen, man *habe* ein Kind, denn es wird kein neuer Besitz erworben, sondern man wird Vater oder Mutter. Eltern und Kinder bedingen einander in ihrem Sein (vgl.

Neidhardt, [3]1970, S. 11). Daher ist mit Moritz zu fragen, ob die heutige Kinderfeindlichkeit nicht zugleich einen Verlust an Selbstrealisierungsmöglichkeiten für die Erwachsenen, die nicht Eltern werden wollen, beinhaltet - ganz entgegen der herrschenden Ideologie, die häufig unter dem Zeichen der Selbstverwirklichung Kinder aus dem eigenen Leben ausschließt, was dann für die wenigen Kinder wiederum die Konsequenz hat, daß sie stärker den Vorstellungen der Erwachsenen entsprechend leben müssen, z.B. bei der Gestaltung der Freizeit.
Zu Kindern, so war gesagt worden, gehören beide Elternteile. Was für die vielen Kinder, die in unvollständigen Familien aufwachsen, bedeutet, ist noch kaum durchreflektiert. Dabei ist allerdings offensichtlich, daß der Schaden für Kinder aus unglücklichen Ehen, in denen sie praktische gezwungen sind, Partei zu ergreifen, oder "nur" unter der Uneinigkeit, die Unsicherheit bedeutet, leiden, auch sehr groß ist, möglicherweise größer als beim Aufwachsen bei nur einem Elternteil. (Zur Problematik von Einzelkindern und alleinerziehenden Müttern vgl. Höhler 1975). Alleinerziehende Eltern tendieren dazu, die Kinder zu stark an sich zu binden und zum Partnerersatz zu machen. Auf der anderen Seite werden den Kindern Selbständigkeit und eigenen Entscheidungen in einem Ausmaß abgefordert, das bei uns sonst nicht üblich ist und für die Kinder eine Gefährdung bedeuten kann (Schlüsselkinder), besonders dann, wenn diese Haltung durch Verwöhnung ergänzt wird.
Langeveld weist außerdem darauf hin, daß der Ausfall eines Elternteils den Ausfall einer Lebensdeterminante beinhalte. Mann-Sein und Frau-Sein repräsentieren verschiedene Formen des Menschseins, die different gestaltet sind und nicht von einer Person beide zugleich realisiert werden können. "Wir sehen hier (bei Vaterlosigkeit; I.B.) die Tatsache vor uns, daß der Ausfall einer Lebensdeterminante zu einer totalen Rekonstruktion des affektiven Beziehungssystems des Kindes führen muß. Diese Rekonstruktion gelingt manchmal nicht und gelingt nie ohne tiefgreifende Änderung in der kindlichen Persönlichkeit." (Langeveld, 1971, S. 204). Angesichts der Tatsache, daß das Kind vor allem auch sein Wertsystem in früher Kindheit weitgehend durch Nachahmung erwirbt, die durch Einübung unterstützt wird, ist offensichtlich, wie schwierig die Entwicklung des Kindes verlaufen kann, dem ein Vorbild fehlt. Man kann hier zwar nicht generell von Fehlentwicklungen sprechen - wenn sie auftreten, sind immer verschiedene Faktoren bedeutsam, und sie sind auch durch die Persönlichkeitsstruktur mitbestimmt -, aber Fehlentwicklungen der Kinder sind bei Alleinerziehenden häufiger als in vollständigen Familien und reichen vom Musterknaben und Muttersöhnchen bis zur Verwahrlosung. Nicht nur von Langeveld stammt der Hinweis, daß es praktisch zwei Räume gebe, die jedes Kind erobern müsse: den Nahraum, symbolisiert durch die Familie mit den Aufgaben des Hegens und Bewahrens, und den Fernraum, symbolisiert durch den Beruf und das Erobern der Welt. Wenn er diese Räume der Frau bzw. dem Mann zuweist, wird er heute sicher auf Widerspruch stoßen. Es trifft aber auf jeden Fall zu, daß beide Aspekte für die Entwicklung des Kindes wichtig sind und daß wohl kein Erwachsener beide Bereiche ohne Akzentsetzung realisieren kann. Auch das kann als Beleg dafür gewertet werden, daß die Komplementarität entscheidend ist und zur Erziehung Vater und Mutter mit je spezifischen Aufgaben gehören. Dem widerspricht nicht, daß es im Verhalten von Vater und Mutter gegenüber ihren Kleinkindern mehr Übereinstimmungen als Differenzen geben soll (vgl. Schütze 1982). Wie groß

hier wirklich biologische Unterschiede sind, ist weitgehend ungeklärt und auch verhältnismäßig unbedeutend.
Zur Familie gehören selbstverständlich auch die Geschwister. Die Untersuchungen über die Stellung in der Geschwisterreihe im Hinblick auf die psychische Entwicklung sagen nicht viel mehr aus als die gegenseitige Beeinflussung und Beeinflußbarkeit generell, auch wenn wir wissen, daß kleine Kinder eher aktive Beziehungen zu anderen Kindern aufnehmen und grössere Geschwister ähnliche Weisen des Eingehens auf das Nachgeborene entwickeln wie Erwachsene. Wenn bei uns heute zunehmend Ein-Kind-Familien anzutreffen sind, ist zu fragen, ob das geschwisterlose Kind nicht grundlegende Erfahrungsmöglichkeiten entbehrt, die auch in Kindergarten und Schule nicht zu kompensieren sind. Auf jeden Fall wird der Geschlechtsunterschied in der engsten Bezugsgruppe in der eigenen Generation nicht erlebt. Es bleibt aber festzuhalten, daß über die anthropologische Bedeutung von Geschwistern noch zu wenig bekannt ist, als daß man zu weitergehenden Aussagen fortschreiten könnte.

Irmgard Bock: Pädagogische Anthropologie der Lebensalter. München 1989, S. 107-111)

7.5 Zum Schutz der Familie. Eine gesetzlich verpflichtende pädagogische Aufgabe

7.5.1 Einleitende und didaktische Hinweise

Nach dem Grundgesetz der Bundesrepublik Deutschland stehen Ehe und Familie und das Leben im allgemeinen unter dem besonderen Schutz der staatlichen Ordnung. Das bedeutet in Konsequenz, daß alle Bereiche gesellschaftlichen, wirtschaftlichen und öffentlichen Lebens das Leben und die Familie zu schützen haben. In besonderer Weise ist dabei die Pädagogik gefordert, denn eine Erziehung zum Schutz des Lebens und der Familie sowie eine Erziehung zur Familien- und Ehefähigkeit gehört dann ganz offenbar in den Rahmen der Erfüllung grundgesetzlich verbriefter Positionen. Daß dabei die Schule eine herausragende Aufgabe hat, liegt auf der Hand. Nun klagen nicht wenige Eltern über den Einfluß den die Schule auf die Familie selbst nimmt. Die Klagen weisen dabei ein recht unterschiedliches Spektrum auf, das von der Belastung der Kinder und des Familienalltags durch Schulstreß bis hin zur Besorgnis reicht, daß in der Schule familiale Wertorientierungen durch familienfeindliche Ideologien - sei es von den Lehrern selbst, sei es von Unterrichtsmaterialien und Lehrbüchern - unterlaufen werden.
Das vorliegende Kapitel geht der Frage nach, inwiefern sich für das Leben und für die Familie bestimmte pädagogische Verpflichtungen ergeben. Der erste Text gibt die Ziele und Inhalte des Unterrichtes im Rahmen der Menschenrechte wieder, die von der gemeinsamen Konferenz der Kultusminister erlassen worden sind. Der zweite Text verdeutlicht einmal mehr die Familie als Grundwert der Gesellschaft auf der Basis des Grundgesetzes. Der dritte Text zeigt das Spannungsverhältnis von Familie und Schule auf. Es wird empfohlen, dieses Kapitel in Zusammenhang mit den relevanten Texten des Kapitels 5.2 und 5.3 zu vergleichen, bzw. entsprechende Gesetzestexte in die Bearbeitung einzubeziehen.

Fragen zur inhaltlichen Auseinandersetzung

- Aus welchen gesetzlichen Grundlagen ergibt sich eine besondere Verpflichtung der Schule zum Schutz des Lebens und der Familie?
- Eröffnen gesetzliche Rahmenbedingungen Freiräume für Lehrer und Unterrichtsmaterialien oder gibt es bestimmte Grenzen des Unterrichtes?
- Welche Belastungen ergeben sich aus dem Spannungsverhältnis zwischen Schule und Familie für den einzelnen, die Familie und die Schule?
- Welche Konsequenzen ergeben sich aus den Richtlinien der Gemeinsamen Konferenz der Kultusminister auch im Hinblick auf das ungeborene Leben und Ehe und Familie?
- Welches Familienverständnis muß in der Schule zugrunde gelegt werden?
- Vergleichen und analysieren Sie die Texte 7.5.2 und 7.5.3 miteinander. Inwieweit können die dort dargelegten Inhalte bestätigt werden? Wo ergibt sich möglicherweise Widerspruch?
- Wie beurteilen Sie die Chance der Mitwirkung in der Schule?
- In welchen anderen Bereichen bzw. Institutionen besteht weiter eine verpflichtende Aufgabe für den Schutz der Familie und des Lebens?
- Welchen dieser Institutionen messen Sie dabei die wichtigsten Chancen bei?

7.5.2 Zu Erziehung und Unterricht im Rahmen der Menschenrechte

Ziele und Inhalte des Unterrichts

Aus der Aufgabe, die Menschenrechte zu verwirklichen, ergibt sich die Verpflichtung der Schule, ihren hohen Rang bewußt zu machen. Die Kultusministerkonferenz hat die Menschenrechte in ihren Empfehlungen zur Deutschen Frage und zu Europa im Unterricht angesprochen. Über die dort gegebenen Hinweise hinaus ist eine intensive Durchdringung ihrer geschichtlichen Entwicklung und gegenwärtigen Bedeutung und Problematik erforderlich.
Eine Behandlung der Menschenrechtsthematik soll insbesondere Kenntnisse und Einsichten vermitteln über

- die Bedeutung der Grund- und Menschenrechte, sowohl für die Rechte des einzelnen als auch für die objektiven Gestaltungsprinzipien des Gemeinwesens;
- das Verhältnis von persönlichen Freiheitsrechten und sozialen Grundrechten im Grundgesetz und in internationalen Konventionen;
- die unterschiedliche Auffassung und Gewährleistung der Menschenrechte in verschiedenen politischen Systemen und Kulturen;
- die grundlegende Bedeutung der Menschenrechte für das Entstehen des modernen Verfassungsstaates;
- die Notwendigkeit der Berücksichtigung eines individuellen Menschenrechtsschutzes im Völkerrecht;
- die Bedeutung internationaler Zusammenarbeit für die Verwirklichung der Menschenrechte und die Sicherung des Friedens;
- die Bedeutung der Menschenrechte für Entspannung und Frieden im Ost-West-Verhältnis;
- die Bedeutung der Menschenrechte für einen Interessenausgleich in den Nord-Süd-Beziehungen;
- das Ausmaß und die sozialen, ökonomischen und politischen Gründe der weltweit festzustellenden Menschenrechtsverletzungen.

Die Beschäftigung mit den Menschenrechten soll im Schüler die Bereitschaft wecken und stärken, für ihre Verwirklichung einzutreten und sich ihrer Mißachtung und Verletzung zu widersetzen. Er muß dabei das Verhältnis von universeller Geltung und jeweiliger nationaler Entfaltung der Menschenrechte beurteilen lernen.
Eine Erziehung im Hinblick auf die Menschenrechte soll den Schüler befähigen, sich in seinem persönlichen und politischen Lebensumkreis für ihre Realisierung einzusetzen. Er soll bereits sein, die Frage nach der Verwirklichung der Menschenrechte als wichtigen Maßstab zur Beurteilung der politischen Verhältnisse im eigenen wie in anderen Ländern zu nutzen. Eingeschlossen ist damit die Bereitschaft, für die Rechte anderer einzutreten.

Beitrag der Fächer

Grundsätzlich kann im gesamten Unterricht darauf hingewirkt werden, das Bewußtsein von der Würde des Menschen und von den ihm zukommenden natürlichen Rechten auszubilden. Es handelt sich dabei um eine grundsätzliche Aufgabe der Erziehung, die die ständige Aufmerksamkeit aller Erzieher fordert.

Darüber hinaus ist jedoch vor allem von den Fächern im historisch-politischen Lernfeld ein besonderer Beitrag zu leisten, der seinen Niederschlag in den Lehrplänen dieser Fächer finden soll.

Schulbücher
Es wird erwartet, daß die Schulbücher dem Inhalt dieser Empfehlungen Rechnung tragen. Dasselbe gilt für sonstige Lehr- und Lernmittel.

Lehreraus- und Fortbildung
Die Kultusminister und -senatoren der Länder werden ihren Einfluß geltend machen, damit diese Vereinbarung auch im Rahmen der Lehreraus- und -fortbildung angemessen berücksichtigt wird.

Empfehlungen der Kultusministerkonferenz zur Förderung der Menschenrechtserziehung in der Schule (Beschluß vom 04.12.1980)

7.5.3 Zur Familie als Grundwert und zur Schutzpflicht des Staates

Familie als Grundwert

(...) Man kann die Grundwerte-Diskussion nicht auf abstrakte Begriffe wie Freiheit, Solidarität, Gerechtigkeit, auf die Polarität Person - Gesellschaft usw. einengen. Grundwerte als "hinter" den Grundrechten stehende und sie legitimierende Überzeugungen stellen u.a. (im Grundrechtskatalog des Grundgesetzes auch genannte) Institutionen dar, wie z.B. Ehe und Familie. Nun kann man mit Recht darauf hinweisen, daß die Schutzgarantie des Art. 6 GG gegenüber der Familie eben noch nichts über die konkrete Ausgestaltung der Institution Familie aussagt, zunächst also nur einen Rahmen garantiert, innerhalb dessen sich dem einzelnen die Möglichkeit eröffnet, seine Wertvorstellungen von Familie zu verwirklichen. Ob also jemand seine Familie nach christlichen, atheistischen, sozialistischen, liberalistischen oder welchen Normen und Zielsetzungen immer verwirklicht, ist dem weltanschaulich neutralen Staat gleich-gültig. Immerhin aber muß festgehalten werden, daß das Grundgesetz jenseits dieser empirischen Ausgestaltung die Familie als Institution offenbar als einen Grundwert ansieht, der - ähnlich wie die Person - vorstaatlich Qualität besitzt.
(...) Auf die Frage also, woher der Grundwert Familie komme, wie er zu legitimieren sei, kann man darauf verweisen, daß er mit dem Sozialsystem selbst als historisch umschreibbare Grundeinheit des menschlichen Zusammenlebens gegeben ist. "Hinter" dieses System kann auch der Wissenschaftler - mit seiner Fragestellung als Wissenschaftler - nicht zurück, es ergibt sich mit der geschichtlichen Existenz, und seine Grundnormen als Wertüberzeugungen ergeben sich "aus der Sache" - daran kann auch der Hinweis auf divergierende "Sachen" im interkulturellen Vergleich nichts ändern, weil die Betrachtung der Normzusammenhänge jeweils systembezogen zu sein hat (was Systemvergleiche nicht ausschließt). Um einem Mißverständnis vorzubeugen: Eine solche Betrachtungsweise des Grundwertes Familie bedeutet keine Festschreibung des status quo, sie ist offen für sozialen und auch familialen Wandel, nämlich für die

stetige Verbesserung der Bedingungen, unter denen Familie ihre Funktionen zu erfüllen hat. Statt Schwächung der Familie oder gar dem Ruf nach Abschaffung gibt es auch die Alternative der Stärkung, die sie wieder "in Form bringt". Das wäre eine lohnende Reformidee, weil intakte Familien sich auch für den Staat "lohnen".
Der Mut zur Zukunft eines Volkes, die Überzeugung der Sinnhaftigkeit der staatlichen Existenz, der Mut zum Kind als Zukunft: All dies hat seine tiefsten Wurzeln in der Familie. Daher ihr hoher Rang in der Reihe der Grundrechte und Grundwerte unserer Gesellschaft. Sie gehört notwendig zum Minimalkonsens auch und gerade unserer pluralistisch verfaßten Gesellschaft, auf dem inhaltliche (weltanschauliche) Füllungen, wie z.B. die christliche Ehelehre aufbauen können. Die diesen Überbau tragende Basis von Normen und Werten muß wieder verdeutlicht werden, damit der einzelne und auch ganze gesellschaftliche Gruppen die Möglichkeit haben, sich mit diesem Staat und dieser Gesellschaft zu identifizieren - eine Identifikation, ohne die kein Staatswesen auf Dauer mutig und selbstbewußt seine Geschichte und vor allem seine Zukunft in die Hand nehmen kann. (...)

Schutzpflicht des Staates

In dem "Wertegitter" der Gesellschaft, auf dem als Basis die durch das Grundgesetz garantierten Grundrechte aufruhen bzw. aus dem sie erwachsen, besitzt die Familie eine eigenartige Zwischenstellung zwischen Person einerseits und Gesellschaft andererseits. Zugleich erhalten abstrakte Grundrechte wie Würde, Solidarität, Gerechtigkeit, Achtung, Freiheit, Sicherheit, Personsein, Subsidiarität usw. im familiären Erziehungsprozeß für den einzelnen Menschen ihre erste empirische Fundierung, werden sie für ihn geschichtlich erfahrbar - im positiven wie auch im negativen Sinne. Während nun bei dem Grundwert des Personseins auch heute noch in weiten Kreisen ein Konsens im Sinne des Herrenchiemseer Entwurfs besteht, scheint sich beim Grundwert Familie schon Dissens zu verbreiten. Es ist auch offenbar, daß das Abbröckeln von Wertvorstellungen sich besonders deutlich an diesem Schnittpunkt sozialer Wirklichkeiten zeigt. Während so die einen Familie als Grundeinheit und unaufgebbaren Ordnungsfaktor des menschlichen Lebens im Staat betrachten, definieren andere sie schon offen als Hindernis für die Emanzipation des einzelnen, als Untertanenfabrik, als Ort "pathogener Strukturen", Quelle individueller und gesellschaftlicher Neurosen, als Repressionsinstanz zur Unterdrückung der Sexualität usw., jedenfalls als eine Institution, die durch bessere Alternativen abgelöst werden müsse.
Ganz offensichtlich gingen die Väter des Grundgesetzes von einem breiten Grundkonsens über den Wert der Familie aus, weshalb sie sie in den Grundrechtskatalog des Grundgesetzes aufnahmen. Die Familie wurde also nicht zu den Grundwerten zugerechnet, weil sie zum Grundrecht erklärt wurde, sondern umgekehrt, sie wurde Grundrecht, weil sie Grundwert ist. Der Staat hat die Pflicht, den Grundwert Familie zu schützen, aber in dieser Schutzpflicht ist eben nicht nur die konkrete Ausgestaltung als Freiheitsraum des einzelnen garantiert, sondern auch die zugrunde liegenden Wertüberzeugungen von Familie als einer wertvollen Institution schlechthin. Ein sich selbst in Pflicht nehmender Staat kann also nicht tatenlos zusehen, wie die Institution Ehe und Familie innerlich

ausgehölt und manipuliert wird, seine Schutzpflicht erstreckt sich auch auf Ehe und Familie als sozial anerkannte Norm und Wertorientierung. Nicht die bloße, positivistische Erfassung des empirischen Objekts "Familie" kann also Ausgangspunkt der Aufnahme in den Grundrechtskatalog sein (das ließe bei gewandelter historischer Lage u.U. eine Streichung aus dem Katalog zu, z.B. wenn überall Kommunen als "Familienersatz" durchgesetzt wären), sondern nur eine dahinter liegende Wertüberzeugung, daß Familie eben in der "Natur", nicht in der Gesellschaft, sondern in der "Natürlichkeit", besser "Kultürlichkeit" des Menschen begründet sei.
Wenn diese Begründung der Familie als einer "anthropologischen Grundkonstante" aber nicht einem reinen Dezisionismus überlassen bleiben soll, muß sie wissenschaftlich nachvollziehbar sein. Diese wissenschaftliche Begründung als Wert stellt zugleich die Frage der Rolle des Werturteils in der Wissenschaft.

Norbert Martin: Die Familie als Grundwert der Gesellschaft, in: Rheinischer Merkur, Weihnachten 1976

7.5.4 Zum Schutz der Familie in der Schule

Der Satz "Non scholae sed vitae discimus" - nicht für die Schule, sondern für das Leben lernen wir -, den die ältere Generation noch aus ihren Schulbüchern kennt, scheint der Vergangenheit anzugehören. Er war ja nicht nur als eine Aufforderung für die Schüler gedacht, das, was da in der Schule getan wird, doch nicht auf die leichte Schulter zu nehmen, sondern war gleichzeitig auch ein Zeichen für das Selbstverständnis der Schule. Die Schule wollte und sollte nicht Selbstzweck sein, sondern stellte im wahrsten Sinne des Wortes eine Art "Dienstleistungsbetrieb" dar, der eben nur ein Stück Geleit gibt auf dem Weg zum Erwachsenwerden. Die Leistung war also ein Dienst am jungen Menschen selbst, damit er, wie es Hermann Nohl in der klassischen Formel vom pädagogischen Bezug geprägt hat, "zu seiner Form komme" (Nohl, H., 1961, S. 134).
Das "Leben", was immer man darunter verstehen mochte, war denn auch das, was Eltern, Kinder und Schule miteinander verband. Natürlich verstand auch schon damals jeder unter diesem Leben etwas anderes. Es war ja nicht mehr so, daß, wie im vorindustriellen Zeitalter, jeder seine eigene - auch nicht seine berufliche - Zukunft in der Vergangenheit seiner Eltern suchen konnte und mußte. Der eine verstand darunter tatsächlich den Beruf seines Vaters, der andere hatte einen ganz bestimmten Beruf im Kopf, in dem er sich glaubte verwirklichen zu können, und wieder ein anderer erstrebte einfach Zufriedenheit und Glück, so wie er es sich halt vorstellte. Natürlich war das kein Schlaraffenland. Konflikte gab es genug. Der Wohlstand war erheblich niedriger als heute, und dementsprechend waren es auch die Lebenserwartungen. Sie waren sogar noch niedriger als in unserer zur Zeit recht pessimistisch dreinschauenden Rezessionsphase, die bedrückend genug ist.

Die neue Ortsbestimmung der Schule

Die Meinung, daß die Schule zwar als Institution des Staates eine Dienstleistung für den einzelnen und für die Familie hat, änderte sich in den sechziger Jahren. Es fing an mit dem Gerede, daß die Familie und natürlich auch die damalige Schule, so wie sie organisiert waren und gemessen an den Inhalten, die sie vermittelten, nicht mehr in der Lage seien, die Jugend auf das immer komplizierter werdende Leben vorzubereiten. Zum ersten Male versuchte man eine Teilung der Tugenden in private und öffentliche. Die privaten wollte man der Pflege der Familie überlassen, während die öffentlichen praktischer Natur sein sollten und daher auch von - ja, von wem eigentlich? - gepflegt werden sollten. Man scheute sich, den Staat zu nennen, wie man auch nicht ohne weiteres Gesellschaft sagen möchte, wie es von gewissen ideologisch gefärbten Gruppen dem Staat, der sich willig mißbrauchen ließ, suggeriert worden ist.
Das war der Abschied vom Grundsatz "Non scholae sed vitae discimus", so einleuchtend seine Begründung auf den ersten Blick auch sein mochte. Denn die Familie war natürlich längst zur Klein- und Gefährtenfamilie geworden, in der vielfach beide Ehepartner berufstätig waren. Aber gerade in dieser Situation hätte die Schule die Familie nicht im Stich lassen dürfen, sondern hätte sie auch mit ihrer ins Schleudern geratenen Erziehungspraxis unterstützen müssen, statt sich ganz von ihr abzukoppeln. Aber die Familie war ohnehin abgeschrieben, sie hatte keine Chance mehr. Das, was ein so bedeutender Pädagoge wie Pestalozzi beispielsweise über die Familie gesagt hatte, war längst vergessen oder unbequem. Man glaubte die Familie am Ende ihrer Kraft angekommen, denn tatsächlich hatte ja die Nachkriegsgeneration so viele ökonomische Fragen zu bewältigen gehabt, daß manches darüber vergessen worden war. Ob das eine hinreichende Entschuldigung ist, ist eine andere Frage und soll hier nicht untersucht werden.
tatsächlich traf der Coup, den - sagen wir ruhig - die Gesellschaft sich nun gegen die Schule leistete, die Familie an der schwächsten Stelle, denn ein allgemeiner Normenkonsens war ohnehin nicht mehr gegeben. Pädagogisch gesehen war die geisteswissenschaftliche Pädagogik, die nach 1945 noch einmal mächtig aufgeblüht war, endgültig in die Krise geraten, und die Zeit war für die neu aufblühenden Metatheorien bestens vorbereitet. Man schrieb die späten sechziger und die frühen siebziger Jahre, als das alles über die Bühne ging.
Was es mit den sog. öffentlichen Tugenden auf sich hatte, wurde bald offenbar. Während die einen (nämlich die kritischen Rationalisten) den Menschen als ein geschichtliches Wesen überhaupt aus dem Auge verloren, wollten die anderen (nämlich die Anhänger der Kritischen Theorie) den permanenten Sinn von Geschichte schon immer gewußt haben und legten ihn als die Emanzipation des Individuums von allen Abhängigkeiten fest. Spätestens hier geriet die Schule in ein gesellschaftliches - oder sollen wir besser sagen politisches? - Fahrwasser. Von beiden Systemen wurde die Frage nach dem individuellen Sinngrund eines Menschenlebens gar nicht mehr gestellt, sondern Schule und Erziehung wurden zu einem Dienstleistungsbetrieb ganz eigener Art. Nicht mehr der Mensch als unteilbare Einheit stand im Blickpunkt der Betrachtungen, sondern das Generaltypische, wie es sozialwissenschaftliche Theorien eben nicht anders können. Die Schule wurde zu einer Funktion der Gesellschaft. Was Dilthey schon einmal,

wenn auch in einem ganz anderen Kontext, proklamiert hatte, wurde nun zu einer bitteren Wahrheit.
Bitter war diese Wahrheit deswegen, weil die Schule nun zu einer Institution wurde, die zwischen den beiden Polen Gesellschaft und Wissenschaft - das Individuelle ging bald ganz verloren - hindurchlavierte. Dabei traten, wie es nicht anders sein konnte, bedeutsame Veränderungen ein. Die Schule war über Nacht nicht mehr der Gefährte der Eltern, sondern zu ihrem Gegner geworden. Es zeigte sich bald, daß das Gerede von der Ergänzung der "privaten" Tugenden durch "öffentliche" Tugenden nichts anderes als leeres Stroh war. Denn wer in der Familie beispielsweise Rücksichtnahme und persönliches Engagement sowie soziale Spielregeln überhaupt gelernt hatte, erfuhr nun in der Schule, daß diese doch nur erfunden waren, um den, der daran glaubte und danach handelte, auszubeuten. Das entsprach nicht dem Leitgedanken dere Emanzipation des Individuums und der Gesellschaft, war wissenschaftlich nicht beweisbar oder war nicht operationalisierbar. Eine operationalisierbare Definition gibt an, mit welchen Mitteln und Methoden ein Ziel erreicht und gemessen werden kann.

Die Schule als Funktion und Instrument der Gesellschaft

Was die Schule also zusehends verlor, war die Brückenfunktion zwischen dem Elternhaus und der Gesellschaft. Im Gegenteil, sie wurde zu einem Instrument, über die Kinder auch die Familien umzufunktionieren oder sie wenigstens nicht unmaßgeblich zu beeinflussen. Die Ich-Stärke, zu der im Sinne einer emanzipatorischen Entwicklung des Individuums erzogen werden sollte, war gar nicht eine Stärkung des Ich in dem Sinne, daß es sich im Leben und in der Welt sicher bewegen könne. Die Ich-Stärke, die da gemeint war, zielte auf etwas ganz anderes, nämlich auf die möglichst breite Ablehnung von Pflichten und die Forderung nach Rechten - eine Entwicklung, die Werner Loch einmal mit "stationärer Emanzipation" bezeichnet hat. Das ist ein Zustand, der zwar verhindern will, daß jemand aus der Phase der Jugend herauskommt, ihm aber die Rechte des Erwachsenen doch weitgehend oder ganz zuerkennt. Die Schule geriet endgültig auf die Seite der Gesellschaft, die Standards setzte, die "man" zu erfüllen hatte, die "man" der Gesellschaft schuldig war, die aber für den einzelnen keinen persönlichen Sinn ergaben. (...)

Die Öffnung der Schule für das Leben

Wir müssen also erkennen, daß wir mit der Öffnung der Schule auf die Gesellschaft hin, wie wir sie in den späten sechziger und den frühen siebziger Jahren vollzogen haben, einen entscheidenden Fehler begangen haben. Die personale und soziale Entwicklung, wie sie im Elternhaus begonnen hat - wie gut oder schlecht sie im Einzelfall auch sein mag -, ist in der Schule, die ein Curriculum mit "öffentlichen Tugenden" entwickelt hat, nicht nur nicht weitergeführt, sondern auf die Gesellschaft hin umgepolt worden. Das hatte zur Folge, daß das in den Familien gelebte Leben - und es muß noch einmal gesagt werden, daß es zunächst noch gar nicht einmal darauf ankommt, wie gut oder wie schlecht es ist - immer mehr kanalisiert worden ist auf Ziele hin, die wir metasystematisch genannt haben. Das sollte zum Ausdruck bringen, daß sie für den Zweck der

Gesellschaft abgeleitet und für sie als gut befundene Ziele ausgewählt worden sind.
Um in unserem Beispiel zu bleiben: Man hat alle Erfahrungen, die der Schüler macht, von vornherein auf das Ziel Emanzipation, Abbau von Herrschaft, Ich-Stärke, Konflikt usw. hin kanalisiert und jede Erfahrung, die eine andere Qualität hatte, als falsch abgewiesen. Der Schüler, der aber einmal die Gefühle der Menschlichkeit, der Liebe und des Geborgenseins erfahren hat, hatte eine Fehlerfahrung gemacht und konnte diese daher vergessen ganz in dem Sinne, wie es Hartmut von Hentig im schon genannten Gutachten des Deutschen Bildungsrats über die "Lernziele" der Gesamtschule gefordert hatte: "Der Schüler muß auf wissenschaftliche Rationalität eingestellt sein und das heißt, rationale Prozesse von irrationalen unterscheiden können. Die Schule muß dazu die gemeinsamen Prinzipien aller Wissenschaften durch geeignete vereinfachende Lernerfahrungen vermitteln" (Hentig, H.v., 1969, S. 23).
Ist das nicht eine Kanalisierung der Erfahrung auf "wissenschaftliche Rationalität" hin und eine Abwertung der "irrationalen" Prozesse? Werden Pädagogen in dieser Rolle nicht zu Priestern eines Wissenschaftsglaubens, weil sie behaupten, daß die Lösung aller Probleme wie auch des persönlichen Glücks eben nur von der Wissenschaft erwartet werden kann im Sinne einer gesellschaftlichen Funktionalität, denn "der Wissenschaftler weiß, was in 'Wahrheit' geschieht, denn er kennt die Determinanten im Kraftfeld; die Subjekte der Handlung reagieren lediglich auf diese Determinanten, sie handeln aufgrund von Ideologien an Stelle von Wissen" (Winter, 1970, S. 188).
Wir sehen hier wieder deutlich, daß die Gesellschaft ein Zweck-Mittel-System, ein behavioristisches Reiz-Reaktions-System ist, das sich selbst immer absoluter setzt und den Menschen seinen Regeln, nämlich denen eines Metasystems unterwirft. Hier wird nun wieder der Unterschied zwischen Gesellschaftlichkeit und Sozialität deutlich. Sozialität beruht im Gegensatz zur schon geschilderten Gesellschaftlichkeit auf der Liebe als einer urmenschlichen Beziehung, wie sie in der Familie ihren Ursprung hat (vgl. Braun, W., Jugendwohl 62, 1981, S. 217-222). Liebe und Vertrauen sind die Voraussetzungen einer jeden "offenen Erziehung", die nicht von vornherein das Leben in einer bestimmten Richtung zu kanalisieren versucht, die damit nicht über den Menschen herrscht, sondern ihm dient und dadurch zu seiner Form verhilft, was ja letztlich soviel heißt, wie ihn zu einem verantwortlichen Leben und Handeln führen.
Die Familie ist nicht nur die Urzelle des Lebens, sondern auch der Erziehung. Denn hier gibt es normalerweise kein System, sondern hier spielt sich das Leben ab mit allen seinen Freuden und Leiden, mit Liebe und Haß, mit Hoffnung und Verzweiflung, die alle von den beiden Polen Leben und Tod umschlungen werden. Nur auf dem Hintergrund der sozialen Spannung, wie sie normalerweise von einer Familie ertragen wird, entstehen Haltungen und Gesinnungen, die die tragenden Sinngründe den Kindern für das Leben eröffnen. Man darf und muß sicherlich danach fragen, ob die moderne Kleinfamilie das alles auch leisten kann. Zweifel sind hier mehr als angebracht, aber man wird das hier entstehende und anstehende Problem nicht lösen, indem man Schule von der Familie trennt und man ein privates Tugendsystem einem System von öffentlichen Tugenden entgegenstellt und damit eine "Vergesellschaftung" des Menschen betreibt, die ihm jede Sinnfindung unmöglich macht. Schule und Familie müssen wieder enger

zusammenrücken, wenn die Angst aus dem Leben der Kinder und Jugendlichen verschwinden und dem einzelnen geholfen werden soll, die tragenden Sinngründe seines Lebens zu finden. Dabei zweifeln wir nicht daran, daß hier auch die Wissenschaft eine Rolle spielt, aber sie ist nicht dazu in der Lage, dem einzelnen für sein Leben einen Sinn zu geben, schon gar nicht im Sinne eines von außen aufgezwungenen Systems. Was der Mensch für sein Leben braucht, sind Gesinnungen und Haltungen, die er im Laufe des Erziehungsprozesses "erwirbt", um seinen Lebenssinn zu erkennen. Kein Gesellschaftssystem kann hier Ersatz bieten, denn ihm fehlt jede, das Ich transzendierende Struktur. Gesellschaft zeigt sich damit als sinnloses System, das den Menschen von seiner Lebensangst nicht befreien kann, sondern ihn immer nur tiefer in sie hineinführt.

Braun, W.: Die Familie im Schatten der totalen Institution Schule, in: Lebendiges Zeugnis. 37. Jg., Heft 4, November 1982, S. 62-64; S. 68-70.

Literaturverzeichnis

Adorno, Th. W.: Studien zum autoritären Charakter. Frankfurt/Main 1973

Ballauff, Th.: Die pädagogische Unzulänglichkeit biologischer Anthropologie, Essen 1962

Bauer, A.: Gemeinsam alt geworden. Die altersbeständige Beziehung. in: Wolf-Rüdiger Schmitt (Hrsg.): So weit die Liebe trägt. Partnerschaft heute Gütersloh 1984

Becker, H.: Science, Culture and Society, in: Philosophie of Science. Oktober 1952

Becker, H.H. (Hrsg.): Anthropologie und Pädagogik. Bad Heilbrunn/Obb. 1977

Berger, P.L.; Luckmann, Th: The Social Construction of Reality. A Treatise in the Sociology of Knowledge. Garden City. New York 1967 (pb-Ausgabe)

Blechschmidt, E.: Daten der menschlichen Frühentwicklung. Menschliches Leben beginnt im Augenblick der Befruchtung. in: Hoffacker, P.; Steinschulte, B.; Fietz, P.J. (Hrsg.) Auf Leben und Tod. Abtreibung in der Diskussion. Bergisch-Gladbach 1985

Bock, I.: Pädagogische Anthropologie der Lebensalter. Eine Einführung. München 1984

Bollnow, O.F.: Die anthropologische Betrachtungsweise in der Pädagogik. 3. unveränderte Auflage. Essen 1975

Braun, W.: Die Familie im Schatten der totalen Institution Schule, in: Lebendiges Zeugnis. 37. Jg., Heft 4, November 1982

Braun, W.: Erziehung in der Partizipationsgesellschaft. in: Zentralblatt für Jugendrecht, 4-5, 1988

Braun, W.: Pädagogische Anthropologie im Widerstreit, Genese und Versuch einer Systematik. Bad Heilbrunn/Obb. 1989

Brezinka, W.: Erziehung in einer wertunsicheren Gesellschaft. Beiträge zur Praktischen Pädagogik. München, Basel 1986

Britting, E.: Die postmortale Insemination als Problem des Zivilrechts. Frankfurt/Main; New York 1989

Büchner, B.: Abtreibung: Das Versagen des Rechtsstaates (Auszug aus Politik und Zeitgeschichte. B 14/90, 30. März 1990

Bühler, Ch.: Psychologie im Leben unserer Zeit München/Zürich 1962

Camus, A.: Der Mythos des Sisyphos. Ein Versuch über das Absurde. München 1974

Chaunu, P.: Die verhütete Zukunft. Stuttgart 1981, S. 31

Cohen, P.S.: Moderne soziologische Theorie. Erklärungsmodelle zwischenmenschlichen Verhaltens. Wien-Köln-Graz 1972

Dahrendorf, R.: Homo Sociologicus. Ein Versuch zur Geschichte, Bedeutung und Kritik der Kategorie der sozialen Rolle. 15. Auflage. Opladen 1977

DIALOG 1/86, Informationen Ehe und Familie 2. Jg., Wien 1986

Engels, F.: Der Ursprung der Familie, des Privateigentums und des Staates. Berlin (Ost) 1970

Erikson, E.H.: Identität und Lebenszyklus. Drei Aufsätze übersetzt von Käte Hügel. Frankfurt/Main 1973

Etzioni, A.: Die zweite Erschaffung des Menschen. Manipulation der Erbtechnologie. Opladen 1977

Frankl, V.E.: Der Mensch vor der Frage nach dem Sinn. 7. Auflage, München 1989

Freud, S.: Beiträge zur Psychologie des Liebeslebens und andere Schriften. Frankfurt/Main 1982

Fromm, E.: Revolution der Hoffnung, Klett Verlag, Stuttgart 1971

Gasiet, S.: Menschliche Bedürfnisse. Eine theoretische Synthese. Mit einem Vorwort von Karl Otto Hondrich. Frankfurt/Main, New York 1981

Gebsattel, Frh.v.: Allgemeine und medizinische Anthropologie des Geschlechtslebens, in: Die Sexualität des Menschen. Handbuch der medizinischen Sexualforschung. Herausgegeben von Hans Giese. 2. neubearbeitete und erweiterte Auflage, Stuttgart 1968

Gehlen, A.: Der Mensch, seine Natur und seine Stellung in der Welt. 12. Aufl. Wiesbaden 1986

Giese, H. (Hrsg.): Die Sexualität des Menschen. Handbuch der medizinischen Sexualforschung. 2. neubearbeitete und erweiterte Auflage, Stuttgart 1968

Gordon, Th.: Familienkonferenz. Die Lösung von Konflikten zwischen Eltern und Kind. Reinbek 1980

Grieswelle, D.: Probleme heutiger Familie und Familienpolitik; in: Familie und Familienpolitik. Zur Situation in der Bundesrepublik Deutschland. (Hrsg. im Auftrag der Konrad-Adenauer-Stiftung von K. Weigelt), Melle 1985

Günther, H.F.K: Formen und Urgeschichte der Ehe. Göttigen 1951

Haferkamp, H.: Soziologie als Handlungstheorie. 3. Auflage, Opladen 1976

Hamann, B.: Familie heute. Ihre Funktion und Aufgabe als gesellschaftliche und pädagogische Institution. Frankfurt am Main 1980

Hartmann, P.H.: Warum dauern Ehen nicht ewig? Eine Untersuchung zum Scheidungsrisiko und seinen Ursachen Opladen 1989

Heinen, W.: Werden und Reifen des Menschen in Ehe und Familie. 2. Auflage, Münster 1978

Helle, H.J.: Verstehende Soziologie und Theorie der symbolischen Interaktion. Stuttgart 1977

Heller, A.: Das Alltagsleben. Versuch einer Erklärung der individuellen Reproduktion (hrsg. von Hans Joas). Frankfurt/Main 1975

Heller, A.: Zusammenleben von Mann und Frau. Wien/Klagenfurt 1989

Hepp, G.: Wertsynthese - Eine Antwort der politischen Bildung auf den Wertwandel. Aus Politik und Zeitgeschichte. Beilage zur Wochenzeitung "Das Parlament". B 46/89 v. 10.11.1989

Hoffacker, P.; Steinschulte, B.; Fietz, P.J. (Hrsg.): Auf Leben und Tod. Abtreibung in der Diskussion. Bergisch-Gladbach 1985

Hobbes, Th.: Leviathan. 1. und 2. Teil. Übersetzt von Jakob Peter Mayer. Stuttgart 1980

Hondrich, K.O.: Bedürfnisse, Ansprüche und Werte, in: Hondrich, K.O.; Vollmer, R. (Hrsg.): Bedürfnisse. Stabilität und Wandel. Opladen 1983

Hondrich, K.O.: Menschliche Bedürfnisse und soziale Steuerung. Eine Einführung in die Sozialwissenschaft. Mit einem Textanhang. Reinbek 1975

Hondrich, K.O.; Vollmer, R. (Hrsg.): Bedürfnisse. Stabilität und Wandel. Opladen 1983

Inglehart, R.: Kultureller Umbruch. Wertwandel in der westlichen Welt. Frankfurt/New York 1989

Institut für Demoskopie Allensbach: Ehe und Familie. Einstellungen zu Ehe und Familie im Wandel der Zeit. Eine Repräsentativuntersuchung. Hrsg. vom Ministerium für Arbeit, Gesundheit, Familie und Sozialordnung. Baden-Württemberg. Stuttgart, Aalen 1985

Jung, C.G.: Grundwerk. Band 9: Mensch und Kultur. 3. Auflage, Olten 1990

Kant, I.: Werke VII. Schriften zur Ethik und Religionsphilosophie I. Hrsg. von Wilhelm Weischede. Wiesbaden 1956

Kapp, K.W.: Erneuerung der Sozialwissenschaften. Ein Versuch zur Integration und Humanisierung. Frankfurt/Main 1983

Klages, H.: Wertorientierungen im Wandel. Rückblick, Gegenwartsanalyse, Prognosen. Frankfurt und New York 1985

Konferenz der Kultusminister: Empfehlungen zur Förderung der Menschenrechtserziehung in der Schule (Beschluß vom 04.12.1980)

König, R.: Die Familie der Gegenwart. Ein interkultureller Vergleich. 3. Auflage, München 1978.

Leclercq, J.; David, J.: Die Familie. Ein Handbuch. Zweite, erweiterte Auflage 1958

Lederer, W.J.; Jackson, D.D.: Ehe als Lernprozeß. Wie Partnerschaft gelingt. 4. Auflage, München 1980

Lehr, U.: Beruf und Familie. Zur Vereinbarkeit zweier Lebensbereiche, in: Familie und Familienpolitik. Zur Situation in der Bundesrepublik Deutschland. Hrsg. im Auftr. der Konrad-Adenauer-Stiftung von Klaus Weigelt. Melle 1985

Lejeune, J.: Die Spitze der Nadel - Über den Anfang menschlichen Lebens. in: Hoffacker/Steinschulte/Fietz (Hrsg.): Auf Leben und Tod. Abtreibung in der Diskussion. Bergisch-Gladbach 1985

Lenzen, K.: Staatliche Lebensschutzverweigerung (Auszug, Staatliche Schutzpflicht, Aus der Festschrift für Herbert Tröndle zum 70. Geburtstag). Berlin, New York 1989

Loch, W.: Der pädagogische Sinn der anthropologischen Betrachtungsweise; in: Anthropologie und Pädagogik, hrsg. von H. Herbert Becker. 3. neubearbeitete und erweiterte Auflage, Bad Heilbrunn 1977

Lukas, E.: Auch deine Familie braucht Sinn. Freiburg i.Brsg. 1981

Martin, M.: Die Familie als Grundwert der Gesellschaft, in: Rheinischer Merkur, Weihnachten 1976

Maslow, A.H.: Motivation und Persönlichkeit. 2. erweiterte Auflage. Olten und Freiburg 1978

Mead, G.H.: Geist, Identität und Gesellschaft. (aus der Sicht des Sozialbehaviorismus) 4. Auflage. Frankfurt/Main

Messner, J.: Das Naturrecht, 75. Die Familie: Zelle der Gesellschaft, Berlin 1984

Metzke, E.: Anthropologie der Geschlechter. Philosphische Bemerkungen zum Stand der Diskussion. in: Theologische Rundschau Nr. 22/1954

Mitterauer, M.: Entwicklungstrends der Familie in der europäischen Neuzeit. in: Nave-Herz, R.; Markefka, M.: Handbuch der Familien- und Jugendforschung. Band I: Familienforschung. Neuwied und Frankfurt 1989

Molinski, H.: Psychosozialer Hintergrund bei Schwangerschaftskonfliktlösung. In: Hubertus von Voss; Rüdiger von Voss; Paul Hoffacker (Hrsg.): Chancen für das ungeborene Leben. Köln 1988

Moraltheologisches Jahrbuch 1: Bioethische Probleme. hrsg. im Auftrag der Arbeitsgemeinschaft der Deutschen Moraltheologen. Mainz 1989.

Nave-Herz, R. (Hrsg.): Wandel und Kontinuität der Familie in der Bundesrepublik Deutschland, Stuttgart 1988

Nave-Herz, R.: Gegenstandsbereich und historische Entwicklung der Familienforschung, in: Nave-Herz, R; Markefka, M.: Handbuch der Familien- und Jugendforschung, Band 1: Familienforschung. Neuwied und Frankfurt/M 1989

Nave-Herz, R.: Zeitgeschichtlicher Bedeutungswandel von Ehe und Familie in der Bundesrepublik Deutschland. in: Handbuch der Jugend- und Familienforschung. Band 1: Familienforschung Hrsg. von R. Nave-Herz u. M. Markefka. Neuwied/Rhein u. Frankfurt/M. 1989

Nave-Herz, R; Markefka, M.: Handbuch der Familien- und Jugenforschung, Band 1: Familienforschung. Neuwied und Frankfurt/M 1989

O'Neill, N.; O'Neill, G.: Die offene Ehe. Konzept für einen neuen Typus der Monogamie, Reinbek 1975

Parons, T.: Das System moderner Gesellschaften. München 1972

Parsons, T.: Beiträge zur soziologischen Theorie. Herausgegeben und eingeleitet von Dietrich Rüschemeyer. Neuwied/Rhein 1968

Parsons, T.; Bales, R.F: Family, Socialization, and Interaction Process. Glencoe, Ill., 1955

Poensgen, M.: Abschied von den unvergessenen Kindern. Frauen nach Schwangerschaftsabbruch und Adoptionsfreigabe. Freiburg i.Brsg. 1991

Portmann, A.: Biologische Beiträge zur Lehre vom Menschen und seiner Erziehung in: Anthropologie und Pädagogik. Hrsg. von Hans Herbert Becker, Bad Heilbrunn/Obb. 1977

Portmann, A.: Biologische Fragmente zu einer Lehre vom Menschen Basel/Stuttgart 3. Aufl. 1969

Rahner, K.; Vorgrimmler, R.: Kleines Konzilskompendium; Dogmatische Konstitution über die Kirche - Lumen gentium

Reich, W.: Die sexuelle Revolution. Frankfurt a.M. 1971

Roth, H.: Der Mensch als erziehungbedürftiges und erziehungsfähiges Wesen. in: Anthropologie und Pädagogik. Hrsg. von H. Becker, 3. neubearb. u. erweiterte Auflage. Bad Heilbrunn/Obb. 1977

Rottleuther-Lutter, M.: Ehescheidung. in: Nave-Herz, R; Markefka, M. (Hrsg.): Handbuch der Familien- und Jugendforschung. Band I: Familienforschung Neuwied und Frankfurt/Main 1989

Rousseau, J.J.: Emile. Paderborn 1971

Schelsky, H.: Soziologie der Sexualität. Reinbek 1975

Schmitt, W.R. (Hrsg.): So weit die Liebe trägt. Partnerschaft heute. Gütersloh 1984

Schoeler, M.: Vom Ewigen im Menschen. Gesammelte Werke 5. 5. Auflage Bern/München 1968

Schroeder-Kurth, Traute M.; Wehowsky, Stephan (Hrsg.): Das manipulierte Schicksal. Künstliche Befruchtung, Embryotransfer und Pränatale Diagnostik. Frankfurt /M., München 1988

Schütze, Y.: Zur Veränderung im Eltern-Kind-Verhälnis seit der Nachkriegszeit. in: Nave-Herz, R. (Hrsg.): Wandel und Kontinuität der Familie in der Bundesrepublik Deutschland, Stuttgart 1988

Segalen, M.: Die Familie. Geschichte, Soziologie, Anthropologie. Frankfurt/M.; New York 1990

Shorter, E.: Die Geburt der modernen Familie, Reinbek 1983

Simon, M.: Pränatales Menschenleben und die Folgen nach seiner Abtreibung. in: H. von Voss; R. von Voss; P. Hoffacker: Chancen für das ungeborene Leben. Köln 1988

Stauber, M.: Psychosomatische Probleme beider künstlichen Befruchtung, insbesondere der In-Vitro-Fertilisation, in: Moraltheologisches Jahrbuch 1: Bioethische Probleme hrsg. im Auftrag der Arbeitsgemeinschaft der Deutschen Moraltheologen. Mainz 1989.

Stein, R.: Familiale Bedürfnisorientierungen in sozialökologischen Kontexten. Köln 1988

Stephan, C.: Kiwu oder Das Drama des perfekten Kindes; in: Traute M. Schroeder-Kurth; Stephan Wehowsky (Hrsg.): Das manipulierte Schicksal. Künstliche Befruchtung, Embryotransfer und Pränatale Diagnostik. Frankfurt /M., München 1988

Toman, W.: Familienkonstellationen. Ihr Einfluß auf den Menschen und sein soziales Verhalten. 3. üb. Auflage. München 1980

Trost, J.: Nichteheliche Lebensgemeinschaften. in: Handbuch der Familienforschung und Jugendforschung; Bd. I: Familienforschung, Hrsg. v. R. Nave-Herz, M. Marhefka, Neuwied und Frankfurt 1989

Voss, H.v.; Voss, R.v.; Hoffacker, P.: Chancen für das ungeborene Leben. Köln 1988

Weizsäcker, R.v.: Auszug aus seiner Rede beim Staatsakt vom 24. Mai zum 40. Jahrestag des Grundgesetzes, in: Frankfurter Allgemeine Zeitung vom 26.05.1989

Wingen, M.: Familienpolitik. Ziele, Wege und Wirkungen. 2. Auflage. Paderborn 1965

Wolfram, G.: Folgen des Schwangerschaftsabbruchs in medizinischer Sicht. in: DIALOG 1/86, Informationen Ehe und Familie 2. Jg., Wien 1986